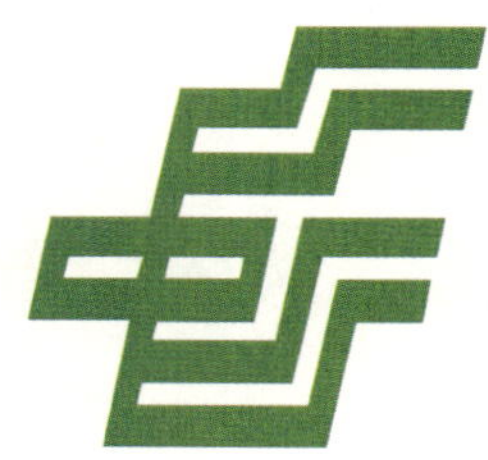

中国邮政集团有限公司

年鉴 2021

中国邮政文史中心（中国邮政邮票博物馆） 编

中国文史出版社

图书在版编目（CIP）数据

中国邮政集团有限公司年鉴. 2021 / 中国邮政文史中心（中国邮政邮票博物馆）编. —北京：中国文史出版社，2021.12
ISBN 978-7-5205-3386-7

Ⅰ. ①中… Ⅱ. ①中… Ⅲ. ①邮政 – 邮电企业 – 企业集团 – 中国 –2021– 年鉴 Ⅳ. ①F632.1-54

中国版本图书馆 CIP 数据核字（2021）第 238494 号

责任编辑：李晓薇

出版发行：中国文史出版社
社　　址：北京市海淀区西八里庄路 69 号　　邮编：100142
电　　话：010 – 81136606　81136602　81136603（发行部）
传　　真：010 – 81136655
印　　装：北京新华印刷有限公司
经　　销：全国新华书店
开　　本：889mm × 1194mm　1/16
印　　张：21.75
字　　数：796 千字
版　　次：2022 年 6 月北京第 1 版
印　　次：2022 年 6 月第 1 次印刷
定　　价：238.00 元

《中国邮政集团有限公司年鉴》编委会

《中国邮政集团有限公司年鉴》编辑部

编辑说明

一、《中国邮政集团有限公司年鉴》由中国邮政集团有限公司主管。

二、该年鉴收录的内容包括中国邮政集团有限公司总部各部室、控股子公司、直属单位、集团公司寄递事业部、各省（自治区、直辖市）分公司工作，是一部全面、翔实记录全国邮政工作的纪年性资料工具书。

三、《中国邮政集团有限公司年鉴》以年鉴体例为基础，根据邮政特点，采用分类编辑法，分为特载，综述，大事记，网路建设，邮政服务，业务发展，邮票发行及集邮，企业管理，邮政科技，党群工作和精神文明建设，交流与合作，控股子公司、事业部及直属单位工作，各省（自治区、直辖市）分公司工作，附录共14个栏目。起止时限为2020年1月1日至12月31日，个别条目采取了追溯的办法，以保证文献的连贯性。

四、本书所涉及单位名称除第一次出现时使用全称外，其余部分采用简称，如“中国邮政集团有限公司”简称“集团公司”，个别采用“中国邮政”描述；“中国邮政集团有限公司内蒙古自治区分公司”简称“内蒙古分公司”；“中国邮政集团有限公司广西壮族自治区分公司”简称“广西分公司”；“中国邮政集团有限公司西藏自治区分公司”简称“西藏分公司”；“中国邮政集团有限公司宁夏回族自治区分公司”简称“宁夏分公司”；“中国邮政集团有限公司新疆维吾尔自治区分公司”简称“新疆分公司”；“中国邮政储蓄银行股份有限公司”简称“邮储银行”；“中国邮政集团有限公司寄递事业部”简称“集团公司寄递事业部”；“中邮人寿保险股份有限公司”简称“中邮保险”；“中邮证券有限责任公司”简称“中邮证券”；中邮信息科技（北京）有限公司简称“中邮信科”；“邮政科学研究规划院有限公司（中国邮政集团有限公司邮政研究中心）”简称“邮科院”；“石家庄邮电职业技术学院（中国邮政集团有限公司培训中心　中共中国邮政集团有限公司党校）”简称“石邮学院”；“中国邮政广告传媒公司（中国邮政广告有限责任公司）”简称“中邮传媒”；“中邮资本管理有限公司”简称“中邮资本”；“中国邮政航空有限责任公司”简称“邮航”。

五、本书所载全国性统计资料和数据均未含香港、澳门特别行政区和台湾省；部分内容含港澳台地区。全书数据因各单位统计层级、口径不同略有差异。

《中国邮政集团有限公司年鉴》编辑部

目　录

邮政服务 35

业务发展 43

邮票发行及集邮 55

企业管理 63

交流与合作 113

控股子公司、事业部及直属单位工作 121

各省、自治区、直辖市分公司工作 147

特 载

◇ 短板补扎实 基础打牢靠

构筑改革发展“四梁八柱” 推动中国邮政二次崛起

——刘爱力在2020年中国邮政集团有限公司工作会议暨第一届第一次职工代表大会上的讲话

短板补扎实　基础打牢靠
构筑改革发展“四梁八柱”　推动中国邮政二次崛起

——刘爱力在2020年中国邮政集团有限公司工作会议暨第一届第一次职工代表大会上的讲话

（2020年1月7日）

这次会议的主要任务是：以习近平新时代中国特色社会主义思想为指导，全面贯彻落实中央经济工作会议及相关部委工作会议精神，总结工作，分析形势，部署2020年工作。

一、攻坚克难，砥砺奋进，改革发展再创新佳绩

2019年是中国邮政改革发展取得突出成效、企业面貌发生显著变化的一年。一年来，集团公司坚持以习近平新时代中国特色社会主义思想为指导，全面贯彻落实中央决策部署，高质量开展“不忘初心、牢记使命”主题教育，聚焦“四轮驱动”业务重点，深化改革创新，加快转型升级，在宏观经济下行压力加大的情况下，发展势头持续向好，能力建设大幅提升，工作作风显著转变，员工士气空前高涨，取得了社会感受得到、员工感受得到、客户感受得到的良好业绩。

（一）各板块协同发力，经营质效进一步提升

坚持质量第一、效益优先，经营发展整体保持良好态势。

——普遍服务水平不断提高。建制村直接通邮率达100%，提前实现总体通邮目标。县及县以上城市党政机关《人民日报》当日见报率由2018年的82%提升至84%。全面推行个人平信条码化，丢损率由3.16%降至0.064%。机要通信万无一失。函件、报刊、集邮等基础业务稳步发展。警邮业务实现地市分公司全覆盖，税邮业务日均引流5.3万人次。

——寄递业务规模持续攀升。实现收入719.4亿元，增长12.3%，收入增幅自4月起稳步提升，自8月起保持两位数增长；业务量完成71.6亿件，增长22%，其中四季度增长43.6%，超行业平均增幅19.6%。“双十一”快递包裹收寄量突破3亿件，增速高出行业47%。

——金融业务效益稳步增长。邮储银行经营业绩超预期。加快“五化”转型，净利润增幅在大中型银行中名列前茅，资产规模突破10万亿元，贷款增速居国有六大行之首，不良率显著低于行业平均。代理金融转型效应逐步显现。聚焦活期存款“十大抓手”，储蓄存款规模突破6万亿元，余额新增、存款规模均创历史新高。辅助开办小贷试点稳步推进，运营机制、风控模式得到监管部门认可。中邮保险规模效益同步提升。总资产规模1924.6亿元，增长36.3%；完成收入748.8亿元，增长19.1%；实现利润16亿元，增长206.5%。业务结构持续优化，实现期交保费558.3亿元，增长32.6%，长期期交新单保费增长109%。中邮证券收入利润增长迅猛，分别增长56%、72.5%，投资收益率进一步提升。

——农村电商发展扎实推进。成功举办第三届邮政“9·19电商节”，突出“原汁原味原产地”特色，初步打造了“邮政农品”品牌，优化了消费品下乡模式，提升了平台流量。全年销售农副产品33.2亿元，实现批销额184.4亿元。

——协同发展战略有效落实。构建协同组织五级体系，制定收益分配制度，共享集团客户数据，打造邮政、银行、证券、保险、寄递协同发展模式；落实重点协同及战略客户项目，新签约华为、上汽等战略合作客户20家，总部客户项目收入45亿元，三大协同项目收入100.7亿元。

（二）改革创新蹄疾步稳，发展活力进一步释放

坚持向改革要动力、向创新要活力，企业改革深入推进。公司制改制获批，中国邮政集团有限公司揭牌成立；邮储银行高质量完成A股上市，是10年来A股最大IPO；中邮理财子公司开业，理财业务市场化转型迈出重

要一步；中邮保险、中邮科技、中邮速递易“引战混改”取得实质进展。特别是寄递业务改革创新持续深化，相关领域的能力和服务已与竞争对手旗鼓相当。

——以“三个视角”找差距，推动“五大体系”建设取得显著成效。坚持问题导向，以客户的视角、竞争的视角、行业最优的视角找差距，开展对标立标达标，针对短板和弱项，狠抓时限、市场、服务、成本、IT“五大体系”建设。时限提升取得质的飞跃。开展千条线路大提速，对邮路一条一条捋、一条一条优化，从作业频次到环节卡点再到发运路由，逐环节查找问题并分类解决，89%的标快提速线路赶超主要竞争对手，96%的快包提速线路达到菜鸟标准；52个重点城市、珠三角区域标快次日递率赶超顺丰；长三角区域互寄标快和快包时限均进入行业前三。源头获客进一步拓展。加大集团客户、平台客户、行业头部客户开发力度，华为、海尔等124个重点客户实现收入294亿元，占总收入的40%。服务质量明显提升。标快和快包业务全面应用智能跟单系统，有效整治问题邮件，异常发生率由31.3%降至9%；开展投递百日专项整治活动，六大服务质量关键指标均已达标；邮政寄递公众满意度得分84.5分，较上年提高2.4分，申诉率由百万分之5.8降至百万分之1.88。成本压降成效显著。初步构建财务标杆体系，将15项核心指标纳入成本看板系统重点管控，一二级中心局内部处理、陆路运输成本节省13.2亿元。IT赋能获得积极进展。初步建成五大体系及重点项目看板，“有人看，有效地看；有人干，科学地干”局面基本形成。

——以“三大规律”促改革，推动收、分、运、投作业流程实现新突破。遵循行业规律、市场规律、价值规律，以行业成功发展路径推动改革。收寄环节，全面完成“11183”派揽电子地图维护工作，订单及时揽收成功率达95.5%；全面推行快递包裹集包作业，其中省际邮件集包率达52%，实施集中收寄、集包一体化混合收寄，收寄效率提高近3倍。分拣环节，由双层分拣机为主向“矩阵＋小件分拣机”模式转变，单套设备日分拣能力由60万件升至百万件，全网日处理能力提升52%。运输环节，强化出口源头直发直运，地市间够量直达比例提升57%；加大大吨位汽车使用力度，大力推行甩挂作业，提升了运输效率。投递环节，由段道式作业向网格化作业转变，推进中转接力，按照“标快＋快包”与普邮分网、标快与“快包＋普邮”分网、“标快＋快包＋普邮”同网三种组网模式，整合优化邮速揽投网资源，提高了投递作业效率。航陆一体化，有效整合邮航、民航、高铁和公路运输资源，统筹利用、相互补充、紧密衔接，提升了时限稳定性。经营端机制创新，多省积极探索划小核算单元，经营端试点“准加盟制”“众创众享”等模式，对员工实行增收增效激励，激发了发展活力和动力。

（三）能力建设力度空前，发展势能进一步积蓄

坚持能力建设提前规划、超前储备，加大寄递网、信息网、干部队伍等能力投入，深入推动业务流程再造，核心竞争能力建设取得重大突破，夯实了可持续发展之基。

——寄递网能力建设突飞猛进。安排处理中心建设项目87个，其中工艺改造项目60个，分别是2018年的3倍和4倍。全网新增日处理能力2600多万件，达到7600多万件。系统可节省投资41.7亿元，综合土建、征地等因素可节省80.2亿元，投资效益大幅增加。在“双十一”业务量增长56.7%的情况下，全网做到了不拒收、不限流、不积压、不爆仓，为寄递业务大发展提供了坚实保障。

——信息化能力建设不断强化。立项统建信息化项目43个，是2018年的1.6倍，作业智能化、流程自动化、管理精细化进一步加强，为邮政数字化转型打下了良好基础。新一代寄递业务信息平台、CRM系统、在线业务平台等重大信息化项目建设有序推进，科技赋能进一步强化。

——干部队伍建设步伐加快。以总书记对国企领导人员20字要求为根本遵循，提出干部调整“十大原则”，把“想干事、会干事、干成事，忠诚干净担当”的同志选拔到领导岗位上；拓宽选人用人渠道，对企业急需的专业人才加大市场化选聘力度，实施集团公司、邮储银行总部机关空缺三级领导岗位公开竞聘；开展优秀年轻干部调研，建立了信息库，为打造高素质、专业化、年轻化的干部队伍储备了人才。

（四）服务国家重大战略取得积极进展，央企责任进一步彰显

全面贯彻落实中央决策部署，着力打好“三大攻坚战”，主动服务乡村振兴、雄安新区和“一带一路”建设，展现了央企担当。邮政扶贫工作卓有成效。集团公司定点扶贫任务指标全面超额完成，助力陕西省商洛市商州区、洛南县提前一年脱贫摘帽。电商扶贫助农创收10.7亿元，惠及贫困人口28.4万人。绿色邮政建设不断深入。全面完成行业生态环保任务，推广应用绿色新标准箱、免胶带包装箱和45毫米窄胶带等包装材料，电子面单使用率超过97%。风险防控有力有效。切实防范化解重大风险，全年未发生重大金融风险和重大安全事故。

（五）党的建设全面加强，“根”和“魂”进一步筑牢

全面落实新时代党的建设总要求，不断提高党的建设质量，推动企业党建全面进步、全面过硬。

——“两个维护”的自觉性坚定性不断增强。坚持以党的政治建设为统领，把学懂弄通做实习近平新时代中国特色社会主义思想作为首要政治任务，开展“理论武装提升行动”，持续落实“三个第一时间”机制，做到党中央提倡的坚决响应，党中央决定的坚决照办，党中央禁止的

坚决杜绝。

——“不忘初心、牢记使命”主题教育高质量开展。各级党组织紧紧围绕学习贯彻落实习近平新时代中国特色社会主义思想这一根本任务，牢牢把握“守初心、担使命，找差距、抓落实”的总要求，制定方案落细落实。巡回指导组严督实导，一体推进学习教育、调查研究、检视问题、整改落实四项重点措施，围绕五个具体目标，推动将初心使命转化为新时代邮政的“六个责任担当”，解决群众最急最忧最盼的问题 3616 个，成效得到中央主题教育领导小组、中央第 32 指导组、中央第 12 巡回督导组的高度肯定。

——巡视整改阶段性任务全面完成。建立中央巡视整改月例会和季评估长效机制，以内部巡视进一步深化中央巡视整改；建立巡视整改会审机制，加强对整改落实情况的监督问责，121 项整改举措已完成或阶段性完成 119 项，领导人员政治站位显著提高，党内政治生态根本好转，“关键少数”特权思想明显纠正。对 48 个单位党组织开展内部巡视监督，发现主要问题 695 个，给予党纪政务处分 50 人次，组织处理 12 人。巡视巡察震慑、遏制和治本作用不断增强。

——基层党组织建设持续加强。推动省邮政公司党组改党委工作，理顺银行党组织隶属关系。深入推进基层党组织建设达标工程和创先争优活动，建成“中邮先锋”党建信息化平台，1.7 万个党组织建在网上，27 万名党员连在线上。各级党组织坚持党建工作与生产经营同向聚合、同频共振，把集团公司战略和重大任务落地作为党建工作结合点，把改革创新和破解企业发展难题作为党建工作突破点，树立一切工作到基层的鲜明导向，“一个党员一面旗帜，一个支部一座堡垒”作用充分彰显。

——工作作风发生根本性转变。一以贯之纠“四风”、转作风、树新风，持续开展“一月一事 消灭最差”活动，大力整治庸懒散奢等作风顽疾和形式主义、官僚主义等突出问题，全系统工作作风发生根本性变化。“遇到问题绕着走，碰到矛盾躲着走，看见难点低头走”的现象明显改观；迎难而上、加快发展的责任感，“坐不住、等不起、慢不得”的紧迫感显著增强；干事创业、担当作为的精气神大幅提振。

——党风廉政建设和反腐败工作深入推进。持之以恒落实中央八项规定精神，加强监督检查审查调查。全系统立案 670 件，给予党纪政务处分 735 人。其中，党组管理干部立案 21 件，给予党纪政务处分 17 人。反腐败斗争压倒性态势已经形成并巩固发展，不敢腐的目标初步实现，不能腐的笼子越扎越牢，不想腐的堤坝正在构筑。

回顾一年来的工作，集团公司取得了显著的业绩，积累了十分宝贵的经验。

第一，坚定不移以习近平新时代中国特色社会主义思想为指引，是推动中国邮政高质量发展的根本遵循。习近平新时代中国特色社会主义思想是指引中国邮政做优做强做大的强大思想武器和行动指南。必须自觉以习近平新时代中国特色社会主义思想来把握中国邮政的发展方向、发展思路、发展方法，并切实转化为发展的具体目标、具体任务、具体举措，体现在做好本职工作的实践中，体现在落实重点工作部署的行动里，体现在狠抓工作落实的实效上。

第二，坚定不移加强党的建设，是推动中国邮政高质量发展的政治保证。坚持党的领导、加强党的建设，是国有企业的“根”和“魂”，是国有企业的独特优势。必须按照习近平总书记对国有企业党建提出的一系列要求，坚持把党的领导融入公司治理各环节，推动党的建设与企业发展同频共振、互促互进，把党建工作优势转化为企业发展优势。

第三，坚定不移深化改革创新，是推动中国邮政高质量发展的必由之路。“唯改革者进，唯创新者强，唯改革创新者胜。”中国邮政的发展实践充分证明，只有持续深化改革创新，才能与时代同步，才能更好地生存发展，才能真正担当起行业“国家队”的重任。面对新形势新任务，必须坚持把改革创新摆在邮政发展全局的首要位置，走改革路、打创新牌，不断破除束缚企业发展的体制机制障碍，不断培育发展新动能，不断增强企业核心竞争力。

第四，坚定不移推进转型升级，是推动中国邮政高质量发展的战略选择。总书记强调，要推动产业技术变革和转型升级，推动产业模式和企业形态根本性转变。面对新技术层出不穷、新业态风起云涌、新模式百舸争流的发展环境，中国邮政转型升级的步伐一刻都不能停歇、转型升级的劲头一刻都不能松懈，必须加快推动云计算、大数据、人工智能等新技术和邮政业务深度融合，驰而不息推动发展方式、经营模式、业务结构、网点渠道等转型升级，实现更高质量、更有效率、更可持续的发展。

第五，坚定不移运用正确的方法论指导实践，是推动中国邮政高质量发展的有效手段。做优做强做大中国邮政，离不开正确的方法论。“不忘初心、牢记使命”主题教育带来的是崭新的世界观和方法论，最后落脚点就是坚持问题导向“找差距、抓落实”。奔着问题去、扭住问题改，将以“三个视角”找差距、以“三大规律”促改革实实在在地体现在具体实践中，体现在生产经营中，开展全业务、全流程、端到端、全要素的对标立标达标，夯基础、补短板、强弱项、建优势。

第六，坚定不移转变工作作风，是推动中国邮政高质量发展的必然要求。习近平总书记指出，蓝图不可能一蹴而就，梦想不可能一夜成真。真抓才能攻坚克难，实干才能梦想成真。集团公司确立了打造行业“国家队”的战略目标，提出了“四轮驱动”业务重点，制定了战略路线图，关键要增强狠抓落实本领，把雷厉风行和久久为功有机结合起来，以钉钉子精神做实做细做好各项工作，推动集团战略落地见效。

二、准确研判形势，明确发展方向，全面锻造中国邮政核心竞争能力

习近平总书记反复强调，领导干部要有草摇叶响知鹿过、松风一起知虎来、一叶易色而知天下秋的见微知著能力。为有效应对更加激烈的完全市场化竞争形势、技术创新带来的业态变化，必须准确研判形势，因势而谋、应势而动、顺势而为，持续锻造核心竞争能力。

（一）充分认识新技术新业态给中国邮政带来的新问题新挑战

新技术发展日新月异，与业态的融合不断颠覆着行业的生产方式和组织方式，使得行业业态发生根本性变化。

——普遍服务存在全面提质达标之“迫”。当前，部分邮政企业存在普遍服务不达标、设施设备配置不合规、安全工作“三项制度”落实不到位、“两条红线”尚未完全杜绝等问题，不能很好满足人民日益增长的美好用邮需求，与行业监管要求也存在差距，特别是委代办网点和补白网点达不到普服法定标准，亟待改进。

——邮政寄递正在承受竞争能力不足之“痛”。快递物流业已进入“一骑红尘妃子笑，早上下单晚上到”的唯快为优势的时代、进入“航母集群”的规模效益低成本发展时代、进入上下游生态协同发展时代、进入科技赋能时代。市场蛋糕虽越来越大，而邮政寄递市场份额仍在12%生死存亡线之下，能力不足是寄递业当下之痛。

一是邮政寄递面临“不进则退，慢进亦退”困境。“四通一达”收入连年高速增长，市占率逐年提升，2019年业务收入增幅超27%，而邮政寄递业务收入增幅仅12.3%，市场份额降至9.3%，特别是一些核心城市份额不足1%，在竞争中处于“无人问津”的地位。依据市场法则，市占率低于12%的企业将难以生存。同时，行业龙头集中趋势明显，未来中国快递物流业一定会形成3～4家大型企业寡头垄断的格局。如果不能快速提升份额，中国邮政将难以在快递物流业立足。

二是邮政寄递没有形成规模效益、成本居高不下。行业“以量为先”打造规模经济优势，加盟、外包、集中运营管控、人均效益成为降低成本的有效途径，成本下降有助于降低价格、做大市场规模，而规模效益又正反馈于价格和效率。成本管控已成为构筑竞争壁垒的关键手段，行业单票总成本最低3.82元，而邮政为5.26元，高出对手38%，没有建立成本管控的有效方式，无法实现规模效益。

三是邮政寄递在电商领域存在被替代风险。电商平台通过自建或控股物流公司，增强生态链控制能力。阿里通过菜鸟间接掌控“四通”，京东有自己的物流，苏宁收购天天，唯品会联手顺丰，行业上下游协同已成趋势。而邮政快递包裹过度依赖电商平台，来自两大平台业务量占比高达74%。

四是邮政未能建立仓配一体化的物流体系。分仓配送已成为快递物流业重要发展模式，也是行业竞争力所在。没有仓就难以拿到订单分配权，没有仓配有效协同就无法实现晚上下单、次晨送达的及时配送，没有仓配一体化就无法将末端配送向供应链前端延伸。邮政不仅缺乏优质仓储资源，而且缺乏与仓储布局高度融合的高效配送网络，缺乏基于大数据预测的动态弹性调度，难以适应市场竞争需要。

五是邮政寄递尚未形成运行高效的陆航一体化运输体系。行业多采取短途以汽运为主、中长途汽运＋铁路、远途以航空为主的多元化综合组网模式，各类运输方式既各展所长，又互为补充，保障网络平稳高效运行。邮政网络过度依赖单点集散和单一运输方式，各级网络衔接不畅、陆航运输未形成有机整体，影响了邮件传递速度和时限稳定性。

六是邮政寄递亟待科技赋能。行业的无人仓、智慧包装、AI收派助手、数据灯塔、基于算法的运输管控、无人驾驶等，都已实现场景化应用，以解决运营效率、服务体验等关键问题。寄递业已由劳动密集型产业转向技术密集型产业，科技成为行业核心竞争力。邮政科技赋能不够，特别是对于几十万条线路的指调运营，以人工为主的传统作业和管控模式已显得无能为力。

——邮储银行面临核心竞争能力重构之“忧”。

一是金融业态重塑正在颠覆邮储传统优势。“金融服务无处不在，就是不在银行网点”。随着移动互联网与业务的深度融合，银行业离柜率已超90%，银行业务实现了一部手机通办、一个网点通办。随着无处不在、无事不能的扫码支付广泛应用，互联网巨头从支付结算切入理财、信贷等金融服务，构建完整的生态圈。随着农业生产组织形态的转变，邮储银行在乡镇由几乎是“唯一选择”变成了“选择之一”。县域市场正在变成各家银行和互联网金融机构各显神通的“红海”市场。数字货币的推出，会带来更加严峻的挑战，邮储银行传统优势正在被颠覆。

二是零售业务转型落后于先进同业。“得零售者得天下”，零售“居其所而众星拱之”成为银行的核心能力。零售业务发展模式不断创新迭代，新零售是在金融科技支撑下，通过内建平台、外拓场景、流量经营、各端协同，以C端为核心和切入点，搭建“储蓄＋支付结算＋信贷＋信用卡＋投资理财＋对公”的生态圈，贯穿打通B端、G端，将金融产品与服务融入客户的生产生活中，提

供一体化综合金融服务。邮储银行零售业务模式还较为传统，展业方式依赖线下，以客户为中心的机制还未完全建立，客户分层服务体系有待建设，平台场景正在搭建，亟待加速向新零售转型。

三是息差持续收窄导致收入增长压力加大。利息收入方面：美联储三次降息，欧日负利率蔓延，LPR 三次下调，息差下行、货币宽松已是必然趋势。邮储银行净息差比上年下降 16 个 BP，预计今年息差将继续下降。非息收入方面：国内外优秀银行非息收入占比超过 40%，四大行平均为 29%，而邮储银行只有 15%；四大行手续费及佣金收入占比平均为 17.8%，而邮储银行只有 6.4%。

四是总部能力难以适应现代银行组织变革。随着数字经济的快速发展，银行业运营方式、生产方式的转变带来了组织方式的根本性变化。总部职能正在从传统的战略引领、行政管理向平台运营、科技赋能、智慧运营转变，形成“总部主建、基层主战”的组织方式。先进同业总行已成为资源集中配置、客户集中开发、风险集中控制的“智慧大脑”。而邮储银行总行仍然偏重于下指标、搞考核，平台建设、运营能力与市场竞争需求和基层期盼相比仍有较大差距。

五是信息科技成为制约竞争力提升的瓶颈。科技已融入银行的营销、服务、风控、管理等各环节，成为推动转型升级的新引擎、防范化解风险的新利器。同业都在加快建设集中化 IT 架构，深入推进敏捷化研发模式，通过业技深度融合，实现产品组件化、渠道协同化、管理智能化、经营智慧化。而邮储信息科技能力还难以有效支撑业务发展。

——代理金融面临增量不增效之“困”。代理金融是邮政公司的“吃饭业务”，是反哺普遍服务亏损的源泉。但目前，代理金融增量不增收、增收不增效问题突出。

——中邮保险面临打造新增长极之“急”。中邮保险承担着加快提升价值、打造新增长极的重任，是支撑集团未来发展的重要支柱之一，但目前其经营能力与快速做强做大的要求存在较大差距。

一是渠道销售亟待转型。邮银渠道长期以来以销售简单规模型产品为主，2019 年长期储蓄和风险保障型业务占比只有 14%，与 20% 的监管要求和行业先进存在差距，而期交产品需要专业的销售能力。二是专业运营能力亟待提升。产品研发能力不足，适合邮银渠道、竞争力强的产品不丰富；科技赋能不足，客户画像、精准营销能力薄弱；集中作业能力不强，核保理赔专业人员欠缺。三是投资能力亟待加强。投资领域不够广泛，未获取无担保债、股票、不动产等直投资质；市场化机制不够完善，投资能力不足。四是“代管”职责亟待落实。存在销售主体责任和代管职能落实不到位的问题，该履行的职责没有履行到位。

——农村电商面临厘清发展路径之“惑”。发展农村电商，既可叠加便民服务、普惠金融、政务服务，以此来丰富自有网点的业务，又可联合商家以商流带来物流和资金流，是中国邮政扎根广袤农村，实现寄递、金融等业务培基固本的需要。

一是商业模式不清晰。发展农村电商关键要建立行之有效的商业模式，以寻求社会价值、企业效益、农民利益最大化。但邮政批销业务有规模没效益，需深入探索；邮乐平台没流量、竞争力弱，需加快转型。邮政农村电商到底采取哪种商业模式？营利点又在哪里？亟待破题。二是管控模式不清晰。线上邮乐平台运营支撑不力，对线下“邮乐购”站点赋能不足；线下批销的商品和叠加的生活缴费项目收益低，对“邮乐购”店主吸引力不够，加之管理不到位，导致站点活跃度不高、黏性不强。三是运营模式不清晰。如何使农产品进城合情、合理、合规，如何建立农产品销售、仓储、包装、冷链物流全流程标准化、规范化运营模式？目前缺乏统一规划，造成农产品进城规模不大。

（二）深刻把握邮政发展面临的新机遇新优势

寄递业务方面：一是快递行业仍将保持较快增长，市场潜力巨大。随着数字经济广泛发展，未来三五年，快递业将保持 20% 左右的增速。特别是电商加速下沉，为发挥自身在县乡优势带来机会。二是政府部门大力支持，政策环境较为有利。《交通运输部等十八部门关于认真落实习近平总书记重要指示推动邮政业高质量发展的实施意见》等文件的出台，政务服务“一网通办”“只进一扇门”“最多跑一次”的改革，为快递物流业务发展提供了良好政策环境。三是改革创新不断深入，竞争实力显著增强。随着资源整合到位、处理流程优化、能力建设加快，邮政寄递业务具备进一步加快发展的能力和条件。

金融业务方面：当前发展的短板和差距都是潜力所在。如邮储银行存贷比目前只有 53%，比其他五家国有大行平均水平低 25 个百分点，存贷比每提升 1 个百分点增收约 7 亿元；各分行发展不平衡，平均人均利润为 40 万元，最高的分行达 133 万元，最低的 11 万元，如果 24 家人均利润水平较低的分行都能达到平均水平，那么将多创造出 142 亿元的利润。2019 年，邮储银行以空前的力度扩大科技人员队伍、开展领军人才招聘，自主开展并与互联网机构合作开展线上消费贷款和经营性贷款、生态圈建设，效果也将逐步显现。代理金融 3.2 万个代理网点正在转型，小额辅贷、农村对公、信用卡等业务如能更广泛铺开，将成为代理金融发展的“第二曲线”。中邮保险引战任务即将完成，资本实力以及专业化、市场化运营能力将大幅提升。

农村电商方面：市场有需求、社会有期待、邮政有优势、自身有需要、协同有效益。一是中央对邮政发展农村电商寄予厚望。“中央一号”文件连续5年提及支持农村电商发展。2019年9月，总书记在河南光山考察时强调，要发展农村电商、农村快递，拓宽农产品销售渠道，增加农民收入，为加快农村电商发展送来了春风。邮政发展农村电商，也得到了国家有关部门和地方政府的大力支持。二是农村电商市场广阔。农民希望农产品直接销售给消费者，市民希望吃到物美价廉的新鲜农产品。农民的生产生活是最有潜力的微观经济主体，是最有效的需求。三是邮政有明显的线下渠道优势。经过十多年的探索尝试，线上搭建了电商平台，线下建设县乡村三级物流配送网络，农村自有网点4万个、邮乐购站点60多万个、农村电商仓配中心1300多处，初步打通了“工业品下乡、农产品进城”双向通道。

特别是，中国经济正在发生巨大结构性变化，从外需导向转向了国内巨大市场驱动，未来需构建完整的国内循环体系，不断拉动中国经济长期向好。中央经济工作会议提出“八字方针”，“畅通”就是指畅通国民经济循环。中国邮政发展农村金融、农村电商、构建物流运输体系，在完善国内循环方面能够发挥积极作用，符合国家战略转型需要，存在着第二次崛起的巨大机遇。

（三）加快构筑中国邮政高质量发展的“四梁八柱”

柱立则墙固，梁横则屋成。中国邮政必须加快构筑自己的“四梁八柱”。

普遍服务、寄递业务、金融业务、农村电商是支撑中国邮政发展的“四梁”。普遍服务是中国邮政的法定义务，是保障国家公共服务均等化的制度性安排。寄递业务是中国邮政的主业，是行业“国家队”的象征，是新时代落实“人民邮政为人民”企业形象的全面彰显。金融业务既是主业，又是反哺普服、支撑改革创新、确保可持续发展的源泉。发展农村电商是邮政发挥边际效益的需要、是商流带来物流和资金流促进自身发展的需要，是协同发展的根本所在。

党建、转型、赋能、扁平、平台、协同、活力、作风是支撑中国邮政发展的“八柱”。必须以党建引领做优做强做大。党政军民学，东西南北中，党是领导一切的，要坚持党的全面领导，充分发挥国有企业的独特优势。以转型升级培育竞争新优势。新技术、新业态正在颠覆传统的运营模式、组织形式、资源配置方式，必须以转型建立新的竞争优势。以赋能增强核心竞争力。银行已成为金融科技公司，物流已由劳动密集型转为技术密集型企业，电商的核心能力是平台。只有全业务、全环节的赋能才可能打造应有的生存能力。以扁平管理提升运营效能。多级管理、分级运营已成为提升效率效益的最大瓶颈。集约化的管控和运营要求扁平化的组织与之相适应。以平台构建协同集聚效应。平台是商业手段，是智能化的介质。只有打造开放平台才能实现商流、资金流、物流的充分畅通、协同、共生。以协同实现共享共赢。协同是指体系内一个商业主体的商业活动为其他商业主体创造新的商机和价值，从而实现价值共享、共赢发展。协同是中国邮政最核心的优势，要构建“普服＋金融＋寄递＋电商”自身协同体系。以活力释放增强内生动力。调动全体干部员工的积极性、主动性、创造性是激发思想力和行动力的本质。要以改革创新和三项制度建设为企业发展添活力增动力。以作风建设激荡清风正气。坚持求是求实的工作作风，按照事物的本质规律办事，坚持一切从实际出发，摸实情，出实招，求实效。

三、聚焦战略布局，狠抓工作落实，做优做强做大中国邮政

2020年是全面建成小康社会和“十三五”规划收官之年，是中国邮政推进高质量发展的关键一年。2020年集团公司工作指导思想是：坚持以习近平新时代中国特色社会主义思想为指导，全面贯彻落实党的十九大、十九届二中、三中、四中全会精神和中央经济工作会议精神，树牢“四个意识”，坚定“四个自信”，坚决做到“两个维护”；坚持质量第一、效益优先，以“三个视角”找差距，以“三大规律”促改革，短板补扎实，基础打牢靠，构筑改革发展“四梁八柱”；坚持只争朝夕、奋发有为的拼搏姿态和越是艰险越向前的斗争精神，万众一心加油干，以钉钉子精神抓好工作落实，加快将中国邮政打造成为行业“国家队”，实现二次崛起。

2020年经营发展目标是：收入完成6676亿元，增长8%；利润实现592亿元，增长10%。其中，邮政公司（含寄递）收入2340亿元，增长8%；寄递事业部收入835亿元，增长16%；中邮保险收入906亿元，增长21%。

全年工作要重点做到“八个着力”。

（一）着力强化党建引领，发挥国有企业独特优势

全面贯彻习近平总书记关于加强国有企业党的建设的工作要求，着力把党的政治优势、组织优势和群众工作优势转化为企业的竞争优势、创新优势和发展优势。

一是把坚决做到“两个维护”作为根本政治任务。切实加强党的政治建设，严肃党内政治生活，严明党的政治纪律和政治规矩，进一步增强“四个意识”，坚定“四个自信”，切实把“两个维护”体现在坚决贯彻党中央决策部署的行动上，体现在履职尽责、做好本职工作的实效上，体现在党员、干部的日常言行上。二是把学懂弄通做实习近平新时代中国特色社会主义思想作为首要政治任务。要自觉主动学、及时跟进学、联系实际学、笃信笃行学，做到在学懂中深化、弄通中消化、做实中转化，真正学出坚定信仰、学出使命担当、学出能力水平。三是把国

有企业领导人员20字要求作为选人用人的根本遵循。树立正确选人用人导向，切实把想干事、能干事、干成事的干部发现出来、使用起来；坚持老中青相结合的梯次配备，不断优化领导班子结构，加快培养使用优秀年轻干部，确保邮政事业薪火相传；坚持党管干部原则，坚持德才兼备、以德为先，建设忠诚干净担当的领导干部队伍。四是把基层党组织打造成为坚强战斗堡垒。持续理顺组织关系、优化组织设置，着力开展“模范机关”创建、基层党组织建设达标工程和创先争优活动。五是把巡视作为自我净化、自我监督的利剑。站在“巡视整改不落实，就是对党不忠诚、对人民不负责”的高度，以狠抓中央巡视和内部巡视整改推动改革发展；保持“巡视永远在路上”的定力，高质量推进内部巡视巡察全覆盖，确保党中央决策部署落实落地，确保集团公司重大战略执行到位。六是把正风肃纪作为营造良好政治生态的必要手段。加强对权力运行的制约和监督，强化监督执纪问责，继续保持反腐败高压态势；持之以恒落实中央八项规定精神，紧盯空泛表态、应景造势、敷衍塞责等形式主义、官僚主义新表现，以有效的整治举措推动标本兼治，做到浚其源、涵其林，固根本、养正气。

（二）着力深化供给侧改革，全面推动高质量发展

当前中国邮政的主要矛盾是能力与充分竞争中生存发展的矛盾，表现为市场竞争力不足，只有全面实施供给侧改革，才能实现高质量发展。

——全面确保普遍服务提质达标。普遍服务是中国邮政的主责所在，丢掉了普服就丢掉了中国邮政存在的前提，必须以“两提升、四强化、七确保”持续提升服务水平。

“两提升”：提升认识，坚守“人民邮政为人民”的初心使命；提升质量，建立行政处罚案件“一对一”督导闭环管理制度，杜绝违反“两条红线”行为。“四强化”：强化信息化管理手段，加强质量监控与督导；强化普服管理机制，做到齐抓共管；强化普服督导考核，普服质量与绩效考核、普服补贴及责任追究挂钩；强化普服基础管理，打造懂业务、熟规章的专业管理队伍。“七确保”：确保营业服务达标率100%；确保建制村直接通邮质量稳步提升；确保普服邮件全程时限达标率100%；确保条码平信信息断点率低于1‰，普邮给据邮件丢损率低于0.1‰，邮件、报刊妥投率100%；确保全国县及县以上城市党政机关《人民日报》当日见报率达到85%以上；确保机要通信万无一失；确保普服满意度达到79分以上，邮政服务申诉处理满意率高于97%。

同时，创新发展邮政基础性业务，保持收入规模总体稳定。函件传媒业务要融合自有、社会媒体资源，打造“中邮传媒”品牌。报刊业务要分类精准化发行，夯实报刊发行主渠道地位。集邮业务要做大社会热点项目规模，创新发展个性化定制业务，向集藏+文化消费转型。文创业务要创新产品，项目引领，打造“中邮文创”品牌。

——时不我待提升寄递业务核心能力。扛起主责、抓好主业、当好主角，打造国家队应有的发展实力。

一方面，以“三个视角”找差距、立标杆，构建“五大优势”。从客户视角，看产品、看服务、看性价比；从竞争视角，看份额、看效益、看效率；从行业最优视角，看各环节最佳实践、看各要素最佳配置。一是强化源头获客，构建市场优势。改“等客上门”为“主动获客”，加强战略客户总对总开发、深化平台合作、抢占集群市场，实现源头获客；牢牢抓好单证照业务，全面对接政府“一网通管、一网通办”，以政拓商；推广“白龙江”经验，聚焦特定区域、特定市场、特定客群，利用会员积分兑换体系打造散户获客主渠道；推进跨境电商“三关合一”，筑高竞争壁垒；做强智能仓储、极速鲜等自有平台，构建“平台+仓储+商家入驻+源头获客”寄递业务生态链，增强客户黏性。二是实施网络变革，构建时限优势。按照“竞争为先”原则，超前组开邮路，推进省际、省内、航空、陆运网各环节紧密衔接；开展时限提速“攻城行动”，加密运输频次和投递频次，确保重点城市和规模线路时限赶超竞争对手；加大时限指标考核力度，将按“率”考核调整为按“件”考核，确保全程时限既快又稳。三是提升客户体验，构建服务优势。以“弱项赶超行业、强项持续领先”为目标，加强服务质量管控，完善质效考核体系。强化主动客服，优先保障重点客户的服务质量；以11183作为全网统一外呼号，丰富微信公众号服务功能，优化客户服务触点；开展第三方体验测评，加强信息化检查，切实解决突出问题。四是对照标杆压降，构建成本优势。建立财务标杆体系管理长效机制和成本责任机制，重点压降人工、外包、运输成本。对标先进同业，优化人员结构，提高人力资源配置效率；推行非核心作业环节外包，降低外包费用；采取单向变双向、小车换大车，提高运输效率，降低运输成本。五是加快IT赋能，构建科技优势。重点推进“智能+”转型，实施智能网络规划、智慧路由、智能调度、智慧场院建设等；优化推广数字看板，实现生产运营管控和业务管理可视化；建设协议客户门户，开放API接入，实现“一站式服务”；优化新一代寄递业务信息平台、ERP等信息系统，支撑经营模式创新和销售转型。

另一方面，以“三大规律”促改革、求创新，实现“五大突破”。遵循行业规律，看竞争对手成功路径，行业怎么做就怎么做；遵循市场规律，让市场在资源配置中发挥决定性作用；遵循价值规律，将员工收入与其贡献和企业效益紧密挂钩。一是持续推动体制机制向激发活力突破。推进寄递事业部由职能管理向生产运营转变。加强“大市场”体系建设，实行项目制开发管理；建立业绩为

导向的考评体系，通过内部模拟结算等方式倒逼运营支撑端提质增效；推广“加盟制”“准加盟制”“员工创业”等经营创新模式，增强经营动力；通过合作共享等方式，利用社会资源补充揽投能力、补足技术短板。二是持续推动网络组织向统筹协调、柔性敏捷突破。打破行政区划，实施“省会＋非省会”多中心集散、“汽车＋铁路＋航空”立体组网以及直达、往返、串行灵活运输，全面提升网络组织柔性；巩固提升出口集包成效，积极开展进口集包，优化生产流程，推动处理中心向“分拨＋分拣”功能转型；优化网点布局，开展揽投作业网格化改革，实行营业部与网格之间集包中转接驳、自提点集包直投，加大自提网络建设，增强揽投能力。三是持续推动科技赋能向自动化、智能化突破。加大信息科技投入，利用 AI、5G、物联网、大数据等新技术实现邮件生产处理全环节可预测、可管控；加大智能化、自动化设备应用，提升全环节处理能力和无人化水平；强化大数据治理与应用，支持柔性组网和市场结算，建设数据化客户管理和智能化客服体系。四是持续推动运营管理模式向集中化、生产型突破。强化全网统一指挥调度，实行总部、省公司两级管控，省际网由总部负责，省内网由省分公司负责。运营管控“一竿子到底”，制度规范、运营标准、作业流程、质量考核等由总部和省分公司直管统控。五是持续推动发展方式向建立生态体系突破。构建基于大数据的智能仓配布局，打通上下游；探索开展物流金融服务，以拓宽产品线增加竞争力；建立加盟运营的体制机制，以开放平台培育大生态；建设共享数据、融合中台、开放 API，以开放 IT 形成大协同。

——持续推动金融业务转型发展。以先进为标杆，学习行业成功经验，实施科技赋能，打造金融业务发展新优势。

邮储银行：以 A 股成功上市为契机，持续推进“五化”转型，服务实体经济，防控金融风险，开启建设现代化一流商业银行新征程。一是加快转型发展步伐。加快建立“用户引流、客户深耕、价值挖掘”的新零售发展模式；推进网点渠道向智能化、综合化转型，完善手机银行功能，丰富应用场景，做到“一机通办”；个人金融业务要增规模、调结构、控成本、提价值，高质量发展存款业务，大力推进消费金融、财富管理业务发展；公司业务要提能力、拓客户、增规模，狠抓机构存款，大力发展交易银行和投资银行业务；资金资管业务要精准配置资产，努力稳定收入贡献；大力培育中间业务增长点，构建多元、稳定、均衡的收入增长格局。二是全力服务实体经济。发挥资金、渠道优势，加大对重大基础设施、先进制造业、现代服务业、乡村振兴等领域支持力度，构建对民营、小微企业“愿贷、敢贷、能贷、会贷”长效机制，提升服务实体经济的能力。三是强化总部运营支撑能力。提升总部战略引领、资源配置、分类指导、协同联动和科技支撑能力，打造运营型总部，做到从管控转向赋能、从竖井走向融合，形成“总部主建、基层主战”的发展格局。四是构建金融服务生态圈。以零售为核心探索建立贯穿公司业务和政务业务的综合服务体系，强化批零联动协同，做到“一行通办”；拓展“邮储食堂”场景，搭建“衣食住行、医教文体”生态体系，为个人客户提供“一站式”金融服务；对接政府需求，以市民卡、社保卡等为入口，积极参与智慧政务建设；加快交易银行平台建设，构建“网银＋结算”“结算＋融资”“业务＋科技”服务体系，为企业客户提供综合金融服务，并以开放式缴费平台为重点创新场景化服务。

代理金融：重点做到“四个聚焦”，提高发展质效。一是聚焦目标客户，实现客户规模与价值贡献双提升。深挖存量客户综合价值，加强增量客户源头批量营销。在城市拓展农贸市场、商贸批发市场、有车一族、产业集群等十大客群；在县域抢抓政府重点项目，获取财政、社保、扶贫、拆迁补偿款等批量资金；在农村主抓龙头企业、农民合作社、家庭农场、小微企业等，实现批零联动、协同化获客。二是聚焦全产品链，实现个金全业务协同互进。稳步铺开小额辅贷业务，争取开办对公开户、信用卡及分期辅助营销、实物贵金属销售业务，搭建以零售为核心的全产品链，满足客户多样化金融需求。三是聚焦稳规模、调结构，持续提升发展质效。围绕“十大抓手”，大力发展活期存款，做到营销场景要活、服务策略要活、客户政策要活，确保低成本资金引进来、留得住；将快捷支付、信用卡及分期辅助营销、实物贵金属销售作为新增长点，做大非货币型基金与理财产品销售规模；加快财富管理转型，将财富客户作为客户转型的重中之重。四是聚焦网点转型，将网点打造成利润中心。精准市场营销，一点一策，五级联动为网点赋能减负；精细网点管理，统一网点建设、机具运营、服务标准；精确管控成本，加强网点损益核算，加大智能自助设备配备力度，持续压降现金台席，提升网点效能。

中邮保险：坚持价值成长，加快打造新增长极。一是加快提升规模效益。负债端要优化业务结构，加大新产品研发力度，重点推出长期储蓄型及风险保障型产品；资产端要拓宽投资领域，加快组建中邮保险资产管理公司，提升投资收益水平。二是加快提升自营和代管水平。中邮保险要切实承担委托管理职能，做好产品研发、销售支撑、专业运营、风险管控等工作；各级邮银代管机构要积极履行销售主体责任和代管职责，确保展业省市县代管机构到位、人员到位、职责到位。三是加快提升服务能力。强化科技赋能，加强数据分析，协同邮银开展精准营销；优化作业流程，全面推进承保、保全、理赔业务自动化、线上化、智能化；加快推进后援中心建设，打造核保理赔专业队伍，提升运营支撑能力。

中邮证券：量质并举，保持快速健康发展。强化公司治理和经营管理，建立以市场为导向的选人用人和激励约束机制，推动战略规划落地。积极推进业务转型升级，增强经纪业务财富管理、科技支撑能力，加快资管产品创设和投行项目突破，扩大增量、激活存量。

——巩固农村电商主渠道地位。深入贯彻总书记河南光山重要指示精神，为农民创收、为消费者降本，激发微观主体活力，以商流带来物流和资金流。一是全面推进渠道平台转型。打造商圈、社区、校园、乡镇、景区、边远六类网点转型模式，推广"支局＋站点"辐射管理模式，分类叠加业务，全面提升站点质量。整合信贷、保险、寄递、电商、仓储等各板块资源，为228万农业合作社和73万家庭农场提供综合服务。二是加强县乡村三级物流配送体系建设。加大能力投入，加强县级仓配中心建设，增加配送车辆；推进交邮、快邮合作，共建共享农村物流配送平台。三是推进农产品进城、工业品下乡。积极对接农业农村部158个试点县、18万个示范合作社，建立农产品源头品控、包装、销售、客服等全流程管控体系，打造农品大单品，打响"邮政农品"品牌；提升批销商品招商能力，通过大数据分析，打造批销大单品，做大批销业务规模。

——打造协同发展新生态。围绕客户综合需求，以惠农合作、政务服务、汽车产业链、电商市场、医药市场和军民融合六大协同项目和总部客户项目为抓手，创新产品服务，提升项目收入贡献。推进邮政"YOU生活"平台建设，整合邮储食堂、极速鲜、邮乐等线上流量入口，拓展网点本地同心圆市场，构建引流获客、线上线下融合发展场景，打造业务联动、生态协同的邮政会员体系。

（三）着力深化企业改革，激发企业发展活力

总书记指出，要坚定不移深化国有企业改革，着力创新体制机制，加快建立现代企业制度，激发各类要素活力。进一步深化企业改革，释放发展活力。

一是积极推进集团公司治理体系和治理能力现代化。深化公司制改革，加快形成有效制衡的公司法人治理结构和灵活高效的市场化运营机制，不断释放企业发展活力，确保公司制改制取得实效；进一步明晰集团公司与控股子公司的人力、财务、投资、运营等管理权限，建立符合现代公司化运营要求的集团管控模式，提升法治化、科学化、规范化治理能力。二是持续深化寄递业务改革。深化寄递管理体制及人力制度改革，形成"省公司一把手亲自抓、负总责，分管领导具体抓、切实管，一个中国邮政，一套领导班子"的领导机制和工作格局；持续推进流程优化和资源融合，提升专业化运营水平，将"八大整合"成果切实转化为客户体验提升、市场份额增长和降本增效的实效；按照一个组织、一套体系的架构整合人力资源，打通邮速人员双向流动通道，实现人岗匹配，抓好薪酬分配政策落地，真正做到"网合""人合""心合"，同时为下一步专业化管理创造条件。三是建立健全市场化体制机制。务必完成中邮保险引战工作，持续加大中邮科技混改后的市场化力度，建立完善公司治理体系和运营机制，为集团后续引战混改积累经验。建立常态化的岗位晋升和薪酬增长机制，以能力评价和业绩考核为基础，切实做到"能者上、庸者下""多劳者多得、绩优者多得"。

（四）着力加快要素赋能，夯实邮政发展根基

科学技术是第一生产力，企业赖之以赢；人才是第一资源，事在人为，有了人任何人间奇迹都可以创造出来。要加快科技、设施、人才赋能，夯基础，建优势。

一是大力实施科技赋能，打造发展新动能。抓好数字邮政规划、新一轮IT规划和数据规划的研究与落地；打造能力强大的中台，开展数据治理，共享数据资源，强化网络规划、客户挖潜、风险管控等方面的数据分析应用；持续推进云平台建设，加快基于云平台的营业渠道、智能客服、共享服务系统建设，赋予业务发展新动能。二是大力实施设施赋能，提升生产处理能力。改造南京集散中心分拣系统，同步提升通航局空侧处理能力，补强航空网能力短板；加快上海、杭州等20个核心节点征地项目建设，计划开工建设29个新邮件处理中心和产业链源头仓储中心，工艺扩容改造49个骨干节点，力争全网日处理能力达1亿件。三是大力实施人才赋能，提高全员能力素质。构建与岗位胜任力相一致的任职资格体系，大力开展针对性培训和实践锻炼，持续提升员工专业能力，增强干事创业本领。

（五）着力加强扁平管理，提升企业管理效能

信息技术的进步和业态的变化，让扁平管理成为业界基本形态，要求企业深化管理体制改革，缩短管理链条，压缩管理层级，推行扁平化管理、集中化管控。

一是加强生产经营型总部建设。集团公司、各控股子公司、各省公司要推动去机关化、去行政化，由行政管理和职能管理向生产运营管理和服务支撑管理转变，加强集团客户总对总营销开发，加大服务支撑基层一线的力度；各级公司都要担负起争取政府政策、获取应有资源、构建良好发展环境的责任。二是强化集团总部和省分公司两级管理职能。在强化寄递网络运行两级指挥调度的同时，进一步深化财务、人力、集采两级管控，以及审计"集团＋大区"管控模式，强化省公司尤其是地市县的生产运营、市场营销、客户服务职能。三是实现IT系统集中化。要以一套数据库服务全业务，打通各中台构建大协同，开放API打造全生态。

（六）着力服务国家战略，强化央企责任担当

习近平总书记指出，国有企业要成为坚决贯彻执行党中央决策部署，促进经济社会发展、保障和改善民生的重

要力量。服务党和国家大局，是中国邮政责无旁贷的使命责任。

一是持续做好邮政精准扶贫工作。坚决落实“四不摘”要求，持续做好邮政扶贫工作，做到工作不断、力度不减、政策不变，巩固扶贫成果，并做好与乡村振兴战略的衔接，高质量打赢脱贫攻坚战。坚决纠正巡视发现的问题，结合自身业务，量力而行，做好金融扶贫、电商扶贫、产业扶贫工作。二是大力推进绿色邮政建设。坚决打好污染防治攻坚战，落实生态环保主体责任，继续推进包装减量化、材料绿色化，扩大轻型包装箱和免胶带包装箱使用范围，推进胶带瘦身，杜绝过度包装。全面使用可循环邮袋，加快新能源车辆配置。三是坚决打好防范化解重大风险攻坚战。全面完善全业务、全流程、全员风险管理体系和管理能力。主动前瞻管控好资产质量，紧盯重点领域，控增量、化存量，确保资产质量优良。抓好反洗钱和消费者权益保护工作。夯实案防管理基础，压实“一把手”责任，保持案防内控高压态势，构建“不敢、不想、不能”的内控合规管控机制。四是主动服务雄安新区和“一带一路”建设。推进雄安新区智慧邮局建设，加快无人机、无人包裹收寄终端等设施设备布局，打造智慧邮政。在金融、寄递等方面大力拓展“一带一路”沿线国家市场，同时服务好京津冀协同发展、长三角一体化发展、粤港澳大湾区建设等国家战略。

（七）着力坚持问题导向、目标导向、结果导向，推动后进赶先进、中间争先进、先进更先进

习近平总书记指出，各项工作推动都要坚持问题导向、目标导向、结果导向。这也是做好全年工作的重要方法论。坚持问题导向，就是各单位要以解决问题为出发点，集中力量和资源，全力化解工作中的突出矛盾和问题。坚持目标导向，就是要围绕打造行业“国家队”的战略目标制定相关任务目标，持之以恒、一步一步地朝着既定目标奋斗前行。坚持结果导向，就是要以工作成效为落脚点，坚持质量第一、效益优先，以实实在在业绩接受检验、评判工作。

坚持三个导向，推动后进赶先进、中间争先进、先进更先进，是管理的基本要求。集团公司、各控股子公司、各省公司都要制定具体举措，争先恐后，学习先进，要“跳一跳摘桃子”，向更高的目标拼搏，不断提升整体业绩。

（八）着力转变工作作风，营造求是求实的文化氛围

习近平总书记指出，形式主义、官僚主义的本质是责任心缺失，用形式代替扎扎实实落实、掩盖矛盾和问题，脱离实际，脱离群众。

要力戒形式主义、官僚主义，推动解决“口号喊得震天响，行动起来轻飘飘”“遇到问题往外推，落实责任往下移”“堆盆景造声势，做表面文章，重包装不重实效”等问题。要强化目标管理，做到落细落小落具体，做到目标到人、任务到人、责任到人、举措到人、考核到人。要将“三个视角”“三大规律”应用在实际工作中，体现在具体行动上，不能只挂在墙上、说在嘴上、停留在口号上。要持续开展“一月一事　消灭最差”活动，领导干部要做讲担当、重实干、强执行、抓落实的表率，沉下身子、深入一线解决问题；发挥“首席营销员”作用，主动对接政府、对接客户、开拓市场。任何工作，各级干部、员工都要求是求实，做到心中有数、心中有底、心中有策，推动工作真正落地见效。

中国邮政发展离不开每一名员工的倾力奉献。各级邮政企业要关心关爱员工，推进职工小家建设，帮扶困难员工，让广大员工共享发展成果。广大邮政员工要按照《新时代公民道德建设实施纲要》要求，不断提升道德素质，加快全面发展，努力成为担当民族复兴大任的时代新人。（集团公司综合部）

综 述

2020年是中国邮政发展历程中极不平凡的一年。面对疫情的严峻考验，面对世情国情企情的深刻变化，面对艰巨繁重的改革发展任务，集团公司坚持以习近平新时代中国特色社会主义思想为指导，全面贯彻落实中央决策部署，坚持高质量发展，革故鼎新、攻坚克难，为推动二次崛起奠定坚实基础。

坚持党建引领，全力推动党建工作由中央巡视指出的虚化、弱化向党建和经营发展深度融合转变，国企党建的独特优势进一步发挥。坚持转型升级，全力推动中国邮政由商业模式传统、经营方式粗放、服务手段单一向业务生态化、运营精细化、服务多样化转变，市场竞争优势进一步培育。坚持科技赋能，全力推动全业务、全流程由业技融合差、人工环节多、迭代响应慢向智能化、自动化、敏捷化转变，企业核心竞争力进一步增强。坚持扁平管理，全力推动管理体系由组织层级多、运营效率低、管理链条长向集中管控、权责明确、总部主建、基层主战转变，企业运营效能进一步提升。坚持平台建设，全力推动网点渠道由线下为主向线上线下充分融合的综合服务平台转变，协同集聚效应进一步彰显。坚持协同发展，全力推动各板块由“各人自扫门前雪”向构建“普服＋金融＋寄递＋电商”生态协同体系转变，“一个中国邮政”的力量进一步汇聚。坚持激发活力，全力推动管理机制由“能上不能下、能进不能出、能增不能减”向“能者上、优者奖、庸者下、劣者汰”转变，内生动力进一步迸发。坚持改进作风，全力推动工作作风由安于现状、故步自封、因循守旧向以“三个视角”“三大规律”找差距、抓落实转变，求是求实的氛围进一步营造。坚持质效并举，全面加快普服、金融、寄递、电商业务转型步伐，各板块运营质量和效率显著提升，柱立则房固，梁稳则屋成，“四梁八柱”的基石进一步夯实。

一、围绕服务国家大局，提高站位、主动担当，在践行央企责任上展现新作为

积极践行央企责任，扎实做好“六稳”工作，全面落实“六保”任务，全力服务经济社会发展。

（一）疫情防控彰显担当

坚决贯彻落实总书记重要讲话重要指示精神，集团公司党组统一指挥、周密部署，各级邮政企业闻令而动、积极作为，广大党员干部主动请缨、冲锋在前，基层一线职工逆行出征、勇毅前行，充分发挥了“先行军”“主力军”的重要作用，交出了一份经得起历史和人民检验的抗疫答卷。作为国家应急保障体系的重要组成部分，中国邮政担当的责任前所未有；作为国民经济运行体系中不可或缺的重要力量，中国邮政发挥的作用前所未有；作为畅通国内“微循环”、打通国际物流“大动脉”的行业“国家队”，中国邮政表现的能力前所未有；作为各级政府抗击疫情的重要依靠力量和有效抓手，中国邮政赢得的评价前所未有；作为社会全面复工复产的先行者和有力支持者，中国邮政取得的社会影响前所未有；作为防疫物资和百姓生活用品运递保障的“主力军”，中国邮政品牌的传播力度前所未有。

（二）三大攻坚战成果丰硕

脱贫攻坚任务超额完成。在陕西商洛两区（县）提前一年脱贫摘帽的基础上，持续推进全面脱贫与乡村振兴有效衔接，大力开展金融扶贫、电商扶贫、产业扶贫、教育扶贫，超额完成了邮政扶贫三年规划目标任务。绿色邮政建设卓有成效。“9792工程”全面达标，获评“2020年度环境社会责任企业”。重大风险底线牢牢守住。全年未发生重大金融风险和重大安全事故。邮储银行资产质量保持同业领先。

二、在提升发展质效上实现新突破

坚持质量第一、效益优先，集团公司整体发展保持良好态势，完成总收入6655.61亿元，比上年增长7.83%；实现利润605.5亿元，比上年增长12.36%。

（一）普遍服务质量全面达标

乡镇网点覆盖率和建制村直接通邮率保持100%，全网信件、挂刷、普包全程时限全部达标，机要通信万无一失。3587个网点实现转型，叠加代收代缴便民服务项目和警邮、税邮、烟草零售等业务的网点数量快速增长；零收入网点比上年下降83%，万元以上收入网点占比达81%，比上年增长12%，网点无业务可干现象明显改观。

（二）金融业务转型成效突出

邮储银行着力提升产品服务能力和资金运用能力，量质并重推进稳健转型，经营业绩稳步提升。利润增速好于可比同业；中邮理财加快打造“普惠＋财富＋特色”品牌。代理金融扎实开展“补产”“追产”“增产”三项行动，做到了调结构、稳规模、提质效。完成收入1130.5亿元，增幅8.4%；客户AUM比上年新增11.4%，新增代发单位比上年增长93%，收单商户较年初新增125%、联动活期存款新增占比26%，公司存款较年初增长43%，由此带动活期存款比上年多增672亿元，三年期存款比上年少增2280亿元，在存款新增6861亿元的情况下，付息成本较年初仅上升1个BP，成本压降效果显著。中邮保险深化价值转型，优化资产配置，完成收入937.1亿元，比上年增长25.2%，对集团增收贡献率56%。保费增长21%，增速明显高于行业，其中长期期交新单保费增长177%；实现投资收益123.7亿元，增长52.1%。中邮证券

强化协同效应，经营业绩大幅提升，收入、利润分别比上年增长 24.3%、29.5%。

（三）寄递业务竞争能力快速提升

大力推进“五大体系”建设，特快次日递率由 2019 年 3 月的 63.7% 提升至目前的 74%，快包 T+3 日递率由 83.7% 提升至 90.2%，中心局人均日处理量由改革前的 472 件提升至 729 件，为构建全新的竞争优势奠定了坚实基础，有效促进了业务发展。特快业务量收均实现两位数以上增长，快包业务量收增幅均高于通达系，物流业务连续 7 个月收入增幅超 20%。与菜鸟裹裹合作，在 2.2 万个邮政网点开展“到站寄件”业务，合作寄件点数量行业第一。

（四）农村电商发展加快推进

以提升站点质效、做优消费品下乡、助力农产品进城、搭建协同场景为抓手，提高平台流量，促进产销对接，完善运营模式，推动构建新生态。通过业务叠加，共激活站点 30.8 万个；打造大单品，实现自营批销额 50.3 亿元，比上年增长 67%；打造了 50 个农产品基地，带动农品销售 45.3 亿元，比上年增长 40.3%。

（五）协同发展战略有效落地

六大协同项目取得明显成效。其中，惠农合作项目聚焦融资难、销售难、物流难，推动农村市场源头获客，分别走访农民合作社、个体农户（含家庭农场）44.9 万、56.6 万户；极速鲜、标准箱寄递共实现收入 34.8 亿元。军民融合项目实现突破，中标被装被服仓配一体化、附油仓储配送等项目；完成军委某部无人机三区四线常态化保障试点项目；各兵种战区交流广泛开展。

三、在激发企业活力上取得新成效

坚持以改革增动力、激活力，多项重点改革攻坚任务落地见效。以国企改革三年行动方案为基本遵循和纲领性文件，制定了具体详尽的实施方案；完成中邮科技引战混改；剥离企业办社会职能取得实质进展，退休人员社会化管理移交主体任务全面完成。数字货币、直销银行、物流基金、军民融合、惠农合作、“三关合一”等多项关系邮政长远发展的顶层设计实现了重大突破，为中国邮政健康可持续发展奠定了坚实基础。

特别是寄递业务紧扣“时限更快、价格更优、丢损更少、稳定可控”，以“三个视角”找差距、立标杆，以“三大规律”促改革、求创新，全面深化改革。一是按照行业规律，在 5 省试点“两集中”管控，总结经验，完善方案；二是聚焦按量组网、打破区划、压缩层级、提质增效，有序推动陆运网改革；三是按照管理架构扁平化、资源配置市场化、运营管控实体化的原则，在 5 个省会邮区中心局先行改革，为全网优化中心局机构设置和人员配置提供依据；四是通过单改双、委办改自办、小车改大车、经转改串行、扩大高铁运邮“四改一扩”组合拳，探索运输管控和效能提升模式；五是深化揽投网改革，扩大自提范围，围绕政、商圈合理设置揽投网格，推进中转接驳作业，揽投作业效率有效提升。

随着改革的深入，寄递业务发生了脱胎换骨的变化，改变了“官慢贵繁”“繁慢差难”的负面形象，竞争能力不足之“痛”有效缓解。一是时限质量全面提升，实现了从慢且不稳到基本上与竞争对手旗鼓相当、各有千秋。特快与快包整体时限均超 2019 年最佳水平，特快时限直追竞品，快包时限与竞品差距由 8 小时缩至 4 小时，六大重点区域快包时限连续 5 个月赶超竞品。二是服务质量全面改善，实现了从客户体验较差到满意度大幅提升。特快、快包异常发生率从 11%、15% 降至 8%、10%，问题邮件一次及时解决率由 85% 提升至 91%，有责申诉率降至百万分之 1.4，创历史最好水平。“双十一”寄递网运行畅通有序，在业务量再创新高的情况下，一改过去“限量、限流、积压、爆仓”现象，圆满实现了“促发展、保畅通、重体验”目标。三是环节成本全面压降，实现了从成本居高不下到部分环节接近行业水平。聚焦收分运投和管理支撑五大环节、25 项关键管控要素进行压降，快包件均成本下降 12.9%。四是获客能力全面增强，实现了从单打独斗、等客上门到协同作战、主动获客。强化板块协同、分级开发，与华为、腾讯等 29 个战略客户合作；阿里、拼多多平台日均量分别增长 18.5%、53%。五是 IT 赋能全面加快，实现了从以手工作业为主向信息化、自动化、智能化的突破。深化业技融合，推进“智能 +”转型，开展智能排班、智能派揽、智能路线规划、智能运力匹配、车辆智能管控等试点，提升了生产处理效率。

四、在打造竞争能力上迈上新台阶

坚持能力建设提前布局、超前储备，信息化自动化智能化水平进一步提高，为打造核心竞争能力提供了新动能。

（一）寄递网能力再创新高

推动邮件处理从全散件向集包模式转变；应用自动理货、自动摆轮、自动供件、直连配发等新工艺新装备，基本实现了分拣作业自动化、智能化，人均效能提高 53%。加强南京、郑州国际枢纽和 40 个国际邮件互换局建设，新增通关处理能力 241 万袋（件）/ 天，实现了场所集约化、分拣自动化、查验信息化。全网日处理能力提前两年实现 1 亿件目标。

（二）科技赋能成效凸显

一是金融数字化转型加快。邮储银行推进新一代个人业务核心系统建设，上线开放式缴费平台等206项重点工程，如有效赋能客户营销、风险识别、产品创新等。中邮保险加快营销数字化和服务线上化转型，线上出单率达98%。二是寄递智能化转型取得实效。全程时限计算耗时由10天缩短至35分钟，有效支撑了时限的实时管理；对全国11万余条线路进行IT智能规划，达到菜鸟时限标准的线路占比提升27%。三是自主科研能力跻身行业前列。中邮科技中标顺丰鄂州机场项目，打破了货运机场工艺建设长期被国外公司垄断的格局。

（三）四大数据库建设取得突破

一是时限库建设已见成效，全面建立时限标准，逐条对标行业线路，强化问题查找推送，实现了全链路分环节时限管控，为时限水平提升和优势邮路建立提供了智能手段。二是成本库建设基本成型，实现了五大环节25项关键要素的管控分析，为推动端到端、全环节、全要素降本增效提供了有力支撑。三是市场库建设有序推进，客户画像更加完整，竞争态势更为明晰，为精准营销和市场拓展提供了重要抓手。四是服务库建设全面启动，量化管控服务目标，为服务水平提升提供有效助力。

五、在凝聚发展合力上彰显新气象

全面落实新时代党的建设总要求，围绕中心、服务大局，不断提高党建质量，凝聚了攻坚克难、干事创业的强大力量。

（一）党的政治建设全面加强

深入学习贯彻习近平新时代中国特色社会主义思想，着力强化党员干部理论武装，持续巩固深化主题教育成果，树牢了“四个意识”，坚定了“四个自信”，做到了“两个维护”，以“三个坚决”确保了中央决策部署件件有着落、事事有回音。

（二）基层党组织和党员作用有力发挥

推进基层党组织建设达标工程，在全系统创建了“百千万”示范单位、示范点和党员先锋岗；21名邮政职工当选为“全国劳动模范”；举办了“两优一先”表彰和抗疫表彰大会，鼓舞了士气、振奋了精神，进一步增强了员工队伍的凝聚力、向心力。

（三）干部队伍结构不断优化

以国企领导“20字”要求为根本遵循，坚持干部调整“十大原则”，选优配强领导班子。加大年轻干部培养使用力度，新提任党组管理干部50人（含银行10人），其中45岁左右年轻干部占56%，“70后”二级正干部从年初的4人增至11人，17个省分公司、30家一级分行领导班子中已至少配备1名45岁左右年轻干部。结合考核结果、任职年限、班子效能、性格特点等因素进行统筹调整，优化了领导班子结构。

（四）党风廉政建设和反腐败斗争扎实推进

精准有效开展政治监督、日常监督，持之以恒落实中央八项规定精神，一以贯之纠治“四风”。全系统立案758件，给予党纪政务处分967人。不敢腐的震慑持续强化，不能腐的笼子切实扎牢，不想腐的自觉不断增强。

（五）巡视工作深入开展

高效率高质量开展常规巡视和专项巡视，整体推进巡察工作。扎实做好巡视“后半篇文章”，以中央巡视整改促进内部巡视整改深化，以内部巡视整改巩固中央巡视整改成果。

（六）工作作风发生根本性变化

坚持求是求实，大力整治形式主义、官僚主义，将“一月一事　消灭最差”活动与基层联系点调研、跟班作业紧密结合，形成了一级带着一级干的良好局面。深入推进模范机关创建工作，大力开展“比学赶超帮”活动，推动后进赶先进、中间争先进、先进更先进，形成了层层示范、创先争优的浓厚氛围。（集团公司综合部）

大事记

中国邮政集团有限公司

1月

3日 标普信用评级（中国）有限公司发布信用评级报告，评定邮储银行主体信用等级为最高等级“AAAspc”，展望为稳定。邮储银行首次获得标普信评主体信用评级结果，也是获得标普信评主体评级的首家国有大行。

5日 《庚子年》特种邮票首发仪式在中国国家博物馆举行。该套邮票设计者、著名艺术家韩美林，集团公司董事长刘爱力、国家博物馆馆长王春法等出席仪式。

是日 “生肖邮票四十年”中国邮政鼠年生肖文创大赛颁奖典礼暨中国邮政“520·玫瑰”特种邮票设计大赛揭幕在国家博物馆与《庚子年》生肖邮票首发式同期举办。

6—7日 集团公司一届一次职工代表大会在北京召开。

7—8日 集团公司2020年工作会议在北京召开。

8日 中国邮政“连接美好 无处不在”高铁冠名列车首发仪式在上海虹桥站举行。

10日 集团公司召开“不忘初心、牢记使命”主题教育总结大会。

16日 北京2022年冬奥会和冬残奥会组织委员会与集团公司联合举办《北京2022年冬奥会吉祥物和冬残奥会吉祥物》纪念邮票首发仪式。

22日 集团公司党组召开会议，传达习近平总书记重要指示和国务院常务会议精神，研究部署邮政企业做好武汉新型冠状病毒感染的肺炎疫情防范应对工作，并以传真电报的形式，向全系统发出做好新型冠状病毒感染的肺炎疫情防控工作的紧急通知。

25日 集团公司向社会郑重承诺“四不中断、四免费办”，紧急开通医疗物资运输绿色通道，对全国寄往武汉市政府指定接收的红十字会机构的捐赠物资，提供全程免费运输和配送服务。

26日 集团公司、邮储银行决定，向武汉捐助人民币5000万元，用于支援武汉抗击新型冠状病毒感染的肺炎疫情。其中，集团公司捐款2000万元，邮储银行捐款3000万元。

29日 集团公司继开通11183电话捐赠渠道后，再开通在线捐赠渠道。

是月 全网免费承运防疫物资174.73万箱17231吨。其中，落实中央军委、交通运输部、发改委、商务部、科技部等国家机关部委、公益组织和爱心企业捐赠物资寄递指令（需求）83项。

2月

2日 集团公司结合邮政奋战一线、抗击疫情实际，制定《新型冠状病毒防护指导手册》，指导全国邮政系统共同做好疫情防控工作。

3日 国家发改委指定集团公司承担境外捐赠物资国内转运工作，邮航第6班防疫物资专机抵汉。

5日 集团公司党组书记、应对疫情工作领导小组组长刘爱力主持召开党组会和应对疫情工作领导小组会议。会议学习传达习近平总书记2月3日在中央政治局常委会会议上关于加强新型冠状病毒感染的肺炎疫情防控工作的重要讲话精神，听取集团公司有关单位关于疫情防控工作的汇报，对全系统疫情防控和生产经营工作进行再动员、再研究、再部署。

11日 集团公司党的建设暨党风廉政建设和反腐败工作会议在北京召开。

12日 集团公司党组书记、应对疫情工作领导小组组长刘爱力主持召开党组会和应对疫情工作领导小组会议。会议传达学习了习近平总书记2月10日在北京调研指导新冠肺炎疫情防控工作时的重要讲话精神，听取了集团公司有关单位和部门复工复产情况的汇报，对进一步做好疫情防控和复工复产工作进行安排部署。

16日 交通运输部党组书记杨传堂调研北京邮件综合处理中心，了解新冠肺炎疫情防控期间邮政快递服务保障工作。

是日 中央电视台《新闻联播》报道邮储银行加大春耕资金支持力度，通过线上线下多种方式有效满足农村地区基础金融服务需求，加大涉农贷款投放力度，开辟绿色通道，保障农副产品生产和春耕备耕农资供应信贷资金需求。

17日 集团公司党组书记、应对疫情工作领导小组组长刘爱力主持召开党组会议暨应对疫情工作领导小组会议。会议学习传达习近平总书记2月12日在中央政治局常委会会议上的重要讲话精神。

19日 交通运输部、国家邮政局、集团公司发出紧急通知，要求加快推动复工复产、保障邮政快递车辆优先便捷通行、切实保障末端投递、加强一线从业人员防护，更好支撑疫情防控、物资运转、经济秩序恢复和保障人民群众生产生活需要。

21日 集团公司下发关于切实做好疫情防控期间安全防范工作的通知，进一步深入贯彻落实习近平总书记重要讲话、重要指示精神，全面落实党中央、国务院决策部署，严格落实集团公司党组关于疫情防控和复工复产的各项工作安排。

24日 集团公司党组书记、应对疫情工作领导小组组长刘爱力主持召开党组会议暨应对疫情工作领导小组会议，全面传达学习贯彻习近平总书记2月19日、21日在中央政治局常委会会议和23日在统筹推进新冠肺炎疫情防控和经济社会发展工作部署会议上的重要讲话精神。

25日 2020年集团公司计划建设工作会议召开。

是日 国家邮政局与集团公司继邮政政企分开以来首次联合召开全国邮政普遍服务年度工作电视电话会议。

28日 集团公司党组向全系统发出通知，强调要进一步提高政治站位，全面贯彻落实习近平总书记关于统筹做好疫情防控和经济社会发展工作的重要讲话精神和中央决策部署，对邮政疫情防控和复工复产工作进行再细化、再部署、再落实。

是月 中邮保险向武汉近20万名抗击疫情的当地和外地支援医护人员、0.5万名新闻工作者以及3.92万名坚守岗位的邮政寄递和邮航等一线员工24.42万人捐赠保险保障，每人保障额度为50万元。截至12月31日，赔付858件4470万元。

3月

3日 2020年全国邮政经营服务工作会议召开。

4日 集团公司召开全国邮政寄递渠道安全生产电话会议，通报近期发生的几起安全生产事故和道路交通事故情况，对新冠肺炎疫情防控和企业复工复产期间寄递渠道安全生产工作进行再细化、再部署。

5日 第57个学雷锋纪念日，集团公司发出《致全系统团员青年的一封倡议书》，号召邮政系统团员青年学习践行雷锋精神，为打赢疫情防控阻击战和完成全年各项生产经营目标贡献青春力量。

10日 集团公司2020年采购管理工作会议召开。

11日 集团公司党组召开理论学习中心组学习（扩大）会议，学习贯彻习近平总书记在湖北武汉考察新冠肺炎疫情防控工作时发表的重要讲话精神，围绕“习近平新时代中国特色社会主义思想的基本精神、基本内容、基本要求”专题开展学习研讨，集中学习习近平总书记在《求是》杂志上发表的署名文章《全面提高依法防控依法治理能力　健全国家公共卫生应急管理体系》。

16日 邮储银行发行800亿元无固定期限资本债券，发行票面利率3.69%，为国有大行中首单以仅设定无法生存触发事件减记条款的永续债。

19日 集团公司通过电视电话会议形式召开2019年度党委（党组）书记抓党建工作现场述职评议会议。

30日 湖北省新型冠状病毒感染肺炎疫情防控指挥部向集团公司发来感谢信。1月24日—3月28日，集团公司免费承运疫情防控物资113.8万箱（件），开行发往湖北的省际汽车4026辆次（含发往武汉3205辆次），专车运送免费疫情防控物资681辆次；组织开行邮政航空直飞湖北专机109架次，运送物资425024箱（件）。

是日 湖北省武汉市江夏区邮政分公司收到来自雷神山医院发来的感谢信。截至3月31日，武汉市江夏区分公司为雷神山医院运送物资和邮件6409件、112吨，其中，医疗、防疫、保障等各类物资5385件，个人邮件1024件，投递《长江日报》76740份。

是月 集团公司寄递事业部再次获得万国邮政联盟EMS合作机构颁发的“客户关怀奖”，连续4年获得该奖项。

是月 无人驾驶货车常态化运邮项目获得中国物流与采购联合会物流技术创新奖。

4月

2日 集团公司召开全国邮政惠农合作项目启动电视电话会议。

3日 全国首趟中欧班列（渝新欧）“中国邮政号”专列从重庆出发前往立陶宛，发运44个集装箱，近300吨来自北京、广东、重庆等地发往欧洲的防疫物资和国际邮件。

9日 万国邮政联盟在其官方社交媒体上发布由集团公司制作的《新冠病毒防护指导手册》英文版，向世界分享中国邮政的疫情防控经验。

12日 全国首趟“中国邮政号”国际航空货邮包机装载55吨防疫物资、出口货物和邮件，从南昌昌北国际机场发往欧洲、日本等地。

13日 集团公司党组下发通知，在全系统深入开展“让党中央放心、让人民群众满意的模范机关”建设。

14日 湖北省武汉市蔡甸区邮政分公司收到来自火神山医院的感谢信。截至14日，蔡甸区分公司为火神山医院运送物资和邮件6450件、112吨，其中，医疗、防疫、保障等各类物资5413件，个人邮件1037件，投递《人民日报》《参考消息》《解放军报》《长江日报》4种报纸77490份。

15 日 中国民用航空局总飞行师万向东率相关部门负责同志到集团公司调研并送交感谢信，对邮政集团在抗击新冠肺炎疫情中给予的大力支持表示感谢。

是日 湖北省捐赠黑龙江省的近3000万元医用防护物资和医疗救治设备，通过CF9111（波音737—800）、CF9116（波音757—200）、CF9128（波音737—300）3架邮航包机从武汉天河机场运抵哈尔滨、牡丹江机场。

16 日 集团公司党组召开理论学习中心组学习（扩大）会议，围绕“深入学习领会习近平总书记关于贯彻新发展理念、做好经济工作的重要论述”专题开展学习研讨，集中学习关于在全党开展“不忘初心、牢记使命”主题教育总结报告的有关精神。

23 日 集团公司与中国远洋海运集团有限公司在上海举行合作启动仪式。

是日 由集团公司主办，新华网、光明网、《半月谈》杂志社和中国邮政广告有限责任公司共同承办的“感谢、感恩、感动”2020年书信中国文化传播活动在北京启动。

是日 集团公司组织首场农产品基地线上直播推介会。

28 日 全国邮政安全生产工作电视电话会议召开。

是日 驻中国邮政纪检监察组通报邮政企业七起违反中央八项规定精神问题。

29 日 集团公司启动2020年全国邮政劳动竞赛。

是月 中国邮政晋江AGV项目获得中国设备管理协会全国设备管理与技术创新成果二等奖。

5 月

11 日 国家邮政局和集团公司共同主办的《众志成城 抗击疫情》特别发行邮票首发暨捐赠仪式在北京举行。该套邮票1套2枚，全套邮票面值2.40元。计划发行数量1450万套。

15—17 日 2020年国际绩效改进协会年度会议暨颁奖仪式举行。集团公司选送的“绩效改进助力信用卡激活提升项目”和“绩效改进助力标快现费揽收快速提升项目”分获国际绩效改进协会（ISPI）2020年度“卓越奖”（AOE，杰出人类绩效干预奖）。

18 日 2020年全国函件传媒专业发展暨文创专业520全国重点项目部署电视电话会议召开。

19 日 集团公司下发关于做好2020年全国“两会”期间寄递渠道安全服务保障工作的通知，从强化责任担当、加强安全管控、加强疫情防控、保障寄递服务、强化应急处置等方面提出具体要求，作出详细部署。

26 日 集团公司党组2020年第一批巡视7个巡视组完成对河北、浙江、安徽、湖南、重庆、陕西6省（市）邮政企业单位和中邮证券有限责任公司、邮政文史中心等25家被巡视单位党组织的进驻。

27 日 集团公司与中国建筑集团有限公司在京签署战略合作框架协议。

29 日 集团公司工会二届四次全委（扩大）会议召开。

是月 邮储银行获准成为数字人民币参与研发机构，开启数字人民币研发试点。

6 月

1 日 集团公司下发通知，以“消除事故隐患，筑牢安全防线”为主题，部署2020年“安全生产月”活动。

是日 上海证券交易所、中证指数有限公司发布公告调整相关指数的样本股，邮储银行A股正式纳入上证50指数、沪深300指数、中证100指数，于6月15日正式生效。

7 日 集团公司以电视电话会议形式举办专题讲座，深入讲解寄递业务四大数据库建设及应用，全面部署降本增效重点工作，系统宣传贯彻《中共中央 国务院关于新时代加快完善社会主义市场经济体制的意见》。

10 日 全国邮政农村电商重点工作推进会召开。

12 日 中邮保险2019年客户服务活动获评“2019—2020年度服务创新金牌案例”，“年年好百倍保自驾航空保险”赔案获“2019—2020年度影响力赔案”。

15 日 中央纪委国家监委驻集团公司纪检监察组下发通知，要求邮政企业各级纪检机构结合企业实际，认真落实中央纪委办公厅印发的《关于贯彻落实党中央决策部署紧紧围绕统筹疫情防控和经济社会发展跟进监督精准监督全程监督的工作意见》。

16 日 集团公司、集团工会命名北京郑广顺等46个劳模创新工作室为“集团公司劳模创新工作室”。

18 日 集团公司召开2020年度定点扶贫工作专题汇报会；2020年全国电商市场项目启动电视电话会议召开。

是日 中华全国集邮联合会第八次代表大会在北京召开。中国邮政特别发行《中华全国集邮联合会第八次代表大会》纪念邮票（小型张）一套1枚。

24 日 集团公司党组召开理论学习中心组学习（扩大）会议，围绕“深入学习领会习近平总书记关于意识形态工作的重要论述”和2020年全国“两会”精神进行集中学习研讨。

30 日 集团公司以电视电话会议的形式，召开庆祝中国共产党成立99周年暨“两优一先”表彰大会。

7 月

1 日 集团公司下发《关于全面开展“比学赶帮超”，推动全系统“后进赶先进，中间争先进，先进更先进”的通知》，决定针对各项重点工作，广泛开展“比学赶帮超”。

是日 集团公司下发《关于做好汛期安全生产工作的通知》。

是日 英国《银行家》杂志（The Banker）公布2020年“全球银行1000强排名”榜单，邮储银行按总资产位居第19位，较上年上升2位；按一级资本位居第22位，与上年持平。

2日 集团公司召开渠道平台转型暨政务图书发行工作推进电视电话会议。

6日 集团公司召开领导人员警示教育电视电话会议。

8日 中国银行业协会公布2019年中国银行业社会责任百佳评估获奖单位与个人，邮储银行荣获助力打赢“三大攻坚战”成效奖、最佳普惠金融成效奖、最佳社会责任特殊贡献网点奖、最佳社会责任管理者奖4个类别5个奖项。其中，邮储银行安徽省金寨县支行营业部、陕西省大荔县支行获评最佳社会责任特殊贡献网点奖，邮储银行四川省马边彝族自治县支行行长谢舜山获评最佳社会责任管理者奖。

13日 集团公司党组办公室下发《关于转发〈中共国家邮政局党组关于在全国邮政快递行业开展向葛军同志学习的决定〉的通知》，要求邮政各单位、各部门结合实际，认真组织学习葛军同志的先进事迹。

21日 集团公司召开做好高考录取通知书寄递服务保障工作电视电话会议，强调全网上下要切实提高政治站位，牢固树立以人民为中心的思想，践行“人民邮政为人民”的初心使命，把做好高考录取通知书寄递服务作为一项重要政治任务。

22日 亚洲太平洋邮政联盟以在线视频的方式召开了执行理事会全会。国家邮政局副局长赵民率领由国家邮政局、集团公司、香港邮政署、澳门邮电局组成的中国代表团出席会议。

24日 集团公司党组召开理论学习中心组学习（扩大）会议，围绕“深入学习领会习近平总书记关于脱贫攻坚、全面小康的重要论述”进行集中学习研讨，集中学习中央政治局第二十一次集体学习会议精神和习近平总书记在企业家座谈会上的重要讲话精神。

27日 2020年集团公司工作座谈会召开。

是月 邮储银行总资产规模突破11万亿元。

8月

3日 集团公司省邮政分公司年轻干部培训班在邮政党校北京校区开班。

10日 《财富》杂志发布2020年世界500强排行榜。中国邮政位列第90名，比上年上升11位，年营业收入、利润均排名世界邮政第二位。

17日 集团公司党组办公室发出通知，要求全系统党员干部坚决贯彻落实习近平总书记关于厉行节约、制止餐饮浪费行为的重要指示精神，带头制止餐饮浪费，切实培养节约习惯。

18日 集团公司安全生产委员会召开会议，要求切实做好常态化疫情防控和安全防汛工作，突出抓好“八大安全”。

19—25日 由中华全国集邮联合会、集团公司主办的“2020集邮周”活动在全国展开。

21日 集团公司寄递事业部推进单边改双边、委办改自办、小车换大车，推进串行运输，开展自主航空网络组织模式改革。

27日 集团公司在拉萨召开援藏工作座谈会，与会领导为第七批援藏干部颁发荣誉证书，第七、第八批援藏干部、派援单位及西藏邮政第二批外派交流干部代表作交流发言，并向第八批援藏干部代表授旗。

是月 经中国人民银行同意，邮储银行正式成为贷款市场报价利率（LPR）场外报价行，每月参与场外报价。

9月

1日 《辛丑年》特种邮票开机印刷。

3日 集团公司召开全国绿色邮政建设推进电视电话会议。

4—9日 中国邮政参展2020年中国国际服务贸易交易会。

8日 全国抗击新冠肺炎疫情表彰大会在北京人民大会堂举行。湖北省武汉市江岸区邮政分公司上海路投递站投递员徐龙获评全国抗击新冠肺炎疫情先进个人。

10日 集团公司发出《关于切实做好秋冬季新冠肺炎疫情防控工作的通知》。

14日 集团公司党组2020年第二批巡视7个巡视组完成对山西等16家省（区）邮政分公司和邮政航空公司等24家被巡视单位党组织的进驻。

15日 集团公司集团公司召开全国邮政金融（2020—2021）跨年度营销工作启动暨代理金融专业电视电话会议。

19日 第四届中国邮政“919电商节”在北京启动。首届全国邮政农产品产销对接大会同步启动。

22日 集团公司发出《关于贯彻落实习近平总书记重要批示精神 坚决制止餐饮浪费行为的通知》。

24—25日 2020年全国邮政人力资源工作会议在北京召开。

26日 第40届全国最佳邮票评选颁奖活动在甘肃敦煌大剧院举行。

28日 中国企业联合会、中国企业家协会连续第19次向社会发布“中国企业500强”榜单。其中，集团公司位列第22位，比上年上升3位。

是日 驻集团公司纪检监察组通报5起违反中央八项规定精神问题。

29日 第四届“中国梦·邮政情寻找最美快递员”活动揭晓，湖北省武汉市江岸区邮政分公司上海路投递站投递员徐龙、青海省格尔木市邮政分公司投递员葛军、河北省蔚县邮政分公司步班投递员曹正富等14名“最美快递员”，以及中国邮航团队等5个“最美快递员”团队受到表彰。

是月 集团公司寄递事业部获得中国物流与采购联合会物流颁发的“中国电子商务物流与供应链优秀服务商”荣誉称号。

10月

9日 集团公司党组书记、董事长刘爱力发表第51届世界邮政日致辞。

14日 集团公司召开“双11”旺季生产工作部署电视电话会议。

15日 集团公司召开党组理论学习中心组（扩大）会议暨学习贯彻《国企改革三年行动方案（2020—2022年）》辅导报告会。

18日 第7个国家扶贫日之际，新华网记者对集团公司党组书记、董事长刘爱力进行专访。

18—19日 农业农村部和集团公司在四川雅安联合举办“中国邮政助力农民合作社高质量发展交流活动”。

21日 集团工会召开全国邮政系统劳模创新工作室经验交流会。

23日 全国交通运输系统抗击新冠肺炎疫情表彰大会召开，中国邮政有44人当选全国交通运输系统抗击新冠肺炎疫情先进个人，22个集体当选全国交通运输系统抗击新冠肺炎疫情先进集体。

是日 集团公司寄递事业部运营管理部指挥调度中心被交通运输部授予“抗击疫情先进集体”的荣誉称号。

28日 集团公司召开抗击新冠肺炎疫情表彰大会。

29—30日 集团公司召开2020年全国邮政渠道平台转型工作推进会议。

30日 集团公司召开党组（扩大）会议，第一时间学习贯彻党的十九届五中全会精神。

11月

4日 集团公司召开《中国邮政陆运网优化改革指导意见》全国培训电视电话会议。

是日 集团公司发出《关于进一步做好常态化疫情防控工作》的通知。

5日 集团公司在中国邮政邮票博物馆举办2021年贺年有奖明信片、贺年专用邮票发布会，向社会发布以“生肖牛”为主题的普通明信片、极限明信片、祝福卡及2021年贺年专用邮票。

7日 由集团公司与北京冬奥组委共同举办的《北京2022年冬奥会——冰上运动》纪念邮票首发暨“中国邮政冬奥文化校园行”启动仪式在国家冬季运动训练中心冰球馆（首钢冰球馆）举行。

8日 首届5G产业峰会暨中国制造业论坛在北京会议中心召开，集团公司寄递事业部与中国通信工业协会5G专委会联合创建的“超级邮编创新实验室”揭牌。

11日 集团公司印发《关于做好2021年贺年有奖明信片系列产品营销工作的通知》，加快推进传统贺年有奖产品向数字化转型，升级中国邮政数字有奖明信片服务。

12日 由《人民日报》、中国银行业协会、中国保险行业协会、国家金融与发展实验室、《中国银行保险报》主办的第三届中国普惠金融创新发展峰会在北京召开，中邮保险《普及城乡惠民惠农　服务基层央企担当》获评“中国普惠金融产品创新典型案例”。

20日 集团公司新一代营业渠道系统在福建省邮政分公司试点上线成功。

是日 全国精神文明建设表彰大会在北京举行，集团公司22家单位荣获第六届全国文明单位称号。

是日 邮储银行现金管理账户年交易金额首次突破60万亿元。

23日 由集团公司、“一带一路”智库合作联盟以及中华全国集邮联合会共同主办，中国邮政文史中心（中国邮政邮票博物馆）承办的“邮票讲述‘一带一路’故事”邮展开幕。

24日 全国劳动模范和先进工作者表彰大会举行，21名邮政员工荣获全国劳动模范称号。

是日 由集团公司主办的“精准扶贫邮我行”活动再甘肃省甘南藏族自治州舟曲县举办。

是日 在《中国经营报》与中经未来主办的“2020卓越竞争力保险峰会”上，中邮保险荣获“2020卓越竞争力寿险公司”称号。

25日 “战疫情　奔小康”邮政人手机随手拍获奖作品展开幕。

26日 集团公司发出《关于应对全球“第二波”疫情冲击进一步做好外防输入工作的通知》，要求进一步筑牢邮政企业防范境外新冠肺炎疫情输入防护网，统筹做好常态化疫情防控和邮政经营业务发展各项工作。

27日 中国保险行业协会公布2019年度保险公司法人机构经营评价结果，中邮保险连续2年获评A级。

27—30日 第十八届中国国际农产品交易会暨第二十届中国西部（重庆）国际农产品交易会举行，中国邮政应邀参展。

30日 集团公司联合新华社、中共中央党校（国家行政学院）学习时报社召开2021年度全国邮政报刊大收订推进工作电视电话会。

是日 邮储银行管理零售客户资产（AUM）突破11

万亿元，年新增超 1 万亿元。

12 月

1—4 日 集团公司采用“宣贯解读 + 对标学习 + 务虚研讨”的方式，在邮政党校（北京校区）举办省级邮政企业主要负责人学习贯彻党的十九届五中全会精神及国企改革三年行动方案专题研讨培训班。

9 日 第三届内地与港澳邮政高峰会议以视频连线的方式在北京、香港和澳门三地联合举行，围绕内地与港澳邮政业应对新冠肺炎疫情的举措以及各自发展情况，推动落实粤港澳大湾区邮政业发展实施意见，以及万国邮政联盟大会重点问题等内容进行了分享与讨论。集团公司董事长刘爱力出席会议并致辞。

14 日 全国交通运输行业精神文明建设工作电视电话会议举行。199 个单位被授予“全国交通运输行业文明单位”称号，211 个单位被授予“全国交通运输行业文明示范窗口”称号，8 个邮政单位获奖。

18 日 由国家邮政局主办的全国“快递进村”试点工作现场交流会在山东济宁召开。

19 日 第五届全国“互联网 +”快递大学生创新创业大赛结束。石家庄邮电职业技术学院参赛项目均获金奖，并获得“优秀组织奖”和“特别贡献奖”。

21 日 邮储银行获得中国银保监会筹建直销银行的正式批复，成为国有大型商业银行中首家参与直销银行试点的机构。直销银行名称拟为中邮邮惠万家银行有限责任公司，注册资本拟为人民币 50 亿元，注册地拟为上海市，邮储银行持股比例 100%。

28 日 邮储银行获得中国银保监会批复，同意筹建信用卡中心专营机构。

29 日 全国邮政行业先进集体、劳动模范和先进工作者表彰大会举行，邮政 56 单位 47 个人获评全国邮政行业先进集体、劳动模范。

是日 驻集团公司纪检监察组通报通报六起违反中央八项规定精神问题。

是日 集团公司寄递事业部与菜鸟供应链正式签署共建菜鸟裹裹代寄点战略合作协议，通过平台引流，创新推出“到站寄件”服务新模式，共同推动在全国邮政网点叠加菜鸟裹裹寄件业务。

30 日 中国邮政京张高铁品牌专列首发仪式在北京北站举行。

是日 中国集邮总公司称变更为中国集邮有限公司。

是日 《中国邮政报》社更名为《中国邮政报》社有限公司。

31 日 《集团公司改革三年行动实施方案（2020—2022 年）》发布。

是日 中邮保险实现营业收入 937 亿元，实现利润 12.5 亿元。新业务价值 18.6 亿元。综合竞争力自 2011 年起连续 9 年保持行业前十。在行业协会年度保险公司经营评价中，连续第 2 年获评 A 类。

是月 邮储银行各项存款年新增首次突破 1 万亿元。

网路建设

◇ 邮路
◇ 处理中心
◇ 运行

【概述】

时限质量

推行普通邮件运行质量结算考核，确保普邮全程时限达到国家监管要求，平信信息断点率由0.44%下降到0.03%，机要通信运输安全万无一失，《中国经济生活大调查》问卷投递回收率96%。建成机构—机构颗粒度的标准时限库并深化应用。创新实行“总分式标准”，强化督导狠抓落实。实施“大区制集中管控”，全网特快T+1与快包T+3日递率超上年最佳水平。重点区域快包均超上佳水平，六大区快包时限赶超竞品。持续提升华为、苹果、小米、戴尔、惠普、连云港医药等重点项目运营质量，苹果10月新品发售，当日20点前邮件100%投递，无丢失无投诉，服务质量超顺丰。惠普项目组获惠普公司授予年度“优秀团队奖”。

“治理信实不符、提升客户体验”百日专项整治活动效果显著。全网多次转局率下降至万分之0.77。面对增量，特快当频妥投率89.7%，快包当日妥投率95.4%，分别提升7.7%与6.3%。投递有责投诉率万分之0.83。落实国家邮政局要求，力保全国926.8万件高考录取通知书邮件“零误投、零丢失”。

网络改革

加强顶层设计，按照“集团管省际、各省管省内”要求制定指导方案，启动江苏、浙江、河南、山西、海南五省试点。在对标并广泛征求意见基础上，制定改革指导意见，统一设置全网90个省际中心与当地中心选点。推进单边改双边，往返邮路占比75%，比上年提升10%。扩大自有运能规模，核定新增1329辆干线车，采购到位后自办邮路占比64%。推进小车换大车，全网一干邮路30吨以上大车发车比例25%。推进串行运输，在确保时限前提下，全网串行比例27.1%。开展自主航空网络组织模式改革，以特快集包切入，推动南京集散中心从散件分拣向快速分拨模式转变。强化陆运干线外包管控，试点省初采中标价格下降18%。发展高铁运邮，新增30条高铁邮路，50条行李车邮路，全网累计开通高铁邮路52条，行李车邮路80条。推广使用减轴车型，将599辆三轴车调整为两轴，可节省路桥费用21%；增加大容间车辆应用，将新增的24辆10米半挂车全部调整为13.6米半挂车；推进绿色运输，核减7省322辆燃油车。细化集包邮件标准，推行“混合收寄+前置集包”作业方式。实施集包分拣封发关系集中统一管控，“一省一策”按月动态调整集包格口，强化考核，提升至71.2%。应集必集完成率最高月90%以上，日均减少邮件处理次数1100余万次。建立邮件容器两级管理体系，推进省际容器调拨和省内可循环邮袋使用，全网可循环邮袋使用比例91%。推进自提网络建设和应用，利用邮政自提点与社会资源，全网快包自提率27.8%。推进揽投作业模式优化，一类城市核心地区网格化率39%，推进网格中转接驳，提高揽投作业效率与弹性。推进乡镇农村投递方式变革和邮快合作，对标行业做法，变革乡镇农村快包投递方式。

保障能力

推广矩阵+小件机系统新工艺全网使用。编制能力建设方案意见，应用于工艺方案。完成38个国内陆运项目、24个自主航空网提速项目批复，新增小时处理能力170万袋（件）。修订编制摆轮矩阵等分拣设备技术规范。按小时效率明确集包设备分档配置方案，指导全网因地制宜配置。推动带RFID拉链邮袋及大袋牌应用，配置664.4万条带RFID拉链邮袋。逐步提升智能网络规划水平，探索建立干线网、省内网、市趟网、揽投网点布局等11个智能规划模型，对实际生产场景模拟测算，系统智能输出网络规划方案。初步构建可视化数字看板体系，建立现场大屏、PC看板、手机APP三位一体的可视化数字看板体系。启动多项功能试用，为全环节生产作业提供智能化调度支撑。督导全网加强自动化设备运维保障工作。组织摆轮矩阵、小件机等各类工艺设备的使用及运维培训，督导生产单位和厂家加强备品备件储备，做好日常维护保养及旺季前预检预修工作，推进自动化分拣设备运行监控平台建设。组织开展生产车辆夏季专项维护，检查维护寄递生产车62945辆、车载设备3312套，维护完成率100%。推进EAM资源管理系统的建设，组织设备、车辆资源管理功能在浙江、广东的试点优化。

深化运营

推行过程结算考核，对所有生产机构实行过程结算考核，指标细化分解到具体班组，聚焦长、珠、环等重点区域提升考核标准和力度。包裹快递邮件重量稽核常抓不懈。深化四级分拣码应用，与294个商、企渠道完成四级码对接，实现封发关系与分拣码统一联动，降低人工分拣作业难度。优化交接处理流程，建立标准化接口，完成103个生产场地各类辅助扫描设备的系统对接工作。推进民航航班动态信息展示，对邮件轨迹查询增加航班实际起降数据，同步优化航空邮路封车流程。推进投递环节系统流程优化，推行语音云呼叫、投递帮扶流程优化调整。依托信息系统，对揽投PDA、揽投部解封车、市趟邮路派车强化管控，提升关键信息采集质量，夯实数据底盘。借助智能技术，开展处理中心内部生产智能管控试点。探索5G+RFID技术在生产过程中的应用，简化人工扫描操作，提升自动分拣效率。编制《处理中心运营管理手册》，推动生产运营由经验管理、人工管理向规范管理、信息管理转型。制定特快专递投递质量标准、包裹快递投递服务规范、投交自提点邮件操作规范等系列标准。规范指挥调度过程管控，结合过程管控功能上线，建立生产运行“零报告”、信息公告预警、生产调度指令、内部专项管控四大机制，对全网生产异常情况及时预警，高效管控。编制

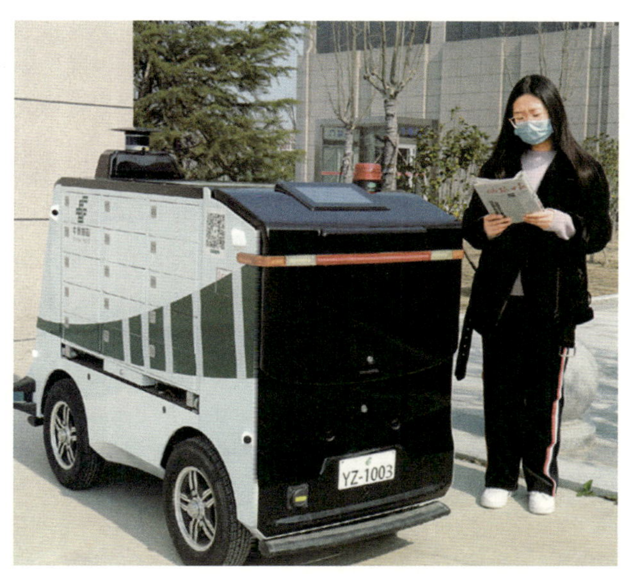

疫情期间，采用无人设备投递

《网运利润中心转型工作手册》，聚焦重点科目，以流程优化、业务管理促进降本增效。节约运行成本 17 亿元。配合陆运网优化改革，优化结算机制，调整结算办法。

◎ 队伍建设

疫情期间，全网克服万难保障“绿色通道”畅通，开行发往湖北汽车 1.2 万辆次，组开邮航专机 29 架次，免费承运防疫物资 162.8 万箱，重 1.7 万吨，通过“无接触投交”方式实现城市当日妥投率 95%，农村及时妥投率 98%。全网各级节点加快复工复产，确保全国防疫物资、党报党刊、通信邮件以及生活必需品及时送达。全网推广跟班写实、各省领导形成跟班作业实践情况报告 63 份，优化整改问题 699 个。采取线上线下相结合的方式组织全网培训。在处理中心和揽投部开展劳动竞赛活动，评选“五星闪耀”最佳单位、最佳个人。（集团公司寄递事业部）

邮　路

【干线运输集中化改革】 单边改双边，全网新增省际干线往返邮路 180 条，往返邮路占比 75%，比上年提升 10%。

委办改自办，核定新增干线运输车辆 1329 辆。小车换大车，全网一级干线汽车邮路大车（30 吨及以上车型）发车占比 25.0%，比上年提升 15.5%。串行运输推广至全国 31 个省（区、市）。全网 696 条省际干线汽车邮路实施省内、省际串行运输。串行运输比例提升至 27.1%，比上年提升 4.1%。（集团公司寄递事业部）

【新疆邮政分公司开通三十里营房直达邮路】 6 月 12 日，三十里营房地区直达邮路开通，沿途为守防官兵和边疆群众提供邮政快件寄收服务。三十里营房位于新藏线上，处于新疆和田地区皮山县赛图拉镇，属于典型的高原边境乡镇。距离皮山县 451 公里，途经海拔 3150 米的阿卡孜达坂、海拔 4969 米的塞力亚克达坂、海拔 4909 米的柯克阿特达坂，交通险峻、邮路艰辛，历史上多位邮递员和军队汽车兵为保障交通联络付出了宝贵生命。6 月，集团公司接到中央军委后勤保障部关于开通三十里营房直达邮路的任务后，新疆邮政分公司克服人员缺乏、高原缺氧、油料补给等现实困难，在一周之内完成实地勘测、邮路组织、人车调配、设备安装调试等工作，实现每周专开 2 班邮政快件专送的运营方式，为三十里营房地区守防官兵和边疆群众提供邮政服务业务。《解放军报》头版报道军委后勤保障部协调地方为新藏线三十里营房提供邮政服务，国家交通战备办公室致函集团公司表示感谢。（新疆邮政分公司）

【武汉中心局启用高铁运邮】 4 月 10 日，武汉邮区中心局首次尝试通过高铁运邮。武汉中心局在全力做好疫情防控工作的同时，谋求网运转型发展新路径，通过前期与铁路公司多次沟通，协调高铁运邮相关工作细节。通过采取这种运邮模式，从武汉到恩施的邮件运输时间由原来的 9 个小时缩短为 5 个小时，邮件由原来的中午到达、下午投递变为上午到达、中午投递，可以提前一个频次妥投到客户手中，提升客户用邮体验。（中国邮政网 4 月 21 日）

【河南南阳至广州航空邮路开通】 5 月 14 日，河南省南阳市至广州的航空邮路正式开通。该邮路计划每天执飞一班，节假日无休。该航空邮路开通后，当地邮件实现直航发运，无须运往郑州经转，进一步缩短南阳至广东的标准快递邮件传递时限，投递时间比以往缩短一天以上，提升客户的用邮体验和用邮需要，推动南阳市获批建设跨境电商综试区的发展。

南阳至广州航空邮路是南阳快递业开通的首条航空邮路，也是全省第三个航空邮路通达的城市。（中国邮政网 5 月 20 日）

【海口—南京货运航线开通】 5 月 26 日，邮航海口—南京货运航线正式开通，一周运行七班，每日一班。海口—南京货运航线的开通，使海南荔枝首次进入邮政航空“极速鲜”水果项目运输季的产品目录，海口也成为中国邮政自主航空全夜航集散网的通航节点城市，促进了海南省进出口邮件的提速。（中国邮政网 6 月 1 日）

【银川—南京邮货包机开通】 12 月 22 日，银川—南京邮货包机开通，邮航“冷鲜肉运输季”开启。该航线一周七

航班在装卸货物

班，每天运行一班。由此，银川寄往长三角、珠三角地区和北京、西安、乌鲁木齐、沈阳、大连、青岛、福州等全国主要大中城市标准快递邮件实现次晨达和次日递，“宁夏滩羊”也借此航线销往全国。此前，邮航季节性专项包机运输还支撑过“大樱桃运输季”“海南荔枝运输季”等。（《中国邮政报》12月22日）

【国际海运空运邮路拓展】 4月23日，集团公司与中国远洋海运集团有限公司在上海以新线路测试为契机，举行合作启动仪式，旨在通过开辟“海运新丝路”，保障电商出口运输渠道畅通。当日，满载13.2吨国际邮件的2个中远海运集装箱，从上海国际邮件互换局启运，通过上海口岸发往以色列。

受新冠肺炎疫情影响，航空运能短缺。在交通运输部的统一部署和协调下，中国邮政集团有限公司与中国远洋海运集团有限公司合作，利用国际海运航线开展邮件运输工作。双方在总部层面建立工作机制，通过邮政渠道及中远海运集团海外公司共同协调境外接收海运邮件，成功与日本、新西兰、以色列等国邮政达成一致，陆续开展海运运输测试。上海、天津、广东3省（市）邮政分公司与中远海运集团地方公司建立联络机制，其中，上海邮政与中远海运集团合作试运行上海—新西兰、上海—日本、上海—以色列3条国际邮件海运线路。（中国邮政网4月27日）

【大连—首尔往返货邮包机航线开通】 12月16日，中国邮政大连—首尔往返货邮包机航线正式开通。这是2020年中国邮政开通的第5条国际航线，是东北地区首条直飞韩国的中国邮政邮货专线，是继西安—首尔、郑州—首尔后，中国邮政自主航空网第3条通往韩国首尔的国际航线，也是中国邮政第9条国际（地区）航线。

大连—首尔往返货邮国际航线班期是每周2班，周三、周五运行。开通后，在促进辽宁邮政进一步发挥和释放跨境电商寄递主渠道优势和潜能的同时，能更好地助力地方经济稳外贸、保市场主体、保产业链供应链稳定，全面提升中国邮政EMS时限水平和服务品质。（中国邮政网12月16日）

【“中国邮政号”昆明往返曼谷邮航全货机正式通航】 6月2日，满载25吨邮件的中国邮政航空CF217航班从昆明长水国际机场起飞，执飞机型为波音757-200，飞往泰国曼谷，标志着中国邮政昆明—曼谷国际货运航线正式开通。这是中国邮政自主航空网第一条直达泰国曼谷的国际航线，该航线每周二至周六运行。至此，中国邮航国际（地区）航线8条，支撑中国邮政国际业务的发展。（中国邮政网6月3日）

【“中国邮政号”济南—东京、济南—仁川国际货邮包机邮路正式开通】 6月16日，由济南遥墙国际机场出发的“中国邮政号”国际货邮包机航班正式开通。6月15日，山东省邮政分公司与山东航空签订战略合作协议，利用山航客改货航班，开通“中国邮政号”济南—东京、济南—仁川的国际邮件航空邮路，每周六班。2条货邮包机实现济南至日本、韩国直飞直达，运能充足，运输时效缩短1～2天，加快山东对日韩出口产品物流效率。（山东省邮政分公司）

【东莞—维尔纽斯首趟中欧班列中国邮政专列启运】 5月9日，东莞—维尔纽斯首趟中欧班列中国邮政专列从广东（石龙）铁路国际物流基地出发前往立陶宛首都维尔纽斯。该趟专列的启运，标志着东莞成为华南地区首个通过中欧班列运邮的城市。

此趟专列上有来自东莞及周边地区的41个标准集装箱、260吨国际邮件，包括服饰鞋帽、玩具箱包、3C电子、家居用品等本土优质产品，将经由新疆霍尔果斯口岸出境，途经哈萨克斯坦、俄罗斯、白俄罗斯。列车抵达立

华南首趟中欧班列中国邮政专列

陶宛后，国际邮件会被分拨至西班牙、英国、德国、意大利等 26 个欧洲国家买家的手中。

随着全球新冠肺炎疫情蔓延，中国境内国际客运航线受阻，对跨境电商行业国际物流渠道造成巨大冲击。由东莞市政府牵头，邮政企业与海关、铁路、中外运等单位积极沟通，用半个月时间开行华南地区首趟中国邮政专列。东莞市邮政分公司将东莞本地及周边地区发往欧洲的邮件集中在东莞国际邮件互换局收寄、完成海关申报，协调中外运及铁路部门申请境外铁路及运输资源，黄埔海关进一步优化监管流程，实现了运邮专列“一次施封、全程通关”，确保运邮专列顺利高效输运。(《中国邮政报》5 月 13 日)

【中欧班列（义乌—维尔纽斯）中国邮政专列开通】 5 月 4 日，中欧班列（义乌—维尔纽斯）中国邮政专列满载着汇集浙江、上海、江苏、福建和山东五省（市）邮件 353.77 吨、50 个集装箱首次从义乌西站驶出，13 天后抵达立陶宛，随即分拨发往西班牙、法国、德国、瑞士等 36 个欧洲国家。

此次立陶宛路向专列是继中欧班列（义乌—马拉舍维奇）专列之后，浙江省义乌市邮政分公司不到一个月内开辟出的第二条中国邮政国际邮件疏运的新通道，是截至目前汇集地最广、里程最长、集装箱最多的中欧班列，标志着义新欧中欧班列已成为全国邮政欧洲路向铁路运邮的重要渠道。(《中国邮政报》5 月 8 日)

中欧班列（义乌—维尔纽斯）中国邮政专列

【中欧班列（武汉）测试运邮】 6 月 20 日，中欧班列（武汉）从武汉吴家山站发车。此次班列搭载来自湖北邮政的 10710 件、2.75 吨国际邮件。以家居用品、汽车用品和饰品为主，将经由新疆阿拉山口口岸出境，抵达波兰马拉舍维奇，再由波兰邮政分拨至英国、法国和德国。此次测试，标志着湖北邮政迈出了打通国际邮件陆路运输通道的坚实一步，也实现了湖北中欧班列出口邮件“零”的突破。(中国邮政网 6 月 22 日)

【中欧班列（郑州）首次实现国际邮件双向运输】 2 月 28 日，中欧班列（郑州）首次实现进口运邮，班列从德国汉堡抵达郑州铁路口岸。中欧班列（郑州）国际运邮班列实现往返开行，实现中部省份国际邮件利用中欧班列渠道直达欧洲、欧洲邮件直达河南的供应链闭环，对河南提升开放通道和开放平台优势，打造郑州国际邮件枢纽口岸，推进中欧班列（郑州）创新发展，丰富“陆上丝绸之路”建设内涵具有重要意义。截至 12 月 31 日，班列运行 14 个班次，发运 40 英尺集装箱 71 个，运量 2.8 万袋 449.8 吨。(河南省邮政分公司)

【山东省邮政分公司开通中美、中日海运邮路】 5 月 15 日和 27 日，由青岛市黄岛港出发的中美、中日海运邮路正式开通，成为山东省邮政分公司与青岛海关联合开辟的两条“大动脉”。自全球新冠肺炎疫情蔓延以来，国际航空资源大幅减少。面对现状，在集团公司和山东省邮政分公司领导下，青岛市邮政分公司发挥“全程全网联合作业”的“国家队”网络优势，在青岛海关的支持下，完成青岛邮局海关与黄岛海关相关部门的对接，制定转关监管管理办法，实现青岛邮局海关一次施封，黄岛海关对不改变施封状态的邮件直接放行，实现有效监管的同时缩减清关时限。(山东省邮政分公司)

处理中心

【编制《处理中心运营管理手册》】 集团公司寄递事业部组织编制完成《处理中心运营管理手册》，内容主要包括邮件处理中心现场管理、作业流程、工艺设备、处理标准、生产调度、质量管控等。对推动处理中心管理人员从经验管控向规范管控、科学管理转型，从依赖人工管理向信息化管理转型，实现现场管理标准化、作业流程标准化、生产操作标准化、能力效率标准化发挥积极作用。(集团公司寄递事业部)

【典型处理中心跟班作业和生产写实】 集团公司寄递事业部组织开展领导干部跟班作业活动。5 月下旬起至 7 月初，开展各省领导干部跟班作业实践活动，对典型处理中心进行跟班作业和生产写实，全流程、全过程查找问题，针对发现的问题逐项制定优化措施，督办推进情况。归纳总结共性问题，制定解决措施。各省形成跟班作业实践情况报告 63 份，优化整改问题 699 个。(集团公司寄递事业部)

【邮件处理模式从“全散件模式”向“集包模式”转变】 针对快包电商包裹“量增件小”的趋势，推动邮件处理模式从“全散件模式”向“集包模式”转变。采用“摆轮矩阵＋小件分拣机”工艺方案，实现增加处理能力、增加分拣深度、增加装卸车位；减少投资，减少分拣次数，减少用工的“三增三减”效果。新建处理中心每万元投资的设计处理能力从 2018 年的 161.6 件 / 日提高到 2020 年的 257.5 件 / 日，提高 59%；全网生产面积每万平方米日处理能力从 41 万件提高到 68.7 万件，提高 68%。直接生产人员的分拣效能从 1299 件 / 人天提高到 1986 件 / 人天，提高 53%。（集团公司计划建设部）

【处理中心后评估优化工作】 推进工艺优化，形成规划—建设—评估—优化的健康发展闭环。通过试点开展西安和沈阳邮件处理中心工艺工程后评估，发现工程建设及运行方面 13 项主要问题，生产流程与设计存在的 4 方面主要差异，提出整改要求。制定多层级优化措施，提升自动化水平和全环节处理效率。制定 6 项方案级、6 项环节级、35 项设备级和信息化措施，对 56 个处理中心工艺进行评估和优化。（集团公司计划建设部）

【北京邮件综合处理中心分拣机配备工程优化设计方案】 该项目提出 1 套自动摆轮矩阵加 2 台小件分拣机的配置方案，小时处理能力 7 万袋（件），并应用异形件视觉识别剔除系统、小件单件分离设备、全自动供件、大件新型整位机构等新技术，是中国邮政第一个落地的少人化、无人化项目。整个项目除卸车、开拆、收袋、装车等环节外，其他环节基本实现了无人化，确保邮件全程不落地、无断点，并以此为契机带动北京市邮政的市内网调整、中心局机构改革。（邮政科学研究规划院有限公司）

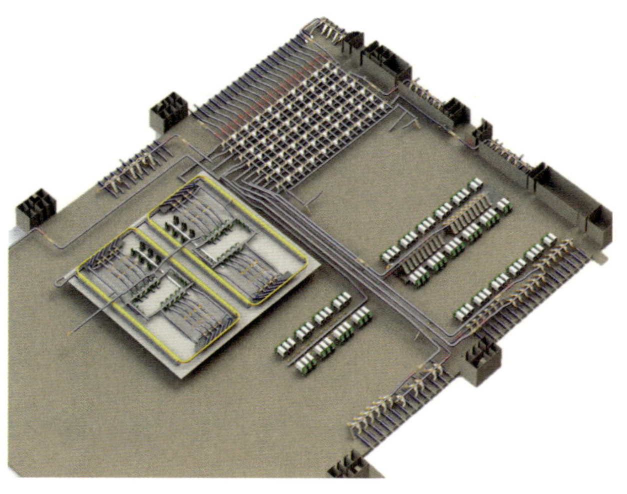

北京综合邮件处理中心工艺布置图

【太原邮件处理中心工程奠基开工】 10 月 17 日，中国邮政太原邮件处理中心工程奠基开工仪式举行。太原邮件处理中心工程作为国家重大物流枢纽项目、山西省属重点工程，与太原国际邮件互换局互为配套工程。该项目总建筑规划 16.8 万平方米，总投资 7.5 亿元。其中一期建设规模为 8.1 万平方米，投资 4.52 亿元，并计划于 2021 年 9 月完成工艺安装并投入使用。该项目建成后，将成为中国邮政寄递网重要省际节点和骨干枢纽之一，能够全面满足全省邮政包裹、信函、报刊、机要、国际等传统邮件处理需要，邮件处理能力将由日均处理 40 万件，提升至 100 万件以上。（山西省邮政分公司）

【上海市邮政分公司试行“一城双邮区”组网模式】 上海浦西邮件处理（洞泾）场地扩建项目于 2 月立项启动，投资 9450 余万元。该项目的主要建设内容包括在上海松江区普洛斯洞泾物流园区 4 个租赁库区内（面积约 24000 平方米）新增配置 2 台小件分拣机、1 套摆轮矩阵分拣系统、1 台窄带分拣机及部分胶带机、伸缩机等邮件分拣处理设备，项目于 10 月底基本完工并投产使用，正式开启“一城双邮区”模式，上海邮政两大处理中心拥有 AGV 机器人、大型矩阵、多层、小件、扁平件、窄带等十余套业界领先技术的分拣系统及设备。（上海市邮政分公司）

【华东物流仓储中心项目开工建设】 12 月 14 日，义甬舟开放大通道西延行动暨中国邮政华东物流仓储中心项目开工仪式在浙江义乌举行。该项目的建设会进一步完善中国邮政国际快递物流体系建设，助力义乌和浙江的电子商务产业发展。

华东物流仓储中心项目总投资 12 亿元，占地面积 300 亩，总建筑面积 42 万平方米。作为中国邮政国际快递物流体系中的重要一环，项目建成后，会成为中国邮政华东邮件处理中心、华东物流配送中心、华东电商仓储中心、华东国际航运中心、国际邮件互换局（国际邮件运营中心）。该项目的建设发挥义乌“世界小商品之都”的优势和义乌“点石成金”的创新能力，通过义甬舟开放大通道这一重要平台，为电商企业提供“仓储＋寄递＋金融”一体化服务，助力打造稳定的跨区域产业链供应链，加快构建国内国际“双循环”新发展格局。（《中国邮政报》12 月 18 日）

【南昌国际快件监管中心二期暨跨境电商“9610”业务正式开通运营】 9 月 16 日，南昌昌北机场新国际货站、国际快件监管中心二期暨跨境电商“9610”业务正式开通运营。江西省邮政分公司、南昌综保区等主体单位签约新蛋网、捷时星、潘朵、京东跨境协同仓等 10 个项目，覆盖销售平台、物流仓储、综合服务平台、企业孵化、人才培养等跨境电商产业链各环节。（江西省邮政分公司）

南昌国际邮件互换局大楼外景

【南昌邮件处理中心工程开工】 12 月 30 日，昌北机场空侧南昌邮件处理中心工程开工仪式举行。2019 年，中国邮政昌北机场综合邮件处理中心、国际邮政互换局、国际邮件监管中心 3 个项目落户南昌并开通运营，对南昌市乃至江西省外向型经济发展起到支撑性作用。昌北机场全年货邮吞吐量超 18 万吨，增长超 50%，货运增速有望连续 3 年在全国省会机场排名第一。此次开工的昌北机场空侧南昌邮件处理中心工程总投资 10 亿元，是省（市）重点建设项目，占地面积 293 亩，征地面积 283 亩，约 18.9 万平方米，预计总投资 10 亿元。一期建设规模为 9.1 万平方米，工程投资约 3.1 亿元，预计 2022 年 12 月投产。（南昌市人民政府网）

【郑州航空邮件处理中心开工建设】 4 月 16 日，河南省人民政府在郑州航空港实验区举办中国邮政郑州航空邮件处理中心项目、郑州机场北货运区工程开工仪式。郑州航空邮件处理中心项目是河南省人民政府与中国邮政战略合作的重要内容、规划建设的重点项目，是郑州邮政口岸建设的重要组成部分，也是利用郑州区位交通优势和多式联运的航空物流优势，完善郑州邮政口岸功能的重要保障。该项目规划位于郑州机场北货运区东侧，功能定位为国内标准快递邮件处理、国际邮件处理、保税仓储中心、商业快件监管中心和跨境电商仓储中心。项目总规划面积 9 万平方米，总投资约 3.44 亿元，先期建设国际国内邮件处理、跨境电商生产处理设施等 6 万平方米，总投资约 2.8 亿元，计划与郑州机场北货运区工程统筹协调推进，同步建成投用。（河南省邮政分公司）

【中南地区邮政快递枢纽长沙邮件处理中心开工建设】 12 月 18 日，中南地区邮政快递枢纽长沙邮件处理中心开工建设。该中心位于长沙临空经济示范区，建设用地面积 246 亩，项目总投资约 9 亿元。该中心建成后，邮件日处理能力可超 600 万件，成为中国邮政在中南地区规模最大、工艺最先进的快递物流“大本营”，既是大型快递邮件自动化流水线处理基地，也是电子商务和物流仓配一体化基地，保证邮件快速进出航空港，实现省际、省内陆运联通，支撑全省境内及跨境快递和电商业务发展。中国邮政将以此项目建设为契机，充分发挥邮政网络覆盖面广和“三流合一”的优势，更好地服务长沙临空经济发展，助力湖南打造国内大循环的重要节点和国内国际“双循环”的战略链接。（《中国邮政报》12 月 23 日）

【湖南常德邮件处理中心项目开工建设】 9 月 29 日，湖南省常德市三季度重点建设项目集中开（竣）工仪式举行，其中包括中国邮政常德邮件处理中心项目。根据集团公司总体建设规划部署，常德邮件处理中心拟将建设为泛湘西北最大的快递邮件物流枢纽中心和电商企业产业孵化基地，打造集快递、仓储、配送、运输和信息于一体的全景供应链服务。该处理中心升级为全国二级中心局，是国家重点物流网络建设项目，新选址落户常德经开区。（湖南省邮政分公司）

【成都航空邮件处理中心开工建设】 9 月 1 日，中国邮政成都航空邮件处理中心开工建设，一期项目建成后处理能力 280 万件 / 日。项目占地面积 180 亩，总建筑规模 8.9 万平方米，功能定位为中国邮政西部最大的国际快递物流枢纽，是天府国际机场打造“国家级国际航空枢纽”的重要一环。（四川省邮政分公司）

【贵阳国际邮件互换局（交换站）正式运营】 4 月 1 日，贵阳国际邮件互换局（交换站）正式运营，贵州省进出口国际邮件可直接在贵阳海关办理进出口通关手续，邮件全程时限可缩短 2～5 天。贵阳海关对互换局业务开启“助攻”监管模式，在前期全流程指导场地建设的基础上，借助科技手段和大数据技术，实现海关监管信息化系统与邮政系统互联互通。进出境邮件通过贵阳国际邮件互换局（交换站）申报、监管、报税、通行等步骤，即可送件取件，海关引进的查验系统，每 6 秒即可传送一个邮件，实现快速通关。（贵州省邮政分公司）

【甘肃省邮政分公司首套智能全自动邮件分拣设备在兰州投产使用】 8 月 23 日，甘肃省邮政分公司兰州中川邮件处理中心在兰州新区正式竣工投产。兰州中川邮件处理中心位于兰州新区黄河大道，总投资 5000 多万元，毗邻兰州中川国际机场，区位优势明显，场地建筑面积超过 1 万平方米。兰州中川邮件处理中心拥有甘肃邮政首套信息化、智能化全自动分拣设备，采用“摆轮矩阵 + 小件分拣机”的工艺模式，配备 9 套高速六面扫描仪、532 台变频电机、51 台自动摆轮，设计吞吐能力 80 万袋（件）/ 天。

该套设备运用物联网、大数据分析、人工智能（AI）成像、PLC 程序联动联控、无接触式供电等行业先进技术和手段，通过邮件智能跟单系统、指挥调度系统、车辆管理系统和场院管理系统，实现包裹快递邮件信息精准识别、精准控制、精细分拣、直连直配、定向发运，标准规格邮件自卸车至分发装车全程处理时间不超过 5 分钟。（甘肃省邮政分公司）

运 行

【邮运实物网建设】 保障陆运网能力的同时，突出补齐国际和特快能力短板。围绕建立自主可控的国际运输通道，安排南京、郑州国际枢纽建设，对福州、杭州等 28 个国际邮件互换局实施查验设备流水化、信息化改造，新增通关能力 241 万袋（件）/ 天。安排南京集散中心及 23 个通航局建设，能力提升 447 万件 / 天。陆运网建设 41 个处理中心。安排实物网建设 158 个项目，比上年增加 76%。重点工艺建设项目在 10 月完工。（集团公司计划建设部）

【寄递业务处理能力提前 3 年完成目标任务】 截至 12 月，中国邮政寄递业务处理能力突破 1 亿件 / 天，提前 3 年完成目标任务。2018 年 5000 万件 / 天，2019 年 7600 万件 / 天，2020 年突破 1 亿件 / 天——3 年来，中国邮政寄递业务能力建设实现“三级跳”。

2019 年、2020 年中国邮政寄递业务处理能力建设项目数量和全网日处理能力增幅连续 2 年超过 40%。尤其在 2020 年，虽受疫情影响，但中国邮政仍然安排国内邮件处理中心工艺项目 104 个，投资 13.6 亿元，新配 29 套矩阵、44 套小件分拣机等机器设备，助推寄递处理能力突破 1 亿件 / 天，备战竞争更加充分、激烈的寄递市场。（《中国邮政报》12 月 29 日）

【包裹快递时限提升】 按“指标定量、分步推进”方式，完成标准库核查和验收。分级开展时限库应用培训，以八步法为指导，强化时限四库对比分析，联动应用。创新实行“总分式标准”，强化督导狠抓落实，各省收寄、市趟、投递环节均达标率 99% 以上，全网出、进口段时长分别缩短 4 小时与 2 小时以上。实施“大区制集中管控”，有效提升时限管控水平，全网特快 T+1 与快包 T+3 日递率超上年最佳水平。京津冀、东北、川渝、中部区域等重点区域全部邮件，长三角特快、珠三角快包均超上年最佳水平，六大区快包时限全面赶超竞品。启动“双百攻城”提速，聚焦问题细化整改，持续提升百城互寄邮件时限质量。（集团公司寄递事业部）

【运营标准调整】 在前期制定运营标准基础上，进一步突破升级、从严收紧，对特快、快包收分运投全程 11 个环节的时限运营标准进行优化，首次明确省内段时长标准、县乡邮路运行标准，下发《2020 年特快、快包时限运营标准》，为寄递网全面优化提速提供标准依据。根据新运营标准要求，以标准时限库为抓手，定期对各省运营标准落实情况进行监控通报，确保“有标必行、按标组网”。（集团公司寄递事业部）

【邮件时限对标工作持续开展】 根据《中国邮政集团公司关于建立包裹快递时限对标长效机制的通知》，集团公司对包裹快递时限对标工作的总体安排是：建立寄递事业部总部、重点区域牵头省、各省公司分层负责，实寄测试、大数据分析、行业平台多管齐下的工作机制，常态化开展行业对标。以对标为手段，找差距、抓整改、促提升。中国邮政特快与顺丰对标时限质量提升显著：时限小时数从上年最好月份差距 2 小时，到下半年各月与顺丰旗鼓相当，最好月份赶超顺丰。（集团公司寄递事业部）

【保障生产旺季投递运行】 集团公司寄递事业部下发《关于做好 2020 年“双十一”旺季投递能力保障方案的通知》《关于全力做好 2021 年春节旺季投递保障工作的通知》等文件，为“双十一”、“双十二”、2021 年春节旺季期间网运生产工作提供保障，确保全网生产运行平稳有序。实时监控旺季期间投递量、投递质量、问题揽投部、智能包裹柜使用等投递生产相关情况，及时解决旺季后期末端投递问题。（集团公司寄递事业部）

智能分拣搁架保障旺季运行

【《关于加快邮政县乡村三级快递物流体系建设的指导意见》下发】《意见》明确县乡村三级物流体系建设的意义，分析建设需求及存在的问题，提出建设思路、建设原则和县乡村三级快递物流节点、上下行邮路及农村投递网的建设内容，并提出重点县市和示范省的建设要求，进一步打通工业品下乡、农产品进城双向通道，打造开放共享的公共快递物流服务平台，巩固邮政农村快递物流主导地位。（集团公司寄递事业部）

【投递系列标准规范制定落实】 特快专递投递质量标准修订，规定特快专递投递频次、时限、深度、投交手续、信息反馈、归班处理等基本要求，并对司法专递、高考录取通知书、代收货款、极速鲜、一票多件等十类特殊服务邮件投递标准。制定并下发《邮政包裹快递投递服务规范》，组织全国揽投人员进行网络培训和考试，提高投递人员服务技能。下发《关于进一步推进邮政自提网络建设和应用工作的通知》《关于进一步深入推进邮政自提网络建设和应用工作的通知》，并组织投交流程和系统操作规范的培训，规范自提邮件投递流程，提升自提服务质量。（集团公司寄递事业部）

【干线外包管控】 组织北京、天津、浙江、安徽、重庆、四川省（市）邮政分公司进行集团公司统一采购招标，通过指导6省（市）逐条邮路测算招标控制价，完善技术规范书及合同条款。最终实现初步采购中标价格比上年合同价平均下降18.33%，节约运输成本2.76亿元，并新增9家运输企业统一纳入中国邮政干线运输入围企业目录。（集团公司寄递事业部）

【巩固寄递网时限提升效果】 推进全网时限管控工作，建立分级管控机制，按照集团—区域—省分层负责时限管控。细分区域范围，成立区域工作组。尝试实行“大区制集中管控”，推进重点区域提速。实行区域省轮值机制。由区域内各省轮流担任组长，负责统筹协调本区域提速相关问题。通过不断强化集团—区域—省管控机制，带动全网时限水平提升。其中全网特快T+1、快包T+3平均，区域方面长三角特快、珠三角快包、东北、川渝、中南区域时限水平均超上年最佳。（集团公司寄递事业部）

【推进网运降本增效】 筑牢成本意识，编制《网运利润中心转型工作手册》，聚焦重点科目，以流程优化、业务管理促进降本增效。全网省会中心局包件处理成本0.39元/件次，下降7%，单位运输成本0.76元/吨公里，下降12%，节约运行成本[illegible]7亿元。北京、石家庄、太原、呼和浩特、沈阳、上海、济南、南宁、海口、成都、昆明、银川12个省会中心局单位综合成本降幅10%以上。对标行业，优化陆运网结算配套方案。配合陆运网优化改革，优化结算机制，调整结算办法，引导各省前置集包与出口直运、激发跨级分拣积极性、鼓励省间按市场价格结算，提升全网运营活力。（集团公司寄递事业部）

【网运“智能+”转型工作】 以智能网络规划为引领，推动实现网络规划方式的变革，完成干线网、省内网、市趟网、揽投网点布局规划模型的建设和论证工作，在83条线路完成试点验证。逐步构建智能调度应用，实现指挥调度智能化水平提升，聚焦投递路径智能规划、智能排班、运输车辆智能管控、智能运力匹配等场景，在北京、南京、成都、沈阳、石家庄等城市进行试点应用。初步完成构建现场大屏、PC看板、手机APP三位一体的可视化数字看板体系，为各级管理者赋能，完成53个指标的可视化展示工作。（集团公司寄递事业部）

【“自动矩阵+小件分拣机”工艺标准化方案V1.0出版】 为支撑寄递业务发展和集包业务改革，提升能力建设的效率和效益，邮政科学研究规划院有限公司项目组深入对标行业先进，追踪科技前沿，搭建设计试验平台，总结优秀经验，固化最佳实践，制定“自动矩阵+小件分拣机”系统的标准化图库，涵盖13个作业环节、47个功能单元。设计拒识修复区、溢出缓冲线，提升系统的稳定性和抗冲击性。将大件异形件、小件异形件装托盘上矩阵或小件机自动分拣，实现全形态邮件自动化分拣。优化后的标准化工艺流程，系统吞吐能力可提升9%，单班用人可减少13个。截至12月31日，投产38套自动矩阵系统+79套小件分拣系统。（邮政科学研究规划院有限公司）

【各地邮政保障“双十二”寄递安全畅通】 四川省邮政分公司按照“双十一”方案做好投递，确保进口邮件接得下、投得出、投得好，并同步做好华为、小米等重点项目运营工作。面对成都新增新冠肺炎本土病例的突发情况，四川省邮政分公司立即启动应急预案，迅速进入“战时状态”，紧急调配防疫物资，密切配合核酸检测，加强重点

为保证旺季生产，各单位在邮件安全、交通安全、设备安全、消防安全以及员工安全等方面全面提升执行力，消除安全隐患

区域和环节疫情防控工作。在收寄环节严格落实验视制度，揽投部营业场所保持通风换气并及时消毒；在分拣环节，加强对外包人员的排查，严把现场人员进出关，督导外包单位准确提供上岗人员健康情况，并做好检查；在运输环节，对车辆进行整车喷洒消毒，运输中不搭载与运输无关的人员；在投递环节，做好每日作业班次和生产人员安排，出班前后对投递车辆进行喷洒消毒。成都邮区中心局每日两次对邮件处理中心生产现场进行全方位的消杀，严格执行体温检测、佩戴口罩等措施，并加强与外包公司联系，要求对人员进行排查，班前出示健康码，真正做到不漏一个点位、不留一个死角，确保生产作业正常运行，保障一线员工身体健康。

北京市邮政寄递事业部国际业务分公司接到内蒙古满洲里国际邮件互换局通知，该市与俄罗斯接壤的离境口岸受疫情影响，不能正常进行邮件的转运出口，恢复时间待定。接到此消息后，国际业务分公司迅速启动应急响应机制，与上级部门协调。12 月 9 日，集团公司协调新疆邮政，计划将京俄专线邮件转由乌鲁木齐国际邮件互换局经霍尔果斯出口。国际业务分公司各部门通力协作，加快完成 12.9 吨俄向邮件的发运工作，于 12 月 10 日、11 日分两车发运至乌鲁木齐国际互换局，确保京俄陆运专线邮件的时限。

在做好旺季寄递服务的同时，内蒙古自治区锡林郭勒盟邮政分公司要求各旗（县）分公司寄递和运营部门对进出口的邮件进行消毒处理，特别是对从高风险地区寄递来的邮件，逐件进行严格的消毒处理，以防疫情通过邮政渠道输入。同时，加强投递员健康防护，为客户和投递员“零距离”接触增加安全感。

长沙邮区中心局总结“双十一”生产经验，继续启用信息预报制度，通过每 6 小时对进出口邮件按多个维度进行分析，匹配南、北车间作业岗位和人员，有效提升邮件处理速度。该局还加强与省内主要经营单位的联系沟通，根据当日收寄量适时组织生产，确保邮件及时接卸处理。

合肥邮区中心局进一步细化内部处理安排，调整作业班次，24 小时不间断进行作业准备，确保作业人员充足；重点关注进、出口标准快递赶发工作，安排专人监督揽投趟车、盘驳趟车、本地网上行邮路带运特快赶发情况，确保旺季标快邮件时限水平不降低。

江西省鹰潭市邮政分公司对邮件处理设备改造升级，采取“摆轮矩阵＋快手处理”相结合方式，在卸货口实行大小件分离，提升效率。该分公司还对新开通的一级、二级干线邮路按时按量备车；采取预订或包车方式固定车辆作为应急使用；利用自有车辆辅助转趟运输，确保车辆运能储备。（《中国邮政报》12 月 16 日）

【河南省邮政分公司推进邮政航空枢纽口岸建设】 自 3 月 18 日起，河南省邮政分公司组开郑州至首尔、东京邮航专线和法兰克福自主包机，依托郑州交通枢纽区位优势、航空港区资源政策优势和海关通关便利优势，开发专线包机往返航空货运市场。截至 12 月 31 日，开行专线包机 217 架次，货邮载量 1.1 万吨，实现包机利润 1253 万元。（河南省邮政分公司）

郑州—东京国际航线开通

邮政服务

◇ 网点

◇ 普遍服务

◇ 重大活动和重大事件服务

◇ 服务质量

【概述】

◎ 协同发展

惠农合作、军民融合、汽车产业链、政务服务、电商市场、医药市场6个重点协同项目实现收入155亿元，完成115亿元目标的134.8%。

服务乡村振兴战略，惠农合作项目、实现收入34.78亿元。构建政企协同机制，构建“政府+邮政+农民合作社+其他新型农业经营主体+上下游企业”为农服务新模式，各省（区、市）邮政分公司均与当地农业农村部门建立项目联合推进机制。全国18个县级邮政企业参与农业农村部“互联网+”农产品出村进城项目。发挥“三流”优势，解决农村“融资难”“销售难”“物流难”三难问题。开展信用村建设，累计评定信用村1.9万个，评定信用户49.6万户。邮储银行普惠型涉农贷款结余4271.8亿元，净增339.7亿元。自营农产品销售额45.3亿元，比上年增长40.3%。启动邮政农产品基地建设，挂牌的50个农产品基地销售额6.1亿元。农产品寄递业务量7.52亿件，比上年增长110%，带动农产品销售412.4亿元。汽车产业链项目实现收入46.97亿元，针对个人车主提供金融信贷支持，组织开展1569场微车展活动，成交车辆2000余台，吸引客流50余万人次。政务服务项目实现收入54.0亿元。10801个邮政网点提供各类车驾管服务，比上年增加1095个，31个省（区、市）实现县区警邮网点全覆盖目标。各类邮政网点代办税务业务实现缴税额129.6亿元。

集团公司协同体系基本健全，协同工作的基本原则、界限范围、组织体系、管理手段、工作方法、支撑保障明确，建成协同工作基本框架。以项目为抓手促进各板块服务的协同经营，以项目为载体促进邮政国企资源融入国家战略。以惠农服务平台为载体，连接业务主体、外部组织、合作企业和平台客户，初步实现邮政平台协同的数字化和产品化。经过协同工作在制度创新、项目落地、平台搭建等方面的具体实践，通过培训督导、巡视巡查等的推动，系统上下协同意识得到提升。

◎ 疫情防控

一是落实集团公司要求，第一时间制作并发布中国邮政《新型冠状病毒防护指导手册》。二是树立品牌形象，宣传抗疫担当。第一时间确定“国家有需要，邮政在行动”品牌宣传主题，结合“四不中断”“四免费办”服务承诺，组织设计系列宣传素材，宣传中国邮政在抗击疫情中的“国家队”形象。

◎ 绿色邮政

根据国家邮政局“9792工程”目标要求，推进绿色包装、绿色运输和绿色金融“三大工程”落地落细。“9792工程”四大指标全部达标，初步建立中国邮政绿色生态体系。推进集团公司三年行动，加强对重点区域和薄弱环节的督导，可循环利用邮袋使用率、窄胶带（≤45mm）使用普及率、一级干线往返邮路甩挂运输占比等21项指标全部提前完成。通过中央电视台等媒体宣传展现绿色邮政实践案例和发展成果，绿色邮政品牌传播范围和形象明显提升，集团公司获得“2020年度环境社会责任企业”“6·5环境日公益宣传等突出贡献奖”，邮政系统植树造林工作写入中国国土绿化状况公报。

◎ 会员体系

推动总部项目签约及落地，加快构筑中国邮政会员体系。29家总部客户实现收入59.97亿元，完成年度目标预算的112%，完成包含1个国家级政府部门、5个省级政府部门、6个大型企业总部在内的12个战略协议签约工作。CRM一期系统完成终验。中国邮政集团会员规模8152.1万户，比上年增加7899.6万户。

◎ 服务质量

以寄递业务为重点，覆盖三大板块，“一月一主题”的开展专项体验。完成十余个专项体验和4次复体验。严格闭环管理，督促整改问题143项。督导各板块按照对标活动方案，找准差距、明确“靶点”，41个定量指标完成37个，占比90%。强化顶层设计，健全管理体系，牵头制定“11183”“11185”客服平台整合方案。

◎ 品牌管理

完成品牌架构体系建设、品牌项目咨询，明确邮政品牌战略方向，构建邮政品牌策略理念与规划体系，形成品牌策略与规划、架构体系、管理办法等系列成果。做好日常策划设计与广告片制作，延续“连接美好　无处不在”的核心内涵，完成抗疫专题、品牌日、惠农服务、冬奥寄递、邮政品牌5个广告宣传片制作。构建以央视“品牌强国工程”为核心的立体化传播矩阵，在央视平台播出商业和公益广告近3600条，累计触达超160亿人次。开行京广线、京沪线、京张线高铁专线列车广告投放。参展2020中国服贸会及第三届进博会，荣获服贸会颁发的“中国服务实践示范案例”奖。启动冬奥服务及宣传工作，开展“绿水青山　最美邮路”冰雪嘉年华冬奥主题活动。

◎ 创新实践

48项成果荣获全国邮政企业管理现代化创新成果奖。河南、黑龙江、湖南、浙江4省分公司荣获国家级现代企业管理创新成果奖。5家基层邮政企业获得全国质量信用AA级企业称号，80家基层邮政企业获得2019年度全国邮政用户满意企业称号。组织完成《财富》世界500强、中国企业500强等系列榜单申报工作，中国邮政位列世界500强第90位。（集团公司市场部）

网点

【首家邮政自主经营的便民药店在北京设立】 7月14日，首家邮政便民药店落户北京市房山区青龙湖邮政所，这是全国首家以邮政网点为经营主体、由邮政企业自主经营的便民药店。邮政便民药店复用北京市房山区青龙湖邮政所营业场地，引入执业药师并办理药品经营许可证，服务对象主要为周边社区居民。经营范围在原有邮政基础业务、邮政增值业务的基础上，增加药品、日用品等零售、配送业务。主营1000余种处方药、OTC药品，到店用户可以享受免费测量血压等日常保健服务，使用邮政储蓄借记卡、信用卡结算享受店铺会员折扣价。药店与网络医生建立合作，不仅能为周边百姓提供远程用药咨询、健康咨询等线上服务，还能为不方便出行的附近居民提供“电话订购、上门送药”服务。（北京市邮政分公司）

【上海市邮政分公司建设5G智慧网点】 10月20日，上海市邮政分公司建设的邮政金融旗舰店——曹杨新村邮政支局重装开业。支局以邮政绿为设计主基调，通过金融太空舱、智能家居、无线医疗、共享空间直播、客户成长互动、数字沙盘、汽车金融体验等场景为客户提供沉浸式金融服务。机器人“小邮”可以引导客户至指定区域办理业务，还能通过人机对话实现热门产品推介、大堂经理呼叫等功能。支局还主动与曹杨新村街道对接，引入“一网通办自助机”，自助机具可提供自然人、法人办理45类功能2760个事项。（上海市邮政分公司）

【青岛邮政礼贤主题邮局开业】 6月11日，由山东省青岛市邮政分公司与青岛第九中学共同举办的青岛九中礼贤主题邮局开业暨青岛九中120周年校庆倒计时100天活动在青岛九中举行。青岛九中始建于1900年，前身为礼贤书院，由德国人卫礼贤创办，2020年是该校成立120周年。青岛九中礼贤主题邮局旨在将传统邮政服务与校园文化创意相结合，搭建邮政文化走向校园市场的传播平台，以校园为空间，以师生活动为主体，通过师生共同参与，体验邮驿文化、书信文化、集邮文化，培养青少年健康向上的兴趣爱好与情操，使教育教学、社会实践活动更加丰富和生动，让邮政文化在校园文化建设中发挥促进作用。（中国邮政网6月29日）

【军营邮局在广东省汕尾市某联合训练基地建立】 5月26日，服务中国人民解放军的军营邮局揭牌仪式在广东省汕尾市某联合训练基地举行。军营邮局的主要业务涵盖汕尾风光明信片、红色或部队主题集邮品（邮票）、军营包裹、报刊订阅及图书销售、简易险业务、代收代投服务等。军营邮局还通过惠农项目引入本地扶贫农特产以及著名海产品，在做好惠农扶贫的同时，搭建对外宣传本地农特产的平台。军营邮局的日常营业服务由军嫂负责。

军营邮局的成立，不仅解决了训练基地和前来基地轮训部队驻地偏远的用邮难问题，也为随军家属提供就业机会，真正把“双拥共建”和邮政业务“家门口办理，服务送到家”落到实处。（中国邮政网6月11日）

【四川省首家“中海小邮局”开业】 6月28日，四川省邮政分公司与成都中海物业管理有限公司签订合作协议，同日全省首家“中海小邮局”在成都市金牛区阳光街中海海科大厦开业，开启“快递+电商+惠农扶贫+金融等其他”业务的“1+3”跨界合作模式。（四川省邮政分公司）

【昆明邮政跨界推出“守护邮局”】 6月1日，由云南省昆明市邮政分公司联合国产护肤品牌薇诺娜打造的线上“薇诺娜守护邮局”正式寄发预热预售的各种产品。在“薇诺娜守护邮局”，客户不仅可以购买结合中国邮政与薇诺娜元素的各种产品，还可以写出自己的心情，“薇诺娜守护邮局”会随机匹配，寄送给陌生人，并获得陌生人的暖心回信，将传统的在线购物衍变为一种情感守护的生活体验。为配合此次跨界合作，昆明市邮政分公司发挥寄递、文创、集邮等多个专业联动优势，利用各种手段丰富客户的消费体验。组织专业团队负责产品寄递，保证第一时间将客户购买的产品寄出去；打造包括时尚邮包、国潮T恤在内的周边文创产品，并针对满一定金额的客户发放文创产品；特别定制“邮政礼盒”，用来分装客户购买的产品。统筹系统内宣传资源，与薇诺娜合作撰写宣传文案、拍摄短视频广告，通过微博、微信、小红书、抖音等平台发布，为活动预热。（中国邮政网6月4日）

【兰州市“驿邮极光”主题邮局开业】 4月29日，“驿邮极光”品牌发布会暨正宁路主题邮局开业典礼举行。由甘肃省邮政分公司与东方密语人文美学品牌联合打造的“驿邮极光”国潮文创品牌正式亮相，同时开业的“驿邮极光”正宁路主题邮局也让兰州增加了一处“网红打卡地”。“驿邮极光”计划在省内开设更多的主题邮局，兰州黄河风情线沿岸也计划设立“驿邮极光”主题邮政服务车并升级“驿邮极光”主题智能报刊亭。

“驿邮”代表古代邮驿系统里的送信者，“极光”既代表光的速度又代表文明之光，“驿邮极光”品牌突破性地将邮政文化与现下流行的“国潮”元素进行碰撞与融合。“驿邮极光”正宁路主题邮局中售卖印有驿使图的团扇、手帕、手机壳，融入飞天元素的信封、笔记本、金属镂空

顾客在驿邮极光主题邮局内选购商品

书签，复古而又时尚的卫衣、雨伞、邮差包等国潮文创产品，涵盖生活家居用品、文具、服装及配饰多个类别。此外，“驿邮极光”官方店也于当天正式登录淘宝平台。官方微博及公众号同步上线，实现线上线下同期运营，多渠道发声。（甘肃省邮政分公司）

【吉林省邮政分公司普遍服务网点转型】 吉林省邮政分公司精选232个网点作为转型试点，全面覆盖六类网点转型模式。对商圈等4种类型网点分类施策，通过业务叠加、场景优化等手段提升网点效能。普遍服务网点邮务类业务收入比上年增长27.3%，其中，纯邮政网点年收入比上年增长21.4%，收入超过万元的纯邮政网点比上年增加92处。34处代办网点转为自主经营，压降代办网点比例。（吉林省邮政分公司）

【贵州邮政中标省政务大厅“一窗式”改革服务采购项目】 4月13日，贵州邮政成功中标省政务大厅“一窗式”改革服务采购项目，安排34人入驻省政务大厅各行政审批窗口，为办事企业和群众提供咨询引导、帮办代办、材料预审、材料代收、证照送达等相关服务。（贵州省邮政分公司）

普遍服务

【政企首次联合召开全国邮政普遍服务工作会议】 2月25日，国家邮政局与集团公司首次联合召开全国邮政普遍服务年度工作视频会议。会议以习近平新时代中国特色社会主义思想为指导，认真贯彻落实习近平总书记对邮政工作重要指示精神，贯彻落实全国邮政管理工作会议、集团公司工作会议部署，总结2019年邮政普遍服务工作情况，安排2020年重点任务。会议强调，政企双方要发扬“忠、专、实”的作风与担当精神，齐心合力、笃定前行，奋力谱写邮政普遍服务新篇章，共同推进邮政普遍服务再上新台阶。国家邮政局副局长戴应军、集团公司副总经理康宁出席会议并讲话。（集团公司邮政业务部）

【全国邮政普遍服务质量大提升活动收官】 集团公司在全国范围内统一开展普遍服务质量大提升活动。该活动历时1年，新增投入资金12.5亿元，累计解决问题16万余条，解决3.5万个网点的安全设备安装和更新问题，为基层员工（含委代办人员）配发工服25万套，改善10022个局所的服务设施，加大业务技能培训力度，推进以六类普遍服务网点转型为核心的渠道平台转型，确保普遍服务提质达标。通过活动开展，全国普遍服务局所形象明显提升，服务态度明显改善，服务内涵不断丰富，服务水平明显提高，用邮体验感明显提升，得到邮政监管部门的高度评价。9月28日，国家邮政局领导作出批示，充分肯定集团公司普遍服务质量大提升活动取得的突出成效。（集团公司邮政业务部）

【普遍服务能力建设】 集团公司计划建设部组织制定“十四五”中央预算资金普遍服务项目建设方案。向国家发改委报送《“十四五”邮政枢纽、国际寄递与机要通信基础设施建设方案》。重点推动中、西部地区省际邮政枢纽布局均等化，提升空间集聚能力。建立开放共享的邮政惠民公共服务平台，服务农村电商发展新格局。完善国际寄递网络，提高国际业务处理和运输能力，逐步打造自主安全可控的国际寄递物流网络。（集团公司计划建设部）

【黑龙江省邮政分公司落实“快递进村”】 6月12日，黑龙江省邮政分公司省邮快合作工作推进会议，与顺丰、中通、韵达、申通、百世、圆通、京东及天天8家品牌快递企业展开合作，推动邮政快递合作下乡进村工作。全省13个地市、67个县级邮政机构均与当地快递企业签订业务合作协议，全省快递进村覆盖率100%，55个县市分公司开展快递企业邮件代投和代收工作。全省建设邮政服务站点4733个，优化农村配送网路787条，推动邮快合作工作在全省全面铺开。（黑龙江省邮政分公司）

【西藏又有4县实现党报当日见报】 截至11月30日，西藏自治区又有山南市浪卡子县、桑日县、琼结县和日喀则市白朗县4个县城党政机关实现《人民日报》等党报当日见报。西藏区邮政分公司提前实现集团公司、西藏区邮政管理局下达的新增3个县城《人民日报》等党报当日见报的工作目标，用实际行动贯彻落实了党的十九届五中全会和中央第七次西藏工作座谈会精神。（《中国邮政报》12月2日）

【宁夏邮政分公司与区退役军人事务厅合作拥军优抚】 6月8日，宁夏回族自治区邮政分公司与自治区退役军人事务厅签署拥军优抚合作协议。双方在为优抚对象提供金融、寄递、保险、报刊商函等服务以及创造就业机会等方面达成共识。

为遵循国家军民融合发展战略，落实集团公司军民融合项目安排部署，进一步发挥邮政行业在拥军优抚事业中的特色作用，宁夏邮政分公司与自治区退役军人事务厅沟通对接，发挥邮政自身优势，为优抚对象提供全面服务。据此协议双方将建立联合推进、沟通协商和工作通报机制，统一协调各地退役军人事务局和邮政分公司之间业务对接工作，并定期座谈研究制定推进措施，为优抚对象提供更好的服务。（《中国邮政报》6月12日）

重大活动和重大事件服务

【北京邮政开展定点无接触式投递服务“两会”】 受疫情影响，北京邮政创新‘两会”代表委员驻地服务模式，由面对面服务改为无接触服务，向每位代表委员发放《邮政服务指南》，通过扫描服务指南上的二维码，在线选择需要的邮政服务。同时，可随时微信联系所在区域的邮政服务专员，满足其他业务需求。

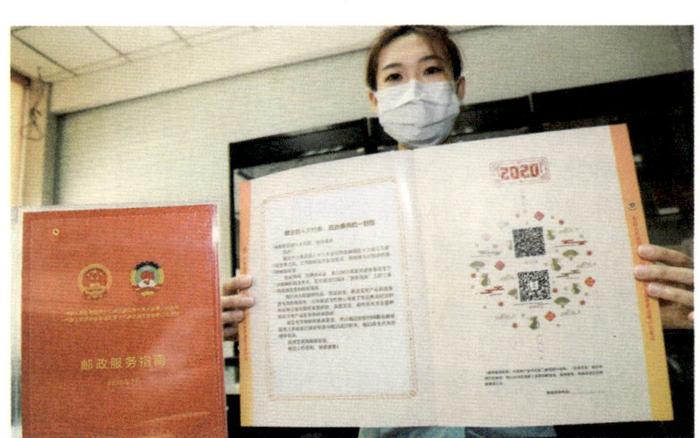

“两会”期间，北京市邮政分公司向每位代表委员发放《邮政服务指南》

按照“两会”总务组提出的“全封闭、无接触”原则，北京邮政同样采取“定点无接触式投递”方式配送报刊、信件等邮件，并使用专用箱对“两会”邮件进行统一消毒，确保“两会”邮政服务与疫情防控工作万无一失。（中国邮政网5月29日）

【河北省邮政分公司服务雄安新区建设】 河北省邮政分公司主动对接雄安新区党工委、管委会，雄安集团以及新区

疫情期间坚持投递

的各相关单位，深度融入雄安新区各片区的规划编制，争取和明确邮政支局40处，邮政所45处（仅容东片区便不低于9处）。在《雄安新区规划技术指南》便民服务设施章节进一步明确邮政有关营业场所设备设施详细标准。参与雄安新区邮政业发展规划编制工作，进一步明确邮政普遍服务设施网络体系。参与《雄安新区物流系统专项规划》等8项具体编制工作，将邮政服务作为单独章节在规划中予以体现。

满足雄安新区用邮需求。投入资金459.71万元，对3县14处网点进行全面改造提升，按照邮政监管部门等级评定A类网点9处，B类网点28处，全部消除C类评级网点。为新区党政机关、各大入驻企业开办机要通信服务，为新区管委会设立机要投递专线，在备案企业和业务总量均翻番的基础上，做到机要通信工作万无一失。开通北京—雄安、石家庄—保定—雄安的党报直达路线，实现《人民日报》《河北日报》上午见报、京发报刊的当日见报。参与新区国企间党建共建平台建设，联合入驻新区的30余家企业党组织共同打造党建共建平台，学习入驻企业的管理模式和先进经验，促进新区规划对接和企业经营发展。完成雄安政务大厅的入驻和“政通雄安”APP的系统对接，将邮政服务嵌入雄安政务服务“一网通办”，实现公安、法院、行政审批、社保卡等政务类寄递项目100%落地。与雄安扶贫办加强沟通，精准推进惠农项目。与雄安公共服务局合作，建立拥军优抚工作长效机制。受改发局委托，承办雄安新区2020年电商大赛项目。疫情期间，保障邮政服务“四不中断”“四免费办”，为新区机关及企事业团体和个人免费寄递防疫物资14100件，主动配合政府部门做好联防联控工作，得到新区管委会的认可。

加快服务雄安新区项目建设。在建设者之家2号营地建成邮快驿站并投入使用，在1号营地筹建主题邮局。租赁市民中心商业区筹建市民服务中心主题邮局，全面叠加邮快驿站功能，进一步尝试对新区管委会及雄安集团有关工作人员的社区便民功能，打造数字货币支付场景。对接雄安自贸区跨境电子商务综合试验区，成为雄安跨境电商综试区建设领导小组成员，完成综试区的选址并启动场地建设工作。在市民服务中心、高质量示范区、建设者之家等地布放 22 个智能邮筒、4 个智能信报箱和 5 个智能包裹柜。衔接白洋淀水上邮路，实现寄递业务揽收、投递服务覆盖，开发邮政特色文创产品，展现邮政服务新形象。对接雄安新区高铁站，计划设立雄安高铁主题邮局。（河北省邮政分公司）

【黑龙江省分公司应对特大暴雪确保邮运畅通】 4 月 20 日，黑龙江省齐齐哈尔市单日降雨量 30.1 毫米，出现 60 年来罕见的特大暴雪和大风天气。面对恶劣天气，齐齐哈尔市邮政分公司迅速启动网运环节突发事件应急处置预案，指挥调度中心及时掌握在途邮运汽车运行状况，严格执行 24 小时值班预警和突发事件处置、报告制度，确保邮运畅通。组织人员清扫积雪，保证当日出班车辆正常发运和普遍服务网点 100% 营业。该分公司要求各投递班组在晨会上提醒员工安全出班，做好邮件、报刊的投递工作，确保不延误、不积压。机要、投递、营业均未受到特殊天气的影响，均正常提供服务。（中国邮政网 4 月 23 日）

黑龙江省分公司应对特大暴雪确保邮运畅通

【上海市邮政分公司服务第三届进博会】 10 月，上海市邮政分公司启动第三届进博会证件寄递服务工作。根据疫情防控相关要求，邮政在 3 周内完成所有证件寄递工作，日均发放证件 3.5 万张。此外，还主动承担防疫宣传相关资料的寄递服务，做到“一人一证一告知”，确保参展商、采购团、服务者在收到证件的同时，能够知晓并落实相关防疫要求。进博会期间，上海邮政除在场馆内设置 11 个线下服务点，还专门开通“进博邮政服务”微信企业号，为用户提供线上一对一服务，及时响应馆内邮件收寄、投递，邮政文创产品销售定制以及邮储普惠金融业务宣传等综合服务需求。（上海市邮政分公司）

【湖北省邮政分公司助力抗疫】 新冠肺炎疫情期间，湖北省邮政分公司坚决落实集团公司“四不中断　四免费办”的郑重承诺，第一时间调度人员、车辆，在做好疫情防控的同时，坚决保障人民群众的用邮和生活需求。接收发运防疫物资 7.08 万吨，免费收寄捐赠物资、医疗防疫物资 33.64 万件。在全省邮政开展援汉医护人员个人返程物品免费寄递服务，免费收寄援鄂医疗队个人包裹 6.4 万件，服务医护人员 2.8 万名。办理“互联网＋放管服”便民寄递业务 523 万件，配送生活物资、母婴用品、教辅资料 159.72 万件。中央指导组、湖北省疫情防控指挥部专门发来感谢信，省邮政分公司被推荐为第十一届“中华慈善奖”候选对象，武汉邮政投递员徐龙获评“全国抗击新冠肺炎疫情先进个人”、全国“最美快递员”特别奖。中央电视台、《人民日报》、中央人民广播电台、凤凰卫视等 120 余家主流媒体广泛报道湖北邮政抗疫事迹。其中，中央电视台《新闻联播》报道 11 次，《焦点访谈》报道 2 次，各类媒体报道超过 5400 篇（条）。（湖北省邮政分公司）

服务质量

【服务质量及管理水平统计】 以寄递业务为重点，全面覆盖三大板块，“一月一主题”地开展专项体验。完成十余个专项体验和 4 次复体验。严格闭环管理，督促整改问题 143 项，总体问题整改率 70.6%，整改计划完成率 85.1%。通过问题整改，EMS 线上下单功能更丰富，寄递全程时限较竞品差距缩小，邮储理财咨询服务更友好，在线业务平台操作更便捷，集邮首日封新版包装更美观，线上涉农贷款产品办理流程持续改进，客户申请操作更加高效，贷款额度提升，产品要素更加优化。

对标基层需求，组织开展服务质量对标主题建议征集活动，收集基层意见 1082 条，组织各板块专家团队参与梳理，并纳入板块对标实施方案。对标既定目标，组织开展上年对标活动验收工作，重点指标完成占比 58.8%，主要达标措施完成占比 92.3%。对标竞争对手，督导各板块按照对标活动方案，找准差距、明确“靶点”，定量指标完成占比 90.48%。

落实集团公司总体部署，保障“四不中断”“四免费办”等抗疫服务承诺落实，组织相关单位对疫情期间邮政客户服务开展体验监督，拨测 95580、11183、11185 客服电话 2113 次、营投网点电话 5490 次，发现问题 34 项，整改率超过 80%。强化顶层设计，健全管理体系，牵头制定中国邮政（包含邮务、寄递、保险、证券）客服平台整合方案，提升智能化水平和服务能力；优化工作流程，落实体验前置，以客户视角推动惠农、汽车产业链等项目创新产品、优化系统。关注问题整改，“以客户为中心”推进业务流程重塑。关注线上平台，建立管理机制，强化“黑猫平台”和“官微”等线上渠道客户投诉管理，建立闭环处理流程。处理“黑猫平台”投诉 10764 件，平均响应时长从年初的 93.85 小时提升至 3.76 小时。满足发展要求，设置经营“红线”，修订《中国邮政集团有限公司关于违反经营纪律处理处罚办法》，进一步明确违规经营问题、考核标准和管理责任。

江苏省邮政分公司要求投递员在投递新年第一份报纸时需上门投递，详细核对客户新年度订阅的报刊

邮政客户满意度连续 9 年递增。全国乡镇局所覆盖率保持 100%，建制村直接通邮率保持 100%，全网信件、挂刷、普包全程时限总体达标，机要通信连续 13 年万无一失。绿色邮政建设显有成效。“9792 工程”全面达标，获评“2020 年度环境社会责任企业”。重大风险底线牢牢守住，全年未发生重大金融风险和重大安全事故。邮储银行资产质量保持同业领先。特快、快包有责申诉率降至百万分之 1.4，创历史最好水平。（集团公司市场部）

【包裹快递运行质效管控】 推行过程结算考核，对所有生产机构实行过程结算考核，指标细化分解到具体班组，聚焦长、珠、环等重点区域提升考核标准和力度，全网包裹快递累计结算考核金额 2 亿元，收分运投四大环节及时率全部提升超 4%，为 90% 以上。包裹快递邮件重量稽核常抓不懈，全网稽核出问题邮件 14 万件，考核金额 498 万元。（集团公司寄递事业部）

【疫情期间投递服务工作】 集团公司寄递事业部及时下发《关于进一步做好防疫期间投递服务工作的通知》等文件，指导各地做好一线投递人员的防护，加强体温检测，防控疫情。正确应对社区、乡村封闭的情况，以电话联系为前提，采取“无接触投交”方式，通过小区、封闭卡点外领取邮件等多种方式，及时投递邮件、报刊等。确保投递人员防疫措施到位，确保投递生产作业安排到位，确保各类邮件报刊及时投递到位。推动一线投递员工的复工复产工作，定期梳理汇总各省复工复产的人员情况，督促到岗率较低的省份加快一线投递人员的复工复产工作，截至 3 月 31 日，全国邮政投递人员到岗率恢复 98.5% 以上。（集团公司寄递事业部）

【2020 年高考录取通知书投递服务工作】 集团公司寄递事业部下发《关于全力做好 2020 年高考录取通知书邮件投递工作的通知》，对高考录取通知书邮件的投递规范进行重申，对投递详情单签收联拍照上传、单独理订归档保存的新要求进行明确。保障高考录取通知书邮件迅速、安全、精准投递，落实国家邮政局对投递服务的新规定，确保“零误投、零丢失”，确保高考录取通知书邮件万无一失。8 月 1 日—10 月 11 日，进口投递 926.78 万件高考录取通知书邮件，累计妥投 926.26 万件，累计妥投率 99.95%。（集团公司寄递事业部）

【黑龙江省邮政分公司开展窗口服务质量提升转型活动】 5 月开始，在全省组织开展窗口服务质量提升专项活动。一是组织网上培训，强化服务能力。重点围绕管理、操作、服务相关规范制度落地为目的，在中邮网院开辟专项培训班，对全省所有邮政、金融网点从业人员进行全方位培训。全省培训 20613 人次，参培率 100%。二是固化窗口职能，提升服务意识。结合窗口支局长服务质量管理工作和窗口营业员服务质量日常工作，分别制定支局长管理责任书及营业员优质服务承诺书，组织签订《网点窗口服务质量责任书》9213 份，固化各级窗口支局长管理职责及窗口营业人员工作职责。三是评选示范窗口，树立服务标杆。通过对营业环境、规范管理、服务礼仪等方面综合评估，在每个地市选树 1～2 个“地市服务质量示范窗口”。截至 12 月 31 日，营业网点签到签退率 100%，对外营业时长达标率 100%，网点日戳加盖合格率 98.9%，比上年提升 3.2%，窗口服务类有责投（申）诉量比上年下降 53%。省邮政分公司单独组建远程视频监控组，持续循环对全省营业网点的对外服务情况进行检查，并建立服务问题核、反馈、通报考核机制。发现服务问题 5724 个，考核金额 69900 元，问题发生率由年初的 81.46% 降低到 42.53%。（黑龙江省邮政分公司）

业务发展

◇ 邮政业务

◇ 邮政金融业务

◇ 速递物流业务

◇ 中邮保险业务

◇ 中邮证券业务

邮政业务

【概况】

普遍服务

在抗击疫情的关键时期，集团公司推出“四不中断、四免费办”服务承诺，切实做好普遍服务邮件寄递服务，全力保障机要文件、党报党刊及时送达，助力维护经济社会稳定和人民群众正常生产生活。坚持普遍服务为根、客户为本，认真贯彻落实集团公司工作会议、普遍服务工作会议、经营服务会议精神和部署，围绕普遍服务十件事，履行普遍服务义务，推进“两提升、四强化、七确保”年度总体工作，以普遍服务达标集中整治、压降给据邮件信息断点率和提升投递外勤关键节点扫描率等专项活动为抓手，强化考核督导，保障全国邮政普遍服务和疫情防控工作，在普遍服务意识、服务能力、服务质量上均有提升，人民群众的用邮体验提升，并得到邮政监管部门好评。全国普遍服务局所乡镇网点覆盖率持续保持 100%，建制村直接通邮率持续保持 100%，营业局所正常运营率 99.97%，条码平信信息断点率 0.57‰，比上年压降 10.9%。给据邮件信息断点率压降到 0.30‰，比上年压降 97.52%。投递外勤关键节点扫描率提升到 95% 以上，比上年提升 38%。全网信件、挂刷、普通包裹全程时限总体达标。机要通信无失密丢损事故。新增 18 个区县实现《人民日报》当日见报，县级城市党政机关《人民日报》当日见报率提升至 85%。全国邮政普遍服务用户满意度 85.6 分，连续 9 年递增。全国建制村保持 100% 直接通邮得到中央领导和国家邮政监管部门的表扬，在央视《新闻联播》“‘十三五’成就巡礼”栏目中播出。完成全国“两会”期间邮政通信保障任务，完成十九届中央第五、六轮巡视专用邮政信箱邮件寄递服务工作及高考录取通知书寄递服务，做到“零误投”“零丢失”。集团公司推广应用全国邮政普遍服务管理系统，对全国全网实施全覆盖管控，制定下发战略绩效考核办法中普遍服务质量考核实施细则，落实国家监管部门的考核要求，建立普遍服务质量指标体系。实施普遍服务补贴与服务质量挂钩考核。利用邮政普遍服务管理系统加强行政处罚案件的闭环管理，逐条做好整改落实。对全国邮政普遍服务通信质量实施月通报、季考核。

经营发展

邮政分公司完成收入 1491 亿元，净增 103.9 亿元，增幅 7.5%，超预算 2.6%。全国转型网点 3652 个，比年初目标多增加 1846 个。全国“零收入”网点比上年下降 91%。收入万元以上的网点占比 82%，比上年提升 12%。邮政校园服务点完成年度目标。全国累计进驻高校 996 家，比年初增加 555 家，进驻率 36%。全国主题邮局 620 家，实现业务收入近 4 亿元，点均收入 49.2 万元。网点叠加警邮业务（11041 个网点）、税邮业务（17726 个网点）、医药零售（28 个网点）、烟草零售（1797 个网点）、3C 零售（281 个网点）、共享寄递、积分兑换、优惠购等 18 项业务。推广应用 BSC 数字化营销工具。在线业务平台销售额 43.5 亿元，比上年增长 159%。平台注册用户 3122 万人，官微粉丝数 1403 万人。黑龙江、四川、西藏、甘肃、青海 5 个试点省（区）邮快合作 63 个市、493 个县、4477 个乡镇、30208 个行政村，累计代投社会快递 2057 万件。全国邮快合作范围 29 个省、累计代投快件 5908 万件。克服疫情对开发工期的影响，新一代营业渠道系统于 11 月 21 日在福建省试点上线。

函件业务实现收入 60.2 亿元。传统函件加大产品创新和项目营销，创新产品功能和附加价值，开发生肖极限明信片等贺年有奖创新型产品，按主题推出系列产品，实现申报收入 2881 万元，增幅 105%。举办“感谢、感恩、感动”书信文化活动，宣传覆盖人数超 8170 万人。约投挂号项目与 12 家银行签订《卡函约投挂号邮寄合作协议》，年收入均在 1000 万元以上。新媒体业务实现收入 14.3 亿元，比上年增长 17%。推进中邮传媒智融平台建设与运营，实现交易收入 16.5 亿元。全国线下媒体资源初步联网，腾讯广告项目实现收入 7.6 亿元。

报刊发行业务实现收入 90.6 亿元，增幅 3.9%。组织 2021 年度报刊大收订工作，实现流转额 236.8 亿元，增幅 3.7%，完成党报党刊发行任务。新接办报刊 228 种。数媒发行业务初步形成复合发行、有声图书墙、知识付费、在线教育、智慧硬件五大产品体系，31 省建成有声图书墙 5537 面。

集邮业务实现收入 80.7 亿元，增幅 2.5%，超预算 11%。库存、欠费持续下降。推出 NFC 芯片邮票及影胶套印、全真彩等工艺邮票。邮票数字化内容与邮票同步发行，得到新华社、中央电视台、人民网等主流媒体传播。严控发行品种、降低发行数量、提高结算比例，实现邮票市场价高于面值。全国营销项目规模再创新高，《庚子年》生肖贺岁季项目收入 45.6 亿元，增幅 15%。集邮上新日等线上营销项目实现收入 14.6 亿元，增幅 217%。

创建中邮文创品牌，实现品牌运营，建立“集团 + 省”级联动媒体宣传矩阵及线上中邮文创旗舰店。联动主题邮局和校园网点，组织首届“校园文创产品设计大赛”，与 100 个优秀企业、设计师建立合作关系。开展“520”、故宫等全国重点营销项目，研发 30 余款文创产品。同社会公司合作，探索“IP 授权 + 社会渠道销售”模式。

农村电商

打造邮政特色的为农服务新体系和新能力，农产品基地模式加快构建，建立 50 个农产品基地，带动自营农产品销售额 45.3 亿元。平台流量及交易规模显著提升，日均流量 71.5 万，零售交易额 14.6 亿元。通过加强地推和业务叠加，激活 30.8 万个站点，站点活跃度达 72.5%。打造 14.8 万个数字化优质站点。聚焦打造“全网 + 区域”大单品体系，销售大单品 24.2 亿元。第四届“9·19 电商节”活动交易额 18.7 亿元。组织全国首届邮政农产品产销对接大会，现场签约额 2.2 亿元。增值业务线上线下累计服务 2.7 亿人次，交易额突破 470 亿元；云放号户数破百万。短信服务企业 2200 家。（集团公司邮政业务部）

邮政惠农成果展

【图书发行项目】 图书收入实现 8.4 亿元，比增 38.6%。其中《习近平谈治国理政》（第三卷）发行 475 万册，实现销售额约 3.8 亿元。广东发行 64 万册、北京 52 万册、浙江 48 万册。（集团公司邮政业务部）

【哈尔滨邮政推广“数字明信片”】 黑龙江省哈尔滨市邮政分公司在函件业务发展上加速转型创新，将明信片销售渠道由线下向线上转移，在发挥自媒体优势的基础上，将“数字明信片”项目进行公益推广，获取线上客源，加快推动封片业务向数字化、功能化转型。截至 5 月 19 日，该分公司制作“数字明信片”7646 张，“数字明信片”经理注册人数 4416 人；制作率占全省邮政制作率比重 90%，列全省邮政第 1 位。

哈尔滨市分公司在“数字明信片”小程序中开通“哈尔滨加油”专区，这也是全国邮政首个以地市为单位开通的专区，向全社会传递正能量，树立邮政公益品牌形象。该分公司还策划“母亲节祝福”“甜蜜 520”等系列“数字明信片”推广活动；针对不同单位的个性化需求，录制视频、制作图片，邮政工作人员走上中央大街街头，现场向客户介绍“数字明信片”业务，并将系列宣传短视频发布在抖音平台上。截至 5 月，点赞 1500 余条，评论 1200 余条，抖音转发 300 余次。（中国邮政网 6 月 2 日）

【贵州邮政政务大厅“一窗式”改革走在全国前列】 4 月 13 日，贵州邮政成功中标省政务大厅“一窗式”改革服务采购项目，安排 34 人入驻省政务大厅各行政审批窗口，为办事企业和群众提供咨询引导、帮办代办、材料预审、材料代收、证照送达等相关服务。

【河南省邮政分公司推行金融业务全年无淡季发展模式】 通过实施“一四季度抓跨赛、二季度抓夏粮项目、三季度抓扫码入会”，推行全年无淡季的常态化发展模式。扩大夏粮营销项目内涵，将其打造成为涵盖农林牧副渔、肉蛋果蔬奶在内的“大农业”金融服务体系。全省邮政新增金融总资产 925.24 亿元，位居全国前列，其中新增储蓄余额 624.96 亿元，比上年增长 127.23 亿元。与中邮保险河南省分公司合作，向全省 1.3 万名收割机手赠送保额 6 亿多元意外险，送出关爱、助力“三农”。（河南省邮政分公司）

【中国邮政与格力共同开展新零售直播活动】 6 月 1 日 10：00 至 12：00、20：00 至 24：00，珠海格力电器股份有限公司与集团公司共同开展“格力健康新生活”直播活动。格力电器全国 3 万家线下门店，联动包括中邮传媒在内的线上 8 大平台同时开启线上服务，正式启动新零售直播品牌日活动。邮乐平台也配合活动给予促销支持，针对爆款产品设置满减优惠功能。

活动开展前，集团公司统筹旗下电商、邮务、广告传媒、寄递等多个业务板块协同合作，制定从宣传推广到平台销售再到直播促销等全环节的活动方案；利用自有的中邮传媒智融平台微信圈营销社群的信息转发功能，为格力董明珠店和邮乐网格力官方旗舰店同步吸粉、引流，为直播预热。活动当天，集团公司通过中邮传媒智融平台对活动开展同步直播，在邮乐网开设“格力电器活动专区”，邮特惠会员通过领取优惠券，可以用更优惠的价格购买格力产品，而非邮特惠会员购买格力产品，即可享受 30 天的会员权益。活动结束后，集团公司通过自有寄递服务将格力产品即时配送到客户手中，提升客户的在线购物体验。

截至活动结束，中邮传媒智融平台微信圈社群文章《格力与中国邮政倡导健康新生活》转发量 4.37 万次，阅读量 26.33 万次；邮乐网上线 39 个格力产品参与活动，吸引 40 万人关注浏览，产生订单 708 单，销售额 79.5 万元。（中国邮政网 6 月 2 日）

【中国邮政组织首场农产品基地线上直播推介会】 为落实落细惠农合作项目，做大农产品基地销售规模，4 月 23 日，集团公司组织首场农产品基地线上直播推介会。来自海南、广东、安徽、湖北 4 个省邮政分公司的 9 位主播分别在原产地对各省基地农产品进行销售推介。三亚杧果、徐闻菠萝、黄山茶叶和恩施贡茶等 9 种农产品吸引在线观众超 1 万人，订单量 3125 单，销售收入超 10 万元。全国 31 个省（区、市）邮政分公司和 6 家供应链企业参加直播，展现中国邮政产地直达的优势。

受疫情影响，全国邮政线下推介会无法如期举行，但农时不等人，举办农产品推介会是中国邮政促进农产品跨省销售的重要方式。集团公司电商分销局组织此次网络直播推介会，对于缓解销售难、助力产业发展和促进农民增收都发挥推动作用。集团公司 50 个农产品基地根据上市时间不同，计划都采用直播方式，推进电商新模式进程，电商分销局将继续加快实施“互联网 +”农产品进城，加快新技术、新模式、新业态的创新步伐，为促进基地农产品流通提供有力支撑。（中国邮政网 4 月 23 日）

【邮政“9·19 电商节”与首届全国邮政农产品产销对接大会举办】 2020 年邮政“9·19 电商节”活动期间，实现交易额 18.66 亿元。举办首届邮政农产品产销对接大会，树立“邮政农品”品牌，提升邮政“9·19 电商节”的社会影响力。

自营批销额比上年增长 105%，重点打造的“十大品牌”批销额比上年增长 402%；零售方面，重点推广的扶贫农产品形成订单 488.9 万笔。各板块联动取得良好效果，通过整合内外部宣传资源，外投广告引流及订单转化实现双提升。央视、新华社等近 50 家主流媒体进行了相关报道，各类相关报道超过 2000 条。

此届电商节特色主要表现在以下四个方面。一是围绕商品、会员、渠道、惠农，运营更聚焦。以大单品打造为抓手，实现商品聚焦，聚焦基地、扶贫和当地特色农产品，重点推广“一省一爆款”，打造万单农产品 319 款。其中，万单扶贫农产品 227 款，形成超 5 万单的大单品 30 个，超 10 万单的大单品 3 个。以惠农主题为核心，实现特色聚焦，立足邮政农品分会场，策划“总部 + 各省”直播带货活动 215 场，建立“腾讯 + 抖音 + 今日头条 + 速递易 + 网点扫码购”的线上线下活动宣传矩阵；形成扶贫农产品订单 488.9 万笔，比上年增长 65.7%。以邮特惠权益为中心实现会员聚焦，以内挖外拓为基础，实现渠道聚焦。

二是举办首届邮政农产品产销对接大会。20 家外部渠道商家约 40 位嘉宾参加，以农产品产销对接大会为载体，为下一步外部渠道合作、打造“平台的平台”奠定基础。此外，现场活动组织形式新颖，政府深度参与意愿强烈。

三是各省（区、市）邮政活动组织更加有序，活动亮点纷呈。总部层面提前谋划，较往年提前一个月启动各项筹备工作，实施“统一策划、统一投放、统一跟进”的宣传策略，实现活动曝光 3.3 亿次，策划“周三课堂”开展系列活动培训，制定“9·19 电商节”活动责任矩阵，强化活动管控。各省（区、市）邮政分公司高度重视，精心组织，亮点纷呈。

四是初步建立了数字化运营体系，活动管控更精准。通过科技赋能和大数据应用，初步建立了农村电商的数字化运营管控体系。过程管控更精准，建立“9·19 电商节”活动实时看板，每小时监测活动数据异动、每半日进行活动干预、每日开展活动盘点。活动优惠举措更精准，在扶贫产品补贴上，细化每日活动商品排期，日交易额在 1000 万元以上的有 17 天。体验评估更精准，建立物流发货 24 小时和 48 小时“逐省逐单”跟踪机制，加强在线“邮乐通”客服的应用推广，客户咨询量比上年提升 486%，平台客户体验显著改善。渠道管理更精准，通过强化自营商品、全网快消大单品进店，加强巡店，精准打造数字化优质站点。（中国邮政网 10 月 16 日）

【浙江省湖州市、安吉县邮政分公司开展采茶直播销售活动】 3 月 25 日，浙江省湖州市邮政分公司、安吉县邮政分公司工作人员到安吉县溪龙乡玉凤白茶基地，开展采茶直播活动。“网红”向观众介绍采茶、炒茶、品茶等白茶从采摘、加工到成品的整个流程。受新冠肺炎疫情影响，湖州市分公司采用“云”直播方式，邀请安吉白茶经销商及观众一起在“云端”进行交流互动，帮助茶农现场销售。在一个小时的直播时间里，直播间在线人数逾 2000 人，明前茶预售 100 公斤，销售额 30 万元。（中国邮政网 3 月 31 日）

浙江省湖州市、安吉县邮政分公司采茶直播活动现场

【安徽省邮政分公司构建线上综合营销平台】 一是以“短视频 + 微信 + 云工作室 + 直播 + 线上应用场景”为载体，探索“直播 / 短视频 / 图文 / 其他内容 + 产品”等新型销售模式，构建“云邮站”线上综合营销平台。打造“云邮站”网点 501 个，覆盖客户 258 万人。二是依托网点、

"家邮站""旅邮站"等渠道，以二维码或电子媒体方式，赋予实体渠道销售功能，搭建"邮选好物"小程序平台和"线上下单 + 线下自提（寄递）"购物场景。建成无实物超市 4135 个，寄递包裹 15 万件，销售产品 4400 万元。（安徽省邮政分公司）

【安徽省邮政分公司"黄山茶语"惠民扶贫项目】 5 月 11 日，安徽"驿路鲜—黄山茶语"茶叶产品上线"学习强国"强国商城"扶贫助农"专区。3 个小时内 5000 张优惠券售罄，平台实际销售订单近 4000 单。"黄山茶语"惠民扶贫项目是安徽省邮政分公司重点电商扶贫项目，该项目立足于黄山茶叶良好的品质声誉，采用"邮政 + 合作社 + 基地 + 贫困户"的产业模式，实现邮政与农民合作社的密切协作。（中国邮政网 5 月 18 日）

邮政员工与合作社工作人员在装箱发运茶叶

【江西省邮政分公司举办"赣品网上行——老俵情 · 扶贫农品"年货节】 1 月 3 日，由江西省扶贫办、省商务厅和省邮政分公司联合举办的"赣品网上行——老俵情 · 扶贫农品"年货节推广活动在南昌举行。展示 170 余款具有扶贫元素的江西特色农产品，为参加活动的省内外知名电商平台、特色农业企业、邮政企业、商超企业和电商扶贫村站主代表提供交流平台。活动现场达成意向签约总金额超过 3500 万元。（江西邮政分公司）

【山东省烟台市邮政分公司惠农助力烟台樱桃寄递】 随着烟台大樱桃陆续上市，为满足果农、电商、市民们的销售和寄递需求，山东省烟台市邮政分公司在往年极速鲜专机运行的基础上，增加出口运能投入，实现"航空 + 冷链 + 高铁"多管齐下、陆空邮路无缝对接的高效运输，每天有近百万斤樱桃通过邮政渠道发往全国各地。全国各地的买家可在 24 小时内品尝到新鲜美味的烟台大樱桃。（《中国邮政报》6 月 5 日）

中国邮政 EMS 惠农服务、助力烟台樱桃"极速鲜"寄递

【河南省邮政分公司利用"电商 + 快递"帮助牡丹销售】 受疫情影响，河南省洛阳市各大牡丹观赏园游客稀少，盆栽牡丹销售也受到影响。为满足广大群众邮寄、网购盆栽牡丹的需求，河南省洛阳市邮政分公司发挥"电商 + 快递"优势，为牡丹花卉种植公司提供盆栽牡丹邮寄服务。为避免牡丹在寄递过程中损坏，洛阳市邮政分公司根据盆栽牡丹花的重量、体积、造型，设计适合远途邮寄的牡丹盆花包装，使牡丹花的邮寄成活率提高到 99%。该分公司开通洛阳到广州、济南、杭州等 14 条专线邮路，确保盆栽牡丹的寄递品质和时限。除提供邮寄服务外，洛阳市分公司还联合当地政府推介盆栽牡丹。截至 4 月 28 日，该分公司通过"在洛阳"自媒体和抖音直播带货等方式，帮助牡丹种植公司销售盆栽牡丹 6000 多件。（中国邮政网 4 月 27 日）

河南省洛阳市邮政分公司发挥"电商 + 快递"优势，为牡丹花卉种植公司提供盆栽牡丹邮寄服务

【海南省邮政分公司推动"直播 + 朋友圈"营销模式】 开展"车优保"专项营销活动，组织全省员工微信朋友圈、微信群分享宣传，举办 1 场网络直播营销、1 场车展协同推介体验活动和 4 场线下邀约客户体验专场，参加直播客户 8807 人、现场活动人数 238 人，实现销售 58 单，

收入16.82万元，注册“车优保”激活系统2095个。围绕“520”主题举办全省优选文创产品“电视电话+网络直播”双渠道培训专场，培训覆盖全省网点负责人，观看直播人数430人，主推“学习加油站”“属你有福小葫芦”“盛世珍藏”等产品，带动函件商品收入增长221%。（海南省邮政分公司）

【重庆市南岸区邮政分公司助销滞销枇杷】 受疫情影响，重庆市南岸区广阳镇回龙桥村的枇杷销售情况不理想。南岸区邮政分公司成立广阳枇杷项目组，主动对接村委会和种植合作社，详细安排枇杷销售和寄递业务支撑和作业组织。南岸区邮政分公司与村种植合作社签订协议，由合作社组织货源，邮政负责销售和寄递，利用邮政的网络和渠道资源优势，帮助种植户打开线上销售通道。截至5月，该分公司销售枇杷3800多公斤，寄递枇杷邮件6800多件。（中国邮政网6月8日）

邮政员工帮助种植户采摘枇杷

【中国邮政农产品基地项目吐鲁番“西州密25号”哈密瓜推介会举办】 5月9日，中国邮政农产品基地项目吐鲁番“西州密25号”哈密瓜视频推介会举办。此次推介会得到集团公司、自治区商务厅、自治区农业农村厅、吐鲁番市委市政府和各省邮政分公司以及各大电商企业的大力支持。推介会上对“西州密25号”项目方案进行宣传介绍，并播放哈密瓜代言视频短片，介绍“西州密25号”哈密瓜的种植环境、种植成果和寄递服务。（新疆邮政分公司）

【新疆邮政分公司助力网购保税进口业务】 5月30日，乌鲁木齐跨境电商综试区公共服务平台上线暨网购保税进口业务开通仪式在乌鲁木齐综合保税区举行。新疆邮政分公司为乌鲁木齐当地网购消费者提供“当天购，次日达”的配送服务，疆内消费者也能享受到同沿海中心城市一样的“T+1”购物体验。

乌鲁木齐综保区网购保税进口业务开通后，商家可进行国内保税仓集中备货、凭保出区展示展销，订单生成后直接从综保区仓库发货并配送至消费者，能够大幅缩短购物周期、降低购物成本，让疆内消费者不出国门就能快速买到质优价廉、可溯源的进口商品。新疆邮政分公司进驻乌鲁木齐综合保税区，携手乌鲁木齐跨境电商综试区公共服务平台，协同发展网购保税进口业务，将践行“人民邮政为人民”的服务宗旨，以更快捷的速度、更优质的服务为广大消费者提供终端配送服务。（中国邮政网6月4日）

邮政金融业务

【概况】 主动负债管理引领存款结构调整，强化低成本核心存款的稳存、增存，新增储蓄余额6861亿元，比上年多增1375亿元，储蓄余额6.84万亿元，新增和规模均创历年新高。其中新增活期存款1136亿元，比上年多增673亿元。新增价值存款5559亿元，比上年多增3301亿元，新增三年期存款136亿元，比上年少增2280亿元，增量不增效之困得到初步缓解。将商户收单作为活期存款新增的重要来源，全力以赴加快推进商户拓展和收单业务发展，新增收单商户550万户，结存商户1155万户，净增月日均活期存款新增292亿元。收单商户结算账户活期存款增速32%，是整个代理金融的5.33倍。代理保险转型发展成效超预期，长期期交新单保费531.6亿元，比上年增长70.3%，带动手续费率比上年提升1.6%。

建立总部、省、市、县四级组织管理架构，推进中高端客户分层经营，组建财富管理客户经营团队，打造千人兵团精英营销队伍。截至12月31日，配备理财经理3.27万名、财富管理人员1640人。客户经营能力持续提升，VIP客户新增328万户，比上年多增63.7万户，VIP客户AUM 6.1万亿元，比年初增8578亿元，比上年多增834亿元，新增私行客户1104户，比年初增20%。

新单保费2723.6亿元，市场占有率（39%）居银保行业第一。人民币理财月日均保有量5248.5亿元，年新增561.6亿元，其中净值型理财保有量占比（53%）比上年提升25.6%。非货币基金销量742.4亿元，比上年增长2.7倍。快捷支付绑卡新增3049万户，交易金额超5万亿元，比上年增幅15%。新增公司客户2.4万户，公司存款余额规模（311.3亿元）比年初增长48.3%，扭转对公存款长期徘徊不前的颓势。信用卡引荐发卡72.5万张，营销新客60.3万户，新客获客量比上年提升134%，手续费收入比上年翻番。小额辅助贷款投放4077笔5.49亿元。

完成20137个网点转型模式导入，覆盖率63.4%，100万以下低收入网点比上年减少214个，下降9.5%。全国配备ITM 3.89万台，覆盖95%以上的网点，以智能机具有效腾挪柜员。运用CRM系统分户管户、客户画像、精准营销，VIP客户服务率超80%，系统自动触发营销线索超4亿条。手机银行月活客户规模创新高，截至2020年12月31日，月活跃客户规模2447万户，比上年新增444万户，增幅23%，创历史新高。

依托惠农项目叠加金融服务有效开拓新型农村经营主体客群。走访44.22万家合作社和52.53万个人客户，对公开户率22.25%，个人客户开户率66.59%，人均余额4.1万元。中邮保险长期期交提前一个季度达成目标，实现长期期交新单保费161.8亿元，比上年增长184%，完成全年目标的112.4%。中邮证券有效户提前4个月达成目标，新增有效户7万户，占中邮证券全部有效户的70%，完成全年计划目标的174.9%。

加强制度建设、夯实管控基础，主动监测、预警、化解各项业务及经营活动风险点，强化对各金融控股子公司的风险监测与管控。依托KRI风控模型，运用大数据分析方法，加快非现场预警转型，全国预警量22.56万条，比上年下降52.65%，预警排查成效显著。强化代理金融从业人员信用行为排查与治理，构筑“合规创造价值”的合规文化，经济处罚4100人次，纪律处分10882人次。

启动代理金融体系化设计，推动实现“六维转型”，从“做储蓄”向“做银行”“做生态”转型。从单一产品向综合资产配置转型。从线下网点为主向线上线下“两线”融合转型。从农村市场的单向优势向城乡“两轮驱动”转型。从代理金融板块发展向“资源共享、商机共创、优势共建”的协同发展转型，从风险事后的被动处置向事前预警、事中化解转型。（集团公司金融业务部）

【个人银行业务】 个人银行业务收入1981.06亿元，比上年增长12.20%，占营业收入的69.22%，比上年提升5.43%。个人存款90955.64亿元，比上年末增加9122.50亿元。个人贷款32538.93亿元，比上年末增加5031.05亿元。服务个人客户6.22亿户，管理零售客户资产（AUM）11.25万亿元，比上年末增加超1万亿元。

深入推进财富管理体系建设，锤炼理财经理队伍能力。发展保险、非货币基金、资管信托等关键代销业务，丰富客户资产配置，代销业务销售呈快速突破之势。顺应居民消费结构升级趋势，打造“全客户、全实时、全线上”信贷业务产品体验，构建贷款业务全生命周期管理模式。强化产品创新和场景化营销获客，加大信用卡分期业务发展力度。

上线客户管理数据集市、个人财富管理系统，推广使用CRM平台，提升客户精准营销和资产配置能力。依托综合营销绩效管理系统，建立高效的绩效评价体系。做优手机银行、客户经理云工作室等平台，提升远程服务能力，提高线上平台创新能力与运营水平。发力“金融+生活”场景化金融模式，围绕“网点+商圈”，持续丰富“收单+”内涵，进一步促进“线上+线下”渠道融通，延伸服务触角。（邮储银行）

【公司金融业务】 强化“投行+投资”协同，持续推动“商投互动”发展，截至12月31日，公司客户90.06万户，比上年末新增27.90万户。公司贷款19777.85亿元，比上年末增加2372.21亿元，增长13.63%。公司存款12598.49亿元，比上年末增加1308.84亿元，增长11.59%。

采用平台引客、产业链获客、联动拓客等方式，推动公司客户批量开发。推进高层互访，推动重点项目持续落地。落实乡村振兴战略，抢抓农村集体产权制度改革的市场机遇，实现重点领域突破，农业农村客户新增2.60万户，增长76.51%。主动融入医疗保障体制改革大局，省级医保电子凭证合作资质实现全覆盖，医保电子凭证累计激活量超100万份，医疗、医保、医药等“三医”领域客户新增1.16万户。顺应数字化转型趋势，推动客户管理数据集市与公司客户营销系统的开发与优化，开发智能营销模型，提高业务洞察能力，丰富营销场景。

持续完善“基础存贷、交易银行、投资银行”的产品体系。加强公司信贷业务创新，推出“研发贷款、水务贷款、光伏贷款、科创上市贷款、新型城镇化贷款”等16个创新产品。优化信贷业务办理流程，并以企业级建模标准开展信贷业务平台系统建设，提升客户服务效率。完善存款产品体系，重点优化大额存单等产品要素。实现开放式缴费平台、邮储食堂、代发工资、商户收单等场景落地应用。优化对公开户流程，持续提升客户服务能力。围绕客户交易场景创新服务，开发实体单位结算卡，丰富对公结算产品。优化现金管理、银企直联系统功能，拓宽开放式缴费渠道。加快投资银行产品研发，承销市场首单抗疫债权融资计划和全国首单“扶贫+疫情防控”资产支持票据，助力打赢疫情防控战。

推动自营网点叠加公司业务功能，探索代理网点发挥作用，拓宽公司业务服务半径，释放网点经营潜能。可办理公司业务网点5175个，比上年末新增1466个，增长39.24%，覆盖率65.66%，比上年末提升18.45%，带动公司存款140.45亿元。布局县、乡、村区域，新增773个县域农村地区公司业务网点，县、乡、村公司业务网点覆盖率比上年末提升近30%。

推动各级机构改革落地，邮储银行总行成立“三农”公司业务中心，统筹负责涉农公司金融业务相关工作。分支行持续加强公司板块岗位与人员配置。全行公司板块人员数量提升19.96%，其中，公司金融销售类人员数量提升22.93%。完善培训体系，采用线上线下相结合的方式，定期组织机构业务、信贷业务、风险管理、系统应用等系列培训。持续加强队伍能力建设，不断推进岗位资格认证

工作，打通专业序列职级晋升通道，完成公司金融顾问（CFC）首批认证，做好各级机构领军人才培育工作。（邮储银行）

【资金资管业务】 截至12月31日，活跃的非信贷业务金融机构客户615户，金融投资39146.50亿元，比上年末增加2396.20亿元，增长6.52%。理财资产管理规模10014.31亿元，比上年末增长8.22%。托管资产规模42741.17亿元，比上年末增加2970.41亿元。

重视战略客户拓展，搭建高层互访机制，加强多层次合作交流，启动同业生态圈建设，进一步扩大同业“朋友圈”，为业务合作提供契机。推动潜在同业客户业务破零，扩大有效客户覆盖面。挖潜客户需求，深化多点合作，有效提升金融机构客户综合收益。

面对监管新形势和行业发展新态势，邮储银行秉持“夯基固本、精耕细作”的理念，不断增强资金资管业务能力建设，持续提升核心竞争力。一是注重产品创新，取得“债券通”业务资格，成为首批利率期权入市参与机构，推出线上化“邮e贴”产品。二是强化科技支撑，完善新一代资金业务平台、资管业务平台和托管业务系统功能，启动债券与衍生品做市报价系统及同业合作平台项目建设工作。三是筑牢风险底线，顺应监管导向，定期评估业务风险，不断优化产品体系和业务流程，持续提升风险监测质量，有效发挥第一道防线职能。四是加强队伍建设，充实资金资管专业人才，建立“总行产品经理+分行客户经理”的经营架构，加强信息共享和宣贯指导，通过“以战代训”推动分行能力提升。（邮储银行）

【普惠金融】 邮储银行认真贯彻落实党中央、国务院决策部署，扎实做好“六稳”“六保”工作，积极践行大行责任，为客户提供“有担当、有韧性、有温度”的普惠金融服务。依托数字化转型，加快网点智能化改造，持续优化以手机银行、网上银行为主的电子渠道体系，不断增强线上渠道的便捷性，全面升级普惠金融服务。发挥自营和代理网点的区位优势，将网点资源分布向国家战略新区和金融服务薄弱区域倾斜，不断增强服务城乡居民能力。提升贫困地区基础金融服务能力，进一步加大对乡村振兴等重点领域的支持力度，全力服务脱贫攻坚和乡村振兴。截至12月31日，单户授信总额1000万元及以下小微企业贷款余额占全行各项贷款比例居国有大行前列，余额比上年末增加1480.62亿元。金融精准扶贫贷款（含已脱贫人口贷款、带动服务贫困人口的贷款）比上年末增加180.65亿元。（邮储银行）

【绿色金融】 邮储银行深入贯彻绿色发展理念，大力发展绿色金融和气候融资，对标国际先进规则，从公司治理、制度建设、激励约束、产品创新、风险管理等方面，支持绿色低碳发展，促进人与自然和谐共生，助力实现2030年前碳达峰、2060年前碳中和的目标。绿色贷款余额2809.36亿元，比上年末增加651.58亿元，增长30.20%，高于银行业平均增速9.9%；其中，公司绿色贷款余额2714.59亿元，占同期公司贷款的13.73%，高于银行业平均占比2.93%。加大绿色债券承销和投资，绿色债券投资余额240.91亿元。连续获得“中国银行业协会绿色银行总体评价先进单位”称号、明晟公司（MSCI）环境、社会和治理（ESG）较高评级。（邮储银行）

【数字化场景生态建设】 邮储银行加快推进数字化场景生态建设，深化邮政特色，强化外部场景对接，逐步将金融服务嵌入高频生活消费场景，探索线上线下用户运营新理念，满足客户多元化的场景化服务需求。线上，打造“金融+生活”服务双引擎。持续深化手机银行“邮储食堂+邮政服务+生活场景”的特色化生态布局。重点推进邮储食堂新场景、新生态、新渠道的建设，截至12月31日，邮储食堂用户5094.22万户，比上年末增长347.37%。拓展优化手机银行邮政服务及生活场景，手机银行上线EMS快递服务、EMS极速鲜、邮特惠、中邮阅读等邮政服务场景，及美团外卖、电影票等生活场景。上线邮储生活权益平台，强化与主营业务的协同作用，提升邮储银行金融服务的便利性和覆盖度。

线下，构建“网点+商圈”获客体系。邮储银行将商户拓展和收单业务确定为全行基础性、战略性业务，依托线下网点优势，紧抓县域特色，丰富“收单+”内涵，深耕“收单+商圈”“收单+综合金融”“收单+行业”三大领域。依托商圈开展多样化运营活动，推动B端、C端联动，将商圈打造为网点的延伸和获客活客新场景。挖掘零售、餐饮、交通、酒店、医疗、教育、行政事业、公共缴费八大重点领域商户，与行业垂直领域服务商开展合作，为商户提供综合行业解决方案。在全国范围内推广聚合支付收单产品“邮惠付”，为商户、客户提供便捷的结算和移动支付体验。条码支付收单商户201.83万户，比上年末增长177.15%。（邮储银行）

【首笔信用担保方式垃圾发电PPP项目】 2月14日，邮储银行批准安徽省合肥市龙泉山生活垃圾焚烧发电PPP项目授信金额3亿元，系邮储银行首笔采用信用担保方式的垃圾发电项目。该项目是安徽省内最大的垃圾发电项目，也是安徽省重大民生工程，项目总投资18.28亿元，设计垃圾处理能力3000吨/天，可有效承载肥东县及合肥部分中心城区的生活垃圾处理任务，对合肥市解决垃圾污染及资源回收问题、不断改善人居环境具有重要意义。（邮储银行）

【邮储银行发行全国首单疫情防控债权融资计划】 2月13日，全国首单抗“疫”债权融资计划落地邮储银行江西省分行，邮储银行作为独立主承销商，以最快速度成功为上饶投资控股集团有限公司发行5亿元（分两期发行）债权融资计划，其中第一期债权融资计划金额1亿元，为抗疫债权融资计划。上投集团2020年第一期债权融资计划是全国市场首笔募集资金驰援疫情防控的抗“疫”债权融资计划，标杆示范效应显著，项目获得监管机构的高度评价与认可。（邮储银行）

【邮储银行落地全行首笔电商平台专属车贷——车秒贷业务】 3月19日，邮储银行浙江省分行电商平台专属车贷——车秒贷正式上线，实现首笔业务成功放款。该项业务的上线，使邮储银行实现互联网方式服务汽车消费贷款“长尾”客户，进一步扩大客群，有效地降低获客成本，促进消费信贷业务转型升级。（邮储银行）

【邮储银行安徽省分行推出“小企业防疫贷”创新产品】 为有效应对新冠肺炎疫情，精准做好抗“疫”相关的小微企业金融服务，2月，邮储银行安徽省分行率先在同业推出新产品“小企业防疫贷”，向符合条件的抗“疫”相关小微企业发放短期人民币流动资金贷款。贷款可采取信用方式，创新引入自然人保证增信方式，最高授信金额150万元；利率优惠方面，安徽省分行将权限内小微企业最低利率全部下放经办行，能够给予目标客户最优惠的金融服务。该产品简化业务流程，通过线上渠道提供部分资料，确保服务时效性，有效解决了抗“疫”相关企业因担保物不足等情形无法获得授信的实际困难。（邮储银行）

【邮储银行福建省分行打造“党建＋金融”助力脱贫攻坚“政和模式”】 福建省分行通过不断总结省级扶贫小额信贷创新试点县和全国扶贫小额信贷示范县经验，以“党建＋金融”为主线，创新“五度体系”，打造出“党建＋金融”助力脱贫攻坚‘政和模式”。全国首家“金融科特派工作服务站”在邮储银行政和县支行成立；创新提出“支部联动”机制和联络员帮扶机制，组建“党员金融服务智囊团”；精准推出“三农”小额担保贷款、农村党员创业贷、乡村振兴贷、科特贷、先模人物创业贷、信用村整村授信等金融产品，保证脱贫攻坚精准施力。政和县支行累计发放扶贫类小额担保贷款1.1亿元，扶持贫困户1200户，带动贫困农户增收近百万元，助力政和县“摘帽”省级贫困重点县。（邮储银行）

【邮储银行湖南省分行非房消费贷实现突破发展】 湖南省分行消费信贷加快结构优化，通过转变固有营销模式，深度融入普惠金融生态版图，加快平台应用和产品创新，积极拓展微众银行、平安银行、京东数科、苏宁数科等互联网金融头部企业，实现批量获客，获得全国花呗主办行资格，发展转型成效显现。全年消费信贷余额净增212.76亿元，排邮储系统第4位，其中非房贷款净增70.38亿元，排邮储系统第1位，创历史新高。（邮储银行）

【邮储银行四川省分行“数字人民币”试点起步】 邮储银行四川省分行个人钱包、对公钱包规模以及完成率均列行内试点行第1位，场景及交易量列试点行第2位，个人钱包存量列省同业第2位。一是强化组织，加强协调。组建领导小组，领导小组实行周例会制，挂图作战、责任到人。二是强化沟通、协调多方力量。取得人民银行、当地政府支持的同时，加强与同业的交流沟通，与中国银行签署电子钱包合作协议，依托双方电子钱包项目在养老医疗、社区服务、园区打造、财政补贴代发、助农等领域共同发展。三是分解任务、强化激励。制定《“521”工程市场拓展专项竞赛活动方案》，匹配专项人工成本奖励和活动经费。四是加强培训、全面指导。指定专人开展“521”工程项目推广工作培训20余次，提升业务人员专业技能。五是打造重点场景，上线“天府通”APP数币支付公交系统，成为邮储银行首家实现数币公交应用的试点行。（邮储银行）

【邮储银行大连市分行牵头启动惠农（扶贫）合作项目】 5月20日，大连政银邮担企对接协作暨惠农（扶贫）合作项目启动会议举办，邮储银行大连市分行作为牵头方，联合大连市邮政分公司与大连市农业农村局、大连市现代农业生产发展服务中心、大连市农业担保公司签订四方《惠农服务战略合作协议》，抗疫企业客户代表、新型农民专业合作社代表、特色行业企业代表、新型专业大户代表分别与大连分行、中国邮政大连市分公司签署了《“金融＋寄递”的综合服务框架合作协议》。此次签约，是大连市坚定落实党中央、国务院持续抓好农业稳产保供和农民增收，推进农业高质量发展的重要举措，政府、银行、邮政、担保公司、行业协会、核心企业等多种支农力量融合，有力助推大连市农业产业化高质量发展，为解决乡村振兴过程中企业融资难、流通难提供新的解决方案。（邮储银行）

速递物流业务

【绿色邮政】 实施绿色包装工程，全面加速推进包装减量化、绿色化、可循环。推广“一字”“十字”和“井字”科学打包法，避免胶带过度缠绕。推广使用电子面单，实现电子面单应用基本全覆盖。推广“轻装箱”，平均减少用纸20%以上。倡导电商原包装直发，降低二次包装率。试点使用循环箱，开展快递包装回收工作，在全国2万多个网点设置包装废弃物回收装置，引导包装废弃回收。可循环容器在中转环节利用率超过90%，每年减少一次性编织袋数十亿条。推广使用高密度聚乙烯材质拉链邮袋，邮袋循环使用次数由20次提升至60次，装载率提高近20%。使用RFID技术追踪邮袋，促进邮袋循环使用，降低包装耗材对生态环境的负面影响。

实施绿色运输工程，建立环境守护型的绿色邮政运输方式。持续推进干线邮路甩挂运输与多式联运等模式，全网一级干线自办往返邮路甩挂运输占比超过80%，全国高铁运输线路数比上年增长近一倍。加快推广新能源或清洁能源汽车投递，提高全网、特别是京津冀、长三角、珠三角、汾渭平原和海南省等重点区域新能源汽车使用比例，全网新能源车保有量6847辆，按车辆正常油耗测算，每年减少尾气排放超过2万吨。（集团公司寄递事业部）

【集团公司寄递事业部服务惠农合作项目】 4月2日，集团公司召开惠农合作项目全国启动会。寄递事业部落实集团重点工作安排，重点围绕解决合作社和家庭农场“销售难”“物流难”痛点，服务农业产后环节，提供线上线下销售和寄递物流服务。根据农户寄递需求，经济类农产品提供快递包裹业务服务，品质类农产品以极速鲜项目方式运作。除原有极速鲜商城及邮乐网等，对接拼多多、建行善融及社区商超百货等，畅通农产品销售通道。推进县乡村三级物流体系建设，畅通农产品进城通道和工业品下乡通道。极速鲜业务实现业务量4095.7万件，比上年增长96%，业务收入62380万元，比上年增长60.7%。快递包裹“标准箱”实现业务量7.1亿件，比上年增长112.2%，业务收入28.5亿元，比上年增长82.6%。

物流业务完成全年预算目标，完成收入89.5亿元，比上年增长19.1%，完成全年收入预算目标。剔除异常因素外，全国继续保持营利水平。培育年收入百万元级以上的规模客户843家，新增129家。促进仓配一体化融合发展，仓配一体化服务带动物流收入增长。仓储占比高于平均水平的省份，物流收入增幅平均81%。完善云仓管理平台功能，初步建立仓配项目上线规范。完成《仓库内部视觉标准化建设规范》企业标准。WMS项目上线实施62个，信息化率提高8.5%；华为标杆仓落地，雅戈尔共建智能仓项目有序推进。夯实基础能力，系统化项目管理能力进一步提升。制定并下发《邮政供应链物流业务源头项目运营管办法》；建立全国511名的项目管理联动团队，促进全国团队建设。进一步优化项目管理能力，确定14项标准化、62项解决方案能力重点工作。上线物流量收管理系统（MMS），并实现与集团CRM、ERP及量收系统的互联互通。强化风险控制，为快速发展保驾护航。下发了《关于进一步加强物流项目风险管控的方案（试行）》，梳理了物流业务大项目风险情况，规避重大风险隐患。通过建立定期督导、每月通报、每周督办的工作机制等措施，全国共清退输出型质押监管项目41个，完成集团公司下发清退目标的121%。

2020年，围绕“防疫情、保畅通、促发展”的总体要求，积极拓展疫情期间寄递需求，主攻五大市场、开发重点项目，网业联动组织开展“双百攻城”行动，狠抓国内特快业务重点市场拓展和重大项目开发，推动国内特快业务加快发展。1—12月业务量11.9亿件，比上年增长9.96%；业务收入147.6亿元，比上年增长9.95%，较2019年提高4.39%。22个省收入增幅高于全国平均，西藏、宁夏、甘肃、贵州、重庆、云南、江西7个省（自治区）增幅超过30%。全年完成国际业务收入272.6亿元，比上年下降6.99%。其中，国际EMS完成收入23.86亿元，比上年下降10.01%；e邮宝收入82.98亿元，比上年下降28.17%；国际小包收入57.59亿元，比上年下降43.58%；国际商业完成收入96.32亿元，比上年增长166.26%。（集团公司寄递事业部）

中邮保险业务

【高价值业务】 提前超额达成长期期交“双百亿工程”目标，长期期交新单保费178亿元，比上年增长177%，完成全年目标的111.7%。高价值业务占比3.5%。实现新业务价值18.6亿元，比上年增长118%。（中邮保险）

【团险业务】 团险渠道发展模式持续夯实，营销端开发6家企业客户，团险外拓客户1184家，比上年增长33%。

“7·8”全国保险公众宣传日期间，中邮保险围绕“同心同行 我们在一起”行业年度主题开展系列活动

服务端固化“1+5”服务团队和“4+8+4”营销服务模式，丰富19套营销服务模板，开展福利宣讲会等活动3200余场。强化团险项目审批，建立多维度核算、全流程监测的效益管控体系，实现保费收入3.11亿元。（中邮保险）

【产品供给持续优化】 新开发备案产品18款，在售产品40款。建立健全产品顾问团机制，召开11次顾问团线上会议。建立产品对标机制，全面调研分析行业个险、银保、团险、网销渠道产品发展情况。完成新一代精算平台上线，构建全面、系统、开放、共享的Prophet精算模型体系，实现数据、假设、模型互联互通、共享共用，提升运行效率。（中邮保险）

【投资能力提升】 配置效率提升，配置资金为上年的2.4倍。投资资产余额比上年增长45%。资产结构持续优化，权益类资产、非标类资产占比稳步提升。资产久期进一步匹配负债期限，利率对冲率持续提升。（中邮保险）

中邮证券业务

【经纪业务】 开展“有效户大提升”活动，客户资产和交易量大幅增长。借力集团公司召开专项视频推动会，提高全系统重视程度。成立经纪业务督导组，出台重点业务奖励政策，开展首届“金鸿杯”模拟炒股大赛，通过抓督导、重激励、造氛围，进一步提升客户质量。2户托管客户资产462亿元，比上年增长58%，其中广东、辽宁、上海等省（市）分公司，北京宣武门、西安南大街、电子二路营业部分列分公司、营业部客户资产增长前三位。股基交易量2884亿元，比上年增长47%，带来佣金收入8444万元，其中福建、江苏、四川等省分公司，西安南大街、北京宣武门、西安电子二路营业部分列分公司、营业部股基交易量增长前三位。上线产品367只，开展主题营销活动11次，重点代销产品13只，实现代销收入2130万元，比上年增长32.4%。其中，混合偏债型产品年化收益率超过14%，权益类产品年化收益率超过67%。广东、江苏、湖北等省分公司，北京宣武门、陕西汉中和阎良营业部，分列金融产品销售规模分公司前三名、营业部前三名。（中邮证券）

【资管业务】 响应资管新规和监管要求，压降非标债权规模，压降178亿元，比上年末下降32%，确保非标债权的规模、占比双达标。伴随业务结构调整，非集团来源资金223亿元，占资管总规模由上年末的11%提升到30%。新发行小集合产品31只，其中市场化来源5只，逐步打开市场化发展路径。小集合产品总规模111亿元，比上年末增长344%，正式步入“百亿俱乐部”行列。小集合产品实现收入4835万元，占资管业务总收入的40%，成为资管业务重要支柱。山东、广东、山西省分公司列分公司小集合销售规模前三位。（中邮证券）

【投行业务】 经营业绩大幅增长。通过引入市场化团队，提升专业能力和市场拓展能力。投行业务实现收入1.48亿元，比上年增长348.3%。华北、华东资本市场团队贡献90%以上收入。项目开发与储备呈现良性循环，其中债券类项目落地22单，立项46单，储备44单。围绕质量、时间、成本，不断加强项目精细化管理，提高运作效率，项目成功率提升。债券承销规模179.7亿元，比上年增长364.4%，行业排名53位，前移22位。（中邮证券）

【自营业务】 固收业务优化持仓，巩固收益规模。通过提高AAA以上债券持仓占比，严控信用风险。实施资金渠道竞价引入，降低资金成本。增加波段操作和短期交易，优化资产配置，保持稳定收益规模。固收业务实现收入2.1亿元，年化收益率8.9%。权益业务严控回撤，实现扭亏为盈。坚持稳健操作，保持低仓位运行，严控回撤，及时变现，实现收入1700万元。（中邮证券）

邮票发行及集邮

【概述】 发行纪特邮票28套，其中纪念邮票13套，特种邮票14套，特别发行1套。图87张（含小型张5枚），面值132.4元，另发行小本票1本，总售价144.4元。

发行纪念邮资封片5套5枚，特种邮资明信片1套5枚。发行普通邮资封片10套14枚。发行中国邮政贺卡14图，产品20枚。

邮票发行配合党和国家大事要事的安排部署，增发特11《众志成城　抗击疫情》《新时代的浦东》《中国首次火星探测“天问一号”发射成功》《中国人民志愿军抗美援朝出国作战七十周年》《海外民生工程》等邮票，按计划发行《中埃建交五十周年》《中国第一颗人造地球卫星发射成功五十周年》《中国登山队登顶珠峰六十周年》《〈共产党宣言〉中文全译本出版一百周年》《第七次全国人口普查》《北京2022年冬奥会——冰上运动》。（集团公司邮政业务部）

【集邮业务】 集邮业务克服疫情和市场持续低迷等影响，采取严控发行品种、降低发行数量等多种措施提振市场信心，创新“集邮上新日”等线上营销模式，完成收入80.7亿元，其中生肖贺岁季项目完成收入45.6亿元，比上年增长15%。集邮文化季项目完成收入6.3亿元，比上年增长46%。线上营销项目完成收入14.6亿元，比上年增长217%。

完成《众志成城　抗击疫情》邮票发行和销售工作，向30万名援鄂医务人员捐赠价值1500万元的纪念邮折，并向中国红十字会捐赠2800万元现金用于抗击疫情工作。举办《众志成城　抗击疫情》邮票首发仪式，组织全国多地举办捐赠仪式，弘扬抗疫精神，全国媒体传播超3.39亿次。

加大集邮文化宣传推广力度，联合“学习强国”举办《共产党宣言》邮票云首发、3D邮展等活动。与军博联合举办《中国人民志愿军抗美援朝出国作战七十周年》首发式，并纳入“中国人民志愿军抗美援朝70周年”专题展览。举办《辛丑年》特种邮票印刷开机仪式，叠加“名人视频+两微一抖+双直播”方式，访问量1.83亿人次。开展2020集邮周线上线下活动800余场，线上访问参与336万人次。（集团公司邮政业务部）

【图稿审核工作】 制定中邮传媒（智融）平台申报要求，发布《中邮传媒（智融）平台资源合作商产品申报要求》，编写《中邮传媒业务典型案例合集》，举办《中邮传媒业务开发及审核管理相关法律法规和规章制度培训班》，每日关注中纪委通报违纪违法人员信息，切断违纪违法人员以正面形象通过中邮传媒产品向公众扩散影响力的源头。完成封片图稿审核6.8万稿。日常审核中4689个业务申请得到纠错或退回处理，完成214家平台资源商准入及6096个产品审核，完成邮资机宣传戳审核1022枚、明信片设计大赛图稿1.3万套、线下支撑2.6万套，数字明信片260套。（中邮传媒）

【邮票发行量提前公布】 提前公布邮票发行量是2020年中国邮政提振集邮市场的一项重要举措，也是邮票发行政策的一次重大调整。从《庚子年》生肖邮票开始，邮政企业在每一套邮票发行日前通过中国邮政官网、微信、中国集邮微信号、行业媒体、自媒体等多种渠道提前向社会公布邮票发行量，将减量结果直接呈现给集邮者，向市场释放积极信号。（集团公司邮政业务部）

【邮票印制工艺创新】 第40届佳邮评选纪念张内置超薄NFC芯片，为首套芯片邮票。邮票序列码、荧光暗码与芯片ID对应，配合手机NFC功能，满足防伪溯源、信息化应用等方面需求。首次推出影胶套印工艺，集邮联八大小型张画面展现博物馆效果。首次引进全真彩工艺，新时代浦东邮票立体展现建设发展成就，莫高窟邮票呈现真实洞窟壁画效果。首次创新心型、花瓶型、葫芦型、琵琶型等异形齿孔设计。推出AR动画、动态H5、场景化人脸融合游戏等数字化宣传新形式。数字化宣传注重游戏互动，以“可看可听可玩”吸引关注，扩大邮票文化影响，打造邮票数字化文化符号。与在线业务平台紧密结合，将内容传播力转化为营销推动力，实现数字化宣传商业价值。（集团公司邮政业务部）

【庚子年生肖贺岁季】 2019年11月1日至3月31日，在全国范围开展以“子鼠开天，鼠兆丰年”为主题的庚子年中国集邮生肖贺岁季活动。项目采取“一让利、三统筹”政策，推出与中国黄金、中国金币联合开发产品，全网统一使用“中国集邮”品牌，通过总部顶层设计、总公司拳头产品供应、各省营销联动发展，生肖贺岁项目整体收入45.6亿元，比上年增长15%。（集团公司邮政业务部）

【2020年集邮文化季】 集邮文化季围绕“七夕”节、教师节、国庆节、中秋节、重阳节等时点，面向忠实、高端、政企“三类重点客户”，整合集邮周、集邮上新日和2021年新邮预订“三大营销项目”，开展线上预售、网点微沙、主题品鉴和文化体验“四类集邮活动”，有效拓展客群，增强市场信心，项目整体完成收入6.3亿元。（集团公司邮政业务部）

【集邮线上营销项目】 将每月20日设为“集邮上新日”，开展新品预售、爆品众筹、积分换购、积分抽奖、外邮专卖、珍品拍卖、大咖说邮等九大活动，拓展年轻群体，提高用户活跃度。集邮线上订单数365.85万笔，比上年增长232%。下单用户数为115万人次，比上年增长117%。

PV 为 3348.49 万次，比上年增长 66%。UV 为 1230.33 万人次，比上年增长 192%。（集团公司邮政业务部）

【玫瑰邮票设计大赛】 为推动邮票设计组稿向社会开放，提高邮票的社会关注度和公众参与度，集团公司举办“520”《玫瑰》特种邮票设计大赛。活动以大赛官网和中国邮政官方微信为主要平台，通过《中国青年报》、全国高校艺术教育专家联盟、中国包装联合会设计委员会等社会渠道宣传，提升大赛影响力，实现作品征集的最大化。活动吸引 50 所国内外高等院校和诸多设计机构、独立设计师及邮政系统设计师报名参与，注册参赛人数 400 余人，收到作品 300 余套，中国邮政官微投票平台获得 48 万票，获得票数最高的作品 6.1 万票。（集团公司邮政业务部）

【《辛丑年》生肖邮票开印】 9 月 1 日，集团公司举办“金牛送福　家和业兴”——《辛丑年》特种邮票印刷开机仪式，活动邀请四轮生肖牛邮票设计者、知名艺术家等嘉宾出席见证生肖邮票付梓印刷，韩美林、六小龄童、马布里、郭峰等文体明星为生肖邮票开机送上祝福。开机仪式通过邮政官方微信平台、新华云视频和集邮百科小程序同步直播，并开设直播间，邀请设计者与网友互动，形成线上阅读传播量 1.83 亿次，央视一套《晚间新闻》、央视二套《经济信息联播》、央视四套《中国新闻》《今日环球》和新闻频道《新闻速览》栏目均予以报道播出。（集团公司邮政业务部）

【《庚子年》特种邮票首发仪式在中国国家博物馆举行】 1 月 5 日，《庚子年》特种邮票首发仪式在中国国家博物馆举行。该套邮票设计者、著名艺术家韩美林，集团公司董事长刘爱力，国家博物馆馆长王春法等出席仪式。刘爱力与韩美林共同为《庚子年》特种邮票揭幕。庚子鼠年生肖邮票第一图名为“子鼠开天”，取自民间传说“鼠咬天开”，萌动之鼠腾空跃起，咬破混沌，遂成宇宙，寓意国家取得了开天辟地、继往开来的巨大成就；第二图为“鼠兆丰年”，3 只小鼠一副欢喜自得模样，寓意阖家欢乐，花生图案一派丰收景象，寓意 2020 年五谷丰登、阖家欢乐。（《中国邮政报》1 月 7 日）

《庚子年》特种邮票

【《众志成城　抗击疫情》邮票特别发行】 5 月 11 日，国家邮政局和中国邮政集团有限公司共同举办的《众志成城　抗击疫情》特别发行邮票首发暨捐赠仪式在京举行。该套邮票 1 套 2 枚，采用连票设计的表现方式，图案中“众”字将两枚邮票连接，消灭新冠肺炎（COVID-19）的图案置于“众”字之下。该套邮票由王虎鸣、刘向平设计，北京邮票厂影写版工艺印制。捐赠医务工作者的定制邮折包含大版票、首日封及纪念张。纪念张为中国摄影家协会受中央赴湖北指导组指派，为 4.2 万名援鄂医疗队员拍摄的抗疫纪念照片，用邮票纸特制而成。每个邮折都是唯一编码，具有特殊的纪念意义。集团公司将邮票邮品收入 2800 万元捐赠中国红十字会总会用于抗击疫情工作，将价值 1500 万元的定制邮折捐赠给 30 万抗击疫情一线的医务工作者，展现在党中央坚强领导下，举国上下凝聚起众志成城、抗击疫情的强大力量。（《中国邮政报》5 月 12 日）

市民买到《众志成城　抗击疫情》邮票

【《〈共产党宣言〉中文全译本出版一百周年》纪念邮票发行】 8 月 22 日，《〈共产党宣言〉中文全译本出版一百周年》纪念邮票首发式分别在上海《共产党宣言》展示馆（陈望道旧居）和陈望道故乡——浙江省义乌市分水塘村举行。

《〈共产党宣言〉中文全译本出版一百周年》纪念邮票 1 套 1 枚。邮票设计采用素描表现手法，完整展现了《共产党宣言》中文全译本翻译时的场景，生动细致地刻画出陈望道翻译《共产党宣言》时认真忘我的形象，并配以《共产党宣言》中文全译版的封面，同时画面背景还特别布置复旦大学《共产党宣言》展示馆（陈望道旧居），烘托出邮票的主题，展现出马克思主义真理的伟大力量。（中国邮政网 8 月 24 日）

【《中国现代科学家（八）》纪念邮票首发】 9 月 19 日，

中国邮政发行《中国现代科学家（八）》纪念邮票，1套4枚，入选的四位科学家分别是：应用光学家王大珩，固体物理、半导体物理学家黄昆，核物理学家于敏，数学家陈景润。该套邮票采用素描写实表现手法设计，采用雕刻印刷技术印制。此前登上过《中国现代科学家》系列纪念邮票的科学家还有地质学家李四光、气象和地理学家竺可桢等34位中国现代科学家。（中国邮政网 9月21日）

【《北京2022年冬奥会——冰上运动》纪念邮票首发】 11月7日，由集团公司与北京冬奥组委共同举办的《北京2022年冬奥会——冰上运动》纪念邮票首发暨“中国邮政冬奥文化校园行”启动仪式在国家冬季运动训练中心冰球馆（首钢冰球馆）举行，运动员代表杨扬、庞清、佟健、张虹、周妍和姚乃峰分别为5枚邮票揭幕。

《北京2022年冬奥会——冰上运动》纪念邮票1套5枚，邮票图案分别表现了短道速滑、花样滑冰、速度滑冰、冰壶和冰球全部5个冰上运动项目。邮票采用电脑手绘方式，邮票背景使用特殊感光油墨印刷，整版边饰上的“BEIJING 2022”字样采用镂空工艺。通过手机扫描整版邮票边饰上的二维码，可以观看5项冰上运动的视频短片，集艺术性、趣味性、科技性和防伪功能于一体。（中国邮政网 11月7日）

【中国—古巴建交60周年纪念封发行】 9月28日是中国古巴建交60周年纪念日。中国集邮总公司特发行外交纪念封1枚。《中国—古巴建交60周年纪念封》正面图案采用中国人民英雄纪念碑和古巴何塞·马蒂纪念碑，封上邮票为《梦想启航》个性化邮资主图，邮戳体现两国建交年份及建交60周年，纪念封的背面为说明性文字及发行信息。（中国邮政网 9月29日）

【中国人民革命战争时期邮票发行90周年纪念大会暨学术研讨会在北京举行】 11月26日，由中华全国集邮联合会主办的中国人民革命战争时期邮票发行90周年纪念大会暨学术研讨会在中国邮政文史中心（中国邮政邮票博物馆）举行。第十二届全国政协副主席王家瑞出席纪念大会并为中国人民革命战争时期邮票珍品展揭幕，国家邮政局局长马军胜，国家邮政局副局长、中华全国集邮联合会会长戴应军，中华全国集邮联合会常务副会长赵晓光，中国邮政集团有限公司副总经理、中华全国集邮联合会副会长康宁等出席纪念大会。

国家邮政局局长马军胜在纪念大会上表示，纪念中国人民革命战争时期邮票发行90周年，就是要进一步强化中国人民革命战争时期邮票的研究、发掘、宣传等工作，深刻认识这一时期邮票对中国革命的重要贡献和在中国邮政、中国邮票、中国集邮发展中的重要地位，充分发挥中国人民革命战争时期邮票的宣传教育作用，引导人民群众从一枚枚浸润着烈士鲜血和战火硝烟的方寸邮票间，牢记历史，不忘初心，传承革命精神，弘扬革命传统，让革命事业薪火相传、血脉永续。

为促进中国人民革命战争时期邮票的学术研究，中华全国集邮联合会此前组织开展了全国集邮学术研究活动，纪念大会现场举行了一等奖论文颁奖仪式。（中国邮政网 11月27日）

【中国人民革命战争时期邮票珍品展在中国邮政文史中心举行】 11月26日，中国人民革命战争时期邮票珍品展在中国邮政文史中心（中国邮政邮票博物馆）举行。展览展出了《中国解放区邮票（1930—1950）》展品，《华北解放区邮票》《东北解放区邮票》《华东人民邮政》《西北解放区邮票》《西南解放区邮票》五大解放区邮票的50框展品。从揭开中国人民革命战争时期邮票发行序幕的“赤色邮票”，到土地革命战争、抗日战争、解放战争几个时期的重要邮票几乎被全部展出，包括著名的“稿”字四方连邮票、赣西南赤色邮票实寄封等珍罕邮品。（中国邮政网 11月27日）

【“邮票讲述‘一带一路’故事”邮展】 11月23日，由集团公司、“一带一路”智库合作联盟以及中华全国集邮联合会共同主办，中国邮政文史中心（中国邮政邮票博物馆）承办的“邮票讲述‘一带一路’故事”邮展，在邮票博物馆二层邮票主展厅开幕，并将长期向公众免费开放。此次邮展精选“一带一路”沿线国家和地区发行的相关题材邮票进行展出，分为“丝路精神通古今”“商贸流通谱新篇”“文化交融著华章”三个篇章，讲述方寸间的“一带一路”故事。展览还采用先进的数字化技术，观众可通过触摸屏欣赏邮票的精彩细节。（中国邮政网 11月25日）

【“2020集邮周”启动】 8月19—25日，由中华全国集邮联合会、集团公司主办的“2020集邮周”活动在全国范围内展开。“2020集邮周”活动延续“中国梦 集邮情”主题，设置7个主题活动日和12项会员回馈活动，让广大集邮爱好者共享集邮嘉年华。

“2020集邮周”设置健康、科技、会员、党史、少年、生肖、爱情7个主题日活动，每个主题日都将配合全国性的重点活动，如《华佗》特种邮票首发暨中国医师节纪念活动、集邮上新日“大咖说邮”、青少年集邮云课堂等活动。除此之外，各级邮政企业将联合相关部门，组织当地集邮专家和集邮爱好者举办丰富多彩的联动活动。为回馈广大集邮会员，集团公司通过中国邮政在线业务平台、中国集邮邮票百科小程序及线下集邮零售网点开展12项会员回馈活动。（《中国邮政报》8月19日）

【2021年邮票预订工作正式启动】 9月1日，2021年邮票预订工作正式启动。中国邮政将继续实行“总量调控、适度从紧”的纪特邮票发行政策，进一步调减2021年邮资票品预订量，新增面向年轻群体的预订品种，推出预订优惠活动。

2021年邮票预订分线上和线下预订渠道。线上渠道为中国邮政在线业务平台、网点营销服务人员微邮店、邮乐网。线下渠道为集邮营业网点和邮政金融网点。老预订用户可于9月10日至11月20日通过线上进行续订，或于10月10日至11月20日通过线下续订。

为了更好满足青少年用户的需求，2021年邮票预订还新增了中国集邮与晨光文具联名推出的邮票手账和邮票盲盒等时尚新品，以及海外圣诞邮票和海外生肖邮票等产品。新用户可于9月10日至11月20日期间通过线上渠道预订新品。

此外，2021年邮票预订还首次推出“以邮会友”和“邮福同享”预订优惠活动，用户添加网点营销服务人员企业微信好友，或邀请亲朋好友组队预订，均有机会参加抽奖，赢取2021年邮票大小版预订和生肖大小版购买资格。（中国邮政网9月4日）

【第40届全国最佳邮票评选颁奖活动举行】 9月26日，第40届全国最佳邮票评选颁奖活动在甘肃敦煌大剧院举行。颁奖活动以“交响丝路 ‘邮’约敦煌”为主题，宣传敦煌文化、邮政文化和集邮文化。

《中华人民共和国成立七十周年》邮票荣获最佳邮票奖，《五岳图》邮票和《二十四节气（四）》邮票荣获优秀邮票奖，《中国2019世界集邮展览》邮票荣获最佳设计奖，《科技创新（二）》邮票荣获最佳印刷奖。《中华人民共和国成立七十周年》邮票展示了我国在经济、政治、文化、社会、生态文明等方面取得的巨大成就。《五岳图》邮票描绘了五大名山雄伟壮阔的磅礴气势。《二十四节气（四）》邮票展现了中华民族探索自然、尊重自然、人与自然和谐相处的卓越智慧。《中国2019世界集邮展览》邮票通过精湛的雕刻技艺清晰再现了古画的神采和青铜器的精美工艺。《科技创新（二）》邮票首次在“彩色全息定位烫”图案上叠印了印刷图案。此届评选活动的“最佳邮票奖”“优秀邮票奖”“最佳设计奖”“最佳印刷奖”集中展示中国邮政实施精品工程、打造中国邮票发行品牌的最新成果。

此届全国最佳邮票评选活动参与75万人次。活动还颁发“抗击疫情 集邮人在行动”特别奖，举行《莫高窟》特种邮票首发仪式。（《中国邮政报》9月30日）

【中华全国集邮联合会第八次代表大会在北京召开】 6月18日，中华全国集邮联合第八次代表大会在北京召开。大会以习近平新时代中国特色社会主义思想为指导，认真学习贯彻党的十九大和十九届二中、三中、四中全会精神，围绕集邮文化事业高质量发展确定目标任务，是推动新时代集邮文化事业不断前进的一次重要会议。第十二届全国政协副主席王家瑞，交通运输部党组成员、国家邮政局局长马军胜，中国邮政集团有限公司党组书记、董事长刘爱力，中华全国集邮联合会第七届理事会会长杨利民，国家邮政局副局长戴应军，集团公司副总经理康宁等有关领导出席会议。

为庆祝大会的召开，集团公司特别发行《中华全国集邮联合会第八次代表大会》纪念邮票（小型张）一套1枚。大会开幕式上举行纪念邮票首发式，王家瑞为纪念邮票揭幕。国际集邮联合会、亚洲集邮联等国际组织和中国残疾人联合会、中国宋庆龄基金会等组织向大会发来贺信。大会以视频会议方式召开，在30个省（区、市）设分会场，来自国家有关部委、在京有关单位、各省（区、市）集邮协会、全国行业集邮协会、邮政行业的300多名代表分别在主、分会场参加会议。（《中国邮政报》6月23日）

【“文脉·国脉”文化大讲堂在北京举办】 中国集邮有限公司举办9期“文脉·国脉”文化大讲堂，邀请王亚民讲述故宫爆款文创如何炼成，董玉文分享数字化建设思路、经验与案例，芮书香、刘建辉、李近朱为集邮业务发展提建议、拓思路，李松讲授邮票与中国传统节日文化传播，王鲁湘以“玉”文化为线索讲述中华文化特色，何宝宏讲解区块链技术的发展与应用，熊召政分享中国抗疫精神与中华文化自信之间的传承关系。通过线上直播，带动全国集邮从业者共同学习。（中国集邮有限公司）

【邮票设计家邵柏林作品展在北京举办】 11月27日—12月27日，中国集邮有限公司举办“情系方寸天地 抒怀无悔人生——邮票设计家邵柏林作品展”。展览展出邵柏林先生设计的邮票作品和精选摄影作品以及中国邮政标志、中国集邮有限公司标志、故宫博物院院徽等其他设计作品及画作，并限量发行纪念封1枚。活动得到20余家权威媒体广泛报道。（中国集邮有限公司）

【中国首枚NFC功能邮票发行】 9月26日，中国首枚NFC功能邮票——《第40届全国最佳邮票评选纪念》发行，此邮票由印制局全程担纲工艺及技术创新工作。NFC技术一直应用于物联网领域，如移动支付、智能识别、共享数据等。NFC技术与《第40届全国最佳邮票评选纪念》结合，集知识性、趣味性、参与性为一体，为集邮者带来全新的纸媒互动体验。（邮票印制局）

【邮票印制局获得“蓝盾杯”两项大奖】 12月8—9日，

第十六届证卡票签安全技术展览暨高峰论坛在北京国家会议中心举行。邮票印制局荣获“蓝盾杯”技术创新奖和抗疫贡献奖两项大奖。《众志成城　抗击疫情》特种邮票荣获抗疫贡献奖。《第40届全国最佳邮票评选纪念》邮票获得技术创新奖。（邮票印制局）

【《邮览中国》图书邮册首发式在福州举行】 9月22日是中国第三个农民丰收节，由福建省政协农业和农村委员会、省邮政分公司主办，省农业农村厅、省供销合作社、省集邮协会协办，厦门大学出版社承办的《邮览中国：农耕文明与乡村振兴》图书邮册首发式暨《五谷丰登》明信片专用邮资图发行、“清新福建　美丽山乡”主题集邮展览、福建邮政“丰收欢乐购”暨“革命老区中央苏区脱贫奔小康”扶贫农品展销会启动仪式在福州举行。发行纪念封1枚、明信片2枚，启用纪念邮戳4枚，现场设立临时邮局，提供现场盖戳等服务。活动当日，全省线上直播观看人数1.88万人次，线下展销会开展48场，参与活动近万人次。（福建省邮政分公司）

【中国最早邮票展览地纪念碑落成】 12月26日，中国最早邮票展览地纪念碑在福州东街口的省少儿图书馆和省级文物保护建筑单位“正谊书院”的中心花园落成。福建首次邮票展览于1914年7月在福州三牧坊第一中学校内举办，该展览会以展出福建土特产为主，也展示了中外邮票，其中中国邮票部分由福州邮商魏叔彝提供，世界各国邮票由美国人卜威利提供。中国最早邮票展览地纪念碑由福州集邮人设计，福建惠安石雕工匠精心制作。该纪念碑高2米，宽3米，厚1米，呈卧式的雕塑寓意福州三山鼎峙，闽江穿城而过，共同托起一枚象征集邮事业的邮票。正面碑名由福建省集邮协会名誉会长黄瑞霖题写，背面碑文引自《中国集邮史》中关于福州最早举办邮票展览的记载。底座的黑色花岗岩巨石上，有“三牧坊”“正谊书院”“福建省立福州中学”老校门等历史影像。碑座两侧和背面镌刻着自1878年中国首次发行的大清海关大龙邮票，至1914年初发行的帆船邮票12套，每套各选1枚，以展示当年乡贤魏叔彝在福建展览上展出的中国邮票之概况。（福建省邮政分公司）

【2020年纪特邮票发行目录】

序号	志号	邮票名称	类别	发行日期	枚数	面　值	备　注
1	2020-1	庚子年	T	0105	2	1.20元、1.20元	另发行小本票，售价12元
2	2020-2	北京2022年冬奥会吉祥物和冬残奥会吉祥物	J	0116	2	1.20元、1.20元	
3	2020-3	中国剪纸（二）	T	0208	4	1.20元、1.20元、1.20元、1.20元	
4	2020-4	吴冠中作品选	T	0320	6	1.20元、1.20元、1.20元、1.50元、1.50元、3元	
5	2020-5	中埃建交五十周年	J	1124	2	1.20元、1.20元	与埃塞俄比亚联合发行
6	2020-6	中国第一颗人造地球卫星发射成功五十周年	J	0424	1	1.20元	
7	2020-7	中华全国集邮联合会第八次代表大会	J	0618	1	6元	小型张
8	2020-8	亚洲文明（一）	T	0515	6	1.20元、1.20元、1.20元、1.20元、1.20元、1.20元	
9	2020-9	中国古典文学名著——《红楼梦》（四）	T	0517	4+1	1.20元、1.20元、1.20元、1.50元、6元	
10	2020-10	玫瑰	T	0520	4	1.20元、1.20元、1.50元、1.50元	
11	2020-11	中国登山队登顶珠峰六十周年	J	0525	1	1.20元	
12	2020-12	动画——葫芦兄弟	T	0601	6	80分、80分、1.20元、1.20元、1.20元、1.20元	
13	2020-13	哈尔滨工业大学建校一百周年	J	0606	1	1.20元	

续表

序号	志号	邮票名称	类别	发行日期	枚数	面　　值	备　　注
14	2020–14	莫高窟	T	0926	4+1	1.20 元、1.20 元、1.20 元、1.20 元、6 元	
15	2020–15	天文现象	T	0621	5	1.20 元、1.20 元、1.20 元、1.50 元、1.50 元	
16	2020–16	故宫博物院（二）	T	0711	4+1	1.20 元、1.20 元、1.50 元、1.50 元、6 元	
17	2020–17	新时代的浦东	T	0720	5	1.20 元、1.20 元、1.20 元、1.20 元、1.20 元	
18	2020–18	华佗	T	0819	2+1	1.20 元、1.20 元、6 元	
19	2020–19	《共产党宣言》中文全译本出版一百周年	J	0822	1	1.20 元	
20	2020–20	中国现代科学家（八）	J	0919	4	1.20 元、1.20 元、1.20 元、1.20 元	
21	2020–21	中国首次火星探测“天问一号”发射成功	J	0926	1	1.20 元	
22	2020–22	查干湖	T	1018	3	1.20 元、1.20 元、1.50 元	
23	2020–23	第七次全国人口普查	J	1101	1	1.20 元	
24	2020–24	中国人民志愿军抗美援朝出国作战七十周年	J	1025	1	1.20 元	
25	2020–25	北京 2022 年冬奥会——冰上运动	J	1107	5	1.20 元、1.20 元、1.20 元、1.20 元、1.20 元	
26	2020–26	海外民生工程	T	1112	3	1.20 元、1.20 元、1.20 元	
27	2020–27	恩格斯诞辰 200 周年	J	1128	2	1.20 元、1.20 元	
28	特 11–2020	众志成城　抗击疫情		0511	2	1.20 元、1.20 元	
总计			14+13		82+5	总面值 132.40 元	总售价 144.40 元

（集团公司邮政业务部）

企业管理

◇ 综合管理

◇ 人力资源管理

◇ 战略规划

◇ 财务管理

◇ 采购管理

◇ 审计监督

◇ 纪检监察

综合管理

【概况】

坚决落实总书记重要讲话指示批示精神

第一时间组织学习习近平总书记重要讲话、指示批示精神和党中央重要会议文件精神，并通过邮政视频、报刊、新媒体等渠道传播，组织全系统深入学习贯彻落实，以钉钉子精神抓好贯彻落实总书记重要指示批示精神“回头看”工作。督办促办各二级单位贯彻落实习近平总书记重要指示批示精神、党中央重大决策部署，建立督办工作项目化管理和目标式跟踪落实制度，强化跟踪问效。督办中央、集团党组重点工作1100余项。

疫情防控工作

统筹协调全系统疫情防控和复工复产，及时起草、审印指导性文件67个，向中办、中纪委、中组部、财政部、交通运输部等单位报送汇报材料15份。完成14次专题党组会和应对疫情工作领导小组会，保障工信部、交通运输部、北京市领导调研集团公司。编报各类重要情况报告、舆情报告、情况统计表，为集团党组提供决策参考。牵头成立总部疫情防控工作领导小组、应急管理工作领导小组，组建专业防控团队，建立联防联控工作机制，开展突发疫情应急演练，严格后勤保障管理。在疫情最严峻、物资最紧缺的时候，全力保障总部防疫物资供应到位、发放到位。总部疫情防控工作实现“零感染”，得到西城区政府的高度评价。向社会广泛宣传中国邮政助力疫情防控和复工复产行动，在中央媒体刊发报道1800余篇次，央视《新闻联播》15次，《焦点访谈》2次。全国各级各类媒体正面报道100多万篇次，为中国邮政战疫“赢得的评价前所未有、取得的社会影响前所未有、品牌的传播力度前所未有”做出贡献。综合部机关服务中心获评“集团公司抗击新冠肺炎疫情先进集体”。综合部3名同志获评“集团公司抗击新冠肺炎疫情先进个人”。

推动脱贫攻坚战略落地

综合部作为集团扶贫工作主要协调承担部门，组织协调三个专项扶贫工作组开展精准扶贫工作，完成集团扶贫工作领导小组交办的各项任务，推动陕西商洛市商州区和洛南县提前一年脱贫摘帽，组织帮销疫情期间湖北、商洛滞销农副产品。与《人民日报》客户端等主流媒体合作，向全社会立体展现中国邮政扶贫成果。集团公司获评“2020年度中国全面小康特别贡献企业”“2020中国社会责任杰出企业奖”。

推进党支部标准化规范化建设

成立综合部党总支及2个支部委员会，将理论学习清单与落实“三会一课”制度相结合，集中学习与自学相结合，从党总支、党支部、党小组三个层面常态化抓学习。每月开展形式多样的主题党日活动。创新青年理论学习形式，与人民银行、交通运输部等单位实现联学共建。综合部1名同志被评为集团公司优秀共产党员，4名同志走上“党员先锋岗”。

开展模范机关建设工作

强化政治机关意识教育、“灯下黑”问题专项整治、全面推进党支部标准化规范化建设，牵头组织各处室落实模范机关建设查找差距环节各项工作，落实模范机关建设的组织、协调、联络、材料上报等工作。综合部被评为集团公司直属机关创建模范机关先进单位。综合部新闻宣传处被评为集团公司直属机关创建模范机关先进处室。

整治形式主义官僚主义

围绕“文山会海”、请示事项答复不及时等问题开展专项整治，文件会议数量做到“只减不增”，文件办结率、请示事项按期答复率、文件处理时限得到明显提升。组织全系统深入开展“一月一事　消灭最差”和领导干部跟班作业实践活动，切实解决企业经营发展实际问题，形成调研报告84篇。在全系统开展“后进赶先进，中间争先进，先进更先进”的比学赶帮超活动，实行对标管理，形成良好氛围。

筑牢高标准管理的制度基础

综合部牵头新修订9项制度，新出台17项制度。出台总部会议制度、总经理工作制度，修订党组工作规则、“三重一大”决策制度暂行办法，明确各类决策主体权责边界。修订中国邮政应急预案，构建以“突发事件”综合预案为统领，12个专项预案为补充的中国邮政应急预案体系，完整构筑安全管理的责任体系、应急管理体系、培训体系和考核体系。制定中国邮政商业秘密保护管理规定，明确划定邮政商密事项基本范围，填补邮政多年来商业秘密保护制度的缺失和空白。修订完善外事管理工作规定、因公临时出国经费管理办法等外事管理制度。修订总部业务招待管理办法，为全系统规范业务招待提供指导。

防范化解重大风险

加强安全管理，健全安全防范体系，层层落实安全生产责任制，“平安邮政”深入推进。未发生重特大生产安全事故和交通安全责任事故，未发生金融安保类案件，未发生重大公共安全事件，未发生航空、消防、机要通信、网络信息等重大安全事件，确保党和国家重大活动期间业务平稳运营。加强声誉风险管理，制定负面舆情事件应急预案，编发舆情工作手册，提高各级企业舆情应对与危机处置能力。妥善处理易发重大负面舆情事件26起。未发生重大负面舆情。加强信访管理，推动信访积案化解，较好完成信访总量控增去存的目标，呈现出“信升访降”的良好态势。未发生个访极端行为及大规模聚集上访。加强保密管理，加强定密管理、涉密人员管理、涉密载体管理、商业秘密管理，健全组织体系和管理制度，堵塞风险漏洞，确保国家秘密和企业商秘安全。未发生失泄密事件。

开展董事会筹备工作

开展董事会重要制度规划制定、董事会规范运作服务支撑保障、外部董事到任的各项准备工作。以《国企改革三年行动方案》为指引，结合中央企业董事会建设经验和中国邮政治理实际，草拟《董事会议事规则》《董事会四个专门委员会议事规则》《董事会议案管理办法》等重要规章制度的初稿，依法规范董事会各类会议议事及决策的规则、程序，夯实董事会规范运作的制度基础。

新闻宣传管理

加快全系统媒体融合和新媒体转型发展，融媒体平台建设取得实质性进展。建设中国邮政宣传图片素材库，实现图片资源共享共用。建立向中央报送信息工作机制，向国办秘书局报送邮政开通抗击疫情绿色通道、助力复产复工、保障国际供应链、发行抗击疫情邮票等5条信息均被采用。对内推送最佳实践案例信息16期，编发比学赶帮超信息19篇。

办公信息化

持续推进OA平台升级改造，优公文办理流程，精简办文环节，增加公文跟踪、时限考核等功能，便捷移动办公、远程办公。完成内网一阶段建设，开通“邮e联”企业微信。加强线上外事活动管理，举办线上外事活动37次。完成数字档案馆系统试点上线运行，基本实现数字档案资源各环节全程电子化管理。

文稿写作

坚持“高标准、高效率、出精品”，层层把关、主动加压，持续提升文稿质量，提高“一审通过率”。撰写工作报告、领导讲话、汇报材料、宣传材料等各类文稿500多篇、200余万字。

国际及港澳台合作

根据对美工作的整体安排与部署，组织参加对美联合工作组会议，提出应对措施，指导相关单位落实。做好万国邮联大会相关工作，协助国家邮政局开展竞选；组织参加中俄通信与信息技术合作分委会第19次会议、第11届中日邮政政策对话会、万国邮联经营理事会秋季年会、亚太邮联2020年执行理事会年会。参加第三届内地与港澳邮政高峰会5个涉外线上会议。

机关服务工作

贯彻落实习近平总书记关于制止餐饮浪费行为的重要指示，通过加强宣传教育、严格控制餐饮成本、实行供餐动态管理、午餐全部开放堂食、妥善处理厨余垃圾，集团公司总部餐饮浪费减少比例70%。梳理金鼎大厦B座办公用房情况，统筹规划办公场地。对5个会议室及设备升级改造，增加会议服务功能。对2处会议场地扩建改造，满足召开大型会议的需求。开通大厦人脸识别系统和访客系统，完成金鼎大厦物业服务和安全管理、集体户籍清理、职工住房档案管理、员工健康体检等工作。（集团公司综合部）

【中国邮政位列《财富》500强第90名】 8月10日，《财富》杂志发布2020年世界500强排行榜。中国邮政位列第90名，相比去年上升11位，年营业收入、利润均排名世界邮政第2位。

排行榜上“中国大陆+中国香港”公司数量124家，历史上第一次超过美国（121家）。加上台湾地区企业，中国133家公司上榜。500强排行榜企业的营业收入33万亿美元，创下历史新高，接近中美两国GDP的总和。进入排行榜的门槛（最低销售收入）也从248亿美元提高到254亿美元。

在邮政、快递行业，全球8家企业入围。其中，日本邮政以1099.15亿美元的收入位列第60名，中国邮政以893.47亿美元的收入位列第90名，联合包裹以740.94亿美元的收入位列第129名，美国邮政、德国邮政敦豪集团、联邦快递、意大利邮政和法国邮政分别排名第141名、第142名、第148名、第350名和第433名。（中国邮政网8月10日）

【中国邮政位列中国企业500强第22位】 9月28日，在2020中国500强企业高峰论坛上，中国企业联合会、中国企业家协会连续第19次向社会发布“中国企业500强”榜单。其中，中国邮政集团有限公司位列第22位，比上年上升3位。（中国邮政网9月28日）

【中国邮政在中国品牌日展示“复工大单”】 5月10日，第四个中国品牌日，中央广播电视总台财经节目中心举办“我的复工大单”大型活动。集团公司党组书记、董事长刘爱力在中国邮政指挥调度中心，展示中国邮政“复工大单”，讲述中国邮政在抗击疫情、复工复产、打通“大动

中国邮政在中国品牌日展示“复工大单”

脉”畅通“微循环”、做好“六稳”工作落实“六保”任务等方面发挥的重要作用。

集团公司用邮票这一“国家名片”致敬抗疫英雄，并将把抗疫邮票所有的票品、邮品发行的收入捐助给中国红十字会，首日封和邮折赠送给抗击疫情一线的医务人员。集团公司全力支持社会复工复产，为华为、格力、惠普等制造企业提供定制化物流保障方案，为疫情防控相关企业、遇困小微企业和农民春耕春种提供信贷资金支持，把中央“做好‘六稳’工作、落实‘六保’任务”的要求落到实处。邮政航空2个月内接连开通3条国际航线和1条加班航线；“中国邮政号”中欧班列开行8班，向36国集结发运邮件近3000吨；集团公司加大澳大利亚、新西兰、日本等国际邮件海运疏运力度，开辟美国、加拿大路向的新海运快船运输渠道。人民邮政为人民，这是中国邮政的初心和使命。疫情防控战役中，集团公司始终坚守着物资运输寄递的绿色生命线，在打通“大动脉”畅通“微循环”方面贡献了邮政力量，真正成为关键时刻听指挥、拉得出，危急关头冲得上、打得赢的“国家队”。

央视财经频道《经济半小时》节目对曾获评“2019中国品牌强国盛典榜样100品牌”的中国邮政打通国际物流“大动脉”，增开国际邮路，在中国乃至全球战“疫”中发挥的重要作用进行报道，展示在抗击疫情的背后凝聚在品牌企业中的核心力量。（中国邮政网5月10日）

【2020年集团公司工作会议在北京召开】 1月7日，2020年中国邮政集团有限公司工作会议在北京召开。此次会议以习近平新时代中国特色社会主义思想为指导，全面贯彻落实中央经济工作会议及相关部委工作会议精神，总结工作，分析形势，部署2020年工作。交通运输部党组书记杨传堂出席会议并讲话，肯定了2019年集团公司取得的工作成绩，并对集团公司2020年工作提出了要求。国家发改委、财政部、人社部、中国人民银行、审计署、海关总署、国家税务总局、国家邮政局以及国防邮电工会等相关部门的有关领导出席会议。

会议指出，2020年集团公司工作指导思想是坚持以习近平新时代中国特色社会主义思想为指导，全面贯彻落实党的十九大及全会精神、中央经济工作会议精神，树牢“四个意识”，坚定“四个自信”，坚决做到“两个维护”；坚持质量第一、效益优先，以“三个视角”找差距，以“三大规律”促改革，短板补扎实，基础打牢靠，构筑改革发展“四梁八柱”；以钉钉子精神抓好工作落实，加快将中国邮政打造成为行业“国家队”，实现二次崛起，并提出集团公司2020年经营发展目标。（中国邮政网1月8日）

【2020年全国邮政经营服务工作会议召开】 3月3日，全国邮政经营服务工作会议召开。会议的主要任务是以习近平新时代中国特色社会主义思想为指导，全面贯彻落实集团公司工作会议精神，总结工作，分析形势，部署2020年重点工作。集团公司党组书记、董事长刘爱力讲话，副总经理康宁作工作报告，副总经理郭新双、总会计师郭成林出席会议。刘爱力董事长要求各级邮政企业强普遍服务之根、秉协同发展之轴、固代理金融之本、溯农村电商之源、持服务质量之钧，只争朝夕、不负韶华，同心同德、真抓实干，推动中国邮政二次崛起。康宁副总经理回顾2019年邮务板块经营服务工作成绩，准确分析经营发展面临的形势，要求各级邮政公司坚持疫情防控和经济社会发展“两手抓”，全面保障普遍服务和特殊服务，加快基础业务转型创新，深化代理金融转型，实施渠道平台转型，构建农村电商发展新生态，打造线上线下融合优势，促进板块协同发展，改善客户体验，提高品牌影响力。（集团公司邮政业务部）

【集团公司部署“安全生产月”活动】 6月是第19个全国“安全生产月”。6月1日，集团公司下发通知，以“消除事故隐患，筑牢安全防线”为主题，部署2020年“安全生产月”活动。

“安全生产月”活动的总体思路是，以习近平新时代中国特色社会主义思想为指导，深入学习贯彻习近平总书记关于安全生产的重要论述，全面贯彻落实党中央、国务院关于安全生产重大决策部署，着眼加强疫情防控常态化条件下安全生产和专项整治三年行动排查整治工作，牢固树立安全发展理念，压紧压实安全生产责任，持续开展安全教育培训，深入排查安全风险隐患，扎实推进问题整改，坚决遏制重特大事故发生，切实维护企业员工人身和财产安全，确保中国邮政安全形势持续向好，为构建中国邮政“四梁八柱”，推动实现“二次崛起”提供坚强的安全保障。

“安全生产月”期间，各单位要以集中学习研讨、专题讲座、专题培训等形式，开展安全教育培训活动。要结合《中国邮政集团有限公司安全生产专项整治三年行动实施方案》中明确的工作任务，开展安全隐患专项排查活动，对排查整治工作广泛宣传发动，持续深入推进，反映工作进展，及时报道成效；排查整治重点包括员工安全、寄递安全、金融安全、交通安全、航空安全、消防安全、信息安全和机要安全。要开展应急预案演练活动，制定切实有效的应急预案演练方案。要扎实推进安全宣传工作。

各单位要强化组织领导，将“安全生产月”活动纳入全年安全生产重点工作计划，与业务工作同部署、同检查、同落实；成立“安全生产月”活动组织机构，确保活动有力有序有效开展。注重典型推广和强化专项整治，各单位要挖掘总结一批先进经验和先进典型，切实把安全生产专项整治落到实处。加强信息报送，发挥各级各类媒体和网站等平台作用，及时报送活动开展情况和活动总结。（中国邮政网 6 月 4 日）

【安全生产委员会会议在北京召开】 8 月 18 日，集团公司安全生产委员会召开会议，学习贯彻国务院安委会全体会议、全国安全生产电视电话会议有关精神，通报今年邮政安全生产情况，强调要提高政治站位，切实做好疫情防控和防汛救灾，紧抓安全生产各项工作，为邮政高质量发展保驾护航。

会议要求，中国邮政要切实做好常态化疫情防控和安全防汛工作。重点做好“三个进一步”，即防范工作进一步落地、生产操作重点环节消杀工作进一步加强、应急演练进一步做实做细，防疫物资要做到“宁可备而不用，不可用时无备”。严格按照当地党委、政府的统一部署，在确保安全的前提下，统筹做好防汛救灾与邮政服务保障工作。要提高思想认识，强化责任落实。牢固树立安全发展理念，始终把安全作为头等大事来抓；深入排查整治安全隐患，堵住安全管理漏洞；坚持整建结合，大力提升企业本质安全水平。在旺季生产来临前，要对作业现场、邮件运输、工艺改造、外包管理等重点环节开展安全生产隐患专项排查整治。要加快作业现场安全规范制定，加快安全标准立项。在工艺改造中要加强现场安全防护和安全管理，在设备制造中要引入安全规范标准。要突出安全重点，抓好“八大安全”。要压实各级安全生产责任，责任到人、任务到人、目标到人、考核到人，确保员工人身安全、邮件安全、交通安全、金融安全、消防安全、信息安全、邮政航空安全和机要通信安全。（《中国邮政报》8 月 21 日）

【全国邮政金融跨年度营销工作启动会暨代理金融专业会议】 9 月 15 日，集团公司召开全国邮政金融（2020—2021）跨年度营销工作启动暨代理金融专业电视电话会议，全面部署邮政金融（2020—2021）跨年度营销工作，加快推进代理金融业务结构优化和转型发展。集团公司党组书记、董事长刘爱力出席会议并讲话，强调要以奋勇争先的干劲、久久为功的韧劲和水滴石穿的钻劲，准确识变、科学应变、主动求变，上下同欲、共克时艰、真抓实干、奋勇拼搏，确保完成代理金融的发展目标任务，持续提升代理金融发展质效，为推动中国邮政高质量发展、实现二次崛起做出新的更大的贡献。集团公司总经理张金良主持会议并提出要求。集团公司副总经理康宁出席会议。集团公司副总经理、邮储银行行长郭新双进行专题部署。

邮储银行、集团公司金融业务部分别对邮政金融、代理金融跨年度营销活动方案进行宣传贯彻和解读，河南、山东、陕西、辽宁等四省邮政分公司就代理金融发展作经验介绍，集团公司市场部围绕对标行业、板块协同、以惠农合作项目为抓手巩固发展农村根据地作专题发言。（中国邮政网 9 月 22 日）

【全国绿色邮政建设推进电视电话会议召开】 9 月 3 日，集团公司召开全国绿色邮政建设推进电视电话会议。会议深入学习习近平生态文明思想，切实落实绿色发展理念，强调要进一步提高政治站位，倡导绿色理念、增强责任担当，助力打好打赢污染防治攻坚战，共同推进社会主义生态文明建设。

集团公司市场部对全国绿色邮政建设情况进行通报，国家邮政局相关专家对《中华人民共和国固体废物污染环境防治法》《快递暂行条例》《邮政业寄递安全监督管理办法》等进行讲解，集团公司邮政研究中心讲解《邮件绿色包装操作规范》。

绿色邮政

会议以视频方式开到全国各区县分公司、揽投站点等，进一步提升各级管理者的绿色发展理念，增强全网从业人员的依法合规经营意识。（中国邮政网 9 月 4 日）

【2020 年全国渠道平台转型工作推进暨重点政务图书发行电视电话会议召开】 7 月 2 日，集团公司在北京召开 2020 年全国渠道平台转型工作推进暨重点政务图书发行电视电话会议。党组书记、董事长刘爱力对会议作重要批示，康宁副总经理出席并作重要讲话。集团公司邮政业务部等相关部门和单位参加会议。各省、市、县邮政分公司总经理，分管渠道转型、报刊的副总经理，市场营销部、金融业务部、渠道平台部、集邮与文化传媒部、报刊发行局、寄递事业部参加会议。上海、安徽、甘肃、云南 4 省邮政分公司做经验介绍。会议要求各省、各相关部门统一思想、提高认识，坚定渠道平台转型发展的必胜决心，通

过选树典型、示范引领，以点带面加快渠道平台转型试点推进，通过加大协同、强化支撑，打造邮政渠道新阵地、新优势、新动能。要从建立机制、树立典型、线上线下相结合、督导考核方面强化协同，提升渠道转型效能。要高度重视、迅速响应，将《习近平谈治国理政》（第三卷）图书发行工作，作为一项重要的政治任务来安排好、落实好。（集团公司邮政业务部）

【2020年全国邮政渠道平台转型工作推进会议召开】 10月29—30日，集团公司召开2020年全国邮政渠道平台转型工作推进会议，总结分析前期进展，分享典型案例经验，研究下年转型目标。会议强调，要进一步强化责任、坚定信心，秉承“人民邮政为人民”的初心使命，以“咬定青山不放松”的韧劲、“不破楼兰终不还”的拼劲，驱动渠道管理向渠道运营转型，打造新一代邮政综合服务平台，支撑邮政业务创新可持续发展，努力推动中国邮政实现“二次崛起”。集团公司党组书记、董事长刘爱力对会议作出批示，副总经理康宁出席会议并讲话。

各省（区、市）邮政在有效推进转型落地、打造转型模式、强化运营管理等方面积极探索实践，校园网点转型力度不断加大，主题邮局转型积极实践，乡镇和边远网点转型成效初显，商圈和社区网点运营模式实现多元化创新，多业态业务叠加赋能网点转型达到良好预期，线上渠道取得跨越式发展，数字化邮乐购站点建设和应用得到推进。下一步邮政渠道平台转型的总体思路是以“三个视角”“三大规律”为指引，以“叠加叠加再叠加、代理代理再代理、代办代办再代办”为核心，坚持开放共享、整合资源、协同联动、科技赋能，驱动渠道管理向渠道运营转型，建立生态丰富的邮政特色商业模式，实现客流、商流、物流、资金流四流融通，打造新一代邮政综合服务平台，支撑邮政业务创新可持续发展。

会议明确2020年到2022年的发展规划，要求确保完成2020年转型工作目标，力争通过三年时间，基本实现转型网点覆盖率100%。提出五项推进措施。一要坚持以六类转型模板为基础，以第一批转型示范网点实践为指引，由点及面加快复制；二要深刻理解和把握邮政的“政”字属性，全面对接政务服务；三要坚持开放共享的理念，不断丰富业务生态；四要坚持科技赋能，促进线上线下融合，提升渠道运营管理能力；五要落实“四个到位”（认识到位、组织到位、措施到位、行动到位），坚持典型示范引领，实现抓点布线扩面。

安徽、河南、北京、黑龙江、上海、江苏、浙江、山东、湖南、宁夏、四川、甘肃、广东等省（区、市）邮政分公司的代表作了经验交流。集团公司邮政业务部对《渠道平台转型工作指导意见》《数字化营销模式推广工作方案》等进行解读。（《中国邮政报》11月2日）

【2020年度定点扶贫工作专题汇报会召开】 集团公司召开2020年度定点扶贫工作专题汇报会。集团公司党组书记、董事长刘爱力出席会议并讲话，强调要深入学习贯彻习近平总书记关于扶贫工作的重要论述，强化责任担当，整合板块资源，发挥协同优势，切实巩固脱贫攻坚工作成果，全面加快推进惠农合作项目，着力打造邮政农村电商扶贫生态圈。集团公司党组副书记李丕征主持会议。

商洛市商州区、洛南县是中国邮政的定点扶贫地区。陕西省邮政分公司以农村经营主体“融资难”“销售难”“物流难”“服务难”为切入点，整合板块资源，发挥协同优势，加强政企合作，打造富有特色的邮政农村电商扶贫生态圈模式，实现“邮政企业、农民合作社、地方政府、贫困户”多方共赢。自1999年在商洛开展定点扶贫工作，特别是党的十九大以来，中国邮政深入学习领会习近平总书记关于脱贫攻坚的重要论述，认真贯彻落实中央精准脱贫决策部署，积极履行央企政治责任、社会责任，聚焦“两不愁、三保障”，在商州区、洛南县实施党建扶贫、产业扶贫、电商扶贫、金融扶贫、保险扶贫、教育扶贫六大扶贫项目，创新“电商＋互联网”“产业＋技术”“教育＋就业”三种特色扶贫模式，推动邮政扶贫工作从“输血”向“造血”转变，超额完成了中央交办的定点扶贫任务，助力商州区、洛南县在2019年提前一年脱贫摘帽。

刘爱力带领大家再次认真学习了习近平总书记关于扶贫工作的重要论述，回顾新中国波澜壮阔的发展历程以及百姓生活翻天覆地的变化，并指出重点抓好四方面工作：一要切实巩固邮政脱贫攻坚成果，坚决防止反弹。开展定点扶贫的邮政企业，要积极配合当地政府，加快建立健全防止返贫机制，持续帮助当地政府巩固好扶贫工作成果。要坚决克服数字脱贫、指标脱贫，防止脱贫户和边缘户再返贫、再掉队，对因疫情或其他原因返贫致贫的，要及时落实帮扶政策，确保基本生活不受影响，绝不能拖全国脱贫攻坚工作的后腿。二要推进扶贫工作与乡村振兴有

陕西省商洛市商州区感谢邮政集团消费扶贫支持企业复工复产

效衔接。有针对性地做好邮政电商扶贫、产业扶贫、教育扶贫、党建扶贫、金融扶贫、保险扶贫和生态宜居七大扶贫项目，推动邮政脱贫攻坚工作的平稳转型，统筹纳入邮政服务乡村振兴战略规划，建立长短结合、标本兼治的体制机制，持续推进全面脱贫与乡村振兴的有效衔接。三要密切关注特殊群体、特殊人群的扶贫问题。要把党的扶贫政策真正落到实处，重点解决好特殊群体的上学难、看病难、住危房等难题，加强对留守儿童、妇女、老年人群体的关爱，确保老有所养、幼有所教，切实让人民群众通过中国邮政的一举一动，感受到总书记的关怀和党中央的温暖。四要关心关爱扶贫干部。集团公司总部和各省（区、市）邮政企业选派大量的扶贫干部深入到脱贫攻坚一线，就是要通过精准扶贫这一光荣任务的洗礼，来“蹲蹲苗”“壮壮骨”，在急难险重的工作中考验扶贫干部的应急能力。各单位要关注扶贫干部成长，在生活上关心他们，在工作上关爱他们，及时解决他们的实际困难，让扶贫干部心无旁骛地投入脱贫攻坚工作中去，为当地扶贫工作贡献力量。（中国邮政网 6 月 18 日）

【全国邮政农村电商重点工作推进会在北京召开】 6 月 10 日，全国邮政农村电商重点工作推进会在北京召开。会议强调要提高站位，深刻领会发展农村电商的重要意义，进一步提高认识、统一步调、对标行业、真抓实干，加快推进农村电商转型发展。中国邮政集团有限公司党组书记、董事长刘爱力对会议作出批示，副总经理康宁出席会议并讲话。

刘爱力在批示中对邮政农村电商，特别在疫情防控和复工复产期间取得工作成效、彰显央企责任担当给予充分肯定，指出邮政发展农村电商责任重大、使命光荣，下一步，要深入贯彻习近平总书记重要指示精神，持续加大农村电商推进力度，努力做到“四个到位”：一是思想认识到位；二是战略执行到位；三是工作落实到位；四是政策保障到位。

康宁要求进一步提高认识，坚定农村电商发展的决心。要突出重点，抓实农村电商核心工作。在数字化优质站点打造方面，要明确打造思路和目标，加强站点基础数据、商品销售数据和业务叠加数据采集，加强数据应用。在批销大单品打造方面，要进一步聚焦“十大品牌”，推进“总部运营”和“区域代理”两种模式，加强结算履约保障。在农产品基地打造方面，要充分借鉴最佳实践，主动对接政府，重点布局冷链，快速提升基地仓储能力，要坚持内挖外拓，有序推进，构建产销对接和农资农技两大服务体系，要统一“邮政农品”品牌，强化农产品基地的运营支撑。要强化支撑，保障农村电商转型发展。做好农村电商工作，必须确保运营团队到位、地推体系到位、工作督导到位，推动农村电商各项任务落实。

集团公司电商分销局通报前一阶段邮政农村电商重点工作进展情况，并对下一步工作作了明确安排。湖南、河南、福建宁德等省、市邮政分公司进行经验分享。（中国邮政网 6 月 11 日）

【《中国邮政陆运网优化改革指导意见》全国培训电视电话会议召开】 11 月 4 日，集团公司召开《中国邮政陆运网优化改革指导意见》（以下简称《指导意见》）全国培训电视电话会议，对《指导意见》进行全面深入的解读和宣传贯彻，强调要按照集团公司对陆运网改革的整体要求和指导意见，沉下心来、扑下身子，用心去研究，用心去总结，把本省（区、市）改革方案做细做实做精，出实招、抓实效，全力保证改革工作顺利完成。

会议指出，要提高站位，超前投入，统筹做好网络优化与配套保障工作。陆运网改革是系统工程，涉及网路运营、经营发展、能力建设、配套机制等多个方面工作，需要多部门协同、多方面配合，各省（区、市）分公司要通盘谋划，对各项相关工作齐抓并进，确保改革推进落实不留短板、不下“跳棋”。要严格落实集包工作要求，全面加强集包工作，大力提升集包邮件的数量与质量，切实做到“应集必集”。要深入推进运输组织优化，遵循“够量直达、直发直运”的基本原则，打破“县—市—省际中心”分级运输的限制，开通跨级直达邮路；以“顺向发运”为原则，采用“两装一卸”“一装两卸”等方式，合理设置串行点，提高车辆载运率；推进“小车换大车”，发挥单车运输规模效益。要系统优化揽投网络，推进城市核心区域特快专网、专段揽投，对标竞品优化网点布局，推进“揽投作业网格化 + 中转接驳”，推进“快包自提 + 自提点甩点直投”。要大力推进能力建设，结合设备工艺优化作业流程，加快推进本地中心能力建设，加快推进省际中心能力扩充。要完善结算机制，通过“应集必集”降低结算支出、提高处理效率，积极推进跨省组开邮路，提高结算收入、降低运输成本，加大返程邮路使用力度，促进活力运营。

会议要求，要周密部署，细化落实，扎实推进陆运网改革工作。集团公司对本次陆运网优化改革方向明确、要求具体、势在必行。各省（区、市）分公司要落实相关改革工作，“一把手”要牵头抓总、主动跟进，各部门、各条线要相互协作、形成合力，确保改革部署落地见效。要把握务实和抓紧两个基本点，真改革、真优化，出实招、抓实效，既要改革工作不走样，又要结合实际可落地。要以省内培训、能力建设、省际中心与本地中心网络调整这“四本台账”为抓手，不等不靠、抢先抓早，积极快速推进各项改革工作，做到早制定方案、早落实能力、早启动实施。

集团公司寄递事业部讲解陆运网优化改革方案的总体

思路与实施举措，明确全网改革进度安排，并对下一阶段工作提出具体要求。（中国邮政网 11 月 5 日）

【集团公司发出《关于应对全球“第二波”疫情冲击进一步做好外防输入工作的通知》】 11 月 26 日，集团公司发出《关于应对全球“第二波”疫情冲击进一步做好外防输入工作的通知》（以下简称《通知》），要求进一步筑牢邮政企业防范境外新冠肺炎疫情输入防护网，统筹做好常态化疫情防控和邮政经营业务发展各项工作。

《通知》指出，要深入贯彻落实习近平总书记的重要讲话精神和党中央、国务院关于外防输入工作的各项决策部署，大力弘扬伟大抗疫精神，坚决落实防控责任，毫不松懈、从严从紧、有力有效做好邮政企业外防输入各项工作，坚决打好外防输入“阻击战”和“持久战”。

《通知》强调，要着力强化系统观念，扎实做好精准防控工作。要进一步严格落实防控责任，配合地方政府落实属地责任。在地方应对新冠肺炎疫情联防联控工作机制统一部署下，切实有效加强与卫生健康、海关、移民边检等单位的沟通协调，做好信息共享、协同联动，强化疫情防控工作系统性，坚持常态化精准防控和局部应急处置相结合，以局地零星散发相关疫情为典型案例，加强风险研判，及时查漏补缺，毫不放松抓好邮政常态化疫情防控工作。

《通知》要求，坚持人物同防，加大进口冷链寄递渠道防控力度。要严格落实防范境外疫情输入措施，相关单位要及时掌握入境邮件快件的路由、业务量和寄递服务需求等信息，对进口冷链邮件快件处理环节实行疫情防控提级管控。要按照国务院联防联控机制综合组《进口冷链食品预防性全面消毒工作方案》有关规定，严格查验进口冷链邮件快件海关通关单证，落实国际邮件快件处理场所及运输工具的消毒、通风和作业人员健康防护等防控要求。（中国邮政网 11 月 26 日）

【集团公司发出《关于贯彻落实习近平总书记重要批示精神　坚决制止餐饮浪费行为的通知》】 9 月，集团公司强调要深入贯彻落实习近平总书记重要指示精神，认真落实中央纪委国家监委《关于贯彻落实习近平重要批示精神　加强监督执纪坚决制止餐饮浪费行为的工作意见的通知》（以下简称《通知》）要求，切实增强广大干部职工节约粮食、制止餐饮浪费的思想自觉、行动自觉。

《通知》指出，要开展宣传教育，带头落实制止餐饮浪费的“硬要求”。民以食为天，食以粮为先。餐饮浪费行为事关粮食安全，特别是在今年这个特殊时期，厉行节约、反对浪费、保障粮食安全具有极其特殊的重要意义。一方面，要提高思想认识，发挥带头作用。提高政治站位，深刻认识制止餐饮浪费的必要性、紧迫性，把节约理念贯穿公务接待、食材采购、做餐、配餐、用餐等各个方面。切实组织开展厉行节约坚决制止餐饮浪费的宣传教育活动，让浪费可耻、节约光荣的理念真正内化于心、外化于行。另一方面，要采取多种形式，开展多样化、滚动式、常态化的宣传教育活动，在全系统营造“厉行勤俭节约、制止餐饮浪费”的浓厚氛围。

《通知》强调，要强化餐饮管理，形成制止机关食堂浪费的“硬约束”。单位没有内部食堂的，要积极引导职工外出就餐时“适量点餐、剩余打包”。单位有内部食堂或接待宾馆的，要从严格控制餐饮成本、实行供餐动态管理、加强餐饮人员培训、妥善处理厨余垃圾等方面入手，多管齐下抓落实，形成制止机关食堂浪费的“硬约束”。

《通知》指出，严格公务用餐管理，形成制止餐饮浪费的“硬制度”。严格执行会议、培训、公务接待、出差等用餐标准，科学合理安排饭菜数量。依规从严控制各部门会议、活动数量、时间和规模，公务接待尽量安排在单位内部食堂。梳理规章制度，充实完善有关节约粮食、制止餐饮浪费等内容。加强业务招待工作的检查，强化刚性约束。

《通知》强调，要形成工作合力，建立制止浪费长效机制的“硬杠杠”。各单位要切实担起制止餐饮浪费的主体责任，认真履行管理职责，压紧压实餐饮服务、公务接待和教育培训等机构主管部门的管理责任。各级纪检监察机构要会同有关部门加强对职能部门履职情况的监督检查，切实加强公务用餐活动管理，推动单位内部食堂节约用餐，切实把节约粮食、制止餐饮浪费规定要求落到实处。

《通知》强调，各单位要坚持以机关带系统，指导督促本单位管理的下级单位研究制定禁止餐饮浪费行为的具体措施，把厉行节约、反对浪费要求体现到企业管理和生产经营全过程。（中国邮政网 9 月 22 日）

【集团公司印发《关于做好 2021 年贺年有奖明信片系列产品营销工作的通知》】 集团公司印发《关于做好 2021 年贺年有奖明信片系列产品营销工作的通知》（以下简称《通知》），加快推进传统贺年有奖产品向数字化转型，升级中国邮政数字有奖明信片服务。

《通知》指出，2021 年贺年有奖明信片的产品设计和销售模式都将出现新变化。在产品设计上，中国邮政将以客户需求为导向，丰富产品内容，优化产品形式，拓宽产品功能和附加值，提供健康、教育、娱乐、互联网转介等在线服务。在销售模式上，中国邮政将融合互联网先进技术，引入网络直播等营销方式，集合社会各类创意设计力量，加大创新力度。

《通知》要求，以加强总部引领、加快推进重点营销项目、组织省际争先赛、积极宣传数字有奖明信片为主要措施，加强旺季营销，积极组织国版产品要数和销售，拓展销售渠道和方式，顺应新时代人民群众文化消费需求，推动函件业务创新发展。

《通知》强调，各级邮政企业要坚决杜绝将销售指标摊派给员工个人；禁止不计成本开发市场和跨界揽收等违规行为，严禁出现提前、低价销售和在发行期外以各种方式销售贺年有奖产品等违规行为；严格按照集团公司会计核算办法等规章制度，做好收入计列与成本核算工作。（《中国邮政报》11月11日）

【渠道平台转型暨政务图书发行工作推进电视电话会议召开】 7月2日，集团公司召开渠道平台转型暨政务图书发行工作推进电视电话会议，对渠道平台转型工作进行再部署、再推进，进一步统一思想、提高认识、对标对表、真抓实干、加快落地实施，强调要将《习近平谈治国理政》（第三卷）“邮政渠道发行工作”作为一项重要政治任务来安排好、落实好，确保完成任务。集团公司党组书记、董事长刘爱力对会议作出批示，副总经理康宁出席会议并讲话。

刘爱力在批示中指出，渠道平台是承载普遍服务政治责任和社会责任的核心平台，是邮政的“政”字的具体体现，是支撑各邮政业务发展的基础平台，在保障普遍服务，推动农村电商，巩固农村金融市场地位，提升寄递业务“最后一公里”竞争优势等方面发挥极其重要的作用。中央也对此提出明确要求，作为党的执政基础、国家重要的基础设施，邮政网点不能退、只能进。这凸显了邮政渠道的政治性、战略性、基础性、先导性和社会性作用。并针对渠道平台转型下一步如何继续有效推进、加快突破，提出两点要求。

刘爱力指出，《习近平谈治国理政》（第三卷）已经出版，是深入学习贯彻习近平总书记系列重要讲话精神的案头卷、工具书。全系统要高度重视，切实把思想和行动统一到党中央决策部署上来，将该书发行工作作为一项政治任务安排好、落实好，全力做好邮政渠道发行工作，确保完成任务。

康宁要求统一思想、提高认识，坚定渠道平台战略转型的决心。要深刻理解渠道平台转型的重要性和紧迫性，正确处理渠道平台转型当前面临的思想认识、落地实施、运营机制等问题。要强化省、市两级工作联动机制，市场部要切实承担起牵头协同作用，统筹策划，配置资源，组织实施。要选树典型、示范引领，以点带面加快渠道平台转型试点推进。加快进驻，推进校园网点转型；开放共享，深化主题邮局网点转型；建立生态，统筹推进乡镇和代办网点转型；积极探索，加快商圈和社区网点转型；落实好渠道平台转型规定动作。要强化支撑、狠抓落实，务求渠道平台转型工作取得实效。加强顶层设计，切实提升转型效能；学习典型经验，加大培训宣贯力度；加快产品升级，提升运营支撑能力；强化资源配置，保障转型工作落地。

针对《习近平谈治国理政》（第三卷）发行工作，康宁要求统一思想认识，强化责任担当；加快组织领导，抢占市场先机；增强服务意识，精准营销获客；加大宣传力度，营造浓厚氛围；做好第三卷英文版的发行工作。

集团公司邮政业务部通报前一阶段渠道平台转型工作的推进情况，上海、安徽、甘肃、云南4省（市）分公司分享经验，湖南、青海、西藏3省（自治区）分公司书面经验分享。（《中国邮政报》7月3日）

【2021年度全国邮政报刊大收订推进工作电视电话会议】 11月30日，中国邮政集团有限公司联合新华社、中共中央党校（国家行政学院）学习时报社召开2021年度全国邮政报刊大收订推进工作电视电话会议，旨在深化战略合作，进一步推进2021年度报刊大收订工作。

会议首先通报2021年度报刊大收订进展情况，阐述面临的异常复杂的外部环境，肯定所取得的发展成果，剖析存在的重点板块完成进度参差不齐、行业报刊发展情况差异较大等问题，要求拿出有效措施，尽快扭转局面。会议还就如何做好线上订阅渠道推广等问题开展年度报刊发行工作培训。（《中国邮政报》12月2日）

【集团公司召开抗击新冠肺炎疫情表彰大会】 10月28日，集团公司召开抗击新冠肺炎疫情表彰大会。会议深入学习贯彻落实习近平总书记在全国抗击新冠肺炎疫情表彰大会上的重要讲话精神，表彰集团公司抗击新冠肺炎疫情突出贡献个人和突出贡献集体、先进个人和先进集体，强调要更加紧密地团结在以习近平同志为核心的党中央周围，大力弘扬伟大抗疫精神，凝聚前行动力，勠力同心、锐意进取、奋勇向前，加快推动中国邮政二次崛起，为决战脱贫

抗击新冠肺炎疫情突出贡献个人代表和突出贡献集体代表获颁荣誉勋章和奖牌证书

攻坚、决胜全面建成小康社会，实现中华民族伟大复兴的中国梦做出新的更大贡献。集团公司党组书记、董事长刘爱力发表讲话，党组副书记、总经理张金良主持会议并宣读《中国邮政集团有限公司关于表彰抗击新冠肺炎疫情先进个人和先进集体的决定》，其他党组成员出席会议。

集团公司决定，授予湖北省武汉市江岸区邮政分公司上海路投递站投递员徐龙等20名同志“中国邮政集团有限公司抗击新冠肺炎疫情突出贡献个人”称号，授予武汉市邮政分公司等10个集体突出贡献集体称号；授予北京市寄递事业部副总经理姚军等501名同志先进个人称号，授予北京市邮区中心局等145个集体先进集体称号。

此次会议采取电视电话会议形式召开。中国邮政抗击新冠肺炎疫情突出贡献个人和突出贡献集体代表、先进个人和先进集体代表，集团公司各控股子公司、寄递事业部、在京直属各单位和总部机关各部门主要负责人在主会场参加会议。受表彰的先进个人和先进集体代表，集团公司直属各单位、各省（区、市）邮政分公司、邮储银行各一级分行、中邮保险各省级分公司、中邮证券各省级分公司领导班子成员，三级副及以上党员干部，市（地、州）各板块领导班子成员、机关党员代表在各分会场参加会议。（中国邮政网 10月30日）

【集团公司创新成果评选活动】 河南、湖南、黑龙江、浙江省邮政分公司的4项创新成果荣获第二十七届全国企业管理现代化创新成果二等奖。集团公司市场部、黑龙江、江西省邮政分公司的3项创新成果荣获2020年通信行业企业管理现代化创新成果一等奖，黑龙江省邮政分公司等7省创新成果荣获二等奖。（集团公司市场部）

【邮政品牌影响力提升】 集团公司持续构建以中央广播电视总台“品牌强国工程”为核心的立体化传播矩阵，发布品牌形象广告片、系列海报、活动及网络广告等高质量传播内容，加快推进“六维共生”的新邮政形象树立。发挥独家供应商权益，发布邮政冬奥广告片，开展冬奥校园行等主题宣传活动，传播冬奥文化，多方位展现中国邮政更快、更高、更强企业形象，持续扩大品牌影响力，获得“中国服务示范案例”奖项、“中国企业海外形象20强”及“全国邮政行业先进集体”等荣誉。（集团公司市场部）

【落实行业生态环保部署】 集团公司落实行业生态环保部署，落实“9792工程”目标。完成绿色邮政建设行动规划（2018—2020年）收官工作，比2017年的胶带使用量减少5亿米、纸质面单减少40亿张、包装箱平均减少用纸20%以上、可循环容器在中转环节利用率超过92%，初步建立完善中国邮政绿色行动制度体系。开展绿色邮政宣传周活动，推进“手植一棵树　绿化一片天”国土绿化活动，量化评估碳减排成果。集团公司荣获“全国交通运输优秀文化品牌”“2020年度环境社会责任企业”“6·5环境日公益宣传海报突出贡献奖”“中国最受尊敬企业”。（集团公司市场部）

【中国邮政高铁冠名列车在上海首发】 1月8日，中国邮政“连接美好　无处不在”高铁冠名列车首发仪式在上海虹桥站举行。此次中国邮政以“连接美好　无处不在”为主题搭载中国高铁，不仅是提升品牌形象、提振品牌声望的又一创举，还借助春运这一中国特有的出行现象，打造新场景营销。从站台到车厢，从车身彩贴、车外门贴到桌贴、头片、品牌天幕，中国邮政的品牌及产品元素充满整个列车，给乘客全新体验的同时，散发品牌魅力，彰显品牌高度。

通过投放高铁列车媒体广告，中国邮政也实现了对旗下邮政服务、邮政EMS、邮储银行、中邮保险、邮政电商等重点板块业务的展示。（中国邮政网 1月8日）

中国邮政“连接美好　无处不在”高铁冠名列车

【京张高铁邮政品牌专列首发】 12月30日，在京张高铁开通运营一周年之际，中国邮政京张高铁品牌专列首发仪式在北京北站举行。在高铁车厢里，门贴、桌贴、车内海报、车内语音播报全部是中国邮政品牌形象与冬奥元素。列车被打造成中国邮政形象的“移动长廊”，展现中国邮政更快更高更强的企业形象。作为北京2022年冬奥会和冬残奥会官方邮政服务独家供应商，中国邮政将在冬奥赛会筹办、举办期间满足赛事的用邮需求，为广大用户提供寄递、信函、报刊等服务。（《中国邮政报》2021年1月1日）

【“绿水青山　最美邮路”系列主题赛哈尔滨站冰雪嘉年华活动】 1月5日，由集团公司主办，广告传媒公司、黑龙江省邮政分公司承办的“绿水青山　最美邮路”系列主题赛哈尔滨站冰雪嘉年华活动在哈尔滨冰雪大世界举行。现场进行“冰雪邮局”的揭牌以及“2020年生肖邮票”的首发。邮政自2018年开始在冰雪大世界设立“冰雪邮局”，为超过50万名的游客提供邮政服务。“冰雪邮局”坐落在冰雪大世界园区的中心位置，由60平方米的整体冰块打造。“绿水青山　最美邮路”系列主题赛哈尔滨站冰雪嘉年华活动是中国邮政成为北京2022年冬奥会和冬残奥会官方邮政服务独家供应商以来举办的首个冰雪主题大型品牌推广活动，也是中国邮政推出的首个以“邮政”为主题，赛道以“邮路”为象征的系列户外嘉年华活动。（《中国邮政报》1月10日）

【中邮保险获评“年度保险扶贫先锋”】 12月9日，以“护航实体经济　赋能美好生活”为主题的第十八届“中国财经风云榜之保险行业评选”揭晓，中邮人寿保险股份有限公司荣获“年度保险扶贫先锋”奖。

“中国财经风云榜之保险行业评选”自举办以来，一直致力于从经营战略、品牌建设、产品营销等层面，深度解读保险企业过去一年的成长历程，在宣传优秀、表彰先进的同时，提炼出益于企业和行业成长的新方法、新思维、新理念，成为行业最权威、最有影响力的年度评选之一，得到国内主流媒体的广泛报道。

中邮保险坚决贯彻落实党的十九大关于打赢脱贫攻坚战的部署要求，始终把学习好、贯彻好、落实好习近平总书记关于扶贫工作的重要论述作为一项重要政治任务，坚持以“服务基层、服务三农”为己任，主动践行和落实金融扶贫工作。截至9月底，中邮保险累计为73.7万贫困人口赠送346亿元保额的保险保障，累计赔付金额688万元，惠及571个贫困家庭；累计开展235场党建扶贫、健康扶贫和送温暖下乡等公益扶贫活动。（中国邮政网12月18日）

【中国邮政报社全国记者站站长会召开】 中国邮政报社2020年全国记者站站长电视电话会议于12月10日召开。会议总结报社及全国记者站2020年的工作，分析当前邮政新闻宣传工作面临的形势，对2021年的新闻宣传工作进行安排部署。中国邮政集团有限公司副总经理康宁出席会议并讲话，中国邮政报社社长李书杰以《为中国邮政高质量发展凝心聚力营造良好舆论氛围》为题作工作报告。集团公司综合部领导出席会议。

会议表彰2020年最佳记者站、先进记者站。江苏记者站、湖北记者站、陕西记者站、北京记者站、山东记者站、安徽记者站获“最佳记者站”称号；河北记者站、浙江记者站、广东记者站、四川记者站、重庆记者站、江西记者站、河南记者站、湖南记者站、辽宁记者站、黑龙江记者站获“先进记者站”称号。中国邮政储蓄银行、中邮人寿保险股份有限公司、集团公司寄递事业部获评“新闻宣传优秀组织奖”。

各控股子公司、集团公司寄递事业部相关负责同志及集团公司特约记者、北京记者站全体人员在主会场参加会议，全国其他记者站站长、副站长、专兼职记者在各地分会场参加会议。（《中国邮政报》12月14日）

【书信中国文化传播活动启动】 4—9月，集团公司联合新华网、光明网、《半月谈》在全国范围开展“感谢、感恩、感动”书信中国文化传播活动。运用集团公司独有的鸿雁传情的书信文化形式，讲述抗击疫情的先进群体和典型人物的爱国之情、仁爱之情、骨肉之情，展现全国人民团结一心、同舟共济的精神风貌，683万人参与活动，宣传覆盖8170万人。（集团公司邮政业务部）

【“9·19电商节”举办】 8月28日，作为农业农村部“农民丰收节”系列活动之一，2020年邮政“9·19电商节”启动。此届“9·19电商节”以“邮政助脱贫，惠农进万家”为主题，总交易额18.7亿元，比上年增长123.6%，其中基于平台的自营批销额12.21亿元，网络零售额4.4亿元，平台买家数145万人。电商节期间，组织全国首届邮政农产品产销对接大会，现场签约金额2.2亿元。通过外部广告投放，曝光3.3亿次。（集团公司邮政业务部、电商分销局）

人力资源管理

【概况】

领导班子和干部队伍建设

干部队伍建设。坚持中国邮政干部调整“十大原则”，持续优化领导班子结构，对政治素质好、专业能力强、敢于担当、群众认可的优秀干部大胆使用，对难以胜任现职岗位的予以妥善调整。提任党组管理干部50人、交流调整55人。新提任党组管理干部中45岁左右的28人，占比56%，全日制本科及以上学历的37人，占比74%。配备45岁左右领导干部的省公司数量从年初的6个增至17个。加大优秀年轻干部培养使用力度，建立“党委推荐、党校培训、座谈了解、分析比较、综合研判”五位一体的年轻干部选拔培养模式，选调112名优秀年轻干部，分3期开展专题培训，对10名综合素质好、有思路有活力的优秀年轻干部及时提拔重用。发挥邮政党校干部教育主渠道作用，举办5期中央党校分校班、邮政党校班，培训各级领导干部1017人次，形成课题成果59项。

制度体系建设。制定下发加强县级邮政企业领导人员队伍建设、规范非领导职务管理、人事回避管理、援藏援疆干部人才管理、加强劳动用工管理的若干意见、寄递事业部主要操作类岗位计件工资制有关问题的意见等 13 项制度办法。针对县级邮政企业领导人员队伍建设，强化注重基层、注重实践的用人导向，明确县级邮政企业领导人员队伍梯次结构建设目标，完善选拔任用方式及考核评价机制，并就正向激励领导人员、管理监督，以及建立保障机制提出相应要求。针对邮政企业人事回避管理，明确人事回避管理遵循的原则以及应回避的亲属关系范围，分别提出招录回避、任职回避、业务回避的要求，规定回避工作程序、职务调整原则、报告时限要求、监督追责。

干部日常管理监督。强化领导干部日常监督，坚持抓早抓小抓经常，党组面对面提醒谈话干部 92 人。开展个人有关事项报告专项整治，如实报告率 91%，比 2018 年中央巡视前提升近 34%。对 24 家单位进行选人用人巡视检查，并同步开展领导人员履职尽责、担当作为情况检查，检查结果作为干部调整的重要依据。聚焦关键人和关键事开展专项整治，对不符合任职规定的问题，跟进督促整改，推动关键岗位人员履职尽责、廉洁用权。中组部对集团公司开展的上一年度“一报告两评议”工作中，选人用人两项主要评价指标均有较大幅度提升，其中对集团公司选人用人工作的总体评价为“好”的占比从上一年度的 77.4% 提升为 89.9%，提升 12.5%；对从严监督管理干部的看法为“好”的占比从上一年度的 81.7% 提升为 95%，提升 13.3%。

机构设置和用工配置

组织机构调整。为适应集团公司改制后管理需要，增强总部管理力量，办公厅更名为综合部、审计局更名为审计部，设立董事会办公室，在党组巡视办增设巡视整改处，并按照“集团 + 大区”模式调整优化内部审计机构设置，撤销审计中心，设立区域审计分部。完成新闻宣传中心、文史中心机构编制设置调整工作。将各级邮政企业监察机构调整为纪委办公室，增加纪检、党建部门人员编制。采取“先试点、后推广”的方式推动邮区中心局改革，压缩部门设置，优化人员配置。取消升格管理，副省级省会市、计划单列市、部分区县邮政企业和一级邮区中心局的规格不再升格，统一按其他同层级单位管理。

劳动用工规范管理。做好疫情期间劳动用工保障工作，研究出台采取灵活用工措施解决用工紧张问题的意见，落实国家稳就业工作决策部署和要求，完成高校毕业生招聘计划。按照“调结构、提素质、增效能”总要求，出台关于进一步加强劳动用工管理的若干意见，明确今后一段时期劳动用工管理的指导思想、目标任务和具体举措，推进用工市场化。出台邮政企业业务外包管理办法及配套工作指引，健全业务外包管理制度体系，规范管理劳务承揽。调整优化重点领域人员配置结构，代理金融网点营销人员占比较上年提升 4.4%，寄递业务揽投一线人员占比较上年提升 0.4%。

薪酬年金分配管理

薪酬福利处根据集团公司决策部署和人力资源部工作安排，贯彻落实国家和集团公司战略，按照新形势和新任务的要求，围绕“三个规律”，在优化人工成本零基预算配置机制、“职级 + 薪酬 + 绩效”体系和薪酬分配市场化建设等方面开展工作。截至 12 月 31 日，完成 31 个省（市）邮政分公司和邮政速递物流公司的企业年金大集中管理工作。集中管理年金资产 233 亿元，实现年度投资收益 10.14%。

人才培养评选

创新开展教育培训工作。针对集团公司党组管理干部，利用中邮网院远程学习平台，深入开展党的十九届四中全会精神教育培训。围绕国企改革三年行动方案主要目标，创新设计经营管理人员分层分类培训体系，按照“每年集中培训不少于 7 天”的原则，举办“省级邮政企业主要负责人学习贯彻党的十九届五中全会精神及国企改革三年行动方案专题研讨培训班”。围绕寄递业务“四库”建设及时限管控能力提升、降本增效、网点转型、惠农合作项目推进、深化集团公司全面预算管理等主题，举办集团公司专题讲座，开设中邮网院“专题讲座”学习专区，组织专题讲座 3 期。落实中组部调训计划，选派包括集团公司领导在内的各级领导干部 17 人参加中央党校以及浦东、井冈山、延安干部学院等院校举办的专题研讨培训班。围绕集团公司发展战略与重点业务，组织渠道平台转型、包裹快递客服管理、代理金融财富管理、农村电商农产品进城等集中培训班 111 期、培训 8773 人次。组织远程培训班 652 个、参训 538.9 万人次，直播授课 1146 场、参学 37.2 万人次。

实施专业人才评价选拔。出台《中国邮政集团有限公司职称评聘管理暂行办法》。选派 2 名同志参加第 21 批中央博士服务团服务锻炼。推荐 3 名同志获评 2020 年享受国务院政府特殊津贴专家。采用市场化选聘方式，引进邮储银行首席信息官、首席风险官等“高精尖缺”人才 2 名。与北京邮电大学签署战略合作协议，探索校企联合人才培养新路径。

推进技能人才评价改革。获人社部批准成为国家技能人才职业等级认定试点单位，发布邮政企业职业技能等级认定标准。完成技能等级认定 9.5 万人，合格 4.9 万人，选拔培养技师 390 人。（集团公司人力资源部）

【2020 年全国邮政人力资源工作会议在北京召开】 9 月 24—25 日，2020 年全国邮政人力资源工作会议在北京召开。会议主要任务是以习近平新时代中国特色社会主义思想为指导，贯彻新时代党的组织路线，落实全国组织

工作会议、全国组织部长会议精神以及党中央关于深化国有企业改革的要求，按照《国有企业改革三年行动方案（2020—2022 年）》的有关部署，深入分析形势，理清工作思路，明确发展方向和重点任务，深化人事、用工、分配三项制度改革，为中国邮政打造行业“国家队”、实现二次崛起和高质量发展提供坚强组织保障。集团公司在京党组成员出席会议，党组书记、董事长刘爱力讲话，党组副书记、总经理张金良主持，党组副书记李丕征作工作报告。

会议期间，集团公司人力资源部解读了人力资源三项制度改革的背景、重要思路和相关政策点，外部专家分享了人事改革实践经验做法，国际知名咨询公司分析了市场化激励与约束机制。

会议要求深刻认识深化人力资源改革的重要意义，全力抓好贯彻落实工作。要加强学习，理解好、宣贯好会议主要精神；要深入调研，为各项改革落实落地做足功课；要强化担当，把改革责任扛起来任务落下去；要统筹把控，处理好改革、发展和稳定的关系。会议还就中心局改革、揽投激励、业务外包改革、“比学赶帮超”等提出明确要求。（中国邮政网 9 月 27 日）

【省分公司年轻干部培训班举办】 8 月 3 日，集团公司省分公司年轻干部培训班在邮政党校北京校区举行开班仪式。集团公司党组书记、董事长、邮政党校校长刘爱力作开班动员讲话，强调要提高政治站位，坚定理想信念，大力发现培养选拔优秀年轻干部，提升各级领导干部的干事创业本领，推动各项改革发展任务高效落地执行，为加快推动中国邮政二次崛起做出更大贡献。仪式由集团公司党组副书记、邮政党校常务副校长李丕征主持。

此期培训班 36 名学员，均来自各省（区、市）邮政分公司。培训期间，集团公司总部相关部门主要负责人专题授课并带领大家进行课程研讨，学员围绕“两个带来”开展深入交流。（《中国邮政报》8 月 13 日）

【优秀年轻干部选拔培养工作】 建立“党委推荐、党校培训、座谈了解、分析比较、综合研判”五位一体的年轻干部选拔培养模式。选调 112 名优秀年轻干部，分 3 期开展专题培训。培训结束前，集团公司党组全体成员与参训学员现场面谈，做到直观了解、精准评价年轻干部，对 10 名综合素质好、有思路有活力的优秀年轻干部及时提拔重用。在重点工作和重大任务中历练年轻干部，选派优秀年轻干部到扶贫一线挂职交流，参加巡视、IT 能力提升项目等工作，加快年轻干部成长步伐。（集团公司人力资源部）

【干部人才援藏工作】 8 月 27 日，集团公司在拉萨召开援藏工作座谈会，并进行第七、八批援藏干部换届及西藏邮政第二批交流干部外派工作，西藏自治区副主席，集团公司党组副书记、董事，西藏自治区政府副秘书长，西藏自治区党委组织部副部长出席会议。来自全国各省（区、市）邮政分公司、邮储分行的 22 名优秀年轻干部进藏履职，支援西藏邮政建设与发展。（集团公司人力资源部）

【个人有关事项报告专项整治】 为贯彻落实中组部关于开展领导干部个人有关事项报告专项整治工作的要求，重点对 2019 年以来个人有关事项工作中的“5 类 19 种情形”突出问题进行排查，对查核不一致的问题进行重新认定处理。通过专项整治，全系统发现问题 30 个，完成整改措施 42 项，对存在查核不一致问题进行处理的领导人员，制定提醒谈话方案，按照干部管理权限逐人开展提醒谈话。个人有关事项如实报告率从中央巡视指出的 57% 提升到 91%。（集团公司人力资源部）

【选人用人巡视检查】 结合集团公司党组巡视，对河北、浙江等省（市）24 家单位开展选人用人巡视检查，在继续严格检查执行干部选拔任用工作政策和纪律规矩情况的同时，更加注重党组织发挥领导把关作用，突出解决选人用人中的深层次问题和普遍性问题，发现问题 200 余个，提出整改意见 70 余条。同步对 24 家单位领导人员担当作为情况进行检查，围绕中央重大决策部署落实情况、集团公司重大改革任务推进情况，了解干部的精神状态、能力水平、工作实绩，对担当作为问题反映集中的单位主要负责人，及时约谈提醒。（集团公司人力资源部）

【总部机关三级领导岗位竞争上岗】 启动总部空缺三级领导岗位的公开竞聘工作，公开发布 73 个岗位，最终选拔出 53 名新提任人选，其中新提任三级正领导人员 25 名、三级副领导人员 28 名，35 岁以下年轻干部 13 名。（集团公司人力资源部）

【邮区中心局改革】 按照管理架构扁平化、资源配置市场化、运营管控实体化的原则，采取“先试点、后推广”步骤，选取石家庄、郑州、成都中心局启动改革试点工作，在优化生产流程、调整作业组织、改造工艺设备、加大科技赋能的基础上，进一步压缩管理层级、精简机构设置、减少人员投入，推动寄递业务实现降本增效。其他非试点单位结合本单位实际，研究拟定中心局改革实施方案及配套措施，做好改革实施准备。（集团公司人力资源部）

【劳动用工政策规划】 根据《国企改革三年行动方案（2020—2022 年）》和国家有关劳动用工的法律法规，结合新时期邮政企业面临的新形势和新任务，研究出台关于进一步加强劳动用工管理的若干意见，明确今后一段时期劳动用工管理的指导思想和目标任务，提出严格实行劳动用工分类管理、加快调整优化人员配置结构、拓宽人力资源盘活优化渠道、持续提升人员投入产出效能、切实加强员工工作时间管理、推进和谐劳动关系建设等措施，推进用工市场化，并建立员工招聘集中审批制度。（集团公司人力资源部）

【人工成本零基预算配置机制】 根据财政部国有企业工资决定机制的政策精神，结合集团公司所属单位的性质和特点，对工资性人工成本预算配置机制进行完善。一是实行分类管控，根据企业功能性质定位以及各业务板块所处发展阶段，实行差异化的人工成本配置模式。二是传导国家政策精神，突出效益导向，适当提高利润指标的挂钩比例，增加劳动生产率、人工成本投入产出率、人均工资水平等对标指标，提升工资总额市场化配置程度。三是制定工资总额提取规则，建立与企业经营发展目标完成进度相匹配的工资总额提取办法，指导各单位均衡列支人工成本。（集团公司人力资源部）

【寄递事业部计件薪酬分配机制】 指导各省分公司按照《关于建立寄递事业部薪酬分配制度的指导意见》（中国邮政〔2019〕498号），做好方案制定和实施工作。截至2020年7月，集团公司完成31个省（区、市）寄递事业部薪酬分配实施方案的审批工作。督促各省在总结试点经验的基础上，逐步推广，截至10月31日，30个省（区、市）完成全省推广工作。制定《关于进一步完善寄递事业部主要操作类岗位计件工资制有关问题的意见》，在主要操作类岗位自有员工实施按量计酬分配模式的基础上，坚持工作效率和薪酬水平同步对标市场，引入“件均薪酬”指标，客观反映寄递事业部与竞争对手存在的差距，并建立长效对标优化机制，持续不断地进行对标立标达标。通过优化计件工资分配结构，加大向高效业务和创收环节的倾斜力度，深入挖掘薪酬潜能，提升人工成本投入产出效率效益，不断缩小与行业的差距，促进寄递业务高质量发展。（集团公司人力资源部）

【退休人员社会化移交】 按照中央和国务院办公厅印发的《关于国有企业退休人员社会化管理的指导意见》（厅字〔2019〕19号）文件精神，组织各单位做好邮政企业退休人员社会化管理移交工作。截至12月31日，28.8万退休人员实现社会化管理，整体完成率99.8%，完成移交主体任务，实现退休人员社保关系、党员组织关系和人事档案移交街道和社区管理。（集团公司人力资源部）

【企业年金大集中管理】 按照《中国邮政集团公司关于印发邮政企业年金大集中管理实施方案的通知》（中国邮政〔2016〕157号）要求，完成浙江、辽宁、上海、江苏和宁夏5个省（区、市）邮政分公司、邮政速递物流公司年金资产移交工作。截至12月31日，经过4年的不懈努力，完成全部31个省邮政分公司和邮政速递物流公司的企业年金大集中管理工作，集中管理年金资产达233亿元，实现年度投资收益10.14%。（集团公司人力资源部）

【探索人才培养新路径】 10月17日，集团公司与北京邮电大学在北京签署战略合作框架协议。集团公司党组书记、董事长刘爱力，党组成员、副总经理康宁，党组成员、副总经理温少祺，北京邮电大学党委书记吴建伟、校长乔建永、副校长赵纪宁、副校长王文博出席签约仪式。刘爱力、吴建伟共同为“中国邮政人才培养基地”“北京邮电大学人才培养基地”和“北京邮电大学思想教育基地”揭牌。根据协议，双方聚焦新技术、新业态与邮政业务的深度融合，重点依托北京邮电大学现代邮政学院，面向邮政生产作业和企业管理向信息化、自动化、智能化转型，在人才培养、科技创新、学术交流和邮政服务创新等方面进行全方位深度合作，实现互惠共赢、共同发展。（集团公司人力资源部）

【做好新冠肺炎疫情防控期间相关保障】 完成招聘计划任务，结合邮政实际情况统筹下达2020年高校毕业生招聘计划1.6万人，组织各单位通过增加招聘批次、加大宣传力度等方式，克服疫情影响，招聘完成率99.36%。加强疫情防控期间劳动用工管理，统一明确各级邮政企业工作时间安排、上班方式要求及劳动关系处理等事项。出台采取灵活用工措施解决用工紧张问题的意见，指导各级邮政企业通过综合调度复用各环节现有人员、协调用好外包等第三方资源等措施，有效保障复工复产用工需求。加强疫情防控期间的劳动保护，明确疫情防控期间临时性工作补助的发放范围、发放条件、列支渠道。明确员工个人防护、工作场所清洁、实行班前筛查制度等六个方面的要求；督促各单位严格执行社保减免政策，主动提供协助确保社保费减免政策执行期间各单位能申报好、缴费顺，及时享受政策红利。（集团公司人力资源部）

【邮政科学研究规划院有限公司孟硕获国务院政府特殊津贴】 国务院政府特殊津贴是自1990年起，党中央、国务院每两年选拔一次做出突出贡献的高层次专业技术人才和高技能人才，对其发放政府特殊津贴。邮政科学研究规划院有限公司技术应用研究中心总经理孟硕从事邮政通信工程设计及快递物流研究工作20余年，主持中国邮政百余项骨干网枢纽工程设计项目，支撑中国邮政骨干网枢纽生产能力的提升和技术装备水平的进步。曾获省部级科学技术奖 11 项和“交通运输部青年科技英才”称号，担任全国综合交通运输标准化技术委员会委员。孟硕同志于 2020 年获得国务院政府特殊津贴。（邮政科学研究规划院有限公司）

【石邮学院举行 2021 届毕业生邮政企业双选会暨订单定制式人才培养研讨会】 11 月 14—15 日，石邮学院举行 2021 届毕业生邮政企业双选会暨订单定制式人才培养研讨会，各省（区、市）邮政分公司、邮储银行分行等 82 家单位在分会场对学院 2632 名 2021 届毕业生进行考核、遴选。此次双选会提供岗位数量 1956 个。学院克服疫情影响，落实落细就业政策，2020 届毕业生整体就业率 96.5%，邮政行业就业率近 60%，创历史最好水平，就业率就业质量在全国同类院校中名列前茅。（石邮学院）

战略规划

【概况】

组织推进集团公司重要改革工作

推动企业深化改革。根据《国企改革三年行动方案（2020—2022）》和上级部委要求，组织各部门、各单位对照方案，结合自身职责范围，提出“可衡量、可考核、可检验、要办事”的改革措施，明确改革的落实思路、具体举措及分工安排，按期报送至财政部。按照“业务清晰、人员清晰、资产清晰、成本清晰、核算清晰”要求，对邮政体制改革的历史沿革、分业经营改革依据、改革目标、改革路径以及要素划分方案开展研究，设立四个专项工作组进行方案细化完善，初步完成改革方案草案。

推进寄递业务改革。参与寄递网运营管控“两集中”改革，推动寄递网运营管理模式向集中化、生产型突破，强化全网统一指挥调度。推进寄递流程优化工作，以石家庄到沧州时限提升为切入点，完成流程优化方案。与寄递事业部、邮政研究中心共同制定《包裹快递业务作业标准及定额方案》。制定寄递业务对标分析模板，研究制订寄递业务对标分析核心指标、穿透指标和日常监控指标。组织编发寄递改革工作简报，形成改革问题反馈与经验分享的常态化渠道。

推进公司治理现代化。落实公司制改制相关工作，组织协调相关部门、各省（区、市）邮政分公司做好各类证照资质变更登记，开展全民所有制子企业改制工作，基本完成具备改制条件的子企业公司制改制工作。推进公司治理制度建设，配合财政部经建司制定出资人履职相关文件办法，配合集团综合部制定总部会议制度、党组工作规则、“三重一大”决策制度暂行办法。

开展“十四五”规划编制工作

成立规划编制领导小组与联合工作组，明确规划编制的责任分工和进度安排，全面启动规划编制。调研集团公司相关部门和山东、陕西等 4 个省邮政分公司，了解企业现状和存在的问题。在对分业经营、金融控股公司、邮政普遍服务升级换代等重点课题研究的基础上，制定规划编制模板，形成规划纲要初稿。配合做好行业规划编制。

战略绩效管理

简化指标体系，突出考核重点。建立关键绩效指标库，根据重要性程度设置指标权重和计分细则。对标考核，推进“比学赶帮超”。银行、保险、证券和寄递业务对标先进同业设置考核指标和目标值，省分公司分组对标考核评分，设置突出绩效奖励，对于业务发展、质量效益、核心竞争能力等方面超过考核目标值的单位制定考核加分奖励政策，对于完成挑战性目标或重点任务的省分公司，制定领导班子特别贡献奖励政策。省邮政分公司、控股公司、直属单位和集团部门全面应用绩效系统，通过“月度跟踪、季度通报、半年预评、年度总评”全过程评价和可视化预警分析，助力经营绩效水平持续提升。制定集团公司总部部门考核办法。聚焦部门职责和年度重点工作，以关键绩效指标考核推动实现责任到人、任务到人、目标到人、考核到人，实行与部门功能定位和职责相适应的分类考核，推动总部部门由职能管理型转向主动服务型。

发挥资本运营战略协同作用

组织中邮保险引战混改，摸排境内外潜在投资者，与重点投资人进行实质性谈判，主要投资条款基本达成一致。完成中邮科技产权交易所挂牌以及战略投资者的遴选工作，批复中邮科技股权激励实施方案。组织开展中邮速递易重组，完成速递易业务和股权的交割工作，获得发改委、商务部的境外投资核准。

组织审核邮储银行调整直销银行设立方案和中邮资本、中邮信科增资方案。开展集团公司外派董监事 2019 年度履职评价。制定关联方信息报送和管理制度，建立关联方信息管理的制度规范。做好控参股子公司“三会”议案把关并代表集团公司提出表决意见，加强境内外股权投资管理，编制 2019 年度股权投资年报与《境外投资绩效评价报告》。推进“僵尸企业”处置，会同中邮资本制定股权投资分类整合方案，结合融资租赁监管新政，推进环宇租赁续期经营。推进剥离国有企业办社会职能。推进厂办大集体改革，推进完成“三供一业”分离移交，加快培训疗养机构的剥离。

提升法律风险防控能力

制定重要决策事项和规章制度法律审查管理办法，补齐企业法律审查短板。制定集团风控管理体系建设方案，开展风险管理系列制度和信息系统建设规划。制定企业用户个人信息保护风险警示与防控指引、业务外包合规管理指引和海外寄递业务合规管理指引，为合规管理工作提供指导和帮助。

扎实做好法律文件审查工作，为企业生产经营提供法律支持。组织开展第二批合同范本制定工作，提升基层企业合同审签效率。开展合同逆流程专项整治活动，推动合同逆流程问题整治初见实效。

做好集团本部诉讼案件处理工作，牵头督导处理系列重大法律纠纷，包括“329”重大涉美法律纠纷、内蒙古邮政分公司大额储蓄存款合同纠纷等，帮助企业避免巨额潜在损失。持续推动打击假邮车、假邮票工作，遏制侵犯邮政企业权益的行为。

推进集团公司核心商标境外注册事宜，推动下属单位将企业核心商标转交集团统一管理，继续开展商标预防性保护注册和注册商标维护工作。

推进服务国家战略和重点事项的研究工作

牵头雄安新区建设工作领导小组办公室切实推进新区建设，重点推进目前尚未在新区开展的业务取得实质性进展。对接新区各类规划，将邮政场地和设施设备的建设需求、邮政普遍服务设施网络建设选址等内容纳入相关规划，依托驻雄安工作组推进邮政基础设施建设落地工作。推广邮政科技应用，参与雄安新区共同配送体系构建工作。开展服务国家重大战略研究。会同邮政研究中心开展对服务国家重大战略的相关研究，参与交通运输部及国家邮政局粤港澳大湾区政策文件的编写制定。做好重点事项研究，开展邮政集团公司治理现代化研究，形成提升邮政现代化治理能力与治理水平的针对性建议。与中邮资本共同研究集团和普洛斯物流基础设施基金合作方案。研究制定集邮总公司和邮票印制局改革方案，提出市场化改革目标、改革举措和配套机制健全方案。研究与滴滴成立合资公司，研究国际寄递业务发展战略等重点课题。（集团公司战略规划部）

【编制“十四五”发展规划】 根据集团公司“十四五”发展规划编制工作整体要求，战略规划部会同邮政研究中心、石邮学院与德勤公司组成联合项目组，共同开展“十四五”发展规划的编制工作。通过对接国家政策和上位规划，承接国家重大战略部署，贯彻集团战略要求，在前期对分业经营、金融控股公司管控模式、普遍服务升级换代等重点课题研究的基础上，制定规划编制模板，形成规划纲要初稿。纲要初步提出“十四五”期末集团公司全面增强企业竞争力、创新力、控制力、影响力和抗风险能力的发展目标和2035年远景目标，谋划中国邮政高质量发展的路径及关键举措。（集团公司战略规划部）

【《中国邮政集团有限公司改革三年行动实施方案（2020—2022年）》发布】 12月31日，《中国邮政集团有限公司改革三年行动实施方案（2020—2022年）》（以下简称《方案》）发布。《方案》根据《国企改革三年行动方案（2020—2022年）》精神，结合中国邮政实际制定。《方案》明确中国邮政实施改革三年行动的总体要求、首要任务以及37项改革任务、173项主要措施，对各单位、各部门狠抓《方案》落实提出具体要求，是中国邮政深入学习贯彻习近平总书记关于国有企业改革发展和党的建设的重要论述、关于统筹推进新冠肺炎疫情防控和经济社会发展工作的有关重要讲话精神，贯彻落实《国企改革三年行动方案》，全面推进中国邮政深化改革的纲领性文件。

在组织实施和政策保障方面，《方案》强调，各单位、各部门要把落实《集团公司改革三年行动实施方案》作为重大政治责任，加强组织领导，完善机制，动真碰硬，狠抓落实，确保各项改革措施落实落地，各项改革任务按期完成。要建立第一责任人制度，逐项对照《方案》，逐条分解任务，逐项细化举措，制定本单位、本部门落实《集团公司改革三年行动实施方案》的细化方案、改革措施，明确任务清单、阶段目标、完成标志和责任单位（部门），确保落实到位。要充分利用集团公司现有的督办系统，建立督办机制，组织开展专项督查。将方案落实情况、改革是否符合已出台的政策规定纳入巡视巡察范围，并将其作为绩效考核的重要内容。（《中国邮政报》2021年1月5日）

【服务雄安新区建设】 持续做好服务雄安新区建设工作，强化机构建设，组建中国邮政服务雄安新区建设工作领导小组办公室和驻雄安工作组并正式入驻雄安新区市民中心。完成各项规划的编制和与雄安新区相关规划对接工作，制定邮政普遍服务设施网络体系和邮政营业场所设备设施标准。作为容东片区物流工作小组主要成员单位，与招商局、京东、顺丰共同探索雄安新区共同配送体系建设，成为雄安跨境电商综合试验区建设领导小组成员单位中的唯一企业成员，全面参与雄安跨境电商综合试验区建设工作。服务智慧雄安建设，在雄安新区市民服务中心以及3县重点乡镇布放22个智能邮筒，并根据银保监会批复情况，调整智慧邮局功能布局和施工图并开工建设。（集团公司战略规划部）

【寄递翼改革】 持续深化寄递业务改革，抓好重点项目的研究工作。推进寄递流程优化工作，完成流程优化方案和自提、代投点建设及中心局流程优化方案及各环节信息采集标准制定工作；持续推进寄递揽投末端“众创众享”模式，加快揽投网点“加盟制”和中心局“加盟制”建设。完成包裹快递业务作业标准及定额方案制定工作，通过实地调研和广泛征求意见，联合寄递事业部、邮政研究中心共同制定《包裹快递业务作业标准及定额方案》，推动作业流程标准化和作业效率定额化。（集团公司战略规划部）

【战略绩效管理】 建立集团公司对各单位的关键绩效指标库，将集团公司的战略目标层层分解，明确各主体的任务目标和衡量标准，实现任务到人、责任到人、目标到人、考核到人。强化对标考核，推进“比学赶帮超”，突出外部比同业、内部比先进、自身比进步，引领下属企业提升市场竞争力。优化考核评价方式，采用考核得分和分组强制分布相结合的方式，推进省邮政分公司“比学赶帮超”，实现后进赶先进，中间争先进，先进更先进。完善绩效系统预警分析功能，省邮政分公司、控股公司、直属单位和集团部门全面应用绩效系统，通过“月度跟踪、季度通报、半年预评、年度总评”全过程评价和可视化预警分析，助力经营绩效水平持续提升。（集团公司战略规划部）

【深化国有企业改革】 贯彻落实党中央、国务院关于深化国有企业改革相关决策部署，按照《中共中央办公厅、国务院办公厅关于印发〈国企改革三年行动方案（2020—2022 年）〉的通知》的有关工作要求，对标对表，结合集团公司实际制定并印发《中国邮政集团有限公司改革三年行动实施方案（2020—2022 年）》，细化目标任务和具体举措，明确时限要求和主办单位，层层压实责任，确保改革工作推进。（集团公司战略规划部）

【法律支撑服务】 做好法律文件审查工作，组织开展邮政企业第二批合同示范文本制定工作，开展合同逆流程问题专项整治活动，有效控制法律风险。利用各种渠道传递邮政法治力量，利用“小邮说法”微信公众号平台，强化线上普法宣传；组织编写邮政企业典型案例汇编，选取其中代表性强的部分以动画形式于中邮网院展现。加强商标保护维护企业知识产权，推进集团公司核心商标境外注册事宜，注册范围覆盖美、英、欧、日 4 个主要国家。推进集团公司核心商标集中管理工作，继续开展商标预防性保护注册和注册商标维护工作。（集团公司战略规划部）

【新闻宣传中心机构调整】 6 月，新闻宣传中心完成机构调整工作。内设 7 个部门，分别为综合管理部、总编室（技术支撑部）、要闻部、策划采访部、报纸编辑部、新媒体与电视新闻部、影视部，人员总编制为 67 人。7 月，完成员工双选工作。（新闻宣传中心）

【丰巢与速递易重组】 根据集团公司统一部署推进速递易重组，优化国有资本配置。自 2018 年 10 月以来，推进速递易与丰巢重组工作。4 月，可行性研究提交集团公司党组和总办会审议通过后，完成一揽子协议签署，完成境内减资交割和境外发股，速递易交由丰巢运营，并于 7 月 9 日完成速递易减资工商登记。

重组后丰巢市场占有率约 70%，为细分领域绝对龙头，中邮资本成为其第二大股东，邮政集团与顺丰享有与丰巢合作的同等业务优先权，实现国有资产保值增值，按最新融资价格投资综合收益约 21.32 亿元，增值率约 119%。满足了与集团公司寄递业务的协同发展要求，保持集团公司在末端领域的影响力。（中邮资本管理有限公司）

财务管理

【概况】

完善全面预算管理体系

围绕集团公司战略优化资源配置。加大对普遍服务支撑保障力度，在中央财政压降邮政普遍服务补贴 3.78 亿元的情况下，集团公司安排省公司邮政普遍服务补贴 70 亿元。

完善全面预算管理体系。调整优化全面预算管理委员会，制定《全面预算管理办法》，努力构建以业务为导向、以责任分工为基础、各相关职能部门相互配合、各管理层级联动，横向到边、纵向到底的全面预算管理体系。

全面推动零基预算管理。推动各业务部门和控股子公司，建立分专业、分产品的经营预算零基预算模型，修订和优化了邮政公司成本费用零基预算模型和定额标准。

重点成本对标管控

建立工作机制，降本增效有序推进。集团公司层面成立降本增效工作领导小组及办公室，制定降本增效行动方案和考核办法，明确寄递业务重点管控要素，确定 2020 年重点工作及五大环节件均成本压降目标。省级层面建立压力传导机制，建立推进落实机制，建立管理评价机制。

规范业务外包管理，管控业务外包单价。聚焦寄递业务内部处理、运输和投递三个重点环节，制定《寄递业务重点外包事项管理流程规范及定价模型》，明确业务外包相关管理部门职责。

建立成本数据库，拓展财务对标深度。省级成本数据库上线应用，以关键管控要素为重点，展示五大环节成本的压降目标、行业数据、实际数据等，加强了对关键管控要素的日常监控及分析。同时，按季发布寄递业务财务标杆总体指标数据，按月发布寄递业务财务标杆重点指标数据，并将管控指标数据纳入寄递业务看板系统，对异常标杆值进行预警提示。

提升 ERP 系统功能型

开展 ERP 财务系统优化提升项目咨询。形成《邮政集团财务管理数字化转型规划》《邮政及寄递业务业财一体化流程规范》《邮政及寄递业务财务大数据规范》《邮政及寄递业务财务风险管控方案》《邮政集团业财信息系统应用优化提升方案》等成果。

完成寄递事业部 ERP 整合及相关系统优化上线。将统一的制度、流程和标准内置固化到信息系统中，实现寄递事业部会计核算、损益核算、资金管理、预算管理、统计管理的统一，为邮速提供了统一的财务管理平台，提升 ERP 系统的适用性、稳定性和灵活性。

推进财务智能化项目开发和实施。推进电子发票管理系统全国上线应用。各省分公司（含寄递事业部）和集邮总公司已上线 3182 个税号，开具电子发票 275.1 万张。

◎ 强化资金集中管控

强化资金头寸管理。测算集团公司总部最低、最佳现金持有量。强化资金集中管理，提高资金使用效率。将 31 省分公司全部纳入现金预算管理范围，组织按月编制滚动现金预算。

适时组织融资，压降资金成本。按照紧平衡原则，安排 2020 年融资计划，滚动制订融资计划、合理安排融资结构和选择融资窗口，每期融资利率均为当期同品种最低。

持续清理拖欠民营企业中小企业账款。至 12 月 31 日，各单位对民营企业中小企业逾期无分歧欠款全部清零。

◎ 完善管理会计体系建设

优化内部结算政策。印发《陆运网优化改革结算政策配套调整方案》支撑陆运网优化改革，打破行政区划重构陆运网。对标市场、行业，调整快递包裹投递环节结算价格，鼓励轻小件发展，并按影响结算净收支的 70% 调整相关省分公司利润目标。

推进揽投部损益核算。推进成本费用准确计列至经济活动实际发生的最末级机构。形成揽投部损益核算方案，明确了揽投部损益核算收入确认、成本计列、内部结算规划。

推动系统改造，夯实损益核算基础。依据结算政策调整，推动包快结算系统和管会系统升级改造，并将普遍服务产品结算数据细化拆分到相关环节和业务单元，进一步夯实损益核算基础。

◎ 提升会计信息质量

夯实年度财务会计决算质量。集中处理历史遗留问题，并重点关注各单位计提预计负债和资产减值准备是否足额，在建工程转列固定资产是否及时，是否按照权责发生制原则计列成本费用。财务会计决算报告质量明显提升，2019 年财务会计决算工作受到财政部通报表扬。

推进年度决算审计发现问题整改。全面梳理分析决算审计发现的各类问题，纳入 2019 年度财务决算结果关联事项批复有关单位，推进问题源头整改。

修订会计制度，做好新准则执行准备。组织修订了集团公司会计制度、会计核算办法及业务分册，统一集团公司会计政策、规范企业会计行为，完善集团公司会计科目体系，为 2021 年全面执行新会计准则进行准备。

◎ 强化经营分析和统计信息管理

一是强化月度经营分析，提升分析质量。二是完善统计工作制度，开展统计督察整改。三是实现了“经营分析系统和管理驾驶舱”项目主体功能上线。

◎ 财政资金管理

提升财政补贴资金精细化管理水平。通过邮政普遍服务与特殊服务补贴资金管理系统，将补贴资金直接核定至最末级机构，进一步提高补贴分配的透明度和基层单位的获得感。

强化邮政普遍服务补贴绩效管理。实施《邮政普遍服务和特殊服务补贴与服务质量挂钩管理办法（试行）》，体现管理导向性，进一步增强对各级邮政企业的普遍服务管控能力。修订《建制村直接通邮补贴分配方案》，推动各级邮政企业持续实现建制村 100% 直接通邮。在 2019 年财政预算绩效管理评比中，集团公司获“良好”等级。

争取国有资本经营预算资金支持。2020 年中央财政以资本金注入的方式，新增中邮集团物流体系建设项目补贴 10 亿元，专项保障邮政企业跨境物流体系建设。

◎ 组建财务检查队伍

制定财务检查办法，充实财务检查力量。印发《财务检查办法》；集团公司总部、省、市分公司相应配备专兼职财务检查人员，促进财务检查工作规范化和制度化。

聚焦管理痛点，开展用户欠费专项检查。对天津、广东、四川、重庆 4 个省（市）分公司用户欠费管理情况进行专项检查，为强化用户欠费管理建言献策，相关省公司认真整改，举一反三，取得了较好效果。完成全系统会议费自查整改和业务招待费报账审核评估等工作，向相关单位下发提示函 36 份，督促整改规范。同时，各省（区、市）分公司有序推进财务检查工作，发现问题 6591 个，涉及金额 5.35 亿元，有关问题基本在当年完成了整改。

检查和调研相结合，深入剖析问题根源。结合管理热点，深入一线调研写实，其中赴某投递部调研报告，集团公司主要领导作出重点批示并在全系统印发，推动寄递业务降本增效工作。

◎ 开展固定资产清查工作

在全国邮政企业开展了固定资产清查工作。完成 305 万项固定资产的盘点和核实，清查出账外房地资产 467 万平方米、有账无物 175 万平方米、闲置资产 352 万平方米、房产租金较低合同 75 个，除部分历史遗留问题外，账外资产、有账无物等问题整改基本完成，增加固定资产净值 19.3 亿元。有针对性地完善固定资产管理、资产盘活等相关制度，建立健全加强资产管理的长效机制，并加快推进房屋土地权属变更工作。

◎ 完善重要财务制度

结合《财政部对中国邮政集团有限公司国有资产与财务监督管理暂行办法》和国企改革三年行动方案相关要

求，2020年集团公司层面完成了全面预算管理办法、资产盘活管理办法、会计制度、统计工作管理办法、财务检查办法等16项财务管理制度修订制定工作，为加快建立科学的财务管理体系奠定基础。

落实疫情防控有关政策

组织各级单位密切衔接有关部门落实疫情防控优惠政策，持续推进“减税降费”政策落地。2020年集团公司各级单位累计享受社保医保减免65.1亿元，免征增值税及附加1.2亿元，减免民航发展基金0.2亿元。同时，按照发改委、财政部等八部委关于应对新冠肺炎疫情缓解相关企业房屋租金压力的要求，指导基层单位减免服务业小微企业和个体工商户房屋租金，积极担当疫情防控和促进经济社会发展的社会责任和使命。

加强党建引领

认真学习贯彻习近平新时代中国特色社会主义思想，全面从严治党，严格落实“三会一课”“三个第一时间”制度要求，认真学习习近平总书记系列重要讲话和中央重要会议精神，进一步提升支部党员同志思想认识，努力做到笃信笃行、活学活用、学以致用。同时，认真落实全面从严治党要求主体责任，持续推进巡视整改，强化党风廉政建设，营造风清气正、积极健康的财务文化。建立全系统财务人员动态数据库，采取现场集中培训、网络学习等多种方式，组织开展了会计核算制度、统计、财务检查、寄递整合ERP改造相关模块等业务技术培训班，提升财会人员专业能力和水平。（集团公司财务部）

【建立成本数据库】 省级成本数据库完成上线应用，以关键管控要素为重点，展示五大环节成本的压降目标、行业数据、实际数据等，加强了对关键管控要素的日常监控及分析。按季发布寄递业务财务标杆总体指标数据，按月发布寄递业务财务标杆重点指标数据，延展对标广度，细化分组对标，并将管控指标数据纳入寄递业务看板系统，对异常标杆值进行预警提示。2020年，全国寄递业务利润比上年减亏18亿元；快递包裹全环节件均成本较上年下降0.9元。天津、河北、内蒙古、辽宁、江苏、安徽、福建、山东、湖南、海南、重庆、四川、贵州、陕西、甘肃、青海16个省（区、市）五大环节件均成本均实现比上年压降。（集团公司财务部）

【组织融资工作】 按照紧平衡原则，安排2020年融资计划，滚动制订融资计划、合理安排融资结构和选择融资窗口，滚动融入资金583亿元，直接融资占比76.8%，每期融资利率均为当期同品种最低。拓展融资渠道，满足多种期限、不同属性资金需求。（集团公司财务部）

【完善统计工作制度】 制定《统计工作管理办法》，明晰财务部、业务部门和中邮信科公司职责分工，明确统计工作流程，新增统计数据质量管理内容，细化统计检查内容和要求，强化对寄递事业部的管理。开展数据治理工作，实现邮速统计数据大集中，完成了业务收寄量、投递量、集邮、分销、营业网点的统计数据集成工作。按照国家邮政局要求，组织开展2020年不变单价测算和邮政行业统计督察整改工作，开展统计数据质量自查提升活动，并对天津、山西等8省（区、市）分公司进行现场检查。（集团公司财务部）

【推进“经营分析系统和管理驾驶舱”项目建设】 在指标梳理基础上，确定指标的定义、口径、优先级、所属类别、归属部门、来源系统、调整规范等，针对相关部门个性化问题补充需求，进行调研并提出解决方案，实现了“经营分析系统和管理驾驶舱”项目主体功能上线。（集团公司财务部）

采购管理

【概况】

集中采购力度加大

加强目录管理，扩大集中采购覆盖范围，进一步整合需求、创新采购方式、推进公开采购，扩大现集中采购规模。全网集中采购合同金额455.58亿元，增幅54.14%。集中采购率85.42%，节约资金89.05亿元、资金节约率18.25%。公开采购率80.47%。

降本增效

通过干线运输外包集中采购，计划年节约11.53亿元。业务外包集中采购项目，组织各省（市）强化对标分析、优化采购策略，推广优秀案例，以内部处理为重点，同步推进揽收、投递业务外包，累计采购金额21.14亿元，节约资金6.25亿元。IT设备集中采购项目，通过需求整合、精简品类等措施，实现节约资金3.02亿元，资金节约率30.56%。

防疫物资紧急采购

开通紧急采购绿色通道，组织动员全网简化流程、特事特办。多方寻源破解物资紧缺难题，主动向交通运输部、国家邮政局等汇报邮政抗疫情况，争取支持。拓展海内外口罩与防护服采购渠道。各单位、各板块累计采购防疫物资3.53亿元。紧急实施运能集中采购，启动国际邮件航空运输紧急采购，牵头完成郑州包机采购项目，及时解决邮件积压问题。

推广应用电子采购与物资供应平台

依托电子采购与物资供应平台，减少人员聚集、节约采购成本、提高评审效率。通过对“小散杂”办公用品和营销用品的电商化供应，实现规模集中采购降低成本，减少不规范操作。电子采购与物资供应平台克服疫情影响，通过验收，实现采购供应金额 75.78 亿元，其中电子采购平台项目 870 个、合同金额 54.98 亿元，物资供应平台订单 20 万笔、交易金额 20.80 亿元。

采购管理工作

制定、修订《比选采购实施办法》等 5 项制度办法，增加比选采购方式，细化单一来源的适用情形，对代理机构管理作出规定。将基层需求量大、可以形成规模优势的 59 个采购品目新增纳入一级集中采购目录。下发《二级集中采购基本目录》，促进省（市）分公司扩大集中采购范围。加强专业队伍管理，加强培训，全网专兼职采购人员 484 人，其中本科学历 309 人、研究生学历 155 人。加强供应商与采购合同履约管理，依托电子采购平台推行供应商在线注册认证准入管理，组织开展揽投智能终端、一干运输外包等供应商后评估工作。持续跟进结算工作，定期通报，督促各单位履约付款。建立月度、年度统计与专项统计相结合的数据分析通报制度，定期对各单位集中采购情况、公开采购率、资金节约率等指标进行通报。协同有关部门，运用“三把尺子”，对干线运输外包、业务外包等进行专题分析。（集团公司采购管理部）

【集团公司组织 6 省（市）一干运输外包集采公开招标】 为贯彻落实集团公司寄递业务降本增效工作要求，采购管理部协同寄递事业部与北京、天津、浙江、安徽、四川、重庆 6 省（市）分公司运用“三把尺子”强化对标与数据分析，合理设定采购限价，组织实施公开招标，83 家企业购买标书，现场参与投标企业 52 家，37 家企业通过资质筛选（含原入围供应商 17 家），竞争性明显加大。全部线路报价均合理有效（3 家以上，且至少有 1 家价格在限价内）。经评审，中标平均单价比上年合同单价下降 18.33%，比预算口径计划年节约资金 2.76 亿元。（集团公司采购管理部）

【中国邮政电子采购与供应平台工程竣工验收】 11 月，中国邮政电子采购与供应平台通过集团公司组织的项目竣工验收。经专家组审查评议，该工程符合业务需求和设计要求，试运行系统功能、性能达到业务要求，系统软件安装部署符合相关技术规范和合同要求，运行稳定。基本实现门户、采购、供应的电子化，支撑采购公开化、透明化、规范化发展，提升供应商投标体验，实现供应商与邮政的采购业务协同。

电子采购与物资供应平台由两部分组成。电子采购平台可以减少人员聚集、节约采购成本、提高评审效率。集团公司总部 3 月实施完成第一个不见面、不聚集的线上项目，各单位陆续实施，其中黑龙江、湖北、福建、贵州、河南、江苏、安徽省分公司与集邮总公司等推广应用位于全国前列。物资供应平台实现“小散杂”物资电商化供应。在新冠疫情影响下，电子采购与物资供应平台采购金额 75.78 亿元，其中电子采购平台项目 870 个、合同金额 54.98 亿元。物资供应平台订单 20 万笔、交易金额 20.80 亿元。集团公司在物资平台开辟“定点扶贫专区”，助力脱贫攻坚战。（集团公司采购管理部）

【集团公司制定《关于规范紧急采购管理工作的意见》】 集团公司在新冠肺炎防疫物资采购实践和借鉴政府及央企经验的基础上，制定规范紧急采购工作的意见，明确和规范紧急采购的定义、原则、情形、注意事项等。紧急采购是指针对不能提前预见、不能避免并且不能克服的突发事件、紧急情况、紧急任务等，现有的物资（或服务）采购合同协议没有涵盖或不能满足需求，常规采购流程无法满足需要，为应对紧急情况而必须采购所需货物、工程和服务的行为。按照管理职责归口“谁实施、谁负责”，建立采购“绿色通道”，以保障紧急需要为首要目标，压缩审批决策与项目实施的环节与流程。遵循依法合规、简化流程、快速响应；保证质量、严控成本、强化监督的原则。（集团公司采购管理部）

【北京市邮政分公司创新集中采购工作】 北京市邮政分公司坚持“强集中、重策略、提效率、保合规、促降本”原则，实施集采项目 134 个，比上年增幅 116%。采购规模 7.17 亿元，比上年增幅 190%，节约资金 1.18 亿元，比上年多节约 7472 万元，资金节约率 14.18%。工作中创新穿透式采购方法，赋能营销前端。针对电商小包包装箱型规格较多的问题，改变“一箱型一单价”方式，从掌握纸张、纸板到纸箱加工全过程入手，综合耐破压强、抗戳穿强度和绿色采购等各种因素，对纸箱价格构成进行穿透式的研究，最终按单位面积采购，设计 10 种不同楞型、厚度、层数的瓦楞纸板规格和 4 种规格箱型的限价，完全覆盖客户对包装箱型及规格需求，节约率 15.26%。（集团公司采购管理部）

【浙江省邮政分公司推广供应商“自带设备 + 业务外包”模式】 浙江省邮政分公司通过业务流程、设备效率、人员配置等全环节对标民营，科学精准测算成本、设置限价，因地制宜，在义乌、宁波、嘉兴、湖州、莱山、诸暨、慈溪 7 个处理中心实施供应商带设备外包模式，实现内部处理单价从 0.355 元 / 件降到 0.179 元 / 件，同口径降本 9603 万元 / 年，降幅 40.35%。3 年合同期内，计划降本金额超 3 亿元。合同期满后，供应商投入的所有设备归属邮政。（集团公司采购管理部）

审计监督

【概况】 实施审计项目9833项，发现问题6.12万个，提出审计意见及建议9939条，促进整章建制477项，行政处分185人，工程审减额6.91亿元。

上下联动开展效能审计，采购专项审计发现问题2122个，涉及金额31.36亿元。开展业务外包专项审计及相关调研，发现问题5017个。在财务部开展固定资产清查基础上，组织各省邮政分公司开展交叉审计，发现资产管理方面存在遗留问题多、利益损失多、违规现象多等问题。开展固定资产投资绩效专项审计，发现存在管理制度体系不健全、建设模式有弊端、计划管理粗放、投资效能效益偏低等问题。开展寄递业务市场拓展专项审计，发现存在营销体系建设滞后、源头获客不足、营销人员能力建设不足等问题。开展邮区中心局成本管控专项审计，并走访多家民营快递，促进企业落实集团公司降本增效决策。开展寄递IT赋能审计和邮储银行“强总部”审计调研。

开展经济责任审计，集合集团审计部、省分公司及事务所审计力量统一组织开展贵州、浙江等12个单位离任经济责任审计。开展8个拟提任的三级领导人员任期经责审计。修订完善《经济责任审计作业手册》，涵盖审计通知书到审计报告的10个审计环节，设计各类数据评价指标27个、事项评价8大类30个方面。

推进工程审计工作，全国完成1193个竣工决算审计，送审金额36.69亿元，提出审计意见469条。完成11541个竣工结算审计，审减率12.40%。重视中央预算内资金建设项目审计，“十三五”期间累计审计4915项，审减金额4.81亿元，结算审减率16.6%。对14个集团直管大型土建项目开展全过程跟踪审计。加强对中介机构工程审计质量管理。

加强审计结果运用，以经责审计为基础，融合其他专项审计项目，实现“一审多项”“一审多果”，组织各省分公司开展交叉审计。强化审计结果运用，报送审计要情。针对审计发现的普遍性、倾向性和其他重大问题，及时向集团公司领导报送5期审计要情。以整改台账为抓手，逐项核实各审计项目整改情况，坚决做到“有问题必整改、不整改不放过”，重点督促指导部分单位审计整改情况进行。对上海市邮政分公司离任审计中发现的收支真实性违规行为，下达处罚决定。

推进审计体制改革，经集团党组会批准，完成集团审计部机构调整，设立西安和南京两个审计分部。围绕集团公司战略部署和管理重点，组织全系统编制年度审计计划，明确工作重点。对各单位报送审计相关资料提出具体要求，加强管理、指导和监督。在各单位自评的基础上，评价并通报各省邮政分公司及邮储银行、中邮保险等37家单位的审计工作。修订经济责任审计管理规定、审计计划管理办法、建设项目审计管理办法、审计人员职业操守和纪律守则，制定财务收支审计、非现场审计和委托中介机构审计三个管理办法。开展“一月一事　消灭最差”活动，将解决审计能力不足问题作为2020年调研课题，开展4期专项审计项目经验分享会、寄递信息系统培训、民营快递调研等活动，报送7期报告。

上线专项审计作业平台，新增采购、支付情况分析性程序等新功能，升级审计监控预警模型和审计报表平台，加强非现场大数据审计开发和应用。疫情期间，各单位利用审计系统进行数据采集、样本分析，缩短现场审计时间。（集团公司审计部）

【集中采购专项审计】 为促进规范采购行为，组织全系统开展集中采购专项审计。在各省自查基础上，对集团公司总部、中邮保险总部、集邮总公司以及北京、上海等6个省（市）分公司开展现场抽查。审计发现制度缺失、管理薄弱、监督缺位、能力滞后等问题2122个，涉及金额31.36亿元。（集团公司审计部）

【业务外包专项审计及相关调研】 为促进业务外包规范管理，组织全系统开展外包专项审计。在各省自查基础上，对寄递事业部、中邮保险、中邮信科以及上海、江苏等6个省（市）邮政分公司开展现场抽查审计，并对北京、浙江和广西3个省（区、市）邮政分公司开展后续外包调研。审计发现制度建设滞后、用工总量失控、单价高于同业、“假承揽，真派遣”等问题5017个。（集团公司审计部）

纪检监察

【概况】

强化政治监督，坚定践行“两个维护”

疫情防控和企业复工复产达产监督。督促集团公司及时召开党组会和应对疫情工作领导小组会，结合疫情形势变化，不间断研究部署企业防控措施和经营发展。印发《关于加强监督检查、为打赢疫情防控阻击战提供坚强纪律保障的通知》，召开专题电视电话会议，动员部署二级单位纪检机构开展疫情防控监督。制定《驻中国邮政纪检监察组开展疫情防控监督检查工作方案》，集中开展3批疫情防控监督检查，对发现的重点场所疫情防控存在漏洞、金融绿色通道不畅等43个问题及时向集团公司党组和有关主责单位（部门）反馈，促进问题整改。向二级单位纪检机构制发电话通知稿，建立周报制度，提出督促党委（党组）严格落实《企事业单位复工复产疫情防控措施指南》等工作要求。在吉林、辽宁、新疆等地陆续新增本土病例后，及时指导相关省（区）分公司纪委立足本职加强监督检查。编发4期《纪检监察信息》，摘登各二级单位纪检机构疫情防控监督情况，促进交流借鉴，推动落实监督责任。召开在京邮政单位纪检机构疫情防控监督工作推进会，督促做好北京疫情防控工作。印发《关于落实〈关于贯彻落实党中央决策部署紧紧围绕统筹疫情防控和经济社会发展跟进监督精准监督全程监督的工作意见〉的通知》，督促统筹推进企业复工复产达产。稳慎查处违规违纪问题，第一时间指导湖北省邮政分公司调查处理仙桃市分公司防疫物资邮件（口罩）积压问题，问责4人。推动集团公司对疫情防控工作期间表彰奖励、提拔干部、发放临时性工作补助情况进行全面摸底，对疑点问题核实了解。

打好三大攻坚战监督。每季度跟踪了解习近平总书记考察河南光山脱贫攻坚工作成效时重要指示精神在邮政企业落实情况。组织二级单位纪检机构开展扶贫领域腐败和作风问题自查，在常规巡视中开展脱贫攻坚专项检查，梳理扶贫领域突出问题，分析成因，提出意见建议，推动集团公司党组在全系统部署整改。督促集团公司组织开展金融业务板块调研督导，推动在全系统开展代理金融从业人员信用卡使用风险专项治理，针对内蒙古邮政分公司发生多起金融风险事件问题，严肃追责问责33人，推动主责部门做好排查。督促各级邮政企业大力实施包装减量、胶带“瘦身”、循环回收、节能减排和绿色采购，推动绿色邮政建设不断深入。

加强中央巡视整改落实情况监督检查。压实巡视整改主体责任，督促集团公司党组专题研究中央巡视整改年度重点工作，印发《关于2020年持续推进中央巡视整改工作的通知》，明确5个方面重点工作。推动党组运用中央巡视整改季度例会和整改成效季度评估机制，对12项整改任务、44个整改要点进行评估整改。深化监督检查，会同集团公司党组制发《关于2020年对中央巡视整改情况开展监督检查的工作方案》，细化13项措施，逐项对照落实。针对中央巡视反馈“邮政寄递业改革缓慢，丧失行业领军地位”问题开展专项巡视。督促加快推进有关领导人员住房违规问题整改，推动整改主体工作基本完成。基本办结中央巡视移交问题线索，给予党纪政务处分141人，对已办结问题线索逐一复核，确保经得起纪法和历史检验。

从严选人用人监督。制发《关于规范党风廉政意见回复工作的通知》，对全系统党风廉政意见回复工作进行规范。严把政治关、廉洁关、品行关、作风关，全年共回复有关选人用人等廉政意见204人次，书面提出否决性或暂缓意见9人。

日常监督工作

力促党组履行主体责任。协助集团公司党组召开会议对2020年党风廉政建设和反腐败工作作出部署。贯彻《党委（党组）落实全面从严治党主体责任规定》，推动党组修订邮政企业落实党风廉政建设主体责任意见、监督责任意见等两项制度。会同集团公司党组召开两次党风廉政建设和反腐败工作会商会，以信访和案件分析为基础，向党组提出加强“一把手”监督、严明组织人事纪律等10条意见建议并推动落实。

推动开展专项治理。推动全系统开展房屋资产清查和房屋资产租赁问题专项治理，截至12月31日，除部分历史遗留问题外，账外资产、有账无物等问题整改率80%，增加固定资产净值11.3亿元。督促在全系统开展转嫁摊派会议费问题专项治理，问责920人次，收缴款项201.16万元，驻中国邮政纪检监察组对总部8个会议涉嫌违规违纪典型问题线索进行核查，追责问责17人。深化违规为退休领导人员缴纳发放通信费问题专项整治，费用清退工作已全部完成，涉及18个单位214人。

丰富措施务实监督。加强同级监督，驻中国邮政纪检监察组主要负责同志积极开展对邮政集团党组“一把手”和领导班子监督，对日常工作中发现的情况和问题及时提醒，民主生活会上有针对性地提出批评意见，与党组主要负责同志经常就全面从严治党、党风廉政建设和反腐败工作沟通情况、提出意见建议。加强下级“关键少数”监督，通过约谈主责部门负责同志、发函并抄送邮政集团分管领导，对年度党风廉政建设8项重点任务进行督办。注意抓早抓小，运用第一种形态处理集团公司党组管理领导人员128人。开展任前谈话31人次，对履行“一岗双责”和做到清正廉洁等提出要求。制发纪检监察建议书5份，有效发挥纠偏治乱、源头治本作用。

从严纠治“四风”

持续推动整治形式主义、官僚主义。驻中国邮政纪检监察组主要负责同志利用党组理论中心组学习，就深化形式主义、官僚主义整治提出5个方面的意见建议。将整治形式主义官僚主义、解决领导人员不担当不作为，纳入巡视重点监督内容。督促集团公司开展形式主义、官僚主义专项检查，对发现的问题研究提出整改措施。推动开展下级请示事项答复不及时问题专项治理，及时回应基层关切。严肃查处典型问题，办结青岛邮政速递物流邮件处理中心工程建设中的形式主义官僚主义问题，处分处理16人。对上海市分公司一干邮路外包暴露出的形式主义官僚主义问题进行追责，9名同志受到处理。对形式主义官僚主义典型问题首次在全系统通报。

坚决纠治享乐主义、奢靡之风。就全系统节约粮食、制止餐饮浪费行为监督工作作出部署，组织约谈总部有关部门负责同志，开展实地检查。紧盯元旦、春节等重要节点，点名道姓在集团公司内部和新闻媒体通报曝光18起违反中央八项规定精神典型问题，推动形成风清气正氛围。推动制发《进一步加强集团公司业务招待管理的通知》，从源头上纠治集团公司内部同城吃请、请吃等享乐奢靡问题。针对抗疫邮票违规赠送问题，约谈相关部门主要负责同志，对违规行为予以纠正。针对反映个别领导人员发放行庆奖励问题，督促邮储银行党委开展专项检查，面上问题得到解决。严肃查处集邮总公司2名原主要负责同志公款赠送邮品问题，查结贵州省分公司有关领导人员违规公款购买使用赠送茅台酒等典型问题。落实《关于严明中国邮政集团公司党组管理领导人员婚丧喜庆事宜纪律的规定》，40名党组管理领导人员进行报告报备，新发生违规违纪问题明显减少。

持续提升腐败治理效能

规范处置问题线索。制定《中央纪委国家监委驻中国邮政集团有限公司纪检监察组问题线索管理办法（试行）》《中国邮政集团有限公司有关部门向驻中国邮政纪检监察组移送问题线索工作办法》，规范并加强线索管理和处置工作。建立组内各室问题线索办理和立案情况月度通报制度，非党组管理干部线索积压问题有效解决，党组管理干部线索处置速度明显加快。加强信访督办和审核把关，对转要结果件要求报告核实情况和拟处理意见，经批准后办理。

持续强化“不敢”。继续保持惩治腐败高压态势，驻中国邮政纪检监察组收到信访举报1616件，其中党组管理干部505件。在党组管理干部问题线索中，立案17件，涉及19人，其中在职16人，二级正领导职务9人。联合地方监委办结寄递事业部科技信息部原总经理戴明坚严重违纪违法案，对邵阳市分公司总经理汤文美严重违纪违法案进行审查调查。加强对下指导，坚持线索处置和审查调查情况季度通报制度，继续实施二级单位自办案件提级审核，全年共审核60件，有效提升执纪审查质量。

配套跟进“不能”。分析党的十八大以来邮政企业违反中央八项规定精神问题、2019年度信访举报和案件查办情况，从管理、制度层面提出意见建议，推动系统治理和制度规范。向有关部门分类移交212件案件违纪事实及处分处理情况，推动职能部门针对硬性摊派任务、薪酬二次分配等易发多发问题，查找制度短板，加强条线监管。

牢固构筑“不想”。会同集团公司党组召开领导人员警示教育大会，通报邮政企业查处的6大类25小类涉及各业务板块39起47名不同职级领导人员典型案例，全系统7000余名三级副以上领导人员现场接受教育。会同党组联合制发《中国邮政集团有限公司党组管理干部违犯党纪专题民主生活会（组织生活会）实施办法（试行）》，做实同级同类干部警示教育。

提升队伍能力素质

加强政治建设。组织全组同志深入学习贯彻习近平新时代中国特色社会主义思想，认真学习《习近平谈治国理政》（第三卷），贯彻落实党的十九届五中全会精神，进一步增强“四个意识”，坚定“四个自信”，做到“两个维护”。

加强组织建设。补充7名业务骨干、3名高校毕业生充实到组内工作。持续深化“三转”，推动落实全系统纪检机构退出效能监察，撤销原党组纪检组监察局派驻机构、各级监察部门，设立纪委办公室，各省（区、市）邮政分公司分别增编1～2名。

推进专业化建设。组织全系统专职纪检干部学习中央纪委国家监委统一配发的培训课程，举办二级单位纪委办公室负责人、业务骨干培训班，组织403名专职纪检干部年度培训测试。落实“三为主”，首次组织开展对41家二级单位纪委书记（纪检组长）年度综合考评，异地调整交流二级单位纪委书记9名，提名考察纪委办公室负责人30名。开展加强基层纪检机构和队伍建设专题调研，基本摸清底数、困难问题。从严监督管理，转发2起系统内外纪检干部违纪案通报并提出纪律要求，教育全系统纪检干部吸取教训。坚守纪法底线，二级单位纪委书记、纪委办公室负责人受到调离纪检岗位处理2人、诫勉2人，控股子公司一级分支机构纪委书记受到党纪处分并调离纪检岗位1人、诫勉处理3人。全系统共组织处理53人，处分25人。（驻中国邮政纪检监察组）

【健全与集团公司党组定期会商机制】 2月7日，驻中国邮政纪检监察组会同集团公司党组以党组会议形式专题研究全面从严治党、党风廉政建设和反腐败工作，会议通报对2019年度集团公司纪检监察机构信访举报、审查调查和案件查办情况，以及党的十八大以来邮政企业违反中央八项规定精神问题情况，分析邮政企业党风廉政建设和反腐败工作中存在的突出问题，提出10条工作意见。8月11日，驻中国邮政纪检监察组会同集团公司党组专题研究全面从严治党、党风廉政建设和反腐败工作，听取主责部门落实2月7日会商会和2020年党风廉政建设有关工作任务情况汇报，针对落实不到位、效果不明显的4项工作提出下一步工作建议，持续推动工作落实。（驻中国邮政纪检监察组）

【疫情防控监督】 2月1日，驻中国邮政纪检监察组召开会议，传达学习中央纪委国家监委有关疫情防控工作要求，专题研究全系统纪检监察机构对疫情防控工作开展监督检查事项。当晚，印发《关于加强监督检查、为打赢疫情防控阻击战提供坚强纪律保障的通知》，对监督检查工作作出具体安排。2月2日，驻中国邮政纪检监察组召开电话会议，对疫情防控监督检查工作再部署、再动员。会议认真学习贯彻习近平总书记重要指示批示、重要讲话精神和党中央决策部署，通报集团公司党组会议情况，对监督检查工作作出安排，并要求各二级单位纪检机构在10个工作日内报送开展监督检查阶段性情况。同时，对二级单位主要负责同志到岗情况进行了摸底和督促。2月上旬，制定驻中国邮政纪检监察组开展疫情防控监督检查工作方案，由3位副组长带队，组成3个监督检查组，对北京、天津、河北省（市）邮政单位，邮储银行、寄递事业部、集邮总公司和集团公司综合部、党组组织部、邮政业务部等单位（部门）新冠肺炎疫情防控工作开展监督检查，共进行现场检查18处（其中营业网点、中心局等基层一线11处），调取查看基层网点监控视频18个，查阅党委会会议纪要等资料260余份，沟通了解情况32人次。针对检查中发现的部分单位未制定疫情风险应急预案等问题，驻中国邮政纪检监察组向集团公司党组提出3条整改意见，并推动落实。2月26日至27日，驻中国邮政纪检监察组再次组成3个监督检查组，对北京市邮政分公司、邮储分行营业网点、中心局，集邮总公司等7个单位疫情防控工作进行了现场检查，结合2月上旬检查发现的重点场所疫情防控存在漏洞、金融绿色通道有“梗阻”、落实复工复产要求存在差距等问题，及时督促主责单位（部门）认真整改并向集团公司党组反馈。3月10日以来，再次派出3个监督检查组持续开展在京邮政单位疫情防控监督检查，深入基层网点进行现场检查15处，调取查看基层网点监控视频16个，查阅应急预案、出入人员登记台账、疫情防控制度文件等10余份，沟通了解情况24人次，对发现的部分网点因客户支取养老金等造成人员相对密集、部分员工防范意识不强等16个问题，向相关单位进行了反馈并持续跟进督促整改。（驻中国邮政纪检监察组）

【转嫁摊派会议费问题专项治理】 督促推动在全系统开展转嫁摊派会议费问题自查整改，针对发现的1609个会议存在转嫁列支费用、会议中违规上酒上烟、发放纪念品、赠送礼品等违反中央八项规定精神等问题，问责920人次，收缴款项201.16万元。督促集团公司修订完善制度规定，进一步规范会议费管理。驻中国邮政纪检监察组对集团公司总部8个会议涉嫌违规违纪典型问题线索进行核查，给予党纪处分1人、诫勉11人、批评教育5人。（驻中国邮政纪检监察组）

【房屋资产清查和房屋资产租赁问题专项治理】 5—12月，在对上海市邮政分公司房屋资产情况开展专项治理的基础上，推动集团公司开展房屋资产清查和房屋资产租赁问题专项治理。清查出账外房地资产467万平方米、有账无物175万平方米、闲置资产352万平方米、房产租金较低合同75个。针对清查发现突出问题，督促有关单位认真整改，及时修订完善固定资产管理方面相关制度。截至12月31日，除部分历史遗留问题外，账外资产、有账无物等问题整改率80%，增加固定资产净值11.3亿元。（驻中国邮政纪检监察组）

【驻中国邮政纪检监察组督促推动集团公司扶贫工作】 持续开展习近平总书记考察河南光山脱贫攻坚工作成效时重要指示精神落实情况监督检查，督促党组办公室每季度末向驻中国邮政纪检监察组书面反馈贯彻落实进展情况。推动集团公司党组对所属单位落实“三大攻坚战”情况开展巡视监督，对集团公司在陕西商洛定点扶贫工作情况和“四个不摘”政策落实情况进行重点检查，进一步压紧压实主体责任。8月，组织二级单位纪检机构开展扶贫领域腐败和作风问题自查，结合巡视监督发现的突出问题，汇总形成《关于对集团公司所属单位扶贫工作开展监督检查情况的报告》，梳理出3个方面问题，分析4条成因，有针对性地提出3条意见建议，引起党组高度重视并制发《关于强化问题整改坚决打好邮政脱贫攻坚战的通知》，督促有关单位对照自查整改，对后进单位挂牌督战，倒排工期，确保高质量完成邮政助力脱贫攻坚目标任务。10月13日，以《纪检监察信息》的形式编发《关于对集团公司所属单位扶贫工作开展监督检查情况的报告》，要求集团公司所属单位纪检机构对照监督检查中发现的问题，督促推动、协助配合党委（党组）认真整改，立足自身职责，强化监督执纪问责，在全面打赢脱贫攻坚战收官工作中切实发挥监督保障执行、促进完善发展作用。（驻中国邮政纪检监察组）

【驻中国邮政纪检监察组通报五起违反中央八项规定精神问题】 驻中国邮政纪检监察组对五起违反中央八项规定精神问题进行通报。这五起违纪问题是：

邮储银行上海市分行原资深经理杨骁膺不正确履职、违规收受礼品问题。2014年11月，上海市分行承办邮储银行审计局内控评价工作、城市区域审计工作座谈会期间，发生公款购买、赠送礼品，变通处理费用等问题。杨骁膺作为时任上海分行分管财务、审计工作的副行长，对上述问题知情并签批报销违规发生的费用，同时作为参会人员收受公款购买的礼品。杨骁膺受到党内警告处分。

广东省珠海市分公司工会副主席李雄文借团拜活动违规安排人员内部吃喝等问题。2019年1月，珠海市分公司举办退休职工团拜活动，李雄文违规安排32名与退休职工管理无关的在职人员参加，借机内部吃喝且餐费标准高出规定标准，违规用工会经费报销团拜活动相关费用。

李雄文还存在其他违规违纪问题。李雄文受到党内严重警告、记大过处分。

湖南省长沙市长沙县分公司原党委书记、总经理何可文违规接受合作供应商提供旅游活动等问题。2019 年长沙县分公司组织开展酒水营销竞赛活动，通过奖励旅游指标等方式激励员工销售酒水。2019 年 5 月，何可文等人组织完成酒水销售任务的部分员工及家属赴内蒙古自费旅游。其间，与长沙县分公司有业务合作关系的某酒厂工作人员全程陪同并为参团人员提高团餐标准和支付旅游合同条款外自费项目费用。何可文还存在其他违规违纪问题。何可文受到撤销党内职务、撤职处分。

贵州省遵义市道真县分公司党支部书记、总经理杨绍林履职不力、违规购买和使用白酒问题。2018 年 11 月至 2020 年 3 月，遵义市习水县分公司 7 名管理人员领用白酒 24 瓶违规用于客户接待。杨绍林作为时任习水县分公司主要负责人，管理失察失责，对上述问题负主要领导责任。2019 年 10 月，杨绍林等人在外部餐馆接待客户，违规购买习酒 2 瓶，连同接待餐费通过业务招待费报销。杨绍林受到党内严重警告、记大过处分并予以组织调整。

江苏省连云港市灌南县寄递事业部原党支部组织委员、副总经理周强私车公养等问题。2014 年 4 月至 2018 年 10 月，周强用单位加油卡为其私家车加油 18 次 460 升。周强还存在其他违规违纪问题。周强受到撤销党内职务、撤职处分。（中国邮政网 9 月 28 日）

【驻中国邮政纪检监察组通报邮政企业七起违反中央八项规定精神问题】 驻中国邮政纪检监察组对 7 起邮政企业违反中央八项规定精神问题进行通报。这 7 起违纪问题分别是：

邮储银行广西分行党委书记、行长史军保商务接待违规使用茅台酒等问题。经驻中国邮政纪检监察组研究、集团公司党组会议讨论决定，给予史军保同志党内严重警告、政务记大过处分，对其违纪款予以收缴。

贵阳市分公司党委书记、总经理聂堂钊违规报销应由个人承担的交通费用等问题。经贵州省分公司党组纪检组研究并报贵州省分公司党组讨论决定，给予聂堂钊同志党内警告处分，对其违纪款予以收缴。

巴中市分公司党委书记、总经理周洁，攀枝花市分公司党委委员、纪委书记、副总经理邓春生公车私用问题。经四川省分公司纪委研究并报四川省分公司党委讨论决定，分别给予周洁、邓春生同志党内警告处分，周洁、邓春生对违纪款予以补缴。

亳州市蒙城县分公司党支部书记、总经理丁瑞违规收受礼金问题。经亳州市分公司纪委研究并报亳州市分公司党委讨论决定，给予丁瑞同志党内严重警告处分。丁瑞将违纪款退还相关人员。

邮储银行常德市津市市支行违规决策用公款为员工私车加油问题。经常德市分行纪委研究并报常德市分行党委讨论决定，分别给予津市市支行党支部书记、行长龙智，津市市支行纪检委员、副行长朱春平同志党内警告处分，责令津市市支行相关员工将油料费退缴市分行。

昆明市分公司“7322 专用邮政信箱”邮件延误问题。昆明市寄递事业部运管部经理阳艳聪、经办人员李俊，昆明邮区中心局指挥调度中心经理徐红波、业务管理人员文超分别受到党内严重警告处分；昆明市寄递事业部副总经理张雄伟、盘龙寄递片区负责人吴金灿，昆明邮区中心局邮件处理中心经理仰国栋、邮件运输中心经理李劲分别受到党内警告处分；昆明市分公司主要负责同志、昆明邮区中心局主要负责同志等 4 人分别受到诫勉处理；对云南省分公司主要负责同志等 10 人进行提醒谈话。

原广东省邮政速递物流有限公司深圳市分公司茂名新科化工油品动产质押监管项目失职失责问题。经中国邮政集团有限公司广东省分公司党组纪检组研究并报广东省分公司党组讨论决定，给予省寄递事业部党委党建工作部（监察室）干部冯汉荣（时任广东省邮政速递物流有限公司物流业务部、国内业务分公司总经理）党内严重警告、政务记大过处分，给予省寄递事业部物流业务分公司总经理王平元（时任广东省邮政速递物流有限公司电商物流分公司副总经理，主持工作）党内警告处分，给予深圳市邮政分公司党委委员、副总经理、寄递事业部常务副总经理庄继敏（时任广东省邮政速递物流有限公司深圳市分公司党委书记、总经理）党内警告、政务记过处分，给予深圳市寄递事业部党委委员、副总经理刘生萍（时任广东省邮政速递物流有限公司深圳市分公司党委委员、副总经理，分管物流业务）党内严重警告、政务降级处分。

通报指出，以上 7 起违纪问题，有的公款购买使用高档白酒，纵容下属变通处理相关费用；有的违规报销应由个人承担的交通费用并领取差旅补贴；有的特权思想严重，长期公车私用；有的数次违规收受礼金，持续时间长达多年；有的违规决策，私车公养；有的政治觉悟不高，工作不主动、慢作为；有的严重失职失责，给企业造成重大损失风险。上述问题既有享乐主义、奢靡之风，也有形式主义、官僚主义问题，其中 5 起发生在党的十九大后或延续至党的十九大后，反映出在全面从严治党、持续正风肃纪的高压态势下，享乐主义、奢靡之风虽得到有效遏制，但树倒根存，防止反弹回潮压力巨大；形式主义、官僚主义问题虽在不断整治，但积弊已久，攻坚克难任务艰巨，落实中央八项规定精神容不得有丝毫懈怠，纠治“四风”一刻都不能放松。邮政企业各级党组织和领导人员要警钟长鸣，从中汲取深刻教训，切实引以为戒。

通报要求，邮政企业各级党组织和纪检机构要深入学习贯彻十九届中央纪委四次全会精神，认真贯彻落实集团公司2020年党的建设暨党风廉政建设和反腐败工作会议安排部署，切实担负起全面从严治党主体责任和监督责任，坚持从严纠治“四风”，持之以恒落实中央八项规定精神。要保持定力、寸步不让，紧盯享乐主义、奢靡之风，严肃查处违规发放津贴补贴、违规公款吃喝、违规配备使用公车、违规收送礼品礼金、违规操办婚丧喜庆事宜等问题，防范和查处收送电子红包、私车公养等隐形变异问题，坚决防止老问题复燃、新问题萌发、小问题坐大。要持续整治形式主义、官僚主义问题，坚持从各单位机关和领导人员抓起、改起，着力整治贯彻党中央决策部署只表态不落实、领导人员不担当不作为、困扰基层的形式主义等突出问题。各级领导人员要带头遵守中央八项规定精神，坚持以上率下、以身作则，发挥“头雁效应”，坚决抵制享乐主义、奢靡之风，认真整改形式主义、官僚主义，通过自身的不懈努力，带动党风企风持续好转。

通报强调，中国疫情防控向好态势进一步巩固，但保持疫情防控成果、防止疫情反弹的任务繁重，突如其来的新冠肺炎疫情对中国经济社会发展带来前所未有的冲击。“五一”、端午将至，“四风”问题往往处于易发高发期。各级邮政企业一方面要严格落实党中央决策部署和属地管理规定，坚决克服形式主义、官僚主义，推动各级领导人员真抓实干、主动作为，抓紧抓实抓细常态化疫情防控，全面推进复工复产达产，以实际行动彰显国有企业的责任担当。另一方面，要一体推进不敢腐、不能腐、不想腐，加强享乐主义、奢靡之风综合治理，督促各级领导人员严格落实中央八项规定精神和廉洁纪律，节假日期间带头不聚集，做到心存敬畏、行有所止，确保廉洁过节、平安过节。（中国邮政网4月27日）

邮政科技

【概述】 固定资产投资重点保障实物网、信息化能力建设，支持网点转型升级，为业务发展提供支撑。加大智能终端设备投入，降低人工成本。保障揽投车辆等终端设备投入，提升末端揽投端能力水平。严格控制办公场地等非生产性建设，控制代理金融现金类终端设备投入。预算完成225.7亿元，其中邮务寄递投资129.1亿元，金融板块安排投资96.63亿元。

按照“优化提升、整合融合、科技赋能、创新转型”的总体思路，加快陆运网、航空网、国际处理、仓储四大业务的关键能力建设。实物网安排建设153个项目，全网日处理能力新增3487万件。能力建设按照标准化设计，项目数量和全网日处理能力增幅连续2年超过40%，提前2年实现全网日均处理能力1亿件的目标。

“十三五”中央预算内资金项目收官。安排投资项目41.32亿元，其中中央预算内投资16.53亿元。“十三五”期间严抓中央预算内资金项目建设执行，每年开工率、完工率、总资金支付率等关键指标均完成国家要求的绩效目标，西部和农村地区邮政普遍服务的网点设施、电子化水平、运输投递能力显著提高，危旧局房得到改造，保证基本安全需求。安排普遍服务项目5.37亿元，其中中央预算内投资2.15亿元。

启动数字邮政规划、IT规划、数据规划三个规划，助力邮政数字化转型。数字邮政规划面对迫在眉睫的数字化转型发展要求，依靠流程打通、数据驱动、科技赋能、推动变革四大保障，研究构建数字化转型的总体框架。IT规划围绕IT赋能，梳理加快构建邮政信息化一体化平台、推动IT建设从业务应用向跨业务整合阶段迈进、完善IT治理机制三大核心任务。数据规划提出建立业务数据技术一体化的协同数据治理机制。优先开展数据治理，迭代推动数据应用。建设强数据中台，实现数据融合。确保数据安全底线。以集团数据团队为核心构建整体数据能力的五项策略。

加快总部信息化管理和建设机制优化。发布中邮信科总承包信息化工程建设管理办法及信息网运行维护总承包管理办法，理顺信息化项目的管理、建设实施和运维机制，签订总承包合同和系列订单。研究资源池、通信线路等不通过总承包方式实现的信息网重大建设项目和运维组织工作，基本形成适应IT治理新条件下的运行模式。

加强项目后评估，实现对全部建设项目类型的全覆盖。对信息网工程及实物网工艺工程、中央预算类土建工程等各类工程选定10个项目开展后评估工作，并发布后评估报告，推动项目业务单位和中邮信科公司研究评估发现的问题，督促对建设中存在的测试不全、功能不完整等共性问题进行整改。

组织开展重点项目研究，科研选题以企业发展急需的关键技术、共性技术为指引，进一步向智能化核心技术研发倾斜。通过现场调研和对标分析，组织全国专家进行立项选题论证，遴选“智能技术在寄递网络规划和调度中的应用研究”等21个项目立项开展研发，引导加强自动化、智能化研究，项目数量增加2.5倍，自动化、大数据、智能化经费投入占比同步增长3.9倍。

项目研究向敏捷迭代提升，协调业务部门和研发单位落实实验数据、验证环境等研发条件，定期与业技双方共同研究推动项目进展。多项规划成果在年内进行多次迭代，在生产中快速应用。全程时限库算法研发将全程标准时限计算耗时由数天缩短到35分钟，构筑时限库基础，使得精细化时限管理成为可能。省际干线网络规划、处理中心选址规划为优化网络结构和生产指挥提供了科学决策支撑，业务部门根据优化结果下发相关指导意见或旺季生产组织方案。

通过与华为、海康威视等公司合作，加快了解决全程时限库的核心算法、AI视频识别等技术难题的速度和效果。筹划与北京邮电大学组建联合实验室，研究制定创新实验室管理办法，加快建设开放性科技创新体系。

中国邮政与华为公司战略合作

举办集团科学技术奖、科技创新奖评选、组织“打造智慧邮政”劳动竞赛等全国重大科技活动，调动科技工作者积极性、创造性。劳动竞赛增设信息化建设能手奖、信息化支撑优胜单位奖，促进全国各板块加快推进重点信息化项目建设，提高运维水平。组织不同层级技术与科研管理人员与IBM、华为、中国移动举行技术讲座和交流，宣传贯彻中台理念，传播科研项目管理的科学方法，培植创新基础。

发布26项企业标准。组织开展《国内邮件处理规则》等27个项目研究编制工作，支持业务创新和流程优化、生产作业规范化、管理精细化。开展《绿色产品评价　快递封装用品》《邮件铁路运输交接操作要求》等4项国家、行业标准制修订项目，推进配合邮联相关标准和技术组织工作。

集团公司主动把握脱贫摘帽后扶贫工作的重心转变，通过产业扶贫、电商扶贫、教育扶贫等，巩固两区（县）脱贫成果，开发辣椒、灵芝等独具特色的可持续发展产业，并实施村庄照明亮化、绿化及水质净化等工程，助力美丽乡村建设。批复资金1205万元，再创新高。集团公司与国务院扶贫办签署《2020年定点扶贫责任书》中确定的各项定点扶贫工作指标全面超额完成。（集团公司计划建设部）

【集中化网络化核心平台建设】 集团公司在总部层面投资24.2亿元，通过73个统建信息化工程，基本消除原有各省、各条线分散建设“小、散、杂”的信息系统孤岛，建成一批集中化网络化核心平台。ERP、电子采购与供应平台等管理平台推动全网业财流程、采购流程的规范统一。CRM系统实现跨板块、全量客户的集中管理，整合各业务线6.3亿客户资源，支撑基层知客获客精准营销。实现邮务、寄递协议客户100%管户。（集团公司计划建设部）

【“超级邮编创新实验室”揭牌】 11月8日，首届5G产业峰会暨中国制造业论坛在北京会议中心召开，集团公司寄递事业部与中国通信工业协会5G专委会联合创建的“超级邮编创新实验室”揭牌。超级邮编作为寄递事业部发起对快递应用场景的互联网化创新产品，突出邮政的“政”字，通过“邮政专用信箱”数字化，盘活“邮政编码”这一数字资产，将超级邮编打造为5G物联网时代“基于位置服务的流量入口”。超级邮编将六位数字的传统邮政编码扩位后，将形成机构邮编和个人邮编，后台映射用户的电话、地址、身份证号码等信息，实现精准定位，用户可凭超级邮编收发快递，并协助公安部、国家邮政局推行快递实名制。（集团公司寄递事业部）

【CRM系统推进工作】 集团公司推进CRM系统在客户发展、会员发展、板块协同、业绩管理、营销活动、数据质量提升等方面应用，完成CRM系统一阶段工程验收工作和新增功能需求书的制定和评审。CRM系统实现各板块全量客户数据的集中管理，接入各板块6.26亿客户。为战略客户管理、重点项目管理提供数据支撑和看板应用。支撑代理金融“千人兵团”建设，实现理财经理业绩T+1管理。支持惠农项目，提供客户采集工具和惠农看板，整合各业务板块开展协同营销。（集团公司市场部）

【智能化集中化建设】 通过组织对标分析与功能设计，通过科研和工程方式分类实施，以新一代寄递业务信息平台为核心，科学安排寄递业务“智能+”转型项目群，有力推动智能化建设。建成和推广时限四库，推动时限管控更加精细，为时限水平显著提升提供有力抓手。新一代营业渠道系统、地理信息资源平台等一批重要信息平台完成全国上线或验收。（集团公司计划建设部）

【总部信息化管理和建设机制优化】 应用敏态建设模式，推动业技融合，加速新一代寄递平台、邮政惠农服务平台等应用系统建设上线，支撑业务发展。制定运维服务合理定价机制，发布建设总承包、运维总承包管理办法，规范信息化建设、运维的新机制、新办法、新合同。（集团公司计划建设部）

【重点科研项目研究】 科研选题向智能化核心技术研发倾斜。通过现场调研和对标分析，组织全国专家进行立项选题论证，遴选“智能技术在寄递网络规划和调度中的应用研究”等21个项目立项开展研发，引导加强自动化、智能化研究，项目数量增加2.5倍，自动化、大数据、智能化经费投入占比同步增长3.9倍。（集团公司计划建设部）

【项目研究敏捷迭代提升】 集团公司计划建设部协调业务部门和研发单位落实实验数据、验证环境等研发条件，定期与业技双方共同研究推动项目进展，完成31个科研项目的验收。多项规划成果在年内多次迭代，在生产中快速应用。全程时限库算法研发将全程标准时限计算耗时由数天缩短到35分钟，构筑时限库基础。省际干线网络规划、处理中心选址规划为优化网络结构和生产指挥提供科学决策支撑，业务部门根据优化结果下发相关指导意见或旺季生产组织方案。（集团公司计划建设部）

【集团公司开展标准化修订工作】 集团公司计划建设部开展《绿色产品评价　快递封装用品》等4项国家、行业标准制修订项目，发挥标准在绿色邮政建设的引导性作用。发布20项企业标准，新版《中国邮政企业形象管理手册》第1册及室外环境部分。（集团公司计划建设部）

【5G-RFID技术在寄递业务包裹高效作业处理中的应用研究】 5G-RFID技术应用在中国邮政数字化转型中位于数据感知层。基于5G技术，引入华为5G的天线和射频技术，把接收器和激发器分离，从功能和性能上实现质的飞跃。集团公司与华为联合在成都市进行5G-RFID技术在电商仓、处理中心、揽投部闭环流程测试，从技术、业务、成本三方面进行探索创新。在全国2个中心局应用6套设备，处于测试阶段，单点处理效率提升

8%～15%。（中邮信科）

【基于区块链的防伪溯源研究及其在“三农”服务中的应用】 基于区块链技术搭建一套通用防伪溯源系统，并试用于中国邮政农村电商，利用区块链技术的互信、价值化、去中心化属性，将供应链中涉及的原产地、种植过程、加工环节、销售渠道、仓配进度等信息，永久性、去中心化地记录到区块链中，实现对“三农”产品的整合和监管。项目在黑龙江省五常市五邮稻种植基地进行试点，将7种带有溯源码的不同包装的五常大米，寄售在邮乐网上五常馆专柜中。客户购买后，可通过网页或支付宝、微信小程序，扫描包装袋上的二维码，获取该产品的溯源信息。后续在海南三亚开合合作社进行试点，与海南邮政、三亚开合果蔬种植农民专业合作社进行协作，在种植基地架设实时监控摄像头7个，通过区块链农产品溯源系统对相关农产品进行溯源追踪。（中邮信科）

【全程时限管控体系效率提升算法与共享服务研究】 该项目研发一套全程时限优化算法库，通过对时限库计算所依赖的软、硬件资源及算法本身的系统性优化将全程时限（包括快包、标快业务）计算时间由10天+提升缩短到1小时以内，从而提升全程时限计算效率（小时级），并应用到各项业务管理中。该项目自5月19日起试运行，为全程时限轨迹查询、各环节时长统计分析、全程时限准时率分析、时限波动情况分析、“四库”报表等应用提供数据支撑服务。截至9月，基于该算法的特快、快包标准时限库在“新一代寄递业务信息平台”中应用，系统经过“双十一”考验，运行稳定。（中邮信科）

【人工智能技术在航空器智能识别与机坪安全运营的应用研究】 该项目采用机器视觉、深度学习的人工智能技术，对现有场景各种情况进行采样训练，形成各类识别模型，主要应用于飞机位置、飞机状态、保障车辆位置及速度等场景的自动识别与检测，实现与邮航现有航班运行节点管控系统对接，将各保障节点自动识别检测结果实时上传至节点管控系统，实现对新型号飞机或保障车辆的识别检查，提高识别模型适用性、准确度。项目于7—9月，完成在南京邮航机坪的相关试点工作，选取南京邮航610机位识别数据接入系统，每日由系统自动检测各保障节点并上传至节点管理系统，替代原来的人工采集保障节点工作。通过试点应用，航空器及保障车辆智能识别算法及配套原型系统的飞行器及保障车辆的位置和状态识别、识别功能与现有保障系统联动等功能完备，可以完成机坪保障节点信息的采集。（中邮信科）

【智能技术在寄递网络规划和调度中的应用研究】 该项目依托人工智能技术，从陆运网和航空网两个层面对邮政快递整体网络进行统筹规划，实现智慧物流网络，打造行业核心竞争力，同时加快推进国有企业数字化转型工作。其中陆运网规划旨在打造以“省际中心＋本地中心＋揽投网点”节点和“干线＋市趟”线路为主的轴带网络。航空网规划主要打造南京集散＋重点城市直达的自主航空网与民航网络相互补充的航空网。陆运网在陆运网改革、直达改串行及“双十一”等方面均得到应用推广。在提速方面，使邮件菜鸟时限标准达标率提高19%，特快、快包省内互寄次日递率分别提高3%和7%。在降本增效方面，全国省际中心方案使单个邮件平均运输里程缩短130公里，单个邮件平均经转次数减少0.3次。运输方式通过单边改双边、委办改自办、小车改大车、经转改串行调整后，车辆载运率提升6.27%，仅河北省12条邮路优化后年节省费用1388万元。航空网在新增通航点，航路衔接等场景上均有规划效果。在提速方面，通过新增通航点规划，乌鲁木齐出口次日递率提高40%。在降本增效方面，邮航开行航班数降低17%，邮航集散航班数减少10班。（中邮信科）

【国产化IT技术在邮政的应用方案研究】 该项目以开源技术与自主研究为主，基于“国产化＋开源”技术路线，采用“平台化＋应用迁移”策略，通过国产化IT产品引入、联合技术创新与自主应用研发等多种模式，寻求国产化IT应用架构，探索解决国产化IT技术在邮政企业应用研究。为“中国邮政信创示范工程”技术选型、总体方案编写、工程立项、关键技术验证测试等环节提供资料支持。（中邮信科）

【基于多技术融合的中国邮政地址匹配技术研究】 该项目基于南京市快递包裹业务的妥投历史数据，提出融合深度学习、自然语言处理以及地理解析等多技术的一体化解决方案，实现地址分词、地址角色标注、行地址匹配投递局等功能。项目区别于传统地址匹配依托强大母库匹配源的技术路线，对标同行业物流公司，从深度挖掘历史妥投业务数据信息的角度，通过地址要素提取模型和投递局匹配策略模型实现了地址分词、地址角色标注、行地址匹配投递局等功能，有效提升邮政物流环节中分拣匹配的成功率及准确率，减少错分转投现象，降低邮件运转成本及时间。（中邮信科）

【基于容器技术的中国邮政分布式软件基础平台研究】 该项目以容器引擎（Docker）和容器集群管理（K8S）为核心，对容器服务的全生命周期管理和K8S多集群管理展开深入研究。项目有效促进DevOps落地实施，大幅提升了资源利用率和产品迭代效率，缩短应用向云端交付的周期，同时可与开源云平台（Openstack）、国内主流私有云产品以及物理机集群很好兼容，消除应用系统对底层平台的依赖，突破发展局限。目前项目试点支撑的“敏感数据安全识别检测工程”工程项目共部署14个服务、运行28个实例、检测文件总数12053个。相对于现有的虚拟机环境，项目部署效率提升30%以上，服务扩容速度提升50%以上，资源利用率提升30%以上。（中邮信科）

【业务类共享服务平台（业务中台）方案研究】 该项目广泛对标行业先进，从中台发展历程及现状，结合中台发展趋势和邮政企业IT现状，分析邮政中台建设的必要性。结合中台建设的方法论、关键技术、整体思路方法和步骤的研究，提出邮政业务中台的规划设计方案，包括业务中台能力中心规划、整体应用架构、整体技术架构、整体运营体系规划等。项目结合邮政发展面临的痛点及现状，探索并实践中台建设的核心技术和建设流程及方法，利用可复用的中间层技术，将企业的核心能力以数字化形式沉淀为各种服务中心，以解决系统重复建设、数据孤岛、沉淀核心业务流程及软件资产、统一服务接口标准及规范等问题，为企业降本增效。（中邮信科）

【邮政共享开发与协同创新平台研究】 该项目搭建一套基于K8S的软件基础平台、基于人工智能的共享服务平台和基于DevOps理念的软件过程工具链，能降低新技术及人工智能技术的使用门槛，持续推动邮政系统智能化转型。共享服务平台为邮政企业应用提供人工智能服务能力，其中人脸识别、身份证识别、银行卡识别等接口被调用200多万次，节约企业成本。接入包含在线业务平台、中邮惠农、智慧网点等十余个项目。软件过程工具链是一套涵盖需求管理、代码构建、测试、质量检查、安全审计、部署发布于一体的规范化、自动化与可视化的软件过程管理平台，能加快产品开发迭代速度，提升软件部署效率，运行包含新一代寄递业务信息平台、在线业务平台等20余个项目。软件基础平台是基于容器的K8S私有云平台，可实现资源弹性扩展，按需分配，支持应用的快速部署与弹性伸缩，减少系统运维成本，部署17个任务（pods），运行69个容器组（pod），为多维度分析报表、ERP数据集成管理平台等系统的开发、测试提供统一的运行环境。（中邮信科）

【创新差异化农产品包装方案】 4月，集团公司寄递事业部委托邮科院开展“常见水果非冷链寄递新型包装研究”。为解决农村电商寄递生鲜水果“易破损、成本高、形象差、难保鲜、非标准、不环保”六大问题，项目组针对哈密瓜、火龙果、桃、柑橘类、百香果、葡萄、草莓、大樱桃和香蕉等九类水果开展包装研究。通过市场调研、实验

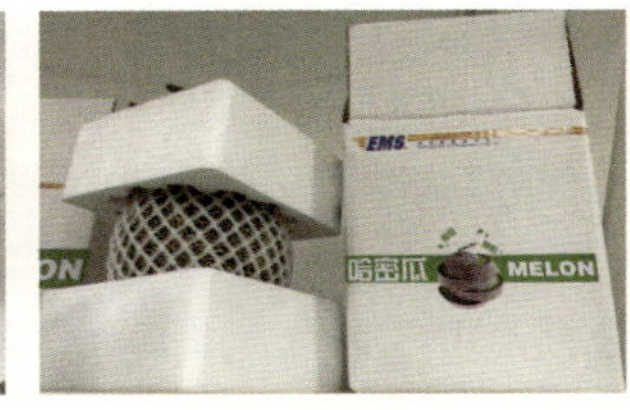

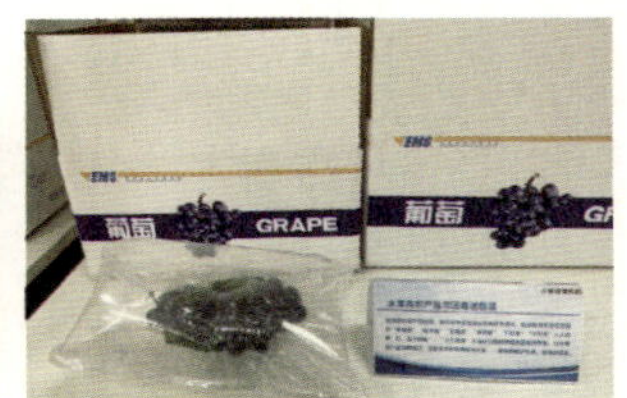

差异化农产品包装

测试等方式，结合包装材料的环保性、包装的防护性、包装方案的标准化以及包装箱外观系列化等要素，设计出了适合中国邮政的九类水果的非冷链新型包装方案。其研究成果可以以点概面和借鉴复制，是中国邮政农村电商发展的重要组成部分。（邮科院）

【智能揽投管控平台研究与实践】 该项目主要针对邮件揽投环节的实践，采用先进的技术手段，自动完成合理、动态的线路规划和调度，以提高车辆和人员的利用率、降低成本、提升客户满意度。项目涵盖研究智能揽投算法、业务场景设计、原型系统的设计与实现等内容。一是通过深度学习分类器可以提供快速批量预测服务，助力生产效率提升。二是通过密度聚类算法实现中心区域不变边缘区域调整的道段调整方案，完成揽投员任务均衡分配。三是通过借鉴全球最优的菜鸟路径规划算法——自适应大规模邻域搜索算法（ALNS），实现降低网络运行成本、提升网络服务能力、提升用户服务水平和优化揽投组网模式。四是通过对育新揽投部大量历史数据进行学习建模，对颐和园揽投部实测数据进行生产验证，验证结果表明可以减少14%以上的总行驶里程和最大配送时长，邮件分配离散度下降57%以上。（中邮信科）

【新一代营业渠道系统在福建试点上线】 11月20日，中国邮政集团有限公司新一代营业渠道系统在福建省邮政分公司试点上线成功。

随着市场发展、业务变革以及人工智能、云计算等先进技术的发展，邮政企业现有的营业信息系统已逐渐暴露出缺陷和不足。为充分发挥邮政营业及各类实体渠道对集团公司战略规划的重要支撑作用、满足多类业务受理、提供更全面更优化的数据统计分析功能，集团公司研发了新一代营业渠道系统，可对邮政业务生产精细化管理和领导决策分析提供有力的支持。

为确保11月20日切换上线，21日正式上线运营，

项目组成立由集团公司渠道平台处、中邮信科，福建省分公司渠道部、信息局，河南、甘肃省分公司以及国通科技组成的联合工作小组，通过视频方式连线指挥，确保试点上线万无一失。新一代营业渠道系统在福建省 1358 个营业网点上线运行，系统运营总体平稳、顺利。(《中国邮政报》12 月 1 日)

【中邮保险官方 APP 正式上线】 中邮保险官方 APP 9 月 1 日上线试运行。此款 APP 包含身份绑定、在线投保、保单服务、续期服务、保全、在线理赔、单证下载、在线回访等多项线上服务功能，方便客户随时掌握最新保险资讯。此款 APP 的应用，不仅可以拉近客户与中邮保险的距离，提升客户服务满意度，而且能推动保险业务数字化，为客户提供更加便捷、精准和高效的保险服务。(《中国邮政报》12 月 1 日)

【“车管云平台”建设】 “中国邮政车辆运行管控云平台”是应用“互联网 +”新思维，采用邮政私有云、移动互联网、大数据、可视化、北斗导航等一系列先进技术，以驾驶员、车辆、线路统一管控为主线，实现对车辆运行实时监控、异常情况自动报警，运输成本清晰透明，外包运输科学管控等生产和管理主要功能的智能云平台。

通过实时采集车辆运行位置、速度、线路、装载情况、路况信息、驾驶行为等运输数据，并进行大数据分析，实现了线路、驾驶员、车辆、邮件协同管理，全网车辆指挥调度的精度和准度得到提高。邮政长途干线车辆日均行驶里程提高 40%，达到 750 公里以上，其中，部分车辆日均里程 1000 公里，邮政包裹全国县及县以上城区全程传递时长缩短至 57 个小时，达到行业时限平均水平。

“车管云平台”主要创新功能：一是北斗技术深度应用。“车管云平台”注册的邮政及社会干线车辆推广应用北斗系统数量 25 万余辆，并依托车管平台与中国交通通信信息中心共同开展北斗系统测试验证工作，充分利用邮政线路覆盖广、路线长的特点对北斗系统服务能力进行实际测试，为北斗系统在交通运输行业的广泛应用提供数据支持。

二是智能识别和远程智能监控应用。应用 OCR 图像识别技术，快速识别上传校验行驶证、驾驶证相关信息，简化人工录入操作；应用远程定位和视频监控技术，实时感知判别设备离线、异常停车、车辆缓行等可能影响任务时效及货物安全的异常事件，向车队运营者及时发出预警，降低任务风险，保证任务时效和货物安全，保障整体运营质量。

三是基于发动机 Canbus 采集技术的驾驶行为分析。通过分析平台上车辆运行、油耗和驾驶员的超速、急加速、急刹车等驾驶行为数据，精准管理驾驶人员驾驶习惯，如减少急刹车、急加速等激进驾驶行为，提高驾驶员安全行车素质，降低风险隐患，有针对性地进行教育培训。

四是成本透明向智慧运营升级。借助物联网、大数据等科技，通过对多项行车数据及折旧、油费支出的自动收集、统计、运算，精准分析单车成本、邮路成本，解决物流企业的财务运营难题，赋能物流企业向智慧运营管理快速升级，实现运输企业降本增效。

五是外包运输公司科学管控。实现对外包运输公司、车辆、驾驶员、签约合同从承运资格审核、承运过程监控、承运结果评价的全流程线上闭环管理。严格把控社会外包车辆准入门槛，避免违规挂靠入网；通过算法和智能设备，实时监控运营车辆，客观评价车辆运行情况，实施动态考核排名机制，建立对外包运输公司从时限、质量、服务、安全等方面的信用评价考核机制，助力物流管理水准提升。(中国邮政网 6 月 16 日)

【“云盾”网点重点部位出入登记手机 APP 应用系统上线】 5 月 22 日，湖北省丹江口市邮政分公司上线运行“云盾”网点重点部位出入登记手机 APP 应用系统。这是十堰市邮政分公司技术部门自主研发的首个手机 APP 应用，填补了湖北邮政安保应用系统的一项空白。研发这一系统，是为了解决当前邮政金融网点重点部位人员出入登记管理中的一些问题，旨在通过对因工作需要出入重点部位的外来人员进行身份查验、证件核实、信息登记，实现防止未经授权的人员出入重点部位，保障网点人身、资金和设施安全的目的。

“云盾”手机 APP 使用云端技术构建，通过变纸质登记方式为手机 APP 登记（可以是网点人员扫描录入或外来人员扫码自助登记），将数据存储在云端。外来人员只需首次出入时登记一次，再到任何其他网点时，工作人员通过扫描其身份证，就可以调出该人员的存档信息，并进行身份查验。安保部门也可以从后台对人员信息进行白名单认证或黑名单加入等风控管理。(中国邮政网 6 月 4 日)

【中邮惠农 APP 在 6 个试点县上线试运行】 6 月 24 日，中邮惠农 APP 完成部署上线。6 月 25 日，福建古田的客户通过平台完成第一笔“融资 E”信贷产品的申请和支用。6 月 30 日，中邮惠农 APP 所有核心功能在试点县全面贯通，安徽砀山、福建古田、山东栖霞、湖南汉寿、四川汉源、陕西洛南 6 个试点县平台上线试运行工作正式启动。

中邮惠农 APP 是集团公司推出的一款服务农村生产生活场景，致力于解决农民合作社、家庭农场和个人农户“融资难、销售难、物流难”痛点的移动端综合服务平台。平台主要包括农村金融、邮政寄递、惠农服务和产销对接四大功能模块，可提供线上信贷、保险转介、相关金融服务预约，邮政快递线上服务，农资销售、放心好物、便民缴费、农业资讯、第三方服务等惠农服务，以及网上开店、供求信息大厅等产销对接服务。

为确保中邮惠农APP上线试运行顺利，集团公司建立定向支撑服务机制，为每个试点县配备2名支撑保障人员，执行日例会制度，上下联动，确保客户需求、基层意见第一时间直达总部；通过试点加快平台功能优化迭代，进一步提升客户体验，为第二阶段全国31个省、158个县推广奠定基础。

惠农合作项目是第一个实现平台化运营的协同项目。中邮惠农APP在6个试点县上线试运行，是邮政惠农合作项目重要的里程碑，通过信贷业务的上线实现中邮惠农APP系统（客户接入端）、邮政CRM（客户管理端）以及银行核心系统（产品资源端）的互联互通、数据共享，为邮政集团板块间协同模式的创新提供平台化、数字化的解决方案，为打破“部门墙”提高组织效率、打造“生态圈”提升获客能力积累经验。该项目采集合作社客户信息19.4万条、个人客户（含家庭农场）信息10.4万条。（中国邮政网7月1日）

【“邮生活”会员服务平台搭建】 根据发展战略要求，集团公司规划统一建设中国邮政“邮生活”会员服务平台，搭建积分商城、会员权益、便民服务等核心功能板块，搭建中国邮政会员生态圈。5月，完成业务需求书评审。9月，“邮生活”会员平台获立项批复。10月，正式启动建设。截至12月31日，会员规模8152.1万户，比上年增加7899.6万户。（集团公司市场部）

【邮储银行安徽省分行布局线上无接触金融服务平台】 为提高零售业务在线获客能力，提升客户服务质量，安徽省分行于2月21日正式推出“中国邮政储蓄银行安徽省分行·云工作室”。工作室是线上营销的前端，将原本分散的线上业务宣传受理入口、营销活动入口整合在一起，成为线上统一客户接入渠道，并嵌入各类线上线下场景，获取客户流量，汇接客户需求，实现了专人维护。员工可通过微信在线互动，分析确认客户需求，也可与云工作室中集合的全行100多名各条线产品经理、内训师组成的专家团队在线“会诊”，即时为客户提供个性化需求解决方案，实现“千人千面”。（邮储银行）

【四川省邮政分公司自主研发寄递业务微服务平台“天府邮驿”】 5月7日，四川省邮政分公司自主研发的寄递业务微服务平台“天府邮驿”系统上线试运行。该平台集成应用于扫码收寄、云打印、车牌寄递、身份证寄递、核酸检测报告寄递等业务场景，支撑省内个性化特快业务发展。（四川省邮政分公司）

【海南省邮政分公司创新信息网省中心机房租赁建设模式】 海南邮政IDC机房是全国邮政首例采用租赁模式进行机房建设。该模式较自建模式每年节约成本477.6万元，节约率77.43%。该机房与海南省联通分公司5G核心设备属同一机房，有效提高海南邮政信息网的安全性，有利于助推企业的高质量发展，为全国邮政信息网机房建设提供新的实践案例，加强邮政与通信运营商企业之间的合作。（海南省邮政分公司）

党群工作和精神文明建设

◇ 党建工作

◇ 工会工作

党建工作

【党建工作部概况】

◎ 党的政治建设

各级党组织把坚决做到“两个维护”作为最大的政治，第一时间学习贯彻习近平总书记重要讲话、重要指示批示精神和党中央决策部署，做到及时响应、迅速行动。认真落实加强党的政治建设21项具体措施，严肃党内政治生活，严明政治纪律和政治规矩，严格落实民主集中制，认真执行“三重一大”决策制度，充分发挥党委（党组）“把方向、管大局、保落实”的领导作用。巩固深化“不忘初心、牢记使命”主题教育成果，持续抓好问题整改，守初心、担使命，找差距、抓落实的氛围更加浓厚。深入开展模范机关建设，总部、省公司两级机关聚焦“讲政治守纪律、善学习勇创新、敢担当有作为、强作风抓落实”目标，推进学习研讨、查找差距、整改提高、效果评估4个环节工作，党员干部增强了政治意识，自觉把讲政治的要求贯穿企业改革发展全过程各方面。

◎ 思想理论武装

把学习《习近平谈治国理政》（第三卷）、党的十九届四中和五中全会精神作为重大政治任务，党组示范引领，高质量开展中心组学习，认真落实讲党课制度，举办省邮政分公司、省分行领导学习贯彻五中全会精神专题研讨班，采用“宣贯解读＋对标学习＋务虚研讨”的方式，把学习成果转化为工作思路和落实举措。深入落实“习近平新时代中国特色社会主义思想教育培训计划”和“专业化能力提升计划”，建立集团公司、省、地市、县四级党员教育培训体系，开展集中培训和常态化培训，线上培训45万人次，编好用好《党员应知应会100条》《邮政创新发展知识点》和《中国邮政党组织工作手册》。全系统成立青年理论学习小组1.28万个，覆盖青年员工15万人，广泛开展“根在基层”实践调研、青年志愿服务等活动。

邮政企业开展党员教育主题活动

◎ 基层党组织建设

推进基层党组织建设达标工程和创先争优活动，创建100个党建工作示范单位、1000个党支部示范点、10000个党员先锋岗，评选表彰“两优一先”，为基层党组织和党员树立学习标杆。开展基层党建“比学赶帮超”活动。全系统4572个支部因地制宜设置党小组，1.7万个无党员网点落实党员联系包挂制度，扩大党的工作覆盖。选优配强党支部书记，对新任党支部书记实现培训全覆盖，党务干部培训5万人次。严守政治标准，把好党员发展入口关，严格规范党员教育管理。广大党员干部亮明身份、践行承诺，设责任区、建突击队，彰显“平常时刻看得出来、关键时刻冲得上去”的行动力量。

◎ 干部人才队伍建设

制定出台加强县级邮政企业领导人员队伍建设、规范非领导职务管理、干部人才援藏援疆、人事回避管理等10多项制度办法。提任党组管理干部50人、交流调整55人（含银行）。新提任党组管理干部中45岁左右的28人，占比56%；全日制本科及以上学历的37人，占比74%。配备45岁左右领导干部的省邮政分公司数量从年初的6个增至17个，各单位班子整体功能明显增强，年轻干部队伍建设成效明显。通过“党委推荐、党校培训、座谈了解、分析比较、综合研判”五位一体的机制，选调112名优秀年轻干部，分3期开展专题培训，10名优秀年轻干部已得到提拔使用。领导干部日常监督不断强化，个人事项如实报告率91%，比2018年中央巡视前提升近34%。

◎ 党风廉政建设和反腐败斗争

纠治“四风”，加大违反中央八项规定精神问题的惩治力度，查处相关问题174件，给予党纪政务处分221人。整治形式主义、官僚主义，集中治理“文山会海”、对下级请示事项答复不及时等突出问题，持续开展“一月一事　消灭最差”和跟班作业实践活动，巩固了求是求实作风。坚定不移惩治腐败。严肃查处戴明坚、汤文美严重违纪违法案件，全系统立案758件，给予党纪政务处分967人。开展“党风廉政警示教育月”活动，举办警示教育大会，推动开好违犯党纪专题民主生活会（组织生活会），不断筑牢拒腐防变思想防线。常抓不懈推进中央巡视整改和内部巡视巡察。建立完善“季评估”工作机制，中央巡视整改121项举措全部完成。对49家二级单位开展内部巡视，全系统巡视覆盖率74.6%，十九大以来前三批巡视整改率85%。对4348个基层党组织开展巡察，巡察覆盖率61.8%，巡察工作质量和规范化水平明显提升。

◎ 党建工作责任全面压实

党建工作制度不断健全。逐级制定落实全面从严治党主体责任清单，修订党风廉政建设主体责任和监督责任实施意见，出台意识形态工作责任实施细则，促进党委（党组）主体责任、纪委监督责任、党委（党组）书记“第一责任人”和班子成员“一岗双责”四责联动。党建工作考核评价不断完善。把党建责任落实情况作为巡视巡察监督的重要内容，开展党建专项调研督导，对党建考核、战略绩效考核、干部考核进行联动式评价，把党建和业务工作“四个一起”落在实处。

全系统群团工作不断加强。退休人员社会化管理移交主体任务全面完成。精神文明和企业文化建设不断深化。以“时代楷模”其美多吉为代表的21名员工获评“全国劳动模范”，徐龙获评“全国抗击新冠肺炎疫情先进个人”，44名员工和22个集体分别荣获全国交通运输系统抗击新冠肺炎疫情先进称号。（集团公司党建工作部）

【党组巡视办概况】

牢牢把握政治巡视定位

全面贯彻落实习近平总书记关于巡视工作重要论述和重要指示精神，牢牢把握政治巡视定位，把督促做到“两个维护”作为根本政治任务，认真落实中央巡视工作方针，突出推动党中央关于统筹疫情防控和经济社会发展、做好“六稳”工作、落实“六保”任务等重大决策部署的贯彻落实，紧盯履行邮政企业政治责任、经济责任、社会责任情况，聚焦“四个落实”开展政治监督。

巡视工作

集团公司党组认真研究、提前谋划，统筹疫情防控和巡视工作，组织开展两批巡视工作，以常规巡视、巡视“回头看”、专项巡视为主，并采取相互组合的方式，派出14个巡视组，对49家单位党组织开展巡视监督。集团公司党组召开巡视专题会议10次，听取巡视综合情况汇报，研究巡视工作。召开巡视工作领导小组会议5次，分别研究审议2020年巡视工作计划、两批次巡视工作方案、巡视办和巡视组工作规则等，党组书记讲话点人点事54件。全系统巡视覆盖率75%，推动巡视有形覆盖和有效覆盖相统一。

统筹推进巡视整改

集团公司党组统筹推进中央巡视整改和内部巡视整改，以内部巡视整改推进中央巡视整改进一步深化。一是严格落实中央巡视整改常态化工作机制。集团公司党组巡视整改工作领导小组召开会议6次，研究持续推进中央巡视整改重点任务和巡视整改任务计划。按季度组织全系统各二级单位与集团党组同步开展整改成效评估，总计对2100项制度（要点）完成评估。通过持续整改，中央巡视整改清单中的121项举措，有明确时间节点的全部完成，需长期坚持的不断深化，有效促进企业全面从严治党，推动企业改革发展迈向新的台阶。二是积极探索内部巡视整改工作机制。健全会审机制，就审核发现的问题召开通报会议，党组领导参会并提出要求，进一步传导整改压力。加强总部部门横向互动，对巡视反馈问题及建议，协调各部门共同推动整改，基本形成齐抓共管、综合治理的工作态势。建立常态化整改报告制度，被巡视党组织在集中整改期后，每半年报送持续整改情况报告，截至12月31日，前三批被巡单位制定3603项整改措施，整改完成3053项，整改完成率84.7%。

加强巡察工作指导

集团公司党组巡视办全面加强对各二级单位巡察工作的指导督导，制度化常态化开展指导督导工作，通过按月编发《邮政巡视巡察工作简报》既传导中央精神，又传递工作思路、工作方法，督促压实责任。通过加强深入基层调研指导，在第一批巡视期间借助巡视组力量对省级邮政单位开展巡察工作情况进行专题检查，并分别对甘肃、宁夏、新疆3省（区）邮政分公司巡察工作情况开展实地调研，针对检查和调研中发现的问题，并提出针对性解决措施。截至12月31日，全系统巡察4348个党组织，巡察覆盖率61.88%，比上年提升33.37%，完成全系统巡察覆盖率超过50%，进度较慢的单位原则上不低于40%的任务目标。（党组巡视办）

【集团公司召开“不忘初心、牢记使命”主题教育总结大会】 1月10日，集团公司召开“不忘初心、牢记使命”主题教育总结大会，深入学习贯彻习近平总书记在“不忘初心、牢记使命”主题教育总结大会上的重要讲话精神，总结中国邮政主题教育成效，对巩固拓展主题教育成果，全面贯彻落实习近平总书记重要讲话精神，持续推动广大党员干部不忘初心、牢记使命进行动员部署。

中央第十二巡回督导组组长卢纯出席会议并充分肯定了中国邮政集团主题教育成效，对集团公司贯彻落实习近平总书记在主题教育总结大会上的重要讲话精神，持续巩固深化主题教育成果提出明确要求。集团有限公司党组书记、董事长刘爱力总结了中国邮政主题教育成效，对深入学习贯彻习近平总书记在主题教育总结大会上的重要讲话精神，持续推动邮政党员干部不忘初心、牢记使命进行了部署。集团公司党组副书记李丕征主持会议。在家党组成员参加会议。（中国邮政网1月11日）

【集团公司党组巡视组反馈2020年第二批巡视情况】 9月14日—11月12日，集团公司党组派出7个巡视组分别对山西、内蒙古、吉林等16家省（区）邮政分公司和中国邮政航空公司、速递物流南京集散中心2家单位党组织开展了“履行央企职责使命、做强寄递主责主业”专项巡视，对集团公司金融业务部、中邮资本管理有限公司等6家部门、单位党组织开展常规巡视。12月6—7日，集团公司党组巡视工作领导小组、集团公司党组分别听取巡视汇报，党组书记刘爱力代表党组作总结讲话。12月16—24日，党组巡视组分别向各被巡视单位党组织反馈巡视情况，集团公司党组书记刘爱力，党组副书记张金良、李丕征，党组成员康宁、温少祺、郭成林、王俭，以及集团公司相关部门、单位负责同志出席巡视反馈会议。在巡视反馈会议前，党组各巡视组组长、副组长会同集团公司相关部门、单位负责同志向各被巡视单位党组织主要负责同志单独反馈巡视情况；党组领导分别对各被巡视单位党组织、纪检机构主要负责同志进行约谈。在各被巡视单位巡视反馈会议上，党组巡视组组长向被巡视单位党组织反馈巡视情况，各被巡视单位党组织主要负责同志作表态发言，党组领导发表讲话提出工作要求。（《中国邮政报》12月29日）

【2020年集团公司党的建设暨党风廉政建设和反腐败工作会议在北京召开】 2月11日，2020年中国邮政集团有限公司党的建设暨党风廉政建设和反腐败工作会议在北京召开。会议以习近平新时代中国特色社会主义思想为指导，全面学习贯彻党的十九大、十九届四中全会及十九届中央纪委四次全会精神，总结2019年工作，部署2020年任务。会议以互联网视频会议形式召开，集团公司党组全体成员参加会议。集团公司党组书记、董事长刘爱力作了题为《以习近平新时代中国特色社会主义思想为指导　着力推动中国邮政党的建设高质量发展　为实现“二次崛起”提供坚强保证》的讲话，党组副书记李丕征主持会议，驻中国邮政纪检监察组组长、党组成员盛遒文讲话。（中国邮政网2月12日）

【领导人员警示教育电视电话会议召开】 7月6日，集团公司领导人员警示教育电视电话会议召开。会议通报近年来查处的邮政企业领导人员违纪违法典型案例，强调要以案为鉴、以案明纪、以案促改，教育引导各级领导人员常怀敬畏之心、常思贪欲之害，坚定理想信念，坚守初心使命，进一步构建中国邮政风清气正的良好政治生态。集团公司在家党组成员出席会议，党组书记、董事长刘爱力讲话，党组副书记李丕征主持会议，中央纪委国家监委驻中国邮政集团有限公司纪检监察组组长、集团公司党组成员盛遒文通报邮政企业领导人员违纪违法典型案例。

会议强调，邮政企业各级党组织和领导人员一定要从通报的违纪违法典型案例中吸取教训，深刻警醒反思，切实引以为戒。要提高政治站位，压紧压实全面从严治党主体责任；坚持“严”字当头，切实落实全面从严治党监督责任；坚定理想信念，始终坚守清正廉洁底线；扎紧制度的笼子，强化对权力运行的制约和监督。

会议要求全系统做好会议精神的学习传达，吸取典型案例的深刻教训，推动会议要求有效落实，切实增强警示教育的针对性、实效性，不断增强党性修养、宗旨意识、纪法观念、担当精神，自觉在纪法约束下、在受监督的环境中用权干事，以实际行动做到“两个维护”，为邮政企业打造行业“国家队”、实现二次崛起凝聚力量提供保障。

集团公司各控股子公司、寄递事业部、在京直属各单位、总部各部门二级副（含非职）及以上人员在主会场参加会议，全系统三级副（含非职）及以上人员在各分会场参会。（中国邮政网7月7日）

【集团公司党组（扩大）会议传达学习习近平总书记在全国抗击新冠肺炎疫情表彰大会上的重要讲话精神】 9月14日，集团公司党组（扩大）会议召开，传达学习习近平总书记在全国抗击新冠肺炎疫情表彰大会上的重要讲话精神，强调要深刻领会、深入贯彻习近平总书记重要讲话精神，进一步树牢“四个意识”，坚定“四个自信”，做到“两个维护”，在全系统大力弘扬伟大抗疫精神，牢记“人民邮政为人民”的初心使命，全力抓好常态化疫情防控和经营发展，充分彰显行业“国家队”的责任担当，奋力夺取抗疫斗争的全面胜利。集团公司党组全体成员出席，党组书记刘爱力主持会议，并就学习领会、贯彻落实习近平总书记重要讲话精神作出部署安排。（中国邮政网9月14日）

【集团公司召开党组（扩大）会议　深入学习贯彻十九届五中全会精神】 10月30日，集团公司召开党组（扩大）会议，第一时间学习贯彻党的十九届五中全会精神。集团公司党组书记刘爱力主持会议，其他党组成员出席会议。各控股子公司、寄递事业部、在京直属各单位、总部各部门党组织负责同志参加会议。

与会人员全文学习十九届五中全会公报，围绕十九届五中全会公报中“保持战略定力，办好自己的事，认识和把握发展规律，发扬斗争精神，树立底线思维”“坚持创新在我国现代化建设全局中的核心地位，把科技自立自强作为国家发展的战略支撑”“推动形成工农互促、城乡互补、协调发展、共同繁荣的新型工农城乡关系”“充分发挥市场在资源配置中的决定性作用，更好发挥政府作用，推动有效市场和有为政府更好结合”等关键内容，结合邮政实际进行深入讨论。

会议还结合全会精神，对坚持质量第一、效益优先，抓好寄递时限质量；发挥邮政优势，在扩大内需、畅通“双循环”中发挥更大作用；加强企业文化建设，推动绿色邮政建设；加快拓展国际航线、发展国际运输、打通国际物流“大通道”等工作进行讨论。全系统要把学习宣传贯彻十九届五中全会精神作为当前和今后一个时期首要的政治任务，进一步增强“四个意识”，坚定“四个自信”，做到"两个维护"，把思想和行动统一到全会精神上来，结合邮政实际，贯彻落实好全会各项决策部署，勠力同心，真抓实干，统筹推进疫情防控和经营发展各项工作，加快推动中国邮政二次崛起，为全面建设社会主义现代化国家做出新的更大的贡献。（中国邮政网 11 月 3 日）

【集团公司党组理论学习中心组学习（扩大）会议强调深入学习领会马克思主义基本理论推动中国邮政实现更高质量发展】 5 月 21 日，集团公司党组召开理论学习中心组学习（扩大）会议，围绕"深入学习领会习近平总书记关于学习马克思主义经典的重要论述"进行专题集中学习研讨，集中学习中共中央、国务院印发的《关于新时代加快完善社会主义市场经济体制的意见》、中共中央办公厅关于持续解决困扰基层的形式主义问题为决胜全面建成小康社会提供坚强作风保证的通知精神、中央纪委国家监委领导同志在全国巡视工作会议暨十九届中央第五轮巡视动员部署会上的讲话精神。集团公司党组全体成员参加学习，党组书记刘爱力主持，党组副书记李丕征、党组成员盛迺文领学相关内容，集团公司相关部门党组织负责同志结合实际谈学习体会。此次学习以主题联学形式进行，4 家单位班子成员通过视频会议同步参加学习。

联系邮政实际，会议指出，要学习掌握世界统一于物质、物质决定意识的原理，坚持一切从实际出发，做到求是求实。世界物质统一性原理是辩证唯物主义最基本、最核心的观点，是马克思主义哲学的基石。遵循这一观点，最重要的就是坚持一切从实际出发，实事求是。要把从实际出发的思维方式转化为我们的工作方法，关键是要做到求是求实。

会议强调，全系统广大党员、干部特别是各级领导干部要把系统掌握马克思主义基本理论作为看家本领，更加自觉、更加刻苦地学习马克思主义经典著作，学习习近平新时代中国特色社会主义思想原文原著，熟练掌握马克思主义立场、观点、方法，不断提高马克思主义理论素养，做习近平新时代中国特色社会主义思想的坚定信仰者和践行者。（中国邮政网 5 月 26 日）

【集团公司举办省级邮政企业主要负责人学习贯彻党的十九届五中全会精神及国企改革三年行动方案专题研讨培训班】 12 月 1—4 日，中国邮政集团有限公司采用"宣贯解读 + 对标学习 + 务虚研讨"的方式，在邮政党校（北京校区）举办省级邮政企业主要负责人学习贯彻党的十九届五中全会精神及国企改革三年行动方案专题研讨培训班。集团公司党组全体成员与大家共同深入学习领会十九届五中全会精神，并结合邮政实际，就如何更好贯彻落实全会精神进行深入研讨。党组书记、董事长刘爱力参加研讨时强调，全系统要坚持以习近平新时代中国特色社会主义思想为指导，把深入学习宣传贯彻十九届五中全会精神作为当前和今后一个时期的重要政治任务，增强"四个意识"，坚定"四个自信"，做到"两个维护"，当好"三个表率"，着力提高顺应新发展阶段、贯彻新发展理念、构建新发展格局的能力和水平，明确责任、细化举措，逐条逐项、不折不扣抓实抓细抓落地，全面推进中国邮政深化改革创新、实现高质量发展，为夺取全面建设社会主义现代化国家新胜利而努力奋斗。党组副书记、总经理张金良作开班动员和总结讲话。各省（区、市）邮政分公司、各控股子公司、集团总部部门及各直属单位主要负责人，邮储银行班子成员、一级分行及总行部门主要负责人参加培训。

集团公司党组高度重视十九届五中全会精神的学习贯彻。集团公司召开党组（扩大）会议，第一时间学习贯彻全会精神。印发《中国邮政集团有限公司党组关于邮政系统深入学习宣传贯彻党的十九届五中全会精神的通知》，对全系统的学习贯彻进行整体部署、统筹安排。此次举办专题研讨班，就是贯彻落实中央精神要求，先从各省级邮政企业主要负责人层面，集中学习研讨、贯彻落实十九届五中全会精神，切实把思想和行动统一到全会精神上来，把智慧和力量凝聚到全会确定的各项目标任务上来。

培训期间，十九届五中全会文件起草组成员、中央宣讲团成员、中共中央政策研究室原副主任施芝鸿对全会精神进行专题解读，国务院国有资产监督管理委员会党委委员、秘书长、新闻发言人彭华岗围绕贯彻十九届五中全会精神、落实国企改革三年行动方案、推进国企改革和治理体系现代化作专题辅导，中国一重集团有限公司党委书记、董事长刘明忠分享其在创机制、激活力、强动力方面的改革实践，华为公司专家围绕智慧物流作专题讲授。（中国邮政网）

【集团公司召开庆祝中国共产党成立 99 周年暨"两优一先"表彰大会】 6 月 30 日，集团公司以电视电话会议的形式，召开庆祝中国共产党成立 99 周年暨"两优一先"表彰大会。集团公司党组全体成员出席会议，集团公司党组书记、董事长刘爱力讲话，党组副书记、总经理张金良宣读表彰决定，党组副书记李丕征主持。刘爱力代表集团公司党组，对全系统广大党员提出五点要求：一是牢固树立绝对忠诚的政治品格；二是牢固树立敢于担当的责任意识；三是牢固树立勇于开拓的创新精神；四是牢固树立求是求实的良好作风；五是牢固树立争做先锋的行动自觉。

此次授予康智等 200 名同志"中国邮政集团有限公司优秀共产党员"称号，授予奉常春等 100 名同志"中国邮政集团有限公司优秀党务工作者"称号，授予中共中国邮政集团有限公司北京市机要通信局委员会等 100 个基层党组织"中国邮政集团有限公司先进基层党组织"称号。集团公司领导为受到表彰的“两优一先”代表颁发奖牌证书，全体与会人员观看主题宣传片《旗帜引领方向》。（中国邮政网 6 月 30 日）

【集团公司召开模范机关建设专题党课报告会】 4 月 28 日，集团公司召开深入开展“让党中央放心、让人民群众满意的模范机关”建设（以下简称模范机关建设）专题党课报告会。集团公司党组副书记、直属机关党委书记李丕征以“扎实开展邮政系统模范机关建设 推动各级机关走在前作表率”为题讲授专题党课。会议提出，各单位（部门）要紧密结合自身实际，认真研究制定本单位（部门）推进模范机关建设的具体措施，运用工程化的思维落细落实工作安排，做到目标明确、内容具体、措施到位、责任到人，确保模范机关建设工作落实落细。要在落实好学习研讨、查找差距、整改提高、效果评估各环节相关要求的基础上，创新工作方法，丰富工作形式，确保模范机关建设工作有思路、有亮点、有举措、有实效。要把模范机关建设与推进“不忘初心、牢记使命”主题教育常态化结合起来，与开展“三会一课”、主题党日等党建日常工作结合起来，与推动本单位（部门）中心工作结合起来，与巡视整改的具体措施结合起来。同时，坚持围绕中心、服务大局，结合疫情防控复工复产和生产经营实际推进模范机关建设工作，切实解决本单位（部门）机关存在的突出问题，坚决防止搞形式、走过场。（中国邮政网 4 月 29 日）

【邮政党校 2020 年秋季学期培训班毕业】 12 月 19 日，历时两个月的中央党校中央和国家机关分校 2020 年秋季学期中国邮政集团有限公司党校培训班毕业典礼在邮政党校石家庄校区举行，集团公司党组副书记、邮政党校常务副校长李丕征出席。李丕征围绕学习贯彻党的十九届五中全会精神、着力推进基层党组织建设讲授专题党课。

此期培训是在全国抗击新冠肺炎疫情取得重大战略成果之后，邮政党校举办的首期中长期培训班，是在中国邮政切实加强党的建设、持续深化改革创新、不断推进转型升级、实现高质量发展新形势下举办的一期重要培训。精选中央党校核心课程和权威师资，为 94 名学员全面系统地讲解习近平新时代中国特色社会主义思想的核心要义、精神实质、丰富内涵和实践要求，引导学员系统把握马克思主义中国化最新成果的科学性、体系性、前瞻性和创新性，将党性教育贯穿始终。聚焦培养高素质专业化干部队伍，围绕党和国家重大决策部署以及邮政改革发展需要，约请集团公司领导、集团公司总部相关部门和重点业务板块领导到党校授课。引入“战邮精神弘扬与传承”课程，创新开展“邮票上的四史”教学活动。

围绕降本增效、邮银协同、邮政金融生态圈建设等重大实践问题开展深入研究，形成 19 项课题研究成果，将学习成效转化为推动集团公司战略落地、深化邮政企业改革发展的新思路、新动能。（《中国邮政报》12 月 23 日）

【党组巡视办扩充机构和队伍建设】 集团公司党组 2 月下发《关于调整集团公司办公厅等部门机构编制设置的通知》，决定在党组巡视办增设巡视整改处，核定人员编制 4 人，明确巡视整改处承担统筹、协调、推进中央巡视整改工作和内部巡视整改工作等 11 项主要职责，并在邮政全系统公开招聘工作人员。3 月下发《关于调整邮政企业纪检监察机构设置有关事项的通知》，明确省级邮政企业由纪委办承担巡察办日常工作并核增编制 1~2 名，由党建部承担巡视巡察整改工作的组织管理并核增编制 1 名。（党组巡视办）

【常规巡视工作】 集团公司党组 2020 年第一批巡视派出 7 个巡视组，对 23 个邮政企业单位开展常规巡视，对 2 个邮政企业单位开展巡视“回头看”。聚焦“落实党的路线方针政策和党中央决策部署情况”“落实全面从严治党战略部署情况”“落实新时代党的组织路线情况”“落实巡视整改和审计整改情况”，以及“落实集团公司党组重要工作安排情况”等方面，全面监督各单位做好“六稳”工作、落实“六保”任务是否有力有效。通过巡视发现主要问题 443 个，提出意见建议 181 条，形成巡视报告 25 份。同时，对中央巡视整改、脱贫攻坚、巡察工作等方面开展专题检查，形成专题报告 6 份，形成谈话材料 25 份，领导班子情况材料 25 份以及其他报告 9 份。作为 2020 年在中管企业中率先启动内部巡视工作的单位之一，中国邮政党组巡视工作得到中央有关部门充分肯定，在中央纪委国家监委网站作了有关内容报道。（党组巡视办）

【专项巡视工作】 集团公司党组进一步落实习近平总书记有关主业要主、主业要强的指示精神，聚焦寄递业务改革发展，2020 年第二批巡视派出 7 个巡视组，对 18 个邮政企业单位党组织开展“履行央企职责使命、做强寄递主责主业”专项巡视，以“三个视角”找差距、立标杆，以“三大规律”促改革、求创新，重点围绕时限提升情况、市场开发情况、成本管控情况、抓服务质量的力度和成效情况、干线运输情况、快递包裹自提代投情况六个方面开展专项巡视。通过巡视发现主要问题 414 个，提出意见建议 140 条，为集团公司党组决策提供重要参考，巡视工作取得预期效果。（党组巡视办）

【巡视巡察宣传工作机制】 为贯彻落实中央巡视工作领导小组办公室《关于加强改进巡视巡察宣传工作的措施》，为适应新时代巡视巡察工作高质量发展要求，进一步切实提高中国邮政巡视巡察宣传工作质量和水平，党组巡视办研究提出并印发了《关于加强和改进中国邮政巡视巡察宣传工作的具体措施》，进一步明确中国邮政巡视巡察宣传重点内容，推动构建多渠道巡视巡察宣传格局和不断完善巡视巡察宣传工作机制。为不断加强巡视巡察工作政策传导、经验交流，编发《邮政巡视巡察工作简报》20 期（含巡视期间 12 期专刊），编发《中国邮政集团有限公司十九届中央巡视整改工作简报》3 期。（党组巡视办）

【中央巡视整改成效“季评估”工作机制】 为推动中央巡视整改工作持续深化，集团公司党组以制度建设为抓手，建立完善“季评估”工作机制，着力打好整改“长久立”的基础。集团公司党组成员切实履行“一岗双责”，每季度在分管部门、分管领域牵头组织各主责部门开展评估工作，对中央巡视整改以来出台的 53 项重要制度办法及整改要点的执行情况进行了逐项评估，查摆出存在的问题 57 个，制定相应的工作措施 134 项并推动落实。通过评估，进一步巩固中央巡视整改成果，进一步完善集团公司治理体系、提升治理能力。（党组巡视办）

【巡察工作】 通过对省级邮政单位巡察工作的日常督导、专项检查和调研指导多措并举的方式，截至 12 月 31 日，全系统累计巡察 4348 个党组织，全覆盖完成率 61.88%，比上年提升 33.37%，完成全系统巡察覆盖率超过 50%，进度较慢的单位原则上不低于 40% 的任务目标。通过巡察，管党治党责任持续向一线传导，基层党组织和广大党员干部党的意识和纪律意识不断提升，基层党组织建设不断加强，基层单位管理不断规范。（党组巡视办）

【巡视成果运用】 按照党组要求，党组巡视办研究形成《2018—2020 年前五批内部巡视发现问题的简要分析》。党组巡视办针对集团公司党组 2018—2020 年 5 批巡视发现的 3575 个具体问题，从问题的分布情况、问题的相关内容、问题的发生规律三个方面进行初步梳理，根据问题性质合并归类为普遍性问题、多发性问题、重复性问题、紧迫性问题和其他问题五类问题共 122 个同类问题点。从巡视的角度对产生问题的原因进行了简要分析，并提出了持续深化整改的举措。（党组巡视办）

【上海市邮政分公司启动“红旗献党　共圆中国梦”绣党旗活动】 为庆祝国庆 71 周年，迎接建党 100 周年，10 月 1 日，“百年礼赞　筑梦邮你”上海邮政献礼建党百年“七个一”活动暨“红旗献党　共圆中国梦”绣党旗活动启动仪式在上海邮政大楼举行。与会人员用“一针一线绣党旗”表达自己爱国爱党的情感和坚定的理想信念，拉开上海邮政“绣一面党旗”“学一部法典”“开一次论坛”“搞一场婚礼”“办一系列邮展”“上一堂党课”“办一场歌会”献礼建党百年“七个一”活动的序幕。活动计划持续至 2021 年 5 月，通过接力的方式，在邮政系统各基层党组织中传递，用 36500 多针共同绣制完成一面党旗。（上海市邮政分公司）

工会工作

【概况】

◎ 打赢抗击新冠肺炎疫情人民战争、总体战、阻击战，贡献邮政职工力量

疫情发生以来，各级工会坚决贯彻落实习近平总书记重要讲话、重要指示精神和集团公司党组决策部署，把疫情防控作为最重要最紧迫的工作来抓。集团工会根据各省疫情情况，拨付 31 个省（区、市）邮政工会 470 万元“抗击疫情救助款”。与中邮保险签订《捐赠保险协议书》，为抗击疫情 31960 名一线职工捐赠保险。全国各级邮政工会组织积极做好职工关心关爱工作，合规利用工会经费，支出 5759.8 万元用于购买口罩等一线防疫物资。联合集邮博览杂志社共同开展“战疫情，奔小康!”全国邮政职工手机随手拍邮票照片设计大赛。围绕“抗疫邮我”“信达天下”“使命必达”“电商助农”“今昔邮话”“邮美家庭”“扶贫攻坚”和“红色邮记”八大主题，探索疫情防控常态化线上线下活动组织模式，开展手机摄影照片评选、出版优秀作品集，专题展览和集中展示活动，宣传中国邮政职工在抗击新冠肺炎疫情中主动担当、积极作为的时代风采，展现广大邮政职工英勇无畏、执着坚守的精神风貌和中国邮政职工全方位助力建成小康社会的积极贡献。大赛参与职工 144366 人，参赛职工领取邮乐网优惠券 13539 人，为广大职工会员提供普惠性福利，成为中国邮政工会活动组织参与人数最多的活动。

◎ 开展建功新时代当好主人翁劳动竞赛活动

修改完善《中国邮政集团有限公司劳动竞赛管理办法》，召开系统启动会、推进会，以在中国邮政报开辟专栏，摄制优秀案例视频等方式，加强和改进劳动竞赛工作。组织开展 12 项业务竞赛项目和 1 项综合性评选项目“对标先进最佳实践奖”。获奖先进集体 9183 个，获奖先进个人 13155 人。

◎ 完善邮政系统企业民主管理和决策机制

在集团公司党组领导下，集团工会组织召开集团公司一届一次职代会，会议审议通过《职工代表大会实施办法》《提案征集处理办法》《专门委员会工作职责》等基本制度，选举产生生产经营、薪酬福利、安全生产、提案工作四个专门委员会。开展中国邮政集团有限公司第一届第二次职工代表大会提案征集工作，职工代表围绕邮政企业生产经营管理和改革发展以及职工普遍关心的重要问题共提出 79 条提案，立案 8 条。下发《省级邮政分公司职工代表大会质量评估办法》，开展省级职代会质量评估。

推进劳模选树工作

结合“不忘初心、牢记使命”主题教育、比学赶帮超活动、行业最佳实践评选活动以及系统内外影响，弘扬劳模精神、劳动精神、工匠精神，加大劳模系统推树，发挥劳模先进示范引领作用。全国邮政系统命名 46 个“中国邮政集团公司劳模创新工作室”。徐龙作为邮政职工代表，受到中央抗疫表彰大会现场表彰。湖北熊桂林荣获全国“最美职工”称号。青海葛军应央视邀请参加《老兵，你好》节目录制。推荐 7 名驾驶人员参与 2020 年“最美货车司机”评选活动。推荐云南怒江州称杆乡邮政所所长桑南才荣获 2019 年感动交通年度人物，集团公司荣获推选宣传活动最佳组织贡献奖。全国邮政系统有 21 名劳模在全国劳动模范和先进工作者表彰大会上受到表彰。（集团工会）

【中国邮政 44 人、22 个集体获全国交通运输系统抗疫表彰】 10 月 23 日，全国交通运输系统抗击新冠肺炎疫情表彰大会在北京召开，对评选出来的 609 名全国交通运输系统抗击新冠肺炎疫情先进个人、309 个全国交通运输系统抗击新冠肺炎疫情先进集体，72 名交通运输部系统抗击新冠肺炎疫情优秀共产党员、39 个交通运输部系统抗击新冠肺炎疫情先进基层党组织进行表彰。

中国邮政有 44 人当选全国交通运输系统抗击新冠肺炎疫情先进个人，22 个集体当选全国交通运输系统抗击新冠肺炎疫情先进集体。（中国邮政网 10 月 23 日）

【邮政 8 个单位获评全国交通运输行业“文明单位”“文明示范窗口”】 12 月 14 日，全国交通运输行业精神文明建设工作电视电话会议举行，传达学习习近平总书记在全国劳动模范和先进工作者表彰大会上的重要讲话精神以及全国精神文明建设表彰大会精神，命名 2018—2019 年度全国交通运输行业精神文明建设先进集体。

根据交通运输部决定，199 个单位被授予“全国交通运输行业文明单位”称号，211 个单位被授予“全国交通运输行业文明示范窗口”称号，8 个邮政单位获评。

全国交通运输行业文明单位

重庆市沙坪坝区邮政分公司

中国邮政航空有限责任公司

辽宁省铁岭市邮政分公司

江苏省南京市邮政分公司白龙江营业投递部

邮储银行河南省分行直属支行

集团公司寄递事业部 11183 客户服务中心

湖北省武汉市武昌区邮政分公司水果湖网点

贵州省贵阳市邮政分公司喷水池营业部

2016—2017 年度“全国交通运输行业文明单位”——河北省沧州市邮政分公司、邮储银行山东省济南市分行、中邮人寿保险股份有限公司江苏分公司（本部），“全国交通运输行业文明示范窗口”——四川省甘孜藏族自治州邮政分公司康定—德格邮路驾押组、吉林省吉林市船营邮政支局、黑龙江省漠河县北极村邮政支局、江西省赣州市邮政分公司南门邮政支局、邮储银行安徽省阜阳市分行营业部经过复核确认继续保留称号。（中国邮政网 12 月 15 日）

【邮政 56 个单位、47 名个人获评全国邮政行业先进集体、劳动模范（含名单）】 12 月 29 日，人力资源和社会保障部、国家邮政局联合举行邮政体制改革以来首次全国邮政行业先进集体、劳动模范和先进工作者表彰大会。

《人力资源和社会保障部、国家邮政局关于表彰全国邮政行业先进集体、劳动模范和先进工作者的决定》指出，近年来，全国邮政行业广大干部职工在贯彻落实新发展理念、推动行业高质量发展、服务国家重大战略任务、抗击新冠肺炎疫情中，为保障改善民生、促进经济社会持续健康发展做出了积极贡献，涌现出一大批政治品质过硬、勇于开拓创新、甘于无私奉献的先进典型。人力资源和社会保障部、国家邮政局决定，授予中国邮政速递物流股份有限公司北京市邮件处理中心等 145 个单位“全国邮政行业先进集体”称号，授予王怀敬等 96 人“全国邮政行业劳动模范”称号，授予李斌等 10 人“全国邮政行业先进工作者”称号。其中，中国邮政有 56 个单位获评全国邮政行业先进集体，47 名个人获评全国邮政行业劳动模范。

邮政企业获评先进集体名单（共 56 个）

北京市

中国邮政速递物流股份有限公司北京市邮件处理中心

中国邮政集团有限公司北京市机要通信局转运科

中国邮政集团有限公司北京市西城区分公司中南海邮政支局

天津市

中国邮政集团有限公司天津市机要通信局分拣封发组

河北省

中国邮政集团有限公司河北省机要通信局

中国邮政集团有限公司沧州市分公司黄河西路女子投递班

山西省

中国邮政集团有限公司山西省临猗县分公司临猗邮政农产品集散中心

内蒙古自治区

中国邮政集团有限公司包头市分公司机要通信分局分拣分发班

辽宁省

中国邮政集团有限公司大连市机要通信分局

中国邮政集团有限公司辽宁省海城市分公司

吉林省

中国邮政集团有限公司吉林市分公司

黑龙江省

中国邮政集团有限公司黑河市分公司

上海市

中国邮政集团有限公司上海市青浦区分公司徐泾邮政支局

中国邮政集团有限公司上海市奉贤区分公司

江苏省

中国邮政集团有限公司南京市分公司谢培军创新工作室

中国邮政集团有限公司徐州市分公司机要通信分局

中国邮政集团有限公司江苏省无锡邮区中心局

浙江省

中国邮政集团有限公司浙江省义乌市分公司苏溪投递组

中国邮政集团有限公司浙江省淳安县分公司

中国邮政集团有限公司宁波市分公司雅戈尔仓储供应链管理团队

安徽省

中国邮政集团有限公司安徽省机要通信局通信室

中国邮政集团有限公司亳州市分公司

福建省

中国邮政集团有限公司福建省安溪县分公司

中国邮政集团有限公司福建省沙县分公司

中国邮政集团有限公司厦门市寄递事业部

江西省

中国邮政集团有限公司江西省寄递事业部速递部

中国邮政集团有限公司南昌市分公司警邮交管项目组

山东省

中国邮政集团有限公司山东省机要通信局

中国邮政集团有限公司山东省微山县分公司南阳邮电支局

中国邮政集团有限公司济南市寄递事业部快递包裹部

河南省

中国邮政集团有限公司新乡市分公司

中国邮政集团有限公司三门峡市机要通信分局

湖北省

中国邮政集团有限公司湖北省嘉鱼县分公司

中国邮政集团有限公司随州市分公司城区普服营业投递部

湖南省

中国邮政集团有限公司益阳市分公司

广东省

中国邮政集团有限公司韶关市机要通信分局

中国邮政集团有限公司广州市天河区石牌邮政支局

中国邮政集团有限公司惠州市机要通信分局

中国邮政集团有限公司佛山市顺德区分公司

广西壮族自治区

中国邮政集团有限公司广西壮族自治区机要通信局投递班

海南省

中国邮政集团有限公司三亚市分公司

重庆市

中国邮政集团有限公司重庆市万州片区分公司营业局机要室

四川省

中国邮政集团有限公司甘孜藏族自治州分公司康定至德格驾押组

中国邮政集团有限公司绵阳市分公司机要通信分局

贵州省

贵州中邮物流有限责任公司

云南省

中国邮政集团有限公司怒江州分公司运营管理部邮运组

中国邮政集团有限公司红河州分公司

陕西省

中国邮政集团有限公司陕西省西安邮区中心局邮件运输中心

甘肃省

中国邮政集团有限公司甘南藏族自治州分公司

青海省

中国邮政集团有限公司格尔木市分公司鸿雁环保志愿者服务团队

宁夏回族自治区

中国邮政集团有限公司宁夏回族自治区灵武市分公司揽投部

新疆维吾尔自治区

中国邮政集团有限公司阿克苏地区分公司

中国邮政集团有限公司总部和所属单位

中国邮政集团有限公司邮政业务部报刊发行局报刊接办处

中国邮政集团有限公司寄递事业部指挥调度中心

中邮信息科技（北京）有限公司新一代寄递业务信息平台项目团队

中国邮政集团有限公司市场部品牌推广处

邮政企业获评劳动模范名单（共47名）

北京市

王怀敬　中国邮政集团有限公司北京市门头沟区分公

司斋堂支局投递员

曹玉胜 中国邮政集团有限公司北京市邮区中心局火车运输分局押运班长

天津市

苑立华（女） 中国邮政集团有限公司天津市河西区分公司寄递事业部东楼邮政营业部投递员

河北省

景 屹 中国邮政集团有限公司河北省分公司市场营销部总经理

山西省

郭瑶麟 中国邮政集团有限公司山西省太原邮区中心局邮件运输中心长途汽车驾驶员

内蒙古自治区

杨小龙 中国邮政集团有限公司呼和浩特市分公司腾飞投递部投递员

辽宁省

于玲玲（女） 中国邮政集团有限公司大连市春柳邮政所支局长

季国强 中国邮政集团有限公司辽阳市分公司寄递市场部快递员

吉林省

杨军辉 中国邮政集团有限公司通化市分公司党委书记、总经理

黑龙江省

王 微（女） 中国邮政集团有限公司黑龙江省嘉荫县分公司常胜支局投递员

上海市

施 平 中国邮政集团有限公司上海市邮区中心局长途驾驶员

杨 辉 中国邮政集团有限公司上海市普陀区分公司投递员

江苏省

马善民 中国邮政集团有限公司连云港市分公司锦屏支局投递员兼负责人

顾松学 中国邮政集团有限公司扬州市分公司杭集支局投递员

杜寅捷 中国邮政集团有限公司江苏省无锡邮区中心局运行维护中心经理

浙江省

祝礼明 中国邮政集团有限公司浙江省机要通信局通信室收发班班长

丁式省 中国邮政集团有限公司浙江省天台县分公司东片邮政支局支局长

林朋军 中国邮政集团有限公司浙江省岱山县分公司衢山支局投递员

安徽省

李 峰 中国邮政集团有限公司滁州市分公司市场营销部副经理

福建省

皮勇军 中国邮政集团有限公司福建省机要通信局投递组组长

池菊香（女） 中国邮政集团有限公司福建省闽清县分公司上莲支局投递员

江西省

黄 凯 中国邮政集团有限公司鹰潭市寄递事业部月湖区寄递事业部投递员

山东省

孙吉刚 中国邮政集团有限公司山东省青州市分公司杨集支局乡邮投递员

河南省

乔金涛 中国邮政集团有限公司商丘市分公司康城花园揽投部投递员

杨志敏 中国邮政集团有限公司洛阳市分公司杨坡乡邮政所投递员

湖北省

李斯凡 中国邮政集团有限公司武汉市江汉区分公司投递员

余源洁 中国邮政集团有限公司湖北省阳新县分公司木港镇邮政所投递员

湖南省

曾蓉蓉（女） 中国邮政集团有限公司湖南省湘乡市分公司城区投递班投递员

广东省

郭剑锋 中国邮政集团有限公司中山市黄圃镇分公司投递班班长

邱小敏 中国邮政集团有限公司连州市分公司驾驶员

曹彩萍（女） 中国邮政速递物流股份有限公司河源市分公司城区站前营业部揽投员

陈 强 中国邮政集团有限公司潮州市分公司城区寄递事业部运营监控部经理

广西壮族自治区

邓艳芬（女，壮族） 中国邮政集团有限公司南宁市分公司城区寄递事业部金象营业部经理

海南省

王永机 中国邮政集团有限公司海南省机要通信局分发班班长

重庆市

石 全 中国邮政集团有限公司重庆市渝北片区寄递事业部鸳鸯营业部揽投员

四川省

哈弄夺机（藏族） 中国邮政集团有限公司四川省若

尔盖县分公司网投组组长兼乡邮员

王　虹（女）　中国邮政集团有限公司四川省宣汉县分公司土黄镇营业所主任

贵州省

张德方　中国邮政集团有限公司贵州省瓮安县分公司投递班班长兼红军揽投部主任

云南省

邓加富（彝族）　中国邮政集团有限公司西双版纳州分公司文传部投递站投递员

西藏自治区

米玛平措（藏族）　中国邮政集团有限公司林芝市分公司服务质量部机要通信分局主任科员

陕西省

舒文艺　中国邮政集团有限公司西安市临潼区分公司投递员

甘肃省

唐和顺　中国邮政集团有限公司兰州市分公司西固城营业部（普邮组）乡邮投递员

青海省

石春善　中国邮政集团有限公司海东市乐都区分公司投递员

宁夏回族自治区

冯彦森　中国邮政集团有限公司宁夏回族自治区盐池县分公司驾驶员

新疆维吾尔自治区

王海峰（回族）　中国邮政集团有限公司新疆维吾尔自治区机要通信局驾驶员兼外勤班班长

中国邮政集团有限公司总部和所属单位

贺玉焕（女）　中国邮政集团有限公司审计局（审计中心）邮政企业审计处副主任科员

代铁山　中邮科技有限责任公司北京分公司运营部负责人（中国邮政网 12 月 30 日）

【21 名邮政员工荣获“全国劳动模范”称号】 11 月 24 日，全国劳动模范和先进工作者表彰大会举行，1689 名全国劳动模范和 804 名全国先进工作者光荣接受表彰。其中，有 21 名邮政员工荣获“全国劳动模范”称号。

他们分别是：天津市蓟州区邮政分公司投递员刘大方，辽宁省盘锦市邮政寄递事业部双台子营业部揽投员张东洋，黑龙江省呼玛县邮政分公司北疆支局乡邮员韩帮绪，上海市邮区中心局邮件接发员柴闪闪，浙江省邮政信息技术中心班组长楼丁阳，安徽省邮政分公司党组书记、总经理陈洪涛，安徽省太湖县邮政分公司北中支局投递员吴义阳，山东省泰安市邮政分公司营业局投递员宋现生，湖北省武汉市江夏区邮政分公司舒安支局投递员熊桂林，湖南省凤凰县邮政分公司腊尔山支局投递员龙金云，湖南省桂东县邮政分公司寨前支局投递员黄晓青，广东省中山市邮政分公司服务部质监员韦艳梅，广西壮族自治区崇左市邮政分公司城区营业局那隆镇营业所客户经理黄宁伟，海南省邮政信息技术局技术开发部副经理王忠，四川省甘孜县邮政分公司邮运驾驶组组长其美多吉，贵州省龙里县邮政分公司投递员莫富元，云南省怒江傈僳族自治州泸水市称杆乡邮政所所长桑南才，西藏自治区双湖县邮政分公司总经理益西卓嘎，陕西省邮政分公司西安邮区中心局邮件运输中心驾驶员张忠海，甘肃省镇原县邮政分公司方山所投递员赵清龙，邮储银行新疆维吾尔自治区乌鲁木齐市沙依巴克区支行理财经理拜丽。（中国邮政网 2021 年 1 月 9 日）

【中国邮政 22 家单位获第六届“全国文明单位”称号】 11 月 20 日，全国精神文明建设表彰大会在北京举行，中国邮政集团有限公司 22 家单位荣获第六届“全国文明单位”称号。

这 22 家单位分别为：

中国邮政集团有限公司北京市机要通信局

中国邮政集团有限公司山东省分公司（本部）

中国邮政集团有限公司天津市和平区分公司

中国邮政集团有限公司河北省秦皇岛市分公司

中国邮政集团有限公司河北省沧州市分公司

中国邮政集团有限公司辽宁省盘锦市分公司

中国邮政集团有限公司吉林省四平市分公司

中国邮政储蓄银行吉林省辽源市分行

中国邮政集团有限公司吉林省白山市分公司

中国邮政集团有限公司吉林省梅河口市分公司

中国邮政集团有限公司黑龙江省哈尔滨市双城区分公司

中国邮政集团有限公司黑龙江省大庆市分公司

中国邮政集团有限公司江苏省扬州市分公司

中国邮政集团有限公司江苏省镇江市分公司

中国邮政集团有限公司江苏省泰州市分公司

中国邮政集团有限公司江苏省宿迁市分公司

中国邮政集团有限公司福建省福州市分公司

中国邮政储蓄银行江西省分行（本部）

中国邮政集团有限公司贵州省大方县分公司

中国邮政集团有限公司西藏自治区拉萨邮区中心局

中国邮政集团有限公司陕西省咸阳市分公司

中国邮政集团有限公司陕西省洋县分公司（中国邮政网 11 月 23 日）

【邮政投递员徐龙获评“全国抗击新冠肺炎疫情先进个人”】 9 月 8 日，全国抗击新冠肺炎疫情表彰大会在北京人民大会堂举行。大会对全国抗击新冠肺炎疫情先进个人、先进集体，全国优秀共产党员、全国先进基层党组织进行表彰。其中，湖北省武汉市江岸区邮政分公司上海路投递站投递员徐龙获评“全国抗击新冠肺炎疫情先进个人”，参加表彰大会。（中国邮政网 9 月 8 日）

【邮政 3 名个人、1 个团队当选第四届“最美快递员”】 9 月 29 日，第四届“中国梦·邮政情寻找最美快递员”活动揭晓，湖北省武汉市江岸区邮政分公司上海路投递站投递员徐龙、青海省格尔木市邮政分公司投递员葛军、河北省蔚县邮政分公司步班投递员曹正富等 14 名“最美快递员”，以及中国邮航团队等 5 个“最美快递员”团队受到表彰。（中国邮政网 9 月 29 日）

【6 名邮政员工获“全国青年岗位能手”称号】 共青团中央、人力资源和社会保障部联合印发《关于命名表彰第 20 届全国青年岗位能手的决定》，授予丁亚丽等 50 名同志“全国青年岗位能手标兵”称号，授予冯越等 760 名同志“全国青年岗位能手”称号。其中，6 名邮政员工荣获“全国青年岗位能手”称号。分别是：北京市邮政分公司寄递事业部魏公村营业部主管康智、速递物流聊城市分公司员工邱冬冬、河北省邮政分公司服务质量部员工张明晰、速递物流湖南省物流分公司项目经理侯磊、速递物流合肥市分公司快递员郭楠、山西省太原市邮区中心局快件处理员陈璞。（《中国邮政报》7 月 8 日）

【新闻宣传中心荣获集团公司抗疫先进集体】 疫情期间，新闻宣传中心成立 29 人的赴抗疫一线采访报道党员突击队，挖掘讲述邮政企业抗疫故事。新闻宣传中心新媒体部获得集团公司抗疫先进集体荣誉称号，新媒体编辑张明月获得交通运输部抗击新冠肺炎疫情先进个人和集团公司抗疫突出贡献个人、先进个人称号，报纸编辑杜芳荣获集团公司抗疫先进个人称号。（新闻宣传中心）

【“战疫邮我”抗疫主题纪实作品征集活动】 3 月 13 日至 4 月 30 日，由中国邮政报社主办的“战疫邮我”抗疫主题纪实作品征集活动收到文字作品来稿 900 余篇、摄影作品来稿 2300 余幅、视频作品 158 部、音频作品 13 部。

经评选、公示，《“邮政速度快，服务好！”李兰娟院士为邮政快速运送重要医疗设备至抗疫一线点赞！》《76 天，见证武汉》《把战“疫”镌刻进“国家名片”》获得文字作品一等奖；《风雪邮政人》《疫情下的投递班》《张立明的抗“疫”故事》获得摄影作品一等奖；《信使与战士》《信使·战士》《“疫”路日记》获得视频（音频）作品一等奖，另有 99 件作品分获二等奖、三等奖、优秀奖。（中国邮政网 5 月 26 日）

【集团公司一届一次职代会开幕】 1 月 6 日，集团公司一届一次职工代表大会在北京开幕。集团公司党组成员出席会议，集团公司党组书记、董事长刘爱力发表讲话。集团公司党组副书记、工会主席李丕征主持会议。

大会第一次全体会议审议通过《中国邮政集团有限公司职工代表大会实施办法》《中国邮政集团有限公司职工代表大会提案征集处理办法》《中国邮政集团有限公司职工代表大会专门委员会工作职责》和《中国邮政集团有限公司代理金融从业人员轻微违规积分管理办法》，成立生产经营、薪酬福利、安全生产、提案工作 4 个专门委员会。

大会预备会议听取筹备工作报告、代表资格审查报告、代表团组成情况说明，并审议通过大会主席团和秘书长、副秘书长名单以及大会议程。

此次职代会按照民主程序选举产生包括劳模先进、科技人员、青年职工、女职工、少数民族职工等在内的 224 名职工代表，兼顾各业务板块以及职工人数、代表结构和代表类型等要求，覆盖全国邮政系统 46 个选区。（中国邮政网 1 月 8 日）

【集团工会二届四次全委（扩大）会议在北京召开】 5 月 29 日，中国邮政集团工会二届四次全委（扩大）会议召开。会议以习近平新时代中国特色社会主义思想为指导，总结 2019 年邮政工会工作，部署 2020 年工作任务。集团公司党组书记、董事长刘爱力发来贺信，党组副书记、集团工会主席李丕征宣读贺信并作工作报告。

刘爱力提出四点要求：一是坚定正确政治方向不动摇；二是聚焦服务中心工作不偏离；三是维护职工合法权益不懈怠；四是加强工会自身建设不放松。李丕征要求，2020 年集团工会工作要以习近平新时代中国特色社会主义思想为指导，全面学习贯彻党的十九大、十九届二中、三中、四中全会精神，认真贯彻落实集团公司党组和上级工会决策部署，紧密结合中国邮政改革发展新形势、新任务、新要求，充分发挥工会组织作用，团结动员广大职工坚决抓好常态化疫情防控；坚定正确的政治方向，加强和改进职工思想政治工作，引领职工听党话、跟党走；坚持围绕中心服务大局，动员职工建功立业；坚持竭诚服务职工群众，维护职工合法权益；坚持加强工会自身建设，增强工会组织凝聚力战斗力；充分激发和调动广大职工的积极性、主动性和创造性，为实现打造行业“国家队”目标、推动中国邮政二次崛起再立新功。

会议通报集团工会第二届委员会委员替（增）补情况和集团工会第二届女职工委员会委员替补情况，宣读 46 个劳模创新工作室被命名为中国邮政集团有限公司劳模创新工作室的决定，并以播放视频的形式，分享部分省、市邮银在抗击疫情、劳动竞赛、民主管理、劳模创新工作室、心理关爱、建家工作、组织建设、智慧工会等方面的

典型经验。（中国邮政网 6 月 8 日）

【集团公司、集团工会命名集团级劳模创新工作室】 6 月，集团公司、集团工会命名北京郑广顺等 46 个劳模创新工作室为“中国邮政集团有限公司劳模创新工作室”。领衔劳模岗位基本涵盖邮政系统管理、专业和操作序列岗位，有管理、综合职能、技术、投递、营销、营业、内部处理、运输等。

在领衔劳模的带动下，形成技术攻关、项目开发、技能传授、窗口服务、公益惠民等多种类型的劳模创新工作室。劳模创新工作室作为学习交流、共享、共创、共发展的有效平台，激发职工创新创造活力，对提升职工技能素质、促进企业技术进步、加强客户开发与维护、履行社会责任等方面产生积极效果。（《中国邮政报》6 月 17 日）

【集团工会召开全国邮政系统劳模创新工作室经验交流会】 10 月 21 日，集团工会通过视频会议方式召开集团公司劳模创新工作室经验交流会。集团工会、各省（区、市）邮政工会和各控股子公司工会相关负责同志、集团级劳模创新工作室领衔人及其团队成员 300 余人参加会议。

赵明枝、王忠劳、李燕、窦双荣、拜丽 5 位不同类型的劳模创新工作室领衔人介绍各自工作室运行实操经验。北京、黑龙江、江苏 3 省（市）邮政工会介绍劳模创新工作室创建管理的经验。

对劳模创新工作室下一步工作，会议提出四点要求：一是继续提高对劳模创新工作室创建工作的认识，将劳模创新工作室打造成邮政工会的新品牌、传承劳模精神的好平台和带动员工成长的实训基地。二是加强对创建工作的支撑及管控，在场地保障、资金投入等方面给予更多支持。三是增强工作室的创新创造能力，围绕企业经营管理和转型发展开展运行。四是切实关注劳模培养和学习深造，不断为领衔劳模提供培训机会，重点围绕“思维创新”“管理创新”等方面设计培训课程，有针对性地提升劳模组织领导能力，使劳模不仅自身实力硬，还能懂管理会带兵。（中国邮政网 10 月 22 日）

【2019 年邮银结算业务竞赛获奖单位和个人受表彰】 10 月 20 日，集团公司、集团工会发出通报，对在 2019 年邮银结算业务发展劳动竞赛中获奖的阮晓毅、朱赫、宋超等 5528 名个人，邮储银行河南省永城市东方大道支行、广东省东莞市寮步教育路邮政营业所等 1000 家网点以及河南省邮政分公司等 22 家单位进行表彰，勉励获奖单位和个人继续发扬创新精神，积极进取，再创佳绩。

为整合邮政集团各板块资源、内外部资源，推动电子支付、商户收单和 ETC 业务发展，进一步增强邮政金融市场竞争力，2019 年 5 月，集团公司、集团工会在全国邮政系统组织开展邮银结算业务发展劳动竞赛活动。活动开展以来，各参赛单位按照竞赛要求，精心组织，广泛动员，形成“人人参与，人人宣传”的良好氛围，有力促进了电子支付、商户收单和 ETC 业务的发展。

经劳动竞赛评选办公室评选、劳动竞赛领导小组审定，阮晓毅等 1086 人荣获“快捷支付推荐达人奖”，朱赫等 2136 人荣获“聚合支付营销达人奖”，宋超等 2306 人荣获“ETC 推荐达人奖”。邮储银行河南省永城市东方大道支行等 200 家银行自营网点和广东省东莞市寮步教育路营业所等 800 家邮政代理金融网点荣获“优秀网点奖”，河南省邮政分公司、邮储银行河南省分行、中邮证券山西省分公司、中邮保险上海分公司等 22 家单位荣获“优秀组织奖”。（中国邮政网 10 月 20 日）

【“战疫情　奔小康”邮政人手机随手拍获奖作品展】 11 月 25 日下午，“战疫情，奔小康！”全国邮政职工手机随手拍邮票照片设计大赛获奖作品展开幕式在中国邮政邮票博物馆举行。

此次大赛于 7 月 1 日启动，历时 3 个月，14.4 万名邮政职工参与，创造邮政工会活动参与人数最多的纪录。中国邮政集团工会全方位、多渠道宣传，并与邮政“9·19 电商节”联动，为参赛职工提供福利优惠券。

大赛按照主题鲜明、邮政元素、艺术色彩、综合平衡评审原则，通过初审和复审，评选出 1500 幅个人优秀作品、10 个优秀组织奖。其中，个人奖一等奖 50 名、二等奖 150 名、三等奖 300 名、纪念奖 1000 名。获奖作品通过报纸、杂志、微信等邮政行业媒体进行了集中展示，同时选出 200 幅在中国邮政邮票博物馆举办本次专题展览，并出版发行《大赛获奖优秀作品集》。

此次展览有八大主题，分别为“抗疫邮我”“今昔邮话”“红色邮记”“信达天下”“邮美家庭”“电商助农”“扶贫攻坚”“使命必达”。（中国邮政网 11 月 26 日）

【邮储银行举办第一届数据建模大赛】 12 月 11 日，中国邮政储蓄银行第一届数据建模大赛总决赛在安徽省合肥市举办。此次数据建模大赛是邮储银行 2020 年劳动竞赛项目之一，由总行工会与总行管理信息部联合举办。大赛自 4 月启动，129 支队伍、461 人报名参赛。参赛队伍跨层级、跨条线，业技充分融合；建模选题聚焦业务重点和难点，覆盖客户服务、业务营销、风险管理等多个经营管理领域。大赛设置初赛、复赛和决赛，环环递进、层层筛选，带动参赛队伍提高竞技意识；以赛强技，先后组织开展业务、数据、算法及工具等 10 场专题培训与 28 场针对性建模审查，帮助参赛队伍提升建模能力，促进模型的优化迭代。

经过初赛、复赛选拔，来自邮储银行总、分行的 12

支队伍在决赛现场展示。评委团秉持公平、公正、公开原则，评选出一等奖 2 名、二等奖 4 名、三等奖 6 名。（中国邮政网 12 月 18 日）

【中国国防邮电工会慰问湖北邮政快递职工】 3 月，中国国防邮电工会从年度困难职工慰问资金中拿出部分款项，向奋战在湖北武汉抗疫一线的湖北邮政职工每人发放 3000 元慰问金，并致《慰问信》，向他们表达由衷的敬意和诚挚的慰问。受慰问职工纷纷表示将继续不懈努力，为疫情防控和经济社会发展的双胜利做出更多贡献。（集团工会）

【中邮保险第四届业务技能大赛】 12 月 6 日，中邮人寿保险股份有限公司第四届业务技能大赛总决赛在石家庄邮电职业技术学院结束。初赛从 5 月开始启动，各省（市）分公司按要求自行组织，选拔出参加决赛的代表选手。经过初赛选拔，来自 21 个省（市）分公司和总部呼叫、作业中心 23 支代表队的 89 名选手进入决赛。江苏分公司代表队获得一等奖，河北分公司范雪云等 8 名选手获个人一等奖。（中国邮政网 12 月 17 日）

【何健忠当选 2020 年度全国“最美退役军人”】 12 月 18 日，2020 年度“最美退役军人”评选结果发布，18 名个人和 2 个集体上榜。江苏省泰兴市邮政分公司江平路支局局长、退役军人何健忠名列其中。

“最美退役军人”学习宣传活动由中央宣传部、退役军人事务部、中央军委政治工作部联合开展，每年评选命名一次，候选对象均经广泛发动、层层推荐、严格评审。今年光荣当选的何健忠，1978 年入伍，1982 年退役后成为江苏泰兴一名基层邮递员。面对每天重复的分拣、投递工作，他给自己定下“无差错、无遗漏、无投诉”的工作目标，兢兢业业工作 15 年，受到广大群众的认可。担任江平路支局局长后，他再次立下“不抱怨、不退缩、不服输”的“三不”规矩，实现该支局业绩连续 12 年排名泰兴邮政第一，曾荣获“全国劳动模范”称号、“全国五一劳动奖章”“全国道德模范提名奖”等，并连续当选第十一届、十二届、十三届全国人大代表。作为全国人大代表，何健忠积极履职尽责、建言献策、服务民生，首创“平安邮路”“拥军邮路”等，其中“预防职务犯罪邮路”工作方法被推广至全国。（中国邮政网 12 月 23 日）

【中国邮政参加“2020 中国职工乒乓球联赛总决赛”】 11 月 22 日，“2020 中国职工乒乓球联赛总决赛”在陕西铜川体育馆落幕。新华社以《中职乒联总决赛闭幕 中国邮政队成最大赢家》报道以此项赛事。中国邮政凭借四金二银一铜，荣获行业组男子团体冠军、行业组女子团体冠军，中国邮政职工蔡伟荣获男单青年甲组冠军，张安佶荣获女单青年乙组冠军，伍帆荣获男单青年乙组亚军，涂茜钰荣获女单青年甲组亚军，曾胜蓝荣获女单青年甲组第三。中国邮政以 5682635 票位列第一，荣获最具人气球队。中国职工乒乓球联赛面向 4 亿行业职工，由中国企业体育协会于 2018 年创办，此前已举办两届。此次比赛，中国邮政以荣获“2020 通信行业乒乓球精英团体赛”冠军的湖北邮政为班底，抽调来自邮储银行、黑龙江邮政等单位的全国邮政乒乓球精英组队参赛。（集团工会）

【第三届邮政人网络春晚】 1 月 22 日（农历腊月二十八）晚 8 点，新闻宣传中心策划承办的第三届邮政人网络春晚开始直播。28 个省（区、市）报送 96 个精彩节目，经评选直播 16 个节目，涵盖寄递改革、邮政扶贫、榜样力量和主题邮局四大重点板块内容。晚会直播观看人数 36 万人。（新闻宣传中心）

新闻中心策划举办第三届邮政人网络春晚

【文化惠民活动】 受疫情影响，探索文化惠民活动新模式，将活动从线下改到线上，全国组织活动 1200 余场，收入突破亿元。第四届中国明信片文化创意设计大赛参赛作品 3.89 万套，比上年增长 69%，其中社会参赛作品 2.89 万套。网络票选参与投票人数 26 万人次，比上年增长 9.3%。第二届“我爱大熊猫”国际少儿明信片绘画大赛在疫情期间以线上的方式启动，吸引国内外公益组织、国际友人以及乌克兰、新西兰等多个国家小朋友的关注。

利用小程序、线上媒体、直播等手段，组织开展云“邮”绿水青山系列主题活动，将系列主题赛进行全新线上尝试。活动覆盖 9 个主题邮局，24.4 万人参与体验，4 个直播城市，25 家门户网站深度宣传报道，直播在线观看 6028 万人次。

成功策划并执行中国邮政参展第 27 届中国国际广告节。中国邮政以“连接美好 无处不在”的全新形象亮相广告节。现场首次增加“创意魔方”展区、云逛展、直播等新鲜玩法，将传统邮政服务与现代文化创意相结合，展现邮政传媒融合发展新成果。

承办“感谢、感恩、感动”书信文化传播活动，683万人参加，宣传覆盖8170万人，形成收入1745万元。（中邮传媒）

【广西邮政分公司荣获“2020年华南三省通信行业职工气排球友谊赛”亚军】 12月12日，由中国通信体协主办的“2020年华南三省通信行业气排球友谊赛”在广西南宁开幕。14支代表队参赛，广西邮政代表队获得亚军，福建邮政代表队获得第六名，湖南邮政代表队获得第七名并获组织奖。中国邮政三支队伍全部进入八强，是唯一一支参赛队伍全部晋级八强的通信行业企业队。（集团工会）

【武汉邮政艺术团慰问守桥官兵】 “八一”建军节前夕，武汉邮政艺术团走进驻守长江大桥的武警部队军营，为官兵送去《强军之路》邮册等邮品和书籍，并表演了精彩的文艺节目。部队官兵也为前来慰问的邮政工作人员表演了精彩的擒拿格斗和舞狮节目，营造了双拥共建促和谐的浓厚氛围。多年来，武汉邮政通过“拥军邮路”积极关心军营战士，提供不间断、多元化的邮政服务。在疫情防控期间，武汉邮政不间断投送党报党刊和各类物资，得到了官兵们的一致好评。（《中国邮政报》8月5日）

武汉邮政艺术团慰问守桥官兵

【河南省邮政分公司联合新华保险开展“助力夏粮·关爱保障”爱心捐赠公益活动】 5月14日，河南省邮政分公司在驻马店市西平县，联合新华保险开展“助力夏粮·关爱保障”爱心捐赠公益活动，向驻马店市1000余名夏粮收割机手捐赠人身意外保险，总保额超过8100万元。

此项公益活动为包括驻马店市在内的河南18个城市的5000多名夏粮收割机手，捐赠每人8万元保额的人身意外伤害保险保障和1000元的意外医疗保险，捐赠总保额超过4.05亿元。（《中国邮政报》5月20日）

河南省邮政分公司联合新华保险开展“助力夏粮·关爱保障”爱心捐赠公益活动

【邮储银行海南省分行工会“六一”儿童节慰问乡村行】 “六一”儿童节前夕，邮储银行海南省分行党委与工会组织各级机构开展了“六一”儿童节慰问乡村行活动，为部分乡村小学生发放学习用具和书籍，还为他们送去各类寓教于乐的精彩游戏。（邮储银行）

邮储银行海南省分行工会“六一”儿童节慰问乡村行

【云南警邮启动“一盔一带”安全行动】 为贯彻落实全国“一盔一带”安全守护行动部署要求，全力促进快递员佩戴安全头盔行动，5月27日，云南省交警总队车管处、

云南警邮启动“一盔一带”安全行动

省寄递事业部速递业务责任中心、昆明市邮政分公司共同召开云南警邮联动“一盔一带”启动大会，会上，省交警总队车管处相关人员为快递骑手普及“一盔一带”相关知识，开展“一盔一带”知识有奖抢答，并现场为快递员发放头盔。（《中国邮政报》6月2日）

【邮储银行江西省分行荣获第六届“全国文明单位”】 11月20日，江西省分行获评第六届“全国文明单位”，成为获此殊荣的全省唯一一家省级金融机构。在创建“全国文明单位”的过程中，江西省分行党委把握“坚持和加强党的全面领导”主线，加强党组织建设，发挥支部战斗堡垒作用和党员先锋模范作用，使党的建设成为文明创建的重要保障和推动力。在追求自我发展的同时，不忘回报社会、服务人民，融入江西经济社会发展，持续保持服务实体经济的强劲态势。并始终坚持服务“三农”、服务城乡居民和服务中小企业，构建“以客户为中心”的服务体系，打造出独具特色的普惠金融品牌。（邮储银行）

【“其美多吉雪线邮路”石碑揭幕】 10月21日，“其美多吉雪线邮路”石碑在四川省甘孜藏族自治州德格县雀儿山揭幕。石碑位于海拔4300米的雀儿山317国道新、老公路交界处，四川省邮政分公司党委书记、总经理，甘孜州德格县委副书记、县长出席石碑揭幕活动，康定—德格雪线邮路驾押人员代表见证石碑揭幕。（四川省邮政分公司）

“其美多吉雪线邮路”石碑

交流与合作

◇ 国内交流合作

◇ 国际交流合作

国内交流合作

【集团公司助力农民合作社高质量发展交流活动在四川举办】 10月18—19日，为贯彻落实乡村振兴战略，农业农村部和中国邮政集团有限公司在四川雅安联合举办“中国邮政助力农民合作社高质量发展交流活动”。该活动旨在进一步总结政企联合支持农民合作社高质量发展的主要做法，交流彼此优秀经验，明确下阶段重点工作。活动期间，参会代表们实地观摩四川省雅安市名山区前新茶叶种植农民合作社、蒙和源水果种植农民合作社，交流总结中国邮政助力农民合作社高质量发展的经验和做法。（中国邮政网 10月19日）

【“邮你同行”银保合作发展论坛深圳峰会举行】 由邮储银行主办、大成基金管理有限公司协办的“邮你同行”银保合作发展论坛深圳峰会举行。华南地区的35家商业银行和26家保险机构受邀参加峰会，共同就打造高质量同业合作生态、助力区域发展战略和金融供给侧改革进行了广泛深入的交流。

与会嘉宾认为，新冠肺炎疫情对经济金融形势的影响仍在继续，银行业面临的经营环境更加复杂，同业合作的必要性和重要性更加突出；同业合作在流动性互助、资产流转和托管等方面，具有巨大潜力和广阔空间；在银行间的合作领域，可以发掘债券和ABS的承销与投资、代客交易结算、公募基金联合投资等合作潜力；在银行与保险机构的合作领域，可探索加强资产托管、产业基金等业务合作。（《中国邮政报》12月1日）

【商务部、国家邮政局与集团公司签署三方框架合作协议】 7月，商务部、国家邮政局与中国邮政集团有限公司签署三方框架合作协议，在发展农村现代流通网络、推进电子商务进农村、多渠道拓宽贫困地区农产品营销渠道、统筹做好疫情防控合作等12个方面开展合作。（集团公司市场部）

【集团公司与中建集团签署战略合作框架协议】 5月27日，集团公司与中国建筑集团有限公司在北京签署战略合作框架协议。根据协议，双方在重大项目建设、地产联合开发、产融结合、金融、快递物流等方面开展战略合作。在重大项目建设合作方面，拓展在重大项目建筑方案设计、施工图设计、施工以及工程总承包等方面的深度合作。在地产联合开发合作方面，推进在土地、楼宇旧改等方面合作，促进国有资产保值增值。在产融结合合作方面，服务国家重大区域发展战略，围绕各类大型基础设施项目的新建、盘活等方面，开展产业投资和产业导入合作，为地方经济增添活力。在金融合作方面，将在银企直联、投资银行及金融市场、供应链金融服务、个人金融服务、公司金融服务及保险业务、证券业务等方面开展合作。集团公司为中建集团及成员单位提供股权融资、债权融资、资产证券化、资产管理等各类专业服务，提供代发薪资服务及存款、汇款、理财、信贷等综合个人金融服务，提供员工及家属团体福利保险保障计划服务以及股票托管、融资融券等服务。在快递物流合作方面，集团公司为中建集团及成员单位提供仓储、运输等物流服务，以及国内、国际快递服务及代收货款、单据返还等各项增值服务。其他方面，集团公司为中建集团提供品牌宣传、客户维护、业务推介、服务建设、企业文化建设等服务，并探索开展公益慈善活动，进行扶贫模式创新。（中国邮政网 5月27日）

【集团公司与建设银行开展百万补贴直播助农】 10月15日，集团公司与中国建设银行在贵州开展“扶贫‘邮’你，‘建’赠百万”大型主题助农直播活动。活动选取全国扶贫产品目录中的十多款产品，通过邮政让利、建行发券的方式，让利百万元，实现扶贫产品特惠购。

直播间里，通过“特价助农、超值满减、1元秒杀”三大福利，猕猴桃、土鸡蛋、麻辣牛肉等贵州优质产品展现在全国观众的面前。主播们还将湖北孝感皂角米、河北天勤玉米、河南潢川手工空心贡面、陕西秦岭黑木耳等优质产品推荐给广大网友。此次直播有40余万人次在线观看，销售金额超66万元。（《中国邮政报》10月21日）

【集团公司与广汽集团签署战略合作框架协议】 8月31日，集团公司与广州汽车集团股份有限公司签署战略合作框架协议。双方将充分发挥各自领域拥有资源、业务和服务优势，在市场拓展及服务、车辆采购及员工个人购车、金融合作、快递物流、移动出行等领域建立战略合作关系并开展深入合作。

本着“资源共享、优势互补、合作共赢、共促发展”的原则，双方签署战略合作框架协议，旨在基于各自核心竞争力，建立长期战略合作伙伴关系，通过战略合作更好地推动双方可持续健康发展。根据协议，在市场拓展及服务方面，中国邮政将利用自身资源优势和配套综合服务，开展微车展等合作，助力广汽集团全国市场拓展。双方将探索创新汽车网络下沉新零售方案，并在服务体系共建、动力电池服务以及品牌推广、客户维护等开展合作。在车辆采购及员工个人购车方面，双方将积极推进公务出行、物流运输、员工个人出行等车辆采购合作。在金融合作方面，双方将围绕授信融资、个人汽车消费贷款、战略投资与混合所有制改革、资本市场专业化服务等开展合作。在快递物流方面，双方将积极推进文件和物品寄递、国际货运代理、国际仓储、境外配送、重点口岸进出口清关、保税物流等合作，共同探索售后备（配）件物流等合作机会。在移动出行业务合作方面，广汽集团将为中国邮政提供符合需求的移动出行服务产品。（中国邮政网 8 月 31 日）

【集团公司与金邦达签署合作框架协议】 10 月，集团公司与金邦达有限公司签署合作框架协议。双方将通过优势互补、资源共享，建立长期合作伙伴关系，在科技创新、产品与服务、寄递物流、金融业务、邮政业务等方面开展深入合作，共同为科技创新提供有利的条件和环境，实现共同发展。

根据协议，在制卡方面，邮储银行将与金邦达开展金融卡及相关服务合作。在多功能网点共建方面，双方将围绕创新科技应用网点建设探索开展合作。在寄递物流方面，双方将深化联动发展优势，携手为金融机构、政府机关等提供安全可靠的服务，建立卡函寄递行业标准项目，进一步提升银行卡配送服务质量和安全水平。在金融方面，邮储银行将为金邦达提供综合授信、贸易融资、项目融资、代发工资、企业理财等金融业务方案，并为金邦达及其上下游企业提供供应链金融产品及服务方案。同时，中国邮政将为金邦达提供保险业务、证券业务等服务。在邮政业务方面，双方将围绕媒体宣传、报刊数字媒体、客户维护、文创合作、员工教育及福利等开展合作。（《中国邮政报》10 月 13 日）

【集团公司与北京邮电大学签署战略合作协议】 10 月 17 日，集团公司与北京邮电大学在京签署战略合作框架协议。根据协议，双方计划聚焦新技术、新业态与邮政业务的深度融合，重点依托北京邮电大学现代邮政学院，面向邮政生产作业和企业管理向信息化、自动化、智能化转型，在人才培养、科技创新、学术交流和邮政服务创新等方面进行全方位深度合作，实现互惠共赢、共同发展。

其中，在人才培养方面，双方挂牌建立人才培养基地，联合开展博士后等培养工作，加强信息技术领域、重点专业领域人员交流互动。在科技创新方面，双方联合建立创新实验室或技术研究中心，北京邮电大学在信息技术的研究与应用开发方面给予支持，实现双方优势互补。在学术交流方面，双方不定期组织相关教师和技术管理人员开展学术交流与学术讲座等。在邮政服务创新方面，双方开展金融市场及资本合作，进一步深化寄递服务合作，并在金融业务、普遍服务创新示范、普遍服务相关课题研究、媒体宣传、电商等方面开展合作。

集团公司电商分销局、中邮科技有限责任公司相关负责同志，分别以《发挥渠道优势　释放协同资源　打造特色平台——中国邮政全域电商探索》《科技引领　创新驱动　开启快递发展新征程》为题，为北邮现代邮政学院（自动化学院）及学校其他专业学生进行专题演讲。（中国邮政网 10 月 18 日）

【集团公司与南京市人民政府签署项目深化合作协议】 9 月 18 日，在 2020 中国南京金秋经贸洽谈会重大项目集中签约仪式上，中国邮政集团有限公司与南京市人民政府签署项目深化合作协议。

双方将结合各自发展战略和功能定位，围绕产业优化升级和高质量发展要求，抢抓“新基建”发展机遇，遵循“优势互补、合作共赢、聚力创新、共同发展”的原则，在建设中国邮政进出口集散处理中心、建设南京国际货邮处理中心、推进中国邮政国际货邮综合核心口岸项目落地、推动海关全方位监管模式落地、加快全球航线网络建设、统筹推进重大功能平台落地六个方面，开展全方位、多层次、宽领域的深度合作。

根据协议，南京市人民政府将为中国邮政提供良好的营商环境和广阔的发展空间，在全市规划布局、资源整合及重大投资建设方面给予全面协调配合。中国邮政将以南京为全国中心发展全球邮政物流业务，优先布局核心业务、投入优质资源、建设重大项目，推动更多新技术、新模式和新业态落地，提高航空货邮对实体经济发展的支撑和拉动作用，助力提升南京国家重要的综合交通枢纽地位和国际化水平。（中国邮政网 9 月 21 日）

【集团公司与江西省人民政府签署战略合作框架协议】 12 月 30 日，中国邮政集团有限公司与江西省人民政府在南昌签署战略合作框架协议。根据协议，双方发挥各自优势，在金融服务、电子商务、现代物流、公共服务、文化旅游和邮政基础设施建设等领域深化合作。

江西省人民政府支持中国邮政在江西的经营发展，支持中国邮政开展金融业务、快递物流、邮政服务等方面的创新，共同推进江西经济建设，从产业规划和政策制定、金融体制稳定和机制创新等方面营造良好的产业发展格局和合作环境。鼓励中国邮政参与全国电子商务进农村综合示范建设，支持中国邮政参与江西现代速递物流产业发展，支持邮政企业推进物流集散网合理布局和仓储、邮件处理中心等基础设施建设。支持利用邮政渠道和业务载体，开展“单、证、照”的受理和寄递以及政务、民生信息的宣传和告知等公共服务，支持中国邮政参与“江西风景独好”、赣文化传播工作，满足人民群众用邮及其他生活需求。（《中国邮政报》2021 年 1 月 1 日）

【集团公司与河南省人民政府签署战略合作框架协议】 9 月 28 日，集团公司与河南省人民政府在郑州签署战略合作框架协议。根据协议，双方将发挥各自优势，在推进邮政国际邮件郑州口岸和航空网络建设、推进中欧班列（郑州）常态化运邮、推进邮政金融服务地方经济发展、推进邮政普遍服务能力提升、推进邮政公共服务能力提升等方面深化战略合作。

河南省人民政府将支持中国邮政郑州航空邮件处理中心项目与郑州机场北货运区工程同步建成投用，利用中欧班列（郑州）资源开展进出口常态化运邮业务。支持邮储银行参与各级财政、社保以及政府主导的相关项目，支持各级政府、各有关部门将邮政设施的建设纳入国土空间规划、综合交通运输体系规划。支持各政务服务平台与邮政业务系统实现信息系统互联互通，支持邮政参与药品寄递配送服务。

中国邮政将支持和推进中国邮政航空在郑州机场持续增加运力、增开航线，完善邮政航空网络布局。加大对河南的资金配置和信贷资源倾斜政策支持力度，继续加大对河南邮政普遍服务能力的投入，支持河南邮政全面服务政府“放管服”改革，开展各类公共事业费用代收代缴等便民服务，助力政务服务“网上办、立即办、一次办”，让人民群众办事“最多跑一次”。（中国邮政网 9 月 29 日）

【集团公司与广西区人民政府开展战略合作】 10 月，集团公司与广西壮族自治区人民政府签署战略合作框架协议。双方将围绕推进邮政服务地方经济社会发展、做好城乡综合便民服务、推进数字广西建设、打造“三农”综合服务平台、提升邮政普惠金融服务、加快广西跨境电商业务发展、推进服务中小微企业、完善国际金融服务、发挥邮政文化传媒优势服务地方宣传九个方面深化合作。（中国邮政网 10 月 13 日）

【集团公司与贵州省人民政府开展战略合作】 集团公司与贵州省人民政府签署战略合作框架协议。双方围绕共同推进邮政服务地方经济社会发展、共同做好城乡综合便民服务、共同打造服务“三农”综合平台、共同提升邮政普惠金融服务、共同推动加快电商发展、共同推进服务中小企业、共同推动地区文化产业发展七个方面深化合作。中国邮政将加快贵州省邮政基础设施建设，加大在贵州的信贷投放力度，优先支持贵州交通、电力等重点基础设施项目以及战略性新兴产业、优势特色产业项目融资；优化邮政网络布局，为农民提供助农取款、小额信贷、农资采购、农技支撑、农产品销售等一系列服务，扶持贵州特色农业、设施农业、生态农业和农产品加工业发展，以农业产业化经营带动精准扶贫；积极为乡村振兴战略提供人力和财力保障，做好公共民生普惠金融服务，大力发展民生金融业务，为农民、城镇低收入群体、贫困人群等特殊群体提供一揽子金融服务；为贵州电商企业提供“仓储+寄递+金融”一体化服务，助力贵州电子商务产业发展，促进实体经济转型升级；围绕贵州省内特色产业集群、重点行业、重点区域，积极扶持小微企业发展，拓宽小微企业融资渠道；利用邮票资源，发挥集邮文化优势，把邮政渠道平台打造成为传承弘扬贵州地方特色文化、非物质文化遗产、旅游文化的特色窗口和活动基地。（中国邮政网 6 月 4 日）

【邮储银行与光明食品（集团）有限公司签署战略合作协议】 9 月，邮储银行与光明食品（集团）有限公司在上海签署战略合作协议。根据协议，双方将深入贯彻落实党中央、国务院关于实施乡村振兴战略的决策部署，充分发挥在“三农”领域的差异化、特色化优势，在核心产业、农业产业链、农产品流通、农批市场建设等领域进行多层次、多领域、全方位的业务合作，共同提升服务“三农”的水平。

光明食品集团是一家集现代农业、食品加工制造、食品分销于一体，具有完整食品产业链的综合食品产业集团，致力于成为安全、优质、健康食品的标杆。邮储银行坚持服务“三农”、城乡居民和中小企业的定位，依托网络、资金和专业优势，建立了专业化、综合化的“三农”金融服务体系，是金融支持乡村振兴的重要力量。此次战略合作是双方深化互利共赢的战略之举，双方将在服务“三农”、助力乡村振兴领域开展深入、全面的合作，更好地支持实体经济发展、服务社会民生。（《中国邮政报》9 月 22 日）

【邮储银行与美团签署战略合作协议】 8 月 11 日，邮储银行与美团在北京举行全面战略合作协议签约仪式，并正式推出邮储美团联名借记卡。根据协议，邮储银行和美团将整合双方资金、网络、流量、技术、场景等优势，在网络金融服务、信用卡、借记卡、个人贷款、小微企业金融服务等方面开展深入合作。双方将积极推进一键绑卡、联名借记卡、联名信用卡等金融服务，充分发挥邮储银行网络优势以及美团生活场景优势，共同打造线上线下一体化场景，提升客户体验。双方还将充分利用大数据和智能风控技术，推进产品和业务模式创新，为个人和小微企业提供更加优质、高效的金融服务。邮储银行与美团一道，整合线上线下资源，共建金融服务生态体系，为广大客户提供更加便捷、优质的服务体验，为小微企业提供更加精准、高效的金融支持，全力助推实体经济发展，为全面落实“六稳”“六保”、推动形成国内国际双循环发展新格局贡献力量。（《中国邮政报》8 月 13 日）

【集团公司寄递事业部与平安银行汽车消费金融中心签订战略合作协议】 12 月 3 日，集团公司寄递事业部与平安银行汽车消费金融中心签订战略合作协议。根据协议，集团公司寄递事业部以向平安银行提供机动车抵押/解押代办寄递业务为契机，发挥中国邮政“通政、通民、通商”的优势，围绕“汽车生态金融增值服务”等重点业务寻求突破。双方将在“金融+寄递服务”领域积极探索，通过客户资源、渠道资源、业务资源共享，开展更深层次合作。(《中国邮政报》12月9日)

【集团公司寄递事业部与菜鸟裹裹共建退换货寄件新渠道】 12月29日，集团公司寄递事业部与浙江菜鸟供应链管理有限公司签署共建菜鸟裹裹代寄点战略合作协议。根据协议，双方将通过平台引流，使广大消费者可以在就近的合作邮政网点办理网购退换货等菜鸟裹裹寄件业务。

随着消费者端电商退换货和个人寄递需求旺盛，中国邮政依托自身遍布城乡、覆盖全国的8000余个揽投部、5.4万个营业支局所和42万个信息系统完善的“邮乐购”站点资源，与菜鸟裹裹合作，创新推出“到站寄件”服务新模式，共同推动在全国邮政网点叠加裹裹寄件业务。双方共建2.2万多个菜鸟裹裹代寄点，网点上线数量排名行业第一。(中国邮政网12月30日)

【中国集邮有限公司与社会公司开展合作】 中国集邮有限公司与西藏刚坚、邮来邮网建立战略合作关系，与中国黄金、印钞造币、中国金币等公司扩大合作。深化与邮储银行的合作，《庚子年》邮票金实现收入1.31亿元，邮福器、邮福宝实现收入5136万元。深化与寄递事业部的合作，将抗疫邮品安全直发到358个地市，联手推进鲜花卡寄递、“鸿雁传书·金榜题名”等项目。让利各省(区、市)邮政分公司1.075亿元，其中销售型年册让利各省1100万元，生肖产品让利各省9650万元。统筹品牌管理、产品开发、准入管理。协助集团下发“中国集邮”品牌使用指导意见和负面清单。启动品牌使用审批，规范各省使用品牌开发产品。重点项目统筹票源、集中开发。拟定准入办法。(中国集邮有限公司)

【天津市邮政分公司与市商务局签订扶贫工作战略合作协议】 3月26日，天津市邮政分公司与市商务局签订扶贫工作战略合作协议，各区邮政分公司对接各区商务局，推动战略合作协议落地。河东区邮政分公司率先落地协议内容，与区商务局合作利用邮政线上线下销售平台，为区政府对口扶贫的甘肃省宁县及迭部县小米、苹果、蕨菜干等农副产品提供销售渠道。

双方利用邮政金融、渠道平台、物流网络等资源，在打造地方名优产品、消费扶贫、政务服务等方面为天津商务宣传工作赋能，助力天津惠农工作高质量发展。根据协议，天津市邮政分公司依托线上渠道平台以及遍布全市的邮政网点、“三农”服务直营店、邮乐购站点，为天津扶贫农产品提供数据推广和产品宣传、销售等服务。天津市商务局利用天津市邮政分公司线上平台大数据，为天津商务经济需求、商务活动、产品活动寻找精准目标人群，提升活动效果。

双方联合开展“特色产品助力天津经济高质量发展”为主题的宣传活动，通过双方官方微信公众号、邮政新媒体业务联合发布“爱心助农、消费扶贫在行动”“邮乐农品—健康直达”“夜间经济”等活动相关信息，以联合组织专题讲座、建设农家书屋等形式开展深入融合。(中国邮政网3月31日)

【天津市邮政分公司等签署三方惠农战略合作协议】 5月26日，天津市农业农村委与天津市邮政分公司、邮储银行天津市分行共同举办三方惠农战略合作签约仪式。惠农合作将紧密围绕提升农民合作社、家庭农场和农村集体经济组织等的发展质量，建立工作协调机制，以调动社会力量支持农民合作社、家庭农场和农村集体经济组织的发展。天津市邮政分公司从信贷、寄递、电商、保险等重点项目着手，主动对接天津农民合作社、家庭农场和农村集体经济组织，帮助农民解决“融资难销售难物流难”等问题，打通农业全产业链，服务全市农村经济发展。(中国邮政网6月4日)

【黑龙江省邮政分公司与中国铁路物资哈尔滨物流有限公司签署战略合作协议】 6月9日，黑龙江省邮政分公司与中国铁路物资哈尔滨物流有限公司签署战略合作协议。

根据协议，黑龙江省邮政分公司为中国铁路物资哈尔滨物流提供仓配物流规划、咨询及仓配一体配送、快递物流、同城省内及省际配送业务等综合服务；中国铁路物资哈尔滨物流为黑龙江邮政探索新市场、新品种以及为仓储物流环节中装载工具的创新、回收设计提供主动的协同服务；黑龙江省邮政分公司利用网点及专业优势，向中国铁路物资哈尔滨物流提供资金结算、资金增值、保险及证券等金融服务。双方本着“资源共享、优势互补、合作共赢、共促发展”的原则，在仓配一体化、金融服务、配送服务等领域探索更深层次的合作，开辟互惠、双赢、共享的合作发展新局面，为社会提供更加优质、便捷的产品和服务，进一步提升面向数字化服务领域的核心竞争力。(中国邮政网6月11日)

【上海公安出入境智慧邮政服务中心启用】 8月4日，上海市公安局出入境管理局与上海邮政战略合作协议签约暨上海公安出入境智慧邮政服务中心启用仪式在位于浦东新区学林路36弄9号楼的上海市公安局出入境管理局张江智能制证中心举行。上海公安出入境智慧邮政服务中心的建设旨在为出入境材料配送提供一个专门的封装收寄场所及一站式进驻服务，通过全新的出入境智慧自动化封装设备，可对邮件进行自动封装，以减少人工差错，提高封装效率，实现当天制证邮件当天封发完毕，进一步提升市民办证时效。（上海市邮政分公司）

【上海市政邮报三方签订共建海派文化中心备忘录】 12月28日，上海市虹口区人民政府、上海市邮政分公司、上海报业集团战略合作签约暨北外滩“世界会客厅”演播室启用仪式在白玉兰广场举行，三方签订共建海派文化中心备忘录，为北外滩媒体服务中心揭牌。上海邮政将与虹口区人民政府、上海报业集团共组海派文化中心项目工作专班，就项目规划、运行机制、综合保障等方面开展专题研究，并争取各方支持，保障项目顺利推进，上海邮政在提供项目场地资源、保护利用优秀历史建筑、促进邮政文化与海派文化深度融合等方面发挥重要支撑和推进作用。（上海市邮政分公司）

【江苏省邮政分公司与省高级人民法院签订战略合作协议】 6月3日，江苏省高级人民法院与省邮政分公司签订战略合作协议。双方围绕法律文书集约送达等审判辅助事务开展合作，共同打造“集约化”“智能化”送达新模式。江苏全省123家法院与邮政签约，103家法院实现邮政驻点服务。江苏省邮政分公司推出集中打印、统一封装、拍照送达等多种服务，并参与“智慧法院”建设。

江苏省邮政分公司依托自身数据服务能力、网络资源及专业队伍等优势，为省内各级法院提供电话联系、电子送达、邮寄送达、直接送达辅助、公告送达等集约化送达服务，有效提升司法工作效率和送达率。运用信息系统、投递网络、人力资源、投递经验等优势，统一承揽法院的卷宗扫描复印、归档等数十项审判辅助性事务，便于法院工作人员集中精力从事审判工作。

江苏省邮政分公司协助省高院，参与集中送达可视化管理平台、送达地址数据库建设等工作，利用邮政大数据实现智能检索，确定优先送达方式和最优送达地址，实现精准找人。截至6月1日，宿迁、镇江、南通等地市“集中送达中心”上线运行。（中国邮政网 6月8日）

【山东省邮政分公司与山东大学签署战略合作协议】 11月25日，山东省邮政分公司与山东大学在济南举行战略合作签约仪式。此次战略签约是对前期合作的深化和拓展，双方将在宣传和弘扬山大文化、推动邮政普遍服务、搭建创新创业平台、校企联合科技创新、人才培养以及文化建设等方面开展更加广泛而深入的合作，共同打造校企合作的新典范。2001年10月，山东大学百年华诞，山东邮政申请发行了《教书育人》独立邮资图邮资明信片。2011年10月，山东邮政为山东大学110周年校庆定制个性化主题邮票。2016年11月，在兴隆山校区邮电所建成集共享寄递、文化生活、金融服务、互联网超市于一体的全新智能综合服务中心，成为全国邮政服务校园的“山东样板”。2019年和2020年，又分别为山大新生设计制作全国第一份个性化录取通知书与主题录取通知书。双方申请发行的山东大学建校120周年纪念邮票纳入“2021年纪特邮票发行计划”。（《中国邮政报》12月8日）

【山东省邮政分公司与鲁花集团签署战略合作协议】 山东省邮政分公司与山东鲁花集团签署战略合作协议。根据协议，双方本着业务开放、资源互换、合作共赢的原则，发挥自身资源和行业优势，在综合金融、渠道产品、仓储配送、媒体宣传等领域开展深度合作。综合金融方面，双方围绕金融授信、信贷抵押、保险、证券等方面开展合作，发挥邮政金融协同优势，提供多元化综合金融服务。渠道产品方面，双方推进渠道共建共享，探索产品代理合作模式。仓储配送方面，双方开展全方位快递物流业务合作，发挥邮政网络优势，提供仓储配送服务和文件物品寄递服务。媒体宣传方面，山东省邮政分公司发挥腾讯唯一战略合作伙伴的优势，利用线上线下媒体与产品资源，为鲁花集团在品牌宣传、客户维护、业务推介、企业庆典等方面提供服务支持。（中国邮政网 6月3日）

【河南省邮政分公司与省市场监管局签订战略合作协议】 4月20日，河南省邮政分公司与省市场监督管理局签订战略合作协议。双方搭建合作平台，建立互动机制，畅通合作渠道，实现强强联手，在信息共享、金融服务、寄递服务、技术融合、服务咨询、人员培训、保险证券服务等方面开展全方位合作。根据协议，河南省邮政分公司与省市场监管局发挥各自领域的政策优势和综合服务优势，在扶贫助困、精神文明和经济社会建设等领域加强沟通交流，实现优势互补；推进“大众创业、万众创新”，发挥双方的职能优势，服务实体经济，推进河南经济社会发展。河南省邮政分公司发挥遍布城乡的网络和渠道优势，开辟企业登记全程电子化辅助办理专区，助力“最多跑一次”便民惠企服务；利用自身邮件实物传递网络优势，融合双方线上线下资源，提供公文、企业证照、信息调查回函等寄递服务，为市场监管部门在线服务平台服务的市场主体提供线上办理、线下寄递服务。此协议签订后，各级市场监管部门与河南省邮政分公司下辖各分支机构另行签订相关协议，确保业务合作内容逐级对接、统一实施。（中国邮政网 4月27日）

【广西邮政分公司与区商务厅、邮管局开展十二项重点合作】 11月28日，第十七届中国——东盟博览会之2020

中国—东盟丝路电子商务论坛在广西南宁举办。论坛期间，广西邮政分公司与自治区商务厅、邮政管理局共同签订三方合作框架协议。三方将聚焦十二项重点合作事项，成立合作机制领导小组，建立沟通协调机制和合作保障机制，努力实现共赢。十二项重点合作事项主要包括发展农村现代流通网络、深入推进“快递向下”工作、提升乡村电商站点运营服务能力、加强邮政金融服务商务功能、推动供应链物流合作、多渠道拓宽贫困地区农产品营销渠道、推进跨境电商发展、促进电商领域品牌消费和品质消费、强化信息共享、加强扶贫领域合作、支持广西邮政建立现代医药流通体系、统筹开展疫情防控合作等。（《中国邮政报》12 月 2 日）

【云南省邮政分公司与云南航空产业投资集团签署战略合作协议】 6 月 2 日，云南航空产业投资集团与中国邮政集团有限公司云南省分公司战略合作协议签字仪式暨昆明—曼谷邮航全货机首航仪式在昆明举行。双方本着诚信合作、相互尊重、优势互补、互惠互利等原则深入合作，建立全面、长期、深层次的战略合作伙伴关系。双方将以昆明国际航空枢纽和中国邮政西南区跨境电子商务集散枢纽中心建设为依托，坚持以规划总揽发展、以业务发展匹配资源，充分盘活土地资源，积极推进物流资源整合，优化货运流程，提高运行效率，为客户提供顺畅、高效的服务，以航空物流发展驱动区域经济发展，助推云南辐射中心建设。（中国邮政网 6 月 3 日）

【石邮学院承办第五届全国“互联网 +”快递大学生创新创业大赛全国总决赛】 12 月 19 日，第五届全国“互联网 +”快递大学生创新创业大赛全国总决赛在石邮学院闭幕。石邮学院参赛的 4 个项目均获大赛金奖，并获得“优秀组织奖”和“特别贡献奖”。石邮学院聚焦培养高素质高技能邮政基层人才，强化学生思政教育、企业文化教育、劳动教育、创新创业教育和工匠精神培养、实践技能培养，持续打造石邮学生“下得去、用得上、干得好、留得住、能发展”的素质能力品牌，403 人次在 45 项省级以上竞赛中获奖 120 项，一等奖以上获奖数比上年增加 50%。（石邮学院）

【第三届内地与港澳邮政高峰线上会议】 12 月 9 日，第三届内地与港澳邮政高峰会议以视频连线的方式在北京、香港和澳门三地联合举行，围绕内地与港澳邮政业应对新冠肺炎疫情的举措以及各自发展情况，推动落实粤港澳大湾区邮政业发展实施意见 以及万国邮政联盟大会重点问题等内容进行分享与讨论。国家邮政局局长马军胜、中国邮政集团有限公司董事长刘爱力、香港邮政署署长朱曼铃、澳门邮电局局长刘惠明出席会议并致辞。国家邮政局副局长赵民主持会议。

经过协商研讨，中国邮政集团有限公司副总经理温少祺宣布本次高峰会议达成四项共识：一是坚持“一国两制”方针，深化内地与港澳邮政峰会机制，开展文化交流合作，加强青年交流，共同促进邮政业和谐发展；二是促进内地与港澳优势互补，协同推进粤港澳大湾区邮政业高质量发展，成立专项工作组，加强统筹谋划和项目对接；三是加强新冠肺炎疫情防控合作，做好内地与港澳邮政以及与其他相关方的信息沟通、政策协调和行动配合；四是强化沟通协调，参与万国邮联和区域邮政组织事务，做好重大议题谈判、标准制修订等相关工作。

国家邮政局、中国邮政集团有限公司、香港邮政署、澳门邮电局相关负责人围绕有关问题进行交流研讨。（中国邮政网 12 月 10 日）

国际交流合作

【集团公司参展 2020 年中国国际服务贸易交易会】 9 月 4—9 日，主题为“全球服务 互惠共享”的 2020 年中国国际服务贸易交易会在北京国家会议中心举行。

服贸会期间，集团公司的“发挥协同优势，助力电商出海”项目入选中国服务示范案例奖，邮储银行的“邮储食堂”客户增值服务平台入选业态创新示范案例。

邮政速递物流展示服务制造企业出海方面的典型案例以及在国际物流方面积累的能力，中国邮政飞机梯队、“中国邮政号”中欧班列等邮政元素点缀综合展示区。通过组开自主航空专线、开拓中欧班列大通道、开辟“海运新丝路”等方式，实现“海陆空”立体网络运输，保障跨境电商出口运输渠道畅通，初步建成高效、稳定、可控的自主国际邮寄网络。在全球抗疫中，中国邮政发挥网络通达全球的优势，为全球抗击疫情和恢复经济生产提供物流保障。中国邮政依托 32 架飞机、912 条国际航空邮路、6 万余辆邮运汽车，68 个国际邮件互换局、32 个商业口岸、8 个保税中心、8 大陆运集散中心、多趟次“一带一路”中国邮政号班列、13 个海外仓，寄递业务通达全球 174 个口岸，覆盖全球 200 多个国家和地区。

邮储银行展示专区以“打通金融服务‘最后一公里’”为主题，从“普惠金融”“科技赋能”“百年邮储”等方面进行打造，并重点展示利用大数据、云计算、人工智能、AR 等前沿技术实现的金融科技最新成果。其中，“邮储生活”APP 是邮储银行重点打造的融通线上线下的场景生态，将和邮储银行手机银行一起满足客户“金融 + 生活”需求。“邮储食堂”于 2019 年在全国推广，上线一年，客户数量突破 4000 万户。邮储银行展示的其他金融科技融合发展成果还包括："千人千面"互动体验区、"颜值＋微笑值"小测验、"5G+AR"客户智慧识别应用、"云工作室"。(《中国邮政报》9月8日)

【集团公司参展第十八届中国国际农产品交易会暨第二十届中国西部（重庆）国际农产品交易会】 11月27—30日，第十八届中国国际农产品交易会暨第二十届中国西部（重庆）国际农产品交易会举行。集团公司应邀参展，展示邮政企业开放合作，在助力脱贫攻坚、乡村振兴上的积极作为。作为"东道主"，重庆市邮政分公司带来本地各类特色农产品。集团公司组织16个省（区）分公司，携各地名优农特产品参展。(《中国邮政报》12月2日)

农交会邮政展区

【集团公司首获国际绩效改进协会（ISPI）卓越奖（AOE）】 5月15—17日，2020年国际绩效改进协会年度会议暨颁奖仪式通过在线会议方式举行，集团公司选送的"绩效改进助力信用卡激活提升项目"和"绩效改进助力标快现费揽收快速提升项目"分获国际绩效改进协会（ISPI）2020年度"卓越奖（AOE，杰出人类绩效干预奖）"。这是集团公司首次申报并成功获得的全球绩效改进领域的最高奖项，代表着中国邮政绩效改进创新实践获得国际权威机构的认可，具有里程碑式的重要意义。(石邮学院)

中国邮政首获国际绩效改进协会（ISPI）卓越奖（AOE）

【万国邮联向世界分享中国邮政疫情防控经验】 4月9日，万国邮政联盟在其官方社交媒体上发布了由中国邮政集团有限公司制作的《新冠病毒防护指导手册》英文版，向世界分享中国邮政的疫情防控经验。在全球疫情暴发时，中国选择毫无保留地将抗疫经验分享给世界。万国邮联在其官方社交媒体上表示："中国邮政发布的这一份针对新冠肺炎疫情的防控手册，旨在为40万名邮政员工提供最好的安全保护，提高他们在疫情中作业的安全防范意识。"万国邮联所发布分享的中国邮政新冠病毒防护指导手册共分为前言、防控基本常识、病毒预防知识、病毒预防指导、日常办公、居家生活和结束语7个部分，内容不仅涉及疾病知识普及、疫情防护要点、疫情防控措施，还针对邮政企业营业、投递、网运、仓储、客服等各环节操作进行了专业的预防指导，对疫情防控工作具有很好的指导作用。(中国邮政网4月9日)

万国邮联向世界分享中国邮政疫情防控经验

控股子公司、事业部及直属单位工作

【中国邮政储蓄银行股份有限公司】

经营发展概况

经营业绩。实现营业收入 2862.02 亿元，增长 3.39%；净利润 643.18 亿元，增长 5.38%。中间业务收入占比持续提升。总资产回报率（ROA）0.60%，净资产收益率（ROE）11.84%，成本收入比 57.88%。

发展规模。全行总资产 11.35 万亿元，增长 11.12%，居全国商业银行第 5 位。各项存款余额 10.36 万亿元，增长 11.21%，新增存款 10439.63 亿元，创建行以来新高；各项贷款余额 5.72 万亿元，增长 14.92%，增速居国有大行首位；存贷比 55.19%，比上年提高 1.78%。

资产质量。不良贷款率 0.88%，保持行业优异水平。拨备覆盖率 408.06%，好于银行业平均水平。27 家一级分行资产质量优于当地同业平均水平。

坚决落实中央决策部署

抗击新冠疫情。建立高效运行的防疫体系，强化常态化疫情防控，全行未发生内部聚集性病例。落实人民银行抗疫专项再贷款政策，发放专项再贷款 89.44 亿元，为疫情防控相关企业发放贷款超过千亿元。加大小微企业延期还本付息力度，延期余额超 390 亿元，向湖北省捐赠 3000 万元。

服务国家战略。支持京津冀协同发展、粤港澳大湾区、长江经济带等区域重大发展战略，投放资金超过 3000 亿元。支持制造业高质量发展，制造业贷款余额比上年增长 14.43%。增强跨境金融服务能力，提升金融支持“一带一路”建设水平，为“一带一路”建设提供融资支持超 40 亿美元。助力打赢污染防治攻坚战，绿色贷款余额 2809.36 亿元，完成绿色银行建设三年规划增速目标。

推进普惠金融。加大“三农”支持力度，新增涉农贷款 1496.76 亿元，余额 1.41 万亿元，占全行各项贷款比例居国有大行前列。助力打赢脱贫攻坚战，金融精准扶贫贷款余额 1005.21 亿元，新增 180.65 亿元，完成持续增长的监管目标。支持企业复工复产，民营企业贷款余额占比及 2020 年新发放贷款占比居国有大行前列。普惠型小微企业贷款完成“两增”考核目标，余额 8012.47 亿元，占比居国有大行首位，新增 1480.62 亿元；贷款户数 160 万户，居同业前列。

11 月 30 日，广东新白广城际先行段——广州东环城际铁路开通运营，邮储银行广东省广州市分行作为项目银团贷款的联合牵头行之一，支持国家发展战略

业务转型

零售业务。个人金融严控高成本存款增长，付息率保持同业较优水平；紧抓跨年营销、活期“十大抓手”等工作，新增储蓄存款创历史新高。加快财富管理体系建设，邮银新单保费居同业首位，VIP 客户 3641.50 万户，增长 17.60%。个人消费贷款余额 2.36 万亿元，比上年增加 3456.01 亿元，非房消费贷款增量居同业首位。信用卡新增发卡 780.94 万张，消费金额 9871.93 亿元，分期交易金额 634.45 亿元，卡量增幅保持全国性商业银行首位。网络金融推出手机银行 6.0 和邮储生活 APP，手机银行客户规模 2.99 亿户，月活跃客户规模突破 4000 万户。

公司金融。新增公司客户 27.90 万户，公司存款余额 1.26 万亿元，新增 1308.84 亿元，增长 11.59%；军队资金存储资格取得突破，西藏分行率先签署合作协议。平均付息率 1.23%，优于五大行平均水平。公司贷款余额 1.98 万亿元，新增 2372.21 亿元。加强风险防控，逾期率下降 0.42%，主动退出 10 户风险客户。提升交易银行综合服务水平，现金管理业务签约账户 27.73 万户，增长 38.00%，开放式缴费平台拓展有效合作单位 5550 家，企业网银 2.0 系统上线。投资银行发行全国首单抗疫债权融资计划和“扶贫 + 疫情防控”资产支持票据。

资金资管。金融同业准确研判市场形势，在市场利率高点，投放同业借款、ABS 等高收益资产；在市场利率低点，主动融入低成本同业负债。金融市场提前抢配优质债券，以较低融资成本保障流动性安全。托管业务加强主动营销，强化条线协同联动，公募基金托管规模 3824.01 亿元，增幅 109.74%。

综合化经营。中邮消费业务稳健发展，中邮消费金融有限公司资产总额 340.06 亿元，净资产 38.36 亿元，实现净利润 4.02 亿元；不良贷款金额与不良率比上年实现“双降”。中邮理财打造“普惠 + 财富 + 特色”品牌，中邮理财有限责任公司管理资产总规模突破万亿元，资产总额 98.52 亿元，净资产 91.60 亿元，全年实现净利润 11.87 亿元。

风险内控管理

完善全面风险管理机制。推进资本管理高级方法实施，全面优化内部评级体系，加快智能风控能力建设，规范互联网贷款、并表风险管理机制，开展风险加权资产全量核查清理。开展零售贷款自动化审批试点，为智能化转型实践提供有力支撑。

提升信用风险管理能力。优化授信政策，严格信用审批，把牢准入关口。不良资产存增齐抓、量率双控，加强风险预警，逐户跟踪评估，压实资产质量管控主体责任，推进大额授信风险业务减退加固。加大不良资产经营处置力度，强化市场化处置效果，处置金额增长 24%。

提高法律内控管理水平。上线法律事务系统，开展民法典宣传贯彻活动，建成总分行外聘律师库。启动内控提质增效三年规划，推进风险经理派驻制，完善消保和反洗钱管理机制。对接人民银行及银保监会综合性现场检查，以查促改，完善整改机制。保持案防高压态势，纪律处分和组织处理人次增长 71%。

提升内部审计工作成效。坚持问题、风险、效能导向，在重大风险和突出问题、科技及效能等方面加大审计力度，狠抓问题整改与问责。完成审计项目 1275 个，发现问题 3.8 万个。

安全生产工作。启动安全生产专项整治三年行动，推进科技安防建设，提升司法协助水平。总行开展安全生产专项整治，加强总部及直属单位安全管理，治理能力稳步提升。

管理运营

组织机构改革。在国有大行中率先获得直销银行试点资格，邮惠万家银行获得监管批筹。信用卡中心专营机构获得监管批筹。作为第一梯队参加数字人民币试点，系统研发建设进度追齐四大行，速度与质量得到监管部门肯定。完善高级管理层议事协调机构、总分行内设机构设置，推进分支行机构改革。

资产负债管理。加强息差前瞻性管理，优化资负结构，提高配置效率。资产端提升存贷比、信贷资产占比、零售贷款占比，压降低效资产；负债端加大长期高利率存款管控力度，通过主动调整结构，收窄幅度与国有大行相当，息差继续优于同业。建立基于 RAROC 的表内外资产组合配置机制，引导优化业务结构；压降不可撤销贷款承诺，提升贸易融资、债券基金、未使用信用卡承诺等业务资本计量精准度，有效减少资本消耗。

财务管理能力。绩效考核突出战略导向、条线管理和改革转型需要，出台 38 项重点业务激励政策。加强成本管控，实行标杆“硬约束”，落实税收减免优惠政策，完成 76 万项固定资产清查。支撑中间业务发展，搭建业务产品体系、优化核算标准，释放统筹管理效能。规范采购管理，公开采购率 90%。完善工程建设管理体系，保障基建质量、进度和安全，完成 31.6 万平方米营运用房建设。

金融科技赋能。信息化建设全面提速，十六大平台、两总线投产上线，“十三五”IT 规划圆满收官。推进新核心建设，上线开放式缴费平台、邮储大脑、客户管理数据集市等 206 项重点工程。全行系统运行平稳，逻辑大集中系统交易量再创新高。成立数据治理委员会和领导小组，开展客户信息、手工报表等 7 项数据质量专项治理，上线“手机银行千人千面”等 183 项数据服务。举办第一届数据建模大赛。监管统计报送实现全年“零延迟、零差错、零退回”目标，完成 EAST 数据稽核调查。

运营管理效能。启动运营管理数字化转型规划，实现公司、理财、保险等八大系统接入统一柜面平台，完成客户身份信息专项治理。加快网点智能化转型，推广使用 CRM 平台和综合营销管理系统，丰富客户标签体系。加大 ITM、STM 新型智能设备配备，深化自助设备生物识别、二维码技术应用。出台营业网点功能分区设置标准，推进柜面无纸化，实现柜面交易免填单。

客户服务能力。组建兼职体验员和旅程优化师两支队伍，开展客户体验专项提升活动，完成客户旅程痛点优化年度目标。改善网点厅堂服务，服务态度类投诉比上年下降。

代理金融管理。完善代理金融管理组织体系，开展代理机构制度库及案例库建设，监管关注问题整改取得实效。强化板块协同，重点推进惠农合作、汽车产业链、军民融合、电商市场等协同项目，持续提升代理金融基层管理能力。

全面从严治党

夯实党建工作基础。开展模范机关建设，全面落实党的政治建设任务清单。落实“三个第一时间”学习机制，开展中心组学习专项检查，组建青年理论学习小组，实施“强基固本”质量提升工程。筹备成立总行直属机关党委、纪委，组建中邮理财和信用卡中心党委、纪委，完成一级分行党组织隶属关系调整和换届选举。推进群团工作，召开三次全行职代会，审议多项职工关切的制度。邮爱公益项目取得进展，首批自强班学生完成高中学业。

强化党风廉政建设。聚焦全面从严治党、疫情防控等重点领域开展监督检查，推动中央决策部署落地。贯彻中央八项规定精神，改进文风会风，发文数量比上年减少 23%，会议数量比上年压降 51%。试点交叉巡察工作，巡察覆盖率 67%。

扎实推进巡视整改。推进中央巡视整改工作，评估制度文件、推进要点 47 项，根据评估结果，补齐制度缺失，堵塞制度漏洞，防止同类问题发生。深化集团公司党组专项巡视整改，完成率 96%。落实“未巡先改”要求，举一反三，深入自查整改。

人才队伍建设

人事改革。开展一级分行正副职人才库、总行处级人才库建设，推进总行内设机构和中邮理财子公司副职竞聘，开展高级管理人员和专业人才市场化选聘工作。按照“行业规律、市场规律、价值规律”，加快建立市场化薪酬分配机制。制订和实施三年人才发展规划、2020 年工作实施方案和“领航工程”人才库建设实施方案。优化岗位职级体系，强化岗位资格认证，建立纵向能晋升、横向能发展的员工畅通的职业发展通道。加大重点领域人员配备力度，总行科技人才队伍比上年翻一番。加大教育培训力度，全面打造“航”系列培训品牌。

队伍作风建设。以“强总部”建设为契机，严格落实“十项规定”，总行机关带头实施，行风行貌明显改观，“在状态、有激情、敢担当、严要求”的理念更加深入人心。大力整治“文山会海”“慢作为”“不作为”等问题，机关运行效率明显提高。（邮储银行）

【中邮人寿保险股份有限公司】

公司总资产2840亿元，比年初增长48%。营业收入937亿元，比上年增长25%，对集团增收贡献率56%。实现利润总额12.5亿元。保费收入820亿元，比上年增长21%，其中，期交保费725亿元，占比88%。实现投资收益124.6亿元。综合竞争力自2011年起连续9年保持行业前十，年度保险公司经营评价连续2年获评A类。

经营管理

营销组织管理。抢先抓早，经营目标早明确、早下达、早部署，2019年12月启动长期期交“双百亿工程”。下发11款主销产品营销模板、产品组合套餐，抢抓春节营销旺季，有效化解疫情对一季度经营发展不利影响，实现逆势增长。组织开展“大干100天，赢战二次开门红”专项营销系列活动，协同邮银加大多多保C、邮保一生等高价值业务发展力度。组织开展邮保安康C专项劳动竞赛。

培训支撑能力。线上完成“大练兵大比武”培训平台功能升级，上线100门百问百答课程，满足销售人员7×24小时学习需求，学习人数34054人，用户总数54243人。协同邮银开展线上培训，加大“大练兵大比武”培训平台推广应用，开发个性化线上培训课程。线下累计开展培训3.7万场次，培训人次88.4万人。

协同发展项目。建立健全“四个机制”，制定出台协同沟通机制实施方案，总省建立协同沟通机制，固化协同沟通动作，增加沟通频次。上线惠农专属产品7款，完成惠农团单660单。开发汽车产业链相关产品，完成涉车类团体保险业务31单。推进卫生健康志愿者信用卡保险项目、邮储食堂疫情赠险等协同项目。

改革创新

模式深化工作。“自营＋代管”模式深化工作基本落地，实现代管机构、人员、职责三到位。省市县代管机构全部建设到位，20个省分公司设置中邮保险室（宁夏设专岗），291个地市设置中邮保险业务部（中心），1476个区县设置中邮保险中心。模式运行机制持续完善，匹配出台政策文件，明确各层级代管机构及不同专业岗位职责。

市场化机制。完善总部年度绩效考核方案，绩效薪酬与公司、部门、个人绩效“三挂钩”。制定市场化选聘专业人才差异化考核方案，实行业绩与薪酬“双对标”。深化工资总额零基预算核定机制，连续3年加大弹性预算占比，引入新业务价值指标。围绕职级、薪酬、绩效体系建设开展对标分析，制定市场化改革方案。加大急需专业人才引进力度，引进190人。

财务管理。建立总省两级负债成本管理体系，新单负债成本率持续下降。优化零基预算管理模式，全面推进条线费用管理机制，实现事权与财权融合，基于产品价值贡献合理配置业务资源投入，压减日常管理费用支出。省分公司平均标准保费业管费率比上年下降0.1%，业管费投产效率持续提升。

专业能力

科技赋能。搭建“一部三中心”组织架构。加快提升中邮保险云、同城异址灾备中心等信息化基础能力。持续推进科技赋能项目24个，线上化、智能化、自动化水平进一步提升。客户端上线中邮保险APP和互联网保险销售可回溯系统，提高客户自助服务便捷性。运营端上线互联网核心系统，升级核心系统架构。管理端上线业财一体化平台系统，提升业务数据一致性。投资端推进投资一体化系统建设，拓展固收、股票、不动产投资功能。精算端推进再保险业务管理系统建设，增强专业管理能力。续期线上化服务和精准营销应用实践项目，首次入选中国保险业线上化应用优秀案例并荣获二、三等奖。

运营支撑。疫情期间，启动七项理赔应急措施，审慎评估并合理放宽两核规则，开启远程调查、实行异地授权和联合作业等方式，确保业务不停滞、案件不积压、服务不中断。承保252.65万件、保全116.14万件、理赔5.35万件。持续提升集中作业处理能力，上线复效核保规则引擎，实现较低风险复效核保件自动化处理。加快推进“无接触式”线上服务。新契约线上率、保全线上率、理赔线上率持续提升。

中邮保险建立以“健康管理、就医服务、紧急救援、贵宾礼遇”为核心的VIP客户增值服务体系

客户体验。成立消费者权益保护工作委员会，修订消费者权益保护系列制度，健全消保工作机制，亿元保费投诉量位居人身险行业较优水平。建立以“健康管理、就医服务、紧急救援、贵宾礼遇”为核心的VIP客户增值服务体系，探索推出“产品＋服务”业务模式，实现增值服务与长期期交产品营销的有机组合。持续打造“客服季”服务品牌，荣获中国银行保险报“服务创新金牌案例”。

资产负债管理能力。建立资产负债管理运行机制，按季评估，动态优化，初步实现资产负债联动，资产负债匹配状况不断改善，投资收益有效覆盖负债成本，资产负债核心指标保持行业较好水平。加强偿付能力管理，偿付能力持续达标。

风险合规管控

合规管理。持续强化销售误导治理，组织开展“亮剑行动”回头看。合规检查覆盖194个市、546个县、1684个网点。规范健全授权管理，完善公司治理及内控机制。严格履行反洗钱义务，客户身份识别1736419个，甄别6122笔异常交易。

重点风险防控。制定防范化解重大风险攻坚战专项方案，明确77项具体措施，按季跟踪督导确保落实。按照“审慎稳健、适度风险”的偏好要求，制定各项风险政策，设定126项关键风险指标并持续监控。深化投资全环节风控，投前严把交易对手准入，投中严控高风险资产比例，投后加强风险监测和应对。开展市场乱象整治“回头看”，发现问题114项，并立查立改。开展“内控管理提升年”专项活动，梳理流程102个，培训1598人，编制内控操作手册。

审计监督。以防范和控制经营风险为主线，围绕推动转型发展、经营效益提升，开展审计监督，开展审计项目116项，完成108项，出具审计报告108份，提出审计意见或建议334项。

党的建设

党建工作持续深化。从严压实管党治党政治责任，明确六个方面26项党建重点任务。印发四个方面16项全面从严治党责任清单，层层传导、落实落细。全覆盖调审分公司落实全面从严治党责任情况，深入4省开展党建调研督导，强化过程管控。开展“党旗领航 创先争优”主题实践活动，指导各省形成最佳实践案例，推动党建和业务深度融合。开展“模范机关”建设，推进“强化担当作为、狠抓工作落实”作风建设专题活动，持续改进总省机关作风。

巡视整改。针对2020年巡视的6省（市）邮政企业单位党组织反馈意见，举一反三，对照落实。针对集团公司党组巡视5家分公司向公司总部反馈意见，制定措施24项，均已完成。针对集团巡视11家省分公司发现典型问题严肃追责。加强巡视整改监督检查，发现问题37个并通报责令整改。

党风廉政建设。以整治形式主义、官僚主义为抓手，持续加强集团公司党组和公司党委重点任务贯彻落实情况质效督查。深化监督执纪“四种形态”运用，持续强化震慑作用。拓展纪律教育平台载体，开展“廉洁中邮 你我同行”廉洁短视频宣传活动，巩固中邮保险廉洁文化品牌建设成效。

切实履行央企责任

疫情防控。第一时间成立应对疫情工作领导小组，启动重大突发事件应急预案。总省落实网格化、地毯式管理，防疫物资保障到位，加强宣传引导，增强防范意识。高效开展防疫赠险，为24.7万名武汉抗疫一线的医护人员、新闻工作者和邮政员工，提供1235亿元风险保障。累计赔付858件、4470万元。

保险扶贫工作。为27.3万名建档立卡含脱贫不脱策贫困人员，提供102.3亿元风险保额。开展73场健康扶贫、党建扶贫和捐赠防疫物资等公益扶贫活动，受益群众3万余人。惠农合作扶贫赠险积极推进，累计为四川汉源县、陕西洛南县等26个县惠农合作社，3万名建档立卡贫困社员提供10亿元风险保额。荣获年度保险扶贫先锋奖，“邮保有爱”扶贫案例入选全国银行业保险业助力脱贫攻坚创新实践典型案例。

和谐企业建设。畅通企业民主建设通道，建立公司职工代表大会制度。推进“员工幸福工程”。王梦、陶遂劳模创新工作室被命名为“中国邮政集团劳模创新工作室”。荣获集团公司“战疫情，奔小康！”全国邮政职工手机随手拍邮票照片设计大赛“优秀组织奖”。实施职工文化素质工程，获评全国总工会电子职工书屋应用示范单位。（中邮保险）

【中邮证券有限责任公司】

完成收入7.85亿元，比上年增长24.1%，完成集团预算目标的115.2%。实现利润3.1亿元，比上年增长19.3%，完成集团预算目标的113.1%。净资产收益率（ROE）4%，比上年增长19%。经纪业务完成收入3.14亿元，比上年增长24.8%，收入占比39.9%。其中，信用交易业务完成收入1.8亿元，比上年增长18.8%。资管业务完成收入1.05亿元，比上年增长21.7%，收入占比13.5%。投行业务完成收入1.48亿元，比上年增长348.3%，收入占比18.8%。自营业务完成收入2.1亿元，收入占比27.1%。分支机构实现收入3.7亿元，比上年增长32.7%，占公司收入比重47%，提升5.4%。分公司实现收入2.3亿元，其中，江苏、四川省分公司收入超过3000万元，山东、江西省分公司收入超过2500万元，浙江、湖北、广东、湖南4个省分公司收入超过1000万元。营业部实现收入1.38亿元，其中，北京宣武门营业部和西安南大街营业部收入超过 3000 万元，西安电子二路营业部收入超过 2500 万元，阎良人民路、汉中西环路营业部收入超过 1000 万元。

引入罗兰贝格、德勤、毕马威 3 家知名咨询公司，在发展战略、组织架构、运营机制、队伍管理和科技赋能方面分析公司现状，为下一步发展提出科学方案和智力支持。组织行业调研 5 次，多维度对标经营管理，在总分运营管控、客户经理队伍建设、轻型营业部建设、空白区覆盖等方面，推进市场化改革试点。理顺总分项目清分机制，调动分支机构项目开发积极性。优化业务线和分支机构分类管理，完善预算目标与资金分配挂钩机制，实现经营目标、资金分配、成本管理的统筹协调。资金运作收益实现 4.12 亿元，年化综合投资收益率 7.2%。

借鉴同业经验，建立并实施分支机构分类分档激励机制。坚持行业标准，开展总部关键岗位，以及分支机构急需人才的市场化招聘。招聘急需专业人才 81 人。

西安开元路营业部开业

建成上海东大名路、浙江温州、西安开元路 3 个轻型营业部，持续推进天津、重庆、河北等省（市）分公司建设。召开专项会议推进轻型营业部市场化经营、契约化管理。部分轻型营业部成为所属分公司重要收入支点，其中九江营业部收入超 1000 万元。在集团公司第 2 组运维考核中排名第一，连续 6 年安全稳定运行，未发生一般及以上信息安全事件。组织完成 2021—2025 年数字化 IT 规划，做好科技建设的顶层设计。完成新三板改革、创业板注册制等 20 多个系统的建设和改造，升级中邮证券 APP 功能 21 次，改善用户体验。相关科技项目获得集团公司 2020 年科学技术三等奖、科技创新成果三等奖。

调整协同发展工作领导小组，明确责任，加强组织领导。制定业务线和分支机构协同考核办法，加大激励力度，调动各单位协同积极性。充实协同客户池、项目池，发现亮点及时宣导，相互启发扩大成效。完善协同账户统计口径，初步形成以绩效考核为导向、以项目经理单位负责制为抓手的协同管理体系。经纪业务协同邮银渠道发展客户 28.6 万户，其中有效户 7.3 万户。资管业务针对零售客户开发“鸿利来”、鸿禧、兴邮等系列产品，针对邮储高端客户开发“鸿瑞”专项产品，针对机构客户开发“鸿瑞尊享”定制产品，针对地区差异开发广东 1 号、北京 1 号、深圳鹏程 1 号 2 号等个性化产品，实现常态化销售，募资 80 亿元。投行业务在成功联席保荐邮储银行 A 股 IPO 的基础上，竞得集团公司债、邮储银行永续债、中邮保险资本补充债、北汽集团公司债等项目的联席主承销商并实施。分支机构在共同维护邮、银高端客户的过程中，发现机会推荐项目，涵盖股票质押、新三板挂牌、公司债、城投债、项目收益债、二级资本债、债转股、同业存款、教育和水务收费 ABS、信托贷等多种业务形态，其中广东、四川、江西、湖北、浙江、山东、辽宁、陕西、深圳、河南等省分公司均实现项目落地。协同收入 1.43 亿元，其中集团公司推荐战略客户形成收入 343 万元。经纪业务佣金及两融息差收入 2572 万元。投行 19 个项目形成收入 6806 万元。资管 24 个项目形成收入 1472 万元。各分支机构区域协同 52 个项目形成收入 3119 万元。

围绕企业中心工作，坚持党的领导，加强党的建设，全面落实党建工作责任。深入开展党的思想理论武装学习，认真落实“三个第一时间”学习机制。贯彻新发展理念，把研究解决公司改革发展实际问题作为学习的出发点和落脚点，推动企业快速健康发展。持续巩固提升“不忘初心、牢记使命”主题教育成果，推进总部模范机关建设，推进基层党组织建设达标工程和创先争优活动，举行“两优一先”评选表彰，树立比学赶帮超的标杆和榜样。扎实推进巡视整改，配合做好集团党组巡视“回头看”工作，建立台账全面落实整改措施。开展“举一反三”自查自纠，各支部共查找问题 24 个，对照问题制定整改措施 48 项。21 家分支机构党委（党支部）查找问题 141 个，对照问题制定整改措施 256 项。深入开展党风廉政建设，着力强化政治监督，在三大攻坚战、疫情防控、厉行节约等方面开展工作，确保习近平总书记重要指示批示精神和党中央重大决策部署落实落地。做深做细日常监督，深入业务管理和运营环节，堵塞廉洁风险漏洞。完善纪检工作制度，进一步夯实制度基础，提升工作质效。保持反腐败高压态势，依规依纪依法开展执纪问责，扎实做好警示教育，全面从严治党取得新成效。

疫情防控方面，湖北省分公司孙鸣、九江营业部杨世健、总部王教中 3 位同志被集团公司评为疫情防控先进个人，湖北省分公司被集团公司评为疫情防控先进集体，江西省分公司获得证券业协会疫情防控先进单位。经营发展方面，北京营业部宋超获得集团“营销争先”劳动竞赛明星营销员称号、汉中营业部赵瑞获得金融机构服务地方经济先进个人奖，江苏分公司获得“营销争先”协同发展奖，西安南大街和电子二路营业部获得优秀会员单位称号，经纪业务总部获得创业板改革优秀投教作品二等奖。（中邮证券）

【中邮资本管理有限公司】

截至12月31日，管理资产规模超过279.65亿元，营业总收入65.4亿元，股权投资市场估值综合收益28.07亿元。

开展战略资本运营

完成速递易重组交割。完成尽职调查、资产盘点确认和一揽子协议商务谈判和可行性研究。4月，可行性研究提交集团公司党组和总办会审议通过。完成一揽子协议签署，完成境内减资交割和境外发股，速递易交由丰巢运营，并于7月9日完成速递易减资工商登记。11月20日完成投资丰巢的商务部备案。12月9日完成投资丰巢的发改委备案。重组后新公司占有智能快递柜行业约70%市场份额，成为细分领域的绝对第一。通过重组，中邮资本管理有限公司成为新公司第二大战略股东（18.7%股份）。

速递易与丰巢重组

推进中邮科技引战及股改等工作。推进中邮科技引战上市等工作，完成挂牌引入战略投资者和股权激励交割。推进股改前期工作，就资本市场情况、上市目标等中邮科技IPO问题开展分析论证，形成工作建议。完成公司治理安排。

推进产业基金发起设立。推进物流仓储基金设立工作，开展仓储业务趋势、物流地产基金模式、与普洛斯合作方案研究分析，与普洛斯就共同发起设立物流仓储基金进行深入探讨，形成以基金模式快速布局高标仓网络，赋能集团公司寄递业务生态的方案，通过集团公司决策。会同集团公司战略规划部对寄递物流、邮储银行、湘邮科技、中邮科技等设立产业基金开展战略投资的需求开展内部调研，完成中邮产业基金设立报告更新。

研究寄递领域战略投资机会。会同集团公司战略规划部、寄递事业部与滴滴开展同城业务合作方案研究，形成与滴滴成立合资公司，以众包模式打造动态同城网络作为同城运力履约平台，推动邮政同城业务升级，助力快递业务转型发展的建议方案。开展邮政国际业务价值链和趋势的初步分析，就新建或收购等方式布局货代业务，补强集团公司国际业务短板和弱项方案开展初步研究。与壹米滴答、安能等零担快运项目开展接触，跟踪研究零担快运市场投资机会，就区块链+供应链金融、电商物流等专题开展研究。

加强项目退出管理。围绕风险控制，根据公司部署开展项目退出管理，收回资金4.16亿元。

推进“子改分”股权管理工作。就公司存续的34家子企业研究形成6类股权重组整合思路报告。

重点子公司经营管理

中邮科技经营发展。支撑邮政业务发展，参与199个邮政项目，通过深耕物流分拣设备的创新与研发，解决自动化处理痛点问题。重点开拓、维护一线战略客户，其中顺丰跃升为第一大客户，合同额11.36亿元。科技研发有所突破，昆仑平台能效比提升10%，最新一代大件理货机和小件单件分离性能大幅提升。

推动不动产盘活重点项目。杭州项目取得实质性进展，集团公司批准中邮资产公司设立项目公司作为开发建设主体，并提供项目资金支持6.6亿元。配合集团公司系统梳理闲置低效土地资产，清查出31个省（区、市）邮政分公司闲置房屋约4300处，面积约157万平方米，闲置土地约314宗，面积合计约1591亩。

湘邮科技推进业务转型发展。长效业务升级转型初见成效，运营服务类业务营业收入比上年增长238%，软件类业务以现有的4条产品线进行纵向延伸，系统工程类业务继续围绕3个产品进行重点创新和推广，产品代理销售类业务稳步增长。以科技引领加大自主创新，打造企业核心竞争优势。

运营管控

拓展多层次多元化融资渠道。加强融资渠道和融资方式研究，制订动态资金管理计划，通过多种方式筹措资金，妥善处理到期债务，累计归还到期借款本息11.83亿元。拓展融资渠道，已与多家金融机构建立常态沟通机制。

投后管理。健全投后管理制度，修订完善投后管理办法，突出重点环节及风险管控，推进投后项目的闭环管理。做好动态监控，持续跟踪标的公司投融资进程以及市场估值变动情况，定期出具已投项目的投后管理报告，对于重大突发事件或重大资本运作情况进行及时跟踪分析。

明确公司全局发展目标。组织推进编制公司“十四五”发展战略规划，对“十四五”期间公司发展思路、方向和重点领域等内容进行充分论证分析。

风险防控工作

完善风控管理架构体系。制定《中邮资本管理有限公司项目后评估管理办法》等，完成投后管理办法和固定资产管理办法等制度的修订工作，提升公司整体内控管理水平。

开展合规检查，落实制度执行。开展4项专项合规检查，发现44个问题，提出29项整改要求和建议，完成对下属子公司中邮永安的专项现场检查。

做好日常风险监督。持续关注疫情、中美经贸摩擦等内外部突发事件对存量项目的影响，加强对存量项目跟踪，及时监控相关可能触发风险的事项，对丰疆智能项目的退出和关联交易风险及时进行监控，对蚂蚁集团上市过程中海尔金控出现的信息披露争议风险进行分析，完成2019年及2020年上半年所有存量项目投后工作。

疫情防控工作

第一时间成立由公司主要领导为第一责任人的疫情防控工作领导小组，领导班子成员靠前指挥，并落实细化疫情防控责任，进行网格化管理、拉网式排查、跟踪式管理，建立疫情防控制度体系。为员工建立个人健康档案，详细掌握员工的办公及出行方式、健康状况等信息，组织各所属在京公司对返京员工情况进行精准防控。第一时间建立与各子公司间的联防联控机制，多次派遣检查组以“四不两直”的方式进行督查和指导。根据疫情防控形势，灵活安排工作时间，保障复工复产，确保疫情防控常态化。

经营管理水平

财务管理。加强预算管理，做实公司预算的执行分析和考核应用的全过程化管控。加强固定资产管理，按照集团公司统一部署，组织公司本部及中邮科技、中邮资产开展固定资产清查工作，搭建资产清查联动工作体系。深化公司本部及各控股子公司经营分析方案及分析会架构，自下半年开始按季度组织公司及控股子公司的经营分析。落实中央“过紧日子”的指示精神，压减行政经费开支。

人力资源和绩效考核管理。组织落实人力资源工作改革相关工作，围绕“五化转型”方向提出18条改革举措。根据部门特性研究制定26项考核指标体系，实现全员量化考核。围绕公司战略目标，细化完善各子公司战略绩效考核指标，引导设定具有挑战性的绩效目标值。

采购工作。对公司2019年度10个采购项目进行全流程梳理自查，对采购项目档案进行全面清查。对公司重大项目的复杂采购积极研讨、制定合理采购方案。

配合集团公司党组开展巡视工作

9月11日—11月12日，集团公司党组安排对中邮资本进行常规巡视。中邮资本党总支高度重视，召开党总支扩大会议进行巡视工作部署，成立巡视工作联络组，明确工作分工等。自巡视组进驻以来，中邮资本自觉接受监督，积极配合好巡视工作，所需资料、说明材料全部按时、保质提交。12月16日，巡视反馈大会召开，根据巡视反馈提出的5个方面18个具体问题，中邮资本结合实际，经过认真研究梳理，制定37项整改举措，扎实开展整改工作。（中邮资本管理有限公司）

【中国邮政集团有限公司寄递事业部（中国邮政速递物流股份有限公司）】

服务国家大局

保障防疫物资寄递，向社会郑重承诺“四不中断、四免费办”，紧急开通防疫捐赠物资免费寄递绿色通道。开行发往湖北汽车1.2万辆次，组开邮航专机29架次，免费承运防疫物资162.8万箱，重1.7万吨。为援助湖北的医护人员免费寄递返程物品6.3万件。保障政务民生寄递，为1.6万所学校配送教材1811万件，支撑各地中小学“停课不停学”，为6万多个平台电商卖家提供及时收寄服务，确保群众基本生活必需品的寄递服务畅通。保障国际供应链畅通，执行欧美路向包机107架次，带运邮件7341吨，重庆、义乌、郑州和东莞中欧班列发运集装箱1574个，带运邮件10317吨，利用海运快船累计发往澳大利亚等国2012箱、1.4万吨邮件。支持社会复工复产，制定定制化物流保障方案，支持重点制造企业复工复产，北京、成都、贵阳等地5.5万平方仓储中心保障华为公司在春节、疫情期间生产、销售不中断。

普遍服务全面达标，普通邮件全程时限达到国家监管要求，平信信息断点率由0.44%下降到0.03%，机要通信运输安全万无一失。启动扶贫项目167个，完成目标的209.6%。140余家拼多多邮政精准扶贫官方店造包近200万件，为当地果农创收3000余万元。极速鲜业务实现收入62380万元，比上年增长60.7%，间接拉动农产品销售

执飞湖北地区防疫物资航班量超100班

额 120 亿元。电子面单使用率 99.39%，“瘦身胶带”封装比例、可循环中转袋环使用比例分别均超额完成国家邮政局“9571 工程”标准。军队喜报专递业务寄送 24.34 万件，中标华东五省“被服被装仓配服务项目”，完成“三区四线”无人机保障工作。通过中国邮政国防交通专业保障队伍验收工作。黑龙江、四川、青海、西藏、甘肃 5 个试点省分别与多家快递企业合作，帮助社会快件下乡进村。

获客能力增强

寄递业务完成业务量 87.3 亿件，比上年增长 22.04%。实现收入 757.4 亿元，比上年增长 5.28%。政务市场融入一网通办平台，30 个省完成省级平台对接。公安交管项目实现收入 12.4 亿元，比上年增长 28.5%，其中线上网办业务实现收入 2.6 亿元，比上年增长 190%。完成一期 288 个法院集约送达服务中心建设。税务项目发票寄递量 1984 万件，比上年增长 56%，收入规模超 2 亿元。完成 915 万件录取通知书寄递任务。开办港澳居民来往内地通行证邮寄服务。阿里（日均 707 万件）、拼多多（日均 706 万件）业务量比上年增幅 18.5% 和 53%。与菜鸟裹裹达成战略合作，在 2.6 万个邮政网点开展“到站寄件”业务，合作网点数量行业第一。国际市场邮政渠道加大与跨境电商平台合作，与俄罗斯邮政、菜鸟联合推出 C−Packet 产品，俄向国际小包增长 94%。开通欧向包机，辐射欧洲 14 国，运输邮件 7088 吨。美国专线等商业渠道完成收入 96 亿元，比上年增长 166%。物流市场培育年收入百万元级以上的规模客户 843 家，新增 129 家。其中亿元级客户 16 家，新增 7 家。现费特快收入比上年增长 60%，占特快比重提高 3.34%。31 省（区、市）开办密码投递服务量收比上年增长 17.13%，收件人付费业务量收比上年增长 18.39%。

管控模式创新

全网特快 T+1 与快包 T+3 日递率超上年最佳水平，时限竞争力提升，特快与竞品时限由相差 5 小时追至齐平。快包与竞品时限差距由 8 小时缩至 4 小时，其中重点区域时限优势初步显现，5—9 月六大重点区域内互寄时限全面赶超竞品，基本做到与竞争对手齐平。

国家邮政局测评行业统一客服满意度，“11183”升至第 1 位。客户投诉问题邮件一次及时解决率 91%，比上年提升 3%，理赔及时率 99%。重点客户、重点业务、重要邮件主动客服占比 93%。国家邮政局公布公众满意度和有责申诉率均达历史最好水平。

推进“两集中”管控，按照“集团管省际、各省管省内”要求制定指导方案，启动江苏、浙江、河南、山西、海南 5 省试点，总结经验、完善方案。推进陆运网优化改革，制定下发改革指导意见，统一设置全网 90 个省际中心与本地中心选点。并在河北、江苏、河南、四川 4 省启动试点。协调推进中心局改革，按照管理架构扁平化、资源配置市场化、运营管控实体化的原则，在 5 个中心局试点改革，为全网优化中心局机构设置和人员配置提供依据。实施运输组织改革，推进单边改双边，往返邮路占比 73.8%。推进委办改自办，核定新增 1329 辆干线车辆。推进小车换大车，一干邮路 30 吨以上大车发车比例提升 15.5%。全网 696 条省际邮路推广顺向串行运输，串行比例 27.1%。发展高铁运邮，新增 25 条高铁邮路，39 条行李车邮路。深化揽投网改革，推进中转接驳作业，揽投作业效率提升 11.6%。

成本管控

五大环节件均成本比上年平均降幅 15.7%，降幅最高的管理支撑环节 37.6%。收寄环节件均成本降幅 6.3%，内部处理环节件均成本降幅 8.4%，陆运运输环节吨公里成本降幅 11%，投递环节件均成本降幅 15%，管理支撑环节件均成本降幅 37.6%。

科技赋能

加快实物网处理能力建设，安排建设项目 153 个，日处理能力新增 3487 万件。加强南京、郑州等 40 个国际邮件互换局自动化建设，新增通关处理能力 241 万袋（件）/天。推动 2 架 B737−800 飞机引进工作。创新推出跨机构混合收寄模式，前置集包率达到 71.3%，比上年提升 29.6%。

四大数据库建设成效初显。建成特快、快包时限库，实现标准库、现实库、行业库、优势库的相互可视化对比展示，以及分环节时限质量指标管控。成本库基本成型，加强对五大环节 25 项关键要素的管控分析。市场库有序推进，明确四大功能模块设计，并试点应用。服务库建设全面启动，突破行业空白，探索建设包裹快递服务质量库，对可量化管控的服务内容，借鉴电商平台实践新建服务质量指数实时监控。（集团公司寄递事业部）

中国邮政速递物流股份有限公司南京集散中心

生产作业 350 天，处理邮件 1.78 亿件，比上年增长 2.23%。日均处理 50.96 万件，比上年增长 0.71%。其中，散件 1.43 亿件，比上年增长 0.7%，日均处理 40.9 万件。总包经转 314.1 万袋（内件 3036.3 万件，平均 9.7 件 / 袋），比上年增长 153.5%。散件邮件中的物品型邮件 4636.1 万件，比上年增长 0.5%。文件型邮件 9679.1 万件，比上年增长 0.8%。物品型邮件与文件型邮件的件数占比 3∶7。中心内部处理及时率 98.79%（达标值 95%），邮车运行准点率 96.16%（达标值 95%），分拣准确率（出口）99.89%（达标值 99.99%），信息完整率 97.46%（达标值 95%），信息丢失率 0.00%（达标值万分之一），邮件丢失率百万分之 11（达标值百万分之 1.5），邮件异常发生率 9.2%（达标值 10%），有责申诉率千万分之 1.5（达标值千万分之 1.5），客户投诉率万分之 1.3（达标值万分之 1.5），问题邮件及时解决率 98.05%（达标值 98%），件均变动成本降低 7.67%（达标值降低 6%）。实现收入 6208.57 万元，完成预算的 108.92%，比上年上升 16.43%。支出 36602.55 万元，完成预算的 97.09%，比上年下降 1.1%；实现利润 -30393.98 万元，完成预算的 107.9%，比上年上升 4.05%。人员总数 910 人（其中 A、B 类 366 人，劳务承揽 544 人），日人均邮件处理量为 610 件，比上年减少 23 件。安全事故发生率为零，分拣设备及各类系统运行情况正常。

党的建设

紧扣政治建设，切实提升自觉看齐的向心力。紧扣思想建设，切实提升理论武装的引领力。紧扣组织建设，切实提升服务发展的原动力。紧扣队伍建设，切实提升干事创业的战斗力。紧扣作风建设，不断提高履职尽责的落实力。紧扣纪律建设，持续深化巩固巡视整改成果。

时限全过程管控

事前沟通。无着邮件复活率提高 6%，稳居全国前三。主动外出协查 6 次，复活邮件 146 件，为中心挽回经济损失近 40 万元。有针对性地开展“大走访”活动，支撑全网商务类市场发展、“极速鲜”项目类邮件保障、政务类市场发展、旺季生产、集包作业推行。

事中管控。运用智能跟单系统、指挥调度系统、新一代寄递业务信息平台等信息化管理系统，以运控中心（OCC）视频监控为手段，实时监管掌控各环节生产现状。编写指挥调度工作手册。建立两级指挥调度管理体系，调度管理能力明显增强。开展“双百攻城”行动及“信实不符”百日专项整治活动。以提升异常邮件及时解决率为目标，将“比学赶帮超”与“一月一事 消灭最差”相结合。异常邮件及时解决率由 85.26% 提升至 93%。强化客户投诉和理赔全流程过程管控，问题邮件一次及时解决率 98%。

事后总结。自主开发留存邮件看板、分流邮件看板、投诉工单看板、问题邮件看板等数据可视化系统，初步实现“周清日平”。持续推进“时巡查、日管控、周分析、月总结”工作机制。南京集散中心位列全国生产处理机构第 70 位。服务调度及时有效处理率、标快和快包跟单异常发生率均居全网前列。

防控疫情保障生产

落实“七个坚持”，扎实抓好常态化疫情防控。强化“两个监督检查”，确保各项防疫措施落实到位。建立健全疫情防控监督检查体系，构建中心纪委和安保双重检查机制。

能力建设

增加不可上机邮件工艺设备，提升分拣效率和能力。研发总包上机分拣专用托盘，提高上机率。安装包分机螺旋滑槽扶手，加强安全防范。推进包分机单面扫描改三面扫描。试点显示，邮件条码识读率由 92% 提高至 98%。排查办公区域无线网络安全隐患。推进核心交换网络升级改造项目。生产运行、统计功能等板块累计升级 7 次。设备自主维护能力提高，提高设备利用率和完好率。设备代维费用比上年减少 396 万元，设备完好率保持在 99% 以上。

2 月 21 日，南京集散中心至武汉一级干线临时邮路开通

转型发展

推进南京集散国际邮件处理中心工程（一期）项目和南京集散国际过渡期分拣机土建配套改造工程项目。南京飞机维修机库工程项目进展顺利。

精细化管理

构建中心—部门（作业区）—班组—个人核算架构，实现年度预算层层分解、层层落实。以建章立制为基础，规范固定资产管理、损益核算管理、低值易耗品管理、房产租赁等管理办法。加强集中采购管理。完成集中采购项目 46 项，采购资金节约率 6.68%。提任三级副干部 4 名。推进档案信息化管理。审查干部人事档案 73 份。以各环节和岗位写实为有效手段，采取“梯形排班”“峰谷用工”“跨岗调配”“人员平移”等措施。动态调整“非全日制”用工，合理推进岗位业务外包。“双十一”旺季期间，日均用工比上年减少 108 人次。劳务承揽及业务外包费比上年下降 12%。参训人数 1.1 万人次。健全安全管理体系，紧抓安全生产不放松。扩大监控覆盖范围，保障邮件安全。完成安检通道改造项目，提高安检效率。

和谐企业建设

生产生活环境改善，完成空调系统改造、会议室改造、主楼外墙维修、陆侧卫生间及开水器安装改造等项目。加强与地方政府的有效沟通，争取各项政策支持。员工归属感、幸福感不断增强。推进民主管理，开展各类节日慰问，组织开展文娱活动，丰富员工业余生活。（集团公司寄递事业部）

中国邮政航空有限责任公司

围绕集团公司和民航局工作大局，以全面贯彻落实民航局9个方面26条措施为主线，坚持两个安全管理指导原则，管理能力，打牢安全基础。严格落实安全管理责任，狠抓安全从业人员作风建设，开展“三个敬畏”教育和岗位练兵，与“安全生产月”和安全整顿活动相结合，强化抓基层、打基础、苦练基本功的“三基”建设。强化安全检查，不断完善安全绩效考核机制，在制度建设、人员能力以及系统平台建设等方面稳步推进法定自查。安全飞行38251小时，比上年提高10.3%，实现第24个安全年，获得民航华北局对2020年航空安全生产责任制考核达标单位的通报表彰。

疫情期间邮航承担各类防疫物资运输工作

组织开展减少可控因素延误提高航班正常率专项活动，通过每日运行复盘、每周分析典型案例、每月分析运营品质等形式，狠抓运行质量。加强与集团公司网运指挥调度中心沟通协调，促进邮航与南京集散中心、各省（区、市）分公司协同配合，调整优化航线网络，将青岛航线由串飞改为直飞，增开潍坊航线。在杭州航线增加1架飞机，利用航班换季调整时刻，出港时间推迟2～3小时，为赶发航空邮件预留截载时间，邮件量大幅增加，进港时间提前1小时左右，提升邮件次日递水平。邮航机型安排、航班时刻调整更加贴近市场需求，促进全网运行效率和效益提升。运行23191班，比上年增长7.5%；平均航班正常率89.4%，比上年提高4.3%。

支撑寄递业务发展，根据市场需求及时调整优化航线网络。运用灵活的销售政策，加大国内货运业务开发力度，北京、上海、广州、深圳4个办事处货运收入比上年增长近200%。利用白天停场航班，增开郑州—东京、郑州—首尔、浦东—东京、昆明—曼谷、大连—首尔等国际航线，增加飞行小时约2400小时。“五一”“十一”假期不停航，增加飞行小时约1260小时，有效保障飞机日利用率。国际邮件收入1.44亿元，比上年增长115%，国际货运收入1.50亿元，比上年增长190%。申请各种政策补贴约3250万元。飞机小时总成本下降明显，由上年5.72万元/小时下降至5.11万元/小时，比上年下降10.7%。寄递事业部下达收支差预算－13.7亿元，实际完成－10.44亿元，节约成本3.26亿元。

疫情防控工作。面对新冠肺炎疫情，在集团公司和寄递事业部的统一指挥、周密部署下，邮航完成各类防疫物资运输任务，执行战疫航班246架次，运输防疫抗疫物资4000余吨。《人民日报》、央视《新闻联播》《焦点访谈》等媒体报道158篇次。飞行部荣获全国交通运输系统抗疫先进集体、集团公司抗疫突出贡献集体，运行控制中心、机务工程部、南京分公司飞行管理部荣获民航重大运输工作先进集体。

能力建设。完成两架B757F飞机高高原改装工作，待通过补充运行合格审定，具备执飞西藏等高高原地区航线的能力。更新B737−800F飞机，新机型运行可靠性更佳。推进大型货机引进工作，经过广泛调研和经验交流，初步确定大中型货机引进计划。南京飞机维修机库建设动工，有利于自主培养维修人员，提升整体自主维修能力。汇总梳理各部门管理规定，编印成册健全规章制度。根据寄递事业部绩效考核办法，完善公司绩效考核体系，建立健全有效的激励约束机制。

全面从严治党。强化党建促安全，邮航党委与民航北京监管局党委开展党建工作结对共建，通过阵地联建、班子联抓、工作联动等措施，促进“三基”建设。总结梳理前期巡视整改工作情况，持续推进中央巡视整改工作，配合完成集团党组第三巡视组对邮航开展专项巡视工作，制定专项巡视反馈问题整改工作方案和台账。开展“党风廉政警示教育月”活动，组织典型案例“点评析”活动，完成南京分公司党委、飞行部党支部等单位巡察工作，进一步促进全面从严治党在基层见实效。推进精神文明和企业文化建设，荣获全国交通运输行业文明单位、首都文明单位（标兵）、民航青年文明号等荣誉称号。开展“夏季送清凉、冬季送温暖”慰问活动和特困帮扶工作，组织健步走、书画展、亲子交流、京宁杯对抗赛等活动。持续加强宣传工作，在中央主流媒体和行业媒体刊发100余篇原创新闻，通过邮政航空官微发布新闻300余篇。（集团公司寄递事业部）

【中国集邮有限公司】

中国集邮有限公司是以集邮为载体，服务国家，服务社会，弘扬和繁荣社会主义优秀文化的国有文化公司，是中国唯一从事国家级集邮品发行、邮票进出口业务的专业化企业。始终坚持"以客户为中心，以市场为导向"的发展理念，主要业务包括设计开发常规类集邮品、以中国文化和反映国家大事要事为主题的专题邮品、邮票年册，并与社会其他文化门类相结合，创意推出多种创新类集邮产品。

中国集邮有限公司完成集团公司下达的任务目标，实现收入15.71亿元，完成集团公司下达预算的128.95%；实现利润总额1.83亿元，完成预算的122.05%。

做好年册、生肖邮品、"中国人民志愿军抗美援朝出国作战70周年"、"众志成城　抗击疫情"等重点项目产品开发工作，4个项目实现收入12.5亿元，占公司实际完成收入的79.6%。联合中国黄金集团首次推出可回收的生肖金系列产品，解决各省采购贵金属的难点、痛点，降低风险，实现收入5亿元，为各省创收约7亿元，成为生肖项目跨越式发展的新增长点。研发《方寸天地》文创产品系列，包括文化遗产、古代先贤、书画艺术、手工艺品、名山大川。发挥个性化邮票版式丰富、题材灵活、设计展现空间大等优势，结合名家书法作品，研发推出绢质、双主图、独特编号的《张载诞辰1000周年》个性化邮票产品，为个性化邮票的开发和营销打开思路。

持续让利各省（区、市）分公司，中国集邮有限公司毛利率比上年下降11.99%，让利各省1.075亿元。统筹品牌管理，依托专业公司开展市场调研，分享调研成果和品牌建设规划。统筹产品开发，在生肖贺岁季、集邮文化季以及全国"两会"、抗击疫情、抗美援朝等项目中，统筹票源、集中开发、支撑全网、做大影响。统筹准入管理，协助集团梳理流程、收集建议、拟定办法。改版中国集邮微信号。举办邵柏林作品展，受到集团公司领导和社会各界高度关注，20余家权威媒体广泛报道。领导班子带队到吉林、广东、河南、海南等9省调研，了解经营情况，解决实际问题。修订销售管理办法，推出阶梯折扣政策，调整品牌使用政策，免除各省品牌使用费。修订合作开发办法，优化流程，给信誉好的省份提供更多便利。扩大与中国黄金的合作，实现收入8.47亿元，比上年增加173%，与中国金币签订战略合作协议，与西藏刚坚、邮来邮网建立战略合作关系。邮储银行渠道实现销售收入1.9亿元，比上年增加169%。首次通过邮政寄递服务将抗疫邮品安全直发到358个地市。

举办9期"文脉·国脉"文化大讲堂，大讲堂成为中国集邮文化新品牌。领导班子带队探望老领导，拜访周令钊、靳尚谊、韩美林、邵柏林、姚钟华等名家大师，为集邮复兴出谋划策。总结提炼出集邮人传承文脉的智慧与感悟，对公司LOGO提出"宽视野、大格局、重细节"的全新文化解读，设计制作有集邮特色和文化内涵的党建学习记录本、工作手册，用文化元素装饰布置办公区。

"文脉·国脉"文化大讲堂

完成改制更名。制定、修订《商务活动宣传用邮品管理办法》《固定资产和无形资产管理办法》《业务招待管理办法》等十余项管理制度，规范经营、防范风险。落实"平安邮政"要求，排查整改交通运输、消防等领域的风险隐患，加强员工安全教育培训。完成库房监控设施升级改造，启动全面盘库，清点1984年前邮票972种、210万套，零枚票835种、1312万枚，资料票2582种、2.36万套。采购总金额5.27亿元，其中集中采购率99.63%，集中采购项目节约资金2429.81万元，节约率4.43%。通过自主完成微信订阅号内容采编和运维以及各类活动的摄影、摄像、宣传工作，以及利用公司场地举办新品发布会等，节约费用200多万元。

中国集邮有限公司坚持以党的政治建设为统领，引导广大党员增强"四个意识"，坚定"四个自信"，做到"两个维护"，狠抓作风，促进党建与业务深度融合，以党建高质量发展推动业务高质量发展。提高政治站位，落实"三个第一时间"学习机制。通过中心组示范引领学、干部会及时组织学、班子党课辅导学、支部每月集体学，并以党员学习笔记本为载体辅助学，持续加强理想信念教育。在邮品图文内容审核中，在电子屏、微信、官网等平台宣传中，在办公环境整饬中，严格履行意识形态工作责任制，始终与党中央保持高度一致。着力建设学习型、创新型、服务型、活力型、效能型、廉洁型机关，政治导向鲜明，展现集邮特色。学习研讨、查找差距、整改提高、效果评估各环节工作常态化推进，持续性开展。统筹强化政治机关意识教育、"灯下黑"问题专项整治、巩固提升党支部标准化规范化建设成果以及中央和国家机关工委党的建设专项督查整改落实等活动，开展"基层党组织建设达标工程与创先争优活动"，党支部严格开展组织生活。开展"比学赶帮超"活动，对标东四邮局、邮储银行北京分行，向先进党支部和劳模学习。开展"5+X"党员示范活动，成立多个党员突击队攻坚克难。发展5名党员（含共青团推优1名）。完善部门和领导人员综合考评工作。

完善年度战略绩效考核指标体系和考核方式。针对集团公司反馈的2019年选人用人“一报告两评议”情况，积极推进整改。严格落实选人用人各项制度，2名干部轮岗交流、1名干部到龄改非。组织领导干部认真学习十九届四中全会精神，并选送1名干部到中国邮政党校学习深造。加强干部在疫情防控和复工复产的监督，细化日常监督，对1名干部进行提醒。组织“问难问需问计”青年员工座谈会和微信订阅号总结会，引导青年员工成长成才。组织集中培训20次，2200余人次参加各类综合素养和专业技能培训。安排8名三级以下员工轮岗，16名干部员工在部门间借调交流。5名司志获得高级职称，6名同志获得中级职称。干部员工心怀感恩之心更浓厚，胸怀集邮复兴的责任感更强烈，想干事愿干事的思想自觉普遍增强，为公司的改革发展奠定了坚实的人力资源基础。党委扛起主体责任，推进中央巡视整改52项需要评估的重点工作和制度文件，围绕内部巡视整改问题落实70项持续改进措施。紧盯“关键少数”，开展廉洁承诺活动。严格贯彻落实中央八项规定及其实施细则精神。开展“党风廉政警示教育月”和“以案促改，以案治本”主题党日活动，提升纪律规矩意识。把制止餐饮浪费作为一项重要政治任务抓紧抓实，强化宣传引导、餐饮管理和检查提醒。从严监督“三重一大”制度执行情况、党支部“三会一课”制度执行情况、形式主义官僚主义问题整治情况等。开展6次内部控制联合大检查、4次专项审计，针对查找出的风险点扎实整改。认真做好信访处理和案件调查，加大对履职尽责不到位人员的惩治力度。落实“经营企业就是经营人心”的理念，举办跳绳、踢毽、趣味运动会等活动，改造“集邮职工之家”、健身房、淋浴间，提升员工幸福感、获得感。为员工及家属定制“康祥”礼物传递生日祝福。充实团委组织机构。党团员青年参加“文明创建我先行”等志愿服务，“双十一”支援永安路邮局分拣包裹。召开老干部座谈会听取意见。完成167名退休人员社会化管理工作和102名退休党员党组织关系转出工作，落实老干部待遇。

疫情防控领导小组发挥关键作用，周密安排部署，及时对员工、家属、物业外包服务人员摸底排查。加强办公场所消毒、测温和登记。做好防疫物资的采购、储存和发放。通过严格防控，公司没有发生确诊及疑似病例。项目运作不暂停，各部门密切配合，全流程严格把控，全天候线上审核，全面复工复产前，高质量完成防疫、故宫、全国“两会”等项目。服务客户不断档，为国家机关事务管理局、空军政治部以及中石化、联通、国航、伊利等总部客户开发定制产品。向人口福利基金会寄送价值1500万元的防疫捐赠邮折。组织志愿者到北京市邮政分公司邮件处理中心支援防疫物资分拣，协助前门街道大江社区开展区域防疫执勤保卫。全体党员为抗击疫情捐款45410元。总经理荣获集团“抗击新冠肺炎疫情突出贡献个人”，1名员工荣获“抗击新冠肺炎疫情先进个人”。（中国集邮有限公司）

【中邮信息科技（北京）有限公司】

党的领导

坚持以党的政治建设为统领，把学懂弄通做实习近平新时代中国特色社会主义思想作为首要政治任务，树牢“四个意识”，坚定“四个自信”，做到“两个维护”，以“三个看齐”“三个坚决”确保党中央和集团公司党组的决策部署落地见效。制定公司党委关于加强党的政治建设的21项工作举措，全力配合党组第七巡视组的常规巡视工作。深入学习贯彻习近平新时代中国特色社会主义思想和十九届四中、五中全会精神，坚持“三个第一时间”学习机制，积极开展“理论武装提升行动”，建立45个青年理论学习小组，通过交流研讨、专题讲座、撰写学习心得等形式，推动理论学习与解决问题有机结合。设置11个党支部和27个党小组。围绕急难险重任务，设立党员先锋岗，组建联合突击队，实现寄递IT能力提升、惠农服务平台、ERP系统、寄递四大数据库、时限对标等重点任务的高效交付。新一代寄递平台项目组荣获人力资源和社会保障部、国家邮政局联合授予的“全国邮政行业先进集体”称号。基础平台部党支部荣获集团公司授予的“先进基层党组织”和直属机关党委授予的“党支部建设示范点”称号。1名同志荣获集团公司授予的“抗击新冠疫情先进个人”称号，10名同志荣获直属机关党委授予的“党员先锋岗”称号。落实基层联系点制度，扎实开展“一月一事　消灭最差”活动，领导班子跟班调研20余次，解决寄递IT能力提升、时限管控、机房扩容、设备下架等问题。开展“比学赶帮超”。持之以恒落实中央八项规定精神，一以贯之纠治“四风”。建立监督举报电话和信箱，组织开展采购招投标、“三会一课”等专项监督

中邮信科公司组织开展“双十一”驰援活动

检查。对新提任3名领导人员开展任前廉政谈话。组织开展党风廉政警示教育月活动，强化全员廉洁风险防范和纪律规矩意识。完成工会换届选举和8个部门工会组建，成立职工代表大会，依法保障职工行使民主管理权利。完成团委选举和7个团支部建立，强化团组织和团干部队伍建设。完成7名退休党员党组织关系社会化转移。

疫情防控工作

公司第一时间成立疫情防控领导小组，制定应急预案，实施网格化管理和常态化防控。抓好复工复产，做好远程协同研发环境保障，推行弹性办公、远程办公，强化防疫物资保障，坚持每日疫情报告制度，确保IT建设重点工作和公司生产经营平稳推进。抓好IT基础设施、新一代寄递平台、营业系统、在线业务平台、11183等重点系统的安全运行，确保邮件寄递、防疫捐赠、客户服务等生产活动正常，做到疫情期间“业务不中断、系统不宕机”。做好OA、电子邮箱、视频网络会议、VPN等系统的运行保障，确保全集团公司远程办公平稳顺畅。上线健康档案APP并持续迭代，为集团公司疫情防控和员工身体健康提供技术保障。

公司管理

建立健全综合管理体系。完成章程修订、工商资质变更、中宇注销等工作，制定完善各项管理制度。建立以项目为单元的核算体系，利用国家科技及税收支持政策，技术开发合同免税1207万元。建立采购管理制度，强化过程实施的标准化、规范化，加快采购项目实施，实施采购项目24个。完成金鼎、西三旗、西便门等办公场地调整，推动亦庄运维楼、永安路研发场地配置工作。

建立健全人力资源体系。借助运用“互联网+”、云平台等技术手段，建立长效机制，实施常态化招聘，补充公司信息科技队伍力量。截至12月31日，员工规模753人，待入职59人。制定干部管理、岗位体系、薪酬福利、绩效考核等13个制度。建立管理序列与专业序列并行的职级“双通道”，打通专业技术人员的成长通道。建立统一薪酬体系并完成薪酬套改，实行全员绩效考核并推进考核结果应用。完成3名部门领导人员选拔任用，完成部门重组、员工重组、劳动合同签订及定岗定薪等工作。按照集团公司相关规定，按时完成退休人员承诺书、档案电子化移交等工作。制定外包人力服务管理暂行办法及工作流程，驻场外包人员245名。

建立健全运营管理体系。建立总承包管理体系。订立工程建设、运行维护、安全运营等十余项制度。组建组织级项目管理团队（PMO），形成良性运转的项目跟踪管理机制，开展工程、运维、科研项目265个。整合ISO9000质量管理体系和CMMI体系，重组过程改进组（EPG），建立敏态—稳态双模体系，修定45个过程体系文件，启动ISO9001质量管理体系再建设。建立以客户为中心的运维体系，明确故障处理流程和协同机制，强化对省中心的支持服务和生产调度。

提升平台能力

做好顶层规划设计。配合做好数字邮政规划，开展现状需求分析，明确工作蓝图。推进信息化规划，分析寄递、邮务、协同等领域需求，确定信息化愿景、总体蓝图和演进路径。做好数据规划，摸清数据能力现状及需求，规划管理制度流程和数据服务能力。

扩充基础设施能力。建设合肥机房邮政第一模块，推动西站扩展机房第二模块建设，优化自有机房资源，制定同城机房租赁方案。完成云平台全链路智能监控诊断系统投产应用，实现运维集中化、自动化和智能化。新增IT设备3390台，在线运行设备13550台，私有云开放至14省34个信息系统。完成第二种云技术测试验证，实施应用系统向开放架构云迁移。全国中心互联网出口带宽由4.8G扩容至7G，研究省内网点扁平化改造方案。

强化技术平台建设。基本完成PaaS平台研发，研发企业级容器服务，在工程项目中落地试用。提供Java微服务应用开发和高级服务治理能力，在智能识别服务平台建设中应用。实施DevOps工具链，覆盖自主开发核心系统，实现持续集成、代码安全审计、持续部署的一体化。启动桌面云扩容。

探索业务中台建设。开展业务类共享服务平台研究，提出公共类、交易类、运营类、管理类服务中心规划，并完成研究课题验收。推进公共类服务中心建设，自主研发智能识别服务平台和敏感内容检测系统，提供开放API。持续提升统一身份认证、统一支付、应用集中监控等服务能力。探索交易类、运营类、管理类服务中心原型。在寄递和邮政领域开展服务中心建设探索。

推进数据平台建设。增强大数据平台支撑能力，完成大数据平台合肥搬迁工程，实施大数据平台扩容改造工程，提升平台算力、存储能力和安全能力。发挥CRM系统协同共享能力。会员招募突破8000万，建立邮务、寄递板块客户数据资产目录、共享目录和服务目录。提升源头获客能力，采集农民合作社信息41.3万条，家庭农场等信息45.1万条。完成地理信息资源平台一期工程建设，为新一代寄递、车管平台等12个系统提供GIS支撑。采集POI信息7800余万条，企事业单位数据4700万条。明确数据标准规范，清查142个系统，完成21个系统的数据清理联调，解决28项财务数据专项治理问题。

科技赋能

邮政应用建设。上线书报刊供应链信息系统主体功能，支撑报刊大收订，实现流转额236.8亿元。集邮系统支撑业务向“集藏+文化消费”转型。文创系统上线，绿盾工程联网试点。全国13省26个地市推广应用惠农服务平台，提供信贷、销售、寄递、保险、资讯等综合服务。

启动521工程，实现与邮储银行深度合作，对接营业、集邮等业务。完善在线业务平台，实现销售额39.2亿元。建设新一代营业渠道平台，完成福建省试点上线。在电商平台叠加联通代办和税邮业务，交易额361.26亿元。

寄递应用建设。基本建成时限库，向全国开放25项可视化和时限分析功能，完成46项核心功能开发，重构快包、标快算法，提升全链路分环节时限管控能力。建成市场库，构建“指标库、现实库、竞品库、客户画像库”，为营销和市场拓展提供重要抓手。推广成本库，完成全国、省、地市推广上线，支撑集团成本压降效果初显。启动建设服务库，量化管控服务目标，提升服务水平。推动“智能+”转型，开展智能排班、智能派揽、投递路线规划、运力匹配、车辆智能管控等试点，推进北斗应用，实现邮件量和运输车型的科学合理匹配。增强源头获客能力，支撑司法专递、政务市场、录取通知书等业务，丰富密码投递、撤单、改址等增值业务场景，对接多类揽投设备。提升国际业务能力，形成“三关合一”平台能力，促进国际结算电子化。推进可视化管理，完成生产运营可视化看板、处理中心看板和揽投部看板建设。提升客户体验，完成协议客户门户三阶段功能上线，支撑快递下乡，支持不换单代投社会快递。推进物流仓储系统建设，完成山西汾酒等6个重点仓储项目开发，重点保障联勤被装、附油仓储、军科院演示项目。上线省际出口集包等功能，打通容器管理与生产运营。上线智能集包推荐、智能场院，打造智能化监控平台，全环节应用RFID批量操作邮件，基于GIS平台优化投递路径，数字化赋能技术降本。

管理应用建设。完成ERP新增功能、寄递整合ERP等工程510项任务，支撑寄递翼改革及邮速整合。推进报销报账智能化改造，推广智能财务机器人，推动“智能化财务”。在广东、浙江省试点资源管理系统，为资源配置提供数据支撑。完成经营分析系统与管理驾驶舱3800多个指标，上线320余张报表。实现OA系统邮政、邮储拆分，建设党建信息化平台、数字档案馆和内部网站。

数据应用赋能。完成29个专题分析项目，提供130.8万条线路的行业时限和轨迹数据。做好寄递陆运、航空、市趟等相关网络优化，完成17个模型研发和12个模型试点。建立潜客挖掘、智能推荐等模型，极速鲜商城潜在客户下单转化率12%。研发智能选址、效能评价等模型，为集团公司网点转型提供数据支撑。基于深度学习、人工智能，自主研发47个智能模型。

科技引领

科技创新管理。建立公司科技创新项目管理、评价体系，加强知识产权保护。完成1项软件著作申请，办理6件发明专利和34件软件著作权。

科技创新项目。启动信创示范工程，引入信创产品，联合技术创新，采用“平台化+应用迁移”策略，打造邮政信创全栈架构体系。结合智慧场院、智慧园区、无人机等项目，探索北斗技术应用方案。承接12项新技术应用研发项目和3项标准化项目，完成13项。

科技创新组织。建立“中国邮政·华为新技术应用实验室”。成功申报数字地图与路径规划技术方向、区块链技术方向的邮政行业技术研发中心。组织参加第四届世界智能大会，展现邮政“智能+”转型成效。

科技创新申报。新一代寄递平台等5个项目获颁集团科学技术奖。申报国家“十四五”规划重大工程、交通运输部“交通强国”示范项目和财政部未来三年项目。

网络安全防护

健全网络安全保障机制。支撑集团层面，修订网络安全管理办法，明确网络安全决策、安全管理机构与职责。向各省、控股公司下发员工网络安全宣传手册，开展网络安全意识培训。公司运营层面，制定网络安全管理办法、突发事件总体应急预案，建立“管理+执行+运营”工作机制。规范信息系统日常扫描，累计开展1.51亿行源代码、1565次主机和WEB漏洞扫描。

提升邮政网络安全能力。完成全国中心及31个省中心日志审计系统及安全设备扩容工程上线。网络安全升级改造工程的蜜罐、流量回溯、入侵防护等设备上线，敏感数据安全识别检测工程设备上线。

保障基础设施安全运行。更新西站机房、亦庄机房超期服役设备，提高基础设施运行安全性。完成2次基础设施集中运维作业，消除机房安全隐患。

开展网络安全运营管控。开展企业信息网网络安全现场检查，组织开展全网安全隐患排查和整改加固，完成9个系统的等保定级，启动14个系统等保测评。

做好重大节点安全保障。完成2020年公安部攻防演习任务，并在148家参演单位中取得“优异成绩”。完成“两会”、国庆、“双十一”等重要节点邮政信息网安全运行保障工作，未发生重大信息安全事件。（中邮信科）

【邮政科学研究规划院有限公司（中国邮政集团有限公司邮政研究中心）】

落实集团部署要求

完成专报42项，比上年增长75%，获得集团公司党组领导批示11次。完成工程设计323项，比上年增长40%。完成科研项目182项，比上年增长100%。出版情报产品80期，比上年增长175.9%，获得集团党组领导批示9次。完成检测报告1396份，比上年增长7.6%；配合承担集团工作会议主要目标任务38项。承担集团督办事项33项。开展专报研究58项，比上年增长141.7%，完成的42项专报中，主要包括战略解读类4项，获得批示2次。金融研究类19项，获得批示5次。寄递研究类17项，获得批示4次，另外还包括绿色包装等其他研究2

项。其中，中国邮政高质量发展四梁八柱解读研究、寄递三个视角“对标立标达标”、寄递揽投部调研及与竞争对手对比分析研究得到董事长批示肯定，中邮保险个险渠道研究专报得到康宁副总批示肯定，另有多项专报内容被集团公司重要会议引用。克服疫情影响，完成全国 130 多个处理场地的 323 项设计任务，新增处理能力超过 2400 万件 / 日，助力全网提前两年达到 1 亿件 / 日。在北京等处理中心采用新装备、新技术，提高工艺流程自动化、智能化水平。新建处理中心直接生产人员人均分拣效率 1986 件 / 人天，比上年增长 53%。对标 20 余个民营处理场地，借鉴工艺流程、装备性能、运营模式等方面的最佳实践。开展 60 个处理中心的设计回访及写实调研。通过开展设计方案平台试验、开展仿真模拟提高设计方案的可行性。采用标准化与模块化设计思路，形成 13 个作业环节、47 个功能单元的标准化方案，“自动矩阵 + 小件分拣机”系统吞吐能力预计提升 9%，单班用人计划减少 7%。完成技术前瞻性及应用型研究 19 项，聚焦全流程、全场景，通过网络优化、流程优化等项目研究，全程支撑“两集中”管控、陆运网改革，协同支撑中心局改革试点。承担科技赋能项目 24 项，落地试点项目 12 项，对接基层生产需求，完成快包流程优化对标研究，开展网络动态优化调度模型研究，完成综合应用 RFID、二维码技术提升总包邮件识读率研究，完成普遍服务智能远程服务研究，开展解决轻小件、圆滚件上机分拣研究，开展市趟集装化运输方案研究等。按周出版 51 期《情报专送》，精选 200 篇高质量券商行业研报，文字编辑量超 170 万字，通过专家博士认真批注解读，为集团公司党组领导提供参考建议，获得批示 9 次。按双周出版 25 期《邮政情报》，为系统内 300 多位二级领导报送行业热点动态和最新趋势。按季度出版 3 期《行业数据参考》，形成涵盖 600 余项细分指标的 4 大行业数据库，打造服务集团的数据支持情。按照每周 4 个频次更新发布“邮政研究院”公众号。完成 14 项国、行标和企业标准研究。承接国标委、交通运输部、国家邮政局的国 / 标研究项目，与中国标准化研究院合作制定《绿色产品评价快递封装用品》《智能信包箱》等 4 项国 / 行标。完成 11 项中国邮政企业标准制修订和标准研究项目，支撑集团公司标准化顶层设计工作。承担集团公司包装类研发项目 16 项，自主科研项目 4 项，设计包装产品 13 款。其中，新型信盒及可循环封套获得 2 项邮政行业绿色包装成果。制定《绿色包装操作规范》，在全国绿色邮政建设推进会议上培训。加强检测、定额能力建设，服务行业、集团更加高质高效。加强理化实验室能力建设，开展涉及行业生态保护的材料“绿色化”检测。按照“标准引领、造价精准、评估有效”目标，持续加强定额能力建设。共编制 3 项企业标准，完成 33 项软件造价，完成 38 项土建工程造价支撑任务，建立 4 类评估指标体系和评价模型，完成 10 个工程项目后评估工作。

找准差距补齐短板

完善项目管理体系。严格执行立项管理，实施周通报、月计划、双月分析、季考核、年通算的闭环管理，利用蚂蚁分工推进信息化管理，加强结题评审质量管理。完善成果管理体系。实施科研成果“两审一校”、统一规范报送流程及模板，加强成果输出管理，优化成果奖励申报管理。完善专家管理体系。修订专家管理办法，增加系统内部专家；修订学术委员会与专业委员会章程，更新委员会名单。评选 25 项“最佳实践”并进行分享，营造学习创新氛围；开展“双十一”设计回访及跟班作业体验活动，加强项目后评估闭环管理。制定专家博士绩效考核办法，强化目标导向，加强考核激励。修订干部、员工绩效考核管理办法，优化指标设定，规范考核流程，“优劳优得、多劳多得”得到初步落实。制定《院年度科技奖励办法》，评选“最佳项目奖”9 项、“最佳专报奖”6 项、“最佳设计奖”5 项。组织 4 次院科研常态化奖励评选，评选“项目推进奖”39 项、“最佳专报奖”11 项、“精品情报奖”4 项。

邮科院研发的智能邮筒

提升科研影响力

“三个视角”“三大规律”“三个导向”方法论不断强化，“全业务、全流程、端到端、各环节、全要素”对标立标达标不断完善。组织 133 人参加麦肯锡中级培训，以提交论文形式进行晋级审定。坚持“三个导向”，按照“贴近现场、从小处着手、给出实施路径”的原则，学习《寻乌调查》的七大经验，将解决实际工作中的难点、痛点作为调研工作的重点。

理化实验室通过国家认可委评定，与 PNP 公司联合开展创新实验室建设及项目合作，承接集团公司与北邮联合创新实验室建设工作。知识数据支撑不断强化。数据平台共享 3000 余项集团会议、科研成果、统计资料等。开通寄递看板、量收和新一代寄递平台等系统数据查询权限。采集快递运单数据 3.12 亿条、电商商品数据 150 万条。利用PM、甘特图等工具，强化科研计划进度管理。利用AutoMod、Demo3D等工具，优化物流仿真研究。利用钉钉蚂蚁分工等推进科研协同。与中国移动研究院、纬创软件、PNP公司、飞步科技等开展项目合作。参加“第四届世界智能大会”云展览等活动，申请加入“交通运输新型智库联盟”。公司获得专利2项，另获得奖项16项。其中获集团公司科技奖二等奖1项、三等奖6项。获邮储银行2020年度课题研究一等奖1项。获“2020年全国邮政企业管理现代化创新成果奖”二等奖1项。获“通信行业企业现代化管理创新成果奖”二等奖1项。获中国物流与采购联合会科技进步奖二等奖1项、三等奖3项。“中国快递协会科技进步奖”获二等奖1项，三等奖1项。（邮科院）

【石家庄邮电职业技术学院（中国邮政集团有限公司培训中心、中共中国邮政集团有限公司党校）】

高职教育工作。克服疫情对招生就业工作的不利影响，招生3167人，订单生1344人，在校订单生占比超过43%，订单生规模再创新高。优化和拓展就业市场，提供就业岗位近4000个，2020届毕业生就业率96.5%，超过全国平均水平近12%，邮政行业就业率近60%，岗位质量再创新高。承接教育部“提质培优行动计划”建设任务，申报的28个任务全部获批。支撑申报国家产教融合企业试点，与集团公司寄递事业部合作成立邮政快递学院。聚焦培养高素质高技能邮政基层人才，强化工匠精神和实践技能培养，在“互联网+”快递大学生创新创业大赛中获金奖4项，在省级以上竞赛中获奖120项。

邮政党校工作。在疫情防控常态化新形势下，策划组织实施中央党校分校班、优秀年轻干部培训班等15个培训班，参训学员836名，学员满意度99%。坚持以学习习近平新时代中国特色社会主义思想为中心内容和首要任务，严格按照ISO9001质量管理体系实施全方位精细化管理，帮助学员增强“四个意识”，坚定“四个自信”，做到“两个维护”。按照“战略愿景—战略实施—战略绩效”推演构建模型，建立成果转化和分享机制，形成课题研究成果59项。围绕邮政党校功能定位和发展要求，研究形成包含7大领域4个维度15个细项36项内容的党校“教研地图”和“任务责任田”。

在职培训工作。发挥疫情期间互联网在线培训优势，网络培训规模再创新高，运行培训项目656个，培训546.8万人次，比上年增长50%以上。学习人次8354.2万，学习时长1730万小时，均比上年增长1倍以上。在做好疫情防控前提下，集中培训113个班次9622人次。支撑邮政企业职业技能等级认定11.6万余人，支撑集团公司以最高分评审成绩获批职业技能等级认定试点。国家开放大学邮政学院新招生5146人，在职学历教育在读规模1.7万人。

10月，石家庄邮电职业技术学院2020级新生军训汇报暨开学典礼

科研与服务支撑工作。石邮学院获科研立项109项，其中集团立项16项。发表学术论文255篇，其中核心期刊18篇，SCI收录论文5篇，申获实用新型专利21项、软件著作权3项，科研成果获2020年通信行业企业管理现代化创新成果奖、邮政集团公司科学技术奖、全国邮政企业科技创新成果奖等奖项。“中邮先锋”党建信息化平台运营效果突出，支撑开展线上培训30余万人次，荣获集团科学技术奖三等奖。作为中国邮政云创平台运营支撑单位，完成初筛点子5.15万条，实现向成果转化推广平台转型。

内部治理工作。制定修订制度60余项，以章程为核心的制度体系进一步健全，石邮学院治理体系进一步完善。全面推进内部质量保证体系建设，加强全面预算管理，开展固定资产、业务外包等专项审计监督，强化采购项目集中管理。开展“制止餐饮浪费”专项行动，强化校园安全维稳，排查整改各类安全隐患，内部管理持续优化升级。推进学院文化体系建设，开展校园文化提升工程，持续实施服务师生10件实事，广泛开展关心关爱师生员工活动，和谐校园建设持续推进。

助力打赢扶贫攻坚战。扎实落实集团教育扶贫任务，在开展商洛教育扶贫基础上，拓展甘肃舟曲教育扶贫项目，新招生48名，在校教育扶贫学生131人，28名毕业后入职陕西省邮政分公司，实现“招生即招工，毕业即就业”。落实国家资助政策，多措并举做好疫情防控期间学生资助工作，完成“奖助贷勤补免”14402人次，资助2400余万元，实现困难学生资助全覆盖。完成精准扶贫工作，打造“健身瑜伽扶贫”扶贫品牌和“玉狗梁”特色产业品牌，全村贫困人口全部实现脱贫出列，石邮学院精准扶贫模式被央视报道，被评为“脱贫攻坚先进集体”。贯彻国家高职扩招百万政策，新招生300名，快递扩招专业人才方案入选教育部50个典型案例。

新冠肺炎疫情防控工作。认真贯彻落实党中央和集团

4 月，北京鸿雁苑宾馆被北京市政府确定为境外返京人员集中观察点

党组、河北省教育厅等关于疫情防控各项要求部署，石邮学院党委周密部署，制定疫情防控系列工作方案、应急预案，明确防控责任，严格防控措施，师生无一人感染，团委被授予“石家庄市优秀抗疫志愿服务组织”。疫情最严重时期，北京鸿雁苑宾馆被北京市政府确定为境外返京人员集中观察点，鸿雁苑宾馆全力做好隔离点服务保障，完成各项保障任务，受到地方政府表彰。统筹疫情防控和教育教学工作，有序开展线上教学和复工复校，实现秋季学期老生顺利返校、新生顺利入学。

扎实推进中央巡视问题整改和集团公司巡视整改工作。贯彻落实持续推进中央巡视整改工作部署，制订《学院党委 2020 年持续推进中央巡视整改工作评估计划表》，明确责任时限，细化整改措施，每季度进行总结、分析和评估，不折不扣持续推进落实各项工作，9 项整改任务按期完成。5—7 月，集团公司党组第一巡视组对学院党委开展常规巡视，学院党务全面贯彻落实 2020 年集团公司党组巡视整改要求，认真研究制定巡视反馈意见整改工作方案，针对巡视组指出的 15 个主要问题，梳理形成 42 项具体问题，制定 61 项整改任务 79 项具体措施，建立整改任务台账，压实整改责任，严格例会制度，加强日常督导，强化标本兼治，扎实推进各项巡视整改任务落实落细。认真开展未巡先改，认真自查，举一反三，建立台账，发现问题立行立改，确保整改工作成效。（石邮学院）

【中国邮政集团有限公司邮票印制局（北京邮票厂有限公司）】

作为疫情严重期间唯一正常运转的邮票生产单位，确保所有生产关键岗位人员坚守岗位，确保邮票印制任务按时完成，确保邮票质量不打折扣。邮票印制局牢记政治使命，在严格落实疫情防控措施前提下，于 2 月 3 日在所有邮票印厂中率先复工，并克服人员紧张、物料受阻、交通不便、年度发行计划调整等困难，按时足量完成《吴冠中作品选》《中国第一颗人造卫星发射成功五十周年》《红楼梦（四）》等纪特邮票的印制和发运任务，满足 2020 年普通邮票、个性化邮票的印制生产，保障集团公司发行需求和客户需求。特别是为印制《众志成城　抗击疫情》抗疫邮票，邮票印制局提前着手工艺打样试制，24 小时加班运转，两轮次印制生产任务均在一周内完成，创下邮票印制时间最短的纪录，确保邮票如期发行。

《庚子年》首次采用激光直雕制版技术。《冬奥冬残奥吉祥物》首次采用镂空 + 半镂空打孔技术。《哈工大建校一百周年》首次采用冷烫 + 雕刻印制工艺和线性网点潜藏图案。采用影胶套印的《集邮联八大》《莫高窟》，利用三维起凸和全真彩印刷的《中国第一颗人造卫星发射成功五十周年》，应用无色荧光影写印刷和葫芦形异形齿孔的《葫芦兄弟》等邮票均成为热点邮票。特别是首次使用 NFC 芯片复合技术，印制《第 40 届最佳邮票评选纪念》。

《第 40 届最佳邮票评选纪念》

开展“聚焦战略布局、狠抓降本增效”调研活动，向同行业和先进企业对标，找差距补短板。通过对标对表，邮票印制局沟通服务水平更加到位，实现生产组织更灵活、更高效和产品更高品质的需要。自创业务拓展更加丰富，拓展集团公司总部、中邮保险总部、军委、教育部、人力保障部等部委和企业客户十余家，新拓展项目 50 多个，新增承接各类证书 26 种。全部产品综合合格率

87.17%，比上年提高0.3%。《辛丑年》《吴冠中作品选》《中国第一颗人造地球卫星发射成功五十周年》《众志成城抗击疫情》等纪特邮票合格率均超过标准要求。

为深入落实集团公司董事长刘爱力在2020年集团工作会议上的讲话精神，以“三个视角”找差距，以“三大规律”促改革，邮票印制局自4月展开“聚焦战略布局，狠抓降本增效”调研活动，11月11日举行调研成果汇报会。9个部门分别围绕财务管控、市场开发、人才激励、管理机制、经营模式等方面的内容进行专题汇报。汇报坚持问题导向，从自身比上年和行业对比的双重角度，深入剖析存在的问题和差距。坚持目标导向，做到将调研中发现的问题分级细化，提出对应的具体解决办法。

邮票印制局发挥党建工作引领作用，坚持加强学习，强化理论武装，全面开展基层党组织建设达标工程和创先争优活动，扎实开展“模范机关建设”活动，促进公司上下思想统一、步调一致。严格落实中央巡视整改工作提出的“持续深化、融入日常、突出重点”总体要求，明确“围绕一个目标，聚焦五个突出、五个持续”整改任务，制定2020年持续推进中央和集团党组巡视整改工作计划和具体举措。通过部署并推进党风廉政建设和反腐败工作，将全体党员干部的思想认识统一到中央和集团公司党组部署上来，将上级组织各项要求落实到公司党风廉政建设和反腐败5个方面的78项具体工作。实现监督执纪工作效果不断提高，为企业发展保驾护航。（邮票印制局）

【中国邮政集团公司新闻宣传中心（中国邮政报社有限公司）】

党建工作

强化理论学习，坚决把意识形态工作责任制落到实处。坚决落实“三个第一时间”学习机制，全面提高党员干部的理论水平。切实担负起意识形态工作主体责任。新闻宣传中心连续第3年开展“宣传质量活动月”活动，2020年度中心未出现意识形态安全事故。召开4次巡视整改季度例会，研究制定和修订《中心绩效管理实施方案》《中心机构改革实施方案》《新闻宣传中心公开招标实施细则》等制度，坚持执行每日网上巡查制度。新闻宣传中心成立模范机关建设工作领导小组组织开展“四个一”活动，组织7次模范机关例会，建立包含10项内容的查找差距台账，制定41项整改落实措施。坚决纠治形式主义官僚主义，筑牢廉洁自律防火墙，丰富党风廉政警示教育形式，巩固思想堤坝。切实改进文风会风，推进管理效能提升。聚焦担当作为，激发干事创业激情。创建文明单位树立形象。通过“2018—2020年度首都文明单位”公示。在中国行业报协会组织的第34届（2019年度）中国产经新闻奖评选中，11件作品获奖，其中2件作品获得一等奖，实现深度报道获得一等奖零的突破。中心工会委员会换届工作完成，开展春秋季“摄影采风”“金秋健步走”“趣味运动会”“中医问诊”活动。团支部建设加强。

疫情防控工作

从严从细落实各项疫情防控举措。第一时间成立疫情防控工作领导小组，下发8个文件和预案，按照“中心—部门—员工”三级网格进行防控管理，确保防疫用品库存充足，组织员工核酸检测及时。

开展抗疫主题宣传。一是全景式记录历史，生动展现邮政担当。纸媒以深度报道着力挖掘中国邮政抗疫一线的先进典型，推出深度报道30余篇，编辑深度报道版面22个。推出徐龙、汪杰、杨志珍等一批邮政员工的抗疫报道。二是快速反应、平台联动，新媒体宣传效果明显。新媒体所有平台累计发布抗击疫情报道4000余篇，阅读量4.2亿次，评论数3.3万条。4月，中国企业新媒体指数排行榜上，中国邮政官方微信位列13，在央企中位列第7。党员冲锋在前，成立29人的赴抗疫一线采访报道党员突击队，挖掘讲述邮政企业抗疫故事。1个部门、2名个人分获交通运输部和集团公司的抗疫先进表彰。

疫情期间，记者深入一线采访

媒体融合进程加快

2020年的全国“两会”报道中，新闻宣传中心聚焦习近平总书记重要活动、重要讲话精神和“两会”重要议程，第一时间进行突出报道，报纸开设“邮政人大代表履职记”“两会特别报道”专栏，新媒体微信、微博、抖音、快手等平台协同，发布“两会”相关新闻174篇，阅读量820万次。将中国邮政融媒体平台建设列为“一号工程”，全程参与项目前期调研、工程立项、预算编制等工作，完成采购各项准备工作。推出深度报道30余篇。《为全球减贫提供最佳案例——江西邮政助力“廖奶奶”合作社发展纪实》等文章被多家社会媒体转发。中国邮政报官微《冲上热搜！邮递员老爸亲手把录取通知书投递给自己儿子》推文一经发出，新华社、人民网、《光明日报》等8家媒体转载报道。联合快手科技、湖北省邮政分公司等开展带货助农直播活动，观看直播人数 69.5 万人，快手平台和邮乐平台成交 12141 单，销售额 33.35 万元。《抗击疫情邮票首发式》《“两优一先”全国表彰活动》等一系列宣传片的制作和大型活动的承办，得到集团公司各专业板块肯定。

管理工作

推行绩效管理，实施新的绩效考核制度，提升干事创业内生动力。规范采购和合同管理，完成采购项目 15 个，公开采购率 96.31%，采购资金节约率 10.93%，提升风险防范能力。完成退休人员社会化管理移交工作。（新闻宣传中心）

【中国邮政文史中心（中国邮政邮票博物馆）】

统筹推进疫情防控和各项重点工作

落实集团公司党组工作部署，第一时间成立疫情防控领导小组，召开 17 次党委（办公）会议，印发 36 个文件，抓紧抓实抓细各项疫情防控措施。截至 12 月 31 日，员工“零感染”。

一是及时排除隐患。中心领导多次对中心防疫工作进行检查督导，对发现的问题及时安排处置。采取果断措施将集中住宿在地下室的物业、保安人员安置到安全场所，及时排除隐患。二是细化防疫措施。严格落实集团公司各项防疫通知要求和疫情防控指引，坚持常态化精准防控和局部应急处置有机结合，加强网格化管理，开展防疫应急演练，做好中心大楼、档案馆的人员进出管理和办公场所消毒工作，加强博物馆、员工食堂等重点部位的防疫管理，多渠道购置和配备防护用品用具。严格执行“零报告”制度，做到早发现、早报告、早隔离、早治疗。及时下发集团公司制定的《新型冠状病毒防护指导手册》等，教育引导员工提高疫情防控意识，做好个人防护。抓好“外防输入、内防反弹”工作，加强人员进出京管理，倡导非必要不出京，鼓励员工在京过节。三是做好现场办公安排。根据北京市疫情防控形势变化，按照集团公司到岗率要求，及时动态调整和控制现场办公人数，设置临时办公场所和隔离区，降低人员密度，采取居家、远程办公等形式灵活安排工作方式，确保各项重点工作顺利推进。疫情缓解后，及时有序恢复现场办公，全面实现复工复产，将疫情影响降到最低。四是落实防疫要求，有序恢复开馆。博物馆在 8 月 18 日恢复开馆后，按照北京市文物局关于加强疫情防控工作的通知要求，严格执行《疫情防控期间北京地区博物馆有序开放工作导则》相关规定，从严落实各项疫情防控措施，及时发布相关信息，实行预约、错峰、限流参观；落实观众入馆必检流程，全程必戴口罩；做好场馆通风、定时消毒等日常卫生防疫措施，确保博物馆对外开放安全有序。

坚持以党的政治建设为统领，深入学习贯彻习近平新时代中国特色社会主义思想，思想理论武装持续强化，树牢了“四个意识”，坚定了“四个自信”，做到了“两个维护”。坚持“三个第一时间”学习机制，坚持党委理论学习中心组、支部“三会一课”等学习制度，第一时间学习宣传贯彻习近平总书记系列重要讲话和党的十九届五中全会精神，系统学习《习近平谈治国理政》（第三卷）。坚持理论联系实际学，特别是把习近平总书记关于本领域的重要指示精神作为做好中心工作的行动指南，做到学在深处、谋在新处、干在实处。认真贯彻落实《中共中央关于加强党的政治建设的意见》和集团公司党组具体措施，强化政治机关意识，持续巩固“不忘初心、牢记使命”主题教育成果，引领党员干部自觉在思想上政治上行动上同以习近平同志为核心的党中央保持高度一致，始终做到“三个坚决”。开展青年理论学习活动，邀请中央团校杨名博士为青年现场授课，举办学习心得交流会。调整意识形态工作领导小组，落实意识形态工作责任制，严格管理信息发布内容，执行稿件三审制度，切实维护网络意识形态安全，全年未发生意识形态责任事故。

巡视整改持续推进。认真开展中央巡视整改落实，对照台账按季度进行成效评估，推进整改工作。按照集团公司党组第七巡视组巡视“回头看”反馈意见，逐项对照检查，认真梳理出两大类 24 项问题，制定 26 项整改任务和 43 项细化措施，明确责任部门，确保全面落实。完成 22 项，阶段性完成需持续推进的 17 项，剩余 4 项 2021 年完成。开展“未巡先改”工作，对照查摆，举一反三，研究梳理整改任务 6 项，均完成阶段性整改目标。

扎实开展模范机关建设。召开动员会，举办专题党课，按照建设“讲政治守纪律、善学习勇创新、敢担当有作为、强作风抓落实”的模范机关要求，认真落实学习研讨、查找差距、整改提高、效果评估四个环节，梳理查找的 19 项问题整改完成 6 项，阶段性完成 13 项，需持续推进。开展“一月一事　消灭最差”活动，认真落实“双联系”制度，加强调查研究，切实解决问题，切实转变工作作风，深化治理形式主义官僚主义问题，转变会风文风。组织相关部门开展“比学赶帮超”活动，推动重点工作落实。深入学习罗淑珍、其美多吉、樊锦诗等先进事迹，通过典型示范引路，推动后进赶先进、中间争先进、先进更先进。

基层党组织建设。贯彻落实《中国共产党支部工作条例（试行）》《中国共产党党和国家机关基层组织工作条例》《中国共产党国有企业基层组织工作条例（试行）》，扎实推进党支部建设达标工作。根据中国邮政文史中心机构调整和干部岗位交流，进一步规范支部设置，完成党支部换届、委员增补等工作。组织各支部学习《中国邮政党组织工作手册》，利用“中邮先锋”党建信息化平台开展“三会一课”，推进党支部标准化、规范化建设。开展创先争优活动，档案馆党支部被评为直属机关“党支部建设示范点”，张媚荣、朱松涛两位同志被评为“共产党员先锋岗”。开展中国邮政文史中心“两优一先”评选表彰活动。规范党员日常管理，提高党员发展质量，发展党员1人。

干部人才队伍建设。落实集团公司党组批复意见，完成中心机构编制调整，完善博物馆功能配置，推进干部队伍建设和人才培养工作。出台《员工职务管理办法（试行）》，对29名符合条件的员工进行职务晋升。加强年轻干部选拔培养，选送2人参加党校培训，安排14人次进行岗位交流锻炼。加强专业人才培养，组织开展职称申报工作。中国邮政文史中心获评正高级、副高级专业技术职务各2人，中级3人。

党风廉政建设和反腐败工作。贯彻落实集团公司党风廉政建设和反腐败工作会议精神，持续加强党风廉政建设和反腐败斗争。完善中心纪检机构设置，充实纪检工作力量。组建纪委办公室，完成纪委书记和专职纪检干部配备。及时调整党风廉政建设领导小组成员，按照“一岗双责”要求落实党委领导班子成员党风廉政建设责任。各支部按要求配备纪检委员或指定专人负责纪检工作。制定、修订《采购管理办法》《办公用房管理办法》等17项制度。各部门负责人签订《党风廉政建设责任书》，落实个人重大事项报告制度，开展廉洁风险防控。持续开展经常性纪律教育，强化节日期间廉政提醒教育，开展党风廉政教育月活动，持之以恒纠治“四风”。开展疫情防控情况专项监督检查，重点监督检查复工复产后的疫情防控工作。学习贯彻习近平总书记关于厉行节约、制止餐饮浪费行为的重要指示精神，倡导“厉行节约、反对浪费”风尚，杜绝餐饮浪费行为。

做好统战、群团和离退工作。召开统战工作座谈会，传达学习中央统战工作精神，落实政策要求，认真做好统战工作。完成工会换届工作，开展员工思想动态调查工作。团支部围绕青年理论学习活动，开展“青春心向党·建功新时代”主题宣传教育、“习近平关于青年工作的重要论述”主题讲座等学习实践活动，推动青年员工提升理论素养和实践本领。按照集团公司统一部署，30名退休党员组织关系全部转出，完成中国邮政文史中心退休人员社会化管理移交工作，被集团公司评为“移交先进单位”。

推进“平安邮政”建设

贯彻落实集团公司《安全生产专项整治三年行动实施方案》，修订中国邮政文史中心《安全生产委员会工作机构组成和职责》，制定《安全生产专项整治三年行动实施方案》《2020年度创建“平安邮政”实施方案》，推进“平安邮政”创建工作。依据北京市有关规定开展自我评估，并申报为东城区2020年度消防安全重点单位。强化安保力量，严密组织“两会”期间的安保工作。落实日常巡查和干部值班制度，加强安保队伍建设，严格上岗制度和安保住宿管理。开展安全生产先进表彰活动，在“4·15全民国家安全教育日”“11·9消防安全宣传日”等进行安全主题宣传。开展安全隐患大排查和消防演练，组织消防火灾演练2次、重大突发事件应急演练2次、紧急拉动微型消防站5次，配合区域消防部门应急演练2次，强化员工安全意识。购置防爆设备，人脸识别、红外线体温检测设备。完成消防系统验收、灭火器年检等。坚守档案工作的安全底线，完善修订档案库房管理、应急预案、调阅、保密等相关制度，加强档案存储介质和库区安全管理工作，确保档案安全。接受集团公司、东城区文旅局、属地公安和消防等部门各项检查30余次。

传播先进文化

博物馆正式挂牌“东城区爱国主义教育基地”，并被纳入《东城区爱国主义教育基地2020寻访指南》。接待北京市委宣传部张爱军副部长一行的实地调研指导，通过北京市爱国主义教育基地命名考核评审组的实地评审考核。落实集团公司与北京邮电大学签署的战略合作框架协议，“北京邮电大学思想教育基地”正式挂牌。

举办系列展览活动。主办和参与举办18项线上线下展览活动。在四层邮政展厅“独立运营以来的中国邮政”展览中增加邮政新业务发展和邮政抗击新冠肺炎疫情等内容，增设“领导关怀”和“劳模风采”展览陈列。推出“邮票讲述‘一带一路’故事”常设邮展。在集团公司、“一带一路”智库合作联盟和全国集邮联的指导和支持下，遴选“一带一路”沿线国家和地区发行的代表性邮票，分“丝路精神通古今”“商贸流通谱新篇”“文化交融著华章”3个篇章，讲述邮票方寸间的“一带一路”故事。落实集团公司党组关于集邮业务向集藏+文化消费转型、打造“中邮文创”品牌等工作部署，协同相关部门联合办展，主动服务邮政主业发展。配合庚子年生肖邮票发行，博物馆编组中国邮政发行的41套生肖邮票，携《中国生肖邮票发行40周年展》参加“CCTV·品牌·艺术·中国展”，以生肖邮票展览主题“我们的春节”。配合集团公司邮政业务部，为第三届中国农民丰收节邮票展览提供展览大纲和图片，在馆内举办中国邮政2021年贺年有奖明信片、贺年专用邮票发布会。选馆藏邮票原图原稿，与集邮总公司联合举办“邮票设计家邵柏林作品展”。配合集团公司工会举办“‘战疫情，奔小康!’——全国邮政职工手机随手拍邮票照片设计大赛”活动，在博物馆举办获奖作品展和线上展。博物馆精选相关题材邮票，参加在中国人民革命军事博物馆举办的“铭记伟大胜利　捍卫和平正义——纪念中国人民志愿军抗美援朝出国作战70周年主题展览”。配合中华全国集邮联合会，举办中国人民革命战争时期邮票发行90周年纪念大会暨学术研讨会，以及中国人民革命战争时期邮票珍品展。携《1931年赣西南赤色邮政邮票实寄封》等馆藏珍品前往赤色邮政诞生地

“战疫情　奔小康！”——全国邮政职工手机随手拍邮票照片设计大赛

邮票设计家邵柏林作品展

江西吉安参加“传承红色基因　汲取前行力量”——纪念中国人民革命战争时期邮票发行90周年集邮文化活动。利用新媒体技术举办线上展览，实现闭馆不闭展。配合《〈共产党宣言〉中文全译本出版一百周年》纪念邮票首发，博物馆甄选44套与党史相关的邮票，在“学习强国”平台推出红色主题3D线上邮票展览活动。在博物馆官网举办“中国生肖邮票发行40周年”线上展览。联合北京汽车博物馆举办“新时代的‘雷锋’——驾驶邮车的‘时代楷模’其美多吉”线上展。联合铁道博物馆举办“邮品上的中国铁路”云展览和线下展。与北京市文物局宣传教育中心合作推出“博物馆看宝——大龙邮票”在线活动。在集邮周“集邮与爱情”主题日，推出“邮票上的七夕”主题微邮展。在线展览观看50多万人次。

总账建设加快推进。博物馆克服疫情影响，根据防控形势及时研究调整总账建设复工方案，2次召开总账建设推进会，细化分解总账任务，及时协调解决人员、图像采集设备等问题，安排每周六加班半天，加快进度。截至12月31日，文字录入完成12.6万条，占总数14万条的90.3%，其中历史票、解放区票、新中国票、新中国封片、原图、邮政藏品完成100%。图像采集完成13.96万种，占总数29.5万种的47.3%，其中历史票、解放区票、新中国票、新中国封片、原图完成100%。邀请博物馆信息化专家来馆授课，完善智慧博物馆建设方案。在展厅安装互动瀑布流、触摸屏等智能设备，为观众提供免费无线Wi-Fi服务。配合国家版本馆建设，完成邮票调拨清单的移交工作。5月22日，党组书记、董事长刘爱力调研文史中心（博物馆）时，对配合做好国家版本馆工作，加强智慧博物馆建设，传播邮政文化、集邮文化等提出明确的工作要求。

“庆祝中华人民共和国成立70周年邮票展”入选国家文物局重点推介的100个2020年度“弘扬优秀传统文化、培育社会主义核心价值观”主题展览。“中国邮政邮票博物馆”微信公众号正式上线，设置“逛·邮博”“赏·珍品”“享·服务”三大栏目。公众号更新发布10期25篇（条）图文消息，关注人数突破1500人，每条平均点击量近800人次。“云赏邮博”板块推出线上展，访问量突破10万人次。在集邮博览微信平台开设“中国邮博”栏目，持续更新13篇图文消息。与中央广播电视总台少儿频道共同摄制播出《英雄出少年》之“邮票故事”六集系列节目，面向全国少年儿童，讲述邮票背后的故事。与央视频合作推出“云赏邮博　以邮会友”——中国邮政邮票博物馆集邮周“云观展”直播互动活动，点赞数累计超过5万人次。携邮票藏品参与中央广播电视总台《故事里的中国》《律师来了》等栏目录制。完成集邮博览杂志社公司制改制工作，2021年杂志发行量在复刊后突破1万份，完成正刊12期，推出《2019中国邮票年鉴》等专特刊2期。集邮博览坚持线上线下融合发展，持续做好微信公众号、喜马拉雅有声杂志等线上平台的运维工作，开通官方抖音号。完成博物馆“云课堂”视频录制工作，与东城区委宣传部合作拍摄东城区爱国主义教育基地系列节目《东城探秘——中国邮政邮票博物馆》。深入平谷区第一小学、龙潭街道社区等开展邮票知识和集邮文化普及讲座，扩展爱国主义教育基地的社会功能。《开学第一课——“我和我的祖国”系列课程》《小小讲解员》《青少年邮票绘画比赛》3个社教案例入选《行业展风采　文博展作为——行业博物馆课程集锦》。《人民日报》、中央广播电视总台、新华网、北京电视台、《中国交通报》、《中国邮政报》等十几家重要媒体来馆采访报道邮展和集邮活动，播发相关新闻报道73篇。

邮政历史学术研究工作。《新编中国邮政通史》六卷本入选国家出版基金资助项目，完成240余万字撰写内容，各卷相继定稿，进入出版阶段。完成《中国邮政集团有限公司年鉴（2019）》的编辑出版和《中国交通年鉴（2019）》《中国邮政集团有限公司年鉴（2020）》的编辑工作。参与完成由中央党史和文献研究院、中华全国集邮联合会共同主编的《邮票上的中国共产党百年历程》编写工作。与中国人民大学合作申报的国家社科重大项目《清代驿站史研究》正式启动，中心承担子课题《驿站文化图录》的编纂工作。配合邮储银行总部和山东省分行提供企业文化建设方面的相关历史资料和图片视频等素材。与江西省邮政分公司共同举办江西瑞金“中华苏维埃共和国邮政纪念馆”展陈方案研讨会。

文物档案接收利用、邮票鉴定工作。开展新冠肺炎疫情防控代表性见证物征集入馆工作，征集到108件，记录中国邮政干部职工在打赢疫情防控阻击战中涌现的感人事迹。接收入馆尼泊尔大使馆捐赠的首日封121枚，韩美林先生、姚钟华先生创作捐赠的绘画作品，集团公司邮政业务部移交进馆的邮票印制板材等邮政藏品206件。做好《档案法》宣传贯彻工作，组织相关人员参加“新修订档案法公益大讲堂”在线培训活动，准确把握《档案法》修订的精神实质。档案业务部采用OA邮箱等线上方式，疫情期间坚持为集团公司各部门紧急查阅档案376卷（件），满意度100%。接收入馆集团公司采购、文书、工程等档案11278卷（件）。完成原邮电部副部长朱高峰捐赠5478件档案的整理入库工作。完成1132卷档案的存址核对、电子目录挂接工作，2264盘缩微胶片的检查倒片工作和108万个馆藏数字化档案文件的检查工作。完成北京市丰台区邮政分公司等单位委托鉴定的邮票3万余枚，出具鉴定证明12份。受理社会各界人士鉴定25次，鉴定邮票3000余枚。鉴定满意度100%，荣获司法部颁发的“全国公共法律服务工作先进集体”称号。

加强管理

认真落实文史中心固定资产清查和专项审计工作，制定《固定资产管理办法（试行）》。完成招标采购30余项，节约预算资金21.6万元。按照集团公司过“紧日子”的要求，科学合理地安排财务预算，严格把关费用的审核与支出，保质保量完成ERP报销报账工作。发挥中心外聘法律顾问作用，加强合同审核管理。对照合同管理制度，完成中国邮政文史中心2018—2020年的合同逆流程自查工作。完成5个专项审计工作，与集团公司财务部集中核算处共同对杂志社完成一年2次的财务检查工作。践行绿色邮政建设理念，加强OA办公系统管理，提升无纸化办公水平。加强垃圾分类管理；鼓励员工绿色出行，组织义务植树活动等。（中国邮政文史中心）

【中国邮政广告传媒公司（中国邮政广告有限责任公司）】

四大运营支撑

加强社会各类优质资源的整合，资源结构初具雏形，用户黏性增强，作为营销工具支撑更加便捷。平台收入16.5亿元，比上年增长71.9%，拉动传统函件收入7.4亿元，服务客户2000多位。组织文化惠民活动1200余场，收入5000余万元。完成封片图稿审核6.8万稿，日常审核中4689个业务申请得到纠错或退回处理。审核及时率整体100%。引进腾讯、今日头条、百度、新浪、新华网、分众传媒、熊猫传媒等资源商的120余个产品。在抖音、微视、有赞等多个平台打造推进“中邮传媒直播间”。以书信中国文化传播项目为依托，与光明网、《半月谈》、新华网等知名媒体合作。整合邮政营业厅视频联播网、营业厅广告机、政讯通公告栏、楼宇广告等自有媒体。

中邮传媒参加第27届中国国际广告节

服务能力

完成214家平台资源商准入及6096个产品审核，完成邮资机宣传戳审核1022枚、明信片设计大赛图稿1.3万套、线下支撑2.6万套，数字明信片260套。审核及时率100%。整合抖音、今日头条、速递易、直播等媒体手段，为“9·19电商节”宣传助力，总播放量1.6亿人次。整合平台策划创意、产品研发、营销推广等方面优质资源商，为基层邮政提供个性化主题邮局创意设计、空间规划、邮政文创产品等服务，共同探索创新运营模式。在健康项目上与金融协同，平台通过与优质健康企业合作，优势互补，在金融网点开展简易、普惠型基团检测，为客户提供金融+健康体检服务。在惠农项目上与电商协同，平台策划推出“家乡优品”项目。

基础管理

疫情发生以来，中邮传媒党支部切实提高政治站位，严格贯彻落实党中央和集团公司党组的各项决策部署，实行“公司—部门”二级网格化防控，确保不留死角。配合做好集团公司ERP财务运行和日常财务工作。认真落实选人用人制度、干部日常管理、职工教育培训、薪酬规范等各项工作。后勤保障强化，完成办公用房扩充、日常网络通信和基础设备的管理维护。

党的建设

牢固树立“四个意识”，坚定“四个自信”，坚决做到“两个维护”。积极贯彻落实三大攻坚战的要求，按照集团公司统一部署，发挥中邮传媒智融平台资源优势，为山东、甘肃等省贫困地区提供旅游、康养、汽车展销等服务。公司党支部紧紧围绕建设“让党中央放心、让人民群众满意的模范机关”总要求，扎实开展学习研讨、查找差距、整改提高和效果评估各环节工作。坚持“三个第一时间”学习机制，坚持以“三会一课”为抓手，组织全体党员深入学习贯彻习近平新时代中国特色社会主义思想，及时跟进学习贯彻中央重大决策部署。建立“传媒青年”青年理论学习小组，结合青年员工特点开展“学思践悟心向党·青春建功新时代”书信评比系列活动。组织开展主题鲜明的党日活动。落实党支部工作条例、基层组织工作条例，推动公司党支部建设全面进步全面过硬。落实《中央和国家机关党小组工作规则（试行）》，发挥党小组作用，激活党支部工作的末端活力。强化支部阵地建设，修缮支部党建墙，为支部发挥领导核心作用提供重要物质载体。结合中邮传媒特点，研究制定中邮传媒支部工作法，打通全面从严治党的“最后一公里”。持续整治形式主义、官僚主义突出问题，发文数量减少40个。把党的纪律挺在前面，坚持开展党风廉政警示教育月活动，增强广大党员干部的纪律规矩意识和廉洁从业意识。改进工作方法，为基层解决实际困难。以高度政治责任感，配合集团公司党组第七巡视组完成巡视工作，针对5个方面11个主要问题33个具体问题，制定工作方案，明确责任领导、责任部门和完成时限，将巡视整改落到实处。（中邮传媒）

【中国邮政集团公司电商分销局（中邮电子商务有限公司）】

电商分销专业实现收入119.9亿元，比上年增长8.4%，其中分销业务实现收入107.3亿元，比上年增长14.4%；增值业务实现收入12.6亿元。

全面加强党的建设

全面强化理论学习。坚持以新时代中国特色社会主义思想为指导，落实“三个第一时间”学习机制和“三会一课”制度，组织开展理论学习，组建青年理论学习小组，加强青年思想理论武装。

认真贯彻落实中央重大决策部署。一是坚决做到“两个维护”。第一时间学习习近平在中央和国家机关党的建设工作会议上的讲话，强化政治机关意识教育工作，党支部书记为全体党员讲授专题党课，组织青年理论学习小组开展学习研讨，组织全体党员将政治机关意识落到实际行动上，坚决做到“两个维护”。二是确保党中央决策部署落到实处。贯彻落实《中国邮政集团公司电商扶贫三年规划（2018—2020年）》，超额完成目标。助力乡村振兴战略，持续推进站点管理和数字化优质站点打造，推进农产品进城和工业品下乡；推进绿色包装，向商家推广使用窄胶带，严格限制过度缠绕胶带、过度印刷包装；配合推进绿色邮政建设，集团公司下达“在2020年底前完成50个绿色农产品品牌建设，实现邮政农资分销中新型高效农资占比达到40%以上”的任务，截至12月31日，绿色农品品牌数量53个，高效农资占比41%。三是深化政治巡视和巡视整改。第一时间召开专题会议研究部署集团公司2020年第二批巡视工作，在规定时间内完成近3年基础资料的整理和上报，配合巡视组深入一线了解各项工作情况、提供相关材料。在收到反馈意见后，高度重视，成立巡视整改领导小组和监督小组，明确具体问题33个，制定具体措施共54项，并建立周例会制度持续抓好巡视问题整改推进。

认真开展模范机关建设工作。严格落实集团公司和直属机关党委要求，召开支部委员专题会议研究讨论模范机关建设工作安排，推进学习研讨、查找差距、整改提高、效果评估四个环节工作。对照集团公司4个方面12项目标任务，从全局层面查找4项突出问题，制定13条具体改进措施，通过狠抓落实取得初步成效。一是发挥考核“指挥棒”作用，责任落实到人。2020年重新修订《电商分销局绩效考核办法》，进一步细化考核指标，突出工作目标“可量化”，确保所有工作分解到人，以解决实际问题的成效作为衡量标准，从根本上保障工作落实。二是开展“党员亮身份　岗位比贡献”活动，工作活力进一步释放。围绕基于数字化站点打造邮政农村电商生态圈、推进邮政农产品基地高质量发展等内容开展课题研究。运用活动研究成果，组织全体党员开展攻坚克难实践活动，实现成果转化；10月开展“岗位建功”成果汇报会，向支部全体党员进行汇报。三是提升下基层力度和质量，进一步推动问题解决。领导班子成员前往北京市公司、湖南汉寿、河南安阳、福建古田、陕西商洛等地，对农产品基地建设及“网点＋站点”管理模式进行调研。解决农产品基地在产品分级开发、定价策略、品控管理等方面的疑问，深化与外部渠道对接，通过开放合作提升运营能力，解决批销刷单和跨区域集中录入的问题，规范批销业务发展。

开展作风纪律整顿工作。一是领导班子落实“一岗双责”。召开支委会33次，制定电商分销局2020年党建工作任务分解表，夯实党建工作责任。二是严格落实中央八项规定。坚决纠治“四风”问题，在中秋、国庆等重要节日前由纪检委员监督进行公车封存。开展合同逆流程问题专项检查整治和安全生产三年整治，逐步形成企业文化建设长效机制。三是把党的纪律挺在前面。开展党风廉政教育月活动，以党小组形式对党章党纪党规进行知识竞赛。持续加强对名优特产、招标投标、物资采购等廉洁风险集中领域、业务关键环节和关键岗位的监督。四是营造求是求实的工作作风。深入开展“一月一事 消灭最差”活动，消灭32项重点问题解决；加大对基层的指导力度，解决“桥和船”的问题，定期给落后省份下发诊断书，开展针对性的督导帮扶，推动各项任务落地见效。

贯彻新发展理念

开展电商扶贫，超额完成三年规划目标。按照《中国邮政集团公司电商扶贫三年规划（2018—2020年）》要求，全面推进邮政电商扶贫工作，累计完成875个扶贫地方馆建设，实现832个国家级贫困县全覆盖，打造1736个万单扶贫商品，培育12991名扶贫能手，均超额完成电商扶贫三年规划目标。三年累计助农创收19.3亿元，惠及扶贫人数超71.2万人，邮政电商扶贫工作得到政府和社会的认可。

夯实农村电商发展基础。对内整合邮政私域流量，上线邮惠购积分商城，优化邮储信用卡积分商城，开展扫码购活动。对外联合“学习强国”，快速提升流量。邮乐平台日均访客量74.4万人次，比上年增长51%，平台买家累计616万人，比上年增长141%，交易额14.6亿元，比上年增长96%。通过加强地推，强化以平台批销为主的业务叠加，打造14.8万个数字化优质站点。不断叠加业务，3.3万个支局关联的30.8万个站点叠加业务，其中叠加自营批销站点22.7万个，代收自提站点11.5万个，代投包裹量2.06亿件，比上年增长168%。

第四届中国邮政“9·19电商节”在北京启动

构建“全网+区域”大单品体系，创新推广“总部运营”和“区域代理”模式，实现大单品自营批销额24.2亿元，比上年增长150%，促进自营批销额达到50.3亿元，比上年增长67%。

建成50个农产品基地，形成“基地+品牌+平台+渠道+协同”的运营模式，发布“邮政农品”品牌，通过联租建完成58处农产品基地仓储中心建设。农产品基地实现销售额6.1亿元，比上年翻番。

构建农村电商发展生态。整合各板块业务系统，建立邮政业务中台，实现与邮掌柜系统互联互通，推进商家、客户、业务和数据的统一运营，构建数字化管控的“网点+站点”生态圈模式，发展邮政会员252万人。以“农资农技、源头品控、品牌赋能、仓储物流、产销对接”5项综合服务为切入点，构建为农服务新体系。精准对接115个合作社、60家涉农企业和8万个农户，实现自营农产品销售额45.3亿元，比上年增长40.3%，邮乐网线上销售农产品7.8亿元，比上年增长125%。组织农技培训、农资优惠购等活动2.52万场，带动寄递包裹增长1876万件。各项增值业务累计引流服务2.7亿人次，交易额突破470亿元。云放号创邮政与联通系统总对总对接，年放号突破100万户。

服务疫情防控大局。推进疫情防控和复工复产，开展“抗疫情 保发展”活动，打通绿色通道，配送农资30万吨。解决“农民卖菜难，市民买菜难”问题，配送蔬菜生鲜2000万斤。4小时内迁移湖北11185客服中心，保障服务不中断。重点帮销湖北疫区农产品近3亿元。（电商分销局）

各省、自治区、直辖市分公司工作

北 京 市

【北京市邮政分公司】 实现业务收入61.85亿元，邮政业务总量（含寄递事业部）72.07亿元。完成集团公司预算进度的101%，高于全国平均进度2.8%，比上年增收5.97亿元，增长10.68%，高于全国平均增长4.72%；利润超额完成集团公司预算目标，比上年增加2.14亿元，增长16.67%，增加额全国排名第1位。截至12月31日，北京市邮政分公司全部用工总量（含寄递事业部）18646人，比上年减少1025人，降低5.2%；邮政局所总数714处，其中农村局所202处；邮政信筒信箱4229个，农村村邮站3560个；邮路总条数931条，邮路单程总长度9.3万千米。服务质量用户满意度98.57%。

发展脱困

专业发展。金融业务实现收入20.26亿元，比上年增收3.64亿元，增长21.91%，完成集团预算进度的116%，其中：保险比上年增收2.43亿元，增长74.17%；利差收入比上年增收1.25亿元，增长10.73%。实现中邮总保费7.2亿元，完成进度的106%；实现中邮长期期交保费4.9亿元，完成进度的172%，进度全国排名第1位。寄递业务实现收入17.84亿元，国内业务实现扭负，比上年增长18%。其中：国内特快业务实现收入6.46亿元，比上年增收2133万元，增长3.41%；快递包裹业务实现收入3.04亿元，完成集团预算进度的100.5%，比上年增收7495万元，增长32.7%；国际业务实现收入6.28亿元；物流业务实现收入1.59亿元，完成集团预算进度的125.5%，比上年增收5762万元，增长56.9%。集邮业务实现收入6亿元，比上年增收1.35亿元，增长29%，完成集团下达预算目标的131%；实现毛利润额1.75亿元，产品毛利率26%，高于全国平均水平3%。发行业务实现收入7.35亿元，比上年增长3.64%，完成集团预算进度的100.9%，规模全国排名第2位。函件传媒业务实现收入3.79亿元，规模全国排名第5位。分销增值业务实现收入2.67亿元，完成预算进度的133.33%，增长288%。机要通信业务实现收入9622万元，完成全国“两会”文件、“四六级”考卷发运等重点特殊服务保障任务，实现质量安全31年无事故，国家邮政局局长作出重要批示，给予表扬。

市场营销。推进营销体系建设，实现邮务板块营销业绩6.57亿元、寄递板块营销业绩2.92亿元；总体新增机构客户3587户，实现收入1.78亿元；发展CRM会员125万人。推进电子渠道营销码应用，拉新27万人，会员储值开卡量全国排名第4位。2.36万名员工参与线上平台、劳动竞赛等营销活动，参与率87.4%，形成收入3.29亿元。

协同发展。惠农项目极速鲜、标准箱业务实现收入4891万元，均大幅超额完成集团考核指标；京郊重点农品项目实现收入1190万元，比上年增长480%；平谷大桃作为集团认定的农产品基地项目，销售19.78万箱，实现销售额931万元。汽车产业链项目实现收入5399.9万元，完成指标的107.4%。政务服务项目实现寄递业务收入2.04亿元，其中：警邮项目驾驶证期满换证“容缺办理”业务实现特快收入1468万元，比上年增收1144万元；税邮“双代”项目建成144个合作网点，累计开票金额66.9亿元，代征税额1.17亿元，实现手续费收入300万元。电商市场项目开发客户364户，其中：邮银互相转介客户151户，邮银协同项目产生寄递收入1676.95万元。医药市场项目实现寄递收入5106万元。军民融合项目完成喜报信封交寄11.2万件，实现收入350万元。

战略合作。与北京住总、中国石化北京石油公司、阿里巴巴本地生活、首农食品集团、首旅集团和歌华集团签订战略合作，邮政网点与中石化易捷便利店开展仓配合作、在易捷商城和阿里本地生活开设“邮政菜单”店铺等落地实施；与延庆、平谷、昌平等区政府或相关部门签订惠农战略合作协议；深化与联通、电信、移动、铁塔的业务合作，推进华为公司物流配送和终端产品销售的合作。

三大攻坚战。推进绿色邮政建设，9899工程完成，45毫米胶带使用量和市内循环中转袋基本实现全覆盖，电商快件不再二次包装率超过80%，全市网点100%布放包装废弃物回收装置，推广使用2019版免胶带包装箱。推进电商扶贫，培养扶贫能手290人，培育陕西商洛核桃和食用菌2个万单农特产品项目，在邮乐北京馆建设扶贫产品专区，完成三年电商扶贫目标。协同中邮北分，向北京市3392名建档立卡低收入人员赠送意外伤害、猝死及意外医疗保险，总保额4594万元。强化金融风险防控，开展飞行检查7次，没有发生金融案件或风险事件。

创新转型

机制创新。建立以效益为导向的激励机制，把业务毛利作为营收单位浮动绩效挂钩配置的核心基础，细分专业贡献，分档设置配比标准，重奖增量；对利润超额部分予以重奖。出台金融网点分等分级、星级营业部和营销中心评定、营投窗口人员“星级”评定等一系列激励办法，构建覆盖全部最小单元的激励机制。完善员工营销积分机制，员工人均积分7739分。

网点转型。主题邮局通过员工领创、专业包联等方式，实现收入4491万元，比上年增收2429万元。校园网点以主题邮局、业务叠加等具体实践，促进网点升级转型，38所高校完成进驻服务，进驻服务率41%。推进商圈网点、社区网点、乡镇网点转型，初步完成348个网点业务叠加工作。

经营创新。实施110个营业部销售化转型，实现收入4.88亿元，标快比上年增长13%；发展准加盟团队220个，实现收入1.06亿元，月均增收502万元，增长96%。集邮专业与《人民日报》、乐高探索中心等社会大IP开展跨界合作，开发文创产品20余种，实现收入3000多万元。对“I LOVE邮”公众号进行全面升级；快手平台发布短视频、海报127篇，播放总量1164万次；组织直播活动22场，观看人数180万人。

深化改革

经营组织架构改革。实施自上而下公开竞聘选拔，构建以客户为中心、适应市场竞争的经营组织架构。建立市、区、支局三级综合营销团队和专业营销团队，理财经理比上年增加135人，增长27.1%，一线人员占比62.9%。在区、支局的统一管理下，实现客户资源共享开发、协同发展能力提升、邮速资源整合复用。3856人参与选聘工作，251名基层人员通过公开竞聘进入各级机关，599人充实到基层。

中心局改革。一是机构精简。职能部门压降5个，生产部门压降13个，职能及生产管理人员减少113人；指挥调度中心由三级改为两级，实现统一指挥、垂直调度管理。二是人员减少。通过跟班写实，对各作业区合理设置工位，优化集约配员。三是流程优化。将重件作业区10个外包动作整合优化为接卸、分拣和发运三大外包环节，通过重新招标采购，全环节平均单价约0.22元，比原来平均单价减少0.19元，降低46%。四是机制创新。对中心局实施全收入、全成本的独立核算，提升投入产出水平。

网运改革。一干邮车装载率49.80%，较上年提升12.4%；中心局一干自办往返邮路数量增加3条；大车发车量占比30%，达到集团公司标准。优化整合报刊邮路，减少邮路34条，报纸时限至少提速1小时。构建市、区两级运力池，基层管理和非司机岗位人员补充司机93人，自有车辆替换外包车辆，退租57辆。推进揽投网深度整合融合，机构数量减少48个，网点数量增加39个；推动邮政同城网业务和寄递同城业务合并运行，实现同城业务两网合一。

运营管理

降本工作。寄递环节件均成本压降初见成效，其中：收寄环节下降0.39%，陆运运输环节下降6.5%，投递环节下降5.16%，管理及支撑环节下降19.2%。压降盘活各类用工782人。房屋租赁、水电费、保安保洁等方面节省成本2702万元。完成采购项目134个，采购金额7.17亿元，节约资金1.18亿元，比上年多节约7471万元，资金节约率14.18%。

财务管控。设立预算管理委员会，完善全面预算管理体系，强化预算全过程控制。推行“以收定支、量入为出”的资金管控模式，引导各单位优化业务结构、压降成本、管控欠费等，全公司资金余额增加3689万元。制定用户欠费管理工作指导意见，加大清欠追缴力度，全公司账期外欠费减少1.3亿元，在总欠费额中的占比下降36%。

人力资源配置。完善岗位配员标准，推进人员内部结构性调整，279人转入金融、营销等关键性岗位。建立内部人力资源市场，28人通过内部公开竞聘到新岗位。招收全日制大学本科及以上学历119人，通过入职培训实现储蓄统版持证率100%、储蓄职鉴持证率近90%。

企业运营效益。实施“一点一策”，推动网点减亏增效，金融网点扭亏46个，减亏金额6163万元；邮政网点扭亏58个，减亏金额4764万元。加大房屋资产整合盘活，新增出租项目28处，租金增加786万元；出租续租项目100个，年租金提高390万元；退租场地7处，减少年租金成本397万元。

审计监督。坚持问题和风险导向，开展经济责任审计12项、管理审计8项、工程审计15项，审计总金额61.16亿元，工程审计审减金额702.61万元，审减率12.50%。

安全管理。推进安全生产专项整治三年行动，对机要局、中关村支局等场地进行消防改造；对照北京市地方安全生产等级评定技术规范标准，以航空邮件处理中心和中心局为切入点，完善安全管理体系；推进安保工作过程管理信息系统的应用，实现“见人、见物、见过程”；完成9700余路监控设备升级改造和市分公司监控中心建设。

能力建设

生产能力。中心局三期工程、行邮场地利旧分拣机改造工程和北京国货航邮件处理场地工艺设备配备工程全面投产，更新2428辆电动两轮车，配置胶带机15台、伸缩滚筒机15台等设备，配备便携式热敏打印机4424台和揽投智能终端6698台。

网点建设。投资1.07亿元，接收33处局所，总面积2.36万平方米，比上年增加5倍；投资6853万元，改造网点67处，面积2.4万平方米；投资1381万元，改造办公及生产附属场地15项，面积1.71万平方米；对600余个网点进行微整治，完成新铭牌和柜台标识牌更换工作。

科技支撑。研发“疫情防控登记”系统，实现用户无接触登记。引入“狂扫”收寄设备，“双十一”处理邮件110万件。开发社会渠道获客系统，打造“线上+线下”邮商联盟营销创新平台。建设“北京邮政自有数据库”，客户数据资源956万条，客户属性字段35种。推进会员体系建设，发展CRM会员127.37万人；打造金融VIP综合积分平台，3个月金融VIP客户成功注册2.8万人。开发上线蓄客小程序、支行大排名2款应用软件，根本扭转以往“统计＋估计”的粗放模式，助推金融“开门红”蓄客4.3万人；开发金融风控监测模型，开启智慧风控新模式。

服务形象

重大政治服务任务。首次采取无接触式“两会”服务，完成28个驻地的服务保障工作，创收2740万元，收到表扬信21封，得到全国“两会”总务组、市委市政府和与会代表委员的肯定；完成十九届中央第五轮、第六轮巡视50个、中央军委巡视4个专用信箱寄递服务保障任务，以及中央生态环境保护督察、中央统计督察6个专用信箱和服贸会的寄递服务保障任务，收到表扬信21封。

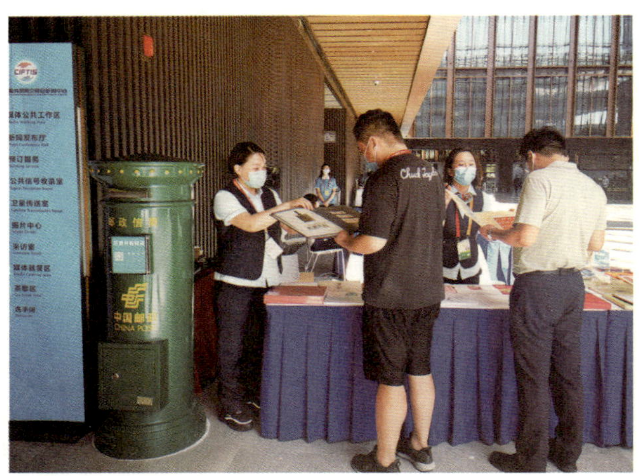
服贸会展区，邮政工作人员向观众介绍邮册

普遍服务。开展普遍服务专项整治“回头看”、窗口服务大提升专项整治等活动，11个暂停营业网点复业，14个委代办普服网点转自办，1237项普遍服务问题完成整改；用户综合满意度94分，11项普服指标全面达标。

运行质量。制定运营管理质效考核办法，设置88项重点操作考核项目，强化对不规范行为的考核；落实“日通报、周分析、月考核、季约谈”制度，强化运营质量管控，提升重点指标时限。与全国对标，截至11月30日，市分公司运行质量上升9名，省会中心局运行质量上升8名，寄递结算考核情况从上升5名，考核金额下降84万元；标快省内互寄次日递率91.53%，提升1.87%；快包省内互寄次日递率75.15%，提升10.62%；全渠道揽收成功率92.83%；标快及时妥投率86.06%，提升5.11%；快包及时妥投率89.68%，提升9.59%；干线准点率79.09%，提升4.75%；市趟准点率74.84%，提升22.92%。

客户体验。构建市、区、支局三级服务体验工作体系，推行在线平台电话回访，改善客户体验。在市政府12345热线“接诉即办”考评中，6次获得公共服务企业综合得分并列第一，客服中心班长郎萍被评为“北京榜样·政务服务之星”。11185客服中心电话接通率96.67%，服务满意率98.57%，受理各类工单3.9万单，排解用户问题46万件，信息反馈及时率、受理投诉办妥率均100%。

抗击疫情

抓好疫情防控工作。召开24次党委扩大会暨疫情防控工作领导小组会，下发百余份文件，及时学习传达和贯彻落实党中央、市委市政府和集团公司防控要求，动态完善疫情防控指导手册、防控措施和应急管理办法；市分公司投入资金1687万元，用于采购口罩、消毒液、温控枪等防护物资，发放口罩600多万只，实现员工“零感染”和疫情防控“零问题”。

履行邮政服务承诺。坚决履行“四不中断、四免费办”服务承诺，第一时间开通防疫捐赠物资寄递“绿色通道”，组开北京至武汉陆运干线车辆577趟次，组开邮政航空专线13架次，发运邮件及防疫物资79.1万袋／件，4802.7吨。受市卫健委委托，北京机要局连续237天每天2次承担疫情防控数据投送任务，确保机要服务不间断。推出“邮政菜单”惠民服务，疫情期间服务客户21.39万人次，订单量约5.93万单，实现交易额773万元。推出教材寄递项目，服务学校562所、学生25万名，实现收入290万元。推出毕业寄＋邮云仓寄递服务，业务量6.95万件，实现收入243.62万元。北京邮政的服务得到中央电视台、北京电视台、《人民日报》等主流媒体的关注报道。

战旺季、保畅通。建立常态化支援工作机制，各级机关人员对邮件处理、投递等持续支援，战胜多次邮件高峰，确保生产畅通；特别是在春节疫情严重期间，全公司支援3.5万余人次，创造单日接卸干线车183部、总包51.8万袋的纪录。

党建引领

党的建设。完成党的建设工作要点26项工作以及落实全面从严治党要求主体责任清单16项任务。组织党委理论学习中心组集中学习27次，交流研讨12次。完成持续推进中央巡视整改66项措施，集团公司巡视整改111项措施，2项措施持续推进。推进党组织建设达标工程，创建“十百千”示范单位、示范点和党员先锋岗。举办8期党支部书记和2期党务干部集中培训班。开展领导干部跟班作业实践活动，三级副以上领导干部提交跟班作业报告120份。北京机要通信局交通室被交通运输部授予“全国交通运输系统抗击新冠肺炎疫情先进集体”称号；刘海龙被授予“全国交通运输系统抗击新冠肺炎疫情先进个人”称号，6个先进集体、18名先进个人受到集团公司表彰；召开北京邮政庆祝建党99周年“两优一先”和抗击疫情表彰大会，表彰先进基层党组织36个和优秀党员100名、优秀党务工作者15名，以及抗击疫情25个先进集体和50名先进个人。

监督保障。加大案件查办力度，受理信访举报172

件，重复件51件，办结信访举报139件；立案6起，全部办结。给予6人党纪处分，其中：留党察看1人，党内严重警告处分1人，党内警告处分4人；给予7人政务处分，其中：政务记大过1人、政务记过1人、政务警告处分5人。经济处罚共计5.6万元。分两批完成对8个单位的巡察，对经营组织架构改革、中心局改革所有岗位公开竞聘进行全程监督，对受理的41件信访举报加急快办，接待来访人员5人次。成立疫情防控监督工作组，采取“四不两直”的方式抽查各类分支机构170个。强化监督问效，加大对党中央、集团公司、市分公司等重点工作落实情况的监督检查。

人才队伍建设。明确未来3～5年年轻干部培养的指导思想、总体目标和具体措施，开展4期优秀基层经营管理者培训班。搭建市分公司、区分公司、专业局以及业务和技术纵横互通、交叉任职的“大平台”，三、四级干部交流49人次，提任3名“80后”优秀四级干部。开展支局长、支行长、揽投部经理培训21期、覆盖2169人。

先进典型培树。组织开展15项劳动竞赛，金融“仲夏金秋”客户邀约活动1875场，实现产能3.41亿元。助推10个劳模优秀创新项目，2个创新工作室被集团工会认定为2020年度劳模创新工作室，2个创新项目获得市总工会助推资金8万元。北京邮政获全国厂务公开民主管理示范单位，北京市机要通信局被授予“全国文明单位”称号，石景山区分公司等4家单位获“首都文明单位”称号，培训中心被评为“全国红十字模范单位”；1个班组获得“北京市模范集体”称号，3个单位获得“全国邮政行业先进集体”称号，6名员工获“北京市劳动模范”，2名员工获“全国邮政行业劳动模范”，1名员工获批享受国务院政府特殊津贴。127名员工获岗位练功助推资金，康智以第一名的成绩入围第二届“北京大工匠”快递员提名人选。

员工幸福指数。完成为职工办实事项目14项；邮政专项温暖基金救助职工442人，救助金额68.38万元，离退休职工额外大病医疗互助再保险救助职工78人次，救助金额15万元；投入371万元，为14492名合同工投保意外伤害保险和重大疾病保险；投入63.9万元，为9038名外勤岗位人员投保意外保险；全公司投入6000多万元，解决员工尤其是一线员工吃饭难、喝水难问题；投入3841万元，为生产经营一线人员发放服装2.3万余套；推进职工之家建设，开展职工文化季、节日慰问等系列活动；员工月人均收入比上年增长935元，增长10.08%。（北京市邮政分公司）

【邮储银行北京市分行】

经营发展概况

实现营业收入70.17亿元，增长5.67%；净利润40.1亿元；经济增加值9.75亿元，经济资本回报率15.27%，成本收入比34.33%。总资产4334.64亿元，增长18.2%。各项存款余额2782.52亿元，增长11.64%，新增存款290.17亿元；各项贷款余额1970.51亿元，增长12.94%；存贷比70.82%。不良贷款率0.27%，北京地区六大行中排名第三。拨备覆盖率741.92%。

落实中央决策部署

统筹做好疫情防控和抗疫金融服务。构筑统一高效、密切协同、坚强有力的抗疫作战指挥运行体系。落实网点疫情防控“三道防线”要求，严格执行“现金收支两条线”和“现金需求动态管理”，强化线上服务，确保基础金融服务不间断。严格落实“四方责任”，强化联防联控、协调配合，全行无一起内部聚集性病例，无客户在北京分行营业场地感染情况发生。围绕“六稳”“六保”，多措并举服务实体经济和社会民生，发放抗疫贷款18.5亿元，为364户小微企业、14.1亿元贷款采取风险缓释措施，支持受冲击企业渡过难关。

服务国家战略。一是助力打好“三大攻坚战”。坚决做好重大风险防控，实现“六无”（无大案要案、无大额不良、无大额罚款、无大额赔付、无重大风险事件、无重大负面舆情）目标。金融精准扶贫贷款余额6.72亿元，净增2.78亿元，连续3年超额完成计划目标；望京支行“红河佳裕蓝莓扶贫项目”获总行“脱贫攻坚优秀项目奖”。发展绿色金融，绿色贷款余额387.26亿元，年增速58.48%，高于各项贷款平均增速45%。二是服务京津冀协同发展，为北京新机场等33个重点项目提供融资支持75亿元，累计支持356.84亿元，贷款余额264亿元。三是服务首都经济社会发展和副中心建设，为47个北京市重点项目提供融资支持254.91亿元，累计支持615亿元，贷款余额480.94亿元；承销北京市地方债69.3亿元，累计承销274.98亿元；响应市政府号召，与北京市消费券同步推出线上消费优惠活动，促进民生消费恢复。

推进普惠金融。一是设立10家“‘三农’金融服务站”，搭建银政桥梁，打通“三农”金融服务“最后一公里”。北京分行涉农贷款余额102.51亿元，年净增30.25亿元，比上年增长41.86%。二是参与北京“首贷中心”“续贷中心”筹建并首批入驻，银政对接共同服务小微企业，开发首贷中心专属产品“税贷通”。普惠型小微企业贷款余额109亿元，年增速31%，高于各项贷款平均增速18%。压降贷款成本，小微企业放款平均利率比上年下降61 BP。

业务转型发展

零售金融。储蓄存款向量质并举转型，新增储蓄存款72.9亿元，新增活期存款34.96亿元，新增活期存款占比同比提升37%，活期存款占比41.1%；财富管理不断加强，理财经理227人，比上年增加24人，聘任财富顾问

10名；非货币基金销量27.8亿元；资管及信托销量40.25亿元；消费信贷净增54.21亿元，余额突破300亿元。手机银行新增激活23万户；新增无实体介质二类户16万户；新增快捷绑卡27.26万张；邮储食堂会员新增130万户。

公司金融。机构存款年增134.4亿元，机构客户新增329户，公司客户新增5410户，债券承销规模666.6亿元，交易银行现金管理客户结算量51.5万亿元，手续费收入930.5万元，累计开立保函52.70亿元，余额132.24亿元，全国资金池上线4个，银企直联上线19个，衍生存款175.6亿元。

资金资管。以投带托，联动托管业务规模新增210.86亿元。以投促承销，落地北京分行第一笔RMBS承销业务，规模32.54亿元。以债引存，债券投资带来公司存款沉淀63亿元。发行北京地区专属高净值理财产品1.5亿元。

风险内控管理

全面风险管理。建成风险信息共享平台，成功运行16大类100个细项预警模型，实现自主风控预警新突破，有效减少临时性逾期及减值计提；通过分类施策动态管理，及时发布风险提示，对大额授信风险客户进行名单制督导化解；打造保全利润中心，编印不良资产处置工具箱，创新大额疑难“项目制”处置模式。

法律内控管理。持续深化落实“不敢、不能、不想”三大案防机制，创新综合检查体系，压实基层案防风控责任。推进“制度提升活动”，围绕《民法典》开展重点宣教，以“八个一”活动为抓手，强化违规问责制度学习。切实发挥“三道防线”作用，推进“三线”合一案防工作，加大违规问责力度。

内部审计工作。增强审计监督在重大风险揭示、重点领域防控、重要机制构建方面的重要作用，强化监督问责，狠抓整改落实，促进内部审计效能逐步提升。接受外部审计6次，完成审计项目53个，发现问题506个并落实整改，提出优化建议138条，违规问责433人次。

安全生产工作。落实安全生产专项整治三年行动方案，开展安全生产和行风行貌专项整治，严格落实安全生产责任制，推动各项管理工作安全生产履职能力稳步提升。

管理运营效能

金融科技赋能。一是优化零售信贷管理平台，实现上线征信集中查询、利率定价系统和“两端”网络互通三大模块功能。二是研发推广MGM优享贷、保险开门红蓄客小程序等数字化产品和服务10余项，提升数字化获客能力，拉动存款14.26亿元，带动收入1200万元。三是建成风险信息共享平台，实现自主风控预警新突破，获监管肯定和总行推广，其中账户冻结及关联预警模型获总行数据建模大赛优秀成果奖。

运营管理。推进网点转型，完成辖内117家营业网点转型导入工作，“理财＋代销”业务人均产能1096.97万元；持续推进客户旅程优化，成立客户体验提升领导小组，组建兼职客户旅程体验队伍；全面推广统一柜面管理平台，推动“无纸化”转型。

代理金融。在北京邮政协同发展委员会下，成立“首都邮政金融板块协同工作领导小组”，联合制定《2020年首都邮政金融板块协同工作方案》，共筑客户生态圈，惠农合作、文创开发等重点协同项目取得新进展。

全面从严治党

党建重点工作。深入落实“三个第一时间”学习机制，建立中心组学习和党委会、专题会议、网络平台学习的衔接配套机制，分行党委召开15次中心组（扩大）学习，班子成员带头讲党课6次，发布“三个第一时间”学习提示86条，引导党员干部自觉增强学习本领，有效推动中央及上级精神的学习宣贯。加强模范机关建设，组织开展强化政治机关意识教育、机关作风问题大整治、“灯下黑”问题专项整治活动，深入查找“庸、懒、散、拖、扯、私”六个方面的突出问题，切实做好整改提高。扎实推进邮政系统基层党组织建设达标工程和创先争优活动，开展“支部党建质量三提升行动”，建优建强基层党组织。

党风廉政建设。落实中央八项规定精神，紧盯关键节点，从严纠治“四风”；召开19次巡视巡察整改例会，集团巡视整改102项整改措施完成99项，阶段性完成需持续推进的3项，修订完善规章制度49项。完成10家一级支行巡察，深化基层“两个责任”落实。

人才队伍建设

人事改革。强化专业团队建设，设立机关部室专业团队46个。打造内训师队伍，新增分行级内训师147名，总数233名。强化人才梯队建设，全面实施“领航人才工程”，中级正副职人才库入库102人。完善员工职级晋升管理制度，建立规范化和常态化晋升机制，职级晋升1161人、薪档晋升3327人。强化制度建设，制定人才发展三年规划、领导班子和领导人员综合考评办法、员工行为管理实施细则、员工招聘管理办法等文件，分层建立“能上庸下”的干部员工动态评价体系，考核模式同步延伸至二级支行长、支行部室经理等基层管理人员。

队伍作风建设。一是建立面向市场、面向客户需求、具有创业公司思维和互联网思维的“敏捷组织”，完善从行领导到部门，到一线基层员工的快速反应机制，切实增强市场反应力和竞争力。二是严格落实员工工作纪律十项要求，加强机关办公区“6S”规范化管理和首问负责制，强化机关作风转变。（邮储银行）

【中邮保险北京市分公司】 中邮人寿保险股份有限公司北

京分公司全面贯彻落实集团公司、总公司工作部署，统筹抓好疫情防控和经营发展，完成各项工作任务，保持良好发展态势，荣获2018—2020年度“首都文明单位标兵”称号。

◎ **价值转型成效突出**

经营目标全面提前达成。累计实现保费17.8亿元，完成全年目标的106%，全国排名第七，比上年增长21%；实现期交新单保费7.4亿元，完成全年目标的112%，全国排名第三，比上年增长49%，全国排名第三；实现团险保费3163万元，完成全年目标的112%，比上年增长28%；实现续期保费8.6亿元，完成全年目标的104%，比上年增长23%。

高价值业务取得突破。实现长期期交新单保费5.5亿元，完成全年目标的159%，全国排名第一，比上年增长335%，全国排名第二；实现新业务价值1.3亿元，完成全年目标的389%，全国排名第一。

转型发展效果明显。投价比44%，全国排名第一；新单负债成本率4.38%，全国排名第二。

◎ **协同发展深入推进**

围绕“五个定位”精准施策。做好邮银渠道的“参谋部”，与邮银同研究、同部署、同考核，科学制定发展目标及举措，邮银单位在绩效考核、激励政策上给予倾斜。做好代理金融的“培训部”，开展“北京中邮保险空中课堂”、旺季营销等各类培训500余场、覆盖4.3万人次，全年累计开展培训500余场、覆盖4.3万人次。做好运营管理的“指挥部”，严控运营指标，加强业务指导，开展专岗培训，人均培训时长达65.5小时。做好销售单位的“后勤部”，全年累计举办活动60余场，服务客户8万人次。做好自营业务的“作战部”，连续6年承接集团及在京直属单位补充医疗保险项目，累计承保6.4万人次、理赔4.4万人次；推动总公司“邮惠保”试点工作，打通运营流程，短时间内实现保单23笔，保费7900元。

协同项目有利拉动。邮银保联合开展省级协同项目“磐石行动”，加快高价值业务发展。2020年网点新单期交网均产能达130万元，排名全国第二；邮保安康C和邮保一生产品规模突破2亿元，排名全国第二。

“自营+代管”模式深化工作稳步推进。16个中邮保险中心32名专岗人员配备到位。组织北京中邮保险第六届秋季运动会，培训和团建相结合，提素质、聚合力。

◎ **专业能力不断提升**

运营服务质量持续向好。重点指标全部达标，其中，理赔出险支付时效43天，全国排名第三；人核件全流程累计时效4.32天，优于总公司10天的考核要求；保全资料流转时效0.11天，比上年缩短0.25天；犹豫期内电话回访成功率99.92%，全国排名第五；妥善处理客户各类咨诉826件，亿元保费投诉件数保持为0，全国排名第一。

续期服务品质逐步提升。开展失效保单全面排查，累计复效569件，复效保费1634.2万元；协同北京分行将新单退保率和13个月保费继续率纳入对二级支行考核，为续期品质管理奠定基础。

客户体验持续改善。创新客户服务，联合湖北分公司开展2期“文旅直播”活动，举办第十届北京中邮保险客服节，不断提升客户黏性。

风险管控扎实推进。开展市场乱象整治“回头看”、中介市场乱象整治，发现双录问题件476笔，客户信息不真实保单104笔，全部完成整改。开展反洗钱、内控评估等8个审计项目，切实防控风险。

◎ **人才队伍建设持续强化**

打通员工成长通道。一是领导干部序列。修订完善《领导人员管理规定》《领导人员任免工作程序》等，加强对领导人员的选育管用。二是星级员工序列。建立以能力、贡献为导向的星级员工评定机制，实施动态管理。2020年评选星级员工20名，占比达41%，有效调动员工积极性。三是专业岗位序列。建立专岗人员晋升通道，印发《专业岗位评定管理暂行办法》，对专岗人员实行分级管理。率先在邮银讲师岗开展竞聘上岗，7人参聘，6人竞聘成功。

市场化薪酬稳步推进。建立了由绩效考核、人员考评、评优选先、总经理基金等组成的薪酬分配体系，实施差异化薪酬分配。

队伍素质不断提升。实施“夯基础补短板，强素质促转型”2020年员工素质工程，提升全员政治素质、业务素质、身体素质。

◎ **全面从严治党向纵深推进**

党的建设切实加强。完成党的建设工作要点23项工作以及落实全面从严治党要求主体责任清单16项工作，完成“两委”换届。做好巡视整改后半篇文章，完成集团公司巡视整改18项整改任务、40项整改措施。组织党委中心组理论学习20次，开展研讨16次，建立温故知新机制，促进学深悟透。开展“践行承诺求实效”作风改进行动，党员领导干部工作作风得到改进，群众满意度比活动前有所提升。高效推进中邮保险捐赠保险、康养、员工素质提升、督导考评、邮惠保5个重点项目。在抗疫情、承担总部重点项目、“双十一”投递帮扶等急难险重任务中，党支部战斗堡垒作用和党员先锋模范作用进一步增强。1人获得“战‘疫’先锋经理人奖”，1人获得“中国邮政集团有限公司抗击新冠肺炎疫情先进个人”。不折不扣落实上级重大决策部署，向北京市3392名建档立卡低收入人员赠送保险，总保额4594万元，全年未发生风险事件，绿色邮政建设行动指标控制良好。

疫情防控工作扎实开展。第一时间成立疫情工作领导小组，先后出台9个通知文件，周密安排、及时部署，落实落细疫情防控措施，未出现员工及家属感染病例。主动对接北京邮政，疫情期间连续25天、累计500人次驰援邮政大平面，处理防疫及生活物资30余万件。

◎“四心企业”文化深入人心

举办分公司十周年纪实展览，带领全体员工回顾历史、展望未来，凝聚发展合力。组织员工体检、心理健康讲座、口腔关爱等活动，疫情期间为外地在京单身职工购买食品寄送到家，为员工投保意外伤害保险和重大疾病保险，解除员工后顾之忧。组织年会、植树、健身比赛等，丰富员工文体生活，为员工配置工装，提升分公司整体形象。（中邮保险）

【中邮证券北京营业部】 中邮证券北京营业部全面贯彻落实集团和公司精神，积极应对疫情防控常态化下面临的市场形势，在确保防控风险、规范经营的前提下，以传统经纪业务为根基，以融资类业务推广、投行资管业务推动、核心客户服务、大力开发有效户和新增资产为重心；在巩固传统业务收入的同时，大力发展中间业务、高附加值业务，拓宽营业部的客户资源和收入利润来源，优化收入结构，增加利润增长点。

◎ 业务数据

经纪业务。截至年底，累计账户数107955户；有效户5756户，占比5.33%；客户资产合计128.41亿元；本年累计A股交易量299.59亿元。截至年底，具备融资业务资格的客户392户，目前开办两融业务的客户为206户，占比52.55%；累计融资余额1080.46亿元，日均融资余额2.96亿元；股票质押业务开展项目1个，融出余额为1.90亿元。

资管投行。营业部经历转型的摸索，在业务的专业性上不断提升，在资源和渠道的持续积累，完成济宁高新城建投资有限公司非公开发行公司债项目承揽。

收入利润。截至年底，年度总收入为3905.10万元，比上年增长29.89%，超任务目标的29.86%；利润达3198.80万元，比上年增长35.17%，超任务目标的68.8%。完成公司下达目标，实现收入和利润的双增长。

◎ 重点工作

融资业务发展。一是融资融券。持续对营业部符合两融适当性要求但没有开通两融资格的客户进行电话回访。通过与客户充分的沟通交流，了解客户的融资需求和对两融业务的认知度，在充分告知风险的前提下，提示在行情到来前开立两融业务所带来的优势和便利，推进两融业务的发展。对两融客户中操作水平高收益情况好的客户提示可追加融资额度，对风控把控能力较弱的客户提示风险保全本金。截至年底，融资融券利息收入1810.96万元，占营业部总收入的46.37%。

二是股票质押。深入调研，寻找和存储意向项目资源，对签约项目做好日常管理，加强风险防控。截至年底，股票质押利息收入1201.36万元，占营业部总收入的30.76%。

投行、资管业务。营业部持续大力推进投行资管业务，专人对接、跟进目前储备和接洽的项目。营业部持续安排专人重点针对北京、江苏、山东、安徽、云南等地区，寻找和储备新三板、ABS、财务顾问、固收业务、公司债业务等项目资源。对接、跟进目前储备和接洽的济宁高新公司债融资业务、云南保山贞元珠宝新三板项目、国泰绿通财务顾问业务、马钢资管固定收益项目、望京综合开发公司ABS项目、四维创智投行业务、私募基金交易服务等。截至年底，资管投行项目收入11.64万元，占营业部总收入的0.30%。

客户维护。提高核心客户和高净值客户的服务体验，寻求借助外部资源借力为客户提供高端服务，为客户提供更专业化的服务和产品，提升客户的抗风险能力，提升对核心客户的服务黏度。

重点抓高净值核心客户服务，成立核心客户服务小组，资产50万元以上的客户进行一对一全覆盖服务，与客户保持紧密的日常联系，对客户提出的问题的需求及时响应，得到客户认可和好评，为开展各项业务奠定基础；对千万以上的超级客户实行多对一的服务方式，分析每个客户服务需求、竞争对手的优势和劣势，寻求服务差异化，经过努力和积累，此类客户的数量在稳步提升中。

产品销售。按照公司的步调、节奏和统一安排，高度重视公司组织的每一次基金培训和路演，结合市场逐步机构化的特征，根据基金行业发展和市场热点产品，重点筛选市场把握能力差、操作收益较低、盯盘时间不足、年龄适中的客户群，对客户进行逐步引导，为不同偏好的客户配置相应的基金产品，让客户实现保值增值。

板块协同。持续邮银协同“有效户大提升”活动，结合与邮储北京分行的合作方案活动，与各支行建立业务交流沟通群，由运营主管、投资顾问、见证人员、明星客户经理及时反馈和解答业务合作中遇到的各类问题，推进有效户开发。对每日的开户情况登记台账进行实时统计，并将通报邮储北京分行。

合规管理。守住合规风控底线与大力发展业务两者相辅相成，诚信合规经营一直是工作坚守的理念。营业部总体运作规范，全年无业务风险。日常工作中及时发现问题、进行实时的讨论并总结经验，确定合规有效的规程；坚持合规风险教育和新业务的培训学习，因疫情原因主力开展视频或在线学习，提升员工的专业水平、风险识别和化解能力；把风险防范落实到人，对工作执行不力、贻误工作、落实不到位的人员进行问责；与公司管理部门和其他分支机构沟通交流，吸取经验，抓小抓细，对细节问题、不完善或有隐患的问题及时进行调整；根据工作开展情况和进度有针对性地开展风险排查，在检查中对发现的问题及时进行整改，做好事前、事中和事后管理，杜绝可能发生的风险隐患。

疫情防控。根据政府、集团、监管部门、公司的统一要求，全面加强新型冠状病毒肺炎疫情防控工作，从防控机制、员工排查、设施物资等方面逐一落实，在严格落实疫情管控措施的前提下保证营业部的正常运营。

党风廉政。一是坚定理念，夯实基础。营业部负责人和党员参加2020年中邮证券党的建设暨党风廉政建设和反腐败工作电话会议，学习贯彻习近平新时代中国特色社会主义思想，参加公司党委组织的党风廉政警示教育月的远程培训、邮政集团党校组织的党建纪检监察培训班并通过考试。二是知行合一，有效落实。发挥党员作用落实日常监督检查，积极响应公司党委的号召为受疫情影响严重的武汉捐款，共渡难关，科学精准、稳慎有效做好疫情防控监督；参加公司直属机关党委，团委组织的公益捐书活动；加强三大攻坚战落实情况监督检查；配合中央巡视整改和集团公司内部巡视整改落实；持之以恒落实中央八项规定精神；落实习近平总书记重要指示精神，带头增强厉行勤俭节约，反对餐饮浪费的政治自觉。（中邮证券）

天 津 市

【天津市邮政分公司】

经营发展

总收入（含寄递事业部）实现19.1亿元，预算进度94.1%，比上年增长1.2%。整体利润、寄递事业部利润均完成集团公司利润目标。

金融业务方面。实现收入9.9亿元，预算进度103%，比上年增长8.1%，直接利润9.1亿元，超预算标杆846万元。深化系统化转型，完成142个网点转型导入，组织转型培训24场，驻点辅导8轮次，制定网点营业经理、客户经理管理及转型动作约束办法。金融资产规模增长，全市AUM 71.6亿元，比上年增长53.8%。储蓄结构优化，余额净增33.9亿元，其中价值存款净增32.2亿元，占比95%，6月以来长期存款连续压降，累计压降4.2亿元。保险业务增长，新增保费37亿元，比上年增长13.5%，其中长期期交增长138%，中邮长期期交增长125%。新增社保卡20.3万张，快捷绑卡12.8万张，新增收单5969户。

寄递业务方面。实现收入4.41亿元，预算进度74.2%，比上年增长-12.9%，物流实现收入2302万元，比上年增长-84.6%。如剔除物流，寄递收入完成预算的100.5%，

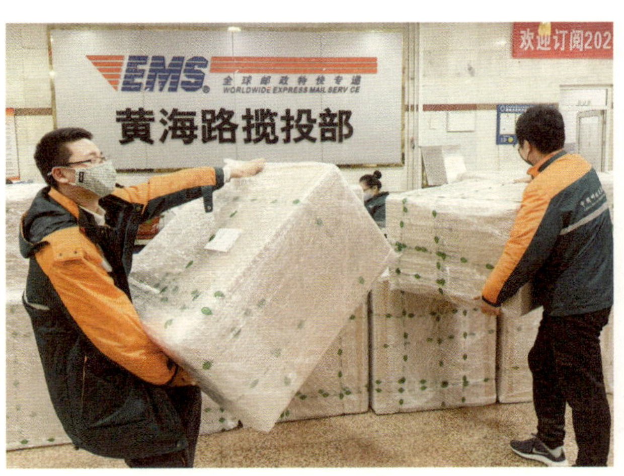

天津邮政紧急协调航空邮路，为滨海新区首批复工企业向新疆发寄拖拉机导航仪103件，助力当地春耕生产

增长17.2%，直接利润8980万元，低于预算标杆273万元。通过组建同城网、推行“邮寄办”、开展商圈网格化驻点揽收，拉动特快收入1.8亿元，比上年增长7%，其中同城增长15%，政务增长27%，现费增长33%。开展销号式开发，组织“淡季填仓”，完善驻点服务，快包实现收入9629万元，比上年增长10%。发挥海空联运优势，抢抓疫情市场，实现国际收入1.27亿元，比上年增长58.3%。

邮务业务方面。文传实现收入2.82亿元，预算进度106.9%，比上年增长7.4%，直接利润1亿元，低于预算标杆235万元。电商分销实现收入1.36亿元，预算进度101.6%，比上年增长5.2%，直接利润2981万元，低于预算标杆26万元。建设数字化邮乐购站点835个。

协同合作方面。发挥板块协同优势，落实重点协同项目，惠农项目走访合作社246家，寄递收入完成307%，汽车产业链项目收入完成102%，政务项目收入完成108.5%。先后与市商务局、市农委、市高法、国税等多个单位签订战略合作协议，实现22个政务中心寄递业务全覆盖。深化税邮、警邮、医药合作，“票e到家”收入增长332%，车管收入增长37%，三甲医院中有6家实现寄递入驻，10家实现上门揽收。

企业管理

财务管理方面。构建以零基预算为主线、会计核算为底线、大额成本管控为重点的财务管理体系，完善成本预算标杆72项，定期开展对标分析。发挥核算中心审核前移作用，加大外包、运输等成本支付审核，上收外包费用审批权。加强业务合同管理，将合同作为支付审核的重要依据。

降本增效方面。成立寄递降本增效及高质量发展领导小组，强化工作目标和考核责任。五大环节成本全部改善，并全部完成既定目标。

人力管理方面。完善领导人员管理规定和任免工作程序，组织优秀年轻干部培训班，制定四级领导人员队伍建设办法、人事回避、员工招聘、调动等管理规定。完善寄递各环节、邮政营业的标杆定额标准。

采购管理方面。将市趟运输外包、投递外包、中心局生产车用油、大宗单册材料和业务用品等纳入集中采购。提高采购信息化水平，全面推进电子采购和物资供应平台应用，上网采购率43.9%。

日常管理方面。发挥审计监督作用，实施审计项目213项，发现问题84个，提出意见及建议56项，工程审减额290万元，审减率9.1%。完成安全标准化网点建设15处、安防行政审批14项。

能力建设

投资资金1.4亿元。改造金融网点14处、投递场所8处，新增社保制卡机249台，A类点钞机262台。完成中心局南北楼分拣机配备工程，为21处营业部新增皮带机、12处增加到件扫描设备。推进国际邮件互换局项目建设，成立自主运营、独立核算的国际业务项目组。上线金融信息化平台系统、互联网安全防护系统，配备新一代营业渠道、报刊供应链等系统台席设备。完成中邮证券分公司场地选址、装修改造。

企业职责

普遍服务与特殊服务方面。开展普服达标集中整治，强化普服督导考核，普服全程时限达标率99%以上，条码平信信息断点率0.09%，均达到集团公司标准。组织通信服务质量综合检查，发现问题582个，落实整改100%。客户满意度90.02分。实施普服监控安防工程，对559处网点及投递视频监控进行改造。机要通信连续28年无事故。

强化金融风险防控，推动内控优化年工作，优化风控考评和员工行为管控体系，完善《金融风险内控案防管理评价办法》（津邮传〔2020〕90号）、《金融合规检查人员评价办法》（津邮〔2020〕78号）、《金融员工行为排查操作细则》（津邮〔2020〕122号）。落实扶贫三年规划，完成武清、蓟州定点扶贫任务，累计投入资金110余万元。完成绿色邮政“9891”任务，建立全市包装用品管理台账。

疫情防控方面。按照党中央、市委和集团公司党组工作要求，统筹抓好疫情防控和经营生产，落实“四不中断、四免费办”，保障医疗物资和生活必需品及时运送。

党的建设

党的政治建设方面。抓好“三个第一时间”机制落地，及时跟进学习贯彻习近平总书记重要讲话精神，落实党委理论学习中心组学习计划。抓好加强党的政治建设21项具体措施落地，对落实情况开展专项检查。巩固深化“不忘初心、牢记使命”主题教育成果。落实民主集中制，严格执行“三重一大”决策制度，开展二级单位“三重一大”制度执行情况的专项检查。成立意识形态工作领导小组及办公室，制定责任清单，加强意识形态工作。

党组织建设方面。落实年度党建工作要点和全面从严治党主体责任清单，组织开展各单位党组织书记抓党建述职评议。按照集团公司“664”达标要求，推进基层党组织达标工程建设，选树党建示范点和党员先锋岗。春节、疫情、“双十一”期间，千余名党员深入一线，定点清场、支援投递。开展模范机关建设、政治机关意识教育、“灯下黑”专项整治和支部标准化规范化建设。

巡视整改工作方面。制定推进中央及集团公司巡视整改方案，明确推进中央整改任务14项，集团整改任务32项，并推进常态化整改。坚持制度建设，围绕整改各项任务，推进建章立制，制定完善相关制度、办法28个。

党风廉政建设方面。制定党委巡察相关工作规则，分两批次对7个单位开展巡察，向被巡察单位反馈问题121个，向主责部门递交《巡察建议书》11份，梳理共性及典型问题24个，提出巡察建议15条。（天津市邮政分公司）

【邮储银行天津市分行】

经营发展概况

实现营业收入18.4亿元，增长17.89%。利润总额4.84亿元，经济资本回报率5.48%，成本收入比49.99%。总资产1172亿元，增速13.37%。各项存款余额1079亿元，增速12.14%，新增存款117亿元；各项贷款余额712亿元，增速27.44%。不良贷款率0.68%，拨备覆盖率287.87%。

落实中央决策部署

抗击新冠疫情。疫情一级响应期间，网点开业率最低为70%，是天津地区最早恢复100%正常营业的银行。为支持抗疫及复工复产企业提供融资，发放抗疫贷款14.79亿元，其中发放人民银行专项再贷款0.45亿元。复工复产后推出信用卡“0”元乘地铁项目，协助区政府发放消费券。员工向“抗疫”相关公益组织等进行捐款捐物，在疫情期间通过总行工会发起抗击疫情捐款1.13万元，累计向社会各界捐款14.47万元。

服务国家战略。参与京津冀协同发展项目，承担民生类、基础类金融服务的社会责任，支持交通一体化、非首都功能疏解等关键领域，在港口、轨道交通、公路、铁路、棚户区改造领域落实多个项目。截至12月31日，支持京津冀协同发展方面融资余额167.22亿元，以较低的利率水平加大中长期贷款投放，组建行内银团，以点带面，实现“一点接全国”。

推进普惠金融。开通审查审批“绿色通道”，减少企业融资成本，小微企业贷款利率比上年末降低75 BP。通过税务等大数据对接及新产品模式落地，新增小微易贷税务、工程等线上模式产品，利用其“申请易、审批快、纯信用、额度高”的特点，服务民营企业发展，发放线上大数据贷款443笔，金额4.07亿元。结合天津涉农区域特点，依托与天津农担共同开发的“农创保”产品及“见贷即保”模式，结合天津地区特色产业及专业市场，发展特色行业贷款；扩大见贷即保业务范围，将最高额度从单笔50万元提升至100万元。截至12月31日，累计发放农担担保类贷款1571笔、7.41亿元。

业务转型发展

零售业务。个人金融业务通过数据“标签”识别客户、建立各类客户白名单，通过产品组合推进客户资产向上迁移，AUM年净增43.44亿元。储蓄存款净增54.75亿元，增幅20.99%，系统内排名第一。信用卡业务探索“华为品牌+邮储网点”“邮储品牌+运营商网厅”的分期活动模式，吸引年轻客群。开辟家装、出行分期场景，满足客户综合需求，新增客户7.7万人，增幅131%。激活首刷率69%，年消费额超过25亿元，增幅13.64%。消费贷业务以汽车金融为突破口，拓宽租赁公司、互联网头部平台、互联网银行在内的优质合作方。运用场景化思维、供应链思维、互联网思维、打破条线和产品界限，提供全网代扣等结算服务，深度融入交易场景。网络金融业务收单商户净增存款月日均8.2亿元，完成全年目标314%。

公司金融。公司信贷投放275.35亿元，净增153.6亿元，新增授信客户120户。公司存款余额132亿元，净增23亿元。在跨境业务方面实现量、质双向突破，实现飞机融资的海外代付业务突破。实现开放式缴费平台业务全面推广，新增开放式缴费平台业务上线客户87户，年交易量1.24亿元，完成天津分行首个系统对接型开放式缴费平台项目的成功上线。

资金资管。以资产证券化产品及险资账户为抓手，深度挖掘客户资源，新增4期ABS托管产品，成功开发天津分行首单ABN托管项目，规模52亿元。

风险内控管理

全面风险管理。坚持“全面、全程、全员”的风险管理理念，将各风险环节做实做细。发挥支行、条线和风险审计三道防线作用，对新产品、新客户、风险客户以及存量资产进行全面评估审视，将稳健经营融入贷前、贷中和贷后管理中。

信用风险管理。做好信贷资产投向研判和产品组合，提高风险前瞻性和预判性，明确进入的行业、客户和产品。完成风险定价模型研究，为支行提供风险成本测算工具，帮助全行平衡风险与收益关系，实现“量、价、险、效”的最优化。

法律内控管理。加强内控合规管理，保持对案件风险的高度敏感和高压态势。开展制度评估，梳理分行制定的管理制度是否存在自行增加门槛、壁垒情况。开展转型合规检查，对390个自营代理网点开展合规检查，每季度向市邮政公司、支行通报网点合规检查情况，每半年向天津银监局报告网点合规检查情况。

内部审计工作。开展审计项目24个，涉及消费者权益保护、反洗钱业务、征信合规管理、信息科技、关联交易、银行卡支付敏感信息安全、绿色信贷、信贷资产风险分类、外汇业务、理财业务、并购贷款业务、离任经济责任等多项审计内容。

安全生产工作。完成年度安全达标建设工作，全年未发生重大安保类责任安全和安全生产责任事故。

管理运营效能

财务管理。对超收入计划或贡献水平明显提升的单位配置增量绩效，根据业务规模配置费用系数，鼓励支行增收创效、提档晋级。实施下滑区行支援工作，使其步入良性发展轨道。绩效保障方面，突出“增量、效益、质量”，制定鼓励重点业务发展和对优秀支行的激励政策，调整各岗位积分规则，加大干部员工的激励力度。

金融科技赋能。应用资金用途监测预警模型、房地产在线评估平台、一网通系统等系统，提高授信管理水平。基于总行开发平台开发上线“天津分行科技管理系统”，用于分行设备管理和运维报障；疫情期间依托新中间业务平台的开放式缴费平台，实现近10个对接型微信缴费业务的快速上线。

运营管理。上线统一柜面管理平台，实现受理业务的综合化、操作流程的标准化，以及个人柜面业务免填单与无纸化。结合客群特点、交易结构、业务量高低峰规律因素制定网点台席、自助设备配备方案，动态调整台席开设数量、整合柜面资源。实现166台现金取款设备（CRS）刷脸存取款功能改造；增加37台智能化设备（ITM、STM）和75台现金类自助设备（CRS），离柜率提升至92%。

客户服务。持续提高投诉管理精准度与有效性，提升员工消保意识和履职能力，人民银行评级为A级。

全面从严治党

党建重点工作。坚持党建引领，充分发挥分行党委“把方向、管大局、保落实”的领导作用。组织开展“党建领航政治铸魂”建设工程，创先争优培养选树先进典型。坚持“三个第一时间”学习、理论中心组学习，通过党委会、周通报会等形式及时学习领会党的最新理论以及习近平总书记最新指示批示精神；持续开展分行机关对口帮扶、“比学赶帮超”和“一月一事　消灭最差”跟班作业等工作。

党风廉政建设。加强纪律建设，强化对党员干部的教育管理和监督，把从严治党引向深入。开展“党风廉政警示教育月”活动，面向领导干部和重要岗位人员举办党风廉政专题培训，开展违纪案例研讨。坚持问题导向，组织党规党纪执行、疫情防控等检查。充分运用好“四种形态”，开展提醒约谈，让纪律和规矩成为不可触碰的底线，营造风清气正的良好氛围。打造廉洁精品课程，面向新入职人员、信用卡从业人员和客户经理等关键岗位人员，有针对性地选取典型案例，通过研讨互动、微视频等方式，开展廉洁培训，积极营造廉洁氛围。

巡视整改工作。认真落实巡视整改工作，做好巡视“后半篇文章”，完成 6 家支行的常规巡察，覆盖率 66.67%。

人才队伍建设

人事改革。制订印发 2020—2022 年人才发展规划，确立未来三年分行重点人才工程任务目标和措施。启动“领航工程”中级正职、副职和青年干部人才库建设，通过外部咨询公司考评、内部评测选拔青年人才。培养业技融合型人才，择优选拔科技背景人员到分行科技和业务部门工作。制定岗位职级体系优化总体方案、职级管理聘任办法，启动常态化职级晋升工作。完成定岗定编工作，结合发展战略确定分支机构岗位设置、编制以及动态调整机制；调整领导人员任职资格，完善岗位聘任工作流程。完成退休人员社会化管理移交工作。

队伍作风建设。切实加强和改进工作作风，积极整治形式主义官僚主义问题，对机关运行过程中发现的形式主义、官僚主义问题进行监督。逐月梳理精简会议，计划外会议一会一批，分解细化文件发送目标，按月监控发文进度，发文数量比上年压降 40%，召开的涉及支行会议比上年压降 34.6%，将公文时效管理纳入绩效考核方案。加大培训力度，组织开展各级各类培训班 1523 期，2.59 万人次参训，全面提升干部职工政治理论水平、专业能力、营销意识和综合素质。（邮储银行）

【中邮保险天津市分公司】 全年实现总保费 11.95 亿元，完成计划的 108.1%。其中，期交新单保费 3.57 亿元，完成计划的 102.9%，居全国第 5 位；新业务价值 3636 万元，完成计划的 206.4%，居全国第 3 位；续期保费 7.13 亿元，完成计划的 107.2%，居全国第 2 位，13 个月保费继续率 96.33%，居全国第 4 位，25 个月保费继续率 98.46%，居全国第 7 位。

转型发展成效突出

营销组织踩点精准。疫情期间，一季度协同邮银开展“乘风破浪　邮保远航”专项营销活动，创新打造线上营销微产会“七步法”。组织线上微产会 250 场，网点覆盖率 100%，参与客户 3190 人次，实现保费 973 万元，其中长期期交 610 万元。二季度协同开展“酷夏引爆”产能专项训练营，开展培训辅导 295 场。三季度在试点单位开展邮保安康 C 内部推介会。建立精准营销项目组，选取 16 个试点网点开展精准营销路径探索，客户跟进率 51.06%，转化率 0.63%，圆满达成全年目标。

“线上线下”营销培训体系不断完善。制定线上平台管理办法，规范日常信息发布等相关流程。协同邮银搭建线上培训管理和考试平台，满足疫情期间渠道营销培训需求。全年累计开展线上培训 33 场，覆盖 11724 人次，录制线上课程 54 节，练功比武平台综合参与率 36.65%；线下集中培训 59 场，覆盖 961 人次，网点督导培训 1599 场，覆盖 1971 人次，年度培训计划完成率达 100%。

板块协同持续深化。领导班子及相关部门负责人定期参加天津邮政板块协同联席会，全年领导班子累计前往邮银板块和一线网点调研 61 天，形成报告 9 篇；参加邮银保三方惠农工作小组，达成惠农团险业务 29 笔，完成计划的 116%。

统筹推进“比学赶帮超”全流程对标等重点工作。探索建立分公司对标管理办法及经营分析机制，统筹对标经营分析、“比学赶帮超”“一月一事　消灭最差”和督办工作，全年累计召开经营分析会 9 次。先后与 5 家银行系保险公司开展公司级会议研讨，形成《银保渠道同业公司经营策略分析报告》，扎实落实“一报、一题、一会”工作，编制《行业动态》9 期。

团险业务发展稳步推进。全年实现个团险保费 401.62 万元，完成计划的 111.6%。制作“邮保百万”培训课件，协同板块开展线上讲解培训宣导十余场；完成铁塔员工续保；与交通银行签订业务合作协议。

模式深化取得阶段性成果

成立推进模式深化专项工作组，协同市邮政公司共同制定市县代管机构建设方案和代管人员选聘工作方案，全市 51 名代管人员已全部通过岗前培训及考核选聘到位。开展分层次、分条线的“1125 号”文件落实情况专项自查。与市邮政公司签订《委托管理协议》，确保经营工作有序开展。

专业引领能力持续提升

运营支撑能力稳步提高。落实总部疫情期间 7 项理赔快速应急措施，开通绿色理赔通道。全年累计承保 2.96 万件、保全 2.04 万件、理赔 108 件，保全申请资料流转时效 0.07 天、理赔申请支付时效 1.19 天、理赔出险支付时效 66.32 天，比上年分别缩短 0.22 天、0.07 天、11.3 天，人核件全流程时效 3.72 天，居全国第 2 位，理赔赔案留存率 0，居全国第 1 位。建立线上值班制度，开展线上、线下培训 8 场，覆盖 600 余人次。组织“邮保匠心　逐梦扬帆”业务技能大赛选拔赛。

客户体验持续优化。健全消保工作机制，成立消费者权益保护工作委员会，印发消费者权益保护系列制度。疫情期间，搭建线上客户服务平台并推出“明明白白买保险”云课堂 13 期。初步构建天津中邮保险 VIP 客户服务体系，开展 2 场客户回馈服务活动及 4 场线上直播和 3 场线下讲座，惠及客户 17000 余人次。

信息技术建设能力不断加强。根据疫情期间线上培训需求开发 5 个小程序，累计使用达 6966 人次。开发报表提数小程序和数据分析程序。开展漏洞扫描、信息安全培训和应急演练及设备运维 700 余次。

风险防控能力持续加强

重点风险防控有力。制定打好防范化解重大风险攻坚战专项方案，召开专题会议 2 次，细化举措 29 项。开展市场乱象整治“回头看”，发现问题 4 项，并立查立改。开展“内控管理提升年”专项活动，梳理流程 174 个，组织培训 1658 人次，编制内控操作手册并开展内控交叉互查。

合规管理有效加强。配合监管现场检查，持续强化销售误导治理，开展“亮剑行动”回头看，专项排查承保保单 29458 件、保全 483 件、增量问题件保单 1209 件、增量二次回访录音 1150 件。参加邮政代理金融风险内控案防管理委员会会议 4 次，协同邮银联合检查 11 次，覆盖 9 个区中邮保险中心及 42 个网点，发现问题 8 个，联合培训 19 场，参训 528 人次。定期召开反洗钱领导小组会议，全年甄别可疑交易 64 笔。先后开展防范电信网络诈骗宣传、扫黑除恶等专项行动。

企业管理水平全面提升

人力资源管理不断深化。加强干部队伍建设，启动中层干部轮岗交流和年轻干部选拔任用工作。加大专业人才引进力度，多途径引进专业人才 12 人。加大教育培训力度，多种方式全面提升干部员工综合素质和专业能力。

财务管理效能持续提升。全面落实总部要求，差旅、公杂、车辆和业务招待等行政管理费用比上年分别下降 42.79%、55%、79.82% 和 100%。突出对标对表，新业务价值增长 285%，投价比效率比上年提升 161%，在二类省中均居第 1 位。加强采购管理，制定采购流程图，强化供应商串标风险管控。开展固定资产清查及报废工作。

品宣舆情安全工作扎实开展。认真贯彻落实总部声誉风险和安全管理办法，全年未发生负面声誉风险事件和安全事故。投放分公司成立 10 周年地铁广告。在《每日新报》“7·8”系列宣传专栏刊登新闻稿件。

全面从严治党纵深推进

党建工作持续深化。制定四方面 63 项全面从严治党要求主体责任清单，明确党的建设 26 个工作要点，细化 68 项工作任务，开展 2 次各支部（部门）落实全面从严治党责任情况督导检查。落实“三个第一时间”学习机制和“三会一课”等制度。完成“两委”换届选举，开展 3 项“党建 + 项目”主题实践活动，推动党建与业务深度融合。深入开展“模范机关”建设，推进“强化担当作为、狠抓工作落实”作风建设专题活动。

巡视整改扎实推进。严格执行巡视整改“季度例会”工作机制，形成季度评估报告 4 个。对照集团有限公司党组巡视组巡视京辽赣粤川黔 6 省（市）邮政企业单位党组织反馈问题，梳理出四个方面 11 个主要问题和 19 项整改措施，已整改落实 18 项，1 项措施持续推进；按照集团公司党组巡视组巡视河北、浙江、安徽、湖南、重庆、陕西 6 省（市）邮政企业单位党组织及巡视“回头看”中邮证券有限责任公司、中国邮政文史中心党委反馈意见举一反三自查工作要求，梳理出 12 个主要问题和 21 项整改措施，已全部整改落实。围绕 2018 年集团公司党组第一巡视组反馈的主要问题制定的整改措施，开展检查 2 次，形成整改报告 2 个，各项整改措施持续深化并取得实效。

党风廉政建设不断深入。紧盯集团公司和总部重大决策部署及“三大攻坚战”中突出问题开展监督检查 5 次；以“四不两直”方式开展常态化疫情防控等各类监督 42 次，防控教育 33 次，员工访谈 14 人次。深化监督执纪“四种形态”运用，运用第一种形态教育提醒 11 人次，其中约谈 3 人次，通报批评 6 人次，提醒谈话 2 人次。廉洁文化品牌效果持续深化，获总部廉洁文化抖音短视频评选三等奖。

切实履行央企责任。一是疫情防控扎实开展。第一时间成立应对疫情领导小组和联防联控领导小组并制定应急预案，加强网格化管理和职场消毒，抽调党员组成“疫情防控小分队”，持续为员工采购防疫用品，组织“党员突击队”驰援邮政投递包裹 2500 余件，党员自愿捐款 3240 元，为湖北分公司捐赠防疫物资。二是精准扶贫工作成效显著。2020 年为北辰等 4 个区，共计 12146 名建档立卡人口赠送保额 24292 万元人身意外伤害保险。开展公益扶贫活动 2 场，为 270 名困难村村民进行健康义诊。推进静海区试点县惠农合作扶贫赠险工作。组织购买扶贫农产品 4200 元。扶贫工作成果刊登在《中国邮政报》和中国银行保险报网。三是绿色邮政建设顺利推进。邮银渠道线上出单率 98.13%；人均办公用纸金额 117.24 元，比上年下降 41.85%；折页海报宣传费用占期交新单保费比重比上年下降 15.47%，发起光盘行动宣传倡议，云植树 112 棵。（中邮保险）

河 北 省

【河北省邮政分公司】 实现收入 79.21 亿元，列全国第 11 位，比上年增长 8.45%，完成预算目标的 100.69%；实现利润 8294 万元，完成预算目标的 101.15%。

疫情防控

开通防疫捐赠物资免费寄递“绿色通道”，收寄捐赠救援防疫物资邮件3.15万件、387.4吨。畅通无接触式服务渠道，助力复工复产和“停课不停学”，寄递税务发票10.74万件，组织生活用品及果蔬配送活动180余场次，配送教材和教辅资料61.85万件；12123网上车管“容缺办”实现收入2373万元，列全国第2位。建立常态化帮扶机制，组建党员突击队驰援石家庄邮区中心局一线，省分公司6名党委委员率先垂范，先后开展驰援行动6次，参与人数218人次，完成装卸、分拣邮件12.7万余件。全省各级党组织成立党员（青年）突击队285个，帮助生产一线装卸、分拣、投递邮件451.8万件，协助社区排查疫情13.3万人次。组织开展爱心捐款活动，各级党员累计捐款66万余元。开设抗击疫情党建信息专辑，发布专辑23期，信息45篇。

党建工作

提升全省各级党员干部的政治理论水平。制定全面从严治党主体责任清单、党委领导班子成员履行“一岗双责”抓党建工作实施意见等办法。严格落实“三个第一时间”学习机制，发挥党委中心组学习示范作用，开展理论大讲堂活动。组织中心组学习15次，印发《党委理论中心组学习参考》40期，利用“中邮先锋”平台组织知识测试12次，参与人数4.7万余人次。强化青年理论武装，全省组建100个青年理论学习小组，覆盖青年员工1146人，在机关开展“根在基层”调研实践活动，提升青年员工的理论素养和能力本领。

优化干部队伍年龄结构。提任三级领导人员16人、调整35人，组织70名年轻干部培养对象进行集中培训。

深化中央巡视整改，配合集团公司党组第一巡视组完成巡视工作。针对问题建立整改清单，整改率97%；对雄安、承德、沧州、保定等市（区）分公司及所属19个县级单位进行省内常规巡察，对53个县级单位开展车辆管理专项巡察，覆盖率51.98%。结合省内巡察对4个市分公司及所属19个县级单位三大攻坚战落实情况进行监督检查，对发现的问题立行立改。

为使群众少跑路，河北省涞水县邮政分公司联合涞水县公安交警大队车管所共同推出警医邮便民服务举措

沧州市分公司党委、临漳县分公司党支部被集团公司评为全国邮政系统先进党组织，封素莉、刘红娜2名党务干部被评为全国邮政系统优秀党务工作者、王艳服等4名党员被评为全国邮政系统优秀共产党员。张家口市分公司曹正富获评第四届“最美快递员”，省分公司服务质量部张明晰荣获团中央“全国青年岗位能手”称号；2个单位获评全国邮政行业先进集体，1人获评全国邮政行业劳动模范；3个单位获评全国交通运输文化建设先进集体；2个单位获评全国文明单位；省分公司评选表彰道德模范49人。

经营发展

金融发展态势稳健。新增余额203.83亿元，比上年多增54.59亿元，余额规模2288亿元，完成集团公司目标的138%；新增价值存款122.93亿元，比上年多增89.43亿元。高效中间业务发展提速，发展长期期交保险30亿元，排全国第6位，销售非货币基金14.7亿元。寄递竞争实力增强。实现收入23.29亿元，全国排名第9位，较上年前进3位；完成集团公司预算收入的102.68%，超集团预算绝对值6085万元；业务量、收增长分别50.2%和19.7%，在全国排名较上年上升4位和8位；其中，特快实现收入3.52亿元，增长19.69%，列全国第8位，较上年前进22位；快包完成业务量3.54亿件，实现收入11.32亿元，增长27.96%，列全国第10位，较上年前进11位，边际贡献率11.8%。优化重组省内网，特快、快包省内互寄次日递率分别92.58%、75.46%，比上年提升11.73%、22.44%。渠道运营质量持续改善，数字化优质站点1.13万个，线上自营批销额4.26亿元；“9·19电商节”多项指标位居全国前列。基础业务转型步伐加快，集邮业务完成收入3.38亿元，完成预算的104.6%；报刊业务完成收入3.14亿元，增长2.74%；函件业务完成收入1.67亿元，增长9.34%。协同发展战略有效落地。

深化改革

一是陆运网优化有序进行。探索“省际中心＋本地中心”两级网络架构，打破行政区划组网，在唐山中心局加载秦皇岛、承德省际进口邮件处理功能；通过串行、单程改往返等方式优化调整干线运输组织；全面推行快包直分直投作业模式，减少分拣层级；加快“网点＋站点”的代投自提网络建设，全省1900个乡镇邮政网点全部叠加快包代投自提服务，在2.04万个社会加盟自提站点加载“家邮栈”系统，自提率66.26%。二是中心局改革稳妥推进。以市场化对标为导向，着力精简机构和人员，压缩辅助支撑性岗位，实现效能提升和降本增效，石家庄中心局内设机构减少4个。三是聘期制改革先行先试。制定干部聘期制实施方案，在邢台、衡水启动干部聘期制试点工作。

能力建设

一是推进六类网点转型。通过叠加共享寄递、政务代办、医药零售、3C体验、惠农合作等服务和项目，建成166个示范点。二是加强基础能力建设。安排投资4.43亿元，翻建整修普服网点与县局危旧房44处，升级改造金融网点59处，对4个二级中心局、6个网路运营中心进行场地与工艺设备改造，更新干线邮运车辆207辆、国三运钞车148辆，建设县域仓储项目5处。三是重点工程进展顺利。省集邮大楼顺利封顶，石家庄邮件处理中心项目取得土地审批，唐山综合电商物流园区项目得到集团公司批复立项，秦皇岛火车站枢纽楼项目施工图编制完成，石家庄航空邮件处理中心工程竣工，中国邮政雄安新区智慧物流园项目初步确定园区建设用地。四是推进人才赋能。组织开展全省理财经理展业技能与寄递政务类业务巡讲活动；通过直播、远程、集中面授等方式，开展培训37期，培训人数3933人；54人通过AFP资格认证考试。五是增强IT支撑服务能力。完成省中心机房建设搬迁、省内自建安全准入系统、普服网点视频监控全覆盖等重点工程项目，开发财务战略绩效考核、寄递成本核算及客户分析、金融数据看板等信息系统。

效能管控

加强财务管控，加强寄递业务成本管控，收、分、运、投各环节件均成本较上年分别压降33%、17%、15%、17%；规范寄递业务欠费管理，清理账期外欠费1.31亿元；利用国家减税降费政策，累计减免各类社保费用1.08亿元。加强人力资源管理，从严管控用工数量，全省用工总量较上年减少1056人，用工总量劳产率提升11.84%。加强审计监督，实施审计项目593项，审计发现问题金额1049.5万元，工程审减额1088.2万元，审减率16.33%，提出审计建议167条。

企业责任

普遍服务能力提高。普服邮件全程时限达标率、县及县以上城市党政机关《人民日报》当日见报率等指标100%；机要通信连续23年质量全红。打好三大攻坚战。严格落实安全生产责任制，深入开展“安全生产提升年活动”，以“平安邮政创建、安全生产专项整治三年行动以及安全监控中心达标”为抓手，确保企业安全稳定运行。全省定点帮扶的70个贫困村全部脱贫摘帽。聚焦国家级贫困县和贫困群体，累计建设45个扶贫地方馆，打造承德平泉香菇、保定顺平黄花菜等32个万单扶贫单品。营业窗口和揽投站点“瘦身胶带”封装邮件比例分别100%和98.16%，可循环中转袋使用率97.69%，电商快件非二次包装占比99.68%，包装废弃物回收箱实现全覆盖。积极服务雄安新区规划建设。主动对接各个片区“控详规”，明确邮政支局40处，邮政所45处；加快推进“五进”工程，服务雄安新区建设。

工会工作

举办“讲好邮政身边人、身边事”网络视频演讲比赛，推荐优秀演讲视频作品56个，网络投票累计访问次数342万次，累计票数19万票。加强劳模创新工作室建设，石家庄邮区中心局的冯亚波劳模创新工作室被集团公司命名为“中国邮政集团有限公司劳模创新工作室”。开展丰富多彩的职工文体活动，组织参加“战疫情，奔小康!”全国邮政职工手机随手拍邮票照片设计大赛活动，参加职工2200余人。开展双节慰问工作，2020年元旦、春节期间，省分公司领导带队深入支局、班组、劳模、困难职工家中进行走访慰问。全省各级走访慰问劳模（先进）94人、困难和受灾职工439人、支局班组291个，发放慰问金216.45万元。（河北省邮政分公司）

【邮储银行河北省分行】

经营发展概况

实现收入77.4亿元，增长8.77%，预算完成率102.38%；利润总额34.01亿元，比上年增长32.48%；净利润预算完成率137.04%。实现经济增加值9.37亿元，增长303.03%；经济资本回报率15.46%，提升3.92%；成本收入比45.23%，下降4.05%。总资产4270.49亿元，增长11.9%；各项存款3902.24亿元，增长10.46%；各项贷款2310.41亿元，增长12.47%；存贷比59.21%，比上年提升1.06%。不良贷款结余24.72亿元，下降0.38亿元；不良贷款率1.03%，下降0.15%，低于同业平均水平1.12%。

落实中央决策部署

抗击新冠疫情。第一时间成立疫情防控领导小组，建立防疫物资保障等工作机制，强化常态化疫情防控，全行未出现确诊及疑似病例。金融支持“战役”，推广“零接触服务”和线上产品，审批支持抗疫企业贷款54笔、6.22亿元。组织捐款捐物71.2万元。

服务国家战略。新增雄安新区授信项目7个、359亿元，累计授信1257亿元，认购政府、企业债券179.18亿元，强化区块链、雄信平台等方面业务合作和科技支撑，成为首笔“雄信”业务落地银行；抓好“两新一重”领域信贷支持，投放20.7亿元；绿色贷款余额67.05亿元，完成绿色银行建设三年规划增速目标。

推进普惠金融。持续做好金融扶贫、“三农”及小微服务，金融精准扶贫贷款余额35.25亿元，净增3.35亿元，计划完成率479%；涉农贷款余额729.61亿元；普惠型小微企业贷款余额319.39亿元，净增64.69亿元，高于各项贷款增速12.93%。

业务转型发展

零售业务。个人储蓄存款新增97.09亿元、余额

867.71 亿元，个人有效客户新增 44.88 万户。消费贷款净增 143.22 亿元、结余 1234.65 亿元；非房贷净增 23.99 亿元，增长 320%。信用卡新增客户 26.03 万户，列邮储系统第 7 位；消费金额及收入分列系统内第 3 位、第 4 位。小企业金融新增客户 1671 户，增长 69%，净增 13.95 亿元、结余 118.37 亿元。个人经营性贷款净增 60.96 亿元，增长 27.57%；市场占有率 6.17%。

公司金融。公司存款净增 65.58 亿元，结余 740.21 亿元；公司客户 5.35 万户，新增 1.4 万户；新增代理财政资格 28 个，新开立机构类账户 4518 户，完成总行计划的 551%。公司贷款净增 35.2 亿元，结余 421.7 亿元。投行业务承销企业债券 66.6 亿元，形成中收 641.98 万元；承销地方债 112.58 亿元，形成中收 341.92 万元。交易银行实现收入 1.27 亿元；二级市场福费廷结余 119.52 亿元；国际结算量 5.13 亿美元，增幅 8.7%；现金管理账户日均余额 290.34 亿元。

资金资管。金融同业实现收入 1.09 亿元，增幅 11.81%。其中，同业理财日均保有量 52.95 亿元，增幅 29.87%。

风险内控管理

全面风险管理。召开风委会 12 次，研究重大风险事项 67 个，发挥风险管理牵头抓总职能。健全信息科技风险防控机制，开展网络安全攻防演练活动，全年未发生重大系统性故障及信息安全事件。

法律内控管理。梳理制度 3065 个，评估发现全省性问题 44 个，完成整改。组织立体化、全覆盖合规检查，加大整改处罚力度，整改率 94.49%，通报批评及以上处理 103 人次。强化法律事务管理，健全被诉案件过程管控机制，法律风险防控能力得到提升。加强个人信息保护，消保工作进一步规范。健全反洗钱管理机制，全年报送可疑交易 7602 份。

内部审计工作。坚持问题导向，拓展审计范围，首次将行内员工违规行为纳入专项审计体系，开展财务、资产、整改追踪、内控评价等审计项目 32 个，发现问题 682 条，提出审计建议 84 条，有效发挥审计第三道防线作用。

管理运营效能

财务管理。用准资源配置，对重点业务出台 38 项补贴政策，奖励收入 3.63 亿元，引导全行增收增效。加强资产负债管理，推广应用限额管理系统，压降不可撤销贷款承诺 138.78 亿元，节约资本占用 7.27 亿元。严格落实集团公司“过紧日子”要求，采取“明细标杆测算、分类集中管控、逐月分析监测、异常列支提醒”方式，行政办公经费比上年下降 28.33%。规范采购行为，完成集采项目 144 个，采购金额 5.66 亿元，集中采购率 82.34%、公开采购率 98.9%。完善工程建设管理体系，保障基建工程质量、进度和安全。

金融科技赋能。强化系统支撑，打造数据服务、综合前置两大应用平台，完成 36 个总行项目推广上线，自主研发 12 项管理功能及 52 张业务报表，完成 54 项中间业务以及 14 项外包项目的上线推广，连续 4 年在总行运行情况考核竞赛活动中取得满分。强化数据支撑，完成 1171 次数据提取、6 项主题分析和 2 项主题数据应用，单一性数据提取比上年下降 49.35%。强化创新引领，对接雄安新区 3 个区块链系统，承建财政非税收入区块链综合管理平台并顺利投产，“基于数据应用的信贷辅助管理系统”和“基于安全可控的数据服务体系”被总行评为“2018—2019 年度科技创新奖”。

运营管理。提升柜员业务处理能力，全省柜员综合化网点占比 100%，柜员双持证率 99.53%；配备 ITM 627 台、STM 71 台，自营网点 ITM 实现 100% 全覆盖，全行智能化设备改造完成率 98.2%，业务离柜率 95.52%。有序开展营业主管、ITM 移动授权试点工作。

全面从严治党

党建重点工作。始终把党的政治建设摆在首位，落实党的政治建设任务清单，顺利完成省市分行党委纪委换届选举。严格落实“三个第一时间”学习机制，举办党的十九届四中、五中全会专题辅导报告，有效推动中央和上级精神在各级党组织贯彻落实。完善党建工作责任制，逐级制定落实全面从严治党要求主体责任清单，加强党建工作考评，确保责任落实。

开展送温暖慰问、文娱体育、青年员工理论学习等活动，推进“职工小家”示范点建设，切实为员工办实事、办好事。分行荣获“2020 年度全国交通运输党建文化建设优秀单位”；7 个市分行、5 个县支行荣获“河北省文明单位”；鹿泉支行党支部被集团公司评为“先进基层党组织”，高碑店支行被集团公司评为“抗击新冠肺炎疫情先进集体”。

党风廉政建设。聚焦监督职责，开展“三大攻坚战”决策部署落地执行、机关作风建设、巡视整改等专项监督检查。对 105 家市县级党组织开展常规、专项巡察，对 1 家市级党组织进行“回头看”，累计巡察 134 家，覆盖率 67%。精准运用“四种形态”，针对集团公司党组巡视反馈问题，问责 200 人次，经济处罚 11620 元，补缴、清退 7039.79 元；通过巡视巡察、日常监督检查等线索核查，给予党纪政务处分 12 人次。

巡视整改。以高度的政治自觉和责任担当，扎实做好巡视巡察整改，持续完善制度建设，坚持标本兼治，确保整改取得实效。中央巡视整改任务全部完成，集团公司专项巡视自查整改完成率 97.8%，集团公司党组巡视反馈问题整改完成率 89.6%，持续推进。

人才队伍建设

人事改革。推动员工晋升常态化，全行销售类 9—

12 职级员工占比 14.44%，比上年提升 8.49%，2931 名员工职级晋升，8603 名员工薪档晋升。健全干部管理制度，开展中级、基层管理人才库建设及专业人才队伍建设，打造公司金融、信息科技等 7 支重点人才队伍，推进市场化选聘和专业人才外聘，引入外部人才 17 人。完善激励约束机制，强化薪酬调研分析，出台网点绩效考核方案，体现效益和价值导向。

队伍作风建设。持续深入作风建设，坚决反对形式主义、官僚主义，集中整治“文山会海”，发文数量比上年下降 29%。落实“一月一事 消灭最差”活动、基层联系点制度，省分行班子成员带头调研，发现问题 120 余个，制定措施 170 余条。扎实开展“比学赶帮超”，增强干部员工干事创业的积极性和主动性。（邮储银行）

【中邮保险河北省分公司】

转型发展取得成效

邮银保深刻领会集团公司打造中邮保险新增长极发展战略，邮银渠道将中邮保险发展纳入全年工作安排，将期交业务发展纳入省内自主协同项目，同时制定发展政策、开展“争先创优”劳动竞赛，调动市、县邮银企业发展自办保险积极性。中邮保险河北分公司发挥专业优势，制定讲师包挂制度和考核办法，建立对地市“一对一”支撑机制和专项营销项目团队；强化对一线网点精准培训和实战辅导，协同组织开展营销项目，通过“培训 + 辅导”，提升网点人员销售期交和长期期产品能力。全年组织业务培训 2324 场次、9634 课时，培训 7.22 万人次，分别比 2019 年增长 134%、49%、711%。全省邮银网点期交业务点均产能由上年的 58.6 万元提升至 72 万元；长期期交业务点均产能由上年的 19.3 万元提升至 52.1 万元。全年实现中邮保险保费收入 31.11 亿元，比上年增长 21.69%。其中新单保费收入 14.96 亿元，比上年增长 5.94%；续期业务实现保费收入 16.05 亿元，比上年增长 41.43%；自营业务实现保费收入 932.54 万元。新单保费中，期交新单保费收入 10.37 亿元，比上年增长 22.61%。其中长期期交业务实现保费收入 7.51 亿元，比上年增长 170.87%。期交新单保费占新单保费的比重达 69.29%，比上年提高 9.42%；长期期交新单保费占期交新单保费的比重达 72.42%，比上年提高 39.64%。

营运质量品质良好

协同市、县中邮保险机构落实运营、客服、续期管理工作。通过持续开展业务培训，提升市、县专兼岗人员业务水平；定期通报分析问题，改进工作不足；开展质量考核，促进专兼岗人员履职尽责等，保持分公司营运工作高质量运行。在中邮保险总部开展的 2020 年度服务评价中，河北分公司以总分 91.31 分的成绩名列全国第一，其中保单件数继续率、手工单全流程处理时效、亿元保费投诉件数三项指标获得满分，列全国第一，重要服务创新列全国第 3 位，客户体验列全国第 4 位，其他指标比上年均有不同程度提升。

各条线关键指标质量良好。运营关键指标达到考核要求，新契约综合合格率、理赔 7 日调查完成率、理赔报案率、小额案件 5 日结案率等均为 100%，保全两日结案率、保全合格率、录入修改率等多项指标均全国领先。

客户服务不断改善。全年未形成有效投诉，亿元保费投诉量为 0。全省有效客户达 208220 人，比上年增长 45.35%，其中价值客户 19719 人，比上年增长 69.67%。

续期业务品质持续优良。宽末综合达成率为 98.99%，列全国第二。13 个月和 25 个月保费继续率分别为 97.1%、98.98%，分列全国第 2 位、第 1 位。

企业管理取得成效

财务管控成效明显。优化财务资源配置，重点支撑高价值业务发展，全年新单负债成本率为 4.52%，比上年降低 22 个 BP，费用投产率为 12.3%，优于目标值 3.13%。行政管理费比上年下降 13.88%。预算执行率为 94.27%，条线预算执行率为 96.75%。公开采购率为 100%，公开招标率为 97.79%，节约资金 20.1 万元，节约率为 4.45%。

人力资源有效支撑。出台人才发展三年规划，初步建立人才发现培养机制。落实全员素质提升工程，全年组织开展各类培训 33 场，培训 1985 人次。坚持德才兼备，抓好人才引进，满足分公司发展需要，全年校招 3 人、社招 4 人，员工总数达到 76 人。建立绩效薪酬与分公司、部门、个人“三挂钩”机制，实现绩效加分与绩效薪酬同步联动。

科技赋能作用增强。完善河北中邮保险信息管理平台功能，增加“亮剑行动”自查与整改功能，开发反洗钱可疑交易甄别单处理、客服回访复访问题件及微信质检处理、录音质检处理、续期回盘轨迹处理、催收话术管理等功能，分公司生产运营管理流程更加规范高效。以科技手段定时采集和统计发展数据，提高了报表制作效率和准确程度。探索建立内部管理信息平台，整合业务发展数据，实现重要数据可视化展示。

合规与风险防控加强。组织开展“亮剑行动”回头看、中介市场乱象整治、市场乱象整治“回头看”等工作；加强合同管理和关联交易管理，确保分公司合规发展。开展合规现场检查，对异常情况进行风险提示。持续做好反洗钱工作，甄别排查可疑交易 331 笔；开展反洗钱培训 7 次。联合市县邮银机构开展反洗钱、防范非法集资、“扫黑除恶”宣传活动。

审计职能有效发挥。组织开展 2019 年度内部控制评估、反洗钱审计、欺诈风险管理等 6 项审计工作，督促相关部门整改缺陷、完善措施、优化流程，企业管理得到完善和加强。

党建引领作用充分发挥

党的政治建设不断强化。贯彻落实“三个第一时间”学习机制，组织党委会学习6次、中心组学习14次、集中研讨13次，深入学习习近平新时代中国特色社会主义思想和党的十九大、十九届历次全会精神，加强意识形态建设，全体党员干部牢固树立“四个意识”，坚定“四个自信”，坚决做到“两个维护”。

基层党建工作扎实开展。制定2020年度落实全面从严治党要求主体责任清单和党建工作考核办法，以推进基层党组织建设达标工程为抓手，强化党组织政治功能和基础建设，3个党支部建设达标工程全部通过验收。2篇支部工作法入选《中邮保险优秀支部工作法案例汇编》。

党风廉政建设不断加强。加大对反面典型问题通报曝光力度，通报分公司私车公养违反中央八项规定精神的案件，以案为鉴、以案促改。准确运用监督执纪“四种形态”，精准问责，严格执纪。组织开展廉洁风险排查工作，梳理廉洁风险点71个，制定防控措施78项。深入开展“一月一事　消灭最差”活动，落实基层联系点制度，着力解决基层痛点难点问题，持续整治形式主义官僚主义问题。

扎实推进党中央和集团公司党组重大部署

坚决打赢“三大攻坚战”。一是扎实做好金融风险防控工作。组织开展“内控管理提升年”活动；举办内控知识合规大讲堂5次；组织编写岗位操作手册；制定打好防范化解重大风险攻坚战2020年专项方案，明确16个目标、44个重点任务、55个具体措施，有效提升分公司内控风险水平。获中邮保险2020年内控管理提升年专项活动优秀组织奖。全年无违规经营事项、诉讼案件、损失事件发生，在人民银行开展的2019年度反洗钱分类评级中，分公司由2018年度的CC级上升为BB级。二是扎实开展保险扶贫工作。为石家庄市灵寿县、衡水市武邑县和邢台市任泽区6500余位建档立卡贫困村民提供4.59亿元的保险保障；开展公益义诊活动；捐资6万元，为衡水市武邑县圈头乡国庄村安装30盏太阳能路灯。三是扎实开展绿色邮政建设行动。制定印发2020年分公司绿色邮政建设行动实施方案，抓好日常工作实施，绿色邮政建设行动达到总部考核要求。

服务雄安新区建设。加强与省银保监局、雄安新区邮政企业及相关机构对接沟通，完成河北雄安中邮保险中心机构设置、人员选聘和培训等基础工作，顺利通过分公司和总部验收，雄安新区中邮保险中心于2020年12月展业。

配合集团巡视并抓好问题整改。分公司成立专项工作机构，积极配合做好巡视工作。抓紧抓实抓细抓好巡视反馈问题整改工作，分公司党委针对巡视组反馈的33项具体问题，第一时间制定整改方案和“问题清单”，研究制定了75项整改措施，逐一明确责任领导、责任部门和整改时限，逐一细化具体措施；建立整改台账和整改例会制度。经过近2个月集中整改和后续持续整改，除2020年新单总保费发展目标未完成外，其他问题整改均按时完成。

推进“自营+代管”模式深化工作。省分行在个人金融部明确了兼岗人员。省邮政分公司在金融业务部设置中邮保险室，任命室经理，配齐专岗人员。各市、县邮政分公司设立中邮保险业务部（中心）157个，全省应配备的162名专岗人员全部到位，工作进展列全国前列。

统筹推进疫情防控和生产经营。分公司党委及时研究部署防疫工作，相关部门认真落实防疫措施，全体员工加强自我防护，纪委部门加强督促检查压实防疫责任，分公司未出现确诊或疑似感染人员。建立疫情时期办公机制，研发线上工作方式，营销培训、运营服务、续期服务、客户回访等工作不间断开展。

构建和谐企业

推进“员工幸福工程”，召开职工大会和工会会员大会，集体审议事关职工切身利益的规章制度；组织开展“争做学习型组织、争当知识型职工”读书系列活动及“手植一棵树　绿化一片天”互联网义务植树活动。组织开展岗位练兵并形成热潮，提升员工业务素质，也为分公司争取了荣誉。分公司荣获河北省人身险销售职业技能竞赛团体二等奖，2名员工荣获个人三等奖；荣获全国第四届中邮保险业务技能大赛团体三等奖，其中2人获个人一等奖、2人获个人二等奖，1名员工获理论知识竞赛个人第一名；荣获中邮保险全国内控管理知识竞赛团体一等奖，参赛的3名员工分别荣获个人二等奖、三等奖和优秀奖；在2020年中邮保险“服务争先”劳动竞赛评比中，河北分公司荣获“客户服务先进单位”，1名员工荣获“服务管理先进个人奖”；1名员工获评中邮保险第一届“最美客服人”荣誉称号；荣获中邮保险职工思想政治研究会2020年度优秀研究成果优秀组织奖，2篇作品获得三等奖；荣获全国合规微视频大赛优秀组织奖，2部作品获得三等奖；2部“廉洁中邮　你我同行”原创抖音廉洁文化短视频分获总部评选第二名和优秀奖；“7·8”全国保险公众宣传日活动获河北省保协优秀组织奖。4名员工被聘任为总部级内训师。（中邮保险）

山 西 省

【山西省邮政分公司】

经营转型

全省邮政实现收入40.32亿元，比上年增长4.25%，列全国第23位。完成集团预算的97.69%，列全国第21位。实现利润−2701万元，完成集团预算目标。代理金融实现收入26.21亿元，比上年增长2.74%，完成集团预算的97.21%。寄递业务实现收入6.43亿元，比上年增长8.19%，完成集团预算的92.01%。邮务业务的集邮文传专业实现收入4.73亿元，比上年增长3.4%，完成集团预算的103.49%。渠道平台专业实现收入2.35亿元，比上年增长15.26%，列全国第3位。

履行社会责任

总体完成“两提升、四强化、七确保”目标。未发生触碰“两条红线”行为，全省营业网点四项业务开办率、乡镇网点覆盖率保持100%，县以上城市党政机关《人民日报》《山西日报》当日见报率100%，建制村直接通邮率100%，平信断点率达标。机要邮件失密丢损保持为零，机要通信连续14年保持全红。用户满意度85分，高于集团和省分自定目标。疫情形势下，按照“四不中断、四免费办”要求，开通绿色通道，向武汉运送防疫物资27批次、120多吨。主动对接省、市教委和中小学校，为262所学校、27万名学生寄递教材270万册。省分直属机关党员干部为武汉捐款49万元。

改革创新

推动省、市两级寄递事业部与省、市分公司深度融合。推动“三网”融合优化，以数据分析为依据，加大自提点建设，全省建成自提点4773个（自建率77%），邮件卸载率32.62%。在全国率先试点“两集中”改革，探索实施网运一体化管理和实体化运营，对全省网运环节统一规划、统一管控、统一调度，实现省际进出口邮件时限提速和分运环节成本压降。通过优化人力资源配置，压降金融网点台席800余个，把人员从柜台内优化到柜台外，降柜优化人员1195人，清理外包人员334人，点均人数从7.92人降至6.36人。

加大硬件能力投入

10月17日，太原邮件处理中心工程项目奠基开工，计划总投资4.5亿元新建。完成太原、侯马、大同邮件处理中心和太原航空邮件处理场地、太原国际邮件互换局工艺改造，购置104辆一级干线车辆、23条伸缩皮带机及水平皮带机、49套自动扫描设备，装修改造22处营业网点，配置613台纸币清分机、142台ITM机、23台三代社保制卡机、14台生命特征采集仪，安装333套网点防护舱、178套网点联动门，更新9辆运钞车。

企业管理

修订出台固定资产投资、网点装修改造等管理办法，规范营销费用的使用方向，完善使用办法。在全省范围内实施劳务派遣和劳务承揽、生产车辆燃油集中采购。调整干线运输车辆，实施干线邮路串行，压降运输成本987万元。坚持欠费过程管控和集中清缴相结合，欠费率

山西省沁水县邮政分公司帮相朗壁村村民直播销售滞销南朗苹果

6.09%，比上年下降1.15%。优化调整年度战略绩效考核办法，“进级”“争分”的正向激励作用得到发挥。出台季度重点工作绩效考核办法，强化对省分公司本部和市分的过程管控。明确区分公司寄递业务管理职能，增设区分寄递业务部，解决区分对寄递管理缺位的问题。明确市分公司三级领导人员薪酬绩效范围，修订县（市、区）分公司领导班子、省分公司本部下派干部以及金融、寄递相关人员薪酬政策。规范借调人员管理，清理省分公司本部交流借调人员37人。组织全省三级干部、县（市、区）分公司总经理集中培训，安排11个市分公司主要负责人和专业管理人员赴安徽等兄弟省考察学习。落实省委省政府“三零”创建要求，开展安全生产专项整治三年行动，推进“平安邮政”和“2332”安防达标建设，实施“绿盾”工程，全省678个普遍服务网点安装4G监控联网设备，投入581万元。

党的建设

深入学习贯彻习近平新时代中国特色社会主义思想，着力强化党员干部思想理论武装，持续巩固深化主题教育成果。开展“让党中央放心、让人民群众满意的模范机关”建设活动。开展基层党组织建设达标工程和创先争优活动。组织“两优一先”评选，2个先进基层党组织、4名优秀共产党员、2名优秀党务工作者受到集团公司表彰。郭瑶麟荣获“全国邮政行业劳动模范”称号，赵晋东、王烈2名同志荣获“山西省五一劳动奖章”，临猗农产品快递中心荣获“工人先锋号”称号。开展优秀年轻干部推荐工作，自下而上建立优秀年轻干部信息库。组织安排9名三级年轻干部和16名四级年轻干部省市双向交流、多岗位锻炼。严格落实巡视巡察整改季度例会和重要事项随时研究制度。制定深化巡察结果运用、强化制度建设工作方案，93项“立、改、废、释”制度计划完成54项。分两批对2个市分公司、43个县（市、区）分公司开展巡察，以严肃问责推动巡察整改落实，全省问责

75人。受理信访件120件，处置问题线索95件，立案16件、结案15件、销案1件，党纪政务处分16人。第一、二、三、四种形态处理149人。（山西省邮政分公司）

【邮储银行山西省分行】

经营发展概况

实现营业收入39.1亿元，增长13.41%；实现净利润14.16亿元，比上年增长6.42%。经济增加值1亿元，经济资本回报率11.1%，成本收入比49.16%。总资产规模2973.7亿元，净增267亿元，比上年增长9.9%；各项贷款1037.2亿元，净增163.6亿元，增幅18.7%。各项存款2746.5亿元，净增227亿元，增幅9%。各项贷款不良率0.63%，比上年末下降0.01%。

落实中央决策部署

抗击新冠疫情。统筹资源向省内90家抗疫企业投放贷款10.9亿元。对受疫情影响的1786户、146亿元贷款延期还本付息。组织全辖2000余名党、团员捐款30万元，抗疫事迹登上省委内部刊物《晋政信息》。支持"六稳""六保"，与省市场监督管理局联合开展"百亿送贷"活动，发放9.4万笔、107亿元个人经营性贷款，结余规模列省内六大行首位；与山西融资再担保集团签订战略合作协议，提供创业担保贷款服务，累计投放2844笔4.9亿元。

服务国家战略。与山西转型综合改革示范区签订战略合作协议，新增区内5户授信客户，授信金额67亿元。支持国资国企改革，提供各类融资348.4亿元，比上年增长114.8亿元，增幅49%。成为山西省"新基建"项目融资六大主力行之一。为省内43个重大传统产业升级改造项目、重大基础设施项目、战略新兴产业项目新增主体授信646亿元、债项授信614亿元。

推进普惠金融。支持脱贫攻坚，发放扶贫小额信贷6294笔，累计支持4.37万建档立卡贫困户发展生产。投放产业扶贫贷款7.78亿元，累计投放22亿元。支持省内重点扶贫项目4个、7.73亿元，累计支持重点扶贫项目7个、13.54亿元。开办生源地助学贷款，投放1.8亿元助学贷款，帮助2.5万户贫困家庭大学生继续学业。支持乡村振兴，年内涉农贷款净增24.5亿元，规模189.4亿元，列省内六大行第1位。与山西省人社厅联合开发专项金融产品"民薪保"，为建筑类施工企业授信44.5亿元，代发农民工工资5.8万笔；深化与山西省农业信贷融资担保公司的合作，贷款结余14.3亿元，占农担合作银行的53%。

业务转型发展

零售业务。①储蓄业务。储蓄存款新增182.97亿元，存款规模2417.99亿元。其中自营机构新增41.75亿元，存款规模5987.71亿元。②代销业务。保险加权销量112.64亿元，其中自营加权销量15.03亿元；人民币理财有效销量311.72亿元，其中自营销量213.9亿元；基金销售30.8亿元，其中自营销售17.9亿元；资管、信托销售194281万元，其中自营销售179624万元。③电子银行。新增收单商户5.47万户，联动余额增长14.63亿元。新增手机银行34.65万户，手机银行结存821万户，居省内同业第3位。快捷支付绑卡新增53.19万户，无介质账户新增5.45万户，邮储食堂会员新增75.14万户。④个人信贷。个人经营性贷款发放9.57万笔，107.7亿元，余额93.7亿元，余额市场占有率5.09%，居省内六大国有银行首位。消费贷款余额206.27亿元，房贷余额占比84%，非房贷余额占比16%，比上年提升5%。消费贷款净增38.39亿元，比上年增幅51%。⑤信用卡。新客增加24.6万户，绝对值与完成率均列系统内第9位。⑥小企业贷款。小企业贷款余额40.05亿元；年净增7.95亿元。全行小企业贷款客户数1473户，年净增563户。

公司金融。①公司负债。公司存款时点余额年增44.89亿元；全省新增代理财政资格43个，其中国库集中支付资格30个，新增惠农惠民"一卡通"代理资格13个。搭建房屋资金监管系统覆盖区县53个，覆盖率45%，引存3.3亿元。②公司贷款。公司贷款余额549.82亿元，年净增135.37亿元，系统内排名第4位。贷款投放量比上年提升48.65%，净增量比上年提升45.01%，均创历史新高。获批高速公路、风力发电、城市综合管廊、铁路债务置换等大项目49个，金额超500亿元。落地房地产项目3个，金额17.70亿元。③投行市场。实现省属煤炭集团债券承销业务零突破，债券承销62.5亿元。获批华远陆港、同煤集团、路桥集团非标业务，金额40亿元。紧抓煤企重组改革机遇，争取银团牵头行资格，为同煤集团、阳煤集团、晋煤集团等客户筹组银团贷款38.3亿元。④贸易金融业务。现金管理业务客户新增329户，企业网银客户新增1470户。办理国际结算业务14630.26万美元。累计办理各项表内外贸易融资业务80.1亿元。首笔汽车租赁保理成功落地，通过"一点做全国"模式，有效实现汽车金融"零售业务批发做"理念。

资金资管。①票据业务。办理票据贴现284亿元；办理票据周转业务172亿元，比上年净增729%，排名系统内第2位。利率管理水平稳步提升，平均收益率0.92%，系统内排名第2位。转贴业务交易量1008亿元，排名系统内第6位，再贴业务交易量33.59亿元，排名系统内第6位。②非标业务。获批山西建投供应链ABS业务1亿元、山西证券收益凭证业务2亿元。③债券投资业务。全行落地债券投资业务55亿元。④同业融资业务。同业存单销量29.8亿元，落地融出业务8笔共37亿元，同业活期存款计划完成率102.17%，系统内排名第6位。⑤同业理财。全行销售机构理财47.37亿元，同业客户净值理财破冰。⑥托管业务。重点托管基金自营销量5.44亿元，全行托管业务规模263.59亿元。

风险内控管理

全面风险管理。出台全面风险管理办法，持续开展防范和化解重大风险三年攻坚战。完善风险与内控委员会工作规则，审定风险议题49项。授信管理方面，调整审批授权管理，自查整改征信管理问题112项。

信用风险管理。组织开展"不良化解"攻坚战与"春雷"专项行动，加强与公检法、律所合作，引入委外催收，清收不良贷款2.8亿元，释放利润2.1亿元；出台扶贫贷款集中到期还款风险化解预案，累计缓释9.1亿元。

法律内控管理。处理各类违规问题5958人次，经济处罚230.6万元，比上年增加63.9%。建立问题整改跟踪台账，实施销号式管理，常规性监管处罚笔数与金额分别为上年的11%、0.6%。

内部审计工作。开展审计工作29项，覆盖零售信贷业务、负债及中间业务、高职高管人员履职、信息科技运行、员工账户排查等领域，发现问题724项，提出审计建议201条。

安全生产工作。严格落实集团和总行疫情防控要求，防疫物资采购支出1166万元，保障备用30天。试点建成太原、运城2个二分监控中心试点，实现二分监控中心与省分行监控中心功能同步、职能同步双同步目标。

管理运营效能

机构改革。建设16家城市特色支行，7家消费金融中心，增设对公功能网点19个，占比59%，提升7%。

财务管理。出台"降本增效"15条措施，全年成本收入比49.16%，高于预算目标4.43%，比上年下降6.61%。

金融科技赋能。围绕核心资格账户，上线73个项目；开发数据产品22项，推送各类营销数据1200余万条。自主研发汽车金融系统，实现公司和零售业务的跨界融合。"低资产客户潜力预测"项目在邮储银行第一届数据建模大赛中荣获一等奖。

客户服务。加快推进网点转型，完成162个网点导入，综合型网点柜员综合化100%、柜员双持证率97%；服务态度类有责投诉比上年下降80%。出台专项方案，关注老年人服务需求。开展消费者权益保护宣传，受众近120万人次。

代理金融。配合代理机构筹建营业机构7处，更名31个，迁址30个；审核341名代理营业机构负责人任职资格；参与总部级重点协同项目4个，板块协同项目5个，省级协同项目1个。

全面从严治党

党建重点工作。修订完善党委工作规则、"三重一大"决策制度、党组织书记抓党建工作述职评议考核办法。细化57条主体责任清单。制订党委理论中心组年度学习计划，明确14个方面重点学习内容和9项研讨课题。创新开展基层党组织"共建、共享、共进"2.0主题活动，106个党支部建成120对共建单位。

党风廉政建设。编印领导人员落实中央八项规定精神规范手册。开展落实八项规定精神相关制度执行情况专项检查，梳理问题22项，修订制度3项。对十八大以来省分行查处的22起违纪违法典型案例予以通报，以"身边案"教育"身边人"。完成两个批次5家二级分行及所属一级支行党组织的巡察。

巡视整改。坚持"目标不变、力度不减、劲头不松"的总体要求，持续推进巡视整改工作。严格落实季度例会工作机制，46项评估要点全部完成整改并建立长效机制。对照集团公司巡视总行发现问题，逐一自查，"未巡先改"。

人才队伍建设

人事改革。基层管理人才库建设完成31%，社招引入金融科技、投行、交易银行等急需人才11名。组织10名本部优秀青年与基层骨干上派下挂，优选28名年轻骨干赴城市特色支行锻炼。采取大堂外包、压降台席、网点撤并、压缩机关中后台等措施，盘活324人增配至关键岗位与客户经理队伍。

队伍作风建设。开展"抓落实、强执行、讲担当、比奉献"与"规范机关建设"活动，推行重点任务清单制、首问责任制、限时服务制，公文运转实现日事日毕，业务转授权与审查审批时限压缩40%以上；推行分片定点调研帮扶，建立"问题直通车"，行领导分赴基层调研22次，调研覆盖51个县区，为基层化解问题104项。（邮储银行）

【中邮证券山西省分公司】 累计完成业务收入113万元，完成预算的28%，比上年增加101%。完成新开户7821户，完成计划的95%，完成新增有效户2668户，完成计划的162%；重点基金销售1670万元，资管产品销售10.05亿元，销量排全国第3位。

经纪业务

推进"有效户大提升"活动。一是全面协同。年初，在加强基础数据分析测算的基础上，认真贯彻落实集团公司和总部的部署和要求，及早出台全省邮银协同发展中邮证券业务的政策方案，多次向省邮政分公司和邮储银行省分行相关部门沟通汇报，争取协同支持。通过积极争取，省邮政分公司专门出台了协同中邮证券"有效户大提升"激励政策，并配套奖励资金支持，下发专项文件，为"有效户大提升"活动开展奠定基础。二是召开专题会议。山西省邮政分公司先后召开4次专题会议，对"有效户大提升"进行安排部署并提出具体发展要求。4月2日，召开板块协同会议，将"有效户大提升"活动列入2020年邮银证省级协同项目。各市县网点按照省分要求，第一时间行动起来，精准营销，强化管控，在短短两周时间内超额完成有效户发展全年目标。三是开展专项培训。为了推进全省邮政协同中邮证券“有效户大提升”活动政策宣贯落实，通过线上会议，以有效户标准、激活手段、配套政策、客户目标、营销方式、业务流程等内容为重点，分2期对各市邮政分公司县级以上金融网点负责人和理财经理进行全覆盖培训，参训人数达600余人。其中针对邮储银行系统举行超过千人线上有奖答题活动，并组织优秀邮储银行理财经理进行经验分享，有效激发了邮储银行开立中邮证券账户的热情。四是持续管控督导。建立人员派驻工作机制，市场部经理和投顾每周不少于3次派驻到省邮政金融业务进行现场办公，加强“有效户大提升”活动情况的沟通协调。加强通报督导。从4月开始，分公司每周从CRM系统取数制表，结合各市“有效户大提升”活动推进情况，通过省邮政金融业务部在各市邮政金融业务分管领导群和金融业务部经理群进行动态通报督导。8月11日起，每日动态通报全省邮政中邮证券有效户协同发展情况，总结市县网点典型经验并进行推广。

加强分项业务活动。一是组织重点产品销售。根据总部重点基金产品销售安排，每周通过短信群发或微信客户群发放总部安排重点基金的产品组合，对基金的投资特点、优势及近三年的收益收势情况进行对比和总结，以便客户分析购买。同时，与合作基金公司联系，通过组织产品路演等方式，及时向相关人员传递最新、最权威的基金产品信息。二是加强两融业务发展。两融是分公司经纪业务发展的重中之重，市场部持续对符合开立两融账户的客户进行梳理跟踪，定期跟踪资金客户动向，与客户随时保持密切联系。三是组织模拟炒股大赛。模拟炒股大赛活动开展以来，市场部通过省邮政新闻中心，在“晋邮之声”与山西邮政、今日头条等媒体发布活动通知和省海报，分公司全体人员参与，并向周边人员传播扩散，借此推广中邮证券新版手机APP，逐步提升中邮证券品牌影响力。四是推动新三板开户、创业板补签等新业务发展。根据总部安排部署，市场部在主动加强学习的基础上，开展新三板活动的投教工作，并对5户符合条件的客户进行回访，目前已有4户开通。针对创业板注册制的推出，对未补签的客户进行短信通知和电话回访。

加强专业营销队伍建设。一是加强经纪人队伍建设，做好经理人入职培训和手续办理，并加强日常管理工作，及时办理解约、续约等相关手续，确保合法合规。二是为适应市场竞争，根据公司《中邮证券有限责任公司经纪业务市场化营销团队管理办法》，引入市场化团队，制定团队管理实施细则、签订经营管理目标责任书。尽管经过两个月的考察试用，已淘汰出局，未能达到发展的预期，但为分公司市场化团队建设积累了管理经验。

提升服务能力及管理水平。一是不断提升投顾服务水平。结合今年股市宽幅振荡、波动较大的特点，在常规投顾信息推送的基础上，定期分析总结市场情况和投资机会向特定客户群体传递，并针对重点客户进行一对一的盘面分析及个股讲解和推荐。举行2场线上投资沙龙，为客户理清投资思路并需找阶段性机会。二是制订年度客户回访工作计划并推进实施，同时结合合规自查对2019年购买金融产品的客户进行回访并做好相关资料的整改工作。三是统筹做好重点时段和重点客户的服务工作。8—9月，市场部与运营部紧密配合，主动延长工作时间做好客户咨询、见证及业务操作方面的服务工作。四是做好CRM系统数据清理工作。对工作中发现系统中无资料信息的员工，及时补录，共补录1993户，推荐人关系匹配558户，进一步更新完善系统数据。

◎ 保持资管产品销售优势，储备各类项目资源

资管产品销售继续保持前排站位。加密与邮银双方省、市、县（区）、网点重点部门领导人员、管理人员、一线理财经理、柜员等的沟通对接频次，努力争取发展政策倾斜和营销推动支持，合力推动产品销售。出台激励政策，新组建3个全省邮政资管计划产品交流微信群，新增1300人，扩大协同营销人员覆盖面，确保发展政策、产品信息、营销策略可以快速精准直达邮政企业一线。此外，更新资料，第一时间策划组织3场微信路演活动。又利用周末时间为临汾市行全体理财经理、支行长进行了资管产品销售网上培训。在邮储银行省分行出台激励政策后，第一时间专门撰写发布邮储银行山西省分行关于中邮证券资管计划销售激励政策的解读说明。为加速推进产品销售落地见效，进一步加大实地沟通对接力度，深入9个部门单位，组织座谈培训，支撑推动产品销售。并依托21个资管投行业务发展微信群，加大日常信息推送力度，做好产品政策宣导、产品销售答疑，编发资管产品销售情况通报6期，营造销售氛围，及时反馈发展情况。

克服疫情影响采取多种方式和手段，与邮银相关部门和单位的日常沟通对接频次不减。同时，不断扩充全省资管投行业务发展微信群，从提高信息质量、保持推送频次出发，提升协同发展骨干人员专业素质和业务商机发现能力，持续推动优质项目资源储备。与省分行公司业务部、省分行金融同业部、省分行直属支行，太原、临汾、运城、大同、晋城、忻州市分行及省邮政公司金融业务部，吕梁、太原、晋城、忻州市分公司沟通对接。同时，与兄弟分公司、外部券商、山西股权交易中心、山西转型综改示范区金融服务平台对接，寻找在债券分销、资管非标融资，以及三板、四板挂牌等方面的合作机会。

◎ 开展运营服务，严抓合规风控工作

推进业务运营服务。一是在创业板注册制改革上线前，组织2次创业板交易系统测试，并配合总部完成创业板系统测试上线工作。二是新基金销售前，信息技术部及经纪业务总部组织多次测试，前台运营服务人员加班加点进行账户开户、产品销售等各种业务办理的测试工作，配合总部完成新基金产品销售上线工作。三是做好现场客户开户工作及特殊业务处理，保证业务流程顺畅无障碍，让业务办理省心省时省力。四是抓好档案管理工作，严格按照总部及分公司档案管理制度要求，建立档案交接及借阅台账，一户一档，不同档案类型分别建立不同台账。严格执行档案借阅制度，保证客户档案信息的保密性。同时，开展线上业务运营服务。加强线上业务加办和及时处理线上业务问题等业务服务。

严肃开展合规风控。一是风险管理。开展营销宣传行为自查工作、反洗钱与反恐怖融资工作自查总结、风险管理自查工作。二是自查自纠。根据下发的各项文件组织开展相关自查工作，并将自查结果上报。

组织制度宣贯培训。组织全体员工学习落实《中邮证券有限责任公司山西分公司反洗钱内控制度》、《中邮证券有限责任公司山西分公司反洗钱工作小组》、《反洗钱知识培训》、新《证券法》、《从业人员相关规定》、《合规督导》、《分公司合规季度自查自纠报告问题与整改》等分公司制度。同时，开展监管处罚案例警示培训，并开展专题测试。

营造合规工作氛围。开展新《证券法》宣传月暨"3·15"投资者保护主题教育活动、反洗钱主题宣传、"坚持总体国家安全观，统筹传统安全和非传统安全，为决胜全面建成小康社会提供坚强保障"为主题的"4·15"全民国家安全教育日活动、"理性投资，远离非法证券期货陷阱"为主题的宣传活动。同时，按照《中邮证券有限责任公司2020年反洗钱培训与宣传计划》进行知识宣传。

㊂ 强化综合管理，提升支撑保障水平

提升内部管理。一是强化制度管理。进一步修订完善车辆管理制度，规范分公司公务用车。二是规范上传下达。规范公文收发及行文流程，实现无纸化办公管理，确保公文流转的及时、高效。三是加强材料报送工作。四是加强车辆管理，规范派车单、加油等管理制度。五是加强会议组织。组织筹备总部培训会议、半年度工作会议、月度经营分析会及分公司内部培训会议，做到组织有序、流程顺畅，确保顺利进行。六是严格按要求采购物资。

加强队伍建设。一是加强分公司员工管理。及时办理新入职人员转入手续，完善人事档案。二是管理员工劳动合同，办理劳动用工手续。三是规范社保工作，完善薪酬福利。四是优化绩效考核，健全薪酬体系。通过分析完善《月度绩效考核办法》，实现员工的优化配置。五是做好招聘任用。根据总部要求及人员需求开展招聘工作。六是开展全员培训，提升员工专业素质。按照总部要求为分公司全体人员报名证券业协会后续教育及基金从业协会后续教育，并开展督促，确保年底完成学时。

加强工会建设。一是做好新会员接收工作，不断扩大会员队伍，按时缴纳会费，加强工会自身建设，发挥工会组织重要作用。二是以人为本，关心员工，使职工感到集体的关怀，增强队伍凝聚力。三是完善员工福利。以维护员工利益为重点，发放生日卡、体检卡、节前福利。（中邮证券）

内蒙古自治区

【内蒙古邮政分公司】 内蒙古邮政分公司收入增幅列全国11位，进度列全国第2位。寄递业务增幅列全国第2位，进度列全国第3位，业务收入24.73亿元，超额完成集团下达的预算目标，超收8400多万元。收入增幅9.12%，列全国11位，完成集团目标的103.54%，列全国第2位。全区邮政以及寄递事业部均完成利润目标。

金融业务收入14.11亿元，增长4.66%，完成进度的100.56%。全区新增总资产突破120亿元，新增储蓄余额90.5亿元，新增余额占比75%，比上年提升33.6%。非零客户新增资产98.87亿元，户均新增1462元。价值客户新增资产99.61亿元，VIP客户新增资产84.18亿元，客户产能持续提升。收单业务完成集团目标的237%，新增收单商户11万户，为上年5.5倍。联动活期日均余额11.19亿元，沉淀资产46.69亿元。推进"强势出单"线上客户活动，长期期交快速上量，长期期交保费5.4亿元，增长168%，列全国第3位。

寄递业务收入5.33亿元，增长29.4%，列全国第2位，完成进度109.3%，列全国第3位。四大业务齐头并进，均实现两位数增长。12个盟市全部完成收入预算目标，县域寄递收入增长50%以上。营销体系建设、揽投部销售化转型、旗县管理"三人团队"建设推进。重点项目取得重点突破，法院专递集约送达中心盟市全部建成，拓展卷宗扫描新业务，增收484万元，法院专递项目规模突破2000万元。交管线上业务增收951万元，交管项目规模突破千万元。冷鲜肉寄递通过组织专项营销、完善陆航对接保障体系等措施，增收1400万元，项目规模突破3000万元。争取政府、海关支持，启动呼和浩特"三关合一"口岸跨境电商业务，形成俄向跨境电商收入2933万元，国际业务实现历史性突破。疫情期间在教材配送、保供配送及国际防疫物资寄递等方面实现收入800余万元。

渠道平台业务收入7942万元，增长24%，列全国第4位。完成集团目标的150%，列全国第2位。双代业务上线代开增值税普通发票系统，新增支付宝缴税方式，并争取到零手续费政策，代征税额5.29亿元，实现收入1717万元，列全国第9位。代收费业务开通线上缴费功能，实现收入1146万元，列全国11位。车主会员探索转介营销路径，实现业务收入1257万元，列全国12位。分销业务增幅、完成目标比例分别列全国第2位和第1位。毛利率21%，列全国第4位。农村电商线上销售额2454万元，增长63%，完成集团目标的289%，列全国第5位。全区大樱桃项目实现销售额377万元，增长104%。举办首届名优特农牧产品展示推介会，现场意向签约额近5000万元。“9·19电商节”销售额连续3年翻番式增长，推出18款扶贫大单品，争取到集团补贴169万元，列全国第2位。

传统业务。集邮与文化传媒业务实现收入3.61亿元，增长5.9%。其中集邮收入1.35亿元，增长2%，列全国第8位，完成计划目标的109.8%。函件收入9095万元，列全国19位，增长11.3%，列全国第4位。报刊发行收入1.385亿元，增长3.3%。疫情防控关键期间举办“我为最美逆行者点赞”书信文化活动和助力最美逆行者活动，全区近40家媒体进行报道。疫情期间开展“停课不停学”活动，实现收入128万元，推进在线教育课程，实现收入501万元，均列全国第1位，全国首家“邮我学”素质教育主题邮局在乌兰察布落成。组织6场“学而思”线上直播PK比赛。试水直播带货模式，收入列全国“邮递哥”直播第一。生肖贺岁季、中国集邮文化季将主题品鉴、集邮文化体验等创收7106万元，强化线上业务发展，增长166%，实现“线上＋线下”双轮驱动。全区开展集邮库存清查盘点，库存比上年减少1327万元。校园、健康报刊将现场讲座与印广发、线上订阅促销联动，主打报刊发行量分别列全国第1位和第2位。

协同战略。在2020年集团公司市场协同工作考核中，分公司列全国第10位。集团公司5大重点项目实现收入2.1亿元，完成目标的116.7%。区内10个重点协同项目实现引流获客，邮银社保卡项目发放8.37万张，寄递金融扫码活动转介客户6万余人次。以邮为媒、协同开展“2020520”项目，实现集邮文传收入8177万元，金融办卡6.4万张。函件与金融协同开展“邮储送健康”活动，带动金融资产提升1.58亿元，函件收入703万元。区内15家重点总部战略客户实现收入6659.7万元，增长22.1%。新签订战略客户22家。渠道平台转型累计打造乡镇、边远标杆网点37处，进驻校园网点19处，建设主题邮局19处，完成商圈和社区网点8处。营销体系建设初见成效，全区专职营销团队实现业绩3776.37万元，人均业绩46.05万元。参与交通运输部与集团公司联合举办的线上直播，区商务厅保供行动吸引近300万人关注，29.7万人点赞；制作《邮政助脱贫惠农进万家》等7部宣传片。

内蒙古邮政分公司、乌兰察布市邮政分公司、察哈尔右翼后旗邮政分公司与察右后旗政府共同举办庆祝农民丰收节暨邮政“9·19电商节”100万斤“后红”土豆发货仪式

党的建设。一是全面从严治党扎实推进。压紧压实从严治党主体责任，规范开展党组织书记“双述职评议”，细化主体责任清单，构建层层抓落实的工作格局。持续深化党的政治建设，强化思想引领。深入推动模范机关建设工作，从严从实开展强化政治机关意识教育、“灯下黑”专项整治和党支部标准化规范化建设。加强组织领导，持续推动主题教育、中央巡视整改和未巡先改务实见效，集中开展形式主义、官僚主义整治工作。积极配合集团公司第一巡视组完成好专项巡视工作，完成对企业全面从严治党工作的“综合会诊”，实现对党员领导干部特别是领导班子的“政治体检”。充分发挥党建引领作用，投身防疫抗疫一线，全区组建122个党建先锋队、7个临时党支部，动员党员2252人次。二是干部队伍建设持续强化。坚持党管干部原则，严格选人用人程序，调整三级领导24人次，其中提任7人，对10个单位领导班子进行调整补充。审批四级领导任用181人次，三、四级领导人员总量均控制在规定职数内。健全干部管理制度，修订领导人员管理规定、任免工作程序等制度，明确领导人员改非政策。持续深化干部监督，实现对14个所辖单位选人用人检查全覆盖，对6名三级领导、30名四级领导开展了任中、离任审计，开展日常提醒282人次。三是监督执纪问责更见实效。从严政治监督，对5个旗县分公司落实地方疫情防控重点工作不到位问题进行了全区通报，追责处理15人。从严纠治“四风”，查处3起违反中央八项规定精神问题。从严巡察监督，完成对2个直属单位、2个盟市分公司的巡察，发现问题145条。建立区、市两级巡察机制。从严执纪审查，全区邮政给予党纪行政处分146人，收缴违规违纪资金95万元。四是和谐发展。关爱员工生产生活，疫情防控筹资81万元，分三批次慰问一线员工，其中5.1万元专项慰问驰援核心疫区司驾人员。夏送清凉，筹资86万元，慰问103个集体，惠及员工8344

余人。金秋助学，出资4.4万元用于22名困难员工子女上学。冬送温暖，元旦、春节期间筹资260万元，对683名困难员工、劳模等个人，281个集体进行慰问。全区投资356万元，新建和改造职工小家项目78个。为一线营业生产岗位约3.15万人次购置标志服18万件。（内蒙古邮政分公司）

【邮储银行内蒙古分行】

经营发展概况

实现自营收入27.40亿元，实现利润总额9.27亿元，超总行预算序时进度27%，绝对值1.97亿元。利润增幅26.85%，实现经济增加值（EVA）1.03亿元。经济资本回报率（RAROC）12.15%，成本收入比47.80%。总资产1132亿元。各项存款余额1000亿元，年净增87亿元；各项贷款余额541亿元，年净增40亿元。不良贷款率1.76%，较上年上升0.02%，低全区银行业金融机构不良率1.92%。

落实中央决策部署

支持抗击疫情。疫情发生后，分行迅速建立疫情防控组织机构和工作保障机制，建立区分行领导与各盟市分行帮联机制，组织开展全行员工疫情排查工作，严格落实疫情“日报告”“零报告”制度，制定《防疫期间干部员工自律公约》及《统筹疫情防控与生产经营的“十步工作法”》，切实维护经营秩序、保障员工生命健康安全。出台抗疫信贷支持10条举措，全年支持抗疫企业33户，资金1.32亿元，其中为全国重点抗疫企业提供信贷支持1800万元，为自治区内抗疫企业办理票据贴现1800万元。

全力服务国家战略。支持自治区基础设施建设和现代能源产业。分行基础设施建设贷款余额107.65亿元，向呼和浩特地铁1、2号线、公路等重点工程投放贷款44.52亿元。风力发电等现代能源产业贷款余额18.73亿元，全年投放11.2亿元。连续3年超额完成总行金融扶贫指标。金融精准扶贫贷款净增0.8亿元。

扎实推进普惠金融。助力乡村振兴，“三农”贷款结余119亿元，建设信用村1570个，邮储系统内占比10%。支持“六稳”“六保”，发放小微贷款93亿元，其中普惠型小微企业贷款77亿元。普惠型小微贷款余额103.65亿元，净增6.03亿元。年末小微企业户数3.89万户。落实减费让利政策，普惠型小微企业贷款利率降至6.59%。

业务转型发展

零售业务。新增自营储蓄存款20.38亿元。存款结构上，自营三年期新增占比较上年下降101%，自营活期新增占比较上年增长19.62%，付息率保持较低水平。邮银代理保险规模比上年增长127.8%，自营基金业务比上年增长818%；资管信托自营比上年增长440%；私募产品自营销售额较上年增长5倍。推进“千区万店”建设，新增收单商户2.06万户，净增存款2.9亿元。新增信用卡客户16.8万户，带动消费462.11亿元；实现收入4.26亿元，其中中间业务收入实现4.24亿元，比上年增长9.7%。零售贷款结余392.6亿元。“三农”类贷款结余119亿元，其中“极速贷”净增23亿元，结余39亿元；“邮农贷”项目净增8亿元，结余12亿元。消费贷款结余255亿元，净增26亿元。小企业贷款结余20.07亿元，年净增1.48亿元；结余客户数849户，年净增204户，比上年增长16倍。

公司金融。公司客户10881户，首次破万，年增4542户。新增农业农村账户913户。公司存款新增代理资格77个；公积金项目增存4.5亿元。公司贷款已批复项目161亿元。与乌兰察布市、兴安盟政府签署战略合作协议，意向投入资金300亿元，中标自治区财政厅本级非税及政府采购保证金合作银行资格。交易银行开放式缴费平台有效户年增126户。首次作为通辽民大、兴安盟PPP项目行外银团牵头行，创造中间业务收入496万元。

资金资管。金融同业业务完成收入2.41亿元，完成预算164%。全年销售同业理财15.55亿元，其中同业净值型理财产品销售实现零突破，余额5.55亿元。呼伦贝尔等五个盟市“街巷硬化”项目共偿还本金4.22亿元，累计偿还利息28.99亿元，结余89.78亿元。

风险内控管理

全面风险管理。制定年度风险政策与限额方案，实时监测、按季通报。调整区分行风险与内控管理委员会运行机制，全年召开风委会12次，审议风险议题34项。

信用风险管理。严格落实不良贷款限额及预警管控，强化联防联控，通过健全定期报告、完善分析例会、建立联系人等机制，充分发挥“三道防线”联动效应。通过资产质量真实性清查、资产分类偏离度检查和各类全面排查，强化资产质量真实性管理。开展全区不良贷款清收竞赛活动，大力推广分类清收模式，全年清收不良资产3.6亿元。实行呆账核销计划管理，核销一批、储备一批，核销不良资产2.7亿元。

法律内控管理。组织开展“内控合规提质增效”等多项合规文化建设活动。开展市场乱象整治“回头看”工作，全年监管提出问题330个，完成整改319个，整改率96.67%。加大合规管理系统模型应用开发力度，获得邮储银行合规检查风险模型创新优秀奖。推进检查转型，以模型数据为基础开展突击“飞行”检查、员工信用卡套现、出借本人账户等风险数据排查15项，发现问题670个，整改率91%。加大违规问责力度，全年问责14608人次、处罚金额789万元。

内部审计工作。完成审计项目29个，审计发现问题910个，提出审计建议131条，违规积分处理59人次，经济处罚 426 人次，处罚金额 97835.92 元，告诫处理 2 人次，组织处理 2 人次，整改率 99.64%。

安全生产工作。以创建“平安邮储”单位为目标，开展安全保卫工作提质升级活动，“安全保卫工作评价”及“平安邮储”均取得优秀成绩。

管理运营效能

精简机构，完成 8 家二级支行升格一级支行工作。传导价值创造理念，不断做大分子（净利润），降低分母（经济资本占用）。不可撤销贷款承诺余额下降 24.23 亿元，释放经济资本 1.14 亿元，释放减值 547 万元。制定部门绩效核心业务考核指标，出台经营管理绩效考核争先进位奖励方案。加强成本管控，合规管理税收资费。提升审批效率和成本列支均衡性。自建省内代理财政系统，2020 年 11 个信息化项目完成上线，5 个项目开工建设。全年未发生重大科技信息风险事件。完善个人客户身份信息 638 万户（其中自营 178 万户），对公客户信息 2812 户。加快网点综合化、智能化转型，实现 CRS、ITM 设备全覆盖，可分流交易离柜率 95.2%。全行在用清分机和 A 类点验钞机 100% 达到金融行业“金标”要求。邮储系统内首批试点网点智能排队系统，推进柜员综合化，自营网点柜员双持证率 100%。建立代理金融管理组织体系，开展代理机构制度库及案例库建设，持续推进监管及上级督办事项整改落实。重点协同项目中的 9 项指标提前完成全年发展目标，其中 6 项指标邮储系统内排名第 1 位。

深入推进全面从严治党

党建重点工作。持续深化思想理论武装，推动“三个第一时间”学习机制和“不忘初心、牢记使命”主题教育常态化制度化。高质量完成两委换届，组建了新一届党委和纪委班子，理顺了党组织隶属关系。

党风廉政建设。对 3 家盟市分行开展巡察，发现问题 77 个，推动全面从严治党向基层延伸。信访举报总量和初次举报较上年分别下降 18% 和 38%，处理 34 人、立案 3 起、处分 9 人。

巡视整改。深入开展巡视整改，严格执行季度例会工作机制，推进中央巡视整改评估，45 项制度评估整改率 98%；对照集团巡视北京等 6 省市自查整改的 141 项措施，完成或阶段性完成 127 项，整改率 90%。

人才队伍建设

人事改革。制定“领航工程”中级管理和基层管理人才库建设实施方案，启动中级副职人才库建设和人才库入库对象考评工作。完善岗位职级体系，启动定员定编，严控机关人员数量。

队伍作风建设。组织开展疫情防控、脱贫攻坚、餐饮浪费、巡视整改、形式主义和官僚主义等方面的监督检查，切实加强工作作风建设。全覆盖开展员工行为排查。（邮储银行）

【中邮证券内蒙古分公司】

新冠疫情防控

面对严峻的新冠疫情形势，高度重视，狠抓落实。第一时间组织全体职工学习党中央、集团公司及公司的关于疫情防控相关文件精神，第一时间成立疫情防控领导小组，第一时间对防控工作进行细致安排部署。根据上级后续文件要求，靠前指挥，做到守土有责、守土担责、守土尽责，确保各项部署和工作安排落到实处。及时关注公司、当地政府和监管部门的最新疫情防控指示和疫情实时动态，把各项防控和保障措施落实落细落到位，确保分公司职工的健康安全。

根据当地疫情防控形势和上级有关复工复产要求，第一时间研究和部署疫情防控及复工复产，切实履行疫情防控和经营责任，对电力、网络、安全等设备进行全方位检修升级，为全面复工提供强有力的保障。全面落实联防联控措施，引导党员干部投身疫情防控，做好疫情常态化防控工作，严格记录外来人员行动轨迹，持续做好员工个人防护，有力有序推进复工复产，切实做到疫情防控和业务发展“两不误”。

党建纪检

提高政治站位，全面落实党的建设工作。印发《2020 年中邮证券有限责任公司内蒙古分公司党的建设工作要点》等文件，夯实责任、完善机制、强化保障，把党建工作与中心工作同安排、同部署、同实施，确保支部党建工作落到实处。

夯实组织基础，规范党内组织生活。认真履行党内学习制度，通过“三会一课”、主题党日、专题党课等形式，利用“中邮先锋”“学习强国”线上平台，扎实开展安全生产月、党风廉政宣传月等活动，增强组织生活的规范性、政治性、原则性和多样性。

完善规章制度，落实整改清单。一是严格执行公司总部各规章制度，结合分公司实际，印发相关管理办法和制度。二是根据集团公司党组巡视组巡视邮政企业单位党组织反馈意见和公司党委 2020 年持续推动巡视整改的工作计划，建立整改清单和自查报告，逐条对照检查，确保巡视整改任务落细、落实、落地。

扎实推进党风廉政建设。一是通过参加支委会、总经理办公会，对“三重一大”事项决策做到全过程监督。二是利用党风廉政宣传教育月、节假日提醒、党风廉政专题党课、中央八项规定精神制度汇编专项培训等，从严落实中央八项规定精神。三是全程监督中层干部任职选拔相关工作，把好选人、用人关。四是有效应对新冠肺炎疫情、加快复工复产的监督检查工作。

业务发展

业务累计收入 36.60 万元，另营业外收入 21.10 万元，共计收入为 57.7 万元。利润 –135.3 万元。加营业外收入

21.1 万元，利润总额为 –114.2 万元。在经纪业务方面，本年累计收入 21.10 万元，融资融券业务累计收入 4.31 万元，合计 25.41 万元。在资管投行（含新三板）方面，资管业务累计收入 1.90 万元，投行（含新三板）业务累计收入 9.40 万元。在板块协同方面，邮储渠道开户 2237 户，超额完成目标。邮政渠道累计新增开户 2127 户，有效户 740 户，均超额完成计划目标。形成资产约 400 万元。

通过优化调整，经纪业务趋势向好，新增有效户 996 户，新增开户 5130 户，累计新增资产 8290 万元，实现开业一年资产破亿的自定目标。资管投行业务取得新突破，“鸿利来”等资管产品在邮储渠道销售 5000 万元。与内蒙古能源发电投资集团、鄂尔多斯国有资产投资控股集团两个 2A+ 主体确定发行债券产品合作意向，推进蒙能的债券融资工作；与乌兰浩特市圣益商砼有限公司达成三板挂牌业务；与扶贫龙头企业“内蒙古青青草原牧业”签署财务顾问协议；推进与自治区妇联“布丝瑰就业行动计划”专项资金五年第三方合作协议签订；与华宸信托有限公司、内蒙古林草生态建设有限公司达成战略合作。

运营风控方面

客户服务。根据总部标准及流程，结合内蒙古分公司实际，不断改进提升客户服务满足度。包括现场客户开户、特殊业务处理、档案管理、客户网上开户见证审核、内控平台日常客户评级、可疑交易监控、客户身份识别工作、处理证件到期、开户驳回与开户锁定等。

合规风控。一是树立合规先行的理念。二是加大合规培训和检查力度。三是配合各级监管部门检查，提升合规风险管控能力。

综合管理方面

队伍建设。一是引进证券专业人才，招聘 1 名客户经理，实现资产 800 余万元；引进 1 名资管投行人员，建立产品户，引入私募基金。二是加强内部管理，完成市场部、运营风控部、综合部 3 个部门总经理的选拔任用。三是加大培训力度，提升实战能力，使员工专业素质快速提升，融入当地资本市场。

安全保障。对 UPS 供电进行全新规划，保证机房、现场业务和客户交易 24 小时不断电；对内外网配置进行合理调整，进一步符合分公司运行实际情况；为分公司网络接入和防病毒进行全面升级，保证网络使用安全。

后勤保障。一是贯彻落实公司相关部门的文件和制度，同时结合分公司实际，印发分公司各项规章制度，建立适合分公司发展的体系。二是坚持预算先行、控制成本，用财务数据做好数据分析，同时严格执行公司最新下发的业务招待费、差旅费等管理办法，从严落实各项财务制度。（中邮证券）

辽宁省

【辽宁省邮政分公司】

央企责任

服务疫情防控成效显著。疫情发生后，各级党委闻令而动、主动担当，广大员工坚守岗位、坚持服务，党员主动请战、冲锋在前，多措并举共抗疫情。省内员工“零感染”，邮政生产服务平稳运行，“绿色通道”安全畅通，在服务政务民生、助力复工复产、落实“六稳”“六保”任务等方面，发挥“国家队”“主力军”作用。

落实“三大攻坚战”成果丰硕。认真落实定点扶贫任务，助力 31 个贫困村顺利脱贫摘帽。线上线下结合促进农产品销售，提前超额完成集团下达的电商扶贫目标。绿色邮政建设“9792 工程”全面达标。“平安邮政”建设深入推进，代理金融风险合规管理体系更加健全，未发生重大安全事故和资金风险案件。

业务发展

全省总收入完成 54.7 亿元，列全国第 17 位，规模排名上升 1 位；增长 8.2%，高于全国平均 2.3%，列全国第 17 位；总利润、寄递利润均完成预算目标。64 项东北区域对标指标中，辽宁有 26 项列第 1 位，其中新增第 1 位指标 11 项。

认真落实“两提升、四强化、七确保”，普遍服务各项指标达标，机要通信连续 34 年安全保密无事故。辽宁是普服补贴与服务质量挂钩考核唯一满分单位。网点转型初见成效，全面推进业务叠加，打造四类示范转型网点 10 个，全省普服网点业务收入比上年增长 9.3%。

代理金融业务摆脱困境。全面落实“六个转变”，实现收入 32.1 亿元；增长提升 24.5%，成为全国后进赶先进的典型。储蓄规模突破 2020 亿元，手续费收入增长 7.4%。新增价值存款 158.7 亿元，比上年多增 124.1 亿元。执行差异化、精细化利率政策，80% 网点利率优化。新增长期期交保费 16.7 亿元，增长 114%，列全国第 11 位，高于全国平均 43%，占总保费比重 22%，比上年提高 15%。代销非货币基金 21.3 亿元，增长 121%；简易险量收均列全国首位。通过商户收单、代发、电子支付、公司业务等重点项目，有效拉动活期存款增长，新增活期存款 55 亿元，新增活比 38.29%，列全国首位；总体活期占比 29.59%，较上年提升 0.66%。

寄递业务持续高速增长。全省实现收入 12.7 亿元，增长 26.5%，列全国第 4 位，四项业务全部正增长。政务市场积极对接政府部门，法院专递、车驾管等项目增收明显，新开发教材、证书、居住证等项目，拉动政务特快收入增长 16.9%，高于全国平均 8.7%。生鲜市场以销带寄，运作 22 个产地项目，收入规模列全国第 8 位，增长 30%。其中大连樱桃项目收入翻番，联动价值存款增长近 2 亿元。电商市场销号开发头、腰部客户，挖掘直播电商客户，快包业务量收增长均列全国第 2 位，收入规模排名上升 2 位。国际市场拓展渠道，增开东北地区首条海运直航美洲邮路，配合海关搭建防疫物资“绿色通道”，增开大连—首尔邮航专线，沈阳口岸“三关合一”，国际业务收入增长 12.1%。活跃协议客户净增 1810 户，净增收入 1.6 亿元。特快、快包、国际 EMS 件均单价和国际 e 邮宝、国际 EMS、国际小包重量单价均高于全国平均。

基础业务、分销与增值业务平稳发展。基础业务完成收入 5.2 亿元，实现正增长，3 个专业均超额完成集团计划目标。新媒体和数字明信片收入翻番，大连地方党刊、《辽宁职工报》等新接办报刊实现流转额 2000 万元，集邮重点项目实现收入 8400 万元。《习近平谈治国理政》（第三卷）发行 26 万册，列全国第 4 位。分销与增值业务实现收入 3.6 亿元，增长 8.7%。分销商品毛利率 8.9%，比上年提高 2.2%。税邮业务代收金额比上年增长 42%、代收笔数翻番。盘锦大米等辽宁农特产品销售额超 4100 万元，比上年翻番，其中线上销售额超 1200 万元，实现三倍增长。

协同项目有序推进。六大重点协同项目实现收入 3.1 亿元，均完成集团计划目标。其中，惠农项目实现助农寄递收入 1.13 亿元，发展储蓄余额 5.5 亿元，销售农产品 3595 万元，发放惠农贷款 1.9 亿元。与省粮食局签署战略协议，与省农业厅、省农科院达成合作共识。昌图、北票、绥中试点县建设推进，47 处“一县一社”建设完成。军民融合项目与北部战区军事运输投送调度中心签约，服务军营 243 个，服务覆盖率 89.3%，实现收入 810 万元。15 个集团总部客户项目形成收入 8690 万元；新签约战略协议客户 6 户，形成收入 1400 万元。

在习近平新时代中国特色社会主义思想指引下——新时代新作为新篇章

“组合拳”助力“攻坚战”

——辽宁辽阳市分公司绿皮鸡蛋项目带动贫困户脱贫纪实

从“小”管到“大”

产销“一条龙”

辽宁邮政落实定点扶贫任务，助力贫困村脱贫摘帽

能力建设

寄递时限质量全面提升。大力推动区域时限提速，特快省内互寄时限与竞品差距几近追平，快包优于竞品；特快次日递率 83%、快包 T+3 日递率 82%，分别提高 9%、19%；特快优势线路 1860 条，占比 67%，列全国第 3 位。开通大连至哈尔滨特快高铁邮路，实现次日递；开通葫芦岛至北京特快专线，实现次日上午递。进口邮件全部分拣到揽投部，提高效率和时限。寄递服务质量 6 项重点指标进入全国前十。

营销体系增收拉动作用明显。启动项目经理制，全省组建营销中心 56 个，配备专职客户经理 219 人，8 月以来项目收入比上年增长 22%。推进揽投部销售化转型，揽投网点数量达到顺丰的 85%，揽投部现费收入比上年翻番。29 处集群市场推广准加盟、准承包制，实现寄递收入 1.5 亿元，增长 47%，其中 10 处收入翻番。鞍山西柳市场收入规模跻身全国前 5 位。金融专业营销队伍规模壮大，配备专职理财经理 1370 人，点均 1 人；建成 93 人的项目经理队伍。

财务管理高效。对寄递业务收入占比高、发展快的单位给予预算倾斜。减免税费 1.5 亿元。欠费规模较年初下降 42.3%，账期外欠费下降 83.6%，寄递欠费率优于全国平均 2.2%；库存下降 18%。寄递五大环节成本压降均达成集团考核目标。

人力资源管理支撑作用强化。优化人员配置，从业人员总量比上年减少 494 人，金融劳务用工占比下降 1.4%，寄递一线揽投人员占比提升 7%。盘活自有人员 318 人，充实顶替网点外雇保安、门卫，节省外包费超过 1000 万元。主要操作类岗位全面推行计件工资制和包量底薪。退休人员社会化管理移交主体任务完成。

基础能力增强。安排建设资金 5.4 亿元，优先保障普服投入和金融、寄递等重点业务发展。营业网点改造、翻建 92 处，金融机具增加，ITM 点均 1 台。沈阳、大连、锦州处理中心新设备投产，强化生产车辆、胶带机等生产设施更新配备，全省邮件处理能力提升上年“双十一”前的 2.3 倍。及时跟进生产营销实际，研发上线邮件处理中心“直连配发”、商户收单客户管理等 12 项系统、功能。

审计、采购效益提升。完成各类审计项目 425 项，其中工程结算审减金额 927.1 万元，审减率 9.1%。完善采购管理办法，提升采购效率，扩大集采范围，实施集采项目 84 个，集采率提升 54.5%，节省资金 6090 万元。

党建工作

政治建设加强。深入学习贯彻习近平新时代中国特色社会主义思想，持续推进理论武装提升行动，落实“三个第一时间”学习机制，增强“四个意识”，坚定“四个自信”，做到“两个维护”，以“三个坚决”确保党中央决策部署落地实施。完善意识形态工作机制，形成党委统一领导，部门各负其责、齐抓共管的工作格局。组织建设强化。省分公司完成党组改党委。基层党组织建设“达标创争”、模范机关建设等工作深入推进，铁岭、朝阳2个市分公司党委获全国邮政“先进基层党组织”称号，张东洋同志等6名党员分别获全国邮政“优秀共产党员”“优秀党务工作者”称号。广大党员在疫情防控、旺季生产、专项营销中发挥先锋模范作用。精神文明建设深化。省分公司和朝阳、盘锦2个市分公司先后获“全国文明单位”称号，其他12个市分公司、沈阳邮区中心局和10个县区分公司分别获交通运输行业、辽宁省文明单位（标兵）称号。

干部队伍结构优化。以国企领导人员“20字”好干部标准为根本遵循，牢固树立重实绩重实干的用人导向，选优配强一把手，重点加大年轻干部培养使用力度，强化综合考评结果运用。全省邮政三级领导平均年龄48.3岁，40岁以下人员占比较上年提高4.1%，本科及以上学历占比93.2%。组织党的十九届四中全会精神专题培训和优秀年轻干部集中培训，提高干部队伍整体素质。

作风建设深化。组织东北区域对标赶超、16强快区县竞赛、“两争一示范”评选等活动，营造比学赶帮超的发展氛围。开展“一月一事　消灭最差”活动，推进跟班作业、调查研究，帮助基层解决实际问题。严格落实中央八项规定精神，一以贯之纠治“四风”，大力整治形式主义官僚主义，为基层减负松绑。

巡视巡察工作推进。全面完成中央巡视整改和2019年集团公司党组巡视整改工作。分两批对省内44个单位开展巡察，压实巡察整改责任，建立反馈约谈机制，推动巡察工作规范化、制度化。

正风肃纪加强。聚焦“两个维护”，一体推进不敢腐、不能腐、不想腐，营造风清气正的发展氛围。对“三大攻坚战”、疫情防控、巡视巡察整改、餐饮浪费行为等工作开展政治监督，对选人用人实行全流程监督。严肃执纪问责，立案审查问题线索3件，综合运用“四种形态”处置59人次。发挥以案治本作用，通报违规违纪问题9起、警示教育典型案例13个。

落实共享发展成果。新建、升级职工小家57处，开展职工癌症筛查项目，开展心理疏导讲座，新增疫情关爱活动，发放防疫物品170余万元；组织劳动竞赛20项，发放专项竞赛慰问款500余万元。（辽宁省邮政分公司）

【邮储银行辽宁省分行】

经营发展概况

利润总额首次逾10亿元，实现利润12.45亿元，完成预算计划的146%；比上年增长3.32亿元，增幅36.42%，列邮储系统第6位。总资产2483亿元，比上年增长176亿元；各项存款规模2265亿元，市场占有率4.38%，列省内国有商业银行第5位，其中自营存款规模681亿元，比上年增长32亿元；各项贷款规模1259亿元，市场占有率3.24%，列省内国有商业银行第5位，其中实体贷款规模866亿元，比上年增长78亿元。各项风险指标均控制在总行限额目标内，不良贷款率1.1%，比上年下降0.33%；不良贷款额14.1亿元，较上年末下降4.27亿元，实现“量率双降”。

落实中央决策部署

疫情防控。抓好常态化疫情防控，启动专项应急预案，细化防疫措施22条，购买抗疫物资426万元，做到防控机制、员工排查、设施物资、营业场所消毒和安全生产“五到位”，全行未出现确诊病例。全力做好抗疫金融服务保障工作，为遇到困难的1583户小微企业及个体工商户办理延期还款8.3亿元，为4户抗疫重点企业提供信贷资金1000万元。加强疫情防控监督检查，通过“抓早、抓实、抓细”，强化现场与非现场检查，倒逼分支机构将疫情防控措施落到实处，“三抓”方法得到总行充分肯定，在全系统推广。

助力辽宁经济发展。坚决贯彻落实党中央、国务院和省委省政府的重要指示部署，扎实做好“六稳”工作，全面落实“六保”任务。加速推进极速贷、E捷贷、网商贷等线上贷款发展，按照“能线上皆线上，难线上再线下”的思路，打造品牌线上产品。为辽宁省做好金融服务保障工作，加大对抗“疫”企业和实体经济的资金支持力度，成为辽宁经济社会复工复产的有力支持者。

推进普惠金融。全面完成涉农、扶贫、普惠小微政治任务，监管考核全部达标。涉农贷款余额223.63亿元，年净增18.83亿元，完成总行计划的235%。金融扶贫贷款余额13.9亿元，年净增1.78亿元，完成总行计划的510%。普惠涉农贷款余额114.07亿元，年净增13.63亿元，完成总行计划的170%。小微企业“两增”贷款余额150.41亿元，年净增9.59亿元，完成总行计划的113%。

业务转型发展

零售业务。“三农”金融贷款净增20.4亿元，完成增量计划的114%，涉农、扶贫、小微监管考核全面达标。个人涉农创业担保贷款投放29亿元，占辽宁省金融机构投放总量的71%；净增23.6亿元，列邮储系统第1位；持续推进“百亿送贷行动”，累计投放125亿元，拓客1.44万户。成功发放首笔涉农产业化贷款2亿元，推进“小三农”向“大三农”转变。小企业金融贷款净增2.12亿元，新增客户1683户，沈阳市分行净增1.58亿元，贡献度75%。深入挖掘税务局和工商联获客渠道，为676户优质纳税企业和会员单位发放11.5亿元。

公司金融。公司贷款建立四类重点客户和项目库，为交投、地铁、水资源、红沿河、鞍钢等企业新增授信116亿元，新增民营企业授信7户。重点发展中长期贷款，年末余额 110.5 亿元，占比 58%，比上年提升 31%。

中间业务。信用卡围绕“线上线下两大抓手”综合施策，新增客户 16.2 万户，比上年增长 11.7%；激活首刷率 62%，列邮储系统第 10 位。网络金融重点推进商户收单、电子支付、手机银行等业务，新增收单商户 4.5 万户，完成目标计划的 171%，联动客户资产 32 亿元；净增手机银行激活客户 30 万户、邮储食堂会员 102 万户，实现电子支付收入 4717 万元，比上年增长 16%。

风险内控管理

全面风险管理。规范风险与内控管理委员会运行，落实“一把手”责任制，召开各层级风委会 217 次，研究解决议题 515 个，下发风险提示 820 期。建立并完善全面风险管理考核机制，从横纵两个维度开展风险评价，评价结果纳入经营绩效考核。

法律内控管理。强化合规制度学习，开展“合规邮储、人人践行”系列活动，狠抓基层规章制度落实。完善违规问责机制，细化员工轻微违规积分处罚标准，通过培训学习、签订知晓书等方式进行宣贯，确保掌握行为“负面清单”。开展“一把手”案防及合规述职，强化主要负责人在内控合规工作中的履职行为。

内部审计工作。聚焦信用卡套现、贷款“三查”等重大风险问题和线索，通过飞行检查精准突击，完成审计项目 20 项，提出审计建议 73 条，有效发挥第三道防线作用。

管理运营效能

财务管理。强化绩效考核“指挥棒”作用，进一步突出经济增加值、经济资本回报率的考核导向。强化财务政策引导，下达个人、公司、信用卡、理财等重点领域政策补贴 40 项，共计 3.6 亿元。严格执行资本限额管理，压降低效、无效资本占用 1 亿元。落实“过紧日子”要求，压降各类行政费用 811 万元，降幅 22%。

金融科技赋能。推进系统快速上线和大数据应用成果转化，启动软件开发项目建设 69 项，完成财政一体化、非税、国库等 38 项中间业务系统上线，研发升级信用卡综合管理、零售信贷营销、创业担保贷款贴息等 5 个管理系统。深化大数据分析应用，开展信用卡客户营销、零售客户多层交易关系网应用等 5 项专题分析，初步打造场景化数据应用生态。

运营管理。加强审查审批管理，建立会商机制，统一风险偏好，提高业务审批效率，公司业务审批时限平均下降 20%。持续扩大集中运营范围，上收集中授权交易 663 支，交易覆盖率 100%。推进运营工作电子化，银企电子签约对账率 62%，比上年提升 5 倍。调整柜面作业组织，强化台席综合利用，柜员双证持有率 95%。

全面从严治党

党建重点工作。认真落实“三个第一时间”机制，深入学习贯彻习近平新时代中国特色社会主义思想和重要会议文件精神，组织党委理论中心组学习 15 次，编发学习参考 95 期。扎实开展“共建、共享、共进”2.0 主题活动，组成共建单位 98 对，编发活动集锦 15 期。

党风廉政建设。持续强化巡察工作，巡察覆盖率 68%，发现并整改问题 242 个。加大信访受理与线索核查力度，受理举报 44 件，对 17 名领导干部给予提醒、诫勉谈话及党纪处分。加强党风廉政宣传教育，编发《邮政企业领导人员 100 个违纪违法典型案例警示录》，组织各级党员干部认真学习，强化纪律规矩意识。狠抓作风建设，持续开展“一月一事　消灭最差”和基层联系点活动，集中整治不担当不作为、“文山会海”等形式主义官僚主义问题。

巡视整改。集团公司巡视分行反馈问题整改，分行组织制定整改方案及台账统计表，按周推进巡视整改工作。向集团公司党组、总行党委报送巡视整改推进情况报告、主责任人报告及台账统计表。截至 12 月 31 日，分行党委制定的 113 条整改措施中，完成 94 条、阶段性完成 19 条。制订 2020 年持续推进深化内部巡视整改有关工作计划，组织各市分行、各主责部门做好季报、半年报。全辖开展巡视整改工作专题培训，在基层党建工作建设年启动会议上，围绕辽宁省分行巡视整改重点工作进行宣讲；在 2020 年巡察工作培训班上作专题培训。

人才队伍建设

选优配强各级领导班子，调整省管干部 36 人、提任 9 人，增强 12 个市分行领导班子力量。启动实施“领航工程”，入库中级和基层管理人才 193 人。加强专业人才队伍建设，增配公司金融、财富管理、网络金融、信息科技条线 122 人，精简柜员 75 人，补充营销人员 65 人。完善人工成本配置机制，首次对上年工资总额计划进行清算，多退少补，充分体现“增效增资、减效减资”的分配理念。狠抓作风建设，持续开展“一月一事　消灭最差”和基层联系点活动，集中整治不担当不作为、“文山会海”等形式主义官僚主义问题；推进模范机关建设，出台《机关员工工作纪律十项要求》，从考勤、办公、保密等方面作出明确规定，进一步强化工作作风和纪律。（邮储银行）

【邮储银行大连市分行】

经营发展概况

实现营业收入 7.32 亿元，增长 11.23%；利润总额 3531 万元。成本收入比 55.02%。总资产 668.18 亿元，增长 11.25%。各项存款余额 627.34 亿元，增长 10.56%，新增存款 59.90 亿元；各项贷款余额 235.63 亿元，增长 17.60%；存贷比 37.56%。不良贷款率 1.59%，大连地区同业排名第 6 位。拨备覆盖率 162.87%。

落实中央决策部署

抗击新冠疫情。建立完善防疫体系，分行无确诊、疑似病例发生；给予受影响客户在征信、计息、逾期、续贷、延期等方面的政策倾斜，发放抗疫专项贷款 0.96 亿元，发放复工复产贷款 29.01 亿元，发行 7 亿元疫情专项债券。

服务国家战略。一是做好重大风险防控。制定《防范化解金融风险工作实施方案》，围绕十大重点风险领域，逐条落实责任分工。二是金融扶贫助力脱贫攻坚。金融精准扶贫贷款结余 9528.18 万元，年增 1012.97 万元；推动召开"大连政银邮担企对接协作暨惠农（扶贫）合作项目启动会议"，政、事、银、邮四方领导签署《惠农服务战略合作协议》。三是助力打赢污染防治攻坚战。制定《发展绿色金融指导意见》《加强绿色银行建设三年规划》，节能环保项目及服务贷款余额 14839 万元，比上年增加 4539 万元。

推进普惠金融。普惠型小微企业贷款余额 13.86 亿元，新增 1.9 亿元；结余户数 1013 户，新增 47 户，完成总行及监管下达的普惠金融指标。银担合作贷款投放 720 万元，比上年增长 132%。持续做好制造业、民营企业贷款投放，制造业贷款新增 6.31 亿元，中长期制造业贷款新增 5 亿元。

业务转型发展

零售业务。①个人金融。自营储蓄余额 166.91 亿元，新增 17.39 亿元，列计划单列市首位；活期存款增长 7.35 亿元，列计划单列市首位。一年期以下定期存款增长 5.92 亿元，占定期增长结构的 59.14%。②财富管理。实现点均 2 名理财经理目标，大理财业务自营销售 75.57 亿元，保险业务自营新单保费占比 10.8%，比上年增长 7.7%；VIP 客户数新增 1.73 万个，VIP 客户资产新增 12.7 亿元。③消费信贷。住房贷款业务新增 9.64 亿元，其中一手房贷款占比 61.7%。额度类消费贷款投放 433 笔、3030 万元，比上年增长 742%，其中公积金信用消费贷款新产品投放 239 笔、1512.1 万元。汽车金融合作领域完成 17 家经销商合作签约，汽车消费类贷款投放 56 笔、453.1 万元。④信用卡。新增客户 6.16 万户，列邮储系统第 10 位；激活首刷率 72.76%，列系统内首位；消费金额 47.76 亿元；分期交易金额 2.95 亿元，比上年增长 39%；交叉销售进件转化率 38.05%，列系统内首位。⑤网络金融。手机银行月活跃规模 11.91 万户、净增激活客户 7.21 万户。新增邮储食堂会员 20.34 万户。率先完成云工作室推广，累计实现开通 527 人。与阿里旗下"客如云"服务商对接合作实现批量获客，实现收单商户新增 7246 户。实现快捷支付绑卡净增 10.51 万户，客户发展量居计划单列市首位。⑥小额贷款。推动网商贷等线上产品发展，线上贷款业务新增 1.9 亿元，结余 1.98 亿元，占小额业务存量贷款 23%。明确客户经理团队准入、退出标准，小额贷款客户经理年度人均净增 288 万元。实现税贷投放，小额贷款业务净增 1.35 亿元，比上年增长 413%。

公司金融。①小企业金融。走访客户 937 户，新增授信客户 56 户，发放金额 2.89 亿元。小微易贷净增 22 户，净增金额 1824.3 万元。小企业客户经理人均创效提升 70.15%，推进"电商邮银协同"项目，小企业贷款投放 17.08 亿元，比上年增长 18%，新增 2.47 亿元。②公司金融。开展"一行一日一户"和固本提标活动，新增客户 2419 户。践行大客户"速赢计划"，贷款结存 41.06 亿元，对公客户经理人均创效提升 47.59%。新增授信客户 10 个，新增授信规模 118 亿元，公司贷款净增 11.26 亿元，增幅 37.79%，中长期贷款占比 78.34%。③交易银行。新增进车贷客户 28 户，办理进车贷业务 173 笔，发放 16.15 亿元，最高时点超 10 亿元，业务规模列系统内首位。实现企业网银新增 3201 户，网银开通率排名系统内第 2 名。新增现金管理业务账户 1243 户。开放式缴费平台新增 21 户，累计缴费 5133.01 万元。

资金资管。同业融资业务实现投放 40 亿元。托管业务实现属地百年人寿新保险产品落地，托管规模新增 49 亿元。票据业务新增 15 户，新增规模 5.27 亿元，票据直转总规模增加 14.37 亿元。

风险内控管理

全面风险管理。开展风险化解督导跟踪，规范支行风险与内控管理委员会运行机制，以"三单"管理为抓手，摸清存量业务资产质量底数，完成全年风险限额指标。搭建信用风险管理体系，完成 720 笔零售贷款风险主动监测。

信用风险管理。完成总分行清收、核销任务，实现现金清收 5092 万元，核销不良贷款 7066 万元。开展自主催收，成功处置长海县支行海域使用权，择机开展不良贷款批量转让。

法律内控管理。以网点轮换方式推进现场检查工作，梳理《监管发现问题整改跟踪表》，跟踪 2017 年以来监管发现问题。

内部审计工作。完成审计项目 72 个，发现问题 621 个，提出有针对性的审计建议 270 条，创新非现场审计模型 2 个。

管理运营效能

机构改革。完成分行机构改革，将原 13 个一级支行精减为 10 个一级支行。增设一级支行风险合规部。

财务管理。推进存量贷款定价基准转换，完成中间业务量收目标，开展固定资产清查和会计检查，清理资产损失，增加考核利润 512 万元。集中采购率 100%，公开采购率 97.79%。开展网点转型改造，调整网点理财室布局。

金融科技赋能。完成逻辑集中系统优化、综合营销绩效管理系统、CRM 平台、企业网银 2.0 等 36 个统建系统上线和优化任务，建成数据展示平台，完成分行新一代中间业务平台前置部署，开展税银平台及社保业务平台新增功能建设。

运营管理。开展四批次转型网点导入，完成39个网点转型目标。组建17人的转型内训师队伍，制定转型网点绩效薪酬管理办法。布放智能机具78台，点均智能机具1.7台，自营网点实现ATM/CRS刷脸功能全覆盖。完成地区网点统一柜面管理平台的业务推广上线。

代理金融。建立代理营业机构从业人员信息库，开展代理营业机构制度库重检。推进邮银协同平台作用发挥，推动重点协同项目落地实施。

全面从严治党

党建重点工作。一是理论学习。组织党委理论中心组学习12次，党委“三个第一时间”学习27次，组建青年理论学习小组84个；举办基层党组织书记培训班、党的十九届四中全会精神专题培训班、毛丰美“干”字精神培训班、党务干部培训班。二是发挥党组织政治功能。研究全面从严治党要求主体责任清单，完成分行党委换届选举工作，指导基层党支部换届、补选；开展“让党中央放心、让人民群众满意的模范机关”建设；开展党建研究论文征集活动、纪念党建99周年系列活动、“两优一先”评比活动、“共享、共建、共进”2.0主题活动。获得中国金融工会授予的“全国金融系统职工代表大会制度建设示范单位”荣誉称号。

党风廉政建设。开展“党风廉政警示教育月”和清廉金融文化建设活动，围绕“不忘初心、牢记使命”主题教育整改、金融扶贫工作、巡视整改情况以及形式主义、官僚主义整治、疫情防控落实开展专项检查，开展2次政治生态分析研判。

巡视整改。开展中央巡视整改评估工作，针对集团公司党组巡视大连分行党委反馈问题，制定整改方案，落实64项整改任务，整改完成率100%。

人才队伍建设

人事改革。调整干部队伍的年龄结构和专业结构，分行党委管理的领导干部中40周岁（含）以下占比30.43%，全日制大学本科及以上学历人员占比49.28%。调整积分分配结构，向战略性、高效益、新业务及阶段重点业务倾斜。制定分行人才发展三年规划和“领航工程”人才库建设实施方案。

队伍作风建设。围绕2019年形式主义、官僚主义整治措施落实情况开展专项检查。持续关注节假日期间公务用车，开展节前约谈工作，下发中秋、国庆节日期间加强作风建设的提示函，对36人次开展谈心谈话。（邮储银行）

【中邮保险辽宁省分公司】

推动高质量发展实现新突破

总体发展摆脱困局。全年累计实现总保费34.99亿元，达成进度的105%，市场占有率5.6%，列全省寿险业第5位。其中：期交新单总保费17.3亿元，达成进度的106.1%，提前44天完成新单总保费目标，打破2年未完成目标困局；新单保费市场占有率7.7%，列全省寿险业第3位。

高价值业务取得显著突破。实现长期期交新单保费6.89亿元，达成进度的102%，比上年增长172%；新业务价值贡献值达到7661万元，达成进度的115%；实现邮保安康C新单保费1151万元，达成进度的143%，列全国第1位。团险自营业务突破展业以来最好成绩，实现统括项目保费1018万元；印发《个团险营销奖励办法》，鼓励全员参与团险营销活动，团险外拓及惠农团险客户达61户，团险直销保费170万元，远超以往年度。

关键指标控制良好。全省各项运营指标管控良好，5项重点指标3项排名全国前列。其中：理赔出险支付时效48.33天，列全国第4位，比上年提升65.35天；理赔申请支付时效1.14天，列全国第3位，比上年提升0.4天；人核件全流程时效3.91天，列全国第4位，比上年提升0.24天。13个月保费继续率93.26%，25个月保费继续率97.83%。

协同工作达到新高度。邮保联合开展三季度营销活动，全力推进长期期交达成全年目标。建立营销体系共建长效机制，邮保联合制订《“协同转型、提升能力”营销队伍共建三年行动计划》，系统打造“三支营销队伍”。深化网点能力培育，下发《打造“代理保险转型示范网点”三年规划》，助力渠道构建代理保险产能提升长效机制。融入邮政商户收单工作，配套开展“邮政相伴　绿色出行”保险激活卡项目，辽宁邮政将其作为重要经验在全国分享。

深化改革创新彰显新作为

深化“自营+代管”模式持续推进。加快完善“自营+代管”模式，主动协同省邮政分公司印发市县专岗人员编委文件、选聘文件，联合组织开展机构调整、人员选聘工作，设置“1+12”市中邮保险业务部（中心）代管机构，配齐95名专岗人员，实现完成率100%，并完成首次新选聘专岗人员专业化培训，整体能力有效提升。

助推渠道营销转型扎实有力。组织开展“邮保安康C”专项营销活动、“大干100天，赢战二次开门红”营销活动，积极融入省邮政“百教千沙”网沙专项培训，在本溪、辽阳等地开展集中培训9场，参训人员600余人次。探索创新线上营销模式，联合银行开展“三八魅力女神节”线上营销活动；联合邮政举办线上健康讲座及理财沙龙活动，助力全省1000余名理财经理与客户开展线上营销。

营销体系建设不断创新。开展“营销模式创新”活动，立项并完成节日营销、线上营销、保单检视、产品组合、提质增效5个创新营销项目，探索构建项目推动新模式。搭建自主营销平台，开展“守望教育筑梦远航”热点营销活动，首次以分公司为主体推进活动组织，通过渠道协同、异业联盟，实现分公司搭建专业营销平台，网点负责客户引流的新模式，着力解决一线复杂产品营销能力不足的实际问题。活动累计客户实现高价值多C保费400余万元，有效带动价值转型。协调邮银，落实开展“精准营销”，位列全国第3名，获得营销费用16万元，培训名额10个。

客户体验得到进一步提升。主动赢得监管支持，开通微信回访，实现问题件100%复访。联合移动第三方平台开展续期失效客户信息失联修复服务，复效失效保单298件，提高失效保单清理科技化水平。优化线上承保、回访、理赔、保全和续期运营服务流程，着力探索新型客户服务方式，开展线下优质续期客户观影回馈活动、“美好生活、中邮相伴”系列客服活动，全年服务客户7658人次。

专业能力得到新提升

同业对标迈上新台阶。党委班子带队到平安人寿、华泰人寿及中国人寿交流，完成对标工作情况报告、同业对标阶段性工作情况报告；分批组织经营、运营、人力等条线进行全流程跟岗学习；组织专兼职讲师融入晨会，强化讲师队伍建设；对标同业上市险企，以辽宁保险服务社会民生领域发展为课题，参与省行业学会年度研究课题申报。

运营支撑能力高效稳健。开展“质量提升年”活动，推动自办保险运营管理质量再上台阶；着力提升业务处理效能，创新开展运营“每月一课”微培训近40场；强化理赔业务全流程管控、制作《分公司十大理赔案例》等宣传材料19份，进一步提升理赔便利服务。高质量做好满期给付工作，邮银保协同印发做好满期给付工作指导意见，严格把关、密切配合，全年受理协议满期件比上年减少54件，补偿金额比上年减少70.61%；在全国率先开展重点县局退保应急演练，覆盖28个市、县，全面提升基层应对能力。

全面风险防控工作持续强化。开展内控管理提升年活动，制定分公司《打好防范化解重大风险攻坚战2020年专项工作方案》，严格开展市场乱象“回头看”工作，认真落实中介乱象专项治理工作要求，邮保联动对7个市、10个县进行联合检查，不断提高渠道合规经营水平。认真落实“平安邮政”工作要求，全年未发生任何安全生产事件。

深化党的建设取得新成绩

政治建设进一步加强。坚决做到“两个维护”，充分发挥党的政治优势，制定落实全面从严治党要求主体责任清单，印发党建和纪检工作要点，形成措施51项，召开民主生活会、组织生活会5次。强化“巡视整改”政治意义，抓细节、抓环节、抓症结，74条整改措施全部完成，健全巩固常态化长效整改机制。坚决打好“三大攻坚战”，三年来累积为14704名建档立卡贫困人口，提供保额超过7.4亿元的风险保障，扶贫工作入选“全国保险业助力脱贫攻坚典型案例”。

纪律作风建设常抓不懈。持续深入整治形式主义、官僚主义，扎实开展“一月一事”活动，解决问题110项。紧盯“关键少数”，强化纪律规矩意识，对中层干部开展集体廉政约谈，第一时间传达学习违反中央八项规定精神典型案例。严格监督执纪问责，纪律处分9人次。深化“四种形态”运用，开展廉政谈话61人次，及时“咬耳扯袖”。坚持在元旦、春节等重大“节”点前监督提醒，强化公车使用、公款消费等重点环节监督检查，防止“四风”反弹回潮。

坚决打赢疫情防控阻击战。疫情发生后，迅速成立疫情防控工作领导小组，启动专项应急预案，印发《关于进一步做好新型冠状病毒感染肺炎疫情应对工作的紧急通知》等9份文件，第一时间向湖北分公司捐赠防疫物资。广大员工坚守岗位、坚持服务，创新线上营销，制作“战疫”讲座15套，研发“战疫”技能提升课程6门，累计线上培训1.4万人次；迅速启动7项理赔应急措施，开通绿色理赔通道；组建党员突击队，奔赴沈阳邮区中心局一线分拣邮件7473件，得到各方充分肯定。（中邮保险）

【中邮证券辽宁省分公司】 中邮证券辽宁省分公司总收入达818.3万元，比上年增长59.6%，增幅在分公司中排第10位。其中，经纪业务收入791.5万元，包括手续费息差收入86.6万元，两融28.3万元，股权质押收入676.6万元；资管业务收入26.8万元。累计完成利润351.3万元，完成预算目标的66.9%，成本费用累计459.8万元，比上年同期上升40.2万元，其中工资及相关费用增长62.1万元。

分公司（含鞍山营业部）年度新开立资金账户11439户，完成年度目标的104.29%；新增有效户3519户，完成年度目标的145.53%。现托管证券市值13.8亿元，客户交易结算资金余额2783.7万元。协同渠道累计销售集合管理计划5.8亿元，位列全国第6名。代销场外基金195.7万元。

坚持邮银融合，加快项目开发

开发股票质押项目成功落地。与省行协同开发上市公司控股股东股票质押项目续约，利息提升0.2%，累计项目收入676.6万元，新增资产托管约1.8亿元。

推进汽车产业链项目。一是推进为华晨超短融提供2000万元资金的财顾项目合同签订事宜，双方已正式签署合同。二是获得金杯汽车15亿私募债项目联席主承销资格，该项目已获得上交所无异议函，多次沟通结构化资金方案，项目持续推进。

持续跟进其他重点项目。一是推进小微企业集合债项目，梳理调研天津各区的平台公司运作情况，与总部投行专业人员共同实地拜访天津东方财信有限公司，出具详细的融资方案。二是推进荣科科技定增项目，与荣科科技融资部经理建立联系，联合总部投行为企业出具简易程序定增方案和可转债方案。三是多次主动与辽宁省债务管理办公室交流，了解平台债及地方政府债的相关信息；主动与海城及盘锦等平台公司接洽，推进城投平台债券和地方政府债承销项目。

推进“自营＋协同”发展

持续加强板块协同发展。一是推进有效户、资产业务协同发展。与省邮政金融业务局协同推进并下发文件，明确有效户、证券资产、两融业务年度目标、奖励标准等。二是推进板块项目协同开发。拜访省邮政公司市场部、金融业务部，省邮储银行金融同业部、个金部，参加板块联动会议，提交具体推进措施建议，力争实现客户资源共享，项目协同推进。联合省邮储银行下发文件，共同拓展客户，深入联动营销。协同完成沈阳机床债转股业务开立邮储银行沈阳分行的证券账户，转入机床股份320万股，市值资产1600万元。三是推进联动培训打好业务发展基础。分公司市场部结合地市业务发展实际和客户需求特点等优化调整培训内容，确保培训成效。四是推进板块渠道销售做好服务支撑。多次与省邮储分行、大连邮储分行对接“鸿利来”产品培训，使员工了解产品特点，更好服务客户。

推动自营业务发展。一是鞍山前进路营业部展业情况。本年新增开户数257户，累计账户346户；新增客户资产2215万元，托管客户资产总值4069余万元。新增融资融券客户6户，向公司推荐储备人才客户经理1名。二是开拓市场化项目。向总部推荐项目且总部有反馈及推进的项目有11个。三是主动开展客户营销活动。向满足开办两融开办资格客户进行电话邀约营销。组织开展创业板、新三板客户营销活动，创业板专项营销活动中取得优异成绩。

优化企业管理

一是客户服务管理。撰写每日晨报微信群发布信息，发送微信咨询信，录制公司互联网平台视频，对客户的个性化需求进行一对一咨询服务。二是做好运营服务支撑。运营服务人员每日查询客户申购中签情况，电话通知新股中签客户。做好对持有退市整理期股票客户的风险提示、对交易活跃的个人投资者及证券市值较高的个人投资者进行身份信息核查和新三板改革业务线上培训等。严格执行客户档案明细台账管理。三是组织落实投资者教育工作。完成总部及监管下发的关于“5·15”全国投资者保护日及“创业创新、共迎发展”“贯彻落实《证券法》、加强投资者保护”“理性投资、远离非法证券期货陷阱”“反洗钱集中宣传月”“开展金融知识普及月”等活动组织与落实。

合规运营，风险管控

合规管理。组织线上或现场合规培训，开展经营管理常规自查，进一步提高合规意识，避免执业风险。根据总部的安排，组织开展分公司合规管理有效性自评估、客户适当性实施工作专项自查、中登账户实名制自查、对四川辖区证券行业2019年自律检查问题自查自纠、对吉林证监局现场检查吉林分公司存在问题自查自纠等工作，完成风险管理报告。配合完成对分公司负责人的强制离岗稽核，解决专职合规人员的配备问题。参加省级代理金融风险内控管理委员会，贯彻落实集团风险合规政策及安防管理制度。

反洗钱管理。每日登录公司内控平台对新开账户进行客户洗钱风险等级人工复评，处理系统预警可疑交易，无逾期情况发生。根据总部的要求，完成洗钱类型分析、非自然人客户受益所有人身份识别自查、反洗钱集中宣传等活动，配合审计部完成了反洗钱专项审计。组织相关岗位人员进行内控平台数据处理流程及操作培训，组织全体在岗人员对反洗钱监管政策制度及义务机构反洗钱履职主要问题、可疑交易实操进行集中学习。

监管协同。疫情期间，每日统计营业及风险情况，根据监管要求，上报科创版开户情况、支持民营企业发展情况和新三板开户及交易等情况，完成辽宁辖区中邮证券分类自评。开展安全生产、信息系统漏洞排查、网络安全风险防范和退市股票风险维稳等工作。按要求完成监管报表和人民银行要求的洗钱风险管理工作情况自查，向人民银行报送反洗钱实务稿件、年度工作调研，组织客户参与金融时报组织的反洗钱知识线上答题活动，参加由人民银行郑州培训学院组织的“金融机构合规管理在线培训班”，获结业证书。

党建引领，服务支撑

党建工作。一是坚持把党的政治建设摆在首位。坚持以习近平新时代中国特色社会主义思想和党的十九大精神为指导，认真落实集团公司党组制定的关于加强党的政治建设的21项举措，贯彻落实中央和集团公司党组重大决策部署。二是持续深入学习贯彻习近平新时代中国特色社会主义思想。坚持“三个第一时间”学习机制，严格落实“三会一课”制度，通过党课、主题党日活动、专题研讨和知识测试等方式，组织党员深入开展学习，强化学习教育效果。三是扎实做好巡视整改重点工作。认真对照集团公司党组第二巡视组反馈（审核）意见，制定整改任务，整改举措，推进巡视整改工作有序、有效进行。分公司委派纪检委员参加集团公司巡视集中培训和浙江省邮政企业巡视检查工作。四是发挥战斗堡垒和先锋模范作用。组织党员同志参加辽宁省邮政各板块组建的突击队，进驻沈阳市苏家屯区转运中心，开展6天的集中突击行动，有效解决邮件挤压滚存困难。6月28日，联合工会小组开展“不忘初心　砥砺前行　重走抗联路”主题党日活动，引领党员干部员工坚定信心，勇于担当，为企业经营发展贡献更大的力量。五是持之以恒正风肃纪。严格落实中央八项规定精神，在重点节日前夕，发布节日廉政提醒。组织全体人员签署《廉洁从业承诺书》。六是开展“党风廉政警示教育月”活动。组织党员干部深入学习《习近平新时代中国特色社会主义思想学习纲要》《习近平谈治国理政》重要章节，学习集团公司领导人员警示教育电视电话会议上的讲话、邮政企业领导人员违纪违法典型案例通报及案例剖析等，持续开展党性教育和廉洁警示教育。

综合管理。一是人事管理。分公司现有员工21人，其中分公司16人，鞍山营业部5人。完成分公司4名部室经理的续聘和6名员工续约、1名应届大学生入职及3名客户经理入职。本年经纪人新签7人，续签15人，解约3人，现有经纪人24人。完成分公司员工职级评定和月、年度绩效核发等工作，组织员工参加公司和分公司各部门培训。二是财务管理。按月、季、年做好财务、监管、保险、税务等报表填制与申报工作。完成分公司财务预算编制、上报工作和分公司招待费报销事项自查工作等。三是综合管理和工会。完成分公司及营业部的资产清查工作，资产均建账，未发现账务不符情况。持续做好分公司及营业部安全管理，完成年度档案归档建册和印章规范管理工作等。组织完成春节、“三八”妇女节、“五一”劳动节等福利品的采购、发放；组织员工参加公司和省邮政工会开展的各项活动。

疫情防控。一是分公司成立应对新型冠状病毒疫情工作领导小组。下发《关于做好新型冠状病毒疫情防控工作的通知》（辽邮证支〔2020〕2号），制定《中邮证券有限责任公司辽宁分公司突发疫情应急响应处置预案》。二是扎实做好疫情防控工作。分公司疫情工作领导小组对复工期间的疫情防控进行详细部署，做到责任到位、执行到岗、联防联控、严防死守。配备口罩、消毒液、消毒酒精、体温仪等防疫用品，对员工及家属节日期间、国（境）外的情况进行动态调查。利用互联网小程序实现对员工健康监测，做好办公、营业及公共区域的防疫消毒，采取弹性工作制、错峰上下班等办公形式，员工就餐实行集中统一领取分散就餐。（中邮证券）

吉林省

【吉林省邮政分公司】 吉林邮政实现业务收入40.32亿元。规模列全国第20位，比上年上升1位。

金融业务。推进“五产”行动，实现金融业务收入25.5亿元，列全国第19位，比上年增长7.97%。余额总规模1516亿元，列全国第18位，比年初前进1位。年增214亿元，列全国第13位，创历年储蓄增量新高，比上年增长16.47%，列全国第3位。保险收入4.24亿元，比上年多增289万元。中邮保险累计实现长期期交保费3.43亿元，完成计划的101.06%。基金业务收入比上年增长4倍，理财业务净值化转型稳步推进。手机银行规模扩大43.4万户，商户收单新增12.5万户，金融生态场景进一步完善。推进邮政金融“四位一体”转型战略规划，网点转型导入率53.15%。网点智能化建设持续推进，CRM系统全面推广。

寄递业务。全省寄递业务实现收入6.98亿元，比上年增长20.6%，完成全年预算的103.2%，完成预算进度列全国第8位。实现利润－1.12亿元，超预算目标393万元。推进省际干线邮路“单改双”工作，省际干线双边邮路占比达到100%。优化省内网路，实现中心局对23个进口量较大县市直分直封直运。截至12月31日，特快次日递率94.8%，列全国第9位。快包次日递率92.6%，列全国第4位。全省高效寄递业务（国内、国际特快收入、增值业务收入）实现收入2.6亿元，占寄递总收入的37.3%，列全国第9位，高于全国（23%）14.3%。成功开发华为仓配、中车国际、中石油化肥等千万级项目，新增收入6090万元。截至12月31日，全省快递包裹应集必集率97.5%，列全国第2位，高于全国（91.6%）5.9%；中心局包裹快递人均处理量771件/人天，比年初提高74件/人天。全省快递包裹自提率15.87%，高于集团公司设定目标值（15%）0.87%。

渠道平台业务。电商分销专业实现收入3.55亿元，比上年增长6.82%。引导农户线上缴款下单、预约配送，实现线上销售额4627.6万元，占农资总销售额的25%。拓展农产品线上销售渠道，入驻邮储总行邮惠购积分商城、中邮物资供应平台、中宣部“学习强国”等平台，实现线上销售3583万元。全省建成2个国家级邮政农产品基地，4个省级邮政农产品基地，9处基地仓储物流中心，建设邮政农资示范田4610亩，形成完整的产销对接体系，全省农产品基地规模位居全国首位。全省建成邮乐购站点1.15万个，其中优质邮乐购站点4148个，列全国第5位。累计实现自营批销额1.35亿元。全省渠道平台实现线上平台农产品销售104万单，产生包裹寄递量96.69万件，拉动寄递收入561.57万元。邮政自有品牌商品积分兑换，粘连储蓄余额892亿元。开展“存款购肥享优惠”活动，拉动金融存款2.59亿元。

基础性业务。引进线上直播营销模式，开展“2020520爱主题”主题营销活动。全省集邮与文化传媒业务累计实现业务收入3.55亿元，完成计划的99.6%。其中函件

吉林农产品基地建设全国领先

业务实现收入9010万元，增幅5.94%，规模列全国第20位，增幅列全国第13位。发行业务实现收入1.21亿元，增幅1.1%，规模列全国第26位。集邮业务实现收入1.44亿元，增幅–6%，规模列全国第17位，增幅列全国第23位。

重大项目创新发展。围绕19个协同项目及36个总部客户实现收入7.94亿元。惠农合作项目，累计走访农民合作社4558家，个体农户5588户，实现收入2.07亿元。汽车产业链项目，推进中邮车务四大综合服务包发展，实现收入1.01亿元。政务服务项目，推行“邮寄办”服务模式，实现收入6763万元。军民融合项目，与北部战区军事运输投送调度中心签署合作协议。15家集团级总部客户实现收入6907万元，比上年增长10.11%。与银联延续开展合作，实现收入1170万元。与通信运营商积极拓展全业务合作，实现收入2007万元，比上年增长42%。税邮共建寄递中心项目收入破百万，9个市州分公司全部开办代收社保费业务。

基础能力建设不断夯实。全年投资1.69亿元，实现企业运行能力新提升。在改造建设方面，安排网点改造44项、生产处理场地改造10项，提高了网点转型升级竞争能力，满足了生产办公使用需求；在设备机具配备方面，安排自助机具CRS 130台、ITM 126台和纸币清分机498台，实现金融网点自助机具全覆盖和硬件设备全达标。普遍服务能力得到有效保障。寄递能力建设力度空前。全年投资1.41亿元加强寄递基础能力建设，是近年来投入力度最大的一年。相继完成了长春邮区中心局主场地和长春速递净月生产场地改造项目，启动了长春（净月）仓储中心建设项目和长春空港邮件处理中心征地项目，基本完成了长春、延边国际邮件互换局工艺改造工程，更新和新增生产车辆255台，配备揽投/网运PDA 2086台，配备智能分拣搁架、DWS自助包裹收寄机、邮件快速扫描仪（龙门架）、法院集约送达等设备，寄递业务作业处理能力明显提高。信息化建设快速推进。完成全省骨干网优化改造、11185系统数据库服务器等11项集团和省内重点工程；推进实施全省远程集中监控工程、全省邮政营业网点全联网全覆盖工程等2个重点项目。完成我省金融1000余万客户信息专项治理工作，开发全省财务资产管理系统等4项自建系统，优化更新金融跨赛系统、客户积分系统等4项系统功能。全年全网运行安全、稳定。完善省级客户库，建成130万专业客户库、270万外采客户库、53万机构客户库，夯实数据分析基础。

财务管理。深化业财融合，实现邮政公司与寄递事业部ERP系统邮速整合。突出重点成本管控，做到有保有压、有促有控。聚焦25项关键管控要素，压降“五大环节”成本，截至12月31日，收寄环节比上年下降20.2%，投递环节比上年下降21.6%。

人力资源管理。对揽投部进行定岗定额定员，优化揽投部设置，共计拆分、合设、迁址、撤并或改造揽投部51处，寄递一线人员占比54.5%。对营业人员实行“动态双定”，压降台席343个，增配金融个人客户经理470人。不断完善薪酬分配激励机制，合理设置底薪和计件单价，揽投环节件均人工成本下降0.91元/件，外包费下降0.14元/件。退休人员全面移交社会化管理。

党的建设全面加强。坚持以党的政治建设为统领，严格执行党委理论中心组学习制度和“三个第一时间”学习机制。完成省分公司党组改党委工作，理顺银行党组织隶属关系。深入开展“模范机关建设”和“三亮三提升”等机关作风实践活动，全省3家单位荣获“全国文明单位”称号。

党风廉政建设和反腐败工作。强化政治监督，约谈各单位党委书记，压紧压实主体责任。做实做细日常监督，做好疫情防控、三大攻坚战、巡视巡察问题整改专项监督检查，锲而不舍纠治“四风”问题。扎实推进巡察工作，对长春市分公司、长春邮区中心局进行常规巡察，对辽源市分公司、培训分公司开展巡察“回头看”，发现问题57个，提出建议16条，责任追究63人，制定完善制度24项。精准执纪严肃问责，全省给予党内警告处分7人，党内严重警告处分4人，行政警告处分4人，行政记过处分3人，调整（调离）职务（岗位）3人，免职1人，改任非领导职务1人。

干部人才队伍建设。修订完善领导人员管理规定、任免工作程序、非领导职务管理等6项制度办法。提任三级以上领导人员11人，其中三级正1人、三级副10人。制定优秀年轻干部培养选拔办法，建设年轻干部数据库和骨干人才成长库，组织省分公司5名青年骨干到市县挂职锻炼。

开展“冬送温暖、夏送清凉”活动，全省各级邮政工会筹集资金178.6万元，慰问劳模、一线职工和困难员工920余人次。申请重病救助196人次，发放救助款186.7

万元。邮政职工申请重疾险、意外险、补充医疗保险 208 人次，获得理赔金额 393.96 万元。各级邮政工会累计拨付专项资金 95 万元，实现走访慰问基层网点、基层班组、基层员工"三个全覆盖"。3 个集体、5 名个人被授予省级以上荣誉称号。信息工作连续 4 年受到省政府办公厅致信感谢，连续 7 年被授予"吉林省政府优秀信息单位"荣誉称号。（吉林省邮政分公司）

【邮储银行吉林省分行】 分行内设 32 个部门（其中 8 个二级部门）和 2 个直属单位，下辖 9 个二级分行。有从业人员 4733 人，其中本科以上学历人员 3766 人，占总人数的 79.56%。

经营发展概况

实现营业收入 26.32 亿元，增长 8.66%；实现利润总额 7.64 亿元，完成计划的 116.35%，增幅 363.64%。总资产、总负债规模均突破 1800 亿元。各项存款余额 1974.16 亿元，增长 12.29%，新增存款 216.16 亿元；各项贷款余额 877.08 亿元。不良贷款率 1.60%，比上年微增 0.04%，在省内同业处于较优水平。多措并举加大不良资产处置力度，现金清收 4.73 亿元，全口径核销 2.57 亿元。

落实中央决策部署

抗击新冠疫情。毫不放松抓好疫情防控工作，抓实抓细防疫物资保障、营业网点防控、办公场所防护、防疫监督检查等工作，科学处理好常态化疫情防控与业务发展的关系。加强营销组织和政策接续，落实常态化疫情防控下服务实体经济金融要求，通过展期、变更还息周期及还款方式、利率调减等，全力支持小微客户纾困化险。建立健全绿色审批通道，为省内重点企业复工复产提供 2.4 亿元融资支持。

服务国家战略。推动产业转型升级，加快制造业扩能提质，集中实施转型升级重点项目，锚定汽车产业万亿级目标，做足"冰天雪地"文章，推动建链强链、壮大规模、巩固优势。全力抓好经营性贷款、"三农"服务、普惠小微金融服务，多措并举支持民营企业发展，全面巩固三大攻坚成果。

推进普惠金融。加大"三农"支持力度，涉农贷款新增 11.3 亿元，余额突破 80 亿元。助力决胜脱贫攻坚，金融精准扶贫贷款新增 3.48 亿元，敦化市支行扶贫项目获总行脱贫攻坚奖。支持小微企业复工复产，全口径普惠型小微企业贷款结余 3.5 万户，余额 131.52 亿元。

业务转型发展

零售业务。获客能力持续增强，个人储蓄多点发力，带动资金净流入超 46 亿元，自营存款规模 350 亿元，增幅居系统内第 6 位。重点产品加快发展，拉动零售信贷新增 65 亿元，规模 515 亿元，其中个人经营性贷款新增 2.47 亿元。"三农"金融"极速贷"新增 2.69 亿元。消费场景加快搭建，信用卡狠抓"三重联动"，新增发卡 21.93 万张，创历年最高，结存突破 67 万张，新增市场占有率居省内同业第 5 位。

公司金融。公司存款紧抓机构增资格、拓客户，新增机构类账户 142 个、代理财政业务资格 4 个，拉动存款日均余额 110 亿元。投资银行债券承销规模 20.1 亿元，超额完成全年承销计划。交易银行抢抓新机遇，落地省内首笔云链保理业务，放款 1.77 亿元，现金管理与开放式缴费平台项目实现重点行业广覆盖。投资银行债券承销规模 20.1 亿元，超额完成全年承销计划。

资金资管。准确研判市场形势，落地一汽汽车金融同业借款、ABS 和吉林银行同业存单 62.5 亿元，联动纯托管业务 40 亿元，开创吉林省分行投托联动先河。纯托管业务规模突破 150 亿元。票据直转净增 29 亿元，列系统内第 3 位。

风险内控管理

全面风险管理。落实防范化解重大风险三年规划，"全面、全程、全员"的风险管理体系进一步健全。狠抓风险源头管理，健全风险与内控委员会运作机制，召开各级风委会 316 次，研究解决议题 461 个。

信用风险管理。差异化执行风险策略及容忍度，落实监测、督导、评价闭环管理机制，网格实施重点机构超限管理。授信管理加强专业支撑，细化 16 个重点行业政策研究，坚持"六做一退"，高效开展"铁三角"平行作业 283 笔。

法律内控管理。建立并落实经营主责任人制，进一步压实风险防控责任。狠抓风险"咽喉"管理，推进合规管理示范二级支行建设，定向核查 51 个次非现场模型，开展空降式整体接管、"飞行"检查等 5 类专项检查。

内部审计工作。审计监督定位"三项职能"，开展呆账核销等 17 类审计项目，问题整改率 99.6%。实现内控评价全覆盖。注重"创新""创效"两端延伸，开发 3 项非现场模型，优化资金扣划等两项流程，工程审减率 5.2%。

安全生产工作。完善《吉林省分行安委会工作规则》，研究部署全行安全生产工作。举办 3 次面向全行的大型安保工作培训，安全生产能力进一步增强。

管理运营效能

资产负债。资产端在兼顾"量""价"基础上，持续优化贷款结构。做大低资本消耗、总行政策支持的业务规模，提升收益水平。负债端持续调整存款结构，严控高息负债，有效控制付息成本。持续调整存款结构，严控高息负债，有效控制付息成本。

财务管理。制定核算基础规定、固定资产投资管理实施细则，连续 6 年被评为"纳税信用等级 A 级纳税人"。持续优化信贷规模配置、动态调整信贷投放结构和节奏，存量存贷利差 3.77%，排系统内第 11 位。

金融科技赋能。聚焦业技融合，完成社保跨行代发等 19 项业务研发，自主研发系统达到 50% 以上；完成 199 个一级零售客户标签体系建设，获得总行数据建模大赛“优秀应用成果奖”。

运营管理。深入贯彻数字化转型，自主创新开发客户信息核验系统。柜面综合化率 100%。狠抓操作风险防控，客户身份信息专项治理 1050 万户。全年拦截存在风险隐患业务 1.83 万笔，金额 17.37 亿元。

客户服务。通过推进客户经理综合化、一专多能建设，归属支行统筹资源、精细管理，综合营销，提升客户关系维护能力和交叉营销质效，不断强化“以客户为中心”的经营理念，增强服务城乡居民的能力。

代理金融。以调整代理金融管理职能为契机，组织召开专业类会议 87 次，研定协同制度 20 项，审议议题 89 个。切实发挥专业引领，突出加强对国网电力、一汽产业链金融、总对总客户的服务支撑。

全面从严治党

党建重点工作。深化模范机关建设，增强各级机关员工规矩意识、服务意识、市场意识、创新意识，带动机关作风的根本转变。坚持把习近平新时代中国特色社会主义思想作为经常性教育的重要内容，构建以“三个第一时间”机制为主线的“3+2”学习模式。工会群团扎实推进员工关爱工程，“职工小家”提质升级覆盖率 60%。

党风廉政建设。持续加强同级和下级领导班子日常监督，落实中央八项规定精神，做好专项监督检查。管党治党责任持续压实，累计巡察 4 家二级分行、16 家一级支行，发现和整改问题 149 个，将“严”的信号贯穿始终。

巡视整改。分行党委深入贯彻中央有关精神，在集团党组和总行党委的正确领导下，认真落实“持续深化、融入日常、突出重点”的总体要求，牢固树立“四个意识”，坚定“四个自信”，坚决做到“两个维护”，常态化做好巡视“后半篇文章”，不断深化整改成果运用，推动措施落地、整改到位、问题见底。

人才队伍建设

人事改革。推进机构职责调整，组建专业团队 7 个，公开选聘团队负责人。通过校招、社招与内部盘活“三位一体”新增 127 人，充实县域基层 71 人。

队伍作风建设。不断深化模范机关建设，增强各级机关员工规矩意识、服务意识、市场意识、创新意识，持续整治形式主义、官僚主义，带动作风转变，为提升企业核心竞争力提供精神动力。（邮储银行）

【中邮保险吉林分公司】 中邮保险吉林分公司实现总保费 14.38 亿元，比上年增长 58.4%，完成计划的 106.3%，多项运营服务质量指标在全国领先。

转型发展初见成效

高价值业务取得新突破。吉林分公司实现新单总保费 9.18 亿元，完成计划的 104.2%，比上年增长 11.5%，长期期交保费 36746.24 万元，比上年增长 113.1%，完成计划的 100.9%。长期期交保费占新单总保费的 40%，比上年提升 19.1%。新业务价值 4584 万元，完成计划的 128.8%，居全国第 10 位，超目标 1024 万元。分公司在省内人身险原保费市场占有率 2.98%，比上年增长近 1%；邮银渠道占有率方面，中邮新单总保费占邮银渠道比 15.2%，比上年增长 6.3%。中邮长期期交保费占渠道比 31.8%，比上年增长 9.9%。

续期拉动作用愈发凸显。吉林分公司实现续期保费 5.17 亿元，完成计划的 110.5%，居全国第 1 位。13 个月保费继续率全国排名第 1 位，25 个月保费继续率全国排名第 2 位，宽末综合达成率全国排名第 1 位。持续开展失效保单清理工作，全年成功复效 103 单，复效金额 177.5 万元。

探索发展个团险业务。吉林分公司实现个团险保费 267.75 万元，完成计划的 102.98%，比上年增长 620.9%。顺利承保吉林铁塔公司员工意外伤害保险，承保人数 424 人，保费 15.57 万元；在分公司范围内开展优享人生养老年金保险产品推广活动和个险营销推广活动，全年实现个险保费 173.59 万元；开展简易险营销活动，全省实现简易险保费 56.88 万元；协同省邮政开展惠农保险需求调查工作，全年全省实现惠农团单业务合作 31 件。

专业支撑持续提升

营销培训支撑精准到位。全年累计完成营销培训 420 场，培训场次比上年增长 180%。培训课时 420 课时，参训人员 9013 人次。加强对网点的现场辅导及业务推动，网点辅导覆盖面达到 77%。

运营服务支撑扎实有效。全省运营服务工作平稳有序，全年无风险案件发生，收到客户锦旗 3 面，12 项指标全国排名第 1 位。全年新保承保 62809 件，保全业务量 33503 件，新契约综合合格率达到 100%，全省亿元保费投诉件数保持 0。受理个险理赔案件 62 件，赔付金额 168.32 万元，团险理赔案件 32 件，赔付金额 6.5 万元。承保团险 41 件，受理团险保全业务 58 件，团险保全复核修改率为 0，团险保全结案时效为 0.09 天，5 日结案率为 100%。加强疫情期间应急处置工作，及时推出系列线上化服务，简化服务措施，帮助机构人员及客户迅速掌握操作要领，全省开通微信回访业务，保障客户服务畅通。

风险合规管控扎实有效

合规管理有效加强。接受监管现场检查，检查中未发现分公司存在严重违规现象；开展乱象整治“回头看”和销售误导专项整治“亮剑行动”回头看，对 6 个市中邮保险局、16 个县中邮保险局、56 个营业网点开展合规现场检查，下发合规检查问题整改通知书 33 份，问题均已整改到位；展业以来首次参加反洗钱分类评级，取得BBB的良好评价。

重点风险防控有力。全年未发生严重风险事件，整体风险可控，各项指标均处于合理区间；开展“内控管理提升年”活动，组织开展内控培训9次；对照内控手册开展自查，查阅资料共计1000余件，查出问题3个，均已完成整改。

审计监督有效发挥。按照总部审计部安排部署，开展审计项目9项，审计调查1项，共计10项。共发现审计问题2项，均已整改完毕。

全面履行国企职责

着力防范化解重大风险。全年未发生重大风险事件，无集中退保、客户投诉、法律诉讼等保险资金案件和群体性事件。

公益扶贫，承担社会责任。先后为九台区、珲春市、汪清县建档立卡户赠送意外伤害保险保障，赠送对象建档立卡户共计7382名，承保保额1.48亿元。在延吉市朝阳川镇举办2场送温暖扶贫，为17个村221户建档立卡贫困户送去温暖和慰问，费用合计3万元。

践行绿色发展理念。推行电子渠道出单，在线出单率始终保持在95%以上；宣传用品占期交新单保费比重0.0005%，同期下降86.3%；人均办公用纸金额较上年下降21%。组织员工义务植树活动，切实践行“绿水青山就是金山银山”的生态理念。

着力提升企业管理效能

全面贯彻落实疫情防控。根据集团公司和中邮保险总部部署，第一时间贯彻落实疫情防控要求，制定、印发疫情防控和支持复工复产文件，成立疫情防控领导小组，制定应急预案，确保疫情防控要求及时落地。

财务管理效能持续提升。扎实做好全面预算管控，完善对标管理工作，推进分公司各项经营管理指标优化改进，规范有序开展采购工作，有效支撑经营管理需求。

人力资源管理有序推进。加强干部选任与干部监督管理，重新核定机构编制，共提任3名部门副职；持续优化人才队伍，年度新增3人；加强队伍素质建设，组织培训29期，累计参训1170余人次，人均培训93学时以上；完善修订绩效考核管理办法，实行业绩与薪酬“双对标”。

党的建设纵深推进

加强党建引领。一是持续深入学习贯彻习近平新时代中国特色社会主义思想。开展党委理论学习中心组学习15次，组织分公司党委成员讲党课9次，支部书记讲党课15次。二是以问题为导向，组织开展了集团公司巡视反馈问题自查整改工作。共确定39项不足，制定49项具体措施，已完成的措施32项，阶段性完成持续推进的措施17项。三是以开展“党建＋经营”“党建＋服务”为载体，开展模范机关、机关作风建设，查找问题差距，梳理问题清单，提出改进措施，推动党建与企业中心工作融合。

强化履职监督。一是加强对中央和集团巡视整改、未巡先改落实情况的监督检查。二是聚焦“三大攻坚战”加强监督检查，针对服务“三农”、扶贫、绿色邮政等重点工作开展专项检查。三是开展对2019年分公司“不忘初心、牢记使命”主题教育整改措施落实情况的专项检查，推动整改措施全部落实到位，不断拓展主题教育成果。（中邮保险）

【中邮证券吉林省分公司】 年度累计实现进账收入320万元，比上年增长2.9%。实现利润－142.6万元，比上年减亏15万元（按可比口径计算，分公司完成收入470万元，比上年增长为52%）。其中经纪业务收入73万元，资管收入248万元。

主要业务情况

经纪业务。截至年底，新开立账户11884户，累计开立22354户（其中有效账户1133户，有效户占比5.07%）；资产总量13544万元，其中证券市值9159.95万元，基金资产3146.35万元，资金资产1228.58万元，邮储银行第三方存管账户19430户，当年累计交易量269362万元。两融客户共23户。

资管投行业务。截至年底，金吉一号2020存量超7亿元，比上年新增规模3.2亿元。跟踪服务的重点企业有某新能源科技股份有限公司的财务顾问项目、某光电企业财务顾问项目和某陆运企业财务顾问项目。

信息系统建设

中邮证券吉林省分公司的信息系统符合B型营业部模式建设，为客户提供现场交易，设置专门机房。一是配备36kW的UPS供电电源，另备有额定功率165kW的柴油发电机，在市电中断情况下，可保证不低于25%的现场交易终端在交易时间内持续工作，满足客户现场交易需要。二是配置3条地面数据专线，分别为电信10M内网专线，联通10M外网专线（作为客户主交易线路，同时作为办公内网和办公外网备份线路），以及电信10M互联网专线（办公外网用，同时作为客户交易备份线路），确保通信安全。三是配备1名兼职技术人员，并制定备岗等相关制度，确保在交易时间内有技术人员值守。

党的建设

7月，党支部届满3年，进行支部委员会换届选举，会上听取和审议了上一届支部委员会工作报告，选举新一届支部委员会委员和支部书记，并进行支委分工。

纪检监察

2月，党支部全体委员、各部门负责人和党建纪检专岗人员参加了2020年中邮证券党风廉政建设和反腐败工作会议。根据会议精神，持之以恒反对形式主义、官僚主义，加强对干部的教育和监督。畅通举报渠道；严格执行“三重一大”决策制度，坚持集体决策；坚持节日廉洁提醒，遵守中央八项规定精神，自觉抵制“四风”；开展差旅费报销、招待费报销和公务用车管理自查工作，严格执行公司财务制度和公务用车管理办法；开展党风廉政宣传教育月活动，通过学习相关案例，用身边案教育身边人。

疫情防控

2月，制定《中邮证券吉林分公司防控新型冠状病毒疫情应急方案》（吉邮证支〔2020〕1号），成立防控疫情领导小组，明确要求，对疫情防控重点工作进行部署。在居家办公期间，通过CRM平台对所有客户通过短信进行慰问，做出疫情防控提示，对重点客户进行电话回访。在集中复工后，对营业场所及办公场所每日定点消毒通风，定期发放防护用品，要求上岗员工必须佩戴口罩，安排专人对进楼的工作人员测量体温，对重点风险地区出入情况进行报备，并组织员工签署《新冠病毒疫情防控承诺书》，对到过中高风险地区的员工按要求进行集中隔离或居家隔离，做好核酸检测证明及消毒、体温台账的留存。根据疫情发展情况及时调整各项措施。在做好自身防疫工作的同时，高度关注各板块的疫情防控，在5月向疫情高风险地区的舒兰市邮政公司、邮储分行赠送部分防疫物资。

巡视整改工作

根据《关于印发中邮证券有限责任公司党委2020年持续推动巡视整改的工作计划的通知》（中邮证党〔2020〕7号），明确2020年持续整改任务，梳理相关制度，持续推进巡视整改工作要点，反馈整改问题，提出推进举措，按期上报材料。2月，对集团公司党组巡视组巡视北京、辽宁、江西、广东、四川、贵州6省（市）邮政企业单位党组织反馈意见进行“举一反三”对照检查，对各单位的反馈意见进行认真学习，对照反馈意见发掘自身存在问题，开展未巡先改工作。9月，对照集团公司党组巡视组巡视河北、浙江、安徽、湖南、重庆、陕西6省（市）邮政企业单位党组织及巡视“回头看”中邮证券有限责任公司、中国邮政文史中心党委的反馈意见进行重点学习，坚持问题导向，结合实际进行对照查摆，参照《中邮证券有限责任公司党委关于集团公司巡视反馈问题的整改方案》（中邮证党〔2020〕26号）制定相应的整改措施，做到举一反三、未巡先改。

协同工作

协同省邮政公司、省邮储分行全面完成集团公司和总行下达的协同业务发展目标。其中开户11943户，为计划的161%；有效户完成1700户，为计划的117%。一是参加省级、市级板块协同会议，主动汇报证券业务发展情况，分别对省邮政公司金融业务部和省邮储分行个金部派驻人员。投入20万元专项奖励支持中邮证券业务协同发展，给予100万元专项业务发展费用。二是协同省公司市场部、金融业务部，省分行个金部等部门主动安排和增加中邮证券发展内容。实现分公司专人派驻，并向省行同业部、公司部及长春市行公司部、小企业部进行派驻学习，为业务的融合发展和日常对接沟通建立高效率通道。三是在疫情稳定后，立即组织开展协同走访活动，全年走访全省二级协同单位19家40余频次，得到协同单位认可，在发展有效客户的同时协同推动资管小集合产品邮储渠道销售1.9亿元。

投教活动

开展“3·15金融消费者权益日”活动、“5·15全国投资者保护宣传日”活动、防范非法证券期货宣传月活动等投教活动，制作更新投教材料，设置咨询电话和台席，利用多媒体布放宣传素材，开展打击非法证券活动的投资者教育和宣传。（中邮证券）

黑龙江省

【黑龙江省邮政分公司】 总收入58.72亿元，增幅5.19%，规模超“十三五”规划3.84亿元。考虑防疫因素，全省利润水平基本符合预期。

服务国家大局

省邮政分公司坚决落实党中央决策部署，服从中国集团总公司和省委省政府统一指挥调度，确保“人员零感染、服务不中断”，全省2.6万名邮政职工，未发生疑似病例、确诊病例和无症状感染者。履行“四不中断、四免费办”郑重承诺，疫情期间紧急开通寄递绿色通道，免费运送各类防疫物资148车次、83.4万件，完成驰援湖北4架次防疫物资运递任务。拓展与省营商局、省税务局线上政务合作，开展无接触、不见面社区团购和寄递服务。

助力打好三大攻坚战。省邮政分公司定点扶贫单位提前一年脱贫退出“村出列”，全省邮政扶贫点如期脱贫，脱贫户比和人数比均100%，接续推进全面脱贫与乡村振兴有效衔接。落实污染防治工作举措，45毫米及以下胶带使用占比100%，电商邮件不二次包装率80%，全网可循环中转袋使用率90%，新增标准包装废弃物回收装置占比33.76%，“9792”各项指完成。守住重大风险底线，完善管理机制，强化风控管理，全省未发生系统性、区域性重特大风控案件，确保国家重大活动、防汛等特殊时期企业安全稳定运行。

落实普遍服务要求，持续抓好“两提升、四强化、七确保”，建制村直接通邮率保持100%，申诉处理满意率100%，给据邮件信息断点率0.04‰，条码平信信息断点率0.2‰，投递外勤关键节点扫描率95.33%，党报党刊当日见报率92.5%，机要通信万无一失，多项普遍服务重点指标达到或好于监管标准。

◎ 推动复工复产

邮政金融业务。获得2019—2020跨年度旺季增额“全国十强省”称号，邮政储蓄余额首次“一年破两关”。新增余额275亿元，列全国第10位，新增活期余额84亿元，列全国第5位，拉动利差收入增幅11.61%，列全国第4位，利差收入占比提升至75.31%。

寄递业务。全省寄递业务收入突破11亿元，量收增幅连续6个月高于全国平均水平，分别为37.43%和12.62%。截至11月30日，量收市场占有率分别高于全国平均水平9.07%和5.57%，业务量增幅高于行业增幅11%。减亏8621万元，营利能力比寄递业务改革前显著提升。

邮务类业务。全省邮政渠道平台、集邮与文化传媒业务收入进度均超集团预算进度，分别为102.37%和105.08%。渠道平台业务对总收入增长的贡献率比上年提升5.45%，函件传媒业务净增收入占到全国的50%。

◎ 改革创新

寄递业务改革。全省邮政落实时限“四库”建设，标准时限数据库完整性和准确性达到集团验收标准，机构间计划编制完整率100%。优化作业组织，实施“两集中”管控，推行“路长制”，梳理邮路1450条，邮路数据2万余条，推动省内EMS整体时长快于顺丰3.61小时，次日上午递率高于顺丰12.5%，次日递率高于顺丰7.69%。构建“航空＋铁路＋汽运”立体复合运输网络，支撑前端的运营能力持续提升。推进集包处理工作，全量集包和前置集包比例实现“双达标”。开展“五大环节”成本压降，内部处理、陆运运输、管理支撑三个环节成本同比改善，内部处理和管理支撑环节成本实现达标，分别低于目标值8%和21.66%。

渠道网点转型。全省邮政深化农村物流共同配送体系建设，实现13个地市、71个县邮快合作全覆盖，累计代投快递企业快件264万件。按照“叠加叠加再叠加”的原则，推动1646处普遍服务网点向全功能网点转型，业务叠加率100%。其中400个重点转型网点累计增收1284万元，完成进度的257%。加快金融网点轻型化、智能化转型，通过“减高增低”，撤并物理台席79处，优化人员337人，低效网点减少12处，较大空白乡镇离行网点21处。通过机具配备，实现城市、县域网点ITM全覆盖，可分流交易离柜率54.37%，提升0.26%。通过系统化转型，打造集团级样板网点2处，转型网点覆盖率超过50%。

协同发展机制建立。全省邮政完善三大板块省市县三级协同体系，理顺协同工作流程，明确协同工作重点，健全协同项目收益分配机制，促进资源最大化利用。通过抓好集团六大协同项目，创新推出4个自主协同项目，实现市场协同项目收入6.38亿元，完成进度的130.13%，其中，惠农合作项目实现收入1.5亿元，完成进度的121.73%。

◎ 提升核心竞争能力

省邮政分公司完成总投资金额19109万元，其中，寄递能力建设投资10874万元，占比56.9%，金融能力建设投资4907万元，占比25.7%。立项安排70处代理金融网点，55处普遍服务网点装修改造工程，网点形象持续改善。新增租赁及改扩建场地43处，面积扩增近3.4万平方米。完成双鸭山、大兴安岭、佳木斯、伊春、绥化5个邮件处理中心建设，日处理能力平均提升162%。新增车辆703台、PDA设备2325台、分拣搁架105套、胶带机100余台，应对“双十一”期间均值123万件，峰值166万件的处理压力。

完成中国邮政地理资源信息平台、邮政书报刊供应链信息系统、全省骨干网升级改造等9个集团信息化项目建设，推进省内视频会议系统、新运管中心系统等5个省内自主信息化项目建设。

财务管理方面，持续强化欠费管控，整体欠费率6%左右，保持全国先进水平。重点推进降本增效和零基预算两大管控体系建设，其中，邮政分公司29项成本费用核心指标及160项成本费用指标达标率均列对标省第1位。强化集采和审计工作，完成省级集采项目61个，预算金额8795万元，合同金额8382万元，节约率4.7%，公开采购率100%。开展审计项目733个，查出违规违纪金额1648万元，工程送审金额1.7亿元，审减金额2745万元，审减率16.13%。

开展“十二强十二快”区县分公司劳动竞赛，县域邮政完成总收入31.43亿元，增幅7.36%，高于全省平均水平2.17%，收入占比53.52%，比上年提升1.08%。

◎ 党建工作

省邮政分公司突出党的政治建设，制定“两个维护”落地机制和责任清单，落实主体责任清单、党建述职评议

黑龙江省牡丹江市首届快递行业职业技能竞赛

考核办法。完成省邮政分公司党组改党委工作。推进巡视巡察整改，中央巡视48项整改措施中完成整改46项、持续整改2项。针对集团巡视移交问题，明确整改任务52项，细化措施105项。开展对5个地市、3个直属单位专项巡察。全省邮政大力整治形式主义官僚主义，重点开展基层请示事项答复不及时等专项整治，总体达成“两下降、两提升、两转变”目标，其中省分公司发文数量比上年下降10%。

常态化开展“模范机关建设”“比学赶帮超”“双联系”“一月一事，一抓到底”等工作，推动后进赶先进、中间争先进、先进更先进，形成层层示范、创先争优的浓厚氛围，并通过反对餐饮浪费，形成厉行节约的新风尚。大庆市邮政分公司、哈尔滨市双城区邮政分公司被中央文明委授予“全国文明单位”称号，跻身全国文明企业行列。全省邮政获评“全国劳动模范”1人、“全国邮政行业劳动模范”1人，全国劳模及工匠人才创新工作室1个、“全国邮政行业先进集体”1个、“省五一劳动奖状”1个、省模范职工之家2个、省劳模及工匠人才创新工作室1个，并有1个集体、1名职工荣获全国交通运输系统抗击新冠肺炎疫情先进集体和先进个人，4个集体、12名职工荣获中国邮政抗击新冠肺炎疫情先进集体和先进个人。

全省邮政投入各类慰问金830余万元，新建区县邮政分公司食堂13个、各类职工小家84个、职工小宿舍15个，提档升级职工小家137个。第八期重病互助保障工作为42名职工支付互助保障金84万元。（黑龙江省邮政分公司）

【邮储银行黑龙江省分行】

经营发展概况

实现收入36.97亿元，增幅7.7%；实现利润9.44亿元，增幅15.1%，收入、利润均超总行计划。总资产3165.88亿元，增长16.13%，各项贷款余额784.72亿元，净增17.02亿元，增幅2.22%。自营各项存款余额946.07亿元，净增119.14亿元，增幅14.36%。存贷比26.66%。不良额10.29亿元，比上年末下降1.28亿元；不良率1.26%，比上年末下降0.19%。处置各类不良资产9.49亿元，其中，全口径清收4.84亿元，完成总行计划的105.22%。

落实中央决策部署

抗击新冠疫情。抓好防疫抗疫，始终将疫情防控工作作为年度首要任务，全年无一例感染病例。稳定提供金融服务，线下网点开业率始终为省内金融机构最高；线上云工作室、极速贷等各类服务工具、渠道畅通，有效对接客户无接触需求。设计推出“抗疫贷”“复工贷”等信贷新品，满足疫情期间生产资金需求。

服务国家战略。金融精准扶贫信贷余额净增3.2亿元，完成总行计划的799%；通过停息、展期及续贷等措施为企业纾困解难，为36.77亿元信贷业务缓释还款压力。

推进普惠金融。“三农”业务结余105.82亿元，居省内六大行首位，实现净增12.4亿元，居省内六大行第2位；极速贷等线上产品、渠道投放88.29亿元，占个人经营性贷款投放总量超过60%；农业产业链创新项目合计投放超过1亿元。普惠型小微年净增20.11亿元，完成监管计划的128%，户数年净增3745户，完成监管计划的208%；投放双稳基金贷款38.9亿元，其中参与风险补偿的业务规模居全省同业第5位。推动小企业贷款整体实现净增10.28亿元，计划完成率列邮储系统第2位。通过减费让利、利率优惠、延期付息等方式，累计让利0.9亿元，超额完成监管考核的让利计划。

业务转型发展

零售业务。储蓄年日均增额55.7亿元，创8年来最好成绩；活期占比49.1%，高出邮储银行平均水平8%。二代社保卡、腾讯联名卡、退役军人服务卡项目进一步落地，军服卡累计发卡1.55万张，列邮储系统第6位。自营理财年日均保有量233.53亿元，列系统内第3位，新增保有量3.18亿元，列系统内第8位；新单保费实现13.82亿元，手续费收入0.88亿元。新增偏股定投客户数1.18万户，列系统内第5位。VIP客户新增4.53万户，居系统内第13位；私行客户新增47户，居系统内第6位。消费信贷业务结余308.15亿元，年净增27.79亿元，年增额市占率8.2%，列全省同业第3位。信用卡年发卡17.89万张，新增客户14.06万户；激活首刷率61.38%，居邮储系统第6位；新增发卡市占率8.65%，列全省同业第4位。电子银行自营结存客户488.11万户，其中手机银行客户结存399万户；新增邮储食堂会员105.99万户，新增无实体介质账户7.09万户，新增收单商户3.63万户，以上3个指标均超全年计划。

公司金融。公司存款余额年末时点及年日均数均突破200亿元，年末时点净增37亿元，日均净增14亿元；固本提标、客户拓展、自营网点叠加公司业务等相关指标均超额完成总行计划。公司信贷余额83.67亿元，中长期贷款占比74.16%；固废处置、污水治理等项目取得突破。

资金资管。票据余额新增61.88亿元，增幅44.84%，新增客户65户，增幅35.42%；对重点客户哈尔滨银行实现5项综合营销落地，授信规模增长30亿元。现金管理签约账户8330户，比上年增长5.5倍；开放式缴费平台合作157户，缴费规模近1.5亿元，居邮储系统第10位；企业网银结存1.24万户，开通数比上年末新增7017户。

风险内控管理

信用风险管理。围绕全行发展和风险偏好，完善相关风险管理制度，上下联动提升非现场监测效率，监测风险数据3.19万条，现场检查1.07万笔。

法律内控管理。风险经理队伍建设持续加强，全辖配置56人，覆盖80%以上县级支行。开展现场、非现场、网点合规等检查超1600次，发现问题超2100条。

内部审计工作。开展不良贷款处置情况、任中经济责任、信贷资产风险分类等审计项目27个，发现问题1060条，下发风险提示、协查函11份。

安全生产工作。启动安全生产及行风行貌专项整治行动，推行楼长、层长、安全员三级工作责任机制，被总行评为“平安邮储”建设活动优秀单位。

管理运营效能

财务管理。完善以EVA为核心、突出战略新业务的考核机制，推行县支行、网点类比组等考核办法。加大成本管控力度，非人工成本降幅13.46%，推动成本收入比比上年下降9.63%。强化利率管理，存量存贷利差实现3.38%，超总行计划4 BP。

金融科技赋能。开发上线“智慧乡村”项目二期工程；实现中间业务平台与省住建厅系统对接，完成一手房房屋资金监管功能。完成大安全项目一期建设，解决终端管理、数据防泄密等多个信息安全痛点。“价值客户挖掘及储蓄拉动分析”课题获评总行“优秀应用成果”奖。

运营管理。开展“银企对账争优竞赛活动”，年末重点账户对账率100%，普通账户有效对账率98.34%，电子对账签约率51.2%，半年未对账户数为零；加强客户账户治理，个人账户及单位账户治理分别列邮储系统第1名和第10名。个人业务稽核监督比例7.27%，居邮储系统第3位；中心集中授权处理平均时长15秒，比上年降幅超50%，居邮储系统第8位。

代理金融。邮银联合制定协同项目相关制度，加快协同项目快速发展。其中，惠农合作项目、军民融合项目、中国邮政会员体系建设项目、电商市场项目均完成全年计划。

全面从严治党

党建重点工作。持续深入学习贯彻落实习近平新时代中国特色社会主义思想。探索建立强化全行党建工作的“三个一”机制，即建立一支全省指导督导员队伍，设定一套“具化”工具表，形成一个督导推动的常态化机制。深入开展全省模范机关建设、“七个一”等系列活动，强化全行爱党拥党意识及爱岗敬业精神。省行党委获总行“党建工作示范单位”荣誉称号。工会投入慰问金210万元，慰问困难、患病员工303人。支持基层工会小家建设，职工小家验收合格率92.7%，员工满意率95.7%。组织全辖青年员工成立77个学习小组，通过多种形式推进青年理论学习。各级团组织在疫情防控等关键时期，发挥志愿精神，践行青年担当。哈尔滨市分行小企业金融部获评“黑龙江金融系统青年五四奖章集体”，齐齐哈尔分行获评全国“银团合作”优秀派出机构。

党风廉政建设。发挥问责震慑作用。处理51人次，查处违纪案件10起，给予党内警告及以上处分11人。巡察工作稳步推进。完成4家分行的常规巡察、2家分行巡察“回头看”及省行机关2个党支部专项巡察。切实推进形式主义官僚主义整治。明确制订文件缩减计划和会议管理计划，发文数量比上年缩减30%，会议数量连续2年只减不增；调研突出实效，累计通过“一月一事”等调查研究活动获取基层意见431条，答复办结率实现100%。

巡视整改。压实巡视整改主体责任，持续深化巡视整改工作。深入推进中央巡视整改工作，建立完善“季评估”工作机制，全面完成42项制度和要点的评估。严格落实集团巡视整改工作要求，坚持抓早抓小、防患未然，对照反馈意见，建立整改清单，明确整改责任，推进“未巡先改”，推动自查整改工作走深向实。

人才队伍建设

提拔任用领导干部22人，二级分行班子中有7名“80后”成员，占比11%，三期春晖计划培养青年骨干96人。推进基本绩效平衡计分卡和业务发展绩效积分考核模式。制定《中国邮政储蓄银行黑龙江省分行机关员工工作纪律十项要求》，组织多部门人员对机关员工作风开展联合检查，对发现的问题进行通报。由纪委针对机关作风建设启动月度评价，将“工作效率”作为重要评价指标，持续加强机关队伍作风建设。（邮储银行）

【中邮保险黑龙江省分公司】

业务发展重要指标情况

经营发展情况。全省完成总保费30.3亿元，比上年增长27.7%。其中，新单期交保费实现10.4亿元，比上年增长15.5%。规模列全国第14位。长期期交保费实现6.7亿元，进度106.1%，比上年增长222.2%，提前100天完成全年长期期交计划目标。趸交保费实现3.7亿元，进度116.9%。续期保费实现16.5亿元，进度106.6%，比上年增幅27%；团险业务实现130万元；新价值业务实现6939万元，进度113%。根据省保险行业协会统计口径黑龙江分公司全年原保费市场占有率4.3%，排名第7位，比上年同期排名上升1位。

质量指标情况。全年全省人核件全流程时效4.26天，全国排名第7位；理赔出险—支付时效71.54天，理赔赔案留存率0.79%，理赔申请支付时效1.16天，7日调查完成率100%，团险理赔十日结案率为100%，新契约合格率100%。13个月保费继续率94.22%，25个月保费继续率97.99%，宽末综合达成率98.17%，犹豫期内综合回访成功率为99.46%；回访问题件占比1.77%；每亿元保费投诉量为0.165件。各项重点运营指标稳中有升。

主要经营工作

年初，分公司协同省邮政公司，利用省邮政公司年度工作会进一步推动中邮保险业务发展，15天完成全年趸交保费计划目标。1月16日，协调省公司印发《关于开展2020年一季度中邮保险“开门红”专项营销活动的通知》；1月17日，利用省公司年度工作会进一步推动中邮业务发展，春节前执行较好。

疫情发生以后，分公司及时调整经营策略，加速追产增效。协调渠道于3月9日印发《关于加快全省中邮保险长期期交业务发展的通知》等5个专项文件。3月25日，召开分公司经营职务工作会，对当前面临的严峻形势进行深入分析研判，明确全年经营任务目标、发展节奏和具体措施，进一步理清经营发展思路。

4月8日，通过线上对185名人员业务培训，及时对保全方面涉及复效的制度变化及疫情期间特殊复效标准进行宣贯，通过答疑环节了解呼叫中心催收人员在催收流程中存在的问题和遇到的困难，指导185名人员就催收的频次、时间段、话术、业务技巧进行优化和完善。

5月26日，印发《2020年落实集团及中邮保险总公司重要文件要求经营目标任务分工具体安排一览表的通知》，对集团及总公司重要文件进行全面梳理，明确重点工作任务，职责分工及具体措施，以问题为导向，细化对接层次，细分角色定位，细耕费用政策，细研网点产能，细挖产品优势，将具体经营工作细化到最小工作单位。

针对本省特点设计产品销售辅助工具，分公司在6月制作3000本《内部操作指南》，受到全省邮银渠道的一致好评。

7月22日，组织开展“盛夏送清凉，携手共发展”活动，实地走访6个区、17个网点，为96个网点的一线员工送去清凉并为他们进行答疑解惑，获得哈尔滨市公司与网点一线员工的高度认可，践行中邮保险服务基层的使命。

根据总公司扶贫工作规划，分公司把尽快完成我省建档立卡贫困人员扶贫保险项目作为重点工作内容推动。9月5—6日在佳木斯市汤原县举办2场公益扶贫系列活动，累计发放扶贫物资（大米、豆油）共计3.9万元。与佳木斯市汤原县扶贫办公室联合为5500名已建档立卡贫困人员提供免费保险保障服务，累计赠送保额5500万元。

10—11月，分公司加快推进年度经营工作收官。协调省邮政公司印发《关于切实加快中邮期交业务发展的通知》文件，并将发展情况纳入市县总经理重点督办事件；加快推动新业务价值，为地市制作邮保一生、邮保安康C展架等宣传品，按照各地市网点数量制作配发，做好高价值业务宣传支撑。贯彻落实集团跨年营销及“开门红”工作会议精神，促进本省中邮保险业务实现高质量发展，制定2021年一季度中邮保险“开门红”专项营销活动方案，做好服务支撑、培训支撑、活动支撑。

基础管理能力不断提升

合规和风险防控有力。开展“亮剑行动”回头看、乱象整治“回头看”和中介市场乱象排查等活动；开展内控管理提升年活动，进一步建立健全内控管理体系，夯实合规管理基础；全面履行反洗钱工作职责。针对各级从业人员开展针对性培训，明确工作职责，持续提升防范意识及管理能力，适应当前反洗钱监管形势；开展案件风险排查、非法集资及反欺诈宣传、扫黑除恶专项斗争等工作，积极履行企业社会责任。全年未发生行政、司法案件，未发生重大违规行为，未受到监管部门处罚或通报批评，未出现与公司有关的负面新闻报道，发现洗钱可疑交易1笔，未发生损失事件。

人才队伍建设扎实。一是建立分公司各部门绩效考核KPI指标体系，实现分公司绩效考核定性和定量考核相结合的新突破。二是合理利用人力成本，探索构建工作量测算模型，创新和优化人力资源配置，探索建立以全国平均水平为参照物的人力资源配置标准。三是提高培训工作质量，将培训纳入年度重点工作，创新培训方式和内容，构建分层次、分对象的教育培训机制，对全部培训项目进行线上、线下全流程管理，共计开展教育培训43场，培训2002人次。

财务工作规范有序。一是持续推进电子采购与物资供应平台的运行使用管理工作。密切关注系统运行情况，及时收集整理运行过程中出现的问题，并解决因系统问题造成的支撑业务发展等相关问题。二是开展监管数据质量专项治理自查工作。开展监管数据质量专项治理工作，围绕监管数据质量问题和薄弱治理环节进行自查并组织各相关部门开展了专项排查工作，为问题整改打下坚实基础。三是加强财务制度建设，印发《中邮人寿保险股份有限公司黑龙江分公司宣传品使用管理办法（修订）》等4项制度，切实提高财务管理的精细化水平。

深化“自营＋代管”，加快转型升级。经与总部和各地市的反复协调，与省邮政公司人力资源部、金融业务部等相关部门的多次沟通，开展中邮保险专岗人员配备工作，明确岗位职责，切实将“自营＋代管”模式深化落到实处。截至12月底，全省市县中邮保险业务部（中心）累计83个，共到位专岗人员138人，到位率96.5%。全年省内各地市中邮保险局考核平均得分94.5分，实际支付委托管理费245.2万元，总体评价较好。

信息网络安全稳定。完成信息系统支持400多次，响应处理省内信息系统服务支持100余次，核心业务系统数据下载52次，完成总省两级的会议保障55次。协助完成多项专题数据分析。信息安全工作总体良好，监控、语音电话和信息网络、网络通信设施、业务信息系统正常运行，电力、消防、空调等基础设施，监控、门禁、考勤等安防设施持续安全运转。

综合管理成效显著。疫情发生以来，加强员工健康监测及职场卫生管理，确保职场公共区域安全。同时加强各类综合事务管理工作。进一步规范会议管理、印章使用管理、发文管理、分公司车辆管理、外来人员出入管理等；严格按照集团公司及总公司下发的通知文件落实绿色邮政、平安邮政及安全生产等相关工作要求，开展每日“关灯一小时”、支付宝植树、“7·8”保险公众宣传日，开展“厉行节约，反对浪费”为主题的食堂宣传活动。

全面从严治党深入开展

增强党的政治建设。开展“让党中央放心、让人民群众满意的模范机关”建设工作，推进学习研讨、查找差距、整改提高、效果评估四个环节，切实把模范机关建设与加强基层党组织建设、推动生产经营同部署、同安排、同推动。严格落实“三个第一时间”学习机制，围绕“三个第一时间”重要内容进行交流研讨，每季度对基层党组织学习情况进行抽查。

深化巡视整改工作。以推动巡视整改为契机，坚持抓整改落实与抓改革发展两不误、两促进，将整改任务进一步融入日常工作。扎实推进集团巡视6省举一反三自查整改，下发《2020年持续推进巡视整改工作方案》，按月推进逐月销号。接受总公司未巡先改调审，牢牢压实整改责任，检验核查整改成效，有力推动巡视整改落实落地。

推进“模范机关”建设。下发分公司党委关于深入开展“让党中央放心、让人民群众满意的模范机关”建设的通知，组织各支部完成推进工作。同时，根据总公司活动部署，及时将机关作风建设纳入模范机关建设工作中同步推进、同步落实。通过建立问题清单，细化改进措施，有序推进整改，分公司党委及各党支部分别按照季度、月度对模范机关建设、机关作风建设同步督导推进，切实把模范机关建设、机关作风建设与加强基层党组织建设、推动生产经营工作同部署、同安排、同落实。

深化纪检工作。2020年分公司纪检工作坚持高标准、严要求，打造更加严格的制度体系和监督体系，做到“全涵盖、无缝隙”监督；“全覆盖、无盲区”执纪；“全方位、零容忍”问责。相继印发了《2020年纪检监察工作要点》《2020年纪检监察重点工作任务表》，将全年重点工作和任务要点进行了细化和明确。积极运用监督执纪“四种形态”，加强节日监督，开展未巡先改及廉政谈话。完成“两委”换届工作，新一届纪委将继续推进中邮保险纪检工作高质量发展，为将中邮保险打造成中国邮政新增长极提供坚强纪律保障。（中邮保险）

【中邮证券黑龙江省分公司】

疫情防控

在疫情防控方面确保四个及时，及时传达上级和地方政府文件精神，严格按要求实行外地回哈人员居家封闭管理、复工人员家与单位两点一线活动；及时贯彻落实疫情防控决策，通过微信形式召开3次支部委员扩大会议，审议通过分公司疫情防控应急预案、实施弹性工作制、支援邮政中心局生产等决议；及时采购防护设施设备，统一配置口罩、体温计、酒精消毒液等必要的防护用品，补充疫情防护用品，确保充足；及时执行消杀防护措施，办公场所每日无死角喷洒消毒液、通风，人员出入实行体温检测、扫描龙江健康二维码、提醒个人做好防控工作，确保办公人员的健康安全。

协同工作

落实有效户提升活动。协同省邮政、省邮储落实“有效户大提升”活动，分公司深入各地市邮政、邮储进行有效户业务对接推进，细化活动方案，分时段开展具体的活动措施和服务项目支撑工作，与省邮政省邮储保持日常的沟通机制，做好数据通报、培训支撑、业务指导等工作。邮政渠道完成有效户1689户，完成集团计划的120.64%。

协同销售资管产品。协同邮政邮储做好资管产品销售及试点工作，在邮政哈尔滨分公司开展资管产品销售试点工作，试点网点均实现零突破，试点期间实现销售3笔共计90万元。试点成功后，配合省邮政金融业务部在全省7个财富中心重点推进资管产品销售，并派专人对7个地市的财富中心进行全部培训交流和客户沙龙。3个地市邮政财富中心实现破零，2个财富中心完成客户储备。中邮证券资管产品总存续规模为13062万元，分支机构中排名13位。

客户服务

疫情期间，启动线上服务工作模式，创建“中邮证券线上公益课堂”，为客户和邮政、邮储的同事进行直播授课，分享市场动态、投资机会和证券知识，累计组织线上公益课程19期，参加人数达3500人次。为全省理财经理开展线上培训交流会讲授基金销售技巧，设立线上基金知识专栏，定期推送新课程，同时接受部分地市邮政分公司邀请组织多场次可转债、资产配置、基金销售技巧等专项培训，累计开展面对邮政的协同培训27场，覆盖人数5000余人。同时配合全省私行客户攻坚活动，派驻投资顾问支撑投资沙龙，为牡丹江、佳木斯、鸡西等邮政分公司的VIP客户开展资产配置讲座，覆盖私行客户近百名。分公司为确保协同工作落实到位，集中调配各岗位人员支撑全省有效户营销活动的开户见证、审核工作，年度内分公司新开账户10502户，开户见证占比达到68%，审核占比达95%。

市场开发

根据实际，在资管投行市场开发上采取区域+全国的开发战略，线上交流、线下走访。线上交流372个客户，线下走访29家，对接融资财务顾问、新三板挂牌、债券发行及代销、资管产品渠道开发、资管产品销售等业务60余笔。面对疫情影响，重点开发全国市场线上交流，通过资源引荐，与苏宁集团、宁波国际物流、北京瑞科、淮海实业、北京博鹰通航等公司进行对接，拓宽客户地域范围。开展渠道合作，先后与龙江银行、首科基金、明德投资等10家金融机构沟通，进一步了解金融机构合作的范围和标准，也为下一步开拓业务奠定基础。

运营管控

根据监管工作要求结合网络新媒体创新宣传模式，组织开展9次投教宣传活动，扩大受众群体活动覆盖2万余人，活动成果显现。关注分公司从业人员的合规管理工作，年度内组织从业人员对监管发文、新《证券法》、监管案例等内容学习20次，并留存全员学习笔记留痕。定期排查业务、账户、交易存在的风险点和合规性，年度内分公司开展自查、有效性评估等工作21项，落实整改问题18处，确保发现问题即时整改，问题无遗留。定期排查从业人员合规执业情况，经营期间分公司从业人员能够接受合规管理意见，无违规违纪情况发生，各项业务开展较合规，分公司整体风险可控，合规管理具有有效性。以宣法、普法为目标，组织从业人员及社会公众200余人学习反洗钱知识，参加反洗钱知识线上答题活动，提升公众反洗钱意识，增加从业人员对反洗钱的重视力度。

综合管理

从服务全局的角度出发，做好会务安排、文件接收发放、文稿起草拟定、信息报送传达、公务接待等综合事务性工作。完成每月上报月度经营分析报告。做好内部行政事务沟通、协调与控制，确保沟通顺畅、反馈及时有效。持续与省内邮政各板块特别是省邮政公司进行协调，在保障和支撑上积极沟通，确保分公司稳定运营。认真落实公司人事管理相关制度，严格按照选人用人程序完成分公司部室负责人选拔任用工作，并根据总部要求完成分公司选人用人自查工作，确保分公司稳定顺畅运行。继续进行市场化人才招聘工作，做好社招人员的入职、离职手续办理等工作。在财务管理上，严格按照总部财务制度要求和批复额度进行申请和使用，严格报账程序和标准。在核算上，及时核对ERP系统各模块数据，进行报账单据处理，确保银行存款、科目余额与实际相符。按要求及时进行个税、增值税、企业所得税等的纳税申报工作，完成合并报表系统填制上报。加强信息系统维护工作，及时进行各类信息系统的安装、调试、测试、自查、更新以及报备等各项工作，较好进行信息支撑。

党建纪检监察

完成新一届支委换届选举工作，完成部门负责人选拔任用工作。通过线上形式，开展2019年度党建工作考核民主测评。按要求成立青年员工理论学习小组，开展集中学习研讨，加强对青年员工的日常教育和管理。制定下发2020年纪检监察工作要点，明确全年纪检监察工作任务清单并细化安排。第一时间制定《黑龙江分公司全力做好新型冠状病毒感染肺炎疫情防控应急预案》和分公司员工健康信息登记表，确保领导到位、责任到位、措施到位、落实到位。召开专题研究党风廉政建设和反腐败工作会议，开展集体谈心谈话。（中邮证券）

上海市

【上海市邮政分公司】 完成收入88.77亿元，增长10.39%，完成集团下达目标的100.27%。

抗击疫情

一方面，服务国家疫情防控大局。下发文件48个，召开防疫例会93次。落实“四不中断、四免费办”。机要通信“红色通道”平稳。日均8000余名投递员在岗，投递党报党刊7000余万份。接收664批次防疫物资邮件。3174名党员捐款31.41万元。另一方面，助推社会经济复工复产。做好72万户养老金客户错峰领取。完成144.28万份教科书寄递。为电商平台企业做好寄递服务。组建党员责任区1700个、党员先锋岗480个、党员突击队362个，凝聚38811人次参与突击行动。实现防疫物资销售收入1499.43万元；实现教材寄递、税票寄递等项目收入2444.64万元。防疫工作得到市委书记、市委副书记、市人大常委会副主任等的充分肯定。

经营发展

寄递业务。实现收入51.99亿元，增长16.72%。收入规模排名全国第4位，增长在八大省中排名第2位。收入市占率10.79%，提升0.73%。其中，实现国际收入30.66亿元，增长26%。实施营业部销售化转型及商务楼“众创众享”工程，项目覆盖范围扩大至全市100个营业部、50个经营单元。“双十一”收寄国内邮件1836.31万件。

代理金融。实现收入17.20亿元，增长7.07%。在全国邮政代理金融（2019—2020）跨年度专项营销活动中，获得“全国代理金融跨赛‘十强’省分公司”荣誉称号。储蓄存款规模1292.17亿元，净增119.89亿元。年度活期余额净增11.58亿元，新增占比9.66%。年度非货币基金销量17.74亿元，增长3.5倍，实现收入2113万元，增长5.2倍。对公业务发展再创新高，存款目标完成率378%，排名全国第3位，月日均规模22亿元，排名全国第3位。超额完成集团公司下达的中邮保险新单总保费、长期缴保费及中邮证券新开账户、新增有效户年度目标。

邮务业务。建制村直接通邮100%；党报党刊当天见报率100%；普遍服务给据邮件全程时限100%达标；机要通信实现连续35年安全生产无事故和29年无失密丢损事故的管理目标。与虹口区人民政府、上海报业集团签订共建“海派文化中心”备忘录；在五大类36个网点组织转型PK赛，5个网点引入“一网通办”政务机具。集邮业务完成4.39亿元，增长7.33%，其中贺岁季项目收入排名全国第5位；《新时代的浦东》特种邮票在上海首发，项目完成收入2144.09万元。函件业务完成5.30亿元，其中函件媒体增长148.44%。报刊业务完成4.16亿元，其中销售《习近平谈治国理政》（第三卷）29.28万册，图书业务总收入增长排名全国第3位；开发有声图书墙616面，排名全国第4位。分销业务完成3.13亿元，增长51.86%，其中浦江月实现收入8469.66万元，增长20.81%。

协同发展。集团六大重点项目形成业务收入3.08亿元。与市退役军人事务局、市公安局出入境管理局、第十届花博会签署战略合作协议。开展“开学季”等校园活动百余场，实现收入6793.66万元。作为第三届进博会核心支持企业、指定寄递服务商，形成业务收入815.25万元。邮银合发新版社保卡26.02万张。

深化改革

成立深化改革领导小组，确定31个深改项目。

寄递改革。①推进“两集中”。实施“一城双邮区”网络组织，分设东西两个处理中心。中心局推行潮汐工作法及供件效率提升法，双层分拣机供包件数日均平均效率1200件/小时，提升20%。将南通邮路延伸至盐城，推进“一装两卸”运输模式；4条长三角邮路执行出口段串行的“两装一卸”组织模式。上海全量集包占比56.78%，增长41.77%。营业部科学拆分158个；自提网络建设累计4302个，其中菜鸟驿站1754个。②寄递业务降本增效。制定寄递业务降本增效指导意见和绩效考核办法；投递环节件均成本4.83元，下降19.23%；内部处理环节件均成本0.67元，下降9.46%；运输环节单位陆运吨公里成本1.35元，下降14.01%。调整海口、金华、合肥等16条省际一干邮路，节省干线运输成本3399.89万元/年。出台《干线汽车装载管理办法》及《寄递业务上行运输管理办法》，上海一干汽车装载率40.84%，增长5.43%。东中心运输结算率53.63%，西中心运输结算率51.79%，均达到目标要求。引导员工树立“普邮增收靠叠加、专投增收靠揽收”的观念，截至12月31日，从业人员揽投岗位计件薪酬占月度总收入的45%，增长18%。③中心局改革。成立领导小组、工作小组，设立机构整合、流程优化、效益对标和权益维护4个工作专班，在网络规划设计、技术赋能支撑、作业流程优化、成本效益核算、人员盘活优化上均有所突破。④寄递服务质量管控。开展11183揽收客户满意度提升专项整治活动，散户及时揽收成功率98.61%，达标且全国排名第4位；优化理赔流程，及时理赔率位列全国前三；组建上海客服中心售后服务应急处置团队。

央视频摄制组、上海邮政投递员在39℃高温下直播录取通知书投递

岗位配置。加强劳务承揽管控力度，从业人员人均投递件数提升13.95%。推进本部岗位优化配置，控制本部人员职数。推进重点经营项目，招募项目团队成员72名。

营销体系。实施“116170”计划，充实专职营销队伍202人。开展“百日大走访”活动，推出“营销人俱乐部”平台。制定《重点经营项目团队及成员绩效考评办法（试行）》，确定年度十大重点经营项目。建立市、区两级首席客户经理日常走访机制，市分公司首席客户经理走访129次。

企业管理

财务管控能力。建立“自上而下、层层分解、落实到人”的预算管控职责体系。完善《战略绩效考核办法》，约谈战略绩效考核落后单位2家、亮黄牌警诫3家、亮红牌考核1家。开展寄递“清欠行动”，完成集团下达目标和上海自排目标，账期外欠费压降2.1亿元，截至12月31日，账期外欠费控制在5000万元以内。建立资产管理领导小组月度例会机制，积极盘活房产资源，新增67处、面积约4.88万平方米、合同金额2356万元。完成上海市分公司及集邮公司、实业公司、通用公司、普陀山绿缘山庄的所有制改制工作。

薪酬制度。出台领导人员管理、考核和干部选拔培养等10项制度，提任领导人员19人，调整40人；组织各层级能力培训4次，约650人次参与；开展校招，与131人签订劳动合同。健全激励体系，制定二级单位分类、领导人员薪酬管理、本部员工薪酬管理和综合考评4个办法。

能力建设。扩建上海浦西邮件处理（洞泾）场地，处理能力3.3万件/小时；升级改造国际邮件海关监管场地。上海标准时限库完整性及出口线路标准库准确率在全国率先达标。将163台ATM设备更新升级为存取款一体机

（其中穿墙式设备 134 台）；24 个代理金融网点装修改造项目完成评审；打造曹杨新村金融旗舰店。

审计采购。完成审计项目 164 项，发现问题 252 条，整改 241 条。落实集团公司业务外包、集中采购审计整改，修订采购管理办法、公开招标实施办法，制定集中采购项目审批决策管理办法，完成采购项目 161 个，资金节约率 14.77%。

安全防范工作。落实企业安全生产主体责任，健全安全生产工作制度。严格执行“三项制度”，确保全国“两会”、进博会等时段的寄递安全。

党的建设

强化理论武装。组织集中学习研讨 13 次，制定“四史”学习教育实施方案，把开展“四史”学习教育作为建立“不忘初心、牢记使命”长效机制的重要内容。举办上海邮政“红旗献党　共圆中国梦”绣党旗活动启动仪式。

三大攻坚战。未发生重大金融风险。做好城乡结对帮扶工作，落实帮扶资金 7.5 万元；开展电商扶贫，销售扶贫商品 363.55 万元，实现破万单扶贫商品 6 款，培养扶贫能手 176 名。完成“瘦身胶带”、电商包件不再二次包装率、可循环邮袋、包装废弃物回收装置设置 4 项指标。

巡视整改。梳理完善市分公司需要评估的制度文件或持续推进要点 86 项；梳理集团公司党组巡视兄弟单位的反馈问题，解决本地同类或相似问题；制定市分公司全面从严治党问题清单和责任清单，汇总五大类 21 个具体问题，逐一进行销号式推进。

思想防线。监督保障疫情防控工作有序受控。巡察党组织 113 个，发现 392 个问题，达到 5 年规划应巡察党组织数的 50%。下发“节前提醒”4 次，通报违纪违规案例，节日期间未发生违纪案例。市分公司党委书记集体约谈二级单位、本部部室“一把手”47 人次。运用好第一种形态，加强日常教育提醒，及时传递市分公司党风廉政建设要求。

培育典型。举办“抗疫先锋、邮政精神”巡回宣讲；各级党组织主动答好“收入利润必答题”和“企业深化改革选答题”；开展“让党中央放心、让人民群众满意的模范机关”建设；开展“比学赶帮超”，结合“一月一事消灭最差”活动，每月汇编典型案例。柴闪闪获“全国劳动模范”称号，许琛等 6 名员工获“上海市劳动模范”称号，2 个集体被授予上海市模范集体称号。

和谐企业。为全体员工提供防疫物资保障，使用本级工会经费 569.67 万元；生产旺季、高温期间慰问 2.77 万人次，发放慰问品 295.06 万元；为 16990 名员工参加住院互助保障会，给付 436 人次 77.36 万元；已建职工小家 243 个，建家率 100%；开展“勇攀新高峰、追梦新征程”主题活动，29 家单位 1200 余名员工参与。（上海市邮政分公司）

【邮储银行上海市分行】

经营发展概况

实现营业收入 32.14 亿元，增长 20.19%；净利润 12.78 亿元，增长 37.76%。经济增加值 1.31 亿元，经济资本回报率 11.64%，成本收入比 49.16%。总资产 2621 亿元，增长 17.5%。各项存款余额 2275 亿元，增长 15.08%，新增存款 310 亿元；各项贷款余额 1088 亿元，增长 11.11%。存贷比 47.82%。不良贷款率 1.38%，比上年末下降 0.15%。拨备覆盖率 156.93%。

落实中央决策部署

抗击新冠疫情。统筹抓好疫情防控和经营发展，获集团公司新冠肺炎疫情防控工作先进集体奖。累计为 20 家企业发放“抗疫”贷款 27 亿元，为 54 家小微企业开展临时性延期还本付息，合计 5.1 亿元。

服务国家战略。加强“三道防线”履职，建立风险防控长效机制。成立涉农贷款专项审批团队，创新“三农”金融服务。落实新时期国家发展战略，坚持绿色发展，推进绿色银行建设，为符合条件的绿色企业提供差异化信贷政策支持，绿色贷款余额 28 亿元，净增 8 亿元，比上年增长 40%。

推进普惠金融。发放涉农贷款 2198 万元。申报“新农快贷”及“支农惠农”等政府购买服务项目。发放普惠性小微企业贷款 23.6 亿元，比上年增长 33%；小企业有贷户净增 533 户。

业务转型发展

零售业务。个人金融：个人储蓄存款新增 56.8 亿元，排名城市分行第 2 位。非货币型基金销量 17.6 亿元，比上年增长 159%，排名邮储系统第 7 位。个人客户 AUM 比上年增长 8.2%，资产规模 50 万元以上的财富客户数比上年增长 10%。“三农”金融：上线 5 家“邮商贷”合作平台，小额贷款净增 18.5 亿元，比上年增长 60%。消费信贷：个人住房贷款净增 30.6 亿元。非房消费贷款净增 16 亿元，比上年增长 520%，排名城市分行第 2 位。小企业金融：线上小微易贷净增 5.8 亿元。为科技型企业提供授信 15.2 亿元。网络金融：手机银行新增激活客户 18.8 万户，排名邮储系统第 7 位。“邮储食堂”新增会员 52.7 万户，排名第 4 位。信用卡：在系统内率先上线医保信用支付。消费金额比上年增长 57%，分期金额比上年增长 295%，增幅均排名系统首位。信用卡中间业务收入比上年增长 115%。

公司金融。公司存款、贷款：新增公司账户 6915 户，比上年多增 5120 户。公司存款净增 44 亿元。公司贷款净增 51 亿元，比上年多增 23 亿元。中长期贷款占比 57.7%，比上年提升 6.4%。获市电子医保凭证资格，金山区、杨浦区国库集中支付代理资格，机构存款年日均余额净增 11.2 亿元。交易银行：国际结算量净增 14.2 亿美元，比上年增长 146%。供应链业务净增 5.5 亿元。发放 NRA 和 FT 项下流动资金贷款 1.05 亿美元，完成全行首笔 FT 项下“自求平衡”流动资金贷款。发放首笔“进车贷”。投行业务：完成债券承销 36 笔，金额 316 亿元，排名邮储系统第 2 位。银团贷款净增 19.6 亿元，比上年增长 58%。并购贷款余额比上年增长 206%。

资金资管。金融同业：业务收入比上年增长 16%，收入贡献排名邮储系统第 2 位，票据交易量及收入排名城市分行首位。托管业务：托管营销规模 2729 亿元、运营规模 4851 亿元，托管活跃客户 34 户，排名系统内第 2 位。新增公募托管产品 11 支，合计规模 381 亿元。新增托管基金规模 473 亿元，比上年增长 128%，排名系统内首位。

风险内控管理

全面风险管理。建立“三个三”全面风险管控机制，完善风险与内控委员会工作机制，全力打好“防范化解重大风险攻坚战三年规划”收官战。组建风险经理、营业主管、合规检查“三支队伍”，推动风险管理职责下沉。

信用风险管理。坚持授信客户分层施策，加强资产质量监测及前瞻预判。聚焦产品创新、贷前调查、作业监督等环节，加强制度建设，厘清职责边界。

法律内控管理。开展“合规四讲”等系列合规文化建设，推进《民法典》学习宣传，加强案件警示教育。保持案防高压态势，加大违规问责力度。建立“三制一覆盖”排查联动工作机制。维护消费者合法权益，投诉办结率 100%。

内部审计工作。坚持问题导向、风险导向、效能导向的审计理念，落实监管指定内审项目，狠抓审计问题整改。

安全生产工作。加大安全检查力度，开展安全生产月、消防安全月等专项活动，启动安全生产专项整治三年行动，压实安全生产主体责任。

管理运营效能

资产负债。经济资本回报率提升 2.7%。压降三年期定期存款 34.6 亿元。实体贷款占比提升 4.5%。完成 LPR 并轨和存款保险标识推广。资金及流动性管理水平在邮储系统内保持领先，社会责任指标系统内排名提升 3 个位次。

财务管理。成本收入比下降 9.6%，优于总行预算目标的 7.31%。集中采购率 100%，高于系统内平均值 20%，公开招标率 77.82%，高于系统内平均值 7.7%。加强工程建设管理，完成 14 个工程项目验收。

金融科技赋能。推动科技支撑融入经营管理，启动 42 项科技创新项目，其中 33 项完成投产上线。

运营管理。上线公司账户管理系统。开展客户身份信息治理。假币差错浓度降至 0。建立无证业务库每日零余额机制。开展客户旅程体验试点工作，推进六大领域核心旅程优化。

客户服务。开展网点服务质量提升专项行动，组织全员服务礼仪培训，服务质量监测排名稳步提升，2 个网点和 3 名员工荣获银行同业公会颁发的敬老服务示范网点和标兵荣誉称号。

代理金融。承担代理金融管理责任，监督代理机构落实监管要求，提升代理金融队伍的合规意识和专业化水平，守住代理金融风险底线。

全面从严治党

党建重点工作。巩固深化“不忘初心、牢记使命”主题教育成果，认真落实“三个第一时间”学习机制。组织学习党的十九届四中、五中全会精神。完成党组织隶属关系调整。开展模范机关建设、“共建、共享、共进”2.0 主题活动及“合规，共产党员在行动”专项活动。

党风廉政建设。贯彻中央八项规定。聚焦全面从严治党、打赢“三大攻坚战”、疫情防控、制止餐饮浪费行为等重点领域开展监督检查。发挥巡察震慑、遏制、治本作用，对 4 家经营单位开展常规巡察。运用“四种形态”，从严执纪问责。以“六个一”为载体，推进清廉文化建设。

巡视整改。压实巡视整改主体责任。切实做好中央巡视整改“后半篇”文章，巩固整改成效，防止问题反弹。针对集团巡视总行反馈问题整改举一反三，完成集团巡视整改措施。

人才队伍建设

人事改革。启动中级管理人才库建设。统一员工绩效考核框架，分层分级制定绩效目标任务书。推行基层管理人员竞争上岗，健全岗位退出机制。

队伍作风建设。坚决纠治“四风”问题，开展形式主义、官僚主义专项整治。建立基层问题“三日答复制”和机关“首问负责制”。建立领导干部约谈制度，树立真抓实干导向。建立员工谈心谈话制度，引导党员干部践行群众路线。（邮储银行）

【中邮保险上海市分公司】

概况

设立部门 14 个，共有正式职工 55 人，本科及以上学历 100%，平均年龄 35.5 岁，具有中、高级寿险管理师资格的 42 人，占比 76%。

2020 年实现新单保费 7.4 亿元，比上年增长 20.6%，计划完成率 102.6%，其中期交新单保费 5.8 亿元，比上年增长 35.5%，计划完成率 100.5%，长期期交新单保费 3.3 亿元，比上年增长 142.3%，计划完成率 110%，首次实现三项重点指标全面达标。实现新业务价值 4436 万元，完成年度目标的 151.1%，分公司作为第 5 家省分公司提前完成全年长期发展目标。

2020年续创上海市文明单位成功，荣获上海保险业清廉金融文化建设“六个一”活动先进单位三等奖、《上海保险行业资讯》先进组织单位三等奖、集团公司邮银结算业务发展劳动竞赛优秀组织奖、中邮保险廉洁文化短视频优秀组织奖等奖项。

全面落实高质量发展要求

业务结构持续优化。期交保费占新单总保费比重由2019年的69.2%提高至77.7%，长期期交保费占期交保费比重由2019年的31.9%提高至57.1%。

点均保费再创新高。2020年展业网点178个，根据全部484个入网网点统计的点均保费119.6万元，全国排名第六。

行业地位稳步提升。原保费市场份额1.19%，比上年提高9 BP；新单保费市场份额0.96%，比上年提高26 BP；期交保费市场份额3.4%，比上年提高92 BP。

深化协同促进转型发展

落实邮银保三方“同研究、同部署、同落实、同考核”的工作机制。一是全面融入上海邮政网点转型推进工作，共同打造80个转型示范网点。二是选取20个网点试点精准营销，全体讲师按1∶4人网配比实地指导。三是开展“一区一策”定制化培训17场，精准施策提能。四是开展分行TOP30内训师培训，增强财私客户营销能力，挖掘高净值客户。五是梳理零售负责人核心工作职责，打造标杆财富管理网点工作模式。六是协同打造学习型组织，形成“七个转变”的特色支撑举措。

板块联动。一是以邮政业务外包合作单位为突破口，与6家劳务公司签订团险意外险合同，实现保费105.9万元，覆盖人员1594人。二是团险外拓直销保费166.6万元，比上年增长75.3%，增幅全国排名第7位。三是协同市邮政分公司“铁三角”惠农项目组完成29单惠农团险合作，达成进度116%。

创新赋能实现线上线下融合服务

一是疫情期间原创制作“技能操作H5类”“网点转型和案例萃取长图类”“课程体系课件类”三大线上培训工具百余件。二是开通微信企业号实现一对多同步培训，尝试线上直播丰富培训形式，提高培训覆盖面与培训效果。三是发布朋友圈广告，联合专业机构探索微信服务号运营，通过多功能二维码、答题关注等形式（如520花式表白、儿童节难忘留言、短视频征集令等）吸引内外部客户关注并参与线上活动，在不断精准标签的同时为渠道销售人员提供与客户触达的机会，提高获客和营销成功率。四是通过CRM系统制作分公司2019年、2020年客户画像，掌握客群特点，助力渠道更好实现精准营销，通过精准营销完成保费321万元，跟进率53.5%，全国排名第13位。

持续优化人力资源管理

一是优化人力评价制度体系，制定考勤管理、绩效管理等办法，从业务包联、关键业绩、作风建设等方面对员工进行全方位评价。二是开展素质提升年活动，全面落实员工素质提升工程，分层分类开展精准培训，持续着力提升人才队伍专业素养和履职能力，通过“线上+线下”组织培训66场，参训1106人次，培训7495课时，初步搭建“五维度人才队伍建设模型”。

牢牢守住风险防控底线

一是开展乱象整治“回头看”与风险排查，以查促改，遏制增量问题，为巩固风险防控体系奠定坚实基础。二是组织开展“亮剑行动”回头看，围绕回访管理、客户信息性管理、“双录”管理等关键环节开展集中排查，先后3次通过联席会议研究部署相关工作，对7个网点开展联合检查。三是组织开展操作风险和偿付能力风险自评估。针对251项重点子流程开展逐项操作风险评估，围绕偿付能力的风险管控指标，对64项制度健全性和50项遵循有效性进行评估，未发现重大风险隐患，操作风险和偿付能力风险管控平稳有序。四是联合邮银开展合规文化建设，强化“保险姓保”理念，2020年专项方案制定的36条具体措施100%完成，牢牢守住不发生系统性风险的底线。

持续全面从严治党

一是全年开展“三个第一时间”学习49次；党委理论中心组学习12次，研讨11次，强化理论学习，为分公司高质量发展贡献力量。二是将作风建设情况纳入绩效考核，聚焦四个“着力解决”，激发分公司干部员工干事创业的热情。三是加强纪律建设，推动廉洁文化建设“五个一”品牌宣传；参与清廉金融文化建设口号征集活动、举办“廉洁中邮　你我同行”抖音短视频评选、廉政知识竞赛等活动。四是党建与中心工作融合，实施“党建+服务”包联支撑矩阵模式，下沉一线，分层推进，助推渠道价值成长。五是构建和谐企业文化，通过举办企业文化传承座谈会、《公司船》读书活动、“后疫情时代的思考”征文等活动，促进企业文化凝聚；常态化开展每日晨会、每周一讲活动，让每位员工登台展示，在分公司营造弘扬正能量、积极昂扬的舆论氛围，践行社会主义核心价值观。（中邮保险）

【中邮证券上海市分公司】 截至年底，中邮证券上海市分公司客户规模达16810户，客户资产规模超5.85亿元，全年证券交易额超过50亿元。

协同发展

形成协同发展氛围。充分发挥上海邮政协同发展委员会平台作用，争取邮政邮储各级领导对中邮证券协同发展的支持，推进落实市、区、基层单位三级协同发展机制，在“有效户大提升”上初步形成“上热中热下也热”的协同发展氛围。

推进全面协同发展。提出上海中邮证券全面协同发展指导意见，推动以有效资产引入为核心、中邮证券各业务条线全方位拓展的全面协同发展工作，并在松江区邮政分公司开展交易型客户规模资产引入试点。

创新有效户协同发展新模式。在邮政邮储的支持下，从上海证券市场和邮政、邮储协同发展的实际出发，以有效资产引入、高净值客户引入为重点，创新推行针对邮政金融客户群体特性的“产品带客户”“可转债持续申购”“红利股＋打新”等有效户发展新模式。

切实做好专业支撑。对邮政邮储协同单位开展专业培训，实行专人对口联系制度，设立热线电话进行开户前置指导和处理，做好专业支撑和专业保障工作。

推进“双向协同”。强化主动协同意识，秉承“四方共赢”原则，挖掘、共享客户资源，推进“双向协同”，协同邮政邮储发展以对公存款为主的金融业务。

拓展市场

产品销售初步形成特色。充分开展市场营销，发挥中邮证券资管小集合产品的品牌优势，增强客户黏性，2020年向2个机构客户成功推荐销售资管小集合产品，初步形成大客户、大规模、高效益的产品销售特色。

发展机构业务。在全公司率先拓展“险资分仓”业务，上海人寿租赁交易席位于年中正式开始启用交易，基金分仓、股权托管等业务取得实质性突破。

尝试投行业务。“胜握胜”应收账款ABS项目虽未成功落地，但为分公司发展投行业务做了有益尝试。先后参与城地股份的可转债招标，持续跟踪艾尔贝等目标客户，储备城投债等项目。与青浦发改委、上股交分中心取得联系，挖掘长三角一体化合作契机。

完成东大名路轻型营业部建设。在总部支持下，按时完成东大名路营业部团队负责人和工作人员招聘录用、场地装修、证照办理、证监局备案、人行备案、设备安装、网络调试等筹建工作。东大名路轻型营业部于8月11日正式对外开业。

疫情防控

面对新冠肺炎疫情，成立疫情防控工作小组，迅速制定应急处置预案，筹措各类防疫物资，全面落实各项疫情防控措施，全力抓好复工复产。直属营业部在股市复市后正常开门对外营业，确保疫情期间客户正常交易。同时，在确保自身正常对外营业的前提下，抽出人手做好邮政的帮运、帮投工作，参加帮扶帮投志愿服务27人次，人均超过2次。

内部管控

完善日常内部管理。推动从制度制定向推进制度执行转化，实行常态化内部监督，夯实各项内部管理工作。制定客户投诉及纠纷处理制度、保密管理规定细则、公务车辆管理办法等，加强信息安全管理，自主开展2次应急演练。

加强合规风险管控。设立专职合规人员、调整反洗钱人员岗位配置，每月开展合规培训和反洗钱培训，开展同业公会自律规范执行情况自查等多次自查自纠，做好大额异常交易等反洗钱监测，有效防范金融风险。

开展投资者教育。开展新证券法宣传活动、防范非法证券期货宣传月活动、“金融知识普及月　金融知识进万家　争做理性投资者　争做金融好网民”活动、反洗钱宣传，进一步提升广大金融消费者金融素养和风险责任意识。

提升人员专业能力。组织员工开展执业人员继续教育、各类线上培训、业务知识自学、每月司务会议四项培训等，扩充证券专业知识，提升专业能力，4人通过基金从业考试、1人通过中级经济师资格考试。

加强因私出国（境）管理。对所有员工的因私出国（境）证件进行统一集中保管，并严格执行因私出国（境）审批制度。

党建引领

开展党内组织生活。拟定2020年工作计划和季度学习计划，编发党员学习资料12期，根据“三个第一时间”学习机制要求及时组织党员开展学习。围绕“四史”等主题，开展“三会一课”，组织参观、观影等主题党日活动。严格落实民主集中制。发展预备党员1名。

推进巡视整改工作。召开巡视整改工作小组例会7次，分别制订2020年度持续推动中央、集团党组巡视整改工作计划。每季度对巡视整改措施落实情况进行评估，并形成评估报告。开展举一反三、自查自纠、未巡先改，28条推进措施均完成阶段性目标并持续推进。

加强党风廉政建设。与各部门负责人签订《2020年度党风廉政建设主体责任书》，层层压实责任。每月开展廉政专题培训，每逢节假日对员工做好廉洁提醒，组织全体人员签订《廉洁从业承诺书》。开展党风廉政宣传教育月活动，开展廉政谈话，举办廉政专题党课，组织参观上海公安博物馆等。

加强群团工作。召开青年员工座谈会，组建青年理论学习小组，每季度开展一次集中学习交流。注重企业文化建设，组织员工赴杨浦区邮政分公司参观喜马拉雅党建有声墙、参观淞沪抗战纪念馆等团建活动。每逢节日、员工生日，都会送上节日慰问品和生日蛋糕券。（中邮证券）

江苏省

【江苏省邮政分公司】

国企责任

疫情防控。第一时间传达贯彻习近平总书记重要指示精神，统一思想、坚定信心。第一时间成立疫情防控领导小组，统筹调度、科学应对。第一时间践行“国家队”担当，履行“四不中断、四免费办”承诺，运输防疫物资16.4万件。主动对接教育等政府部门，推出教材寄送到家服务，配送54.7万件。拓展医药配送项目，实现寄递业务27.8万件。帮助解决“农民卖菜难，市民买菜难”问题，以同城配送托底百姓生活必需品供应。坚决贯彻党中央复工复产工作部署，利用社会快递停摆窗口期，加大寄递网络组织，不拒收、不限量，6月峰值529万件/天。紧抓集团下发淘系客户开发，实现业务收入15.5亿元，占快包总收入的48%。加大新客户抢夺开发，实现收入2亿元。《人民日报》、《新华日报》、人民网等主流媒体多次给予报道。

“三大攻坚战”。开展扶贫项目243个，打造116个过万单扶贫商品，投入扶贫资金487.6万元，提前完成三年扶贫规划目标。完善管理机制，开展市、县机构及网点风险防控分等分级管理，实现13个地市“飞行检查”全覆盖。推进绿色包装、绿色运输和绿色金融三大任务，绿色邮政“9792”工程全部达标。

经营发展

完成各项目标任务，实现业务总收入230.7亿元，列全国第2位，比上年增长10%。

代理金融。新增金融总资产1170亿元，余额净增635亿元，收入突破百亿。储蓄业务紧抓代发、社保卡、特色经济等项目，新增价值存款470亿元，比上年多增228亿元。中收业务强化资产配置理念，实现期交保费85亿元，比上年增长71%；非货币基金销量117亿元。网络金融加快发展，新开发收单商户49.5万户，沉淀资产470亿元；净增手机银行193万户，快捷支付绑卡254万户。累计建成八大客群2062万户；走访客户1007万人次，组织活动13.8万场，新增有效客户57万户，活动期净增储蓄余额263亿元。金融收入、中间业务收入、储蓄余额规模等8项指标列全国第一。

寄递业务。寄递业务收入91.2亿元，列全国第2位，较上年提升1位。特快业务主攻五大重点市场，实现收入16亿元，比上年增长10.9%。推进法院集约送达项目，13个地市全部签约上线，收入1.1亿元，得到最高人民法院院长肯定；推广营揽平台销售化转型经验，现费散户收入1.1亿元，比上年增长89%；协同运作大闸蟹、阳山水蜜桃等生鲜项目，实现收入8683万元；以高录书、中小学教材寄递等项目切入校园市场，实现校园特快收入3126万元，比上年增长13.8%。快包业务聚焦产业集群市场，推广常州邹区“919”模式，24个集群市场落地“准加盟制”改革，实现收入32.4亿元，比上年增长21%。国际业务加快源头获客，邮商并举，收入31.3亿元。物流业务推动烟草、军民融合、汽车行业等战略合作

2020年，中国农民丰收节无锡·宜兴主会场，宜兴市邮政分公司现场展示多款邮政惠农产品

落地，收入8.8亿元。

农村电商。打造批销大单品，激活数字化优质站点1.4万个，自营批销额8.6亿元，比上年增长68%，规模列全国第2位。打造“我为合作社代言”品牌，举办首届绿色食品云展会，农产品销售额4.9亿元，比上年增长47.3%，规模列全国第1位。探索优惠购模式，发展会员84.1万人，列全国第1位。打造线上福利兑换平台，实现销售额6345万元，比上年增长428.8%。开通社区购网点297个，邮乐小店月活用户1.6万人，比上年增长33.6%。

传统邮务。推动函件业务向线上化、数字化转型，集邮业务向“集藏+文化消费”转型，报刊发行业务向多媒体发行服务商转型。实现集邮收入5.1亿元、函件收入7.6亿元、报刊发行收入7.5亿元。函件、报刊列全国第1位，集邮列全国第2位。

渠道转型。分校园、主题、商圈、社区、乡镇五类，推进202个网点转型；在南京、常州、宿迁等地市的33个网点推进场景化转型试点；创新打造高校“伴随·佳”品牌项目，累计进驻高校61个，实现收入5894万元；成功试点BSC数字化营销模式，加强在邮品分销、报刊收订等工作应用，促进传统营销向数字化营销转型。

协同发展。出台省内协同项目管理办法，推出“协同内参”“邮银协同工作证”等制度。推进集团六大协同项目运作，实现收入12.5亿元。推进惠农项目，加大与农业农村主管部门合作，实现省—市—县三级100%签约，承接省农民专业合作社联合会运营。推出“惠贷”“惠销”“惠寄”礼包套餐，走访合作社及个人客户（含家庭农场）13.9万个，实现极速鲜收入8131万元，标准箱收入1.98亿元。提速发展电商协同项目，开发“融E寄”客户1.3万个，月日均沉淀金融资产9亿元。与省退役军人事务厅、徐工集团、红豆集团等11个总部客户签订战略合作协议。

服务质效

普遍服务。建制村直接通邮率和县以上党报当日见报

率100%，营业服务达标率100%，投递频次和深度达标率100%，普服邮件全程时限全面达标，机要通信实现28年质量全红，"七达标，三确保，两提升"总体目标全面实现。

时限四库。总结推广"八步工作法"，逐条线路对标、立标、达标，提升时限水平。出口现实库，领先或持平标准库线路特快占比68.7%，快包占比88.4%；领先或持平竞品库线路特快占比66.3%，快包占比62.1%。52个重点城市、省内互寄、长三角互寄次日递率均列全国前2位。在集团全网运营质量综合评价中居前3位。

发展能力

政府签约有效落地，法邮合作全国首创，释放政策铺垫红利；核心口岸落户南京，处理资源超前储备；电力、烟草、华为、徐工等一大批战略合作伙伴牵手邮政，对客户铺垫作出积极响应。

能力建设。实施徐州、南通二期、苏州辅楼、连云港等邮件处理中心建设。完成江宁120亩地块一期工艺设备的安装调试工作。全省14个分拨中心配备9台小件机、1台大件机、3套摆轮系统、7套胶带输送系统，日均处理能力提升475万袋（件）。新构建金融网点5处，完成网点改造103处，投入资金8436万元。新增智能柜员机1926台、CRS 500台、清分机164台、捆钞机143台。

科技赋能。优化金融智能营销平台，叠加网点资金流向分析、电子银行交易替代率看板、网点效能分析等功能。研发时限应用管控系统。开发规模客户智能化营销管理系统。构建进出口组网模型、寄递客户画像推荐算法及揽投点布局项目；建设江苏数据中台一期项目，形成数据资产，提供数据服务。

网路建设。①运输大集中先行先试。开展干线运输大集中，完成新一轮干线委办运输集中招标工作，原23家承运商压缩至5家。打破省内行政区划，试点"宁镇扬"网络一体化运营。组织全省分区汇集发运，先后停运一干邮路73条。监控一干非长三角路向发运车型，合理汇集大车出口，推进小车换大车。研发干线运力调度系统，实现要车、派车、验车、发车、结算一体化管理。全省运输成本0.89元/件，降低9.1%。②网络组织优化。强化省际分拨中心的处理和运输功能。全省基本形成"一中心两犄角"的组网模式，全面实施跨行政区域组织邮件就近入网，推进出口邮件分区汇集发运和尾量集中，增开13条一干往返邮路，日均减少运行里程2万余公里。推进干线邮路组织优化应用智能组网系统，动态调整省内邮路直开、串行方式，二干邮路每日少开行11条，日均减少运行里程2055公里。③投递网组织创新创优。加快自提网建设，快包自提业务量占比74.8%，列全国第1位。进"网格团队+中转接力"和"自提点集包+串点直投"作业模式，累计建成网格团队959个，直投中心36个，件均投递成本1.33元。投递运行质量综合排名始终保持全国第1位。

改革发展

中心局改革。在南京中心局试点内部处理"准加盟制"改革，件均外包处理成本0.398元，较改革前下降16.8%，压降作业人员62人。在8个地市、11个处理场地推广"准加盟制"。试点南京中心局经营承包责任制改革，压缩职能部门2个、生产机构3个，优化分流至生产车间30人。提炼归纳《处理岗位操作口诀"三句半"》，推动工效提升。

人力资源优化配置。调优领导班子年龄结构，新提任6名40岁左右三级干部。下发代理金融网点人员优化配置指导意见，全省配备专兼职理财经理3278人，新增1260人。打造寄递营销体系"百千万"工程，选配转型大使147人、专业营销人员1823人、专兼职营揽人员10696人。举办远程培训项目19个，8960人次在线学习；开展线下集中培训班107次，7871人次脱产学习。

代理金融准事业部制。强化金融业务部垂直管理。调整各级金融业务部机构编制。建立代理金融从业人员人工成本预算模型，引导各级金融业务部主动提能增效，推动业务转型。

财务管控

制定寄递降本增效实施意见，明确6大类45项具体措施，五大环节成本全部实现压降。制定"面单+称重费+装载率"结算政策，按照网运一体化要求调整宁镇扬运输结算价格，明确全省干线委办邮路装载率考核办法。实施对南京、无锡邮区中心局省财务派驻制管理。组织实施集中采购项目173个，合同金额24.8亿元，资金节约率22.8%。开展审计项目953个，审计金额3.1亿元，审减不合理工程费用4046万元，审减率12.9%。

安全管理

出台安全检查考核办法，完善检查范围，加大考核力度。开展"安全生产月"活动，各级邮政企业举办培训140余场次，开展各类演练280场。针对邮件处理场地等重点场所，开展安全管理能力专项提升活动。

党建工作

企业党建。全面落实新时代党的建设总要求，坚持服务生产经营不偏离，始终把党的领导融入企业改革发展的全过程和各环节，将党建作为一切工作的"根"和"魂"，以高质量党建引领高质量发展，推动党中央决策部署与经营管理深度融合，将国企的政治优势转化为企业改革发展的动力优势，凝聚企业发展强大力量。

深入学习贯彻习近平新时代中国特色社会主义思想，巩固主题教育成果，确保党中央和集团公司党组决策部署件件有着落、事事有回音。落实党委理论中心组学习和"第一时间学习"机制，开展"大学习、大讨论、大落实"

活动；开展形势任务教育宣讲，实现全覆盖。充分发挥党组织和党员在旺季生产及疫情防控期间的示范引领作用，开展“党旗飘在一线、堡垒筑在一线、党员冲在一线”突击攻坚行动，“双十一”期间，组织省直机关党员驰援一线700余人次；总结推广宿迁邮政“点、线、面”等5个党建工作法；推动无党员网点清零，全省邮政无党员网点占比2.8%，较上年下降3.9%。聚焦“六型机关”目标，开展模范机关创建活动，做好学习研讨、工作落实及巩固提升各环节工作。

巡视巡察。认真做好中央巡视和集团公司党组专项巡视整改工作。严格执行中央巡视整改“季中评估”“季度例会”和“重要事项随时研究”工作机制。针对集团公司专项巡视，坚持边巡边改、立行立改，制定集团专项巡视反馈问题整改措施124条。开展对省分公司各部门、在宁直属单位和省寄递事业部非一体化部门常规巡察，发现问题252个，问责处理65人。

党风廉政建设。聚焦党的建设、改革发展、经营管理、风险防控工作中重大失职失责问题，精准有效开展政治监督、日常监督。持之以恒落实中央八项规定精神，一以贯之纠治“四风”。全省各级纪检机构共立案34件，运用“四种形态”处理处分198人次。

精神文明建设。13个地市分公司创建全国文明单位实现“满堂红”。召开“两会”精神报告会。建立全省邮政先进典型信息库。何健忠当选2020年度全国“最美退役军人”；赵颖东获评全国“敬老爱老助老模范人物”；顾松学、马善民、杜寅捷获“全国邮政行业劳动模范”；朱新财当选“江苏省十佳文明职工”“最美抗疫职工”；王国平当选“江苏省最美退役军人”。南京白龙江营投部被授予“全国交通运输行业文明示范窗口”；无锡邮区中心局、徐州机要通信分局、南京谢培军创新工作室获得“全国邮政行业先进集体”称号。尊重基层首创精神，“吴江模式”“顾山模式”等展现出强大韧性和旺盛活力。

工会工作

为全省1.65万名揽投员增配夏季上衣，投入资金347万元。开展第三期邮政员工重大疾病医疗互助保障工作，补助692人，补助金额1136万元。建成职工小家2011个，下拨专项补贴资金2707万元。开展“两节”慰问活动，行政、工会累计投入专项慰问资金198万元。（江苏省邮政分公司）

【邮储银行江苏省分行】

经营发展概况

实现营业收入140.23亿元，比上年增长14.44%；实现利润总额75.15亿元，比上年增长17.59%。经济增加值18.81亿元，经济资本回报率15.16%，成本收入比37.81%。资产总额9310.21亿元，比上年增长14.16%。各项存款余额8541.44亿元，比上年增长12.53%，新增存款950.91亿元；各项贷款余额5520.85亿元，比上年增长14.11%；存贷比64.64%。不良贷款率0.32%，比上年末下降0.07%，低于江苏省同业平均水平0.6%。拨备覆盖率431.01%。

落实中央决策部署

抗击新冠疫情。坚决落实党中央国务院、集团公司和总行关于疫情防控的重大决策部署，确保疫情期间金融服务不间断。对2223家抗疫重点小企业名单逐一开展对接服务，投放抗疫企业贷款37.75亿元。向湖北省捐赠1辆负压救护车和50箱防疫物资。辖内2名员工获集团公司“新冠肺炎疫情防控工作先进个人”荣誉称号，徐州市分行获集团公司“新冠肺炎疫情防控工作先进集体”荣誉称号。

服务国家战略。结合《中国邮政储蓄银行金融支持长三角一体化发展行动方案》，为辖内6家重点城市分行制定差异化金融支持方案，支持长三角区域大交通建设，稳健支持制造业发展，抢抓新能源、新基建、新型城镇化发展机遇。截至12月31日，与省内8个地级市政府签订战略合作协议，签约金额3800亿元。对大型跨区域项目，协调联动长三角地区其他分行，组建内部银团，推进区域协同发展。出台绿色银行建设工作指导意见，全行绿色信贷领域年净增83.89亿元，增长40.1%。

推进普惠金融。普惠型小微企业贷款余额730.72亿元，净增213.34亿元，高于各项贷款增速27.12%；户数8.17万户，净增1.19万户。涉农贷款余额1461.78亿元，年净增209.21亿元；其中普惠型涉农贷款余额319.02亿元，净增34.73亿元；精准扶贫贷款余额14.55亿元，净增2.58亿元。

业务转型发展

零售业务。自营储蓄存款余额1644.62亿元，列系统第2位，净增193.80亿元，列系统第1位；实现新保保费37.46亿元，列系统第1位；非货币基金销量37.45亿元。小额贷款余额619.77亿元，列系统第2位，年净增122.06亿元（不含平台合作贷款），列系统第1位；个人消费贷款余额2931.97亿元，年净增328.21亿元，均列系统第1位。信用卡业务新增新客54.9万户，列系统第1位。手机银行客户净增117.73万户，列系统第1位；收单商户新增12.53万户，列系统第2位。“五邮”平台、微信公众号线上引荐白领贷34.4亿元、生意贷63.6亿元、小微快捷贷36.4亿元。

公司金融。公司存款时点净增138亿元，列系统第1位；日均净增117亿元，列系统第1位。公司贷款净增（含“三农”公贷）193.23亿元，列系统第1位。交易银行业务实现国内贸易融资余额243亿元，外汇存款年日均余额7.66亿美元，跨境结算26.6亿美元，海外债投资新增 1.3 亿美元，均列系统第 1 位。小企业贷款 6149 户、余额 284.26 亿元，列系统第 2 位，年净增 1981 户、76.74 亿元，列系统第 1 位；推动小微金融服务线上化转型，小微易贷年净增 18.5 亿元。

资金资管。金融同业业务实现票据资产规模 663.04 亿元，列系统第 1 位，开展票据直贴业务 876.41 亿元，直贴票据流转交易 558.80 亿元，均列系统第 1 位。资管业务收入列系统第 1 位，资管投资业务新增 101.83 亿元，列系统第 1 位。

风险内控管理

全面风险管理。推进风险防控“大排查、大处置、大提升”行动，处置表内外不良资产 17.53 亿元，比上年增加 4.6 亿元，2 户大额呆账核销项目通过总行审批，不良资产处置贡献税前利润超 7 亿元。

信用风险管理。审批通过 1606 笔业务，比上年增长 64%，其中公司授信新增客户 326 户、授信金额 960 亿元，比上年分别增长 262%、156%。强化放款支用环节的审查审批，严格规范贷款用途。荣获首届总行授信管理能力提升竞赛集体一等奖。

法律内控管理。健全内控管理机制，提高合规意识，增强风险揭示与及时纠偏能力。消费者权益保护全面实现“两控制、两下降”目标，监管转办投诉总量下降 15.22%，有责投诉总量下降。全面加强法务管理，防范法律风险，未发生案件和重大风险事件。

内部审计工作。严格落实“审计质量工作规范年”要求，合理配置审计资源，完成审计项目 25 个（包含跨省交叉等项目）；提出审计建议 123 条，建议采纳率 100%；整改问题 349 个，整改率 89%。

安全生产工作。以“平安邮储”单位创建为中心，开展安全生产专项整治三年行动、安全生产和行风行貌专项整治等活动，安全防范能力进一步提高，全年未发生安全生产和安保类责任事（案）件。

管理运营效能

机构改革。依照总行机构改革方案，结合分行经营管理实际，坚持战略导向、精简高效、适度差异化原则，制定分行机构改革方案，推动实施辖内分支行内设机构改革工作，实行个人金融、普惠金融、公司金融、风险管理、综合支撑五大板块管理。

资产负债管理。资产负债管理工作得到稳步推进，稳健落实信贷投放，逐步细化资本管理，科学开展利率管理，流动性风险可控，主动加强统计与分析，资产负债管理委员会高效运行，助力全行经营发展。

财务管理。完成存量贷款 LPR 换轨工作；开展“厉行节约、过紧日子”专项活动，相关费用比上年压降 13.47%；开展“重点重抓 补弱补差”专项活动，一行一策加大业务指导力度。做好分行防疫物资和生产发展采购保障工作，加强采购权限管理，规范采购行为。完成总行设定的年度工程建设完工目标，工程建设精细化水平进一步提升。

金融科技赋能。完成“数据中台一期”“邮捷”“邮芯”等管理类项目 32 个；完成中间业务项目新业务 78 项，升级改造 107 项，银企直联项目 22 个；荣获全国邮政企业科技创新成果一等奖、江苏金融业科技创新奖。

运营管理。结合“42572”全省网点系统化转型评价体系，扎实推进网点类比组考评工作。类比组考评网点点均营业收入 2846.01 万元，比上年增长 15.86%；点均营业利润 2078.55 万元，比上年增长 6.09%。推动“521”场景建设及应用，实现商户拓展 1850 个、个人钱包开立 2.36 万个、对公钱包开立 603 个，周日均交易 11.54 万笔。

客户服务。组织开展“客户之声”“员工之声”专题分析，开展 2 期高管体验活动，提出优化建议 100 余条。深入开展“金融知识普及月”“金融知识进万家”“争做理性投资者”“争做金融好网民”等主题宣传活动，获江苏银行业协会普及金融知识宣传活动最佳组织奖。

代理金融。协同推进惠农合作、汽车产业链等重点协同项目，惠农合作社贷款余额超 10 亿元，年净增 5.97 亿元；汽车金融余额 10.32 亿元。协同做好信用卡、公司业务、开放式缴费平台等重点协同业务，邮政引荐信用卡新客户数 7.13 万户；邮政营销推荐公司存款 12 月月日均余额 21 亿元，比上年净增 12.5 亿元；开放式缴费平台项目新增上线 667 个，有效户数 300 户。

全面从严治党

党建重点工作。持续推动模范机关建设，开展“企业文化大讨论”活动，开展“五抓五促”作风建设行动。严格执行“三个第一时间”学习机制，召开 15 次党委理论学习中心组学习会议，举办全省基层党组织书记及党务干部培训班、学习贯彻党的十九届五中全会精神专题培训班。

党风廉政建设。开展新冠肺炎疫情防控、金融扶贫、三大攻坚战、厉行节约反对浪费、机关作风建设等专项监督检查，组织两批次对 6 家市分行党组织的常规现场巡察工作。

巡视整改。做好 2020 年总行全面从严治党及中央巡视整改专项检查反馈纪检问题整改工作。针对反馈的执纪审查不规范、问题线索处置不规范问题，在全辖区内组织开展对纪律审查问责落实情况的监督检查工作。

人才队伍建设

人事改革。制订三年人才发展规划。加快科技人员、业务紧缺型人才、经营管理人才引进。启动“领航工程”人才库建设，建成中级、基层管理人才库，提拔 15 名省分行党委管理干部。搭建干部交流任职平台，选派 2 人到地方政府挂职锻炼。

队伍作风建设。围绕“九对照、五聚焦、三十看、做一个政治上的明白人”检查政治底线问题，抓好意识形态工作。下发落实党风廉政建设主体责任、监督责任实施意见，落实“两个责任”，强化一岗双责。制定下发纪律建设与正风肃纪指导意见，严明“100个严禁”负面清单。（邮储银行）

【中邮保险江苏省分公司】

经营发展各项目标圆满达成

实现总保费90.14亿元，比上年增长12.77%；期交保费80.19亿元，比上年增长23.6%，其中，期交新单保费30.49亿元；续期保费49.7亿元，比上年增长25.79%；长期期交新单保费17.72亿元，比上年增长192.49%；实现趸交保费9.95亿元，以上6项保费规模均列全国中邮保险第1位。邮保一生、邮保安康C等重点价值型产品发展取得实质性突破，保费收入均列全国第1位，集团长期期交“双百亿工程”提前87天达成。

运营管理水平持续提升

理赔获赔率98.68%，列全国第1位；保全全流程时效0.01天，列全国第1位；人核件全流程时效3.82天，列全国第3位；犹豫期内回访成功率99.4%，亿元保费投诉件数0.067。13个月保费继续率95.98%、25个月保费继续率98.64%、宽末综合达成率98.29%，此三项指标均位全国前列。分公司连续3年蝉联中邮保险业务技能大赛一等奖。

党建引领不断纵深推进

持续贯彻落实全国国有企业党的建设工作会议精神。始终把坚持党的领导、加强党的建设融入企业发展和管理各环节，组织开展“党建+价值转型”“党建+专业运营”“党建+示范创建”等主题实践活动，促进党建与中心工作有机融合。获中邮保险“党建工作示范单位”称号，分公司第二党支部获“中国邮政集团有限公司先进基层党组织”称号；团支部获“2019年度共青团江苏省级机关五四红旗团支部”称号。

和谐企业发展深入推进

推进新一轮省级文明单位“城乡结对、文明共建”工作部署，与宿迁市泗洪县双沟镇后窑社区签署为期3年的文明共建协议，以共建基础设施、共育文明新风为重点，助力乡村振兴。获评“全国交通运输服务文化建设优秀单位”。基于RPA技术的保险理赔辅助作业系统应用获得集团公司2020年全国邮政企业科技创新成果二等奖；王梦劳模创新工作室被集团公司命名为“中国邮政集团劳模创新工作室”。（中邮保险）

【中邮证券江苏省分公司】 累计实现营业收入3794.28万元，支出成本1632.5万元，累计实现利润2161.78万元。

业务发展总体情况（含轻型营业部）

经纪业务。截至年底，累计开户18.26万户，其中有效账户1.48万户，占比8.1%。邮储银行第三方存管账户15.59万户；客户资产合计18.58亿元；年度累计成交230.95亿元。开户数及有效户绝对值均在分支机构中名列第一。累计开发两融客户60户，其中机构户4户，个人户56户。两融客户总资产3649.53万元，两融授信额度2.13亿元，额度使用5.16%。截至年底，分公司（含无锡）签约经纪人7人，经纪人实现托管资产7798万元；签约客户经理2人，客户经理实现托管资产1089万元；产品累计销售5.71亿元，其中资管产品累计销售1.33亿元。

机构业务。截至年底，存续资管通道项目规模60.55亿元，净收入82.06万元，投行收入707.5万元，位列全国分公司前列，机构业务部推动江苏省邮政公司补充医疗保险资金主动管理项目“金陵二号”项目立项及落地（资管金额1.3亿元）。9月，联合邮储银行江宁支行开发南京江宁科技城发债业务，已签订协议。另有众彩物流、靖江市平台等多项目正在储备；由于疫情影响，机构业务部探索分公司机构业务创新，如同业存款资管项目、供应链金融类资产证券化资管计划等，有序开展线上和线下相结合的营销活动。

邮银协同

经纪业务发展质量显著提高。一是坚持邮券协同发展。以协同发展为中心，把握邮政生产规律，将资产净增指标列入2020年邮政金融跨年度竞赛活动目标联合推进，实现证券资产净增5亿元。第二、三季度，将证券金融资产、有效户发展作为邮政金融常态化发展的重要指标，嵌入“大干二季度　奋战双过半”金融业务营销活动和“攻坚三季度　决胜全年红”金融业务营销活动中。实现有效户新增2500户，新增证券金融资产1.5亿元，销售基金1亿元。二是创新获客引流模式。借助总部举办的2次线上投资报告策略会和首届“金鸿杯”模拟炒股大赛的契机，通过客户群、朋友圈广泛转发，持续营造氛围，吸引3000余名客户参加，树立公司的品牌形象。活动引流有效户1000余户，效果显著。三是销售定制化产品深化协同效应。分公司以总部重点产品销售为契机，坚持差异化产品设置，丰富邮银渠道产品线，满足高端客户投资多元化需求。截至年底，协同邮银累计销售重点产品5.74亿元。

资管投行业务实现资源优势整合。机构业务部加强渠道建设，全面贯彻集团领导讲话精神，开展与邮储银行协同合作。在巩固现有业务的同时，逐步由点到面，将业务范围向全省各地市延伸，重点布局苏锡常以及南通、泰州、扬州、盐城等经济发达地区，探索银证板块联动新模式，通过不断创新开启协同新机遇。

试点改革

坚持“三个视角”“三大规律”，进行体制机制改革。在管理体制方面，坚持“面向市场，以客户为中心”，全面对接行业最优实践，建立健全经营组织架构，全面提高运营效率。在用人机制方面，实施市场化选聘、契约化管理、市场化薪酬、制度化退出。成功引进市场化人才4名，提升公司专业能力和市场竞争力。在考核机制方面，强化目标管理，定制月度绩效考核办法和业务营销人员绩效考核办法，充分调动员工主观能动性、督促员工认真履职。实现人员能进能出的局面，激发员工的内生动力，推进快速健康发展。

合规运营

严格按照运营业务规则落实分公司日常运营管理。一是组织部门人员集中学习，认真培训，严格落实监管和公司经纪业务各项制度、办法及业务操作流程，切实保障运营业务有序开展。二是及时处理客户和地市问题。三是风险控制，审核和批准临时权限及特许业务申请。四是落实人员权限管理、资格申请。本年度对公司所有人员的岗位进行核查，对不符合本岗位的权限进行注销，对新增的岗位权限及时申请，并逐一按流程留痕；完成新员工人员公示、业务资格审批等工作。

推动合规及反洗钱工作。一是加强人员及岗位管理。逐一核实从业人员从业资格。二是加强合规执业管理，开展执业行为的合规性日常监控与检查。三是合规管理、检查与审计到位。合规管理人员行使监督检查职责，对合规管理制度和流程执行情况进行合理有效监督、检查和评价，开展自检自查工作，年度内按照公司要求开展合规管理有效性评估、金融产品销售等方面的自检自查。

党的建设

坚持党的领导，加强党的建设，全面落实党建工作责任。一是深入开展党的思想理论武装学习，认真落实“三个第一时间”学习机制。响应总部党委省邮政公司直属机关党委的要求，要求全体党员充分利用“中邮先锋”和“学习强国”APP进行每日线上培训学习，与党中央保持高度一致，营造良好的学习氛围。二是坚持“一岗双职”，做好党建引领。疫情期间，党员领导干部充分发挥模范带头作用，党支部书记始终到岗坚守，各部室负责人带头到现场值守，保证企业经营工作的正常开展。在党支部书记的主导策划下，成立“驰援南京邮政邮区中心局党员突击队”，连续3天赴南京邮政邮区中心局现场驰援，每天工作10个小时以上，以实际行动践行板块协同理念。

从严治党，强化纪检监察工作。一是加强体制机制创新，落实全面从严治党责任制。严格履行“一岗双责”，将党风廉政建设自觉融入日常业务工作之中，与之同研究、同部署、同落实。坚决夯实主体责任，推动全面从严治党工作的落实。纪检监察严格按照全面从严治党要求，强化监督执纪问责，真正把纪律挺在前面。加强对领导干部的监督，切实加强对党风廉政建设和反腐败工作的指导、督促和检查。二是完善防控体系，筑牢反腐倡廉的思想防线。开展党纪党规教育，把学习贯彻党的十九大精神、习近平新时代中国特色社会主义思想作为首要政治任务。利用线上线下视频教学、主题党日活动开展示范教育和警示教育系列活动，通过观看廉政教育短片等方式，增强廉洁化的渗透力和实效性。围绕重点环节和岗位，开展廉洁风险防控，建立健全廉洁风险防控制度，从源头上把牢廉洁风险防控关。三是完善监督巡查体系，确保上级党委决策部署落到实处。把严格党的政治纪律放在首位，严格组织纪律、廉洁纪律、群众纪律、工作纪律和生活纪律，敢于同一切违反党纪政纪的行为作斗争，坚决纠正无组织无纪律、自由主义、好人主义等现象，确保纪律的严肃性。切实抓好对“三重一大”工作的监督管理。加强对重大项目、重点工程和重要事项的督查力度，确保各项重点工作按序时进度，保质保量推进到位。强化对物品采购、行政审批等重要事项的监督。

提升企业管理能力，确保稳健经营

后勤支撑服务意识不断强化。重视疫情防控工作，成立疫情工作领导小组，制定防范新型冠状病毒疫情工作应急处置方案，坚决把党中央各项决策部署、集团公司及公司总部相关要求落到实处。党员领导干部发挥模范带头作用，1月30日即到岗坚守，2月3日开市以来，各部室负责人带头到现场值守。同时，疫情期间分公司做到关爱员工，口罩、体温测试仪、消毒药品等各类防护用品配备到位，严格落实总部明确的防护措施要求。

企业文化宣传不断深入。参加江苏省邮政分公司各项活动，成立编撰工作小组，撰写自2014年至2018年度的邮政志，分别从开业的方案、挂牌成立、公司概况、工作概述、生产经营情况以及特色亮点工作6个部分进行撰写，字数达2万字左右，参加多次会审，根据反馈意见进行反复修改。同时，做好疫情防控的日常宣贯工作、慰问生病员工互帮互助以及陕西商洛市上河村扶贫助农核桃树认领的爱心活动，营造良好的企业文化和温馨的企业氛围。（中邮证券）

浙 江 省

【浙江省邮政分公司】

央企责任

普遍服务。完成“两提升、四强化、七确保”目标：营业服务达标率100%；建制村通邮实地投递打卡率99%

以上，居全国前列；普遍服务全程时限达标率同城 T+1 93.12%、同城 T+2 97.11%，省内互寄 T+3 97.46%、省内互寄 T+5 98.84%，全部达标且高于邮政普遍服务标准；条码平信信息断点率、普服给据邮件信息丢失率达到管控要求。全省 11 个市分公司、62 个县（市、区）分公司属地党政机关《人民日报》《浙江日报》当日见报率 100%；实现全省机要通信无失密丢损“二十七连冠”。

全力抗疫。做好疫情防控，未发生员工感染新冠肺炎病例。确保邮政服务“四不中断”，实现“四免费办”。开辟防疫物资运输绿色通道，承运防疫捐赠物资 92.5 万件。开展口罩、蔬菜、教材图书、医疗药品等便民配送服务。助力企业复工复产，助力“六稳”“六保”。开辟国际防疫物资运输通道：利用义乌—大阪邮航货运包机，将防疫物资直航送达日本；在义乌开通中欧班列邮政专列，向欧洲 23 个国家运送防疫物资等。省委书记、省长及常务副省长、副省长先后作出批示表示肯定。浙江邮政抗疫事迹被各级主流媒体报道。

三大攻坚战。做好省分公司扶贫结对帮扶遂昌县华洋村工作，助力该村提前 8 个月完成村集体全年收入目标；2018—2020 年全省累计完成万单扶贫项目 54 个，计划完成率 135%；累计培育电商扶贫能手 376 人，计划完成率 134%。全省广泛使用绿色新型包装箱和 45 毫米窄胶带，电子面单使用率 99.7%，电商快件不再二次包装率 99.83%；全省布放包装废弃物回收装置网点 1282 个，占网点总数的 53%，高于集团目标 23%；省内可循环邮袋使用率 93%；全省新增、更新揽投车辆 100% 使用新能源车。完善全面风险管理体系建设，未发生金融案件和风险事件；开展安全生产专项整治三年行动、平安邮政创建，未发生较大以上安全生产事故和重大公共安全事件。

经营质效

浙江省邮政分公司（邮速合并账）实现业务收入 147.13 亿元。

金融业务。完成金融收入 49.39 亿元，比上年增长 9.4%，高于全国平均 1%，超预算增收 1.5 亿元。余额扩规模、调结构成效明显：净增 318 亿元，列全国第六，其中下半年余额净增 207.6 亿元，列全国第四。新增价值存款 249.9 亿元，占新增余额的 78.5%。大理财业务全面推进：代理保险收入 9.4 亿元，比上年增长 21.1%，中邮期交点均 168 万元，列全国第一；净值型理财保有量新增 71 亿元，列全国第四；基金定投偏股型扣款 4.6 亿元，列全国第二；中邮证券新增账户 1.33 万户，列全国第三。“6+X”项目初见成效，腾讯联名卡、代发工资、商户收单、开放式缴费平台、邮储花呗、信用卡等发展均居全国前列。

寄递业务。寄递业务收入 76.18 亿元，规模列全国第三。完成业务量 14.07 亿件，比上年增长 6.16%。其中特快专递业务实现收入 11.59 亿元，比上年增长 17.87%，列规模前十省第一，较上年提升 3 个位次；快包业务收入 31.14 亿元，规模列全国第二；国际业务收入 29.1 亿元，规模列全国第四，其中海外仓收入 1.3 亿元，占全国比重的 52.1%。海外仓业务规模、利润、新签客户数、头程整柜数均排名全国第一。聚焦成本管控五大环节 25 项关键管控要素，细化 74 项具体措施，五大环节件均成本均优于全国平均，其中收寄、处理环节成本管控全国最优，运输、投递、管理环节成本分别较上年下降 22.1%、9.0%、27.4%。

农村电商。实现分销收入 5.91 亿元，规模列全国第五，较上年上升 1 位，比上年增长 22.07%，高于全国平均 7.71%。建设数字化优质站点 1.15 万个，完成率 143.85%。实现自营农品收入 2.7 亿元，完成率 149.8%；打造万单扶贫农品项目 22 个。实现线上自营批销额 4.87 亿元，完成率 119%；自营大单品十大品牌销售额 2.53 亿元，完成率 158%；邮乐小店月均活跃用户数 3 万个，完成率 126%。

浙江省天台县邮政分公司开展万年山高山蛋品扶贫帮销活动

传统业务。报刊业务完成收入 5.38 亿元，比上年增长 4.74%。《习近平谈治国理政》（第三卷）销售 48.5 万册，得到省委宣传部高度认可；函件业务完成收入 3.31 亿元，比上年增长 4.80%。集邮业务完成收入目标，实现收入 1.99 亿元。

协同项目。六大协同项目完成收入 11.59 亿元，规模列全国第四。

改革创新

管控体系。建立省寄递事业部—市—县三级营销管理体系，打造专业营销中心（政务营销中心、商企营销中心、国际营销中心、电商营销中心、物流营销中心）和销售平台（揽投部、电子渠道和社会渠道）相结合的营销体系架构。初步构建市场管控体系、成本管控体系、时限管控体系、服务质量管控体系。

机制创新。推行“众创众享”“创业经营”“准加盟制”等机制，全省已有324个特快专业揽投部实施“众创众享”，覆盖率91.27%。制定省分公司机关、专业部门、直属单位领导人员和员工绩效考核办法。

管理能力

财务管控。优化薪酬与资金联动机制，规范营收资金和欠费管理，推广预存代扣等收款模式，全省寄递业务欠费较上年减少0.88亿元。

人力资源。全省合同用工较上年减少422人。调整重点业务人员结构，强化营销力量。压降代理金融网点普柜1673人，普柜占比下降18%；个人客户经理增加1513人，占比提升18%。寄递二、三线人员占比下降2%。

集采力度。开展全省内部处理带设备外包、全省业务环节外包服务入围、义乌一干运输外包、电动三轮车租赁、车辆保险等集采项目。集采降本金额4.67亿元，压降幅度15.88%。

审计监督。组织开展审计项目224个。审减率10.99%。

党的建设

党建工作。严格落实党建工作责任制，抓好责任清单落实。省分公司党委理论学习中心组开展学习研讨9次。基本完成市、县分公司党委换届选举。开展基层党组织建设达标自评和创先争优活动，建立15个党建示范单位、50个示范党支部和500名党员先锋岗。率先出台基层党员空白班组党员发展行动计划，发展党员238人。消除党员空白网点班组187个，超额完成目标13个。2710名退休党员党组织关系顺利移交地方。

全面从严治党。坚持贯彻落实中央八项规定精神，驰而不息纠治“四风”，贯彻落实党中央和集团公司党组党风廉政建设各项要求，推动企业风气持续好转。抓紧抓好中央巡视和集团巡视整改，评估46条制度文件、制定落实152项整改措施。完成三批省内巡察工作。（浙江省邮政分公司）

【邮储银行浙江省分行】

经营发展概况

实现营业收入120.23亿元，增长41.24%；净利润52.33亿元，增长23.11%。经济增加值8.80亿元，经济资本回报率12.95%，成本收入比27.88%。总资产4626.95亿元，增长13.89%。各项存款余额4118.73亿元，增长11.75%，新增存款432.57亿元；各项贷款余额4363.30亿元，增长26.67%；存贷比105.94%。不良贷款率0.59%，拨备覆盖率368%。

落实中央决策部署

抗击新冠疫情。一是保障安全生产，严格落实营业及办公场所进出管控要求。二是保障线上线下金融服务畅通，2月末全辖自营网点实现100%营业，手机银行交易金额2644亿元，比上年增长125%。三是保障企业复工复产资金需求，配置防疫贷款专项规模、建立专门审批通道、开发专属产品、为名单内企业实施专项政策，为复工复产中小企业发放信贷资金294亿元，发放再贷款超10.6亿元，为5014户小微企业直接减息1700万元。

服务国家战略。对接长三角一体化等国家战略，长三角一体化项目新增授信19个、金额217亿元，“两新一重”领域贷款余额313亿元、占比58%。发展绿色银行，通过差异化的信贷政策，着重引导资金投向绿色交通、生态农业、清洁能源开发等项目，加快“两高一剩”行业的信贷退出；全辖绿色信贷余额168亿元，净增34亿元、计划完成率172%。

推进普惠金融。加大“三农”、小微支持力度，涉农贷款余额1391亿元，比上年增长8.71%；普惠型小微企业贷款余额823亿元，比上年增长30.10%，增幅高于各项贷款增速7.13%，完成监管“两增”要求。推进个人扶贫和产业扶贫，各项精准扶贫贷款结余27.88亿元，净增12.99亿元，计划完成率2886%。

业务转型发展

资产业务。①零售信贷方面，推进平台化和线上化转型，零售贷款结余3402.2亿元，净增902.3亿元，其中平台贷款净增562亿元。一是平台赋能，通过互联网信贷产品，实现平台获客，平台贷款新增收入30亿元，占全行增量85%。二是线上获客，自建白领贷微信获客平台，通过平台引流申贷客户数超5.2万户；小额极速贷净增114亿元、居系统内第1位。三是线上支用，小额E捷贷线上支用替代率77.8%，比上年增长38%，居系统内第3位；小企业贷款线上支用占比比上年增长15%。四是线上抵押，人脸识别技术覆盖100%网点，房地产抵押登记线上办理覆盖85%机构。五是线上审批，消费类贷种全部实现信贷工厂模式集中审批，单笔业务从上报到审批平均用时1天，较传统审批方式缩短近2天。②公司信贷方面，新增授信客户121个，公贷净增71亿元、比上年多增13亿元。一是对接长三角一体化等国家战略，长三角一体化项目新增授信19个、金额217亿元，“两新一重”领域贷款余额313亿元、占比58%。二是强化对重点领域信贷投放，投向交通、信息数据和制造业的贷款占比52%，投向民营企业的贷款占比28%。三是加大中长期贷款投入，存量公司贷款加权剩余期限超过10年，保持资产业务的规模稳定。

负债业务。自营储蓄存款净增87亿元、居系统内第9位，公司存款净增80亿元、居系统内第5位。一是政策驱动，制定财务激励政策，设置42项指标、给予收入补贴5.1亿元；突出工资激励政策，5800万工资总额用于十大抓手、公司存款业务发展。二是人力驱动，将大公司业务列为一把手工程，在人财物上全面倾斜，落实好客户分层管理，全年各级领导干部走访重点客户近千次。三是协同驱动，做好邮银联动，合力拓展金融社保卡资格，带动自营活期存款净增 18.5 亿元；公私联动，存量公贷客户新增代发工资 1020 户，活期存款流入 6.6 亿元；平台联动，接入政府部门企薪发放平台，新增代发单位 400 户，活期存款流入 4.8 亿元。四是科技驱动，通过全面推广 CRM 系统，提升基层对客户精准营销和价值挖掘；通过开发综合营销系统，巩固综合营销意识，提升业务联动率。

中间业务。实现中间业务收入 13.7 亿元，比上年增长 8.7%。一是推动线下网点转型。配置 CRS 等智能设备 116 台，离柜率 92.4%，推进网点智能化；新增对公服务网点 40 家，推进网点综合化；增配厅堂服务人员，优化业务流程 539 项，推进网点集约化。二是推进线上客户拓展。新增手机银行激活客户 43 万户，客户渗透率 65%、居系统内第 3 位；新增邮储食堂会员 121 万户，完成率 133%；新增收单商户 6.4 万户，完成率 178%；新增云闪付用户 51 万户，居浙江省内同业第 4 位。全年实现电子支付业务收入 8.4 亿元、比上年增长 12%。三是信用卡业务发展提速。新增信用卡客户 25 万户，排名提升 2 位至第 8 位；激活首刷率 53.9%，排名提升 12 位至第 14 位；信用卡业务收入增幅 12.9%。四是中收来源进一步丰富。交易银行手续费收入比上年增长 70%、债券承销手续费比上年增长 148%、银团及投行收入比上年增长 162%。

风险内控管理

信用风险管理。深入落实减存量、控增量、防变量工作，助力打赢防范风险攻坚战。加强清收力度，全年累计清收不良贷款 7.2 亿元，完成率 120%。全面排查 5378 户小企业客户，做到早预警、早识别、早处置，经营性贷款不良额比上年末下降 1.05 亿元。

内控合规管理。建立代职支行长机制，各市分行均成立代职支行长队伍，检查发现问题 343 个，有效发挥检查威慑作用。开展以“知规”为主题的“合规红五月”活动，巩固知敬畏、存戒惧、守底线合规文化。开展“合规强行”知识竞赛，员工参与率 98%，答题人次超过 50 万，引导员工争做“合规知识明星”。下发《合规管理十二条》，引导员工“时时合规”、业务发展“环环合规”。

安全生产工作。制定《浙江省分行安全生产专项整治三年行动实施方案》，组织开展安全隐患排查治理，梳理问题点，明确责任人和整改举措。持续开展“平安邮储”创建活动，制定考评方案并将考评结果与绩效考核挂钩，全辖实现安全事故“零发生”。

管理运营效能

资产负债。信贷规模管理从总量管控向结构优化转变，一般性贷款净增占比 113%，比上年增长 27%；利率管理从结果管控向过程管控转变，实施三级利率授权机制，调整利率目标考核机制，由单一业务利率目标调整为综合利差目标；经济资本管理从要资本到挣资本转变，压降公贷客户授信承诺 107 亿元，节约经济资本 5.6 亿元。

财务管理。完善绩效考核体系，深入落实省分行部门 KPI 考核与总行考核结果相挂钩机制；制定分支行分类管理方案，从“注重总量”向“总量增量并重”转变；加强成本费用管理，制定 93 项成本费用开支定额标准，实行部门预算，确保责任到位、考核到位。

金融科技赋能。完成综合营销绩效管理系统等 19 个总行项目的省内推广，实现企业综合信息平台优化等 18 个自建项目上线，编制“十大抓手”等报表 60 余张。

运营管理。开发运管事项审批管理系统、押品管理系统，实现保险、理财、三方存管等三个业务系统统一柜面接入，上线大额现金管理系统、同城清算“一户通系统”；全年新开账户电子对账签约率 89%，自助代发业务替代率 77%、比上年增长 21%；备付率 0.64%、比上年减少 0.01%；强化稽核预警监测，全年签发预警单 2.08 万笔，有效防范风险。

全面从严治党

党建重点工作。认真落实“三个第一时间”机制，全年学习 145 项；深入学习贯彻习近平总书记考察浙江讲话精神，引导全辖干部员工以“重要窗口”的定位干在实处、走在前列。加强模范机关建设，开展“挂行蹲点”活动，机关干部赴基层调研 251 天，发现问题 424 个、解决 388 个。

党风廉政建设。深入开展“三廉三树”廉洁教育活动和“党风廉政警示教育月”活动，试点开展“阳光信贷”建设，防范廉洁风险。推进省内巡察工作，对 2 家二级分行党委、23 家一级支行党支部开展常规巡察和专项巡察，巡察覆盖率 76.62%。

巡视整改。对集团巡视反馈的五个方面 15 项问题，研究制定 120 项措施，完成 119 项，以巡视整改推动高质量发展。

人才队伍建设

完善机制缓解缺员问题。组织各类招聘 20 批次，招聘 773 人；对偏远机构实施差异化人才政策，切实解决分支行招聘难问题；调整队伍结构，提升风险、销售队伍占比；加大高端博硕人才、信息科技人才引进力度。

优化领导干部年龄结构。开展领导人员岗位公开竞聘，分行党委管理领导人员 40 岁以下占比 26%，比上年提高 12%，平均年龄 46 岁，下降 2 岁。

强化培训提升队伍能力。组织线上、线下培训 1359 期，培训 9.2 万人次；制定岗位资格认证奖励办法，全辖岗位持证率 92%，自营网点柜员双持证率 95%。（邮储银行）

【邮储银行宁波市分行】

经营发展概况

完成收入12.79亿元，比上年增长15.63%；完成利润4.14亿元，比上年增长1.14%。经济资本回报率5.65%，成本收入比42.27%。资产规模726.54亿元，比上年末增长120.96亿元，增幅19.97%；各项存款余额659.93亿元，年净增105.18亿元，增幅18.96%；各项贷款余额514.41亿元，年净增63.20亿元，增幅14.01%。不良贷款率0.21%，列宁波市金融机构第5位。

落实中央决策部署

坚决落实疫情防控和复工复产“两战都要赢”要求。落实各项疫情防控要求，加强内部防控力度，未出现人员感染情况。落实中央“六稳”“六保”任务，对受疫情影响客户开展延期还本付息工作，建立帮扶名单，助力企业渡过难关。响应中央号召，持续向实体经济减费让利。为各类企业和个人减少利息支出1.95亿元，减免各类手续费142万元，核销不良资产3.55亿元。

服务国家战略。持续推进防范化解重大金融风险、金融扶贫、绿色银行建设三大攻坚战工作。不良贷款率保持较低水平，风险案件零发生；落实金融扶贫主体责任，加大金融精准扶贫力度，精准扶贫贷款结余6.52亿元，净增1.28亿元；认真贯彻中央污染防治、绿色发展战略决策部署，落实总行绿色金融授信政策指引，优化信贷结构，年末绿色信贷余额25.57亿元，比上年增长35.94%。

推进普惠金融。参与宁波市普惠金融改革试验区建设，成立分行推进落实“宁波市普惠金融改革试验区建设”领导小组和工作小组，制定《宁波分行贯彻落实〈宁波市普惠金融改革试验区建设实施方案〉工作细则》。持续开展小微园区对接走访工作，线上实现银税互动系统与人行普惠金融信用信息服务平台联网，线下实现与宁波市融资担保有限公司合作。截至12月31日，普惠型小微企业贷款净增24.39亿元，增幅31.98%，其中首贷户新增117户，完成监管目标。

业务转型发展

零售业务。储蓄存款年日均新增7.52亿元，创近五年新高，活期占比三年来首次回升。财富管理业务稳中有进，基金销售3.7亿元，理财年日均保有量净增1.7亿元；保险销售1.1亿元，贵金属全年销售2150万元。发展信用卡业务，新客发卡77529户。引入17000余户优质基础客户，新增自营手机银行激活客户数5.87万户，比上年增长1.24万户。

公司金融。公司存款时点余额95.68亿元，年增49.39亿元，增幅106.68%；年日均余额74.33亿元，年增26.29亿元，增幅54.72%，存款时点、日均两项指标计划完成率均列邮储系统第一。公司贷款余额130.28亿元，年增20.22亿元。新增企业网银客户2422个，增幅81.28%；新增现金管理客户1772个，增幅72.24%。

普惠金融。实现大数据获客，线上小微易贷业务结余净增1.73亿元，户数净增215户；加速推广线上小额极速贷业务，净增17.54亿元，完成总行目标的125.29%。推进邮银协同，进一步强化惠农合作，分行涉农贷款结余162.85亿元，其中惠农合作社贷款业务结余34户、金额2095万元，完成全年计划的210%。

风险内控管理

全面风险管理。健全和完善全面、全程、全员的风险管理体系，构建“产品经理—客户经理—风险经理”三角联动机制，引导前台更加关注风险，中后台更加关注发展。

信用风险管理。严格落实风险客户全面摸排。确保做到“底数清、方案实、责任明、行动快”，及时有效抓住风险处置时机，整体风险可控。

法律内控管理。开展内控提质增效活动，健全分行内控管理体系；开展警示教育活动，通过行领导带头讲合规、宣传贯彻违规行为处理新办法等活动增强全行员工主动合规的意识和能力。

内部审计工作。开展审计项目30个、非现场审计监测6次，投入人力约1414人/天，审计金额27.64亿元，发现问题329个，提出审计意见和建议86条。

安全生产工作。推进安全用电监测系统建设，超比例完成总行预定的目标值。响应市公安“智安单位”建设工作要求，完成首批22家网点的前端设备安装工作。未发生安全生产责任事故和外部侵害案件。

管理运营效能

机构改革。推进扁平化管理，一级支行部门人员由原来的平均34人精简到现在城区支行平均17.6人，县市支行平均18.75人（不含客户经理、派驻制营业主管），营销队伍人员扩充至404人，较改革前增加充实128人，营销人员占比提高到36.69%。

资产负债。继续采用计财管理条线，条线管理支行的模式，及时做好信贷规模分类管理，加强在途业务的跟踪监测，灵活调剂条线间余缺，提高信贷计划使用效率。

财务管理。提高预算管理精准性，强化成本费用管控。对分行各部门下达费用预算，制定辖内的成本配置实施细则并下发2020年分行成本标杆值，按月监控费用列支情况。

金融科技赋能。自主开发线上信用消费贷APP产品，开发基于普惠金融大数据的小微企业营销管理系统。参与总行数字化转型工作，实现小额合作贷全线上业务办理。推动互联网营销获客、银企对接及新业务开发等平台创新，启动分行线上信贷获客平台开发工作。

运营管理。成立专项领导小组，开展“客户信息治理百日攻坚”活动，扎实推进客户信息治理工作。提高网点智能化水平，通过精准投放自助设备，加大系统智能化改造力度，扩大刷脸、刷折应用覆盖，狠抓老旧自助设备更新淘汰和报废处置，多手段持续提升网点服务形象和客户使用体验。

客户服务。成立客户体验提升领导小组和领导小组办公室，将客户体验工作纳入各一级支行年度考核指标。开展高管体验、客户之声、客户旅程优化、“比学赶帮超”及相关培训等专项活动，开展行内“宁波分行文明规范服务示范单位”评选，从五个方面125条指标对全辖网点进行全方位综合评估。

代理金融。严格落实协同工作机制，召开4次宁波邮政板块协同领导小组会议暨邮银协调会议。加强与市公司和分行各相关部门沟通，关注各项协同项目的进展情况，及时协调各项工作。开展辖内代理银行协议的自查及整改工作，完成对代理网点条线尽职检查。对代理网点合规检查次数285次，覆盖所有网点。

全面从严治党

党建重点工作。一是深入学习贯彻党的十九大及十九届历次全会精神，严格落实“三个第一时间”学习机制，分行党委召开理论学习中心组学习会7次、周学习会39次。强化成果运用，坚持“出去看”和“进来讲”相结合，开展专题讲座和讲党课7次。坚持线上和线下学习相结合，确保党员每年集中学习培训不少于32学时。二是认真履行管党治党责任，严格落实全面从严治党要求。严格落实党建工作责任制，认真执行“每年至少召开2次会议专题研究部署党的建设工作”要求，分别于2月、7月召开党委会听取各党建职能部门工作汇报。

党风廉政建设。认真落实党风廉政建设责任制，分别于2月、11月召开党风廉政建设联席会议，部署工作任务。认真开展巡视巡察工作，制定4项巡察工作制度，对2家单位开展常规巡察，累计巡察覆盖率80%。

巡视整改。从严从实落实巡视整改工作。5月至7月，集团公司党组第二巡视组对分行党委进行常规巡视，指出分行党委存在的五个方面16个主要问题。分行党委班子高度重视，聚焦问题，深入剖析，精心组织，制定64项整改任务、136项细化措施。经过4个月攻坚，分行巡视整改工作取得阶段性成效，完成99条，持续推进37条。

人才队伍建设

人事改革。强化队伍建设，强化人才“内培外引”，提升发展能力。内培方面，组织开展“一级支行副职后备训练营”和“中层正职后备训练营”项目。通过多维度立体式实战化的培养、指导和考核，提高中层管理人员的综合素质、业务能力和管理水平。外引方面，首次在系统内尝试跨省人才招聘，有效补充分行关键岗位紧缺人才，满足业务发展需求。

队伍作风建设。坚持党委班子带头转变工作作风。明确班子成员做到每周1～2天跑基层解决实际问题，每周1～2天跑客户、市场，从“三个视角”推动工作落实。狠抓中层干部作风转变。组织开展机关干部角色定位大讨论活动，召开“转变机关作风　服务改革攻坚”组织生活会，从思想根源上引导机关干部转变工作作风。加强考核约束，开展干部担当作为专项考核，督促各级干部主动作为。（邮储银行）

【中邮保险浙江省分公司】

履行管党治党政治责任

召开党的建设暨党风廉政建设和反腐败工作会议，制定全面从严治党主体责任清单，层层压实责任。推进模范机关建设活动和作风建设专题活动，中邮保险浙江分公司党委获评中国邮政先进基层党组织、中邮保险党建工作示范单位，6名党员荣获中邮保险共产党员先锋岗。助力打好“三大攻坚战”，落实打好防范化解重大风险攻坚战专项方案，做好丽水、江山、建德等地扶贫赠险，绿色邮政各项指标控制良好。扎实做好巡视整改“后半篇文章”，针对集团巡视组反馈的五个方面14个问题，制定68项整改措施；针对专题检查提出的两个方面6个问题，制定7项整改措施，均已完成整改。

不断优化业务结构

累计实现总保费57.1亿元，其中期交新单保费19.83亿元，长期期交保费10.84亿元，长期期交占期交新单的比重达到54.6%，比上年提升29.3%。续期保费31.55亿元，占总保费比重达54.8%。实现5年交以上长期期交保费5.8亿元，占期交新单比重的29.3%，比上年提升21.2%。总保费市场占有率3.53%，省内排名第八。中邮期交新单规模市场占有率6.6%，省内排名第三。在银保渠道期交新单规模市场占有率19.7%，排名省内第一。

推动队伍转型赋能

推进“学＋练”期交实战辅导项目。全年共覆盖20个邮政县市分公司、25个银行分支行，切实提高一线队伍长期储蓄型和风险保障型保险产品的销售能力，实现长期期交保费4493万元。在58个市县分支行开展“一会一训”工作，有效提升银行渠道业务速度及质量。

启动理财营销队伍领航计划。通过“全省集中培训＋线上辅导跟踪＋地市落地辅导”方式，打造184名督训师及300名优秀理财经理队伍，完善理财营销队伍系统性、实战化培养机制。举办中邮保险省级内训师选拔培训班、技能提升班，增强现场授课能力及课程设计能力。

打造示范网点。每个地市择优打造2～6个精品示范网点，建立常态化支撑机制。全省44个精品网点实现5年交及以上长期期交保费5001万元，占全省总量的8.9%；5年交以上长期期交点均产能114万元，是全省平均产能的2.2倍。通过定期培训、先进分享、PK竞赛的支撑推动机制，提升精英团队复杂型产品销售能力。

建立精准营销机制

开展多种营销活动。联合省邮政分公司按季开展“瑞鼠迎春”“燃情盛夏”等专项营销活动；联合邮储银行开展2020年专项营销活动和“十大抓手”劳动竞赛；联合邮银开展长期期交双百亿工程暨合规经营劳动竞赛，营造“比学赶帮超”发展氛围。建立“日通报、周督导、月管控”机制，全省网点期交新单点均产能144万元，排名已开业省分第一。

做好存量客户二次开发。着力提升5年交及以上客户数、2张及以上期交保单客户数。2020年新单客户中，3.2万个来自存量客户二次开发，实现保费12.8亿元。存量客户中，持有2张及以上有效保单客户占比13.5%，比上年提升3%；3张及以上有效保单客户占比2.85%，比上年提升0.85%。新增标准保费万元以上的价值客户4.94万个，比上年增长84.6%。

不断改进客户体验

推进“服务质量提升年”活动。全面推进“服务质量提升年”活动，保全时效（0.05天）列9家银保系、10家保费规模前十寿险公司第一，理赔申请支付时效（1.27天）列9家银保系公司第三。理赔出险支付时效（70.93天）达到银保系公司平均水平（70.47天），比上年缩短7.4天。人核件全流程时效5.82天，比上年缩短1.09天。犹豫期内回访成功率99.48%，比上年上升1.37%。亿元保费投诉件数为0。

优化续期催收流程。为优化续期催收流程，增加失效保单核实及2年内复效提醒电话服务。失效保单清理率100%，挽回因欠缴保费而失去效力保单2781件，件数复效率34.13%。全省银行渠道期交新单退保率4.88%，比上年下降20.2%。累计13个月保费继续率92.24%，累计25个月保费继续率98.48%。

创新客户服务活动。通过创新客户服务，开展传统文化养生活动，吸引高端客户300余人。举办第四届少儿邮票绘画大赛，收到参赛作品2000余幅，捐赠爱心包裹150份。开展“线上＋线下”公益宣传活动25场，覆盖消费者17.4万人次。发送防疫、防台等温馨提醒短信14.1万条。

持续强化风险管理

加强疫情防控工作。成立疫情工作领导小组，严格落实专项应急预案，开展物资采购、职场消毒、体温检测、人员排查、防疫宣传、爱心捐赠、协同帮扶等工作，员工及家属零感染。

整治市场乱象。积极落实市场乱象整治“回头看”，开展“亮剑行动”回头看，持续巩固整治成效。对5市19县70个网点开展合规检查，下发整改通知书27份。组织各层级反洗钱培训5次。荣获中邮保险合规微视频竞赛“优秀组织奖”，个人获1个一等奖、2个三等奖。

稳步提升管理能力

加强监控分析。做好预算执行监控与偏差分析，向高价值业务全面转型。按月对预算执行情况汇总分析，实时监控各条线费用开支进度。完成邮保一生退税88.5万元，成为全国最早完成退税的省分公司。连续4年获得A级纳税人评级。

推进微信小程序开发升级。对“浙分讲堂”微信程序开展场景应用测试，完成团险测算工具部署和初步测试，推进“客服先锋”业务质量通报微信程序开发。

精神文明建设。推进省级文明单位创建工作，顺利通过浙江省文明办验收。为17名员工送上亲情关怀慰问，为53名员工子女送上图书礼，召开3次员工谈心谈话会，组织降压训练营、开展“战疫情　奔小康”随手拍和“最美金融匠”微视频比赛，持续丰富员工业余文化生活。（中邮保险）

【中邮证券浙江省分公司】 全年累计实现收入1998.96万元，收入规模位列所有分公司第5位；累计利润930.14万元（不含资金成本），利润总额位列分公司第7位。

党建纪检

严格履行管党治党政治责任，落实党建工作责任制。召开专题会议研究部署党的建设工作，研究制定《2020年中邮证券有限责任公司浙江分公司党的建设工作要点》（浙邮证支〔2020〕3号）和《浙江分公司党支部2020年度落实全面从严治党要求主体责任清单》。贯彻落实“三会一课”等基本制度。支部书记主持支委会议36次，召开支部大会5次，书记及支委讲党课4次，开展特色主题活动2次，召开巡视整改专题组织生活会1次。不断提升支部建设质量水平。持续开展基层党组织建设达标工程和创先争优活动，根据《中邮证券有限责任公司党委关于命名“党支部建设示范点”和“共产党员先锋岗”的决定》（中邮证党〔2020〕23号）精神，浙江省分公司党支部被命名为“党支部建设示范点”。落实落细意识形态工作责任，把加强意识形态工作作为重要政治责任，将意识形态工作纳入《浙江分公司2020年党的建设工作要点》和《2020年度落实全面从严治党要求主体责任清单》。坚持以深入学习中国特色社会主义理论体系为首要任务，以深入学习贯彻习近平新时代中国特色社会主义思想为重点，紧密结合思想和工作实际，切实用思想武装头脑、指导实践、推动工作。全年组织集中理论学习12次，开展专题研讨9次，组织专题测试8次，收到学习心得22篇；支部党员本年度集中学习培训均超32学时。制订《中邮证券有限责任公司浙江分公司党支部2020年度集中学习计划》（浙邮证支〔2020〕2号），研究建立分公司党支部

“三个第一时间”学习机制（浙邮证支〔2020〕9号），切实保证支部开展集中学习活动，始终做到有章可循、有制可依、有规可守。从严监督管理干部，锲而不舍推进党风廉政建设。贯彻落实新时代党的组织路线，坚持民主集中制，严格按照党的干部工作政策、程序、纪律办事。通过民主推荐14人次、谈话推荐8人次、民主测评13人次、考察谈话8人次，有序完成温州营业部总经理的选拔任用工作。开展“党风廉政警示教育月”活动。通过邮政企业领导人员违纪违法典型案例以及浙江省邮政企业违纪违法典型案例学习，开展党员干部警示教育。加强对干部的纪律教育、日常监督。完成2019年选人用人专项自查、因私出国（境）管理自查工作；按要求，开展薪酬二次分配及合同逆流程自查工作。

板块协同

贯彻落实集团公司和公司的决策部署，通过股票交易、基金产品和资管产品，超额完成全年目标，全年新增账户30572户，完成目标的140.55%；其中，新增有效户4604户，完成目标的154.91%。

推动“有效户大提升”活动开展。主动对接邮银渠道，定期与省邮政分公司、邮储省分行有关领导沟通证券协同工作进展，推动落实集团协同战略思路和“有效户大提升”会议要求。

取得邮银渠道政策支持。先后下发《关于开展2020年一季度中邮证券营销培训活动的通知》（浙邮分〔2020〕25号）《关于开展2020年中邮证券第三方存管业务联合营销活动的通知》（浙邮分〔2020〕108号）等文件，确定“新增有效户”“新增三方存管户”列入考核指标；浙江邮政板块协同委员会再次将“投行项目”确定为2020年省内板块重点协同项目。

开展常态化协同走访。走访21家邮政市县级分公司、46家邮储分行及支行，通过宣导协同政策、介绍重点产品、开展业务座谈等模式，加强协同交流，进一步了解基层需求点、困难点，为证券协同工作的持续发展打好基础。

组织业务培训。采取线上、线下相结合的培训方式，实现邮银渠道培训覆盖面达100%。在全省邮政开展产品路演、业务培训28场，共12个地区、3200多人参与，提升协同管理员、理财经理证券专业知识和客户营销服务水平；对邮储银行全省理财经理培训2090人次，推动银行渠道协同发展三方存管业务；参与全省邮政支局长培训班、理财经理培训班、高校毕业生培训班等班级授课，培训近500人次；8月24日至26日，举办全省协同管理员现场培训班，共76位市、县邮政管理员、理财经理参培。

经纪业务

发展基础性的经纪业务，夯实发展基础。佣金收入持续领先，全年累计佣金收入588.01万元（纪经日报表口径），列全国分公司第1位，比上年增长39.22%；累计交易量195.37亿元，列全国分公司第3位。截至年末，客户资产总额达54531.41万元。高净值客户数量实现增长，100万元以上客户71户，比上年增加20户；50万～100万元客户97户，比上年增加48户；10万～50万元客户760户，比上年增加179户。本年新增两融开户18户，存量两融客户36户，全年累计实现两融利息收入87.86万元，位列全国分公司第6位，比上年增长35%。

资管业务

资管业务维持通道规模60.5亿元，全年创收62.89万元。全年累计销售“鸿利来”系列、邮盈系列、稳赢系列等资管产品58只，累计销售385笔，销售金额3.4亿元。

投行业务

投行业务收入年度实现1464.91万元，比上年增长82.43%。发行嵊州市城南建设投资有限公司2020年非公开发行项目收益专项公司债券（第一期），发行规模9.4亿元，实现收入993.21万元；设立中邮证券—新昌水务自来水收费收益权、长江经济带基础设施类资产支持专项计划，发行规模5亿元，实现收入472万元。在投行华东团队和邮储银行支持下，投行项目走访基本覆盖绍兴、嘉兴、温州、宁波、台州、衢州6个地市主要地区分行和部分县级支行，累计拜访地方区域政府平台公司、国企逾30家，积累衢州衢江区交投、龙游新北投资公司、温州文成开发区、台州临海文旅集团、温州永嘉建投等10家拟合作公司，为加快债券发行规模夯实基础。

合规风控管理

推进尤夫股份平仓处理事项。已累计平仓799.73万股，回收资金1.15亿元，剩余质押2682股。尤夫股份质押风险事件得到妥善处置。

严格开展各类合规自查。完成网上开户审核可疑问题回溯自查、合规管理有效性自评估、员工廉洁从业自查、经纪业务适当性自查、证券账户实名制自查、私募资管产品自查等自查整改工作。

保持与监管密切联系。在保持日常沟通基础上，走访人民银行杭州中心支行、温州中心支行、浙江证监局、浙江证券业协会等监管机构，自律情况获得认可。根据《中国人民银行杭州中心支行办公室关于2019年度反洗钱分类评级情况的通报》（杭银办〔2020〕110号）显示，分公司得分68分，略高于行业平均水平，等级从CC提升至CCC。

开展投资者教育保护活动。通过一体机、大屏幕、电脑桌面滚动播放活动海报、宣传片等多种形式，开展“3·15”和新《证券法》投资者宣传教育活动；联合沈塘桥网点，设置摊位、悬挂横幅、发放宣传物料，开展投资者保护；开展“运用新媒体　唱响反洗钱”主题宣传活动，组织员工参与人行反洗钱线上答题活动等。

综合管理工作

加强疫情防控。及时成立疫情防控工作领导小组，严格执行员工零报告制度，做好员工排查和返杭人员管理，配合监管部门、社区等做好联防联控。严格落实生产、管理各项防护措施。采购及发放防疫物资，组织开展防疫安全教育培训，不断提升员工科学防控的能力和意识。同时做好复工复产达产工作，确保业务服务正常开展，实现“有效户大提升”活动开门红。

优化综合管理。严格规范财务、采购管理，做好资源配置，保障经营发展。

加强团队建设。组织员工秋季登山健身走等活动，营造积极工作、健康生活的氛围。（中邮证券）

安徽省

【安徽省邮政分公司】 业务规模首次突破百亿元，总收入 101.26 亿元，居全国第 7 位，比上年上升 2 位，增长 12.62%，居全国第 1 位。金融业务实现收入 57.38 亿元，居全国第 8 位，增长 9.83%，居全国第 6 位。寄递业务实现收入 30.08 亿元，居全国第 8 位，增长 23.73%，居全国第 5 位。8 个市、47 个县分公司收入增幅超全国优秀水平，3 个市、3 个县分公司收入增幅超全国良好水平。实现利润 8.31 亿元，居全国第 2 位。收入利润率 8.21%，居全国第 1 位。货币资金比上年增加 4.6 亿元。15 个市分公司、11 个责任中心超额完成利润目标，13 项重点成本对标控制在标杆值以内。劳动生产率 40.23 万元 / 人，比上年提升 5.38 万元 / 人。

践行邮政服务“四不中断、四免费办”，开通防疫捐赠物资寄递“绿色通道”，承接集团公司、省市党委政府下达的应急物资运输任务。及时组开合肥—武汉、合肥—黄冈邮路，累计承运防疫物资 5.5 万件。保障百姓生活必需品配送，保证机要文件、党报党刊及时送达，助力维护经济社会稳定和人民群众正常生产生活。拨付疫情防控专项补贴 1551 万元。1.64 万人次参与“同心筑防线　齐心战疫情”党员帮扶活动。在省政协作了抗击疫情先进事迹报告。没有一名员工在岗位上、没有一名用户在使用邮政服务中感染新冠肺炎。

助力脱贫攻坚方面，“扶贫邮我”项目实现销售额 3.08 亿元，培育万单扶贫农产品 136 个，砀山县馆销售额居全国首位。联合省总工会开展“抗疫消费扶贫，助力脱贫攻坚”专项行动，销售扶贫农产品 1.76 亿元。联合省直机关工委搭建线上专栏，常态化推介 356 个定点帮扶贫困村扶贫产品。联合省扶贫办等部门，向贫困务工人群赠送返乡火车票。64 个定点扶贫点全部脱贫摘帽。污染防治方面，完成绿色邮政建设三年规划指标和“9792”考核指标。一级干线往返邮路甩挂运输占比 82.35%，手机银行结存客户数 1001.17 万户，保险线上出单率 98.01%，电子银行交易替代率 95.28%。2128 个网点设立包装废弃物可回收装置，占比 94.4%。可循环邮袋使用率、电子面单使用率、科学打包占比等均超集团公司和行业主管部门考核目标。防范化解重大风险方面，制定并推进安全生产专项整治三年行动实施方案，荣获“平安邮政创建优秀单位”。修订信息网运维管理制度，组织攻防演练。开展重点风险领域专项整治，提升金融大数据分析能力，筑牢内控管理基础。全年未发生资金案件、安全生产事故和重大风险事件。

扎实推进“两集中”、陆运网、中心局、运输组织、揽投网“五大改革”和寄递业务降本增效，寄递网综合达标率连续 6 个月居全国前 3 位，省际出口全程时限标准完整率 100%、准确率 95% 以上。4 月以来省内互寄特快专递、快递包裹次日递率均领先主要竞争对手。合肥邮区中心局生产单位班组由 22 个优化调整为 14 个，精简 27 人。完善干线邮路集中采购，降低运输成本 1868 万元，干线运输委办费用下降 20%。推广“点阵 + 网格”投递模式，发展点阵单元 5044 个，人均投递效率从 120 件 / 天提升到 150 件 / 天。收寄、分拣、运输、投递、综合支撑五大环节成本压降效果均优于全国平均水平。

固定资产投资计划 5.16 亿元，其中寄递网投入 2.78 亿元。下达增量成本计划 1.02 亿元。全国骨干节点合肥、蚌埠、安庆、芜湖邮件处理中心建设不断完善。重点强化六安、阜阳、池州、滁州、宿州邮件处理中心工艺设备配备，建设 14 个重点县处理中心和 18 个标准化揽投部。按照“三统一”模式，改造网点 125 处。邮政信息网安徽省中心机房完成搬迁。

严格落实“三个第一时间”学习机制，省分公司党委中心组学习 12 次，深入学习贯彻习近平新时代中国特色

合肥中心局试点运行集团公司拉链邮袋项目

社会主义思想和习近平总书记重要讲话指示批示精神。巩固深化“不忘初心、牢记使命”主题教育成果。抓实意识形态工作。认真落实“三会一课”、组织生活会等制度。开展“模范机关”建设，统筹强化政治机关意识教育、“灯下黑”问题专项整治和党支部标准化规范化建设。常态化开展“党旗领航”、党员代表联系点包挂帮扶等活动。全面完成退休人员社会化移交工作。

组织开展劳模先进荣誉疗休养、职工疗休养，为一线员工增配夏季工装、外勤人员配发劳动保护用品。投入42.43万元，为基层一线支局班组配发小药箱。投入133.46万元，新建翻建职工之家2700多平方米，新增图书8200余册。新创金牌职工小家30处。走访慰问困难职工、劳模先进等915人、先进集体553处，发放慰问金243.15万元。投入35万元，开展“送清凉”和“双十一”慰问活动。为196名会员及会员家属发放救助金220.87万元；会员高龄父母生日慰问1193人，发放慰问金151.88万元；562名职工子女享受就学资助，资助金额100万元。持续推进承揽外包人员入会试点工作。

加大人才引进力度，招聘大学生302人，接收录用石邮毕业生57人。建立全省青年人才库841人、青年人才导师队伍346人。建成1000人的理财经理队伍，提升金融营销力量。分类分层开展面授、远程、微课等培训59期、4.94万人次，员工队伍素质明显提升。强化审计和采购工作。聚焦管理重点、主要风险等，开展固定资产管理、业务外包等8个专项管理审计。开展106项经济责任审计、14项审计调查。开展384项工程审计，审减额1839.33万元。采购管理更加规范，集采项目62个、金额6.46亿元。集采率72%，公开招标率96.78%，均超过集团公司考核目标。提升科技支撑能力。抓好集团公司重点工程建设，按时完成寄递合同物流睿邮等系统上线。开发普遍服务营业网点管理等36项信息系统，提升管理效率。整合金融星级权益、邮务客户数据等资源，开展旺季客户资金、寄递业务时限对标等8个重点项目数据分析，助力网点精准营销。加大能力建设。固定资产投资计划5.16亿元，其中寄递网投入2.78亿元。下达增量成本计划1.02亿元。全国骨干节点合肥、蚌埠、安庆、芜湖邮件处理中心建设不断完善。重点强化六安、阜阳、池州、滁州、宿州邮件处理中心工艺设备配备，建设14个重点县处理中心和18个标准化揽投部。按照“三统一”模式，改造网点125处。邮政信息网安徽省中心机房完成搬迁。

持续加强党风廉政建设。制定党风廉政建设主体责任和监督责任实施意见，完善工作机制。召开党风廉政建设联席会议，推进齐抓共管。一体推进不敢腐、不能腐、不想腐，用好监督执纪“四种形态”，完善“三重一大”等制度办法，常态化开展警示教育。严格落实中央八项规定精神，大力整治形式主义官僚主义，深入推进“一月一事　消灭最差”和“比学赶帮超”活动。切实优化干部队伍结构。严格按照“五好”干部标准和国有企业领导人员“20字”要求，选齐配强各级领导班子，补充调整三级领导人员55人次。加快年轻干部培养使用，40岁左右三级领导人员占比16.3%，35岁左右四级领导人员占比23.8%。扎实开展巡视整改和省内巡察。认真接受集团公司党组巡视，高质量抓好巡视反馈意见整改。开展两批省内巡察，首次对2个市分公司党委开展巡察“回头看”，五年巡察全覆盖完成率77.6%。（安徽省邮政分公司）

【邮储银行安徽省分行】

经营发展概况

实现营业收入85.97亿元，增长11.56%；净利润49.51亿元，增长12.07%。经济增加值17.51亿元，经济资本回报率19.2%，成本收入比33.83%。总资产6018亿元，增长13.38%。各项存款余额5526亿元，增长11.4%，新增存款566亿元；各项贷款余额2684亿元，增长14.75%；存贷比48.57%。不良贷款率0.53%，比上年下降0.04%。拨备覆盖率296.94%。

落实中央决策部署

抗击新冠疫情。建立联防联控、精准施策的疫情防控工作体系，未发生聚集性病例、员工感染病例。组建党员先锋队、志愿服务队，进驻社区、乡镇开展抗疫服务，组织员工捐款40余万元，帮助邮政收寄邮件2.5万件。实施精准金融服务，率先开办小企业“防疫贷”，快速投放名单内企业抗疫贷款13.37亿元。给予惠企纾困政策，加大小微企业延期还本付息力度，涉及余额18亿元。

服务国家战略。支持长三角一体化战略，围绕“大交通、大能源、大制造”三大领域，首批选取95个项目全力推进。完成授信准入19个，授信金额307亿元，累计投放53.77亿元。投入“三大攻坚战”，金融精准扶贫余额53.07亿元，新增9.61亿元，增幅22.10%，绿色信贷净增24.21亿元。55个定点帮扶贫困村全部脱贫“摘帽”，省分行连续3年获得省直单位定点扶贫“好”的等级评价。

推进普惠金融。落实“六稳”“六保”要求，实体贷款新增320.86亿元。降低实体经济主体融资成本，新发放贷款平均利率（4.25%）比上年下降32 BP，约让利6.8亿元。在稳投资上支持地方重点投资项目，投放贷款46亿元。在稳企业保就业上加大小微扶持力度，普惠型小微企业贷款净增68.15亿元，增长19.18%，高于各项贷款增速4.45%，有贷款余额户数10.29万户，比上年增长9664户。

业务转型发展

零售业务。开展网点存量客户价值提升转型，在10个自营网点进行试点，推广弹性台席、人员复用，构建交叉营销、类比维考核体系，进一步激发网点活力。加快内部客户价值挖掘，通过客户白名单建设，实现小额贷款老客户、收单商户、信用卡客户等精准营销。个人有效客户新增48.9万户，居邮储银行系统第2位；个人存款新增518亿元、个人理财新增517亿元。个人消费贷款新增183亿元；小额贷款新增49.89亿元、小企业贷款新增19.88亿元。信用卡新增发卡45万张。

公司金融。对公存款抓活期增中收，新增公司理财7.75亿元，新增开放式缴费平台上线653户。公司贷款调整用信结构，新增公司授信客户73户、授信金额287亿元。投行业务拓宽发展思路，成功牵头2笔行外银团，放款28.5亿元。

资金资管。票据业务通过主动调整客群、优化业务结构，做大交易、加快流转等手段提升收益水平，票据综合价差48 BP。同业投融资抢抓关键时点，实现落地187亿元。

风险内控管理

全面风险管理。坚持适度风险、适度回报、稳健经营的风险偏好，持续完善“全面、全程、全员”的风险管理体系，规范各级机构风险与内控管理委员会运行机制。强化代理网点管理，成立代理金融管理部，对6家代理网点开展“空降部队”整体接管式检查。强化客户投诉、负面舆情源头治理。

信用风险管理。鼓励市分行主动暴露风险，出台省分行减值补贴政策，夯实资产质量。加大不良处置力度，探索不良贷款全流程时限管理，组织清收专项活动，清收不良资产8.99亿元。加强监测预警，开展资产质量真实性检查和资产分类专项审计检查。

法律内控管理。启动内控合规提质增效三年规划，制定、修订制度113个，开展“飞行检查”5次，组织信用卡套现等专项排查7个，推进问题整改，问题整改率99.47%。新建“员工行为管理系统”，开展员工排查3.39万人次。

内部审计工作。坚持问题、风险、效能导向，紧盯重点业务、重点机构和重点环节，加大监管关注重点问题、内部管理效能等方面审计力度，完成审计项目26个，提出审计建议116条。

安全生产工作。启动安全生产专项整治三年行动，新建达标网点37个，不断提升司法协助水平。开展市场乱象治理“回头看”，组织案件警示教育，组织反洗钱、反电诈、扫黑除恶专项斗争，返还被骗群众资金67.2万元，获得省公安厅高度评价。

管理运营效能

机构改革。完成内设机构改革。省分行一级部增加1个，市分行一级部增加28个，县支行一级部增加6个。

资产负债。优化财务资源配置，出台中间业务补贴、新兴业务激励政策。完善经济资本管理，调整资本配置模型，加强资本运用监测评价。平稳完成LPR转轨。

财务管理。加大成本管控力度，实施重点费用管控和市场发展费用项目后评估，开展服务收费专项检查。推进省分行综合业务楼建设，完成营运用房装修改造5处、网点装修改造39处，生产用车更新、新增53辆，稳步改善基层营运生产条件。持续做好防疫物资、消费扶贫采购，大力推广电商平台模式，采购金额6.8亿元，采购公开率80%以上。

金融科技赋能。完成72项总行信息化项目省内推广及24项省内项目建设，建成网点智能营销平台二期等9项管理系统，完成46项省内特色中间业务开发推广，在邮储系统内率先完成动态二维码缴费功能，自主研发资金监管平台、企银通系统。建成数据分析平台，完成代发客户金融资产等14项数据分析项目，迭代数据模型7项。

运营管理。推进柜面系统化转型，在160个网点弹性开设高柜台席，增配自助机具242台、移动展业435台，自营网点离柜率提升至95.59%；实现非现场检查、自助设备运行监测、现金缴拨集中上收。

客户服务。牢固树立“以客户为中心”理念，坚持用“三个视角”开展流程诊断和客户旅程优化。全面上线运营中心系统，客户临柜办理开户平均时长减少15分钟。基于疫情形势下非接触式金融服务需要，在邮储系统内首创“客户经理云工作室”，打造线上营业厅。落实专职审批人机制，开展全流程限时服务，零售信贷工厂作业笔均用时61分钟，优于系统内平均水平。

代理金融。健全邮银协同工作机制，加快协同项目发展。惠农合作项目贷款净增2.65亿元。小额辅助贷款发放882笔，金额1.22亿元，居6个试点省第一。电商项目加强外部引流、双向引荐，电商贷款余额4.66亿元，邮银协同引荐新增信用卡客户3.91万户，居邮储系统第6位。

全面从严治党

党建重点工作。落实“三个第一时间”学习机制，召开第一时间学习会26次。分行党组织隶属关系顺利划转至省直工委。完成辖内市分行党委、纪委换届工作。发展新党员71名，深入开展“创先争优”“模范机关”等活动，省分行机关团委被省直团工委授予2019年度“五四红旗团委”荣誉称号。

党风廉政建设。聚焦全面从严治党、疫情防控等重点领域开展监督检查，推动中央决策部署落地。深化“四风”整治，紧盯节点进行廉洁提醒，开展廉政警示教育，并于双节期间对铜陵等市县分支行进行明察暗访，严防“四风”问题反弹回潮。完成对滁州、六安、淮北3家市分行的专项巡察。

巡视整改。扎实做好巡视“后半篇文章”，集团巡视反馈问题整改措施完成率100%。

人才队伍建设

人事改革。制订人才发展三年规划，科学配置人力资源，接收新员工509人，其中向营销、科技及重点业务条线补充334人。调整员工岗位职级体系，拓宽专业岗位职级序列。推进退休人员社会化管理移交工作，人事档案、党组织关系移交完成率100%。

队伍作风建设。贯彻中央八项规定精神，深化“四风”整治。改进文风会风，2020年分行发文降幅12%。开展基层请示事项答复不及时等问题专项整治工作，提升办文效率和闭环办理意识。开展行风行貌专项整治活动，印发《省分行本部机关员工工作纪律十二项要求》，纳入行风行貌检查范围。（邮储银行）

【中邮保险安徽省分公司】 中邮保险安徽分公司总保费实现47.63亿元，规模排名全国第8位，在安徽省寿险市场占有率为5.65%，总保费规模列省内人身险公司第6位。

发展质效显著提升

长期期交“双百亿工程”有效落地。实现长期期交保费9.71亿元，列全国第10位，比上年增长226%，完成计划的108.8%。邮保联合在全省开展长期期交“双线出击”专项营销活动，线上线下相结合，创新开展每月一个主题、一类主打客群的“1+2”营销模式；邮银联合开展“一市一策”营销活动，联动营销效果凸显。

续期业务量质齐升。实现续期保费24.85亿元，全年计划完成率107.5%。13J指标94.53%，25J指标97.75%，价值类13个月保费继续率91.84%，续期关键指标均达到总部考核要求。

业务培训支撑有力。累计开展培线上线下训1545场，覆盖19095人次。针对300多名理财经理开展“启航计划”培训，积极推广“大练兵大比武”平台，组织1158余名理财经理在线学习保险百问百答等课程。

协同开发战略客户。完成铁塔公司意外险和重疾险项目，成功开发省级战略客户合肥荣电公司。积极融入邮政惠农项目，全省邮政金融网点实现中邮简易险全覆盖，实现29单惠农团险业务。

营运支撑不断强化

运营服务稳定高效。加强承保质量管控，新契约初审合格率98.08%，比上年提升13.08%。坚持问题导向，重点提升质效短板，保全业务时效0.12天，比上年提升0.42天；理赔出险支付时效66.13天，比上年提升10.85天。累计处理满付和退保4.26万件，未发生群体性事件。

客户服务水平持续提升。梳理完善回访流程，建立“每日清零”机制，犹内回访成功率大幅提升。加大销售培训与合规检查，全年问题件占比1.4%，全国排名第8位。构建邮银保协同投诉处理机制，有效投诉量和关键投诉指标均比上年提升。

“自营＋代管”模式有效深化。配合省邮政分公司完成市县机构设置调整，如期完成全省142名专岗人员选聘配备。组织专岗人员岗前培训、荣誉激励专项培训及运营管理提升培训，累计参培人员729人次，代管人员素质持续提升。在总部运营业务技能大赛中，4名参赛选手获个人三等奖。

管理水平持续提升

对标机制基本确立。建立健全对标管理组织架构，筛选确定11项对标指标，强化对标过程管控，建立对标管理动态监测机制，按月跟进优化举措和指标变化情况，按季形成对标管理分析报告，保障对标机制有效落地。

财务管理持续优化。全面落实预算条线化管理机制，统筹安排各条线费用，预算执行率97.32%，标准保费业务及管理费率9.65%，比上年均有提升。完成集中采购项目14个，除单一来源采购项目外，均采用公开方式采购。

信息技术作用有效发挥。应用客户识别、安全认证等线上技术，完成客户问卷系统开发，开辟科技赋能新场景。开发电子保单发送成功率指标分析工具，开展全流程管控，积极开展业务培训、指标宣贯等工作，电子保单发送成功率持续提升。

风控合规防线不断筑牢

合规管理扎实有效。协调邮银制定“亮剑行动”回头看实施方案并推动落实，存量问题整改率达96%，销售问题件占比降至1.4%，销售误导有效遏制。完成10个市、27个县、89个网点合规现场检查，推动各市将自办保险纳入邮政金融检查范围。

风险管控有力推进。制定印发打好防范化解重大风险攻坚战2020年专项方案，按季检视评估，47项具体举措均如期完成。组织“内控管理提升年”活动，开展内控自查和交叉检查，完成8项内控缺陷整改和岗位操作手册编写。完成偿付能力管理能力风险评估，涉及操作风险和声誉风险的10项评估点均通过评估，偿二代综合评级达到控制要求。

党的建设有效加强

党的建设全面增强。严格落实党建工作责任制，制定全面从严治党要求主体责任清单，围绕16项重点任务细化110项具体举措，逐级压实责任。开展模范机关建设和机关作风建设专题活动，组织开展“党旗引领　创先争优”主题实践活动，成立党员突击队，持续促进党建和中心工作融合。

巡视整改任务全面完成。积极配合集团巡视检查，针对巡视反馈问题，认真研究制定整改方案，提出整改任务40项、细化整改措施69项，推进整改措施全部完成销号。对中央巡视整改情况进行效果评估，对“举一反三”整改落实情况持续跟踪问效。

党风廉政建设扎实推进。坚持纠治“四风”不松劲，开展重点节假日检查7次，“四风”自查2次。加强对“关键少数”教育管理，开展廉政谈话56人次。针对制度执行、责任担当、巡视反馈等存在问题，运用第一种形态批评教育13人次。

责任担当充分彰显。第一时间启动疫情防控应急预案，常态化做好联防联控。如期完成扶贫工作三年规划目标，全年为7534名建档立卡贫困人员提供超过1.27亿元的风险保障，公益扶贫活动捐钱捐物近10万元。绿色邮政建设行动关键指标全部达标。（中邮保险）

福建省

【福建省邮政分公司】 全省邮政实现业务总收入69.56亿元。其中金融业务实现收入27.94亿元，完成预算进度的100.9%，比增6.8%，余额发展创历史新高，新增市场占有率比上年提升2.3%。全省余额规模1650.13亿元，比增14.3%，列全国第7位。业务结构进一步优化，新增价值存款194.8亿元，比上年多增123.3亿元，新增价值存款占新增余额比重94.6%，高出全国邮政平均13.6%，列全国邮政第8位。活期存款比上年增15.3亿元。三年期比上年降28.6亿元。全省邮政全面升级推广“线下+线上”“邮惠集市”营销，探索“邮惠集市+惠农扶贫”“邮惠集市+直播带货”“邮惠集市+积分站点”等创新模式，加快打造“金融+非金融”生态圈，开展线上线下“邮惠集市”活动6000余场，参与客户数93万人，揽收资金139亿元。由于遭受疫情、国际终端费上涨等多重冲击，寄递业务实现收入30.57亿元，比增−7.0%，未能完成全年收入预算。其中，特快业务比增6.1%、快包业务比增6.4%、国际业务比增−14.8%、物流业务比增−19.8%。顺应“数字福建”建设大势，司法送达项目落地，全省法院项目收入在受疫情影响法院案件受理量比上年下降超过10%的情况下逆势增长14.2%。快包业务量增幅达到全国平均水平，经营性边际贡献率高出全国平均水平1%。电商集群市场进驻率100%，惠农易邮箱项目收入比增147%，一联面单使用率全国排名第5位。国际EMS收入比增30.7%，9610跨境电商增值服务项目收入比增13%。开发景弘等物流大项目，推进项目制运营，全省立项58个。

函件、集邮、报刊3个专业合计全面完成任务。函件业务实现收入1.86亿元，毛利率48.1%。报刊业务实现收入3.12亿元，比增4.6%。集邮业务实现收入1.48亿元，完成集团公司下达集邮毛利额目标的107%。集邮产品毛利率33%，居全国第4位。分销业务实现收入1.44亿元，比增21.6%；增值业务实现收入4346万元。报刊、分销业务收入增幅、预算进度均高于全国平均水平。中邮传媒智融平台项目收入增幅居全国第5位。数字化站点建设完成率115%，获得集团公司战略绩效考核加分。

全省邮政运营能力明显增强，惠农项目成果丰硕，协同机制更加顺畅，网运保障更加有力，网点转型有序推进。全省邮政扎实落实国家重大战略，坚决打好“三大攻坚战”，全省邮政未发生重大金融风险案件、重特大安全事故。定点帮扶浦城县枫溪乡福禄村、临江镇山后村脱贫工作再次得到省政府领导充分肯定。“邮乐百村”扶贫工程与全省106个扶贫村有效对接，绿色邮政建设指标全面达标。全省邮政积极响应省委、省政府“建立巩固革命老区中央苏区脱贫奔小康长效机制”工作部署，以惠农合作项目为总抓手，发挥邮政网络、品牌及资金流、商流、物流“三流合一”独特优势，建设福建邮政农产品基地9个，建成全国邮政首个农品智慧展示中心并被纳入省政协委员联系点，初步形成省内、省际双平台农产品产销对接体系，助农销售超过2亿元。省邮政分公司主要负责人还在十二届省政协常委会第十六次会议上作邮政惠农专题发言。

全省行政村直接通邮率、报刊征订服务覆盖率保持100%，未发生触碰“两条红线”及其他行政处罚案件，无发生重大有理由和省级以上重要媒体服务曝光事件。机要通信保密安全连续15年万无一失，完成中央、省委下达的2021年度重点党报党刊收订任务目标，持续保障《人民日报》《福建日报》等重点党报党刊县区及以上党政机关当日见报。全省邮政开展《福建日报·农村版》《农民日报》进“农家书屋”工作，加快推进“快递进村”工程，21个县（区）、47个乡镇、226个建制村参与邮快合作，参与合作快递品牌12个，累计代投快件100万件。邮政对接政府“放管服”改革，与省经济信息中心

福建省南安市邮政分公司与南安市反诈联席办成员单位在全市开展“全民反诈”宣传系列活动

续签三年合作协议，联合省高级人民法院推行司法集约送达服务。

全力服务国家防疫抗疫大局，紧急开行武汉专线邮路“绿色通道”，第一时间将捐赠防疫物资运抵武汉。1月23日至4月8日，发出驰援武汉邮车130余趟次，运送各类防疫物资和邮件近1000吨。践行“四不中断、四免费办”承诺，在疫情防控最紧要时期，每天对外营业网点近1000个、农村投递站点860个，1万余名投递员坚守岗位，满足了全省各级党政军机关和人民群众的用邮需求；联合教育、税务、交管、农业等相关部门，开展无接触便民寄递服务，有力保障民众生产生活；主动承接省直机关106个厅局级单位防疫物资运送任务，无缝对接全省政务服务“马上就办网上办”工作，搭建“海陆空”出海通道，助力全省企业全面复工复产。

全省邮政有3个单位获评全国邮政行业先进集体，2名员工获评全国邮政行业劳动模范，5名员工获评“福建省五一劳动奖章”，2个劳模创新工作室获评“中国邮政集团有限公司劳模创新工作室”，15个创新项目获福建省百万职工“五小”创新大赛优秀成果奖。（福建省邮政分公司）

【邮储银行福建省分行】

经营发展概况

实现营业收入57.45亿元，增长10.82%；利润总额26.01亿元，增长1.51%。经济增加值4.94亿元，经济资本回报率13.66%，成本收入比40.28%。总资产2483.37亿元，增长18.58%。各项存款余额2216.74亿元，增长16.97%，新增存款321.68亿元；各项贷款余额1602.03亿元，增长18.11%；存贷比72.27%。不良贷款率（含信用卡）0.86%，比上年增长0.02%。拨备覆盖率307.16%。

落实中央决策部署

抗击新冠疫情。贯彻落实中央及监管部门、集团公司、总行的相关要求，抓实抓细疫情防控各项工作，抓好防疫物资保障、营业网点防控、办公场所防护等工作，进一步落实“外防输入、内防反弹”的常态化防控策略。做好受困客户纾困，为235户受困企业授信11.12亿元，发放纾困贷款资金10.63亿元。组织全行职工为抗击疫情捐款，职工捐赠数额53.25万元。

服务国家战略。主动融入服务福建高质量发展超越战略，加快制造业贷款投放，支持“新基建”融资需求。实体贷款比上年增长277.38亿元，比上年多增长139.64亿元。发放制造业贷款8780笔、金额229.73亿元；其中，发放高技术制造业贷款145笔、金额13.87亿元。推进绿色发展、低碳发展，支持福建生态省建设，绿色信贷余额68.25亿元，比上年增长11.77亿元。支持稳企业保就业，推进创业担保贷款，创业担保贷款余额1.76亿元，服务就业创业客户比上年增加300户。

推进普惠金融。深化“三农”金融服务，涉农贷款余额564亿元，比上年增长86亿元。加大小微金融支持力度，普惠小微企业贷款余额439亿元，比上年增长78亿元。坚持把打赢脱贫攻坚战作为重大政治任务，精准扶贫贷款12.20亿元，比上年增长2.45亿元。支持企业复工复产工作，对341家“重点复工复产项目和企业”新增授信646.03亿元，实现放款285家、金额156.20亿元。

业务转型发展

零售业务。个人储蓄存款加强代发项目管控，余额比上年增长40.02亿元，增幅13.48%，增幅排名邮储系统第3位。“三农”金融业务加快转型，促进“两线业务”融合发展，小额贷款比上年增长75.21亿元，系统排名第5位；小企业金融业务坚持客户“做小、做微”，小企业贷款比上年增长28.05亿元，系统排名第5位；消费贷款比上年增长103.16亿元，其中其他消费贷款比上年增长32.29亿元，系统排名第6位。信用卡客户比上年增长33.22万户，系统排名第6位；消费金额714.55亿元，分期金额50.85亿元，均排名系统第2位。代理保险实保销量4.24亿元，比上年增长85.74%；自营非货币型基金销量、贵金属业务收入完成率均排名系统第2位。

公司金融。公司存款加强行业开发、平台拓展、条线联动、邮银协同，余额比上年增长46.69亿元。公司贷款比上年增长40.45亿元。信用债承销规模89亿元，系统排名第6位。

资金资管。托管规模新增83.87亿元，系统排名第5位。

风险内控管理

全面风险管理。全面落实打好防范化解重大风险攻坚战“三年规划”，推进“三道防线”风控职责，做好风险管理考核评价。

信用风险管理。清收不良贷款9.62亿元，系统内排名第4位。

法律内控管理。健全“条块结合、网状覆盖、全员合规”的案防责任体系，开展信用卡套现、员工亲属关系等专项排查，纵深推进合规建设。

内部审计工作。发挥“第三道防线”作用，灵活实施专题非现场分析监测，狠抓问题整改。福建省分行审计部获得福建内审协会授予的“2017—2019年度全省内部审计先进集体”荣誉称号。

安全生产工作。严格落实安全生产责任制，完善安全管理架构，通过网格化管理进一步提升办公场所安全管理水平。

管理运营效能

机构改革。按照总行机构改革部署顺利完成机构改革工作，制定人才库建设方案和三年人才发展规划，完成中级管理人才库建设。

财务管理。完善预算绩效考核政策，加快推进“轻资本”转型步伐；落实总行成本费用压降要求和减税降费政策，年度招待费和会议费等均压降在预算内。

金融科技赋能。建设人工智能大数据建模平台，开发信用卡客户逾期风险预测和个金潜力客户价值挖掘项目，推广业务自助分析平台和精准营销系统，打造“邮U惠本地特色泛生活服务平台”。

运营管理。开展客户身份信息治理工作，推广公司账户“智”管理系统，开发“手机号实名查询平台”。落实类比组标准化考核方案，全年完成169个网点的转型现场导入工作。

代理金融。协力推动惠农合作、信用卡、开放式缴费平台等9大重点协同项目落地。邮政惠农合作累计走访和采集8.34万户；农民专业合作社贷款余额5.35亿元。邮政代理引荐信用卡新客户比上年增长2.23万户。小额贷款辅贷模式余额6956万元，列邮储银行六个试点省第1位。

全面从严治党

党建重点工作。学习贯彻习近平新时代中国特色社会主义思想和党的十九届五中全会精神。扎实开展模范机关建设，做好“强化政治机关意识教育”和“灯下黑”问题专项整治，以及“巩固提升党支部标准化规范化建设成果”专项活动。完成省分行和7家市分行党委换届选举工作，深入开展基层党组织“共建、共享、共进”2.0、“合规——共产党员在行动”活动，持续深入打造“党建+”品牌。推进群团工作、企业文化和精神文明建设，完成各二级分行和福建省分行机关工会换届改选工作。省分行机关荣获第六届“全国文明单位”称号，福州市分行党委荣获总行“党建工作示范单位”称号、政和县支行党支部等12个单位荣获总行“党支部建设示范点”称号。打造党建带工建的“政和模式”，打造“劳模创新工作室”，弘扬“工匠精神”，选树劳模先进。

党风廉政建设。对辖内3个二级分行党委及其下辖一级支行党组织进行巡察工作，发现被巡察单位问题228个，巡察覆盖率62.38%。聚焦疫情防控作风建设，对防疫重点区域和关键环节开展持续督导，问责82人次。

巡视整改。坚决落实巡视整改主体责任，认真抓好中央巡视集团、集团巡视总行、集团巡视省分行整改和集团巡视其他单位反馈问题自查整改工作。（邮储银行）

【邮储银行厦门市分行】

经营发展概况

实现营业收入7.89亿元，增长5.68%；净利润4.79亿元，增长54.63%。经济增加值0.79亿元，经济资本回报率12.82%，成本收入比47.26%。总资产392.91亿元，增长14.41%。各项存款余额203.75亿元，增长14.68%，新增存款26.08亿元；各项贷款余额392.65万亿元，增长14.33%；存贷比192.71%。不良贷款率0.44%，拨备覆盖率264.46%。

落实中央决策部署

抗击新冠疫情。严格落实营业网点、办公场所等重点区域防疫措施，统筹推进疫情防控与金融服务工作，实现疫情期间服务“零”中断、队伍“零”感染、业务“零”风险。对医院、医疗科研单位、医药生产销售及流通企业等抗疫单位，加大信贷支持，开辟绿色通道，给予专项服务和特别利率优惠。对受困企业灵活调整还款安排，合理延后还款期限，通过无还本续贷、展期、变更还款等多种形式，帮助企业解决续贷难题。

服务国家战略。在厦门无建档立卡贫困户的情况下，持续通过“带动扶贫模式”支持脱贫攻坚，投放扶贫贷款1.48亿元，连续3年超额完成金融扶贫工作目标，保持扶贫贷款“零不良”。始终紧盯清洁能源、绿色出行、污染治理等重点领域，持续加大绿色信贷投放，绿色信贷余额净增7251.49万元，完成年度绿色信贷增量目标。

推进普惠金融。全面开展金融支持稳企业保就业工作，走访、对接市重点企业名单客户289个，成功发放贷款约75亿元。组织、参与“生物医药企业专场对接会”“中小企业服务现场对接会”等银企对接活动28场，对接、服务企业1000余家，持续加大极速贷、网商贷、小微易贷投放力度，净增普惠小微企业贷款21.51亿元，完成“两增”目标。利用再贴现低成本资金，精准支持小微企业及市重点企业，再贴现余额净增5.4亿元。

业务转型发展

零售业务。个人储蓄存款期末余额175.24亿元，年度净增22.33亿元，增幅14.60%，增幅在邮储系统内排名第6位。信用卡新增客户4.89万户，点均新增客户数量在邮储系统内排名第2位。电子银行客户渗透率77.3%，在邮储系统内排名第1位；零售信贷期末余额186.81亿元，年度净增26.91亿元。小企业贷款期末余额18.76亿元，年度净增7.08亿元，增幅60.63%，增幅在邮储系统内排名第2位。

公司金融。新增公司客户4022户，完成年度任务目标的167.58%，在邮储系统内排名第1位。落地邮储银行首笔“外币存款＋境外同业保函”组合担保模式的进口信用证。跨境人民币结算12.53亿元，增幅466%。

资金资管。落地首笔以境内特殊目的载体（SPV）存放的同业活期存款（1.5亿元），同业活期存款目标完成率在邮储系统内排名第1位。

风险内控管理

全面风险管理。强化业务连续性管理，组织制订2020—2022年分行业务连续性演练计划并开展演练。持续加强员工行为排查，完善反洗钱管理体系建设，加强声誉风险隐患排查。

信用风险管理。构建八大合规风险监测模型，以大数据支撑精准风控。开展疫情影响分析，排查延期还款业务风险，加强逾期监控和管理。截至12月31日，不良贷款余额1.62亿元，比上年下降5420万元，不良贷款率0.41%，比上年下降0.22%，资产质量在邮储系统内排名第6位。

法律内控管理。开展案件风险排查、网点合规风险等级评价等工作，检查、排查网点276个次。推进重点领域洗钱风险排查及消费者权益保护方面存在问题的自查自纠，开展“深查摆　再整改　促合规”“风险隐患大排查、关键控制点大讨论”“内控合规提质增效”等活动，加强合规文化建设。

内部审计工作。针对内部开展绿色信贷、员工关联账户异常交易、信息科技等专项审计以及一级支行内控评价、经济责任审计等24个项目，累计抽样业务3087笔、86.09亿元，发现问题342个，提出审计建议75条。

安全生产工作。以“平安邮储”建设为中心，以“安全保卫工作提质升级活动”为抓手，进一步将安全生产责任落实到岗、落实到人、落实到各个环节。

管理运营效能

财务管理。行政办公经费比上年压降35%，公开采购率85.5%，节资率13.03%，分别比上年提高16.09%和7.65%。

金融科技赋能。优化系统和网络配置，分步推进服务器及主干网络设备更新、互联网出口建设、视频会议网络改造等重点工程，建成数据安全摆渡系统，有效保障数据传输安全。完成第三代社会保障卡配套系统、合规风险监测预警系统等项目建设，推广应用信贷档案管理系统、人员转型营销业绩报表系统等，进一步强化科技对营销、风控、管理的支撑力量。

运营管理。新增投放ITM（智能柜员机）设备13台，STM 1台。推进优化个人业务、贵金属、基金理财等相关交易办理流程，实现68项交易免填单。

客户服务。坚持客户旅程优化和网点服务提升双管齐下，组织开展高管体验、客户之声分析、客户旅程优化培训、客户体验测评等活动，发现并解决影响客户体验的重点问题16个。

全面从严治党

党建重点工作。举办学习贯彻十九届四中全会精神专题培训班，参训领导干部212人次。成立青年理论学习小组37个，覆盖337名青年员工，按季度开展专题理论学习。推进“基层党组织建设达标工程和创先争优活动”及“强基固本”质量提升工程，深入开展“共建、共享、共进”2.0主题活动、“合规——共产党员在行动”。总结推广“党支部工作法”，辖内海沧区支行党支部的“12345”、翔安区支行党支部的“五型先锋”、湖里区支行的“党旗在飘扬，共产党员在行动”等特色党建模式逐渐深化。

党风廉政建设。围绕学习贯彻习近平新时代中国特色社会主义思想和党的十九大精神、制止餐饮浪费行为、扶贫工作等内容开展专项监督检查，把发现问题与推动工作结合起来，确保改革发展坚持正确政治方向；高质量开展巡察工作，制定完善巡察工作相关制度办法，于6月、9月开展对分行营业部党支部、湖里区支行党支部2家单位的政治巡察。

巡视整改。一体推进中央巡视整改制度评估、集团巡视反馈问题持续整改、集团巡视其他邮政企业问题对照整改等工作，制定各类整改措施77项，完成整改问题30个，需持续深化推进整改问题47个。

人才队伍建设

探索构建分层分级绩效考核体系，推动机构和人员分类考核、部门（支行）领导和员工差异化考核，引入平衡计分卡，实行“一人一卡”制；开发应用绩效考核评价系统，考核维度更全面、考核过程更公正、考核结果更真实；加强考核周期闭环管理，坚持结果考核与过程评价相统一、考核结果与奖惩相挂钩，做到激励与约束并重、责权利统一，进一步激发队伍活力。全面推进模范机关建设，持续抓好形式主义官僚主义整治，深入开展“一月一事　消灭最差”“跟班作业实践”等活动，全年为基层解决问题291个，推动公文压降36.5%、会议压降28.6%。（邮储银行）

【中邮证券福建省分公司】

总体情况

经纪业务。截至年底，累计开户80674户，其中有效账户2647户，占比3.28%；邮储银行第三方存管账户70410户；客户资产合计8.25亿元；本年累计成交348.17亿元。累计开发两融客户35户，其中机构户0户，个人户35户。两融客户总资产1718.52万元，融资负债金额689.71万元。

资管投行。截至年底，协同邮储银行代销渠道销售资管产品1.7亿元。其中存续资管项目规模1.2亿元，签署龙岩永定海峡客家发展集团非公开私募债券5亿元。与南平邵武城市建设集团、南平延平国运集团、永安国投公司、南安园区建设集团公司建立业务合作关系，推动公司债券项目的评级及审计。与龙洲股份、傲农生物、弘信电子、福建金森先后建立股票质押、可转债、员工持股计划等业务联系。

发展措施

邮银协同，全面发展。一是推进下发2020年度协同方案。5月12日，中国邮政福建省分公司下发《关于开展2020年邮证协同“有效户大提升”营销活动的通知》（闽邮分金融函〔2020〕8号），活动配套营销费用100万元，工资总额100万元，分别用于客户礼品回馈和员工奖励。5月14日，邮储银行福建省分行下发《关于开展2020年中邮证券“有效户大提升”营销活动的通知》（闽邮银个金函〔2020〕5号），活动配套营销费用60万元，工资总额60万元，分别用于客户礼品回馈和员工奖励。

二是协同中国邮政福建省分公司及邮储银行福建省分行开展员工培训活动。截至年底，通过线上、线下等渠道，累计开展协同营销培训和客户沙龙37场，内容涵盖协同方案、常见业务问题、可转债申购业务推广及证券投资等，参加人数2062人。

三是通过双边记账分配协同收益。根据《中国邮政集团公司关于协同项目收益分配的指导意见》（中国邮政〔2019〕297号）和相关标准，首次对协同收益进行双计，中邮证券账户交易佣金、融资利差等业务收入采用收入双边记账的方式与协同方进行收益分配，简化了现有的协同收入分配烦琐的流程，基本实现谁发展谁受益。

四是开展协同调研活动。6月，为落实《全面贯彻落实习近平总书记关于“抓实抓细抓落地”领导干部要“成为所在领域行家里手”的重要指示精神扎实开展领导干部跟班作业实践活动》（中国邮政传〔2020〕83号）文件要求，分公司总经理累计走访泉州、漳州、厦门、龙岩等地邮政公司和邮储银行，就协同方案政策解读、营销技巧和经验分享以及业务发展常见问题进行交流。11月，协同开展“根在基层”调研活动，中邮证券福建省分公司安排人员前往福州邮政东大路营业所、福州邮政北大路营业所、福州市邮储银行仓山支行沟通交流协同业务发展过程中亟须解决的问题，为后续改善协同支撑、提升协同发展效果打好基础。通过各项举措，截至年底，邮政协同新增账户8322户，指标完成率106.69%；邮储协同新增账户6985户，指标完成率110.87%。邮政协同新增有效户3743户，指标完成率124.77%；邮储协同新增有效户439户，指标完成率13.94%。

在协同中邮证券项目上均完成集团公司和邮储总行下达的新开户和新增有效户目标。其中，集团公司下达的新增有效户目标为1800户，福建省邮政分公司协同完成3766户，完成率209.22%，在全国已设立中邮证券分支机构的20个省份中位列第五。邮储总行下达的协同新开户目标为5190户，福建省邮储分公司协同完成7438户，完成率143.31%，在全国已设立中邮证券分支机构的省份中排名第二。

拓展资源。一是依托邮政企业资源发展客户，立足自身努力开发客户。克服人力严重不足的情况，组建外拓业务小分队，分片挂区拓展业务。二是经纪人与理财经理队伍逐渐稳定，发展客户质量显著提高。截至年底，分公司经纪人共计6名，发展客户83名，引进证券资产约3449万元。客户经理2名，发展客户17名，引进证券资产14079.54万元。三是沟通引进市场化团队。为加大省内其他地区客户开拓力度，在福州、泉州、龙岩、莆田等地进行多次接洽，待收入分配及相关业务资质等事项明确后即可引入分公司。其中，泉州营业部已获设立批复，正稳步推进设立步骤。

合规运营，风险管控。一是根据《关于开展证券期货行业安全生产排查的通知》，开展安全生产自查，并及时上报安全自查相关情况报告。二是组织开展反洗钱自评级，并上报自评级材料。三是组织学习《关于塑文化　严合规　强风控　担责任　推动辖区证券期货行业高质量发展的通知》，合规发展。四是结合“5·15”投资者教育保护日，开展宣传，营造投资者保护氛围。五是开展关于非法集资风险的宣传。六是落实《关于加强场外配资风险防范工作有关事项的通知》，不为场外配资提供便利。七是落实《关于开展“股市黑嘴”“非法荐股”“场外配资”等证券违法活动专项整治工作的通知》，开展宣传、培训，并及时上报。八是制订全面风险排查计划，完成报告。配合现场检查，并及时进行整改。同时按照总部要求开展反洗钱、合规月度培训，开展全体员工培训。

全面从严治党。一是党建工作。坚持以习近平新时代中国特色社会主义思想为指导，全面贯彻党的十九大精神及习近平新时代中国特色社会主义思想，认真落实“三会一课”等各项制度。开展党支部委员补选工作。同时按照年度发展党员计划，有2名入党积极分子，1名预备党员转正。

二是巡视整改工作。成立持续推动巡视整改工作领导小组及办公室，严格落实执行巡视整改“季度例会”“重要事项随时研究”工作机制。每季度召开工作例会对季度整改推进情况进行梳理、评估，安排部署下季度推进举措。重要整改事项由责任部门随时提请巡视整改工作领导小组研究推进。各部门负责人作为持续推动巡视整改工作领导小组办公室成员，主动参与，合力推动，确保各项工作有序推进。按照“持续深化、融入日常、突出重点”的要求，分公司党支部结合实际，认真研究，制订分公司党支部2020年持续推动巡视整改工作计划，明确9项持续整改任务，制定12项细化措施。截至年底，均已全部整改完成（包括已整改完成和已完成阶段整改且长期坚持持续推进的工作）。

后勤支撑工作。一是人力资源管理工作。截至年底，有职员22人，其中党员11人，非党员11人，党员占比50%。女党员3人，占党员总数的27%；硕士学历4人，本科学历18人，分公司目前本科及以上学历员工占比100%。

二是财务管理工作。根据总部下达的收入成本目标做好全年的成本管控方案并逐月加强成本管控。各项费用均在总部财务管理相关制度下执行。

三是纪检监察工作。按要求认真抓好纪检监察、党风廉政建设和反腐败工作，开展日常学习教育、节假日廉政提醒和“党风廉政宣传教育月”活动。坚决贯彻落实中央八项规定精神，树立“作风建设永远在路上”的理念，进一步强化党员干部廉洁风控意识。纪检监察人员按月定时上报分公司纪检信访情况报告、有无违反八项规定情况报告等，建立信访台账，定期做好举报箱开箱记录，保质保量地完成各项工作。

四是行政综合工作。6 月 29 日，中邮证券有限责任公司福建省分公司与中国邮政福建省分公司迁往福州市鼓楼区温泉街道得贵路 26 号福建邮政广场。（中邮证券）

江 西 省

【江西省邮政分公司】 实现收入 60.8 亿元（含寄递事业部），列全国第 15 位，增长 8.18%，列全国第 18 位，实现利润 6268 万元，均完成全年预算。其中，寄递事业部实现收入 18.34 亿元，列全国 12 位，增长 12.06%；金融收入 34.8 亿元，增长 8.37%；电商分销收入 1.39 亿元，增长 10%；报刊收入 2.52 亿元，增长 3.81%；函件收入 1.32 亿元，增长 4%；集邮收入 1.39 亿元，完成预算的 100.87%。

经营质效

金融业务。全省总资产净增 365.3 亿元，比上年多增 7.7 亿元。其中储蓄存款净增 186 亿元，利差增收 2 亿元；代理保费 67.1 亿元。建成智慧场景 578 个，获客 24 万户，归集活期资金 8 亿元。新增轻型智能网点 30 个，获客 4.2 万户，带动资产净增 30 亿元。对公存款新增 7.63 亿元，列全国第 4 位；发放社保卡 20 万张，沉淀活期资金 2500 万元。中邮新单保费 15 亿元，增长 18%，其中长期期交 6 亿元，增长 64.2%；手机银行中邮资管产品销售 7.25 亿元，列全国第 5 位，新增账户数完成率 139%，列全国第 3 位。

寄递市场。寄递业务量 2.47 亿件，增长 26.3%。业务量、收市占率分别为 18.6%、14.8%，分别列全国第 8 位、第 7 位。特快业务实现收入 4.06 亿元，占总收入的 22%，增长 20.58%，列全国第 7 位。快包集群市场实现 100% 全进驻，完成业务量 4716 万件，增长 91%，实现收入 1.68 亿元，增长 57.2%。

渠道平台。建成四类网点 108 个，进驻校园 46 所；开通税邮网点 721 个，代收税款 3.4 亿元。打造数字化优质站点 3007 个，实现批销额 7399 万元。建成“老俵情”产业基地 114 个，打造 101 款“老俵情”精品农品，其中“老俵情”井冈茶油 1441 万元、赣南脐橙 778 万元；建成线上扶贫地方馆 26 个（实现国家级贫困县全覆盖），打造万单农品 21 个。电商扶贫入选“江西省优秀网络扶贫创新案例”，省分公司荣获江西省电子商务示范企业。

通过“9·19 电商节”活动，江西邮政帮助贫困户销售红薯 5314 单，销售额突破 10 万元

集邮文传。37 场微车展实现金融、渠道、保险、出行旅游一站式服务。车优保项目实现收入 965 万元，列全国第 11 位。中邮平台实现收入 7316 万元，增长 156%。集邮商品实现收入 6162 万元，占集邮专业收入的 44.27%。

协同战略。落实首席客户经理制，新增省人社厅、省教育厅、省文旅厅等 9 家战略合作单位。以“产业基地 + 品牌 + 平台 + 渠道”为抓手，服务新型农业经营主体，全面推进惠农合作，打造农村电商 2.0 升级版。六大重点协同项目实现收入 4.64 亿元，政务市场、惠农合作、汽车产业链、智慧场景、金融客户社群化运营、金融中间业务增收 6 个项目收入过亿元，医药、通信、电商市场、能源行业等 36 个项目收入过千万元，收入百万级的项目 122 个。社保卡保有量增长 59 万张，并取得三代卡发放资格，全年新建社保专窗 53 个，覆盖所有县以及部分重点乡镇。

治理效能

项目制运营。配套专项工资总额 8550 万元、专项资金 6320 万元保障运营成效，全省正在运作项目 1148 个。宜春、上饶市分公司探索并固化“小岗村”和“四中心一体化运营”模式，打造项目制孵化基地和项目制综合营销平台，项目创收 8227 万元和 4095 万元。

寄递降本增效。寄递五大环节降本 1.56 亿元，利润超集团预算 2431 万元，超额完成降本增效各项目标。人工成本占比下降 4.2%；运输费、代办费增长分别低于业务量增长 5%、13%；投递环节单价由 2.16 元下降至 1.55 元，降低 28%，列全国第 1 位；陆运单价由 0.92 元下降至 0.89 元，降低 5%，列全国第 5 位。

“两集中”改革。打破行政区划界限，以时限优先为原则，够量直达、压缩层级、就近入网、减少倒流。打破省—市—县层层经转模式，在鹰饶一体化的基础上，试点推行昌抚一体化，减少网络经转层级，节约成本669万元。推行赣西片萍乡、宜春就近入网，实现中部区域邮件通过长沙经转，全程时限优于竞争对手。动态调整优化损益邮路139条，节约成本1700万元。

寄递网能力。昌北机场空侧综合邮件处理中心开工建设；开通南昌—长沙、上海等6条高铁、行李车邮路；全省380辆邮运车辆享有ETC免费通行证。新零售同城网在政务、商超、医药、洗衣行业配送及社区团购配送上快速突破，日配送量超2万单；全省建成“家邮栈”快递超市938家，自提代投点2100余个，日均投递能力突破100万件。与全省11家主要快递企业合作邮件下乡进村，分宜农村三级物流体系建设项目获得交通运输部“全国首批农村物流服务品牌”。

科技赋能。开发江西邮政智慧网格平台，叠加移动大数据服务。研发专题数据营销平台，建立数据产品直达网点通道。建成社保卡大数据等16项专项数据库，客户数据量1700万条，转化金融客户5.4万户、提升金融资产11.7亿元，精准挖掘社保卡用户69.3万户。

党建工作

党建基础。坚持党建统领，突出党的政治建设，压实意识形态工作责任制。落实“三个第一时间”学习机制，党的理论武装进一步强化。开展“一月一事　消灭最差”活动和全省邮政领导干部跟班作业实践活动，解决好员工特别是基层一线的思想困惑和实际困难。推进“模范机关”建设。

巡视整改和巡察工作。落实中央巡视整改、“不忘初心、牢记使命”主题教育整改、集团公司党组巡视整改，坚持月例会和季评估制度，强化对巡视整改落实情况的监督检查和跟踪问效，完成问题整改687个，正在持续整改问题429个。对8个市分公司党委、50个县分公司党支部（总支）开展巡察，召开全省邮政领导干部警示教育大会。

党风廉政建设。严格落实中央八项规定精神，省分公司党委处置问题线索53件，给予三级人员党纪、行政处分2人，诫勉谈话15人次，提醒谈话13人次，约谈班子1个。强化监督执纪问责，用好“四种形态”，处理622人次，给予重处分7人。

普遍服务质量。落实巡视整改要求，扎实推进普服达标集中整治“回头看”活动，完成问题整改6198个，完成“两提升、四强化、七确保”目标。全省乡镇网点覆盖率、建制村直接通邮率100%；县及县以上城市党政机关《人民日报》《江西日报》当日见报率100%；邮政服务申诉处理满意率100%；给据邮件丢损率为万分之0.77，比上年压降99%；条码平信信息断点率0.1%以下，未发生“两条红线”案件，全面清除“零收入”网点。机要通信连续25年质量全红。

三大攻坚战。构建业务管理、内控合规、审计监督“三道防线”，未发生金融资金案件和重大安全责任事故。25个挂点帮扶贫困县、115个挂点贫困村全部“摘帽”退出。超额完成绿色邮政“9792”工程指标，城区揽投车辆新能源占比92.4%，营业网点电子面单使用率99.7%，可循环中转袋使用率94.6%。

综合管理

干部队伍建设。提任65名三、四级领导人员，调整42名三级领导人员。开展全省邮政三、四级领导人员及中青年干部能力提升和党性教育培训，推进人才梯队多维度素质提升。

员工素质。强化常态培养，深化精准培养，组织领导人员、项目制经理、支局（所）经理、支局骨干等赴高等院校、知名企业学习深造，专注培养创新型骨干和技能型人才。配备转型督训师145人、专职理财经理443人、取得财富管理AFP资格63人。招聘高校毕业生400余人到邮政企业就业。

员工权益。落实“员工幸福工程”，推进职工小家建设，投入资金1185万元，新建或改造各类职工小家409个。落实企业年金调整方案，开展“两项保险”自愿投保，为全省7152名女职工购买中邮保重疾团险。6名基层员工被评为2020年“江西省劳动模范”。

员工关爱。筹措、投入抗疫专项资金212万元，保障员工生命安全和企业全面复工复产。发放“两节”送温暖活动慰问金220万元、困难员工帮扶资金111万元。看望慰问劳模先进93人，困难员工（含离退休人员）1160人，慰问受灾员工39人，一线集体701个，夏送清凉7144人，金秋助学82人。为7000余名一线揽投作业人员购买保温饭盒。6700余名退休人员完成档案移交工作。

（江西省邮政分公司）

【邮储银行江西省分行】

经营发展概况

实现营业收入66.48亿元，比上年增长10.57%；净利润36.49亿元，比上年增长14.49%。经济增加值11.94亿元、列邮储系统第4位；经济资本回报率17.99%、列邮储系统第5位；成本收入比35.6%、列邮储系统第6位。总资产3508.27亿元，比上年增长10.11%。各项存款余额3141.08亿元，列省内同业第5位，比上年增长8.31%；新增存款240.88亿元；各项贷款余额2140.43亿元，比上年增长15.57%；存贷比68.14%。不良率0.49%，较上年末下降0.05%，为省内国有大行中不良率最低；贷款拨备覆盖率281.93%。

◎ 落实中央决策部署

抗击新冠疫情。建立联防联控工作体系，抓实抓细疫情防控各项工作，做好防疫物资保障、营业网点防控、办公场所防护，严格落实重大事项报告制度。下拨专项党费33万元并带动分行党员自发捐款超60万元支持江西疫情防控工作，组建68支党员突击队、17支青年突击队，奋战在全省抗疫抗洪和志愿服务一线。累计向480余户疫情防控企业发放抗疫贷款超50亿元、向1000户企业发放复工复产贷款超300亿元，为中小微企业节约融资成本超1亿元，帮助企业纾困解难、渡过难关，有力支持疫情防控、复工复产和江西经济复苏。

服务国家战略。响应长江经济带建设号召，给予彭泽县三峡水环境综合治理项目5亿元授信额度。绿色金融建设成效显现，分行风力发电、轨道交通、高速铁路、太阳能发电等绿色行业公司实体贷款（含表内外贸融）结余111.07亿元，投放50亿元。

推进普惠金融。加大资金投入力度，竭力提供高质量的金融服务。金融精准扶贫贷款结余32.16亿元，年净增4219万元，完成年监管计划的105.48%；涉农贷款结余707亿元，年净增59.26亿元，完成监管考核计划的296.3%。

◎ 业务转型发展

零售业务。自营储蓄存款余额752.46亿元、列系统内第10位，市场占有率3.39%、列系统内第4位，年净增34.68亿元。财富管理体系初步形成。消费贷款结余989.88亿元，年净增135.02亿元。手机银行客户规模762万户，邮储食堂净增会员91.1万户。新增信用卡发卡24.96万张。

公司金融。公司存款时点余额375.53亿元，年净增31.65亿元。日均余额360.04亿元，年净增10.11亿元。公司信贷余额333.84亿元，年净增45.59亿元。投资银行累计债券承销规模33.5亿元，年新增11.5亿元。表内贸易融资业务（不含福费廷）余额17.32亿元，年净增3.67亿元。包买福费廷业务余额33.85亿元，年净增7.71亿元。

资金资管。票据余额255亿元、列系统内第7位，年净增38.42亿元、列系统内第2位；其中票据直贴余额和交易量均列系统内第5位，票据再贴现余额和交易量分别列系统内第3位和第4位。理财业务余额574.86亿份、列系统内第3位，年净增56.44亿份、列系统内第2位；同业投融资业务余额213.68亿元，年净增26.05亿元；托管业务余额751.38亿元、年净增144.34亿元，均列系统内第8位，成功落地工商银行总行55亿元ABS托管项目；成功营销邮储银行永续债2.4亿元。

◎ 风险内控管理

全面风险管理。进一步加强全面风险管理体系建设，完善风险与内控管理委员会运行机制，强化业务连续性管理。建立风险政策与风险限额管理机制，深化专业风险管理工作。

信用风险管理。建立资产质量控制与督导机制，分级管控信用风险。强化集中度管理，突出重点区域、重点行业、重点产品资产质量分析与管控。加大不良资产处置力度，建立常态化核销机制，提高了处置效率。

法律内控管理。切实抓好案件防控、合规检查、内控合规、法律事务、消费者权益保护、反洗钱等工作，创新性开办《民法典》微学堂专刊，荣获法律与合规管理工作A级单位、案件防控工作先进单位、消费者权益保护优秀单位称号。主动发现并积极协助公安机关破获新中国成立以来江西最大一起洗钱集团、邪教组织案。

内部审计工作。围绕“独立性、专业性、权威性”的要求开展审计工作，不断拓展审计监督广度和深度。实施审计项目48个，创新实施了审计员积分考核、审计项目认购制，提升风险防范水平，切实为经营发展保驾护航。

安全生产工作。牢固树立“全面、全程、全员”的安全生产理念，全面筑牢安全生产“三道防线”，实现全年无资金案件、无重特大刑事和治安案件、无火灾、无灾害、无人员伤亡事故和无群体性上访事件的良好局面。获评2020年度“江西省平安建设工作先进单位”、总行2020年度“平安邮储优秀单位”“安全管理优秀单位”等荣誉称号。

◎ 管理运营效能

资产负债。加强资产负债精细化管理，召开4次省分行资产负债管理委员会会议，资产负债规模稳中有升。持续深化经济资本管理，经济增加值列邮储系统第4位，经济资本回报率列第5位；坚持强化信贷规模管控，贷款净增总规模完成省政府计划的103%；切实提升利率管控水平，3年定期存款付息率均下降90 BP左右；牵头组织落实金融支持“六稳”“六保”工作。

财务管理。按照总行持续提升成本费用管理水平和“过紧日子”要求，分行强化标杆管理、预算管理、集中管理、规范管理，主要成本管控指标持续优化，成本标杆达标率100%，行政办公经费完成压降后预算的80.50%，比上年下降27.06%。

金融科技赋能。为客户提供数字化、智能化的金融科技服务，打造包括网上银行、手机银行、自助银行、电话银行、微信银行等在内的全方位电子银行体系，形成了电子渠道与实体网络互联互通，线下实体银行与线上虚拟银行齐头并进的服务格局。

运营管理。运用行内自建运营差错积分系统及运营服务支撑平台，提高运营精细化管理质量。推动网点智能化转型，推广统一柜面平台运用，实现个人业务柜面业务无纸化。投入CRS 145台、ITM 116台、移动展业设备514

台，全年离柜率 94.15%。优化营业网点功能分区，确保 8 个功能分区明确。

客户服务。强化网点服务意识，切实提升网点服务能力。网点大堂时刻有人值守，做好“三声”服务，确保来有迎声、问有答声、走有送声。科学调整网点自助设备布放。按照新 VI 室外形象标准装修改造网点，全面提升客户体验和服务形象。

代理金融。以“固基础、强管理、促合规、抓协同”为主线，将“有利于提高业务质效、有利于加强队伍建设、有利于提升全面风险管理水平”贯穿代理金融管理与协同工作，扎实落地代理营业机构管理办法，有效履行“代为监管”的工作职责，有力推动协同项目发展。

全面从严治党

党建重点工作。分行党委始终坚持以党的政治建设为统领，牢固树立“四个意识”，坚定“四个自信”，坚决做到“两个维护”，认真履行全面从严治党主体责任，坚持党委会专题研究党的建设工作，抓实党建述职评议考核，推动基层党组织规范化建设。成功创建“第六届全国精神文明单位”，探索发挥青年理论学习作用，全面引导广大员工在建功立业中发挥作用。

党风廉政建设。坚持“发现问题、形成震慑，推动改革、促进发展”工作方针，组织开展 2 批次常规巡察，巡察覆盖率 79.63%；持续推动警示教育活动，教育引导党员干部进一步增强纪律规矩意识和廉洁从业意识。

巡视整改。以钉钉子精神推进巡视整改常态化制度化长效化，压实“一岗双责”，一体构建“不敢腐、不能腐、不想腐”的长效机制，把“严”的主基调长期坚持下去。

人才队伍建设

人事改革。推进全分行机构改革，完善省分行工作团队设置，加强人才梯队建设。调整岗位职级体系，拓宽员工发展空间和晋升通道。出台员工招聘制度，规范内外部招聘工作。开展人才规划工作。出台《江西省分行 2020—2022 年人才发展规划》和《江西省分行人才发展规划 2020 年工作实施方案》，系统推动人才队伍建设工作。

队伍作风建设。旗帜鲜明讲政治，坚持习近平总书记提出的国有企业领导干部二十字标准，将党管干部落实到干部选拔任用的各个环节。加大对各单位的督促指导，尤其是加大对员工行为管理等工作的关注程度，压实相关人员工作责任，切实改进工作作风。（邮储银行）

【中邮保险江西省分公司】 现有内设部门 15 个，员工 94 人，平均年龄 36 岁，其中本科及以上学历占比 98.9%，研究生及以上学历 26 人。现有党员 54 人，占职工总人数的 57.4%。

业务发展

推进转型发展。实现总保费 36.2 亿元，比上年增长 22%，江西省保费市场占有率达 6.0%，保持已开业省分第一；实现新单保费 17.46 亿元，比上年增长 18.3%，其中期交新单 12.7 亿元，比上年增长 22.7%，长期期交新单 7.19 亿元，比上年增长 72.0%，长期期交占新单期交保费比达 56.6%，比上年增长 16.2%，新业务价值 7037.0 万元；实现续期保费 18.64 亿元；实现团险保费 1301.6 万元。

加强营销管理。发挥协同优势，与渠道共同策划组织多个主题竞赛活动，营造浓厚的发展氛围；创新作业方式，针对疫情特殊形势，通过线上营销指南、微课程、培训、沙龙，助力全省业务实现逆势增长；加强支撑助力，通过讲师团队、三方咨询机构开展集中营销培训辅导 509 场次，依托“一平台三系统”，开发“2065”“CRM 精准筛选”等工作法提升获客、拓客、维客效率；落地重点项目，认真落实集团“两项保险”统括项目。

运营服务

深化代管模式。协同省邮政公司完成省市县三级代管机构建设和人员选聘工作，新增机构 4 个，全省 151 名专岗人员已全部到位；在全国率先修订下发市县代管机构人员履职考核办法，开展业务及管理培训 40 余场。

提升运营指标。保全服务时效 0.02 天，比上年缩短 0.61 天，列全国第四；电子保单使用率 80.6%，比上年提升 25.1%，列全国第四；七日调查完成率 100%，列全国第一；理赔申请支付时效 1.1 天，列全国第一；理赔出险支付时效 50.26 天，列全国第五；1 个赔案入选“2019 年度江西保险业寿险十大典型赔案”和《江西保险业理赔白皮书》。

优化续收品质。采用线上回访、分段催收等新模式，续期 13 个月继续率 95.8%，25 个月继续率 98.33%，13 个月、25 个月继续率指标均列省内行业第一，宽末综合达成率 98.43%，列全国第五。

强化消保服务工作。犹豫期内总回访成功率为 99.98%，列全国第二，回访问题件工单处理及时率 100%，列全国第一。

三大攻坚战

加强合规管控。邮银保三方联合开展合规检查 9 次，覆盖 10 个地市、32 个县，检查问题均已整改到位；开展合规培训 30 余场，参训人数近 5000 人，确保合规理念宣贯到位；反洗钱管理规范有序，连续 2 年获人行南昌中心支行 BB 级综合评级，位居行业前列。

保障扶贫建设。有序开展为贫困户赠送团体意外伤害保险、公益体检，向留守儿童捐赠护眼台灯，为贫困村修建道路，完成总部下达的精准扶贫工作。

绿色邮政平安邮政成果持续凸显。依托电子化系统开展线上作业、线上培训、线上出单，办公用纸、水电费用等费用比上年下降 20% 以上，做好疫情防控工作的同时，严格抓好消防、车辆、信息、日常和应急安全管理，加强媒体交流，开业至今未发生重大安全事故及声誉风险事件。

企业管理

统筹疫情防控和生产经营。按照集团、总部要求，先后下发应急预案及相关文件6个，落实部署疫情防控工作，采购防疫物资，落实人员健康情况动态监测与报告，公司全员零感染；制定7项应急措施，打通理赔绿色通道，保障疫情客户优先赔付，应赔尽赔；组织“党员突击队”，干部、党员、入党积极分子共捐款16200元。

提升科技赋能。完善自动报表程序5套、影像审核系统附加功能7个，新增微信回访复访、客户行为数据自动梳理分析、客户关键数据共享3个模块，信息化支撑能力显著提升，信息技术部陶遂劳模创新工作室被集团公司命名为“中国邮政集团劳模创新工作室”。

加强人才队伍建设。制定分公司2020年绩效考核办法，加强员工绩效考核与部门绩效考核的关联性，探索“全员培训＋专项外派”相结合的新形式培训方式，分层分类分级开展全员培训32场，员工队伍能力得到进一步提升。

提升财务管理。强化预算管理，行政管理费用比上年降低12.4%，全年标保业管费率12.6%（剔除交行项目），低于前三年平均值2.2%；集中采购公开率达100%，节约采购资金70.8万元。

党建工作

深化党建工作。压紧压实管党治党责任，全年组织17次党委理论中心组学习（其中集中研讨14次），10次“三个第一时间”集中学习，党委班子成员讲授专题党课5次；抓实抓好巡视整改，针对集团巡视反馈问题，研究制定42项整改任务和79条整改措施，均已全面完成；深化组织和作风建设，做好党工团等9个组织的换届，严格落实“三会一课”等组织生活制度，开展“模范机关建设”“找差距补短板、比学赶超竞赛”“党建＋”等活动，战斗堡垒作用凸显；严格落实意识形态工作责任制，全年无意识形态责任事故。

推进纪检监察。签订《廉洁承诺书》，夯实“一岗双责”主体；常态化做好日常监督和专项监督，高质量开展党风廉政教育宣传月主题活动，开展纪委理论中心组学习8次，廉政专题教育12次，廉政知识答题4次，纪检专职干部集中学习研讨15次，有效筑牢廉洁防线；充分运用“四种形态”，持续筑牢思想防线。（中邮保险）

【中邮证券江西省分公司】 完成收入2599.5万元，比上年增长88%，收入全国排名第4位，累计利润1047.4万元，全国排名第6位；九江营业部，实现经营收入1034.4万元，完成下达目标任务的344.8%，实现利润865.1万元。九江营业部在投行发债业务方面取得重大突破，落地赣州蓉江新区15亿元项目收益债，实现税前收入1080万元，储备发债及新三板项目共计7个；赣州营业部，实现经营收入76.5万元，完成下达目标任务的76.5%。

经纪业务

完成收入1268.4万元，全国排名第7位，其中股票质押收入564万元；资管投行业务收入1331万元，全国排名第2位，投行业务创历史新高。

重点指标发展。一是有效户情况。总账户数为118768户，有效户新增4827户，完成计划目标的241%，全国排名第7位；开户数情况，开户数新增20446户，完成计划目标的166%，全国排名第2位。二是金融产品销售。通过协同邮政累计销售重点基金1.5亿元，全国排名第5位（其中一季度重点基金销售5271.19万元；二季度重点基金销售622.86万元；三季度重点基金销售6581.15万元；四季度重点基金销售1724.51万元）；销售资管产品7.25亿元，实现跨越式发展，列全国第5位。三是两融业务拓展。具备融资业务资格的客户有187户。新增两融户32户，全国排名第1位，累计两融户72户。四是股票质押业务。股质客户1个。集团会员注册，江西分公司完成集团会员注册2995户，完成计划任务的153%，全国排名第1位。

服务板块协同情况。一是省邮政分公司总经理重视板块协同工作，在分公司展业以来给予大力支持，出台协同发展中邮证券营销活动方案，协同发展有效户取得较好成绩。二是省行行长重视板块协同工作，在分公司发展过程中给予指导帮助，特别是在协同开发新三板挂牌、债券业务、IPO客户方面。三是组织年均50场左右投资者教育培训，培训内容涵盖证券技术分析、行业分析、手机APP操作、重点基金、合规展业等内容。2020年以来分公司共组织146场次投资者教育培训，覆盖客户数超过2万人次，培训场次及人次均远超往年。

资管投行

实现2笔发债项目落地，分别为赣州蓉江新区15亿元项目收益债（市场化营销，实现收入1080万元）和丰城市创投4亿元项目收益债（邮储协同，实现收入240万元）。

邮证协同。分公司主动协同，下发《关于开展2020年金鼠迎春协同发展中邮证券活动的通知》等协同文件，将开户数、有效户、资产量纳入日常金融业务发展指标，引导各市邮政分公司加大中邮证券的发展力度，将中邮证券业务固化到邮政金融日常业务中来。

银证协同。下发《关于开展全省2020年“板块协同，融合共享”中邮证券业务专项营销活动的通知》，全方位设置经纪业务、资管投行业务奖励及考核分数，引导各市分行将中邮证券业务作为发展邮储大客户的重要手段之一。与邮储协同债券承销业务丰城市创投6亿元公司债成功完成4亿元落地发行　实现江西发债项目银证协同零的突破，为银证大项目协同工作积累宝贵经验，银证协同项目持续发力。

◎ 合规运营，风险管控

为打好“防范化解金融风险攻坚战”，建立防范化解金融风险的长效机制，下发《中邮证券有限责任公司江西分公司关于“打好防范化解金融风险攻坚战”工作的通知》，守住不发生系统性风险底线。年内组织合规、反洗钱学习12次，合规知识测试2次，反洗钱测试1次。学习内容涵盖反洗钱、风险管理、适当性、注册制创业板、防范非法证券宣传、机构监管情况通报等。通过系列学习、培训及业务检查，为开展证券经营活动提供保障。

◎ 党建工作

压紧压实党建责任。以坚定政治信仰、坚持党的政治领导、提高政治能力、净化政治生态、强化组织实施五个方面为主线，坚持和加强党的全面领导，推进全面从严治党向纵深发展。

落实“三会一课”。组织党支部理论学习23次、组织专题研讨12次，组织青年员工专题学习9次、专题研讨7次。认真落实“三会一课”制度，组织党员认真学习、深刻理解、准确把握习近平新时代中国特色社会主义思想，确保党和国家的方针政策、决策部署在分公司坚决贯彻执行。

增强意识形态工作责任制。充分认识加强意识形态工作的重大意义，全面落实意识形态工作责任，推动意识形态工作扎实开展。召开2次专题会议，研究部署意识形态工作，坚持正面宣传为主，尊重舆论宣传规律，凝聚发展正能量。

强化党组织战斗堡垒作用。践行“人民邮政为人民”的服务宗旨，引导党员在关键时刻站得出来、在危险关头豁得出去。杨世健同志荣获中国邮政集团有限公司抗击新冠肺炎疫情“先进个人”称号、万斌同志荣获江西证券期货协会“全省证券期货行业新冠肺炎疫情防控工作优秀个人”称号。

疫情防控。坚持疫情防控、复工复产“两手抓、两手硬”。新冠肺炎疫情发生以来，组织党员踊跃进行捐款及献血活动，并为南昌市民配送口罩、配送积压邮件。充分发挥党员先锋模范作用，组织动员全体党员积极为疫情捐款，合计捐款5550元。关爱员工，后勤服务支撑到位，在疫情紧张时期，抢购防护物品，分发给每位员工，为疫情防范做好保障。被江西省证券期货协会评为“抗击疫情先进单位”。

◎ 纪检监察工作

疫情防控。监督检查分公司疫情防护用品的储备及发配情况、办公场所及营业场所消毒情况。并实时更新员工信息健康表，做到一人一表，确保疫情防控工作责任到位、人员到位、防控到位、万无一失。

人力资源。监督检查分公司选人用人工作，建立干部廉政活页夹，严把选人用人政治关、廉洁关、品行关、作风关。开展任前谈话1次，廉洁意见回复1次。

运用“四种形态”。监督分公司各部门及营业部员工签订《廉洁从业承诺书》，严格遵守国家法规和公司总部各项规章制度，廉洁自律，不断提高廉洁自律意识。纪检委员对分公司部室经理及员工进行约谈提醒6人次。

车辆使用。监督检查分公司公务用车派车单台账、车辆使用台账、公务用车车辆保养维修登记台账，确保分公司不存在公车私用和违规违纪现象。紧盯公车私用问题，做好节前公车封存工作，并建立公务用车封存台账。每逢节假日之前编发“廉政短信”，弘扬清廉之风。编发“廉政短信”共计5条。

督促巡视整改。定时监督检查分公司是否按时召开巡视整改专题会议及各部门巡视整改任务完成的情况，定期梳理巡视整改进度，加强跟踪问效，确保巡视整改任务扎实完成；加强与分公司巡视整改领导小组及办公室的日常沟通协调，对巡视整改重点任务进行跟踪督办。

◎ 巡视整改工作

针对集团巡视反馈意见，第一时间制定《中邮证券有限责任公司江西分公司党支部关于落实集团公司党组第三巡视组巡视反馈意见整改进展情况的报告》《中邮证券有限责任公司江西分公司巡视整改任务销号台账统计表》。研究制定34项整改措施，巡视整改台账，明确整改时间、责任领导、责任部门。坚持每月召开专题巡视整改月例会。截至年底，巡视反馈意见整改到位33项，1项还需持续推进。建立持续整改长效机制，针对问题深化持续整改，确保反馈意见整改落到实处。

◎ 人力资源管理工作

分公司（含轻型营业部）现有在职人员31人，其中中共党员10人，党员占比41.6%。女党员3人，占党员总数的30%；研究生学历4人，本科学历25人，大专学历2人，本科及以上学历员工占比94%。在干部选拔任用上坚持党管干部原则，坚持发挥市场机制作用，严格按照干部选拔条件、严格履行干部选拔任用工作程序开展选人用人工作。同时，细化招聘工作，加强专业人力引进力度，做好外聘人员的背调，引进优秀人才，全面支撑业务发展。

◎ 财务管理工作

在做好日常账务处理、财务结账的同时，根据总部下达的预算目标，逐月做好财务分析。通过分析预算进度执行情况、各条线收入完成及全国排名等情况，发现业务发展亮点和不足，并提出合理化建议。按时做好人民银行金融统计报表的上报、监管报表财务数据上报、金税三期个税申报、国税纳税申报、经纪人酬金开票、银行账户年检、工商年报填报、固定资产清查及佳克系统管理等工作。严格执行财务管理制度，要求各部门认真学习最新的报销制度并遵照执行。根据总部和巡视的意见，严格审核分公司、营业部的报销报账制度，梳理以往年度的报销报账流程，如差旅费、业务招待费、车辆运营费等，发现漏洞，及时整改。（中邮证券）

山东省

【山东省邮政分公司】 全省邮政（含寄递事业部）实现收入151.36亿元，规模全国第四，比上年提升1位；收入增长10.75%，居全国第2位，高于全国平均4.79%；完成集团公司预算的103.05%，居全国第四；超额完成集团下达的利润预算目标。省分公司获得第六届“全国文明单位”和“全国交通运输文化建设优秀单位”称号。

党建工作

一是全面深化从严治党。制定全面从严治党主体责任清单，开展政治机关意识教育，落实意识形态工作责任制，着力加强党的政治建设。二是加强思想理论武装。深入开展“理论武装提升行动”，搭建“线上+线下”学习平台，实现“学习强国”“中邮先锋”的常态化应用，各级党组织开展学习活动16708次。三是达标创优工程取得实效。推进党组织规范达标工作，对先进党组织、优秀党员、疫情防控先进集体和个人等进行表彰，支局党员空白点比上年下降8%。四是推进巡视整改。阶段性整改任务如期完成，拟定20条持续整改措施。配合做好集团公司专项巡视，开展对4个市分公司的常规巡察、对3个市分公司的巡察“回头看”以及采购、扶贫专项检查。五是改善机关作风。建立“一月一事　消灭最差”和跟班作业实践调研机制，基本完成“让党中央放心、让人民群众满意的模范机关”建设486项问题整改，组织开展“比学赶帮超”活动。

组织抗疫

成立应对新冠疫情工作领导小组，召开9次专题会议，下发74个重要文件，不间断地落实上级部署、研究推进全省邮政疫情防控工作，未发生一例疑似或确诊职工病例。全力保障援助武汉地区物资运送，组织发运武汉邮件54万袋（件）、7570吨，其中免费寄递社会捐赠防疫物资2.5万件（箱）。全省邮政组建323支党员突击队，参与基层帮扶1.08万人次，9230名党员自愿捐款130余万元。主动向社会承诺“四不中断、四免费办”，全力服务政府、服务企业、服务群众，充分托底百姓生活必需品配送。山东邮政的经验和事迹得到省委副书记、副省长的肯定，并被央视、人民网、《大众日报》等多家媒体报道。

企业经营发展

代理金融。全省新增余额突破820亿元，刷新全国纪录；新增金融总量1149亿元，刷新山东纪录。新增基础客户、价值客户、VIP客户、私行客户均居全国首位。价值余额新增和累计规模均居全国第一，保险长期期交占比提高6.8%，综合收益率6.54%，创历史新高。价值客户认领率、客户资产认领率均超98%。打造43个省级转型网点，完成65%的网点导入工作。非货币基金销量比上年增长249%，三方支付绑卡、净值型理财保有量净增、中邮证券资管计划销量均居全国首位，手机银行新增激活客户、新增对公客户均居全国第二。菏泽市分公司余额净增连续4年居全国第一，临沂市分公司余额净增首次跃居全国第二，德州、潍坊、济宁、济南、烟台市分公司余额净增进入全国前20位。

寄递业务。完成收入34.97亿元，居全国第6位，比上年提升1位；收入增长19.85%，高于全国15%；特快业务新增客户1.06万户，实现收入8.07亿元，增长5.62%。快包业务实现收入14.96亿元，增长28.5%；量收增长差低于全国12%；边际贡献率居收入TOP10省份第1位。国际业务完成计划的103.26%，国际EMS收入增长超过100%。物流业务收入比上年增长23%。

集邮文传业务。完成收入15.06亿元，其中函件业务实现收入4.51亿元，增长3.16%，规模居全国第四；线下媒体收入居全国第一；集邮业务实现收入4.14亿元，提前两个月完成全年计划；报刊业务实现收入6.41亿元，规模居全国第三。

渠道转型。分销收入完成13.44亿元，比上年增长10.73%。数字化优质邮乐购站点1.67万个，绝对值居全国第一。完成158处网点转型，校园网点进驻54处。

机制创新

干事创业机制。出台省、市两级领导人员管理规定和县分公司选人用人工作指导意见，分层建立三级、四级领导人员和支局经理人才储备库。鼓励多超利润，调整战略绩效考核办法；出台十五强、十五快县分公司（营业局）、三百佳支局、亿元贡献俱乐部支局等评选奖励办法。

综合营销体系建设。开发山东邮政智能营销管控系统和“我邮APP”；整合金融、寄递、邮务三支营销队伍，配备专职客户经理5733人，贡献收入37亿元。

寄递改革。整合地市网运职能与生产运行，一线揽投人员占比50.8%。非省会中心局或地市出口直发比例40.33%，1500多条市间邮路时限提升半天到一天。特快揽投段道2163条，特快现费收入比上年增长63%。省分公司与顺丰、圆通等11家省级主要快递企业签订“邮快合作”协议，建设农村自提站点6.8万个，代投自提邮件1400余万件。收寄、投递、处理、运输、管理五大环节成本支出比上年分别压降14.7%、13.7%、2.5%、6%、3%。

山东省德州市邮政分公司通过策划各种主题活动，打造业务营销新模式，建设综合营销体系

经营模式创新。末端经营模式创新推进，207 个试点单元贡献收入 9.48 亿元，比上年增长 27.96%，高于寄递业务整体增长 8%。开展线上直播和推广活动 4531 场次，成交额 2.1 亿元。开展省级数据驱动营销项目 354 个，拉动金融总量 251 亿元、寄递收入 1.05 亿元、邮务收入 2.18 亿元。

协同发展。出台板块协同工作支撑考核方案和省内自主协同项目管理办法，先后与省农业农村厅、省委军民融合办公室、鲁花集团、山东航空、山东交运、山东大学等签订战略合作协议。

项目引领。组织省级营销项目竞赛，实现收入 14.8 亿元，其中惠农项目合作社和家庭农场走访总量居全国首位，会员数量居全国第二，实现收入 7.18 亿元，“互联网 +”农业生产社会化服务模式被评为“2020 年山东农业生产社会化服务典型案例”。

管理运营

能力投入。全省投资 5.4 亿元，重点加大中心局建设改造、市县寄递处理设备、邮运揽投车辆、网点自助及智能设备投入；安排成本费用 2.6 亿元，改造网点、揽投部、邮件处理中心 294 处。

人力资源。金融环节精简规范用工方式，增配专职综合柜员 1344 人、客户经理 303 人；寄递条线压缩一、二线合同用工 292 人；增设基层党建兼纪检监察专岗 23 人；增配中邮保险代管人员 63 人；全省从业人员劳产率 42.6 万元，比上年增长 11.2%。

财务管理。设置 164 个成本费用标杆，建立全环节管控体系。全省资金存量增加 4.61 亿元。争取增值税全业务汇总纳税及暂停预缴政策，节约税金 2000 余万元。

服务质量。改进客户体验，问题邮件一解率全国排名比上年提升 10 个位次；申诉处理满意率 100%。

科技赋能。完成时限四库、法院专递集约送达平台等全国统建类项目，开展金融网点转型支撑系统、智能营销管控系统、寄递末端损益系统等 42 个省内项目研发应用。

普遍服务

委代办网点数量下降 55 处，乡镇局所覆盖率、营业服务达标率、建制村直接通邮率均 100%，平信丢损率、普服给据邮件丢损率分别下降 77.8%、99.6%，机要通信连续 23 年质量全红。全省寄递农产品 9585 万件，培育万单扶贫农产品 47 个，拉动产值超 10 亿元。为帮包村投入资金 202 万元，争取地方资金 870 万元，建档立卡贫困户均达到当地稳定脱贫标准。

企业建设

近三年来，全省投入小家建设资金 8800 多万元，实现有条件的职工小家全覆盖，完成 2018—2020 年职工小家建设三年规划目标。累计建成 34 处劳模和工匠人才创新工作室。（山东省邮政分公司）

【邮储银行山东省分行】

经营发展概况

实现自营收入 100.02 亿元，居邮储系统第 5 位，比上年增长 15.5%。实现利润总额 48.58 亿元，居邮储系统第 5 位，比上年增长 21.1%。实现 EVA 11.1 亿元，居邮储系统第 5 位。经济资本回报率 14.82%，成本收入比 41.92%。经营管理绩效考核排名邮储银行第一组第 3 位，提升 2 位。资产规模 7831 亿元，居省内国有大行第 4 位，比上年增长 17.39%；各项存款 7279 亿元，居邮储系统第 3 位、省内国有大行第 4 位，年增 1020 亿元，居邮储系统第 1 位。各项贷款 3205 亿元，居邮储系统第 5 位、省内国有大行第 5 位，年增 441 亿元。不良率 0.37%，居邮储系统第 3 位，连续 5 年保持省内大中型银行最优。拨备覆盖率 422.84%。

落实中央决策部署

抗击新冠疫情。第一时间研究部署，迅速形成全省统一的应急管理模式和工作体系，防疫物资保持充足。全力做好抗疫金融服务，累计为 119 户抗疫企业提供授信 28 亿元；办理停息、展期、无还本续贷、变更还款条件等 946 笔、29.4 亿元。推出“白衣天使贷”消费贷产品，为医务人员提供优惠金融服务，授信 9271 笔、放款 8.64 亿元。

助力打赢“三大攻坚战”。在山东省银行业不良高企的情况下，主动防范化解重点领域风险，连续 2 年未发生资金案件和重大安全事故。金融精准扶贫贷款余额 89 亿元，居邮储系统第 2 位，获总行颁发的“脱贫攻坚先进单位”荣誉称号。绿色信贷余额 139.61 亿元，完成总行增速目标。

服务地方经济。专门向省委书记、省长呈送专报集团公司与山东省政府签订的战略合作协议落实情况。与东营、滨州、枣庄、济宁、潍坊市政府签订战略合作协议。围绕山东省“八大发展战略”投放资金近2500亿元，比上年增长18%。邮银协同推进惠农合作项目，惠农贷款发放13亿元，净增计划完成率370%。

业务转型发展

零售业务。个人金融方面，推进“源头活水、网点产能、条线联动、线上营销”四大路径，落实代发等10项措施，个人客户总资产净增301亿元，创历年新高；其中，储蓄存款净增155亿元，居邮储系统第3位；2019—2020年跨年度营销活动，获得最佳一级分行第1名。零售贷款方面，小额贷款净增104亿元，居邮储系统第4位，自开办以来首次年增过百亿；小企业贷款净增28.9亿元，创历年新高，居邮储系统第4位。消费信贷净增231亿元，居邮储系统第4位；非房贷款新增市场占有率15%，连续3年保持同业第一。信用卡、收单商户新增户数均居邮储系统第3位。邮储食堂会员和快捷支付绑卡新增户数，均居邮储系统前两位。在邮储系统率先实现智慧校园项目试点上线。

公司金融。推进落实集团公司与省政府签订的战略合作协议，与东营等5家市政府签订战略合作协议，新增代理财政资格47个。搭建公积金管理合作平台，年新增缴存、委托贷款等资格25个，居邮储系统第1位。搭建三医合作平台，系统内率先突破医保电子凭证，获得省级医保智能POS资格，联动拓展“三医”账户907户，居邮储系统第2位，新增公司存款2.4亿元。与省能源局、8家省级能源企业同步签订战略合作协议，新增能源类授信客户45户、金额119亿元。与省市场监督管理局签订战略合作协议，获得开户信息7740条，开立账户1679户。交易银行方面，实现收入1.68亿元，居邮储系统第5位；中收6808万元，居邮储系统第1位。与中国重汽集团实现全面合作，是邮储系统落地的首个商用车集团汽车金融项目，准入重汽经销商93户，联动开立公司结算账户192个、企业网银96户。以跨境融资切入，实现潍柴动力业务突破，年发放跨境银团贷款2.9亿欧元，办理票据大管家19.3亿元。

资金资管。同业投融资新增506亿元，比上年增长53%。票据直转联动流转102亿元，增幅813%；再贴现年增18.7亿元，居邮储系统第1位。销售重点托管基金17亿元，居邮储系统第1位。

风险内控管理

全面风险管理。省市行召开风委会183次，审议风险议题556个，打通问题传导及协同解决的渠道。破解操作风险“难免论”“难防论”，连续2年开展柜面运营操作风险集中整治活动，屡查屡犯问题比上年下降28.6%，柜员主动违规率降至4.6%，重大违规差错率比上年下降84%。

信用风险管理。以“预防为先，处置果断”为工作前提，主动采取措施规避风险。一是将小企业客户对外担保情况纳入授信额度测算，对外担保金额原则上不得超过其净资产的70%。率先构建涉圈企业分级管理机制，累计否决退出10户公司授信红色预警客户。二是连续4年开展资产质量真实性检查，做好公贷“腾笼换鸟”，加大同优质大客户合作，优质大客户余额占比89%；退出信用一般、有潜在风险的客户，主动压降退出一般企业34户。主动防范“两高一剩”风险，“两高一剩”占法人客户的比例下降至6%。三是强化授信政策引导，累计对80个行业开展区域授信政策调研。关注信贷领域道德风险，对近三年来2000余笔、近6亿元核销贷款进行起底、排查，发现内外勾结等道德风险问题，一律定格处理，一追到底。坚持以实质性风险审查为核心标准，强化预防机制建设，建立重点客户名单，积极开展主动预防。

法律内控管理。一是抓管理层履职。召开内控案防会议4次，组织各层级“一把手”590人开展合规宣讲604次，受众3.7万人次。二是抓员工互控。完善案防机制，搭建微信公众号匿名举报平台，建立“网格化”互控机制；建立省行—网点“直连通道”，设置“违规警示牌”869个，将各类违规处理情况公开曝光。三是重事前预防。建立案件预防“常态化”机制，组织召开2次全员参与的警示教育大会。针对出现的重大违规、突出风险等问题，约谈地市分行分管领导及相关部门。组织市行长、省行部门主要负责人“一把手”案防合规现场述职。连续6年在省银保监局案防集中测试中居省内国有大型银行第1位。

内部审计工作。开展审计及调研项目31个，发现问题1504个，提出审计建议182条，问责307人次，经济处罚33万元。

安全生产工作。制定安全生产专项整治三年行动方案，安防体系基本形成。完成289处老旧网点用电线路检测和安全用电系统试点建设。建立楼长、层长、安全员工作机制，强化巡查、夜查、“四不两直”突击检查，网点安全管理标准化达标率93%，非现场检查问题整改率100%。

管理运营效能

财务管理。创新出台40余项财务激励政策，支撑重点业务发展。规范费用列支，成本收入比下降4.93%。压降不可撤销贷款承诺156亿元，居邮储系统第1位。利率管理能力评价为A级分行，财务会计工作考评排名邮储系统第1名。

金融科技赋能。上线中平及银企直联项目109项。在总行金融计算机系统安全运行竞赛中获得满分，排名第1位。

运营管理。邮银协同推进业务库改造，修缮和验收数量居邮储系统首位。3家网点成功入围银行业文明规范服务千佳单位。持续提升运营集中处理质效，连续6年在总行考评中保持全优。

投资建设管理。支撑营运用房购置，县行购置项目获批 13 个，县行自有率 68.2%，完成 7 个网点购置。完成 1 个二级分行、7 个一级支行、40 个网点改造项目和 187 个修缮项目。

全面从严治党

党建重点工作。省行党委落实“三个第一时间”学习机制，开展中心组学习 13 次，举办十九届四中全会精神专题培训。印发落实全面从严治党要求主体责任清单，细化四方面 16 项具体要求；明确党的建设七方面 30 项重点任务，把党建工作落细落实。制定党组织书记抓党建工作述职评议考核办法，将经营管理绩效考核同党建考核结合。选树典型常态化，举办抗击新冠肺炎疫情先进事迹报告会，开展基层党组织创优争先活动。理顺党组织隶属关系，各单位党委完成换届选举，完成省行团委换届选举。发展党员 115 名，全行党员 3810 人，占比 33%。

党风廉政建设。坚守重要节点不放松，通过廉洁提醒、通报案例、组织约谈、突击检查等，强化监督检查。完成对 108 个党组织的巡察，总体覆盖率 98.6%，发现问题 724 个。加强疫情防控监督，各级纪委开展远程监控检查 1670 次、现场检查 2059 次，问责 44 人次。实行领导包案制，信访高发态势得到有效控制。

人才队伍建设

市分行领导班子基本配齐，选拔领军人才 48 人。实施“领航工程”，选拔入库中级管理人才 60 人、基层管理人才 566 人。控制人员总量、优化配置，用工总量保持邮储系统第 2 位。完善分等分级考核体系，鼓励支行争先进位。调整员工岗位职级体系，3800 余人实现职级晋升，员工人均收入水平比上年增长 12%。为员工办好事 131 件。开展劳动竞赛 19 项，在总行组织的 3 个劳动竞赛中均获得第 1 名，干事创业氛围更加浓厚。（邮储银行）

【邮储银行青岛市分行】

经营发展概况

实现营业收入 10.1 亿元，增长 12.54%；利润总额 4.6 亿元，增长 16.64%。经济增加值 1344 万元，经济资本回报率 10.41%，成本收入比 44.93%。总资产 657 亿元，增长 15.21%。各项存款余额 603 亿元，增长 13.65%，新增存款 72 亿元；各项贷款余额 453 亿元，增长 8.25%；存贷比 75%。不良贷款率 0.42%，较上年下降 0.1%，优于青岛同业平均水平。拨备覆盖率 354%。

落实中央决策部署

抗击新冠疫情。第一时间成立疫情防控工作领导小组、信贷支持疫情防控和企业复工复产工作专班，加强对分行疫情防控和复工复产工作的统一领导和统筹调度，坚持做好“日报告、零报告”工作，严格落实领导责任制，压实防控责任，加强办公及网点防疫管理，保证防疫物资充足，确保各项措施落实到位。加强企业走访和金融辅导，及时对接企业需求，综合采用展期、延期、续贷、创新产品等方式，加大力度支持民营企业、小微企业、个体工商户、涉农主体等复工复产，重点保障疫情防控企业金融需求，投放抗疫资金 1.04 亿元。办理小微企业“无还本续贷”12.9 亿元，业务量居青岛市六大行首位。坚持减费让利，对抗疫企业实施利率优惠政策，压降企业融资成本。

服务国家战略。通过个人精准扶贫和产业精准扶贫相结合，扶贫贷款余额 9.33 亿元，净增 1.24 亿元。发展小额贷款极速贷、网商贷，创新推出“邮储农担贷”，推进惠农合作项目，涉农贷款余额 138.64 亿元，净增 25.52 亿元。加强绿色银行建设，绿色贷款余额 46.6 亿元，比上年增长 18.95%。深化全面风险管理体系建设，坚守风险底线，防范化解金融风险取得实效。

推进普惠金融。加大小微企业支持力度，开展“大走访大营销”，加强小微易贷等线上产品推广，强化平台合作，发放普惠型小微企业贷款 66.78 亿元，普惠贷款增速高于全部贷款增速，普惠贷款利率比上年降低 0.63%，提前完成“两增两控”工作目标。

业务转型发展

零售业务。坚守零售战略定位，零售类业务收入占比 69.18%，增长 0.89%。个人储蓄存款新增 60.71 亿元，其中，自营存款新增 8.82 亿元。个人理财余额新增 1.58 亿元，代销保险 1.28 亿元，代销非货币基金 3.98 亿元，代销信托及资管计划 4.04 亿元，代销贵金属业务收入 134 万元。电子支付业务收入 658 万元，新增收单商户 8852 户，新增无实体介质账户 1.76 万户。个人消费贷款结余 215.71 亿元，净增 12.22 亿元；零售信贷工厂项目成功落地，作业效率有效提升。

公司金融。公司存款年日均余额 38.58 亿元，净增 3.8 亿元，其中机构存款年日均余额 20.11 亿元，净增 3.6 亿元。公司贷款结余 77.67 亿元，净增 1.45 亿元。围绕机构和企业客户两类客群，全年新增公司客户 4340 户。债券承销规模 5 亿元，地方政府债券承销 12.79 亿元，顺利落地首单中期票据、资产证券化、永续债项目。贸易金融资产结余 20.2 亿元，增长 26.23%；首次参与跨境银团美元贷款项目。公司外汇存款突破千万美元大关；他行开证邮储银行议付、跨境投融资、辖区外包买福费廷等多项贸融类业务实现零突破。

资金资管。票据业务客户拓展初见成效，新增贴现客户 22 户，办理贴现业务 43.23 亿元、转贴现业务 135.66 亿元、再贴现业务 5100 万元。抢抓优质同业资产，协助总行做好资管业务转型，以资源整合推进托管业务发展，新增推荐同业业务 78.5 亿元，新增推荐资管项目落地

23.2 亿元，新增纯托管项目 94 亿元。

风险内控管理

全面风险管理。持续健全完善“全面、全程、全员”的全面风险管理体系，强化“三道防线”管控有效性，及时识别清理风险隐患，加大不良贷款处置力度。截至 12 月 31 日，信贷资产不良率 0.42%，比上年下降 0.1%，优于同业平均水平，防范化解金融风险取得实效。

法律内控管理。逐级签订案防责任书，组织 6 家单位完成现场案防合规述职，开展警示教育、关键控制点大讨论，曝光典型案例。扎实开展扫黑除恶专项斗争、制度梳理等工作。对抗疫贷款、公司贷款、员工异常交易等重点领域进行风险排查，加大问责力度，加快机制建设。

安全生产工作。组织开展安全生产专项整治行动、安全生产和行风行貌专项整治活动，开展消防安全专项整治活动。开展防范自助设备非法安装侧录装置专项检查，推进分行安全用电监测系统建设，完成 5 个网点和 1 个办公场所的“双达标”建设工作。

管理运营效能

财务管理。加强固定资产管理，推进 2020 年固定资产项目落地，开展 2 次固定资产全面清查。开展服务收费检查，规范服务价格行为，落实国家减费让利政策要求，实现“抗疫”优惠政策实施落地。强化采购管理，进一步规范集中采购管理运行机制，组织开展“采购专项审计”“减存量、控新增”专项检查整治等工作，不断提升采购管理水平。加强工程建设管理，推进分行营运生产用房装修改造项目，分行机关顺利搬迁至租赁新址，实现各项工作有序衔接。

金融科技赋能。强化运维支撑，完成威胁感知系统等 33 项总分行信息化系统工程上线，完成分行 20 余台机房核心网络设备及服务器更新及银企直连等前置机的等保测评工作。完成青岛住房维修基金代收、社保养老金批量拨付等 5 项系统的开发、测试及投产。依托开放式缴费平台，自主完成平度、城阳自来水业务等系统的开发、上线。对接青岛大数据局、青岛税务局等外部接口，开发应用系统。

运营管理。持续推进客户信息治理工作，完善客户信息 292.6 万条。进一步提升厅堂服务水平，服务态度类有责投诉压降率 67%。日常稽核及时率、疑点处理及时率、预警单处理及时率、本外币资金汇划处理及时率、反洗钱日常人工识别及时率、完成率等均为 100%。

代理金融。完善邮银市场协同体系建设，组建“惠农、信用卡、公司业务”等协同专项组，突出重点，提高协同工作实效。开展惠农合作项目，实现放款 56 户、金额 6618 万元。开展“邮银一家　共拓蓝海”“固本提标”协同项目，实现邮政公司营销公司客户 594 户，公司存款月日均余额新增 2.3 亿元。协同发展信用卡业务，邮政公司引荐信用卡新增客户 4835 户。各协同项目达成年度发展目标。

全面从严治党

党建重点工作。召开党的建设暨党风廉政建设和反腐败工作会议，制定分行各级党组织落实全面从严治党要求主体责任清单，明确党建重点工作任务。深化“理论武装提升行动”，认真落实“三个第一时间”学习机制。扎实推进“模范机关”建设，以“让党中央放心”和“让基层满意”两个维度深入推进，明确 10 方面重点任务，开展“让基层满意”主题活动等。加强纪律规矩意识建设，开展党风廉政警示教育活动。

加强巡视整改及巡察监督工作。抓实巡视整改，坚持“未巡先改”，突出主体责任和制度建设，加强监督检查，建立巡视整改预审机制，对季度成效评估进行前置监督，做好巡视“后半篇文章”。完善巡察工作“六步骤”，对 4 家单位党支部开展巡察，累计巡察覆盖率 83.33%。

人才队伍建设

人事改革。加强干部队伍建设，建立领导人员综合考核评价体系。畅通上下交流渠道，组织总分支多向交流 8 人次。推进分行副职人才库建设，组织开展“领航工程”中层管理和基层管理人才库建设。出台网点转型绩效考核方案；畅通员工成长通道，完善岗位职级体系及绩效考核体系，加强专业人才培养和专业队伍建设。

队伍作风建设。切实为基层减负，力戒形式主义、官僚主义，开展对下级请示事项答复不及时、文件流转时效慢问题整治工作，持续改进文风会风，文件数量比上年下降 38%，会议数量比上年压降 28%。加强分行机关作风建设，强化工作纪律，维护工作秩序，制定分行机关员工工作纪律十项要求，开展督导检查，确保分行正常的工作秩序。（邮储银行）

【中邮保险山东省分公司】

经营发展

总保费再创新高。全年累计实现总保费收入 69.24 亿元，比上年增长 15.9%，总保费规模在山东寿险行业列第 9 位。全年实现新单保费（折算后）32.68 亿元，完成全年目标的 104.6%，在山东银保渠道占比 8.68%，规模列第 3 位；其中银保渠道期交新单保费市场份额 18.84%，列第 1 位。

高价值业务转型提速。突出长险价值导向，全年长险保费 14.78 亿元，超额完成长期期交“双百亿工程”，比上年增长 163.5%。新业务价值达 1.53 亿元，列全国第 3 位，达成全年目标的 121%；其中高价值产品邮保安康 C 实现 1211 万元，规模列全国第 2 位。

营销培训

经营组织扎实有力。秉协同发展之轴，提早谋篇布局，积极融入渠道业务发展节奏，化解疫情对一季度经营不利影响。邮政渠道“筑梦远航·价值成长”专项营销活动，实现新单保费8.04亿元，其中长险3.92亿元；银行渠道“营销赋能 深化转型”营销项目，提前5个月达成全年新单、长期期交目标，规模列全国第1位，有效提升理财人员销售复杂产品技能。

营销模式开拓创新。“四微一体”线上营销模式（微宣传、微活动、微课堂和微沙龙）效果显著，“邮你相伴一生平安”线上活动成功开辟线上营销新战场；“九人制”线上微沙工具全国推广。“十百千”工程不断深化，以德州城区试点新模式，组织“比学赶帮超——邮保安康C进位争先拉力赛”活动，在威海荣成、临沂兰陵、菏泽曹县实现重疾险销售突破。

全力打造中邮培训品牌。全年累计培训2276场，覆盖11.78万人次。线上培训逐渐成熟，疫情期间开展线上培训36场，定制培训270场，覆盖全省3000余名市县人员。创新培训组织形式，研发“微店点课平台”，上线课程34门（课程库共212门）。持续推进“岗位大练兵 技能大比武”活动，学习参与率达100%，4人当选学习标兵。协同邮银渠道开展素质提升项目及兼职讲师大赛，共同打造3支队伍。

运营服务

关键运营指标管控良好。全年累计承保18.75万件，保全8.22万件，人核件全流程时效3.17天，比上年降低1.94天。保全时效0.03天，比上年缩短0.39天。理赔出险支付时效为64.46天，比上年减少9.96天。申请支付时效1.16天，比上年减少0.14天。实现理赔监管零有效投诉，满期给付工作平稳有序，全年未发生群体性事件，获“2020年度优秀运营管理团队”荣誉称号。疫情期间第一时间开通绿色服务通道，提供7×24小时线上支撑，在全国首个开展疫情理赔应急演练。

客服活动展现新特色。全年回访16.93万件，犹豫期内回访成功率99.57%。发生保险消费投诉件19件（监管转办11件），亿元保费投诉量0.117件。在山东银保监局前三季度保险消费投诉处理工作简易评价中，列53家人身险公司第7位。组织“美好生活 中邮相伴”专项活动持续打造中邮客户季服务品牌，开展体检巡诊44场、少儿邮票大赛5场、客户观影活动33场。

“三大攻坚战”

保险精准扶贫卓有成效。与省委扶贫开发办积极对接，全年开展保险扶贫3场、公益扶贫4场，为9775名建档立卡贫困户赠送保障2.25亿元。为564名贫困村民免费进行健康体检，看望慰问110户贫困户代表，捐赠爱心书屋4处，全面完成总部下达扶贫工作目标。

持续推进防范和化解重大风险。有序推进2020年防范化解重大风险攻坚战、乱象整治“回头看”、“亮剑行动”回头看、销售误导综合治理等专项工作，高质量完成关联交易及合同管理自查。全力协助配合监管现场检查及后续整改，问题综合整改率93.4%。

开展绿色邮政建设行动。线上出单率等四项考核指标均达总公司目标。开展7次“线上＋线下”保险绿色公益活动，树立好绿色邮政的品牌形象。

统筹抓好疫情防控。坚决贯彻落实集团、总部抗疫部署，第一时间严格落实党中央、集团、总部抗疫工作部署，职场防控、宣传引导到位，防疫物资保障到位。组织党员突击队支撑疫情期间新单回访与现场值守，志愿帮扶济南邮政投递。坚持常态化防控，分公司未发生疑似或员工确诊。

党的建设

全面从严治党不断深化。聚焦“把方向、管大局、保落实”，制定了全面从严治党主体责任清单，落实意识形态工作责任制，着力强化政治建设，增强“四个意识”，坚定“四个自信”，做到“两个维护”。

思想理论武装全面强化。充分发挥党委示范引领作用，持续开展“大学习、大讨论、大落实”活动。落实“三个第一时间”学习机制，充分发挥支部及党建平台作用，推进理论学习常态化长效化，筑牢思想根基。

基层党组织建设持续加强。完成分公司党委、纪委及3个党支部换届工作。规范落实“四合一”支部工作法，创新开展“党建＋”主题实践活动。达标创优工程取得实效，机关三支部和6名党员被评为“两优一先”优秀党支部、党员先锋岗。

作风建设成效明显。扎实开展模范机关建设和作风建设专项活动，落实“一月一事 消灭最差”跟班作业调研机制，开展“比学赶帮超”活动，以问题的解决推动重点工作落地。纪委每月对重点工作完成情况开展日常监督保落实。（中邮保险）

【中邮证券山东省分公司】

经营发展

实现综合收入2678.6万元，收入规模位居全国第3位，比上年增长61.7%；累计完成利润1330.7万元，位居全国第3位。其中经纪业务收入1642万元、投行收入943.4万元、资管收入77.6万元。青岛分公司实现收入889.4万元，比上年增长11.62%；东营营业部实现收入29万元，比上年同期净增26.5万元。

山东省分公司账户新增21875户，有效户新增5729户，两融开户11户，客户资产规模4.69亿元。其中青岛分公司账户新增2538户，有效户新增411户，客户资产规模8497万元；东营营业部账户新增1008户，有效户新增170户，客户资产规模3609万元；潍坊营业部账户新增1588户，有效户新增494户，客户资产规模1020万元。

协同发展

进一步完善协同发展机制。在山东邮政协同发展委员会的框架之下，成立邮证、银证协同发展领导小组，建立常态化沟通机制，定期参加季度协同会议，通报交流证券协同发展情况，协调解决发展中的问题。建立邮银派驻机制，安排人员定期派驻对接邮政公司金融业务部、邮储银行个金部，加强协同发展沟通协调，解决协同发展中的基层问题。

标杆引领协同营销全面突破。对全省代理金融120多个标杆网点进行优化调整，推动邮储以市为单位选树标杆网点试点，选取全省重点县区分公司、邮储支行进行对接服务，协助市分公司、市分行进行标杆网点打造。分公司分组与标杆网点开展一对一服务，了解网点客户资产及财富管理需求，进行证券专业培训，协助网点开展财富管理转型。

提供服务支撑。持续推动“协同共赢”活动，组织分公司人员对分组范围内的市邮政公司、市邮储银行进行走访帮扶，半年实现一轮次走访培训。多方式开展协同培训，通过线上线下相结合，全面开展协同发展培训提升，全年累计开展线上线下培训54次，培训山东邮政17个市分公司、15个县区分公司支局长、客户经理4461人，培训山东邮储342人。

自营业务发展

加快自营发展。聚焦“有效户大提升三年规划”，构建自营发展的营销体系和发展机制，重点推动有效户开发、存量客户激活、代销金融产品销售以及机构业务开发等，在公司各项奖励方案的基础上，分公司增加制定内部激励措施，调动全员发展的积极性，实现公司自营发展突破。

开展营销活动。落实公司2020年“春季行动”专项营销活动安排，以新三板和新一代手机APP为营销重点，对存量客户开展手机短信和电话组合营销，对新开户客户实现推广全覆盖，截至活动结束，分公司新一代手机APP推广数量5141户，在全国位居第4位。累计开办新三板16户，开办率达73.33%。根据公司关于资产管理业务专项活动的要求，加强“鸿利来”等系列资管产品宣传营销，截至年末，累计实现资管产品销售17.86亿元，位居全国第1位。

开展分层营销。根据证券市场发展特点，加强存量客户维护和提升，对10万元以下存量客户由市场部客服人员分层分类进行分户维护；对10万元以上客户重点维护，其中10万～50万元客户分配投顾进行维护，对50万元以上客户安排专人维护。

完善营销队伍。稳步推进营销队伍建设，招聘与考核同步进行，优化经纪人队伍，淘汰经纪人2人，2类投顾1人，新增1类投顾1人，新增经纪人1人。

资管投行业务

8月，由中邮证券独家主承的“禹城市众益城乡建设投资有限公司2020年非公开发行公司债券（第一期）”成功簿记，发行金额10亿元，期限5年，票面利率6.5%，为分公司创收943万元。同时，继续发挥协同优势，深入探讨沟通了公司债、企业债等债权业务，以及IPO、并购、股票质押等股权业务。

合规风险管控

加强人员合规管理。监督指导合规人员根据法律、法规、准则及公司制度，定期开展对分公司及工作人员执业行为合规性的日常监控、监测、核查与检查，及时掌握分公司从业人员的信息变化和岗位设置情况。

加强合规学习培训。督促合规人员定期开展合规学习与培训，年度内共计开展合规学习20次，学习内容涉及监管新规、合规案例、反洗钱相关制度等多方面。

加强业务合规管理。严格开展自检自查工作，全年共开展自检自查及专项工作23次，报送报告、报表40余份，制定、修改和完善分公司内部管理制度和业务流程共计3项。

人力资源管理

新任命2名部室领导人员，分别是市场部总经理和资管投行部总经理。

党建工作

政治建设和思想建设。坚持“三个第一时间”学习机制，深入开展“理论武装提升行动”，全年开展集中理论学习19次，开展以改革发展和证券业务实际为主题的专题学习4次。

组织建设。贯彻落实《党支部工作条例》，严格落实“三会一课”、组织生活会、谈心谈话、民主评议党员等制度，召开党员大会4次，支委会20次，党课学习4次。年度发展预备党员1名。

意识形态工作责任制。加强意识形态管理，全年召开2次意识形态工作专题会议，总结意识形态工作成果并专题研究意识形态工作部署。切实维护好网络意识形态安全，召开全体员工工作会议，宣贯公司网络安全会议精神。

疫情防控。组织成立疫情防控领导小组，及时传达部署集团和公司疫情防控工作安排，组织学习中央和集团文件精神，坚决做好日常防护工作。确保复工复产工作的顺利进行，提前4个月完成全年收入目标。

党风廉政建设

改进作风。严格落实中央八项规定及其实施细则精神，在公务用车、公务招待等各个方面均未发生违法违纪行为。持续开展形式主义、官僚主义突出问题整治工作，着力清新文风，切实改进会风，减少会议数量，提高会议效率和质量。指导做好无党员营业部的联系工作，及时了解营业部的生产经营情况和困难，发现问题并及时予以解决。

纪律建设。持续开展纪律教育和警示教育，学习违反中央八项规定精神问题的通报，以案为鉴、以案示警。8月，认真扎实开展党风廉政警示教育月活动，通过理论学习、典型案例警示教育、参加廉政教育讲座等一系列活动，提升全体党员干部的廉洁意识和纪律意识。（中邮证券）

河 南 省

【河南省邮政分公司】 实现收入156.44亿元，比上年增长9.27%，高出全国平均水平3.31%，完成集团公司预算的101.46%；实现利润9.87亿元。

整体发展

代理金融。实现收入90.57亿元，比上年增长8.93%。打造全年无淡季的常态化发展模式，新增金融总资产925.24亿元，其中新增储蓄余额624.96亿元，比上年多增127.23亿元。新增保费204.7亿元，新增收单商户33.82万户。

寄递业务。实现收入35.83亿元，比上年增长12.49%。特快业务实现收入5.7亿元，比上年增长16.67%。快包业务实现收入12亿元，比上年增长29.56%，高出全国平均水平14.7%。国际业务实现跨境电商业务收入7.06亿元，国际EMS业务收入3673.9万元，比上年增长31.5%；开通郑州至首尔、东京、欧洲3条定期全货机邮件专线，实现营利1200万元。物流业务实现收入7.4亿元，比上年增长43.45%。散件揽收效益拉动作用明显，全省县城以上揽投员日均散件揽收量7.5件，件均资费12.2元；实现现费收入2.94亿元，增长158.61%，均居全国第1位。

渠道建设与农村电商。建设信息完善站点4.18万个，叠加9项业务的站点1.7万个，自营批销额、零售业务订单、下单站点数量均居全国第1位。五类网点转型覆盖率100%。

邮务类业务。集邮业务实现收入4.86亿元，全国排名上升19个位次。函件业务推进中邮智融平台等高效业务，实现收入3亿元。报刊发行实现收入5.45亿元，校园市场收入居全国第1位。

协同发展。内部协同项目实现收入6.1亿元；创新开展“扫码入会”活动，发展会员315.7万人，带动金融资产提升176.81亿元，代投包裹4611万件。对外与省市场监管局等14个单位签订战略合作协议，29个集团级总部客户实现收入1.1亿元，比上年增长12%。

普遍服务。实现集团公司制定的“两提升、四强化、七确保”目标。全省乡镇网点覆盖率、四项业务开办率、建制村直接通邮率、县城及以上党政机关《人民日报》当日见报率100%。普邮全程时限12项指标以及普邮给据邮件丢损率等关键指标全面达标。机要通信连续16年保持质量全红。国家邮政局局长、副局长充分肯定河南邮政普遍服务工作成效。

改革创新

寄递网改革。推进省内网“八集中”“十改革”，打造纵向一体化指挥调度管控体系。强化出口集包，应集必集比例90.6%。推进串行运输、邮路套跑、“单改双”“小改大”运输组织改革。快递包裹自提占比、乡镇进口邮件转窗投占比分别55.1%、62.5%，特快、快包省内互寄次日递率93.93%、86.5%，分居行业第1位、第3位。

经营组织架构改革。实施寄递事业部与同级邮政企业横向一体化管理，设立寄递业务四大责任中心，与企业原有四个专业组成八大专业责任中心，形成“市场经营部门抓总、专业责任中心主战”的经营发展格局，推动专业责任中心由管理支撑型向市场经营型转变。实施郑州邮区中心局改革，内设部门减少5个，生产班组减少5个。

激励考核机制。加大对利润贡献和寄递业务降本增效的奖励力度。推行“众创众享”，实行“超收入奖励、超利润分成”。

科技赋能

寄递网能力。投资3.6亿元用于寄递能力建设。完成11个邮件处理中心工艺设备改造项目，全网日处理能力700万件。郑州机场邮件处理中心建设完善规划、有序推进。行业内率先推广应用圆盘分拣机。

金融服务能力。加大金融智能设备和网点购建等投入，增配ITM 530台、CRS 266台。购建22个综合网点，全省金融网点租赁占比20%以下，降低运营成本。

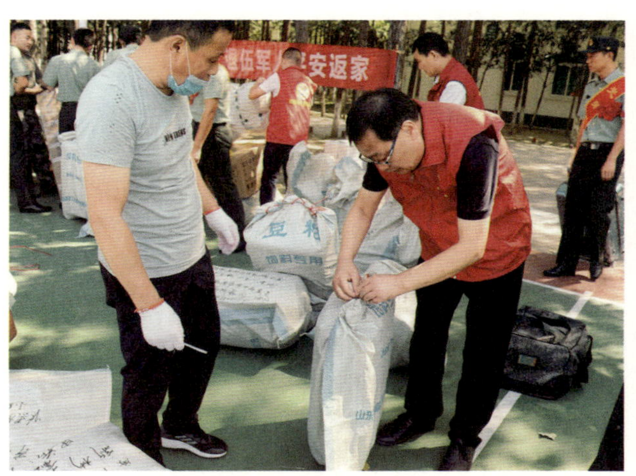

河南省确山县邮政分公司抓好疫情防控工作的同时，以“邮政助退伍军人轻松返家”为宣传主题，部队营地开展包裹收寄活动

信息化建设。启动建设信息化项目22个，建设“智慧营销2.0”系统，实现分户管户智能化、营销管控可视化和绩效考核精准化；建成法院集约送达平台，全流程嵌入智慧法院建设和服务，创新做法列入最高人民法院信息化建设蓝皮书。

内控体系

财务管控。搭建寄递业务降本增效“25+”管控指标体系，压降成本1.88亿元。推进闲置资产盘活，提升资金资产管理效益和效率。“三供一业”分离移交工作完成。

人力资源配置。增加理财经理、大堂经理等岗位设置，提高揽投一线人员占比，支撑基层转型发展。延续人工成本零基预算政策，加大对规模大、效益好的单位和重点业务、重点项目的人工成本支持力度。完成退休人员社会化管理移交工作。

服务质量管理。开展信实不符、邮件丢损等问题靶向治理，邮政服务申诉处理满意率100%，平常信函条码化率等7项指标位列全国第1位。

集采和审计工作。加大集中采购力度，将内部处理、运输等重点环节业务外包纳入集采范围；采购项目353个，资金节约率10.40%，公开采购率、公开招标率均居全国前列。强化审计监督，开展审计项目645项，增收节支4417.92万元。

党建引领

党的建设。深入学习贯彻习近平新时代中国特色社会主义思想，以“忠、专、实”大学习大讨论活动为抓手，推动模范机关建设工作，引导广大党员增强“四个意识”，坚定“四个自信”，做到“两个维护”。

全面从严治党。持续深化中央巡视整改，围绕集团公司专项巡视反馈意见，研究制定巡视整改方案，立行立改。深入落实中央八项规定及其实施细则精神，严明纪律规矩。分两批对7个市分公司及其所属81个基层党组织开展巡察。

干部队伍建设。完善选人用人机制，加强干部跨专业、跨地域交流任职，优化领导班子结构，激发干部队伍创新活力。

工作作风。弘扬“忠、专、实”的工作作风，开展“一月一事　消灭最差”活动，开展“比学赶帮超”，全员干事创业热情充分激发。

三大攻坚战。全省154个定点扶贫村实现脱贫摘帽，创新开展消费扶贫、金融扶贫，邮政扶贫三年规划目标任务完成。绿色邮政三年规划建设目标基本完成。未发生重大金融风险和重大安全事故。

员工幸福感获得感。基层一线员工薪酬收入比上年同口径增长7.95%，与社会平均工资倍比处于全国领先水平。

疫情防控。践行“四不中断、四免费办”的服务承诺，第一时间开通防疫捐赠物资寄递绿色通道，疫情期间开行发往湖北的邮运车次1511趟次，为援鄂医疗队员及参与抗疫的十大行业代表捐赠邮票邮品。（河南省邮政分公司）

【邮储银行河南省分行】

经营发展概况

实现收入140.84亿元，增幅13.26%；利润81.13亿元，增幅16.95%；成本收入比34.87%；收入利润率57.61%；人均利润75.4万元，点均利润1743万元。各项存款余额8203亿元，比上年增长834亿元，增幅11.32%，净增市场占有率12.3%；各项贷款余额3483亿元，比上年增长417亿元，增幅13.61%，净增市场占有率5.78%。各项贷款不良率0.41%，低于省内金融机构平均水平3.62%。不良率0.41%，比上年下降0.08%，不良额比上年下降0.81亿元。完成“四无三下降”目标，主要风险限额均在控制范围内，机构风险评价连续3年保持邮储系统第1位。

落实中央决策部署

抗击新冠疫情。下拨353万元用于全行职工购置防护用品，组织基层工会为全行职工购买口罩，有效保障职工正常生产生活。分行领导奔赴一线开展慰问工作，了解网点防疫物资配备情况和职工身体情况，督促指导网点做好防疫工作，解除一线职工的后顾之忧。动员职工自发向医院、社区、政府相关部门捐款150万元，口罩4.74万个。疫情期间，通过主动降低利率、减免收费等措施，给予小微企业“真金白银”的服务优惠，普惠型小微企业贷款利率比上年下降73 BP，有效降低小微企业融资成本。严格落实抗疫重点企业再贷款政策，为省内防疫抗疫重点行业企业发放贷款7.89亿元，平均利率2.84%。

服务国家战略。向53个贫困县（含已脱贫县）投放各类贷款367.92亿元，完成脱贫攻坚工作目标的204.4%。扶贫小额信贷放款9.26亿元，净增2.09亿元，贷款余额8.09亿元，三项指标均居系统内第1位。支持乡村振兴。聚焦乡村振兴重点领域，加大涉农贷款投放力度，围绕新型农业经营主体，依托银担合作、邮银协同，实现精准服务和批量开发。涉农贷款净增153.52亿元，计划完成率192%；涉农小额贷款客户数26.16万户，比上年末增加1.51万户。

推进普惠金融。累计发放普惠型小微企业贷款16.7万户、545亿元，结余17.8万户、522亿元，比上年增长超70亿元，完成监管考核计划的132%，为全面稳企业、保就业提供坚实的金融服务保障。深入推进惠农合作项目，采集合作社和个人客户信息1.31万条，开立合作社对公账户5281个，联动电商分销业务2235个，寄递业务1304个，带动惠农标准箱业务收入1.08亿元，投放各类农业经营主体贷款100.52亿元。

业务转型发展

零售业务。自营储蓄余额1693.24亿元，“四张卡”累计发卡170.72万张，均居系统内第1位；三年期存款比上年压降52.99亿元；保险手续费收入2.39亿元，非货基金销量43.84亿元，均居系统内第1位；极速贷信用模式净增28.56亿元，居系统内第1位；信用卡营收规模、分期规模、交易规模、结存卡量均居系统内第1位。手机银行激活客户结存898.16万户、新增108.76万户；收单商户结存19.15万户、新增13.00万户；快捷绑卡客户结存919.01万户、新增153.43万户、交易金额1782.53亿元；微信银行结存335.60万户，以上各项指标均居邮储系统第1位。做大邮储食堂会员规模，结存会员312.64万户。建成网点示范微商圈307个，打造邮储“第二网点”。首创云工作室，并在邮储银行全国范围推广。“理财经理云端财富会客厅”入围总行数字化转型重点项目。

公司金融。公司存款余额1204亿元，日均余额1263亿元，均居系统内第1位；公司贷款结余737.97亿元，居系统内第2位；新增开放式缴费平台客户499户、银企直联项目8个、现金管理账户2616个、企业网银客户1.27万户。

资金资管。分行顺应总行机构改革，实现票据直贴和转贴业务的统一管理。金融同业部票据业务交易量702.04亿元，比上年增幅14.57%，规模329.18亿元，比上年增幅8.76%，交易银行部办理票据承兑26.02亿元，余额17.2亿元。

风险内控管理

信用风险管理。疫情发生后，分行持续加大不良资产清收处置力度，探索建立全行统一的作业监督、风险监测电子台账系统；超前开展两高一剩等敏感性行业专项排查，避开永煤等重大违约风险事件影响。

法律内控管理。紧盯案件防控重点领域和关键环节，组织开展7项专项排查；全面清查抵质押品，持续提升征信、押品管理、消保和反洗钱工作水平，获得监管部门认可。强化诉讼案件管理，严肃纪律，提高“不能违规、不敢违规”的震慑力。

内部审计工作。完成审计项目28个，对96家分支行开展审计，重大问题跟踪整改率100%。

安全生产工作。以安全保卫工作提质升级活动为主线，以创建“平安邮储”单位为抓手，强化安全管理，严防各类安全风险隐患，全年全行未发生抢劫、盗窃、火灾等安保类案（事）件。分行被总行评为安全保卫工作2020年度优秀单位和创建“平安邮储”优秀单位。

管理运营效能

财务管理。加强重点费用管控，成本收入比比上年下降3.41%，市场发展费用比上年下降2.01%。加强进项税抵扣管理，积极推进资产损失税务申报，落实人民银行LPR改革部署，完成存量浮动利率贷款转轨工作。

金融科技赋能。推行敏捷开发，完成项目开发111个，自主开发率98%；实现省分行11个部室、306张日常手工报表的自动化抓取；网络运行质量、系统完好率居总行考核成绩第1位。

运营管理。推进客户信息数据治理工作。银企对账重点账户回收率100%，普通账户回收率98.29%。优化柜面作业组织，柜员综合化受理网点100%。

客户服务。秉承“人民邮政为人民”的服务宗旨，严格落实“以客户为中心”的服务理念，不断强化员工服务意识，提升客户关系价值，加快推进网点由“交易中心”向“客户体验中心”转型，始终坚持“以客户为中心”，严格把控风险、确保合规操作和保护客户利益的前提下，致力于使业务过程合理化、人性化。

代理金融。代销保险232.89亿元，居系统内第3位；代销非货基金80.14亿元，居系统内第5位；代销资管信托45.06亿元，居系统内第3位。

全面从严治党

党建重点工作。落实全面从严治党要求主体责任清单，深入开展模范机关建设，打造学习型机关。分行党委被总行党委授予“党建工作示范单位”，16个基层党支部被授予“党支部建设示范点”、203名党员被授予“党员先锋岗”称号。对34个先进基层党组织和148名优秀个人大张旗鼓开展“七一”表彰。分行党委开展中心组学习13次，“三个第一时间”学习33次，基层调研48次，制定解决措施175条。

党风廉政建设。坚持全面从严治党不松劲，持续强化监督执纪问责。对疫情防控、三大攻坚战、巡视整改落实情况开展监督检查。紧盯重点人、重点事、重点环节深化日常监督。严肃开展纪律审查，组织“以案促改，以案治本”党风廉政警示教育月、“清廉家风”等主题活动。

巡视整改。成立意识形态工作领导小组，扎实推进巡视整改，评估制度文件、推进要点43项。落实“未巡先改”要求，深入自查整改。分行党委被总行党委授予“党建工作示范单位”。

人才队伍建设

人事改革。继续实施“百名人才社会招聘工程”，引进人才60名。对分行22人进行优化调整，另选聘56人到分行。开展“领航工程”人才库建设，3名干部任省级行领导岗位。规范分支机构部门及员工绩效管理。完善分支机构分类、分档管理，强化绩效激励。

队伍作风建设。落实总行党委解决形式主义突出问题为基层减负的具体举措和《关于进一步整治形式主义、官僚主义问题的通知》要求，深化治理贯彻党中央决策部署只表态不落实、维护群众利益不担当不作为、困扰基层的形式主义官僚主义等问题。推进精文减会工作，发文和会议数量比上年减少。开展基层请示事项答复不及时等问题专项整治，省分行接收地市请示、签报 871 件，100% 限时办结。（邮储银行）

【中邮保险河南省分公司】

转型发展

坚持质量第一、效益优先，实现总保费 64.93 亿元，居全国第 3 位，比上年增长 24%，连续第 4 年全面完成总部下达的计划目标。实现期交新单 22.49 亿元，居全国第 4 位，比上年增长 29%，占新单总保费比重达 72%，超行业平均水平 26%；长期期交新单 13.26 亿元，居全国第 4 位，比上年增长 171%，占比期交新单达 59%，业务结构持续优化。实现新业务价值 1.47 亿元，居全国第 4 位，比上年实现翻番，完成计划的 126%。对标全省 46 家寿险公司，期交新单市场占有率 6.83%，居行业第 4 位；银保期交市场占有率 18.3%，居全省第 1 位。

协同发展

深入贯彻集团协同工作要求，将中邮保险发展纳入全省邮政金融板块协同工作当中，搭建周、月、季常态化沟通机制，全年联合召开专题协同会、业务推进会等 18 次，累计发送各类经营通报 68 次，协同发展氛围更加浓厚。积极融入邮政金融生态圈打造，主动融入渠道金融转型、“扫码入会”、邮储食堂等重点工作安排，协同组织的“夏粮赠险”活动，向全省 8000 名夏粮收割机手赠送保险保额 6.56 亿元，被《中国邮政报》《中国银行保险报》《河南日报》等 20 多家省内外媒体报道。协同省邮储银行开展“邮储食堂”宣传推广活动，成功开发客户 9.6 万户。

营销培训

聚焦价值转型，创新提升营销支撑水平，联合渠道开展“赢战旺季”、长险“追产活动”“奋力战盛夏”等营销活动，策划“为你加油”“中邮保险周”“五市联动”主题活动，深入组织转型营销培训项目 73 期，助力渠道转型发展。探索实施专兼职讲师片区负责制，形成“片区常态支撑 + 专项营销活动”双轮服务支撑模式，全年开展线上线下培训 3480 场次，参训人数突破 10 万人次；探索数字化营销转型，研发 362 门线上精品课程，组织“空中沙龙”107 场，开展团队熔炼活动 30 余场，快速提升基层队伍销售能力。

运营支撑

深入推进总部“自营 + 代管”模式深化工作，协同下发实施方案和机构设置文件，完成专岗人员选聘工作，模式深化工作有效落地。坚持专业引领，探索大运营包联机制，成立 5 个包联支撑小组，累计出差 132 天，提供市县定制培训，加强指标专项督导，推广基层先进经验，初步实现专业下沉，服务下沉。举办全省专岗技能大赛，创新开展“云庆典”线上表彰，系统组织专岗条线专业培训，持续提升专岗综合技能，获得全国中邮保险运营技能大赛三等奖。全年人核件全流程时效 4.62 天、保全时效 0.03 天、理赔申请支付时效 1.12 天，运营质量保持较好水平。

客户服务

以“提升客户体验”为着力点，完善客户分层分级管理和特色增值服务项目，持续改善客户体验。策划线上“七夕鉴宝”“端午话养生”等主题客服活动，覆盖客户 4.5 万余人次，尤其是“中邮杯”青少年书画比赛，参与近万人，网络投票 225 万余票，浏览量 431 万余次，有效提升品牌影响力；持续开展线下“品非遗文化”“感恩邮您”品牌客服活动 40 余场次，特别是 2016 年以来，结合河南文化大省特点，创新开展“品非遗文化、领河南风采”系列客户活动，先后走进“魅力郑州”“厚重安阳”“卧龙南阳”等十多个非物质文化遗产地，累计开展 30 余场，惠及客户 2000 余人，受到邮银渠道和客户的高度认可。

扶贫公益

践行国企责任担当，认真落实总部光山扶贫项目，为 9.5 万建档立卡贫困人员赠送人身保险，保障金额近 200 亿元，理赔赔付 50 件，赔付金额 99.8 万元，切实为贫困人员和家庭提供帮扶；持续开展“进农村送医下乡”健康扶贫、“送党课下基层”党建扶贫、办公室设施援助、新春慰问等扶贫活动，受到当地村委会和居民的热情欢迎，荣获 2020 年河南保险业“扶贫先锋集体”称号。持续打造“从善如流　向善而生”核心价值观，以创建精神文明为抓手，开展驰援寄递一线投递工作、“大爱同心”捐赠、“弘扬雷锋精神”进社区等活动，策划的慰问郑州铁骑中队交警活动，为郑州交警一大队铁骑中队 20 多人送去价值近万元的防暑降温物资，受到社会媒体大众的广泛关注，有效提升公司品牌形象。

党的建设

强化理论思想武装，持续深入学习贯彻习近平新时代中国特色社会主义思想，组织党委理论学习中心组学习 12 次，开展信阳何家冲红色教育实践等活动，进一步树牢政治意识，坚决做到“两个维护”。持续加强基层组织建设，开展基层党组织达标建设和创先争优，创建党支部示范点 1 个，党员先锋岗 6 个，党建引领作用进一步发挥。创新开展“党建 + 经营”“党建 + 协同”“党建 + 公益”等主题活动，推动党建与经营管理有机融合。持续加强党风廉政建设，开展重点工作督导检查 30 余次，廉政谈话 40 余人次；严格落实中央八项规定精神及实施细则，开展党风廉政宣传教育月活动，营造风清气正的良好氛围。（中邮保险）

【中邮证券河南省分公司】 累计实现收入 253.04 万元，比上年增幅 139.1%，实现利润 95 万元。手续费及利差收入为184.8万元、两融利息收入5万元、资管类收入26.8万元，投行类收入13.21万元，其中手续费及利差收入占比为80.59%。资管类收入主要是销售“鸿利来”系列资管计划提取的手续费。投行类业务主要为中旅银行的通道类业务收入及政府专项债计列收入。

经纪类业务

截至年底，发展客户39324户，有效户9166户，占比23.31%。从客户资产量来看，500万元以上的客户1户；100万～500万元21户；50万～100万元46户；10万～50万元户（交易型）560户；1万～10万元户（交易型、产品型）8592户；其余全部为1万元以下客户，其中零元客户23231户，占比高达59.08%。在省分公司的支持下，以金融产品销售为抓手，通过协同，开展有效户和基金产品专项营销活动，有效户数量大幅增加，同时随着A股市场波动加大，证券经纪业务收入也稳步提升。截至年底，发展证券账户8021户，销售总部重点基金1.24亿元，机构户1户，融资融券5户，开通科创板35户，累计交易量30.53亿元，开通新三板权限11户，引入托管资产3.3亿元，协同邮储网点实现销售资管产品3.47亿元。

资管、投行类业务

总分协同的黄河交通学院ABS项目完成签约和现场尽调工作，正在筹备报备交易所；与中邮基金协同的资管专户顺利落地；新增承接、承做政府专项债项目10个，其中入库发行项目3个，涉及债券总金额近13亿元；入库待发行项目2个，涉及债券总金额7亿元；另有5个项目出具报告；协同总部投资银行部积极配合省邮政公司进行金大地企业股权清理相关工作。截至目前，初步完成方案沟通和协议签订工作，前期资料已收集完毕，下一步将按计划开展进场调查和股权挂牌相关资料准备及报送工作。

党的建设

抓党建，树正气，转作风。1月10日，中共中邮证券河南分公司支部委员会正式成立。3月24日，分公司党支部召开第一次党员大会，按照《中国共产党章程》《中国共产党基层组织选举工作暂行条例》规定开展选举工作，选举产生中共中邮证券有限责任公司河南分公司支部委员会第一届支部委员会委员。

加强理论学习。以组织生活为基本形式，以落实党员教育管理制度为基本依托，严格按照“三个第一时间”学习机制，认真开展“忠、专、实”大学习大讨论活动。一是制订年度政治理论学习计划，截至年底，组织党员干部集中开展党务学习会议32次，全体党员共计党务学习140项内容，其中第一时间学习89项，开展党建应知应会专题测试，合格率100%。二是开展“不忘初心、牢记使命”主题教育整改落实，针对集团公司主题教育自我检视过程中发现的20项问题，制定48项整改措施，目前已整改落实完成18项，剩余2项整改措施持续推进中；为持续深化和巩固主题教育成果，开展“忠、专、实”大学习、大讨论活动。通过专题学习、参观研讨等形式，总结经验，查找不足。此外，开展“忠、专、实”专题组织生活会，结合“忠诚、专业、实干”，进行对照检查，开展批评和自我批评，推动主题教育常态化、制度化。三是深入学习《中邮证券有限责任公司各分支机构党组织2020年度落实全面从严治党要求主体责任清单》和2020年中邮证券有限责任公司党的建设工作要点，按照要求研究制定分公司相关工作。四是严格执行“三会一课”、主题党日、双联系等制度。参观焦裕禄纪念馆、豫西抗日根据地纪念馆，接受革命传统教育；在郑州登封开展“弘扬忠专实作风，推进高质量发展”双联系活动。五是用好“学习强国”“中邮先锋”等学习媒介，加强教育培训，把党的建设与中心工作深度融合，推动支部工作融入业务、深入人心。

开展党建活动。持续开展“党员先锋树旗帜　营业厅堂展风采”客户服务工作，每天安排2名党员同志在营业厅轮值，加快客户开户速度，提升客户用邮体验；开展“党建引领促发展　四讲四有比贡献”地市包联和客户回访活动，制订电话回访计划，重点对基金户、部分股票户等进行电话回访。截至目前，电话回访数为2550户，发送短信回访86193人次。

强化思想建设。一是深入学习邮政企业7起违反中央八项规定精神问题的通报、习近平总书记在十九届中央纪委四次全会上发表重要讲话及公报、传达中国邮政集团有限公司、证券总部党的建设暨党风廉政建设和反腐败工作会议精神；二是开展“党风廉政警示教育月”专题学习3次，扎实开展专题学习研讨，学习集团公司党组书记刘爱力在2020年集团公司领导人员警示教育电视电话会议上的讲话和邮政企业领导人员违纪违法典型案例通报，引导广大党员增强拒腐防变能力；三是开展从业人员廉洁自律管理培训，不断增强廉洁意识，营造风清气正的良好氛围。

推进巡视整改工作。一是召开巡视整改专题部署学习会议，组织分公司全体员工集中学习集团公司巡视反馈相关内容，深入研究各单位巡视整改反馈问题，结合自身，查找不足，制定措施，持续做好分公司巡视整改工作；二是根据中邮证券党委下发的《关于印发中邮证券有限责任公司党委2020年持续推动巡视整改的工作计划的通知》（中邮证党〔2020〕7号）文件精神，结合分公司实际，举一反三，认真研究制定2020年中邮证券河南分公司巡视整改工作计划和季度评估报告；三是召开巡视整改专题部署学习会议，组织分公司全体员工集中学习集团公司巡视反馈相关内容，深入研究各单位巡视整改反馈问题，结合自身，查找不足。针对巡视反馈的问题，坚持全面整改、立行立改、即知即改，按要求向总部党委报告整改情况。

做好疫情防控，推进复工复产

高度重视、及早行动。先后召开7次党员集中学习，第一时间学习传达习近平总书记关于应对疫情的重要讲话、重要指示精神以及中央、集团公司党组、总部党委的重要文件、重要会议精神，第一时间成立分公司应对疫情工作领导小组，切实加强党的领导，为做好疫情防控工作提供坚强政治保证。

扛稳压实，靠前指挥。按照集团、总部公司要求，相关负责同志第一时间返回工作岗位靠前指挥，安排分公司综合部和运营部相关按照集团公司和总部要求分别做好办公区域和营业厅的疫情防控工作，准备好口罩、消毒液和测温仪，为复工做好准备。

宣传引导，安抚客户。引导客户使用中邮证券APP操作交易和处理疑难问题，同时对重点客户做好电话回访，安抚客户情绪，告知开市交易及营业厅正常营业时间；安排投顾人员通过微信群，发布市场动态和行情分析，持续为客户提供优质投顾服务；持续实行轮流值班制度，每日做好疫情监督和业务发展数据统计工作。

制订三年发展规划

中邮证券河南省分公司谋划全局，以做大做强做优证券业务为目标，实施“三年三步走”发展战略规划。第一步：以2020年为“基础提升起跑”年，以经纪类业务为基础，依托邮政金融做大客户数量和资产总量，储备客户资源，为证券业务发展奠定坚实基础；第二步：以2021年为“发展专业加速”年，在经纪业务持续做大规模基础下，通过优化业务结构，实现融资融券、股票质押、资管投行等高效业务同步发展；第三步：以2022年为“质效和谐赶超”年，进一步发挥河南邮政金融优势，突出发展质量，全面做好各项业务，重点突出河南特色、邮政特色的证券金融服务，创新协同发展。

加强协同

新冠疫情暴发持续至今，河南分公司在严格做好重大疫情防控的基础上，积极开展复工复产工作。一是重视证券板块发展，省邮政分公司专门下发《关于在全省邮政企业组织开展2020年中邮证券业务营销活动的通知》（豫邮分42号）。二是从三个方面将证券业务纳入对地市班子考核指标体系，纳入战略绩效指标占1分、纳入协同考核指标占3分、纳入全年省公司对地市巡查重点内容进行督导。三是成立协同工作小组，由省邮政分公司副总任组长，金融业务部负责人和分公司负责人任副组长，成员为省金融业务部保险理财室和中邮证券河南分公司市场部人员。四是召开全省中邮证券业务发展推进线上会议，宣贯激励政策。同时安排分公司专员驻点省金融业务部，具体负责协同事宜。五是依据省邮政分公司金融业务局，协同下发《四季度中邮证券资产量提升专项营销活动的通知》，为完成证券分公司全年证券资产目标任务持续努力。

加强业务培训

学习研讨。每周开展以公司改革发展和证券业务实际为主题的专题学习研讨，累计开展12次学习研讨，取得良好成效。

服务解答。建立客户维护微信群，发挥投资顾问的专业优势，每日早、中、晚为客户发送中邮晨会纪要、中邮午评、中邮收盘小结等定时热点资讯，不定期为客户投送财经小知识、宏观经济数据、APP操作小贴士和客户即时问题解答等服务模式，充分利用客户碎片化的时间，进行客户维护服务、知识培训。

现场培训。截至年底，开展培训100余场。4月以来，采取全体人员包联措施，由包联人员负责全省18个地市的发展，制作统一标准课件，包联人员同各地市主要领导、金融业务部负责人沟通，对金融网点人员进行培训，取得良好效果。

完善合规风控体系

强化内部合规培训。截至年底，严格落实合规经营理念，主动开展内部合规及反洗钱培训12次，有效提升反洗钱意识。

开展投资者教育活动。借助“3·15投资者保护主题教育活动”“5·15全国投资者保护宣传日”“新三板改革投资者教育主题月”“防范非法证券期货宣传月”开展专项投资者教育活动，通过发放投教短信、悬挂宣传条幅、走访宣传等方式，宣传人数超过2000人。联合邮政支局开展3次投资者教育专项活动，实际参加客户超过60人，用实际行动履行合规义务。

落实监管要求。深入学习《四川关于辖区证券行业2019年自律检查情况及采取自律措施的通报》，认真开展相关自查工作。

全面开展合规自查。按照总部风险管理部及合规部相关要求，从人员管理、内部管控、合规风控、反洗钱管理四方面，开展自查自纠工作，形成自查报告。通过自查，进一步掌握风险隐患点及防控目标，强化合规意识，将金融风险防控工作从自身做起、从基础做起，确保合规展业。（中邮证券）

湖北省

【湖北省邮政分公司】 全省实现业务收入99.05亿元，比上年增长−2.19%，较地方GDP增长高2.81%；实现利润2.82亿元，居全国第8位；资金总量25.01亿元，比上年增加 0.22 亿元。

党建工作

政治建设。湖北省分公司党组改设党委，并更名为中国共产党中国邮政集团有限公司湖北省分公司委员会，设立中国共产党中国邮政集团有限公司湖北省分公司纪律检查委员会。11 月，选举产生湖北省分公司第一届党委和纪委。省分公司连续 4 年被湖北省委评为“党建工作先进单位”。全省范围内逐级签订“两个责任书”，实现市州党建述职评议全覆盖。意识形态正面舆论声量居全国第 6 位。

队伍建设。加快年轻干部培养，省分公司党委管理的领导人员平均年龄下降 0.4 岁、各市州中层管理人员平均年龄下降 0.2 岁。领导人员个人事项报告随机抽查一致率连续 4 年保持 100%。开展“阶梯联创”，评选党建工作示范单位 9 个、红旗党支部 30 个、党员先锋岗 30 个。获评全国邮政系统先进基层党组织 3 个、优秀共产党员 4 人、优秀党务工作者 4 人。

作风建设。推进模范机关创建工作，组织学习研讨 363 次，征求意见 1379 条，查找问题 1127 个，制定整改措施 1371 条，整改落实 1098 个。严格落实基层联系点制度，开展“一月一事　消灭最差”活动和跟班作业实践，形成一级带着一级干的良好局面。

组织建设。通过廉政党课、警示教育等措施，营造廉政文化氛围。加大执纪问责力度，梳理形成中央巡视持续整改任务 12 项并稳步推进整改；针对集团公司寄递专项巡视反馈意见，制定整改任务清单 126 项。对省分公司本部开展中央巡视、集团公司党组巡视整改落实情况专项巡察发现的 218 个问题已完成阶段性整改；对 2 个市州和 4 个县市开展常规巡察，累计完成五年巡察全覆盖任务的 65.64%。

疫情防控

落实“四不中断　四免费办”，办理“互联网 + 放管服”便民寄递业务 523 万件；免费收寄捐赠物资、医疗防疫物资 33.64 万件；配送生活物资、教辅资料 159.72 万件；免费收寄援鄂医疗队个人包裹 6.4 万件；开展“湖北疫区扶贫和滞销农产品帮扶活动”，外运积压农副产品 5100 余吨，销售滞销农产品 5855 万元。承担国家发改委、交通部等部委交办的防疫物资运输重任；受省红十字会、慈善总会、青少年基金会委托，兜底承运救灾物资；累计接收发运防疫物资 93.1 万件（箱）、7.08 万吨，其中投递“三会”邮件 42.55 万件（箱）；累计组织党员 16.75 万人次深入社区、街道、村组开展疫情防控。省分公司收到中央指导组、湖北省疫情防控指挥部感谢信；武汉分公司徐龙获评“全国抗击新冠肺炎疫情先进个人”、全国“最美快递员”特别奖；5 名个人、3 个集体荣获全国交通运输系统表彰；7 名个人、3 个集体被集团评为突出贡献个人（集体）；93 名个人、27 个集体被评为先进个人（集体）。抗疫事迹被中央电视台、《人民日报》等 120 余家媒体报道。

央企担当

无金融资金案件、无系统性风险、无重大舆情事件、无重大监管处罚。完成 149 个定点帮扶村脱贫任务；新增万单扶贫大单品、电商扶贫能手分别完成计划的 220%、197%。45 毫米以下“瘦身胶带”封装比例 93%，电商快件不再二次包装率 75%，循环中转袋使用率 95.59%，包装废弃物回收箱 / 筒配置网点占全省网点的 75.54%。

业务发展

代理金融。实现收入 65.67 亿元，居全国第 5 位；比上年增长 8.59%，超全国平均增长 0.17%。新增综合资产 750.01 亿元，居全国第 4 位；点均新增 5764.87 万元，居全国首位。其中，新增大理财、新增保费分别居全国第 1 位、第 2 位。非储蓄收入占比（29.81%）居全国第 8 位，提高 1.77%。

寄递业务。实现收入 17.97 亿元，增长 –24.92%。“双十一”期间，快包业务量 4184.66 万件，居全国第 7 位，增长 48.54%，居全国第 4 位，高于全国平均增长 35.34%；业务收入 1.16 亿元，居全国第 9 位，增长 –0.88%，高于全国平均增长 1.22%。

邮务业务。电商分销实现收入 5.79 亿元，其中线上销售收入 3.48 亿元，占比 60%；打造问玄茶叶和皮咸蛋 2 个销售过千万的全国农品基地。集邮实现收入 2.87 亿元，其中，生肖贺岁项目收入 1.65 亿元，居全国小组第 1 位。函件实现收入 2.76 亿元，其中，“新春寄福”项目收入 1.62 亿元，居全国第 1 位。报刊实现收入 3.24 亿元，发行《习近平谈治国理政》（第三卷）8.8 万册，超额完成集团计划。

协同工作。与湖北省农业农村厅、省商务厅、省邮

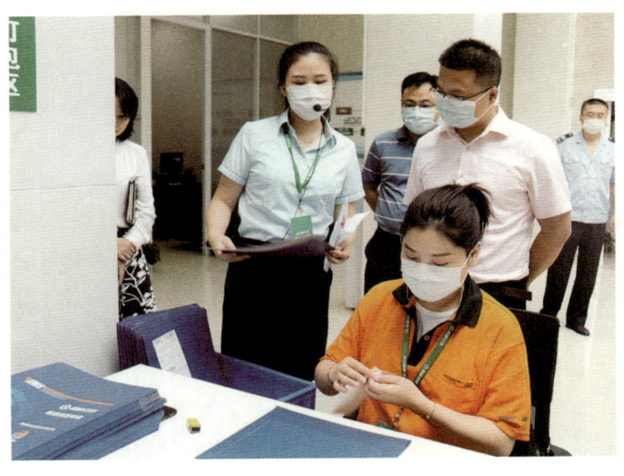

武汉市邮政大楼的“税邮云仓”大厅，是集税务发票存储及配送功能于一体的服务中心

政管理局、省高院等 7 家战略合作伙伴签约；中标省铁塔仓储服务采购，取得宜昌、恩施等 6 个地市铁塔仓储运作份额。集团六大重点协同项目实现收入 5.42 亿元，完成集团计划的 106.1%。邮银协同开放式缴费平台业务进度 357.5%，居全国第 2 位；邮银保协同中邮保险新单保费全面达标，期交、长期期交进度均居全国第 7 位；中邮证券协同邮政新增有效户、重点基金销售进度均居全国第 3 位。

转型赋能

网络组织。实现武汉至县市直达邮路全覆盖。特快同城次日递率稳定在 96% 以上，比上年提升 9%。“双十一”全省单日处理量峰值 435 万件，创历史新高。强化运输管控，串行邮路、往返邮路、邮车装载率较调整前分别提升 2.32%、18.78%、9.66%。全省特快、快包省内互寄次日递率分别为 95.93%、90.14%，列全国第 2 位、第 5 位。“双十一”期间，特快省内互寄次日递率 95.27%，比上年提升 11.27%；华为项目新品首发时效、妥投率均居全国第 2 位。

渠道转型。进驻高校 43 所，进驻率 33%，完成集团计划；打造武汉樱花、孝感孝文化等 8 个标杆主题邮局。完成 731 个金融网点系统化转型流程导入，打造 100 个省级样板点。网点离柜率（81.03%）提升 3.71%，价值客户产品覆盖度（71.25%）提升 7.32%。

降本增效。寄递业务投递环节成本压降 0.27 元 / 件，优于全国平均水平 0.4 元 / 件；陆运环节成本压降 0.27 元 / 吨公里，优于全国平均水平 0.05 元 / 吨公里。

要素赋能。改造处理场地及投递网点 16 处、普服网点 81 处；武汉盛辉处理中心、武汉国际邮件互换局兼交换站建成投产；ITM 实现网点全覆盖。开发寄递时限和成本看板、价值提升营销微助手等一批信息化系统。

财务管理。投放战略业务和能力建设补贴 1.8 亿元；实现减税降费 3.23 亿元，居全国首位；组织欠费清收专项行动，清欠效果居全国前列。

人力资源。寄递一线人员占比提高 4.66%，代理金融客户经理增加 808 人；完善寄递翼薪酬分配政策；争取社保减免 1.92 亿元。

基础管理。采购管理集采金额 4.69 亿元，资金节约率 12.4%，公开采购率 97.75%。实施审计项目 255 项，工程审减额 1531.99 万元。创建“平安邮政”，金融资金零案件、安全生产零重大责任事故。完成“三供一业”分离移交、退休人员社会化管理移交工作。

以人为本

争先创优。武汉分公司熊桂林被评为全国“2020 最美职工”“全国劳动模范”。武汉邮区中心局荣获“湖北五一劳动奖状”。武汉邮区中心局方龙，荆州市分公司刘帮友、裴地等荣获“湖北五一劳动奖章”。2 个集体、2 名个人荣获全国邮政行业表彰。2 个工会组织荣获“全国模范职工之家（小家）”。省分公司、武汉分公司等 31 个单位荣获“省级文明单位”，武汉水果湖网点荣获“全国交通运输行业文明示范窗口”。

关爱员工。持续开展“春送爱心、夏送清凉、金秋助学、冬送温暖”关爱职工活动，慰问劳模先进 280 人、受灾职工 66 人、困难职工家庭 323 个。对新冠肺炎确诊员工进行慰问和保险理赔，完成湖北省委交办的重大政治任务。（湖北省邮政分公司）

【邮储银行湖北省分行】

经营发展概况

实现业务收入 70.33 亿元，排邮储系统第 10 位，增幅 9.17%。实现拨备前利润 39.7 亿元，增幅 13.4%；实现利润总额 19.37 亿元。成本收入比 42.14%，比上年下降 2.57%，低于总行控制目标的 1.3%。资产规模 6431 亿元，比上年增长 562.2 亿元，增速 9.58%，稳居省内第 4 位。各项存款余额 1922 亿元，净增 200 亿元，排邮储系统第 5 位，增速 11.6%；各项贷款余额 1902 亿元，净增 273 亿元，增速 16.7%。存贷比 31.45%，提高 2.2%。各项贷款不良额 25.2 亿元（不含宜化 10.2 亿元），不良率 1.29%，新增不良额（处置前）13 亿元。拨备覆盖率 226%。

落实中央决策部署

抗击新冠疫情。疫情期间提供应急金融服务，累计协助各级政府、慈善机构、医疗机构拨付防疫资金、爱心捐款、特殊补助 20.9 亿元，划转疫情资金近 5 亿元。对接火神山、雷神山等抗疫重点项目。审批通过抗疫贷 270 笔、98.5 亿元，审批金额排系统内第 1 位，发放抗疫相关贷款 26 亿元，对接人总行名单内小企业客户 2466 户，发放小企业抗疫再贷款 167 户、7.2 亿元，放款金额和户数均排系统内第 1 位。分行荣获集团公司“抗击新冠肺炎疫情先进集体”，6 个单位和 12 名同志分别荣获集团公司抗击新冠肺炎疫情“突出贡献集体”“突出贡献个人”和“先进集体”“先进个人”。

服务国家战略。一是完成精准脱贫任务，派驻扶贫干部进驻 85 个扶贫村开展扶贫帮扶，精准扶贫贷款净增 6.5 亿元，完成总行计划的 283%。宜昌五峰县支行获总行“脱贫攻坚先进单位奖”，恩施分行邮惠助贫贷项目获总行“脱贫攻坚优秀项目奖”，省分行扶贫工作获“2020 湖北互联最佳传播微博案例”。二是绿色信贷新增投放 20.7 亿元，规模 116.2 亿元，完成绿色银行建设三年规划目标的 150.8%。三是防范化解重大风险，完成“省分行防范化解重大风险攻坚战三年规划”既定目标 27 个。四是完成涉农和普惠小微任务，涉农贷款净增 39.3 亿元，完成总行计划的 131%，普惠小微余额 321 亿元，净增 42.4 亿元，完成率 134%，贷款户数 7 万户，增长 3374 户。省分行获评2020年度中国（湖北）金融总评榜“最佳服务银行”奖。

推进普惠金融。“三农”贷款结余259.8亿元，净增45.3亿元，完成总行计划的156.2%；客户数净增1.1万户。小企业贷款余额124.9亿元，净增19.2亿元，完成省分行计划的120%，创近五年最高值。

业务转型发展

零售业务。个人金融储蓄余额1293亿元，净增121亿元，排系统内第5位。“三农”贷款客户数净增1.1万户。消费信贷新增市场占有率7.2%，排全省同业第4位，增幅3.5%；汽车消费贷款净增1.3亿元，排系统内第7位；非房类贷款净增22.7亿元。个人客户总资产（AUM）增幅排系统内第2位，增量排第4位，其中新增个人理财保有量排第1位。信用卡完成业务收入3.7亿元。交易银行开立保函47笔、8.69亿元，贸易融资2笔、10亿元。“邮储食堂”日新增客户4.5万户，排系统内第1位，完成总行计划的172.4%；新增收单商户5.5万户，完成总行计划的137%。

公司金融。公司信贷规模493.3亿元，净增121.6亿元，排系统内第5位，完成总行计划的163%。公司存款规模628.8亿元，净增73.5亿元，排系统内第6位，完成总行计划的183%。新增公司客户1.3万户，完成总行计划的145%。企业网银用户3.6万户，系统内排第3位，网银开通率系统内排第2位。

资金资管。投资业务交易量29.8亿元，排邮储银行中部六省第1位。同业理财规模16.1亿元，排系统内第3位、中部六省第1位。托管业务收入增幅240%，排系统内第1位。

风险内控管理

全面风险管理。完善风险与内控管理委员会运行机制，六大专业风委会召开12次会议，审议91个议题。二级分行风委会研究具体操作问题，召开158次会议，审议262个议题。一级支行风委会围绕12大类会议内容，推动风险管理纵向延伸、落地。

信用风险管理。主动推广信用风险监测与预警管理系统，全面实现法人授信业务风险监测线上化。监测风险信息318个，涉及客户95个，发起风险预警25个。

法律内控管理。开展“内控合规提质增效——2020破冰行动”，联合咨询机构共同“会诊”509个重大风险点；开展内控合规“大起底、大排查、大整改”专项整治活动，排查出重大风险点669个，问责804人次；组织开展员工行为排查和重点督查，发现高风险18人、中风险36人、低风险119人、关注363人，均已采取纠正整改或跟踪核查措施，并对相关人员进行问责。

内部审计工作。开展审计项目20个，完成经济责任审计18个，全面完成年度审计计划。审计发现问题337个，问题金额4.47亿元，整改问题299个，整改率88.7%。

安全生产工作。开展安全保卫提质升级活动，新建48个安全管理标准化达标网点、1处“双达标”办公楼、2家二级分行监控中心，对21个网点、2处县市支行办公楼进行安全用电监测系统改造，对1002台自助设备安装防盗刷干扰模块。全年未发生安全保卫风险事件，未出现安全生产责任事故。

管理运营效能

机构改革。推进省分行本部及分支行机构改革。对武汉市分行给予充分支撑，对襄阳、宜昌分行给予适度倾斜，对其他分（支）行实行分类管理、动态调整，人员分步到位。

财务管理。树立以EVA、RAROC为核心的价值创造导向，用好用足信贷计划，各项贷款比上年多增115亿元，超出总行配置计划38.7亿元；调整储蓄存款结构，两年期、三年期新增占比下降3.8%、112.4%；深入传导资本约束压力，表外无效经济资本占用压降2.17亿元。提升采购工作效率，集采率91.8%，公开采购率97.2%，节支率26%。完成辖内21个网点的装修改造施工。

金融科技赋能。实施各项系统上线推广和新增功能升级58项（次）；完成中间业务平台新业务上线10项，需求变更29项，业务推广39项；建立业技融合虚拟团队，探索开发天门分行VPS客户价值提升系统。完成有效数据提取及下发463个批次。

运营管理。加快自助设备更新和智能化改造，增配设备103台，智能化改造率91.1%；客户身份信息治理完善率95.2%，排系统内第1位，单位客户完善率99.6%，单位重点账户对账率100%。

客户服务。规范网点服务管理，按月督办全辖服务类投诉，2020年超额完成总行30%的投诉压降目标。加强老年客户金融服务，在全省统一爱心窗口、爱心专座、爱心设施标准，有针对性地开展老年客户金融服务培训，老年客户服务情况获多家主流媒体报道。

代理金融。按季组织召开省级板块定期协同会议4次，召开惠农、电商、汽车产业链等项目专题协同会议21次；邮银协同推进惠农合作项目，走访县级以上农民合作社、示范社6984家，联合走访率103.5%。实现合作项目双“百分百”达标。

全面从严治党

党建重点工作。组织省分行机关党委、市州分支行党委（总支）换届选举。健全中心组学习制度和领导督学领学制度，省分行党委中心组理论学习12次。

党风廉政建设。持续整治形式主义官僚主义，公文会议压降连续2年完成总行控制目标，深入开展调查研究，形成调研报告25篇。深化运用监督执纪“四种形态”，疫情期间对监督发现的问题告诫谈话 19 人、提醒谈话和约谈 88 人、批评教育 50 人；以廉政谈话为抓手做好提前预防，对新提任的 20 名、平级调整的 10 名省管干部进行廉政谈话。党内警告处分 2 人，提醒谈话 3 人，诫勉谈话 1 人。

巡视整改。持续推进中央和集团巡视整改工作。开展模范机关建设和“灯下黑”专项整治，将四大类 21 个问题纳入突出问题清单和改进工作台账。对 4 家二级分行和 3 家直属支行开展常规巡察，覆盖率 56.3%。开展“未巡先改”专项活动，确保巡视整改工作落到实处。

人才队伍建设

召开研究干部人事工作的党委会议 30 次，调整关键岗位人员配置，提任省分行党委管理干部 18 人。制订省分行人才队伍建设三年规划，出台省分行机关绩效考核办法，推进“领航工程”中级管理和基层管理人才库建设，有效提升资源使用效率和管理效能。修订印发《湖北省分行领导人员管理规定》等制度文件。全年共计提醒省分行党委管理干部 41 人次、函询 1 人次、诫勉 2 人次。组织开展对 17 家单位领导班子和领导人员综合考评、12 家单位选人用人“一报告两评议”工作，督导覆盖率 100%。（邮储银行）

【中邮保险湖北省分公司】

经营发展

总保费再创新高。中邮保险湖北分公司全年总保费首次突破 40 亿元平台，达 45.55 亿元。其中新单保费 20.80 亿元，列全国第 9 位，达年度计划的 101.3%；续期保费 24.57 亿元，达年度计划的 102.67%；团险保费 1839.85 万元，达全年计划的 127%。期交新单保费、长期期交新单保费、续期保费在全省银保市场均列第 1 位。

保费结构持续优化。分公司全年实现期交新单保费 18.66 亿元，达年度计划的 101.2%，列全国第 7 位。其中长期期交新单保费占比达 62.22%。提前 184 天在全国第 1 个完成新业务价值目标，价值客户总量 3.76 万户，增长率达 102.39%，列全国第 2 位。

长期期交提速晋位。全年完成长期期交新单保费 11.61 亿元，进度达 120.8%，列全国第 7 位，提前 193 天在全国第 2 个完成长期期交“双百亿工程”计划任务，较 2019 年提早 43 天，较 2018 年提早 89 天，连续 3 年发展提速。

协同战略

发挥协同优势。利用省公司协同会议，协同邮银将中邮保险 4 个重点项目（推进中邮保险长期期交“双百亿”工程、协同做好邮银保三方风险管控、持续推进模式深化建设专岗队伍、营销队伍共建）纳入省级协同发展委员会的年度议题，每月召开邮银保联席会议，将中邮保险业务发展纳入全省邮政季度重点经营方案，制定中邮保险专项推动措施和考核指标，激发中邮发展动力，全省通过协同强基础、补短板、提合规、促发展。

稳步推进模式深化。落实集团公司“241 号”和“机构编委 9 号”文件，推动省市县三级代管机构、人员到位。成立省邮政金融业务部中邮保险室，在邮储银行省分行设置中邮保险兼岗，建立 17 个市州中邮保险业务部（中心）、88 个县（区）中邮保险中心，选聘省市县中邮保险机构专兼岗人员 203 名，机构和人员到位率 100%。加强代管人员管理。强化运营能力培训，组织“非接触式保全”等课程培训，覆盖全省各级专岗 750 人次。组队参加全国第四届中邮保险业务技能大赛，分公司荣获团队三等奖、2 项个人二等奖，2 项个人三等奖和 1 项个人风采奖。2 名专岗荣获全国首届“最美客服人”称号，增强市县代管人员凝聚力和战斗力。

运营服务

关键运营指标管控良好。新契约抽检合格率 100%，团险 10 日结案率 100%，均列全国第 1 位；13 月保费继续率 93.76%，25 月保费继续率 97.06%，宽末综合达成率 97.72%，均达到总部管控要求。全年个险理赔结案 574 件，赔付金额 1896.04 万元；团险理赔结案 244 件，赔付金额 923.3 万元。亿元保费投诉量 0.022，投诉件数比上年下降 75%。

客服活动展现新特色。以“隔离疫情，不隔离爱”为主题，协同北京分公司、湖北邮政渠道平台部开展“京鄂相约，感受美好”线上直播活动，累计覆盖客户 1.35 万人次。以第四届“客户服务季”活动为主轴，开展客户满意度调查、“神秘人”调研、招募“客户体验官”等活动，深化与客户交流。举办 4 期名医直播活动和 5 场 VIP 客户健康体检活动，服务客户 2 万人次。围绕“7・8”保险公众宣传日、金融知识普及月，协同各市州送保险知识进农村、进社区、进校园 20 余场，覆盖客户 3 万人次。

三大攻坚战

强化风险管控。参加三方风险防控案防会议，将中邮保险业务自上而下纳入全省邮银风控合规管理体系，主动参与联合检查，组织开展保险中介市场乱象整治、乱象整治“回头看”、销售误导专项整治“亮剑行动”回头看、银行业保险业市场乱象整治“回头看”等专项检查，累计检查 12 个市州、28 个县市、84 个网点。加强合规文化建设，举办“合规大讲堂”，参加中邮保险内控知识竞赛，分公司代表队获团体三等奖，1 人获个人一等奖；在中邮保险合规微视频竞赛、反洗钱宣传视频竞赛中，分公司均获二等奖。全年未发生重大风险、群体性事件和重大保险资金案件。

打好脱贫攻坚战。落实打赢脱贫攻坚战重大决策部署，为黄冈梅山村、十堰坝溪河村等 8 个村共计 4661 名建档立卡贫困人员赠送扶贫保险，风险保额达 1.25 亿元。为利川市、宣恩县农村专业合作社总计 1042 名建档立卡贫困人员承保惠农保险，风险保额 3126 万元。开展“疫情无情　中邮有爱”“决胜脱贫　中邮相伴”2 场扶贫公益活动，慰问 585 名建档立卡贫困户，赠送扶贫和防疫物资，发放扶贫宣传手册。

深入践行“绿色邮政”行动。推进线上出单，推广营销宣传材料电子化，倡导绿色办公，在线出单率、纸质营销宣传品费用占比、人均办公用纸成本三大关键指标均优于总部达标值。开展绿色邮政进社区、进学校、进农村等公益宣传活动，认养种植树苗 40 棵，践行企业社会责任。

统筹抓好疫情防控和保险捐赠。坚决贯彻落实集团、总部抗疫部署，建立“一个机制”，制定“两个方案”，做好“五个到位”，实现全员零确诊感染。在系统内外“两优一先”及疫情防控工作表彰中，52 人次获得表彰。扛起保险捐赠重担，组建分条线对口、前后台协作的“4+1+1”专业服务团队，累计理赔结案 858 件，赔付金额 4470 万元。收到感谢信 7 封，得到各界高度评价。

党的建设

政治建设摆在首位。严格抓好“未巡先改”。认真学习领会集团巡视京辽赣粤川黔、冀浙皖湘渝陕等省（市）邮政企业单位党组织反馈意见，举一反三查摆问题和不足。“模范机关”建设深入开展。制定“让党中央放心、让人民群众满意的模范机关”建设和“强化担当作为、狠抓工作落实”机关作风建设工作方案，按月总结评估。

思想建设不断增强。持续开展“理论武装提升行动”。将学习贯彻习近平新时代中国特色社会主义思想作为重要政治任务，细化部署党的十九届五中全会精神学习任务。组织党建知识暨党风廉政知识竞赛、参观抗击新冠肺炎疫情成果展览，综合运用“学习强国”“中邮先锋”平台开展学习，以丰富形式提升学习教育成效。

组织建设扎实推进。深入推进基层党组织创先争优活动。一支部获总部“党支部建设示范点”和省邮政分公司“先进基层党组织”称号。开展“党建＋开门红支撑”“党旗引领　党员争先　百日会战”等活动，实现党的建设和业务发展同频共振、共同提升。

作风建设和纪律建设从严从实。开展党风廉政宣传月“五个一”活动，开展 5 次主题党课、3 次专题研讨，3 次警示教育，3 次廉政知识考试，选送作品获公司抖音廉洁文化原创短视频竞赛一等奖，廉洁文化建设材料被《湖北省保险业清廉金融文化建设经验汇编》收录。（中邮保险）

【中邮证券湖北省分公司】 年度业务收入 1892 万元，完成年度计划的 118%，收入规模位列全国省级分支机构排名第 4 位。全年实现利润 919 万元，完成年度计划的 106%，位列全国省级分支机构排名第 3 位。连续 3 年完成总部下达的收入、利润预算指标。全年新开户 15485 户，累计开户 9.65 万户。其中有效账户新增 3432 户，资产规模达到 12.2 亿元。重点基金销售 2.25 亿元，当年销售额全国排名第三，比上年增长 151%。资管产品销售 2.02 亿元。新增私募机构两融产品户 5 户，新增两融资产近 2 亿元，新增两融余额 5000 万元。

坚持党建引领

深入学习贯彻习近平新时代中国特色社会主义思想。组织召开党员大会 7 次，主题党日学习 13 次，主题党课 5 次，赴红色教育基地参观学习 1 次，重点学习了习近平总书记关于新发展理念、党风廉政建设、意识形态工作、脱贫攻坚工作等重要论述内容。十九届五中全会闭幕后，通过线上自学、召开专题主题党日及专项测试等形式，对全会内容进行全面学习。

落实疫情防控工作及复工复产工作。面对突如其来的新冠疫情，认真贯彻落实习近平总书记关于做好疫情防控工作重要讲话、重要指示精神和集团公司党组部署，及时成立疫情防控领导小组。通过一系列有力举措，实现全员零感染的防疫目标。在疫情防控最关键时期，分公司党支部积极响应上级号召，支部书记率先投身省直机关“疫情防控工作专班”开展社区防疫工作，全体党员在支部书记的带领下主动逆行一线、下沉社区，累计开展社区防疫服务 122 人次。复工复产后，统筹落实好常态化疫情防控工作和经营发展工作，圆满完成经营发展各项指标。10 月，分公司获评集团“抗击新冠肺炎疫情先进集体”，支部书记获评集团“抗击新冠肺炎疫情先进个人”。

推进巡视整改工作。分公司党支部按照总部工作部署，结合实际制订《中邮证券湖北分公司 2020 年持续推动中央巡视整改工作计划》，提出四个方面、20 项持续推进要点，并按季度进行整改落实情况总结及部署。截至年底，已整改完成 18 项，待持续推进 2 项。对照集团公司党组巡视反馈意见进行自查，累计查摆出四个方面、8 条具体问题并提出了相关整改措施，推进整改落实。

守好意识形态阵地。疫情防控期间，通过工作 OA、微信等线上平台及时传达党中央、集团公司及总部关于疫情防控的重要指示精神，部署防疫各项工作，及时宣传防疫常识，引导全体员工不信谣、不造谣、不传谣，不转发非官方网站发布的信息。实时更新宣传阵地，复工当天及时张贴疫情防控宣传海报，制作更新“十九届四中全会精神”宣传展板、疫情防控专题展板，并在安全生产月期间张贴宣传标语、播放安全生产口号，引导正确的舆论导向。组织党员签订《党员工作时间之外政治言行承诺书》，进一步规范党员 8 小时之外的言行举止。

落实中央八项规定精神。做好节日提醒、节假日期间廉洁防控和监督检查。坚持把思想建设摆在重要位置，持续开展党章、党规、党纪相关学习，并按季度开展党风廉政教育。6月，面向全体员工发布《关于中邮证券湖北分公司进一步明确信访举报渠道的通知》，进一步促进全员监督。做好检举箱日常开箱检查，报送纪检工作月报。

强化党员干部引领。坚持以集团公司“基层党组织达标工程”建设为抓手，全面加强分公司党建工作，参与集团、总部及省公司的各类评优评先工作。分公司党支部被湖北省邮政公司直属机关党委评为“先进基层党组织”。

深化协同联动

明确目标，合力做好顶层设计。围绕集团公司“协同中邮证券有效户大提升业务推进会”要求，第一时间成立协同领导小组，下发《关于开展全省2020年中邮证券联合营销活动的通知》（鄂邮证联〔2020〕1号）《关于与中邮证券开展2020年三方存管联动营销活动的通知》（鄂邮银部门工作通知〔2020〕494号），为全年证券协同方向和工作奠定基础。“中邮证券三方存管协同开户”荣获全省“融合共赢”优秀项目奖。

产品驱动。根据邮政客户特点，将中邮证券开户、有效户和新增资产等协同指标作为发展重点，通过集中开户和产品销售，实现“有效户大提升”的协同目标。年度销售2.25亿元，近三年协同基金销售复合增长率达55%。抢抓总部自营资管产品常态化发行的机会，明确专职人员负责邮政及邮储行渠道的推动工作，从培训、激励、进度要求、推动措施等方面全方位安排销售工作。与邮储恩施分行联合开发全国邮储行首单面向单一个人客户的资管产品——外贸邮盈6号，为邮储行形成中间业务收入70万元以上，为分公司形成资管收入18万元。

开展培训宣传。在居家办公期间，对基层网点人员开展35场线上培训，内容涵盖股票K线相关知识、基金选择与配置和协同业务发展相关知识等，参训人数超过6400余人次。复工复产以后，面向金融从业人员开展基金产品、资管产品业务培训40余场，累计培训7000余人次，提高了员工的业务能力。

联动营销客户。邀请研发部及资管分公司固收团队赴武汉、潜江、孝感、汉川等地开展2020年投资策略报告会、客户联谊会及重点资管产品沟通会等活动，维护重点客户。此外，持续对接省邮政公司内部股权清理项目，深入做好天鸿保险、汉口银行、天禄酒店的股权转让财务顾问业务的支撑服务工作。

发挥特色

整合资源，攻坚机构业务。与政府主管部门对接，持续推动省上市办“五年倍增计划”重点券商行动工作，挖掘、培育好“科创板”上市后备企业资源。与上市企业对接，增加分公司投行破局的力度，与有潜在需求的十余家企业保持常态化的沟通，寻求业务破局机会。与市场参与者合作，与《上证报》《中证报》《证券时报》武汉站建立合作关系，利用其舆情方面对上市企业的影响开发客户。推进注册制下企业债、防疫债的开发工作，充分利用协同资源、市场资源、渠道资源做好平台公司对接，共计对接黄石、宜昌、仙桃、荆州等多家意向发债企业，其中有黄石市等3家城投公司已制定方案持续跟进中。

机构搭建，主攻私募业务。营业部坚持发展经纪人队伍，引进私募机构。引入3家私募公司的4只私募产品，其中3只产品的规模近亿元，融资规模超过3500万元；引入1家私募公司产品户，融资规模2000万元。截至年底，累计引入6家私募公司的7只私募产品，融资规模高峰达2亿元。私募机构两融业务逐渐成为分公司市场化业务发展的亮点和特色业务。

赋权加责，推动客户经理试点改革。湖北省分公司被集团、总部确定为“客户经理招聘工作试点分公司”以来，本着“放权、让利、搞活”的试点原则和要求，在全国率先组建分公司财富管理中心，负责分公司营销队伍建设、存量客户的激活及自营客户开发等工作。本着优中选优的工作标准，持续做好客户经理的选育留用工作。财富管理队伍有客户经理1名、二类投顾1名，累计新增资产5000余万元、新开两融户4户、新增两融余额152万元，业务逐渐破局中。

人力资源管理

规范选人用人工作。按照总部干部管理相关要求，结合分公司实际，启动综合部总经理提任工作。修订《湖北分公司轻型营业部领导人员管理办法》，为营业部总经理续聘工作做好制度准备。配合总部开展2019年度“选人用人”工作评议，并根据总部反馈意见完成整改。参加总部选人用人专项检查，并根据检查反馈结果做好整改。

加大人才引进力度。累计筛选简历1000余份，组织面试20余场，引入二类投顾1名、客户经理2名、行政综合1名，待入职客户经理1名，候选团队1个。开展2021年校园招聘工作，筛选简历240份，组织3人参加分公司面试，1人参加总部面试。参加金融办组织的中南财经政法大学校园招聘专场工作。

推进员工专业能力提升。按照总部要求，开展证券、基金从业人员在线培训选课、报名工作，并督促全体员工及时完成。及时传达协会的线下培训通知，组织分公司相应岗位人员参加协会专业培训。组织相关人员参加总部有效户激活、党建纪检等各项培训工作。组织人员参加外部培训，组织省公司市场部和金融部人员共13人，赴鹏华基金参观培训。各层面专业能力和服务能力进一步提升。

公平公正开展绩效评价。一是根据《中邮证券有限责任公司2020年度绩效考核方案》及中邮证券有限责任公司月度绩效考核方案，制定分公司月度绩效办法，对分公司各个岗位设定详细的工作目标及评价办法，按月进行考核评价。二是制定分公司年度绩效办法及评优评先方案。充分发挥绩效评价的指挥棒作用，在分公司建立人人争创收、比贡献的良好竞争氛围。在公司开展末位淘汰，对业绩评价评分靠后的人员，进行调岗、调薪、劝辞处理。

综合管理

坚持合规底线，持续规范发展。按月开展合规、反洗钱培训，持续增强员工合规执业的意识与能力；开展常规性合规、反洗钱自查，不定期开展专项自查；落实监管要求，按时报送监管信息。开展“对照四川辖区证券行业2019年检查情况的自查”“对照吉林分公司的现场检查事实确认书的自查”等。通过自查，进一步提高日常管理、业务开展等方面的规范性。配合人行武汉分行的监管走访，通过人行工作人员的悉心现场指导，为分公司反洗钱工作进一步规范开展提供了有力的支撑。

强化责任担当，主动履职管控存续项目风险。顺灏股份股票质押业务出现司法风险时，分公司在总部相关领导及信用交易部、风险管理部的指导和帮助下，竭力做好客户工作，为化解风险做了大量努力。一是增加担保措施、增厚违约处置能力。经过多次努力，迅速引入没有被冻结的顺灏投资签署担保协议，并进行补充质押，个人托管5016万股、质押4962万股，顺灏投资托管6433万股、质押4501.41万股、担保992万股，总市值达到5亿元以上；二是启动担保物权程序，向深圳市福田区人民法院进行担保物权诉讼，沟通客户方配合做好判决程序，对冻结部分股票取得法律层面的处置权；三是引入强制公证，与融资方、担保方进行强制公证，便于违约后更加快捷处置；四是做好盯市及贷后管理工作，常年安排一名专人对接客户情况，督促及时做好结息及补充增信工作，按季做好现场尽调，及时向总部汇报风险点。通过一系列措施，使项目风险不断降低。

严格执行规章制度，优化财务管理。按月进行成本管控，根据费用预算核算费用使用进度，按制度要求加强审核差旅费、招待费等报销事项。开展固定资产清查工作，资产实物与资产实物账、财务资产账核对一致，账物相符；完成员工个人所得税汇算清缴的通知、提醒工作；工商系统年度报告的公示；按时上报分公司2021年财务预算。

创新回访方式，提高客服工作质量。通过智能外呼等多渠道加快做好客户回访工作。累计有效回访客户8344户，完成年度回访计划的103.06%。根据证监局、协会和总部要求，开展投教活动。在疫情可控的前提下，通过线上线下模式，开展“3·15”投资者主题日、制作新《证券法》讲解、“5·15全国投资者保护宣传日”投教活动、金融普及月、整顿“黑嘴”“黑APP”专项整治活动等，参与人数超过300人次。同时，组织客户参加协会证监局、交易所的各类线上讲座12场。组织近300名客户参加深交所的创业板知识竞赛活动、《股东来了》竞赛活动、上交所答答星球科创板答题竞赛活动和总部科创板知识讲座等。在分公司各级服务人员的共同努力下，服务工作受到渠道及客户一致好评，全年无投诉及违规事件发生。

开展职工劳动竞赛，员工创收意识不断增强。根据总部重点业务指标，制定职工劳动竞赛办法，设定有效户、两融、高净值客户等重点指标发展计划，并明确员工开展机构业务的奖励标准。在月度及年度绩效考评中，将职工劳动竞赛相关指标，开展挂钩评价。通过职工劳动竞赛的开展，分公司员工全年累计新开户82户，其中有效户38户，高净值客户10户；新增两融16户，有效促进发展重点业务。

坚持党工群团共建，推进企业文化建设。认真贯彻党的群众路线，坚持以“党建带群团”开展工作。组织开展“青年理论学习”工作以及“根在基层”青年调研工作，从“有效户大提升”存在的短板入手，前往黄冈、仙桃等地市开展调研。开展工会工作，在做好员工关怀的同时，组织开展爱国主义教育观影活动、趣味运动会、“最美工位”评比、红色主题秋游等一系列活动，持续增强团队凝聚力。（中邮证券）

湖南省

【湖南省邮政分公司】 全省邮政完成考核收入98.85亿元，排全国第9位，完成集团预算的99.51%，增幅7.08%；其中，寄递业务收入22.75亿元，增幅9.48%。完成利润4.33亿元，排全国第7位，比上年前进2位。2020年集团公司对湖南邮政的年度绩效考核预评分为106.78分，排全国第7位。

业务发展

普遍服务达标专项整治。集中整改普遍工作出现的问题4238条，完成普遍服务工作“两提升、四强化、七确保”目标。营业达标率持续提高，条码平信“两率”和普遍服务全程时限达标率全部达标，给据邮件丢损压降效果明显，党报党刊当日见报率连续3年保持100%，建制村直接通邮率100%。机要通信连续14年质量保持全红。

邮政金融业务。推进“金融+”向“+金融”转变，新增金融总资产502.58亿元，排全国第8位。其中，新增余额310.57亿元，排全国第7位。高效业务收单商户年内新增35.53万户，排全国第4位；年末结存商户85.59万户，排全国第3位；联动商户总资产342.03亿元，排全国第6位。一年期及以下价值存款新增224.18亿元，比上年增194.68亿元；三年期及以上定期新增比上年压降141.19亿元。保险业务收入比上年增长1.23亿元，综合收益率比上年增长27.38%；短信收入2.09亿元，排全国第4位，增长3.94%，排全国第1位。中间业务收入占比比上年提升 0.91%。新增电子银行客户 120.14 万户，电子银行客户渗透率 46.45%，电子银行交易替代率 93.76%，分别较上年提升 4.37%、3.41%。

寄递业务。全省邮政特快业务实现收入 3.96 亿元，其中现费业务收入 8303 万元，规模排全国第 6 位，比上年增长 102.6%，排全国第 3 位；快包业务实现收入 10.85 亿元，比上年增长 35.1%；物流业务实现收入 3.6 亿元，比上年增长 7.7%。特快省内互寄次日递率 94%，快包省内互寄次日递率 85%，分别排全国第 5 位、第 9 位。集团公司对全省运营质量考核结算奖励净额 509 万元，排全国第 3 位。及时揽收成功率 99.94%，理赔及时率 100%，均排全国第 1 位；特快、快包、国际包裹异常发生率 3 项指标进入全国前 10 位。

渠道平台。实现自营批销额 5.56 亿元，比上年增长 1500 多万元；“区域经销”发展模式获集团认可并在全国邮政推广，全省代理品牌从 1 家增加到 12 家，代理的区域从年初的 8 个县（市、区）增至 59 个，分销毛利率 7.27%，比上年提升 0.29%，一年期库存比上年下降 220 万元；打造万单扶贫产品 91 个，排全国第 1 位；邮乐小店日均分享 9860 人次，排全国第 3 位；线上零售额 1.27 亿元，排全国第 5 位。精准对接 3798 家合作社及家庭农场，发放贷款 376.6 万元，发展商户收单 20.17 万户，带动金融资产增长 15.07 亿元，包裹寄递 794.66 万件。

传统业务。集邮业务完成收入 2.35 亿元，为集团计划的 111.03%，排全国第 5 位，增长 2.2%。函件业务完成收入 2.41 亿元，为集团计划的 122.9%，排全国第 1 位，增长 23.3%，排全国第 2 位；新媒体业务创收 8072 万元，比上年增长 4745 万元，增长 142.6%，收入净增及增长均列规模千万级以上省份首位。报刊发行完成收入 4.08 亿元，增长 3.8%；日常补续订流转额突破 1 亿元；2021 年报刊大收订实现流转额 10.58 亿元，增长超全国平均水平 0.2%。

协同项目。集团公司六大协同项目收入 5.12 亿元，

湖南邮政首个线下消费扶贫馆在益阳市开馆

进度 103%。集团签约的 29 家重点总部客户实现收入 2.59 亿元；新签订战略客户 6 家。中邮保险实现新单保费 21.16 亿元，其中，长期期交新单保费 9.37 亿元，实现超双倍增长，并提前一个季度完成计划。中邮证券新增有效户 5117 户、签约户 9034 户，分别排全国第 3 位、第 5 位。

服务能力

国际业务在内陆省份率先完成“三关合一”建设并投入使用；长沙邮件处理中心新增 54 万件（袋）/ 日处理能力；中南地区邮政快递枢纽长沙邮件处理中心新生产场地奠基并启动主体施工建设；常德邮件处理中心项目在常德举行集中开工仪式。新增 ITM 机 115 台、金融移动展业设备 105 台、CRS/ATM 等自助设备 102 台、离行式网点 19 个，实施金融网点储蓄、保险统一柜面工程；云顶系统新增“商户智能化管控”模型；注册云工作室 8440 个，注册率 97%。完成 1915 个收寄机构和 1741 个投递机构、613 条上行市趟邮路和 522 条下行市趟邮路的串联维护工作，标准时限完整率 100%。现实时限与行业时限对比，赶超线路 194 条，占比 69%。

企业管理

用工总量较上年减少 3120 人，从业人员减少 520 人，劳务承揽减少 2600 人，其中，寄递事业部用工总量较上年减少 2141 人；代理金融网点个人客户经理较上年增加 878 人，普通柜员减少 978 人。全省成本增长低于收入增长 1.82%，寄递降本增效五大环节指标降幅居全国前列，全部完成年度管控目标；实现减税降费金额 2.273 亿元，其中，税收减免 730 万元，社保减征 2.2 亿元；4 项闲置资产的房屋土地获政府拆迁补偿货币资金 4975 万元。完成各类邮政工程审计项目 701 个，审减金额 3509 万元，审减率 21.36%；完成集中采购项目 78 个，节约资金 3774 万元。全面部署开展安全生产专项整治三年行动工作，加强人员安全教育培训和应急演练，加强隐患排查与整治，企业安全生产整体运行平稳，连续 9 年被湖南省委、省政府评为“平安单位”。

央企担当

疫情期间邮政通信服务不中断，承运国内 100.4 万件防疫物资和 10 台捐赠车，运送国际防疫物资 200 余吨；寄递民生证照、教材、药品 100 万余件，配送农资 1.5 吨、蔬菜 10 万斤；协助政府全力组织复工复产。湖南邮政与全省 137 个政务服务中心合作，为全省各级企业和人民群众提供政务业务“网上办”“邮寄办”等服务。全省 143 个定点扶贫点均脱贫摘帽；打造扶贫农产品项目 286 个，实现销售额 3235 万元。“9792”工程建设目标全面完成。无资金案件，无重大风险事件，无监管处罚发生；全省连续 2 年实现零金融资金案件。结合惠农合作项目，拓宽农村服务领域，完成服务乡村振兴战略三年规划 14 项

指标任务。

党建工作

全面增强政治责任，深入学习贯彻习近平新时代中国特色社会主义思想，落实“三个第一时间”机制，推行逢学必测，强化党员干部理论武装。集团公司巡视时提出的276项整改措施和56项专题整改措施，整改销号率均100%；两项整改措施的整改完成率分别为97.82%、94.64%；省公司延伸开展对7个市州分公司的省内巡察，深入推进整改工作。常态化推进“不忘初心、牢记使命”主题教育；完成党组改党委和各级党组织更名及按时换届工作；建立省分公司机关述职考评结果与绩效考核奖励相挂钩的管理机制；扎实推进模范机关建设。加强党内法规的学习，强化重要时点警示提醒，开展3批次68人次集体廉政谈话，增强党员纪律规矩意识；运用“四种形态”处理392人次。整治形式主义、官僚主义突出问题，省分公司发文和全省性会议数量均低于上年；全省邮政企业各级党委班子成员到基层调研1500多天次。全省选树10名劳模、1个先进集体，数量居全国邮政行业和省内产业工会前列；其中，黄晓青、龙金云获“全国劳动模范”称号。（湖南省邮政分公司）

【邮储银行湖南省分行】

经营发展概况

实现营业收入75.68亿元，增长12.95%，超总行预算5.66亿元。实现利润33.39亿元，增长4.95%，超总行预算4.62亿元。EVA 7.72亿元，RAROC 14.55%，成本收入比39.67%。总资产5629.12亿元，增长10.69%。各项存款余额5219.44亿元，排省同业第3位，增长9.35%，新增存款446.26亿元；各项贷款余额2340.87亿元，增长20.65%；存贷比44.85%。不良率0.71%，低于总行限额目标的0.03%，拨备覆盖率269.95%。不良率、不良额水平均优于省内国有大行。

落实中央决策部署

抗击新冠肺炎疫情。建立高效运行的防疫体系，常态化疫情防控取得实效，全行未发生疑似和确诊病例。加大金融支持疫情防控与复工复产，发放相关贷款12.66万笔，金额703.48亿元。全行员工援驰湖北，累计捐赠物资超过40万元。

助力打赢“三大攻坚战”。金融精准扶贫三年行动目标提前完成，金融精准扶贫贷款58.03亿元。向90个扶贫点派出驻村扶贫工作队68支，选派省、市、县干部员工114人参与扶贫结对帮扶，完成驻村建档立卡户的脱贫任务。支持清洁能源和环境治理行业，绿色信贷新增28.76亿元，增速超35%，完成总行年度考核目标。多措并举防范化解重大风险，全年未发生重大资金案件或风险事件。

推进普惠金融。助力乡村振兴，涉农贷款余额745.53亿元，净增57.33亿元，完成全年计划的191.11%。普惠型小微企业贷款新增57.15亿元，完成“两增两控”要求。支持民营经济，新发放民营企业贷款占公司贷款比重8.7%。中长期制造业贷款增长36%。

业务转型发展

零售业务。个人金融紧抓客户关系提升和源头项目开发，“两提升”排名提升至系统内第5位，个人AUM增长118.74亿元，储蓄存款净增63.87亿元，均为历年最高。严控高成本增长，三年期存款压降6.57亿元，比上年少增54.8亿元。普惠金融加快线上化转型，小额贷款、小企业贷款提前半年完成总行计划。消费信贷加快结构优化，余额净增排系统内第4位，其中非房贷款净增70.38亿元，排系统内第1位。

公司金融。公司金融围绕“拓户、增效、提质”，重点指标全面进位。公司存款净增71亿元；公司贷款净增92亿元，其中制造业中长期贷款新增排系统内第5位。省市分行领导班子走访重点客户3289人次，公司客户新增1.36万户，完成总行计划的136%，三医拓户（医疗、医药、医保）排系统内第1位，代理财政资格新增排系统内第3位。省级社保专户资格、电子医保凭证推广合作银行资格、省直公积金代理银行资格取得历史性突破。供应链金融实现跨越式发展，余额58亿元，排系统内第3位，净增28亿元，排系统内第1位。

中间业务。完成中间业务收入6.71亿元，占全行收入比重的8.87%。信用卡业务突出“获客、首刷、消费”，新增客户17.67万户，消费金额317.89亿元，分期金额22.2亿元，增长16.17%。银团中收、债券承销规模分别排系统内第9位、第10位。

邮银协同。集团公司及总行9大协同项目达成既定目标，邮银联合推进惠农合作项目试点，走访75710户，完成计划进度的115%。

风险内控管理

全面风险管理。强化风控理念纵向传导，推动风险政策与风险限额有效执行，创新建立大额风险联防联动机制，成功化解湘潭湘江风光带项目等3个客户风险，整体压降贷款余额11.67亿元，有效提升大额风险预判化解能力。加快智能风控工具应用开发，推进风控管理数字化。

信用风险管理。开展“信贷资产质量夯实年”活动，提升信用风险管理能力。严守资产质量生命线，清收不良资产7.23亿元，完成总行计划的126.84%。

法律内控管理。保持案防及问责高压态势，全面开展案件警示教育及“风险隐患大排查、关键控制点大讨论”“合规大讲堂”活动。首次接受人民银行综合执法大检查，支付结算、货币金银管理能力持续提升，消保和反洗钱机制持续完善，有效制度全部纳入制度库管理。应对重大诉讼及法律纠纷，完成律师事务所（库）组建工作。

内部审计工作。实施21项尽职检查项目、37个审计项目，警告及以上问责处理79人次。

安全生产工作。持续深化“平安邮储”建设，有效巩固安全达标工作成果，全年实现零案件、零事故。

管理运营效能

机构改革。严格落实总行机构改革工作要求，新设省分行交易银行部、部分市分行交易银行部等内设部门16个，完成公司金融部、票据业务中心、信息科技管理部等多个部门调整，调整网点管理、对外统计报送、授信管理等多条职责，机构增减撤并、职能划转、工作交接和人员调整有序平稳推进。

财务管理。制定中间业务发展指导意见和突破行动方案，出台省内财务激励政策，调整资产负债结构，价值创造能力不断提升。制定市县分支行绩效考核办法和全行业务发展办法，出台工资总额与劳动报酬核定办法等“1+6”制度。加强成本效益管理，成本收入比较上年末下降2.94%。常德、益阳市分行营运用房顺利验收，完成张家界市分行营运用房和全省22个网点建设与改造。实施集中采购项目103个，公开采购率86.98%，节约资金2180.45万元。

金融科技赋能。完成软件开发项目199个，比上年增长44%，自主开发率47%。完成省内大数据平台建设，实现全省数据统一标准、统一管理、统一调度。以互联网思维构建线上线下生态圈，对内打通“邮储食堂＋云工作室＋普惠金融生态版图”融合工程，推动“流量”变现；对外与互联网企业合建场景，实现批量获客活客。全省首批试点数字货币，落地应用场景607个，交易笔数8469笔，在省内同业中列第1位。

运营管理。邮储系统内首家出台客户体验提升实施方案，持续优化客户旅程和客户体验。完成自营255个网点现场转型导入，专职理财经理到位315人。邮银共同完成2801.03万户个人客户信息治理，完成率100%。

全面从严治党

党建重点工作。认真开展“模范机关”建设，机关运行效率有效提升。召开湖南省分行第一次党员代表大会，完成全辖51个基层党支部换届选举和省分行党委隶属关系转换。举办全省首次基层党支部书记微党课大赛，拍摄首部党建专题片。开展基层党组织“共建、共享、共进”主题活动，全辖共建结对党组织230个。发展新党员115名。

党风廉政建设。认真执行中央八项规定精神，持续推进全面从严治党。对常德、张家界、邵阳、长沙分行及辖内支行开展政治巡察，累计巡察机构74家，完成巡察全覆盖目标的61.67%。受理信访举报46件，问责136人次。

巡视整改。接受集团公司党组新一轮政治巡视，制定形成55项整改任务、102个整改措施，2020年总台账已完成和阶段性完成占比95%以上。

人才队伍建设

人事改革。编制人才发展三年规划，启动“135人才库”工程建设，完成第一批人才入库选拔。坚持专业化、年轻化导向，干部提任4人，均为“80后”。与知名高校、企业合作，专题培训管理人员228人次。完成退休人员社会化管理移交1178人。

队伍作风建设。专项整治形式主义、官僚主义，搭建“员工之家”综合信息平台，推进首问负责制、限时办结制、承诺服务制。持续精简“文山会海”，会议文件总数未超过管控目标。（邮储银行）

【中邮保险湖南省分公司】 实现4方面新突破：科技赋能方面，“团险VIP客户服务追踪分析系统”首获全国邮政企业科技创新成果小技改小发明奖；能力提升方面，首次获得中邮保险业务技能大赛总决赛团体二等奖等6项荣誉；经营转型方面，探索线上发展新路径，疫情期间开展99场线上活动，项目营销取得新业绩，6月实现长期期交新单2.74亿元，排全国首位；绩效变革方面，首次引入全球知名咨询公司协助推进“强业绩导向”的绩效薪酬分配机制。具体工作如下：

经营发展稳步提升

全面完成经营目标。实现总保费47.68亿元，全国第七，比上年增长21.3%，其中银保新单23.26亿元，续期24.22亿元；长期期交新单占新单的43.9%，比上年提升23.9%；实现新业务价值1.14亿元；标准保费业务及管理费率考评全国第一；绩效预考评125.63分，创历史新高。

市场份额显著提升。总保费规模排省内寿险业第8位，市场份额4.81%，比上年提升0.51%；银保期交新单规模排省内银保渠道第1位，市场份额22.89%，比上年提升3.79%。

邮银保三方深度融合。一是协同工作扎实有效，将中邮保险发展融入邮银渠道各阶段业务竞赛整体安排，重点指标纳入年度绩效考核和重点协同项目，实现同频共振。二是队伍共建持续强化，开展各类培训3004场，参训超4万人次，推动渠道营销队伍知识结构重塑，4名专职讲师在湖南寿险讲师技能大赛中获得佳绩。三是联合办公深入推进，精选2名骨干员工与省中邮保险室联合办公，搭建信息共享机制，实现日常工作顺利对接和重点项目持续推进。

模式深化有效推进

模式价值宣传到位。先后向湖南银保监局、湖南地方金融监督管理局、湖南邮政专题汇报模式深化工作，得到充分认同。8月，首次在全省寿险工作会上作代表发言。

圆满完成专岗选聘。协同湖南邮政完成专岗选聘，市县中邮专岗由129人增加至181人，并组织开展岗前培训和集中培训，为发展和管理建立完善的组织基础。

◎ 基础管理持续优化

运营负载能力增强。一是线上化率显著提升，电子保单推广率51.5%，保全线上化率57%。二是理赔难问题有效缓解，理赔出险支付时效53.9天，理赔获赔率95.5%，首推团险微信理赔。同时，还获得“最美调查人”“十大理赔案例”“四星柜面”等荣誉称号。

客户管理初显成效。一是客户数显著增加，年新增有效客户数11万户，拥有2件及以上保单客户比上年增长443%，VIP客户比上年增长23.1%。二是客户满意度持续增强，亿元保费投诉件0.105件，居省内同业先进。

合规管理有效强化。一是邮银保联合开展销售误导专项整治“亮剑行动”回头看检查。二是开展“制度规范建设年”活动，废止制度50个，新立、修订制度各12个。三是开展“内控管理提升年”活动。四是获人民银行长沙中心支行反洗钱业务知识竞赛和总部反洗钱宣传月活动两个组织奖。

◎ 改革创新激发活力

绩效管理加速变革。实施绩效优化项目，年度绩效考核实现了部门及员工绩效等级划分和奖优罚劣，得到员工认同和关注。项目工作制和创新项目评选有效激发员工思考、推进、参与创新工作的积极性和主动性。

科技赋能作用显现。持续推进自建系统建设，自动化、智能化水平进一步提升：网销纸质保单制单前置系统，在全国率先试点承保纸质保单延迟打印工作；开发双录辅助系统和市场报表自动化生成系统，助推经营发展和质量管控。

◎ 党建引领从严抓实

党的建设有效加强。强化落实管党治党政治责任和党委班子“一岗双责”，逐级签订《全面从严治党责任书》《廉洁从业承诺书》；严格落实“三个第一时间”“三会一课”学习机制，强化理论学习；加强政治监督和作风建设，多次开展质效督查和专项自查；6名党员获评总部“共产党员先锋岗”。

巡视整改有序推进。落实巡视制度，召开巡视例会11次，开展季度评估4次；开展“未巡先改”自查；配合集团巡视检查并落实巡视整改，对集团巡视和巡视专项检查反馈的35个问题，制定的59项整改措施，已全部落实到位。

◎ 企业品牌持续提升

扶贫凸显国企担当。向6669名建档立卡贫困户赠送保额1.37亿元的扶贫保险；精准扶贫公益活动为80户贫困户捐赠生活物资；开展第五届中邮“护萌行动”向贫困学生捐赠各类学习文体用品；承保惠农团险29笔，保额1342万元。

品宣成效大幅提升。线下首次在高铁南站、五一广场等地标，线上在红网、时刻头条等投放品宣广告。“守护星护萌扶贫公益项目”获“湖南金融扶贫力量奖”。

此外，在湖南省保险行业协会开展的评选中，首次获评“2020年度优秀会员单位”和“湖南保险业脱贫攻坚先进集体”荣誉称号，并再次获评湖南保险业年度“新闻宣传工作先进单位”和“统计工作先进单位”；获得总部“平安邮政”优秀单位、总部对分公司内部审计工作考核评价得分全国第四的成绩；保持“省直机关文明单位”称号。（中邮保险）

【中邮证券湖南省分公司】 年度业务收入1556.56万元，比上年增长12.01%，完成年度计划的107.35%，实现利润1130.85万元，比上年增长13.88%。直属营业部累计证券账户114336户，证券资产11.45亿元，资产万元以上的有效户3261户，占比2.86%。两融账户合计52户，本年新增16户，增幅44%，融资额1444.7万元，两融账户利息及佣金收入76.77万元。郴州营业部实现收入57.9万元，利润18万元，累计账户2468户，累计托管资产8801万元，资产万元以上有效户310户，有效户占比12.56%。其中两融账户21户，年度新增11户，增长110%，融资额226.15万元，两融账户利息及佣金收入合计27.75万元。

◎ 板块协同

凝聚合力，促进板块间协同联动。省邮政公司下发《关于开展2020年终有证券协同发展营销活动的通知》，邮储银行省分行下发《关于全省与中邮证券开展2020年三方存管联动营销活动的通知》，并把证券有效户和证券新增账户纳入年度绩效考核指标。截至年底，邮政板块新增有效户5238户，完成计划的228%，新增签约账户7998户；银行板块新增有效户1172户，新增签约账户5518户。

加强机构建设，渠道协同持续推进。一是轻型营业部建设取得突破。郴州营业部有效客户和证券资产稳步增长。衡阳营业部完成场地建设、团队储备和筹建申报工作，经纪人团队发展客户29户，引进资产509.7万元。二是渠道经纪人队伍建设取得初步效果。重点加强邮政渠道客户经理转化为证券经纪人的工作。截至年底，分公司经纪人合同签约人数为39人，其中有效经纪人28人，经纪人共签约客户417户，资产共计4186.7万元。三是邮储银行渠道培训基本实现全覆盖。利用邮银证协同项目的培训和数据支撑，对接全省14个市州开展巡回培训，每天进行数据通报。完成12个市州分行证券业务培训，邮政和银行条线累计培训合计27场次，经纪人培训共计12场次，参与邮储银行3期共400人的客户经理现场培训，推动渠道协同发展。

以股质和两融为中心，推动投行业务效益发展

中南建设股票质押展期，利息收入1203.29万元。同时，湖南和立东升实业集团北交所私募债项目稳步推进，邮储银行开展授信，该集团信用评级为AA级，在湖南省物流行业位于前列。新增两融客户16户，完成总部下达的计划。

认真贯彻落实重大决策部署

加强疫情防控。一是加强组织领导，迅速成立领导小组。二是充分发挥党员先锋模范作用，组织动员全体党员积极为疫情捐款，合计捐款1800元。三是关爱员工，支撑到位。组织统一抢购消毒防护物品分发给员工，为防范疫情做好保障。四是改进服务方式，切实保护投资者权益。

助力“三大攻坚战”。一是规范经营，从严从细抓风险防控。二是倡导勤俭节约，加强绿色邮政建设。出台《2020年绿色邮政建设行动工作要点》，并向全体员工发放《勤俭节约反对浪费倡议书》，树立勤俭节约的文明风尚。三是提高政治站位，切实抓好精准扶贫。号召分公司员工认领上河村核桃树，扶贫金额3200元。组织全体员工参与省邮政公司“我为扶贫做一件实事”活动，分公司15人参与，扶贫金额2370元。

推进合规风控管理

严格内控管理，做好合规保障，切实加强合规教育，以现场和非现场结合的形式开展合规培训11次。加强与地方证监局、人民银行、行业协会等监管部门及自律组织的沟通联系，征求业务宣传及发展意见，主动汇报工作动态，针对存在的问题及时跟踪反馈、认真督促整改落实。同时，高度重视防范化解金融风险工作，切实加强反洗钱管理。运营工作有序开展，未发生风险事件。

不断深化巡视整改

扎实做好“2020年持续推动巡视整改工作”。下发《关于印发2020年持续推动巡视整改的工作计划的通知》，制定需要评估的制度文件或持续推进要点23条，其中，整改已完成已建立长效机制22条，整改未完成已建立长效机制1条。

做好2020年中国邮政集团有限公司党组第四巡视组巡视反馈意见的集中整改工作。8月25日，集团公司党组第四巡视组向湖南省分公司党支部反馈巡视意见，提出整改要求。分公司党支部迅速成立分公司巡视整改领导小组，围绕第四巡视组指出的五个方面15个主要问题，认真研究巡视整改工作方案，制定26个整改任务，57项整改举措，并坚持当下改、长久立。截至目前，分公司已完成整改措施54条，持续推进3条。

加强党的建设

切实加强学习。把《习近平谈治国理政》《习近平新时代中国特色社会主义思想学习纲要》、党的最新理论、习近平总书记最新指示批示作为必读篇目，并按照上级党委要求，全体党员在线参加十九届四中全会精神专题培训、党员常态化培训等培训课程，通过加强理论武装，提高政治站位，在思想上、政治上、行动上始终同党中央保持高度一致。同时，充分发挥党支部理论学习示范引领作用，认真抓好青年理论学习，全年分公司党支部组织理论学习12次，与会人员结合自身实际和体会进行了研讨、分享，开展青年理论学习9次，组织参与调研实践活动1次。

全面加强规范党内政治生活。一是认真落实组织生活制度。组织好“三会一课”、主题党日活动、党支部理论学习等活动，全年共计召开支委（扩大）会29次、党员大会4次、党课4次、开展主题党日12次，并召开巡视整改专题组织生活会。同时，对分公司“三会一课”情况进行自查，查摆问题2条，制定整改措施2条。二是认真落实民主集中制。严格执行《中邮证券有限责任公司湖南分公司党支部工作规则》《中邮证券有限责任公司湖南分公司“三重一大”决策制度实施细则（修订）》的有关规定，全年召开涉及“三重一大”事项的总经理办公会18次、支委会9次。

加强党支部建设。一是强化支部建设。7月完成支部换届工作，扎实提高党支部标准化、规范化水平。二是充分发挥基层党组织和党员先锋模范作用。分公司现有员工13人，其中党员9人。分公司成立以来，大多数党员干部在工作岗位上尽职尽责，积极作为，基本形成了一支思想过硬、作风过硬、适应市场发展、能打硬仗的党员队伍。综合部经理在做好支撑服务的同时，支持参与公司业务发展，累计发展客户数95人，客户总资产达965万元，被省公司直属机关党委评为2018—2019年度、2019—2020年度“优秀党员”。资管投行部经理为分公司续做中南建设股票质押业务，创收1203.29万元，新增资产8亿元，为公司积累了优质客户，带来了投行业务机会。三是组织开展选人用人自查工作。对原有选人用人制度进行全面梳理，修订《中邮证券湖南分公司部室领导人员管理办法》，下发《关于加强中邮证券公司湖南分公司部室领导人员任职回避管理工作的通知》，完善干部管理制度体系。四是扎实推进人事档案集中管理工作。在长沙市人才中心开设档案管理专户，集中统一管理全体员工的人事档案。五是加强人才队伍建设，提升员工素质。下发《关于鼓励员工参加专业资格考试的通知》，鼓励分公司全体在职人员积极参加专业资格考试，充分调动员工的学习积极性和主动性。

推进党风廉政建设

建立健全制度。按照党风廉政建设责任制要求，认真落实党风廉政建设主体责任，建立健全制度措施，不断完善监督机制，制定《中邮证券有限责任公司湖南分公司差旅费管理办法》，修订《中邮证券有限责任公司湖南分公司业务招待管理办法》《2020 年员工月度和年度绩效考核办法》等管理制度。同时，组织召开分公司 2020 年度党风廉政和反腐败工作专题会议。

加强警示教育。结合“三会一课”安排，采取集中学习、讲廉政课、观看警示教育片等方式，开展党规党纪的学习教育。此外，开展警示教育 4 次，纪检委员讲授党风廉政建设专题党课 1 次，并再次组织集中学习《证券期货经营机构及其工作人员廉洁从业规定》。

坚持正风肃纪。一是切实做好形式主义、官僚主义整治工作。以业绩为导向，制定分公司月度和年度绩效考核办法，并按实施情况及时修订；尽量做到开小会、开短会、讲短话、发短文；严格落实无党员营业部党建联系点制度，全年分公司联络员共计电话联系 12 次，现场联系 4 次。二是扎实开展党支部书记主动约谈，加大问责力度。在巡视整改期间累计开展主动约谈 7 人次，其中，公司总部与资管投行部违纪员工解除劳动合同，分公司对 2 名员工进行调岗处理，起到警示作用。（中邮证券）

广东省

【广东省邮政分公司】 全省邮政完成考核收入 262.5 亿元，继续保持全国第一，累计增幅 1.9%。2020 年集团公司对广东邮政的年度绩效考核预评分为 92.96 分，排全国第 24 位。

经营发展

金融板块。代理金融业务完成收入 87.6 亿元，比上年增长 9%，高于全国 0.6%。中邮保险完成总保费 63.3 亿元、新单总保费 31.[illegible] 亿元，均超额完成任务。中邮证券完成收入 1807 万元，利润 847 万元；新增有效户 1.22 万户，全国排名第一，完成进度的 298%。

一是存款结构优化。新增储蓄存款 406 亿元，其中价值存款 311 亿元，比上年多增 132 亿元。二是非储蓄收入占比提升。保险业务收入 12.2 亿元，比上年增长 29.1%；基金收入 3994 万元，比上年增长 424%。非储蓄收入占比 26.3%，比上年增长 0.8%。三是客户结构优化。净增总资产 10 万元以上的 VIP 客户 16.7 万户，新增资产 532 亿元，占新增总资产的 95%。四是“双微”业务带来“活水”。累计发展收单商户 113 万户，其中“微信邮付”商户 80.2 万户；结存商户活期余额 125 亿元，月日均活期余额净增 27.4 亿元，年日均活期余额净增 34.1 亿元，均为全国第一。五是跨年度营销战役取得成效。四季度新增储蓄存款 121 亿元，比上年多增 62 亿元。

寄递业务。①寄递业务提质增效。完成收入 145.47 亿元，其中国际业务收入 94.86 亿元；国内特快业务收入 21.5 亿元，比上年增长 7.61%；快包业务量 7.23 亿件，比上年增长 51.9%；业务收入 19.49 亿元，比上年增长 12.51%。物流业务收入 5.43 亿元，比上年增长 15.72%。

一是加快国内特快业务发展。政务项目完成业务量 5696 万件，比上年增长 19%，收入 9.4 亿元，规模全国第一。电子渠道寄递订单 2.05 亿单，比上年增长 125.37%。二是拓展国际业务。加强折扣管理，提升 E 邮宝和 EMS 效益。疫情期间开展国际 EMS 境外“优先邮”服务，收寄防疫物资 6.9 万件，创收 4868 万元，毛利率 32%。试办韩国和俄罗斯直达邮路，韩国邮路 5 月运行以来创收 9670 万元，毛利率 18%。三是提升快包业务效益。提升快包单价，12 月件均单价 3.15 元，比上年提升 0.46 元。扩大省际出口规模，省际量占比 74.6%，比上半年提升 4.2%。四是物流业务扩大规模。成功中标华为、格力、深圳闻泰通讯等多个项目，标的金额超 2 亿元。

②寄递改革深化推进。省际中心从 6 个调整为 7 个。结合流量流向，打破行政区划，邮件就近入网，清远连州等 7 个县实现省中心直达。跨地市调拨车辆 33 台，上收市趟管理权限，市趟异常工单量下降 33%，优化各级邮路 351 条，其中串点运输 20 条、单边改往返 48 条。在集团公司统建项目基础上，强化 19 个地市能力提升，全省日均包件处理能力增加 600 万袋 / 件。完成 49 个网点拆分或搬迁。建立常规段道投递之外的自提点 140 个，自提比例 32%，比上年提升 20%。推进时限库建设，标准时限库通过集团公司验收；特快和快包优势线路分别比上年增加 249 条、408 条。

理顺省分公司与寄递事业部内设部门管理关系，省层面整合三级机构数量 7 个，精简人员编制 103 人。中心局改革稳步推进，对各中心局机构设置、人员和岗位设置等情况进行写实，提出改革思路。

广东省梅州市邮政分公司通过设立“嘉邮惠”直播间网络营销模式，拓展“中秋文化”集邮营销新路径

邮务类业务。函件收入6.58亿元；集邮业务收入4.27亿元，完成集团进度的104.8%；报刊业务收入4.49亿元，完成集团进度的104.9%；《习近平谈治国理政》（第三卷）销售65万册，全国排名第一，完成省定目标的325%。增值收入2.13亿元，完成集团进度的134%。

农村电商运营。成功运营“梅州蜜柚”，成为广东省首个销售超千万元的农品项目。探索茂名高州农品销售、广州从化村邮站自提引流两种农村电商站点运营和生态圈建设新模式。

协同项目。惠农项目实现县级以上示范社走访全覆盖；汽车产业链项目收入4.3亿元，规模列全国第1位；医药寄递业务收入3110万元，完成集团目标的139%。邮银协同拓展电商市场，完成寄递收入1.27亿元、贷款4.3亿元，分别完成集团目标的846%、143%。集团重点总部客户收入超额完成，公安交管、运营商等15个总部战略客户实现收入7.96亿元，比上年增长34.47%，超集团要求24%。新增月日均公司存款9.17亿元，完成协同目标的101.9%，新增对公客户2009户，列全国第1位。小额辅贷贷款结余1.2亿元、手机银行“邮你贷”贷款结余4.83亿元、邮储花呗新增15.9万户，均列全国第1位。

能力建设

推广“混合收寄+前置集包”作业方式，推动中心局生产作业组织向“分拨+分拣”模式转变；省际出口邮件全量集包率76.2%，1公斤以下应集必集率95.2%，节约成本5075万元。完成105个网点整治；完成中山邮件处理中心土建工程、9个危旧局楼改造、4项生产局房建设。完成中央预算内资金建设项目（整修44个乡镇网点、1个邮政服务“三农”仓储中心）。华南陆路邮件处理中心无人化工艺设备、中山邮件处理中心分拣机等工程投入使用。

开展营销中台管控模块和企业微信营销平台等项目建设，代理金融客管系统访问5540万人次，比上年增长134.13%；营销助手使用1363万人次，比上年增加23.55%；增加ITM设备765台、减少CRS/ATM等现金类自助设备648台。云创平台动员率84.38%，排名全国第一。获广东省科技进步二等奖1项；获集团公司科学技术奖4项、科技创新成果奖9项，均列全国第一，有3个系统推广到集团。

服务质量

普遍服务给据邮件丢损率万分之0.3，全国最优；条码平信丢损率千分之0.08；国网有责申诉率百万分之0.27，全国排名第二，国网申诉处理满意率100%，优于全国平均水平；问题邮件一次及时解决率91.8%，优于集团要求。开展政务“真心真意·全心全意·万家满意”专项行动，截至12月31日，全省政务邮件省内互寄次日递率99.2%，比上半年提升8.24%，活动期间监控的1129万件政务邮件“零丢失”。营业服务达标率、建制村直接通邮率、邮件和报刊妥投率、全程时限达标率、县及以上党政机关《人民日报》当日见报率均100%。无重大媒体负面曝光。机要通信保密安全万无一失。扫黄打非工作取得成效，省分公司获中宣部2020年度全国“扫黄打非”先进单位。

央企职责

疫情防控。确保邮政生产服务畅通，多次协助防疫物资发往国外。联合广州邮局海关开通“抗疫捐赠物资粤港澳爱心通道”，确保捐赠物资进出口畅通。开通3条中欧班列线路助力国际邮件出口，运送国际邮件1500吨。落实疫情期间减免租有关政策，全省减免租户租金6543万元。

“三大攻坚战”。全省邮政帮扶的103个贫困村、3428户、8905名贫困人口全部脱贫。45毫米及以下“瘦身胶带”封装比例99.8%；电商快件不再二次包装率99.38%；循环中转袋使用率99.9%；包装废弃物回收装置设置率43.6%，提升31%。强化合规、效能审计，开展集中采购、业务外包等六项专项审计；推进“平安邮政”建设，落实“双管控、双加强”防控金融风险，未发生重大金融风险和安全事故。

党建工作

企业党建。认真落实“三个第一时间”机制。发挥中心组学习示范引领和领导干部领学促学作用，集中学习12次，班子成员讲党课6次。组织170名三级党员领导干部和1068名党务干部开展专题培训。推进模范机关建设；开展政治机关意识教育、“灯下黑”专项整治、党支部标准化规范化建设。38个党组织、126名个人分别受到集团公司党组和省分公司党委表彰。疫情期间全省成立101个临时党支部、394个党员突击队、305个青年突击队和志愿者服务队、设立571个党员责任区，全面支撑企业一线生产和抗疫工作。

巡视整改和巡察。集团巡视整改全部完成，10项措施纳入持续整改任务；中央巡视整改完成4次季度评估；未巡先改工作认真推进。推进省内巡察，巡察3批次82个党组织，发现党员干部违规违纪问题线索涉及193人次，依规依纪给予处理。

工作作风。开展“一月一事　消灭最差”调研活动，省分公司党委赴基层调研116次165天。开展全省旺季营销大比拼督导工作，省分公司机关派出督导人员433人次，走访金融网点1370个、寄递揽投点和处理中心716个。全省总发文数量比上年下降9%，会议总量比上年下降26.38%。

和谐企业。推进职工小家“百家双最工程”专项建设活动，投入1509.97万元建设和提升23个职工之家、379个职工小家。精准帮扶重病和困难员工105人283万元。全省 2 人获“全国劳动模范”、4 人获“广东省劳动模范”，1 个单位获“广东省先进集体”。5 个集体和 15 名个人获交通运输部、省委、集团公司抗疫先进表彰。

企业管理

渠道经营。273 个网点基本完成转型。以“寄递”为核心，构建“共享寄递＋文创＋学生创业＋金融”全功能型的“校园服务中心”，累计进驻校园 60 个，完成集团目标的 120%。在广州、深圳建成 86 个“家邮站”，为社区居民提供邮件代收代投、农产品销售、政务、邮政基础业务等服务。推动客户上线、服务上线，线上达标客户 236 万户、“微邮群”2.15 万个。

成本分类。杜绝经营性亏损，国内小包毛利率截至 11 月 30 日提升 20.3%。强化重点专业和产品利润情况的监控、分析、预警，国际小包毛利率 7.7%，国际 E 邮宝毛利率提升 3.8%，商业渠道商品毛利率 3.7%。截至 11 月 30 日，收寄环节件均成本比上年下降 3%、内部处理件均成本比上年下降 10%、投递环节件均成本比上年下降 22%；资产成本下降 16.8%；招待费、会议费、差旅费等管理成本下降 39.2%。

资金资产。“两金”压降工作取得成效，应收账款比年初下降 7.96 亿元，寄递业务欠费率下降 4.8%。集邮商品周转率 2.81 次，比上年增加 0.78 次；分销商品周转率 78.61 次，比上年增加 63.23 次，处于全国优秀水平。实现房产出租收入 5.17 亿元；盘活闲置房产 6.4 万平方米、土地 1.16 万平方米，分别压降 17%、5.5%。

人力资源管理。全省邮政（含寄递）用工总量减少 2471 人。推进领导人员聘期制试点工作，建立工作机制，明确推进时间表，确定阳江、湛江为局部试点单位。优化干部考核机制，强化干部管理。修订各项管理制度。强化地市公司与省级机构交流任职，选拔、调整 15 名干部。提任 8 名三级干部。新提任三级副及以上干部中 45 岁以下占比 53.57%。全省组建 700 人的内训师队伍；金融业务培训人员 4.7 万人次。

完成企业退休人员社会化管理移交，移交 14047 人（含党员 4272 人）；完成 224 个家属区 5927 户“三供一业”分离移交改造。（广东省邮政分公司）

【邮储银行广东省分行】

经营发展概况

实现营业收入 111.03 亿元，增长 4.1%；净利润 46.36 亿元，增长 14.31%。经济增加值 3.23 亿元，经济资本回报率 11.15%，成本收入比 42.26%。总资产 7123.07 亿元，增长 11.28%。人民币各项存款余额 6437.66 亿元，比上年增长 9.54%；人民币各项贷款余额 3406.79 亿元，比上年增长 16.37%；存贷比 52.92%。不良贷款率 0.58%，低于辖内金融机构平均水平 0.65%；拨备覆盖率 321.53%。

落实中央决策部署

抗击新冠疫情。开通疫情支付结算绿色通道，协助划转防疫应急款 736 笔合计 4.8 亿元；发放抗疫相关贷款 18.76 亿元；抗疫捐赠 20.2 万余元；内部防控建立网格化管理机制，落实每日疫情报告及重大事项第一时间请示报告制度，全行防疫物资采购金额 470 余万元，编发各类疫情防控知识信息 400 余次。

服务国家战略。支持粤港澳大湾区互联互通项目 61 个，授信总额 941.11 亿元，贷款余额 295.22 亿元。大湾区分行公司信贷结余 501 亿元，净增 85 亿元。获评“2020 中国金鼎奖年度支持地方经济发展特别贡献奖”。

推进普惠金融。普惠型小微贷款余额 573.94 亿元，新增 118.56 亿元；累计投放加权利率 5.25%，比上年下降 108 BP。涉农贷款结余 742.9 亿元，新增 160.16 亿元；普惠型涉农贷款结余 221.99 亿元，净增 38.4 亿元。国家级金融精准扶贫贷款结余 25.79 亿元，净增 5.27 亿元。

业务转型发展

零售业务。个人自营储蓄存款时点余额 1300.11 亿元，活期存款占比 57.04%。信用卡结存卡量 199.95 万张，新增 28.7 万张。电子银行客户规模 882.66 万户，其中手机银行注册客户规模 742.99 万户，新增快捷支付绑卡 100.72 万户。消费信贷余额 1649.72 亿元，比上年增长 13.07%。小额贷款余额 437.40 亿元，年净增 108.21 亿元。小企业法人贷款余额 264.33 亿元，新增 63.34 亿元，增幅 31.51%。

公司金融。公司存款时点余额 1042 亿元，年增 63.4 亿元。公司贷款余额 690 亿元，年增 105 亿元。交易银行本外币表内资产规模 304.69 亿元。国际结算 28.58 亿美元。开放式缴费平台上线客户 730 户，银企直联上线项目 52 个。

资金资管。同业融资业务交易金额 236.7 亿元；成功投资债券 12 只、金额 21.2 亿元，营销资产证券化及非标业务交易 25.05 亿元。三方存管业务资金账户余额 21.13 亿元，增长 261.85%。资产托管规模 2068 亿元，新增 244 亿元；公募基金规模新增 312 亿元。

风险内控管理

全面风险管理。召开 13 次风控会、2 次案防工作会议，制定 2020 年机构风险评价方案、授信管理评价方案、信用审批工作评价方案，加强重点领域风险防范化解。员工行为排查 4.5 万余人次，排查率 100%。

信用风险管理。建立“四维”管理机制，全行总体风险指标控制在限额范围内。推进不良贷款清收与核销，累计收回不良贷款本息 8.46 亿元，呆账核销不良资产 4.24 亿元。

法律内控管理。启动“内控合规提质增效”活动，创建“线 e 报”案件线索举报渠道，建立风险内控知识常态化考试机制，开发风险数据模型25个。做好消费者权益保护和反洗钱工作。

内部审计工作。聚焦信用风险、信息科技风险和合规风险，强化对重点领域、重点业务、重点岗位的常态化监督，完成专项审计项目24个、风险监测4次。

安全生产工作。完成484家营业场所的重点部位高清改造工作，完成“135达标建设”第二阶段工作目标，被广东省公安厅评为“治安保卫先进集体”。保密管理工作在总行2020年度评估中得分列第一。

管理运营效能

机构改革。推进机构改革，调整委员会设置，省分行高级管理层下设9个专业委员会。构建个人金融、公司金融、普惠金融、风险管理、综合支撑等5大板块管理体制。74家一级支行增设风险合规部，43家一级支行在综合管理部加挂风险合规部牌子。

资产负债。压降低效经济资本占用，不可撤销贷款承诺压降85.92亿元，经济资本占用压降4.15亿元。建立与LPR挂钩贷款定价授权体系。做好差异化定价管理，实现净利差水平3.48%，高于邮储系统平均水平22个BP。

财务管理。以“三年滚动发展计划”为基础编制年度预算，建立工资增量与价值创造挂钩的分配机制，工资总额考核分配权限下放至一级支行。

金融科技赋能。上线信息化项目169个，首创业绩通报系统“彩云追”，自主研发网贷前置平台。在2020年全国邮政企业科技创新奖评选中，“广东省分行智能金库系统”和“广东省分行零售客户协同营销系统”获二等奖，“广东省分行营业主管派驻管理系统”获三等奖，获奖总数在全国36家一级分行中排名第一。

运营管理。快速开发保险免填单系统。完成437个自营网点的转型导入。完成35个网点整治项目立项申请。

客户服务。制定客户体验提升方案，组建兼职体验员队伍，完成客户之声分析报告。开发“高潜力客户价值提升”模型，获总行建模大赛二等奖。

代理金融。创新推出专属产品惠农小额合作贷，落地邮储银行首笔地市分行定制化专属财富管理产品“阳江1号”。小额辅贷累计发放1.73亿元。军民融合项目初现成效，全行结存退役军人卡10.94万张。

全面从严治党

党建重点工作。组织党委理论学习中心组学习13次，“三个第一时间”学习43期，成立青年理论学习小组221个。开展“合规——共产党员在行动”专项活动及“模范机关”建设，147个党支部开展“共建、共享、共进”2.0主题活动。

党风廉政建设。开展金融信贷、采购工程、疫情防控等重点领域专项监督。推进清廉金融文化建设活动和党风廉政宣传教育月活动。对8个市级机构党组织、53个县级机构党组织开展政治巡察，巡察覆盖率55.7%。

巡视整改。评估中央巡视整改制度文件、推进要点45项，完成率100%；落实集团公司党组第四巡视组反馈问题整改工作，完成率100%。

人才队伍建设

启动“领航工程”人才库建设工作。开展干部双向交流及员工职级晋升工作，17名干部员工进行交流工作，1173人次得到晋升。组织评聘专职审批人33人。全辖117家一级支行的“三农”、消费信贷客户经理全部下沉至网点。组织开展年度领导干部综合考评，明确划分考核等级，逐步完善领导班子和领导人员考核评价体系。（邮储银行）

【邮储银行深圳市分行】

经营发展概况

实现银行自营收入41.6亿元，比上年增长12.3%；经济增加值9.42亿元，经济资本回报率19.44%，成本收入比27.62%；实现利润总额26.2亿元，比上年增长15.8%。总资产1008.78亿元，增长15.64%。各项存款余额735.12亿元，增长8.61%，新增存款58.29亿元；各项贷款余额964.04亿元，增长13.52%，存贷比131.14%。不良贷款率0.38%，低于邮储银行平均水平的1/2，不到深圳同业平均水平的1/4。

落实中央决策部署

抗击新冠疫情。建立高效运行的防疫体系，强化常态化疫情防控，全行无一起病例。落实人民银行抗疫专项再贷款政策，配置专项贷款规模，开通绿色通道加快审批，投放“抗疫”相关贷款近百亿元，为小微企业直接减息超百万元。创新产品提供多元金融服务，落地行业首笔“扶贫+防疫”ABN及“防疫”CMBN业务，全力支持疫情防控和企业复工复产。

服务国家战略。金融服务粤港澳大湾区17个重点项目落地，投放资金80亿元。支持民营企业发展，重点支持战略性新兴产业和先进制造业，民企贷款余额155亿元，增长34.13%。加快发展绿色金融，建立审查审批优先机制，绿色贷款余额102亿元，占全部法人贷款的14.6%。

推进普惠金融。支持小微企业复工复产，普惠型小微企业贷款余额113.85亿元，比上年增长27.08亿元，完成率146%，新发放贷款利率比上年末下降53%，完成监管“两增两控”要求。助力打赢脱贫攻坚战，实现个人扶贫、产业扶贫、项目扶贫全面突破，贷款结余10.25亿元，年净增3.88亿元，完成率7759%。定点助力河源凹头村，5年来建档立卡贫困户人均年可支配收入由不足4000元提升到14960元，村集体年收入由4万元增长到60万元。落实金融支持稳企业保就业工作，信用类贷款净增5.43

亿元，完成率135.77%，无还本续贷净增7.86亿元，完成率112.32%，制造业中长期贷款增速277.17%，超额完成20%的增速目标，居深圳同业前列。

业务转型发展

零售金融。财富客户数比上年增长12.95%，高净值客户数比上年增长19.2%，信用卡白金卡发卡占比18%，比上年提升12.8%，占比邮储系统内排名第一。线上不断完善微信银行、邮惠付、邮惠生活小程序智能平台功能，线下持续丰富新零售体验中心内容。邮惠生活小程序用户数1.7万人，入驻商户数3245家。邮储食堂会员规模净增26.4万户，完成全年目标的188%。发行1.15万张华润通卡。创新"团贷惠"业务满足中高端客户消费金融需求，发放42.8亿元，净增9.01亿元，目标完成率128%。非房消费贷款客户数首次超过住房贷款客户数，占比58.2%。开展营销活动955场，服务维护客户超1.6万人次，带动新增存款近1亿元，理财类产品销售4.95亿元、信用卡1965张、零售信贷1.26亿元。

公司金融。新增有效授信客户69个，授信总金额比上年增长559.36亿元。制造业中长期贷款净增28亿元，制造业信用贷款净增24.43亿元。获得存款存放资格、非税资格等超10个，获得公司存款规模超130亿元。加快落地投行业务，实现并购贷款业务10亿元，邮储系统内排名第一，债券承销规模超200亿元，居系统内第3位。

资管业务。向国银租赁、招联消费金融等公司融出资金231亿元。落地各类资产证券化业务192.06亿元。投资信用债业务规模63.8亿元，理财投资深圳属地信用债243亿元。机构理财年日均保有量和全年销售额持续扩大，均排系统内第2位。纯托管规模占比83%，排名第2位；自营托管规模逆势增长，年净增258亿元，净增排名第三。投贷存托板块联动成效初显，联动公司存款时点余额合计78.5亿元，托管资金125亿元。

小微金融。不断优化小额极速贷、小微易贷产品要素、流程。批量化营销、名单制获客，不断提升管理精细化水平。通过线上服务，实现贷款、公司网银、手机银行、账户拓展等"1+N"对客服务。小微线上贷款结余1778户，结余金额41.8亿元，在小微业务中占比23.9%，比上年提高22.6%。

网络金融。电子支付收入14.81亿元，比上年增幅18%；交易金额4.6万亿元，比上年增幅20%。自营手机银行激活净增10.1万户，完成全年目标的143%，电子银行交易替代率99.1%，系统内排名第一。521项目拓展，开立对公钱包1293个，完成任务目标的161.6%，实现场景1792个，完成任务目标的896%。

风险内控管理

全面风险管理。一是有序推进防范化解重大风险攻坚战收官之年各项工作。将总行提出的21项重点任务细化至203条落地措施，巩固和提升攻坚效果。二是提高风险与内控管理委员会工作针对性和有效性。专题分析审议议题54个，督办决议事项20个，强化相关领域风险的管控。三是发挥风险政策限额管控与导向作用。对信用风险限额管理实行自我加压，整体不良率为近三年最优水平，系统内排名第三。

信用风险管理。下发32份风险提示，发挥预警监控功能。制定支行分类工作规范，按季开展减值拨备结构分析，做实风险分类及减值管理。开展两类资产质量真实性检查、6个重点领域专项排查、2次信用风险压力测试。

法律内控管理。推动警示教育常态化，全方位开展案防警示教育大会、"一把手"合规授课等活动。开展"风险隐患大排查、关键控制点大讨论"活动。查找解决中高风险隐患62项，梳理完善32个领域95项制度。

内部审计工作。创新审计项目组织方式和工作模式，尝试嵌入式、融合式、"1+N"等审计项目组织方式，做到"一审多项""一审多果""一果多用"。开展20项专项审计和内控评价、3次非现场主题监测、3项跨省交叉审计，实施经济责任审计32人次。

安全生产工作。落实安全生产责任制，开展安全生产和行风行貌等6项专项整治活动。推进135项工程建设，完成10个支行安防、消防工程建设与验收工作，被深圳市银行机构安全防范协会评为"2020年度优秀协作单位和先进安全保卫机构"。

管理运营效能

运营管理。开展涉赌涉诈风险排查、客户信息治理，个人客户信息完善率90.70%，系统内排名第五。加快网点智能化建设，全市网点ITM设备实现全覆盖，推进柜员综合化，柜员双持证率99.65%，柜员综合化的综合型网点占比100%。提升网点环境，在总行非现场服务质量检查中综合得分排名第一，有责服务态度类投诉量比上年压降33.3%。

金融科技赋能。推动业务技术融合，扩大自主研发，开发抵押登记系统、人行大额现金管理系统、微银行新增功能等20余个项目，提升数据资源管理能力和技术支撑能力。强化信息安全管理，全年未发生信息安全事件，为分行业务发展提供坚强保障。

代理金融。以结对子方式专人对接实现资源共享，开展中邮证券三方存管专项营销活动，实现新增3684户。转介电商客户69户，代理成功推荐贷款1.18亿元，开放式缴费平台协同推广30户。成立分行代理金融管理部，进一步压实监管责任，推动邮政金融安全稳健运行。

全面从严治党

党建重点工作。开展模范机关建设，发挥党委中心组学习示范引领作用，持续推进"理论武装行动"活动；紧扣标准化规范化建设，实施"强基固本"质量提升工程；

扎实开展党建共建活动，推进党建工作与经营发展深度融合。

党风廉政建设。聚焦疫情防控、金融扶贫等工作开展专项监督检查，从严抓好日常监督，紧盯“关键少数”，建立分行领导干部廉政档案和廉政活页夹，动态掌握领导干部廉政信息。开展巡察工作，建立巡察人才库、制度库、问题库“三库”机制。开展“党风廉政宣传警示教育月”主题活动，加强廉洁文化建设。

巡视整改。实行“一评三审”制度评估原则，抓实抓细49项制度评估工作；定期召开行长专题办公会、巡视整改领导小组会、党委会，严格落实“四点四会”审议销号机制，完成整改91项，整改措施完成率100%。

人才队伍建设

开展分行“定岗、定编、定职责”工作，进一步推动后台人员精简。实施“领航工程”人才库建设，开展中级副职及基层副职管理人才库建设工作，持续开展多岗位多层级干部交流，不断提升干部队伍实践能力。建立“积分+平衡记分卡”直接分配和间接考核分配模式，调整营销队伍考核机制；出台“争上游”薪酬激励方案，激励各单位创造超预算收入。（邮储银行）

【中邮保险广东省分公司】 中邮保险广东省分公司累计实现总保费64.43亿元（全国第4位），进度103.7%。新单总保费32.22亿元（全国第3位），进度103.7%；其中，期交新单保费25.12亿元（全国第3位），进度101.9%；长期期交新单保费17.15亿元（全国第2位），进度133.6%，提前3个月完成全年目标；趸交新单保费7.1亿元（全国第3位），进度110.6%。续期保费31.86亿元（全国第4位），进度103.4%，比上年增长13.8%。个团保费3509.33万元（全国第1位），进度139.8%，其中，BBC考核收入187.36万元（全国第1位）。

价值转型成效凸显

业务结构持续优化。期交占总保费比重达到39.0%，比上年提高6.07%；长期期交占期交新单比重达68.3%，比上年提高36.6%。高价值产品规模和效益贡献全国领先。新业务价值达2.15亿元（全国第2位），投价比46%（全国第2位），新单资本占用率23.9%（全国第2位）。

营销组织管理有效。抢前抓早，年初推动邮银渠道明确全年“4321”业务节奏目标，奠定发展基础。争取政策，推动企业渠道升级手续费折算机制。加强考核，推动省邮政分公司以不低于集团考核分值的标准，制定全年中邮保险经营责任制考核目标。

培训支撑能力持续提升。根据渠道需求，开展“星耀系列新人培训”“鲲鹏计划系列营销骨干培训”“领航经理人系列管理人员培训”和“地市定制化系列培训”等保险专业培训，提升渠道专业能力。

邮银协同共促发展。建立全省联合业务通报机制，督促地市关注中邮保险发展。建立邮银联合会议机制，每半月召开业务推动会议。协同项目扎实落地，推动全省19个地市开展惠农团险业务，承保合作社和家庭农场63家，全国第1位；在全省21个地市开展42场汽车产业链宣传活动；协同省邮政开展扶贫赠险业务，承保32个定点帮扶贫困村，承保风险保额4.6亿元。

改革创新深入推进

模式深化取得阶段性成果。分公司选配工作全国领先，应配224人，选聘到位227人，到位率101%，高于全国平均水平10.2%；本科以上学历208人，占比91.6%，高于全国平均水平3.1%。

财务管理效能不断提升。持续深化目标管理，建立指标多维度量化综合评价，形成目标管控“五步法”。做好年度变动费用统筹安排，年度滚动预算偏离度在2%以内。探索资源投放新模式，有效提升讲师产能。

信息技术助力经营管理。围绕重点指标、重点项目、重点工作，全年高效完成11个项目开发和系统升级。加强信息网安全管理，持续做好核心系统和办公网运维。

服务粤港澳大湾区。分公司已就大湾区服务方案向省邮政作专题汇报，并持续沟通推进。已针对同业跨境医疗险和高端医疗服务开展调研分析，形成下阶段工作思路。目前在分公司层面组建专项工作组，制订工作计划。

专业服务持续增强

运营支撑扎实有效。全力克服疫情影响，启动理赔应急措施、建立理赔“两项追踪”平台和启动线上保全等，确保业务不停滞、案件不积压、服务不中断。完善修订2020年《运营服务质量评价体系》，加强地市运营服务质量。举办第二届全省中邮保险业务技能大赛，构建岗位练兵与技能竞赛的长效机制。在中邮保险第四届业务技能大赛中，荣获团体二等奖。

客服水平持续提升。新增有效客户12万人次，累计有效客户41.7万人次。优化业务外包管理模式，提高二访作业管理质效。完善问题件处理流程，建立“5天问题处理率”目标。优化运营管理系统，前置投诉风险，全面强化咨询件管理工作。大力推广电子回访业务，为客户提供安全便捷服务。举行健康养生讲座、温情烘焙、金融知识进乡村等系列客服活动，搭建与客户深度交流、快乐互动的平台。

续期管控持续夯实。健全保单质量管控机制，推动全省发布保单质量管控文件，明确“三核心、四到位、五提醒”和三年综合丢失率新单核减政策要求。在内部建立保单质量互通机制，形成全闭环保单质量管控流程。

风控合规不断加强

合规管理不断强化。配合监管现场检查，并针对发现问题及时整改到位。组织开展“亮剑行动”回头看，销售误导治理取得显著成效。深化邮银保联动管控，定期参加省邮政代理金融案防领导小组会议，建立关键突出问题全省通报机制。加大检查力度，对10个市局、35个县（区）局、96个网点开展现场检查。建立反洗钱月度管控机制，2020年人行反洗钱评级BB级。

重点风险防控有力。制定防范化解重大风险攻坚战专项方案，定期跟踪督导确保落实。组织开展市场乱象整治"回头看"工作，督促相关排查落实落细。开展"内控管理提升年"专项活动，编制分公司内控操作手册。立足监管检查重点和风险点，自主开展"护航2020"专项检查行动。

审计监督有效发挥。重点开展内控自我评估，组织反洗钱、反欺诈、中介管理、业财数据、关联交易、集中采购、外包项目和固定资产管理等8项专项审计工作，发现问题43个，整改完成率100%，有效推动审计成果转化，防范经营生产风险。

企业管理水平持续提高

提升规范夯实发展基础。针对各类检查发现问题，梳理日常管理工作中涵盖19个模块44项工作的管理规范，形成了一套基础管理工作"规范手册"。开展基础工作规范全员培训11场，累计参训646人次，进一步提升了员工基本职业素养和能力。

人力资源管理持续优化。完善干部人事制度，先后制定《领导人员综合考评办法（试行）》《领导人员管理规定》等制度，为打造高素质专业化干部队伍，实现干部"能上能下"奠定基础。开展中层干部轮岗交流5人次，加强业务干部和党务干部的双向流动。大力引进同业人才7人，社招人员占比超40%，有效提升员工专业化水平。制定13项专项激励方案，提升干部员工干事创业热情。分层分级开展培训，联合湖南分公司开展中层干部管理培训，组织全体员工通用能力培训，日常开展"广分课堂"系列培训。启动全员人才盘点项目，对标行业人才素质模型，对分公司人才现状进行全面分析。

全面从严治党纵深推进

党的建设全面加强。不断强化理论武装，严格落实"三个第一时间"学习机制，发挥中心组学习示范引领作用。传导压实管党治党责任，召开党的建设暨党风廉政建设和反腐败工作会议，明确党的建设工作要点。充分发挥党建引领作用，深入开展"党建＋期交推动""党建＋运营争先""党建＋跨赛突击队"和"党建＋反洗钱"等系列主题实践活动，助力经营管理提质增效。深入推动基层党组织建设，选优配强支部队伍。深入推进模范机关建设和机关作风建设。

巡视整改扎实推进。把中央巡视整改、集团巡视整改和未巡先改一体化推进。加强巡视整改监督力度，着力构建整改落实的常态化、长效化机制。

党风廉政建设扎实推进。大力整治形式主义、官僚主义，制定《关于解决形式主义突出问题为基层减负具体措施》，发文数量（比上年减少约35%）、会议数量较上年只减不增。制定2020年纪检重点监督检查工作任务台账，组织4次跨部门联合常态化日常监督检查，形成监督检查合力。深化监督执纪"四种形态"运用。运用第一种形态7人次，运用第二种形态1人次，持续强化震慑作用。

央企责任切实履行。"三大攻坚战"成果显著。持续深化保险扶贫，为6785名建档立卡贫困人口赠送扶贫保险，总保额达2.04亿元，不断加大消费扶贫力度。绿色邮政建设行动不断深入，关键指标全面达标，线上出单率达96.14%，宣传用品占期交新单保费比重0.016%，线上培训覆盖率100%，人均办公用纸6.4元。全面推进防范化解重大风险攻坚战。研究制定《分公司防范化解重大风险攻坚战2020年专项方案》，37项具体措施已全部完成。

统筹疫情防控及复工复产

疫情发生以来，分公司党委认真贯彻党中央、国务院决策部署，积极落实集团公司、总部疫情防控指示精神，全面部署分公司疫情防控工作。妥善做好防疫物资采购配发；研究制定疫情防控应急预案；持续做好职场消杀、员工防疫安全教育宣传；坚持做好值班值守、情况摸排、员工动态监测、疫情期间工作日报等防控常态化工作；有序安排员工复工复产，做好员工排班，调配车辆和物资，确保因公外出员工防疫安全。分公司全员疑似为零、确诊为零。（中邮保险）

【中邮证券广东省分公司】 累计实现收入1806.90万元；累计营业支出959.8万元，资金成本551.1万元；累计利润总额296万元。

基层党建工作

严格落实"三会一课"制度。通过党支委理论学习、全体党员大会、主题党日，深入学习《习近平谈治国理政》第二卷和第三卷、《三十讲》，以及习近平总书记在新冠肺炎疫情防控和经济社会发展等会议上的讲话精神。组织党员理论学习及主题党日活动19次，书记及委员讲党课3次，召开支委会19次、党员大会8次，增强党性修养。

开展理论武装提升行动。统一思想，重点用好"三个题库"和"三大平台"，传递党政权威声音。第一时间宣贯落实国家安全教育要求，开展国家安全教育活动。组织党员收看十三届人大三次会议李克强总理作政府工作报告，参加"中邮先锋"线上培训，全面学习党的十九届四中全会精神和《2020年党员常态化培训》，强化理论武装。

发扬党的优良作风，推动党建引领团建。组建青年理论学习小组，开展青年理论学习读书班，加强青年员工思想教育。第一时间向公司总部报道基层党建工作情况，撰写党建工作快讯12篇，纪检工作快讯4篇。其中《粤邮证券青年抗“疫”纪实》《青年理论武装 党群关系的团结“绳” 青年员工的凝聚“带”》等被集团公司采纳，并进行全国宣传报道。荣获集团公司党组授予“先进基层党组织”称号。

人才队伍建设

落实“人才强企”战略。拓宽选人用人视野，把坚持“党管干部”原则与发挥市场机制作用相结合。内部选拔任用一批优秀干部，社会化招聘一批核心关键人才，队伍建设实行“输血”“造血”两手抓、两手硬。截至年底，40岁以下员工占比70%，研究生学历占比近50%；1人通过保荐代表人考试，具有证券从业资格人员占比100%，具有基金从业资格人员占比70%，具有投资顾问资格人员占比60%。

打破体制壁垒。改革组织形式，由原“直线职能制”调整为“直线职能＋事业部制”，出台项目经理责任制，开放全业务承揽权限，人人皆可成为团队长，以拓宽职业赛道来释放全员业务发展潜能。

深化机制改革。按照市场化选聘、契约化管理、差异化薪酬、市场化退出原则，推进劳动、用工和薪酬分配机制市场化改革，研究分公司岗位聘期制和待岗管理机制，将业绩考核指标细化到岗位，做实“干部能上能下、薪酬能高能低、人员能进能出”，让“能者上，庸者下”。

树牢绩效意识。建立健全以劳动生产率、人均利润率、人工成本产出率为主的内设部门考核指标体系。同时，完善具有市场竞争优势的核心关键人才业绩评价标准，破除利益分配固化的传统机制，形成人才辈出、群星璀璨的干事创业氛围。

创新发展方面

创新定制产品服务。为丰富全省邮银财富管理产品线，助力地市维护高端客户，通过分析邮银渠道潜在市场、对客户群体“精准画像”，帮助邮银渠道理清思路，灵活定制和设计收益方案，满足不同风险偏好投资者的投资需求。携手邮银定制发行鸿利来广东1号，成为全国首款定制化资管产品，募集金额1.78亿元。同时，为响应党和国家号召，服务大湾区，协同定制鸿利来大湾区1号和2号，分别募集1.4亿元和1.69亿元。另外，为助力代理金融实现资管产品销售突破，协同定制鸿利来阳江1号，成为全国第一个地市定制化财富管理资管产品，募集金额1.46亿元。分公司实现定制产品数量与规模全国第一。

创新银证联合投标模式。与省分行结成联合体，共同参与项目投标，中标广州银行2020年度二级资本债项目，总规模预计100亿元，为全国首笔二级资本债项目，产生示范效应。

渠道建设方面

强化协同“四会”机制。“四会”机制，即省级协同发展委员会、省级协同发展委员会金融会、全省邮政经营分析会、金融月度推进会。借力“四会”机制争取协同政策，落实季度、年度活动和跨年赛方案，如将协同中邮证券指标纳入省分行开门红考核，赢得主动。

强化渠道赋能。用好“非同一般”线上直播营销平台，推出“研创掘金”服务套餐，以及组织好各类主题营销活动，促进渠道网点营销人员的获客能力全面提升，为一线赋能。

强化过程督导管控。落实合署办公要求和银证保专项督导调研，重点指标或项目采用邮/银＋证双线督导，多头并发、齐抓共管。

强化渠道捆绑考核。组织多部门挂靠20个地市督导，全方位做好挂靠地市的业务推动、培训交流和客户维护工作。

强化运营服务支撑。用心服务邮银地市单位40个，维护答疑群和客户群70余个。见证38630户、审核32330户，单日峰值：见证603户、审核805户。

全面超额完成集团“有效户大提升”目标任务。通过深化协同组织统筹、深化协同制度建设、深化协同项目推进、深化协同客户开发和板块资源共享，新增有效户13471户，全国第一，目标完成率328%，提前6个月达成年度目标，连续3年提前完成。新增账户40102户，目标完成率130%，全国第一。

推动发展方面

做强“中邮专属定制”平台。以专业做出品质，以专注做出品牌。通过完善产品体系，丰富产品数量，提升中邮证券财富管理号召力和市场竞争力。

打造“财富管理”矩阵。细分客户群，精准营销，将“普通产品客户”和“普通交易客户”引导发展为“定制产品客户”和“投顾服务客户”。

推进“固收类＋权益类”产品线。开发“公募基金＋资管小集合＋专户权益类”产品，在多组合满足客户多元化投资需求的同时，也为邮储银行沉淀了大额储蓄余额，实现客户资金在邮政系统的体内循环。

打造金融服务新格局。顺应数字经济潮流，借力互联网新趋势，用好“直播带客”模式。直播104场次，观看人数5.27万人次，比上年增长近10倍，80%新增高端客户来自直播获客。逐步形成“投顾工作室＋路演直播＋财富产品＋一对一投顾服务＋微信群”的服务新格局。为回馈企业，分公司将直播平台无偿提供给邮政渠道共用，成为全省代理金融线上大讲堂。

“反哺”邮政大金融。落地债券分销项目，参与债项分销接近10亿元，实现协同邮储银行落地公司存款12.5亿元。

财富管理方面

两融突破历史。坚持规模与效益并重，把两融与机构客户作为发展高效业务的着力点，组织力量对存量客户从佣金贡献、融资负债、金融产品销售、资产总值等指标进行“画像”，筛选出200名高净值客户，精准营销，实现新增两融户22户，比上年增长57.1%；融资余额峰值突破1000万元，融资利息收入65.5万元，比上年增长509.6%。

股票质押稳健管理。以“专业、服务、合规、开放、审慎”的服务，持续做好存量合作机构客户的维护和新机构客户的挖潜，聚力股票质押。在总部的全力支撑下，完成新增质押交易放款，新增融资1.4亿元。累计托管资产76亿元，全国排名第2位；新增托管资产49.7亿元，全国排名第1位。

金融产品销售创新高。根据邮银渠道客户特点，结合全年业务发展节奏，以中邮证券开户、有效户和新增资产等协同指标为抓手，以渠道客户为重点目标人群，通过线上、线下的投教工作，不断将重点基金、重点资管产品推荐给合适的客户。全年销售金融产品4.5亿元，完成目标率225%，其中重点基金产品2.9亿元，全国排名第2位，成为全国唯一一家重点基金销售连续4个季度保持排名前三的分支机构。

投行业务方面

创新“双协同”发展思路，中标城投公司债项目。“双协同”，即“同业协同”和“邮银系统内部协同”。在同业协同方面，与广发证券、国泰君安、联储证券、国金证券、中山证券、粤开证券、浙商证券建立同业协同合作关系，补短板、强弱项，以服务大湾区建设为契机和着力点，协同推进项目6个。在邮银系统内部协同方面，重点协同珠三角、粤西等金融活跃地市邮政企业和邮储银行，首次在茂名政府公开招投标中战胜中信证券等多家头部券商，中标20亿元规模AA级城投公司债项目。

合规发展方面

强化风险意识，倡导合规文化。根据《中邮证券有限责任公司合规管理制度》《中邮证券有限责任公司合规问责办法》《中邮证券有限责任公司全面风险管理制度》，出台分公司实施细则，明确管理目标、组织架构、文化建设等要求。

坚持底线思维，持续抓好内控机制建设。根据监管部门和上级单位要求，开展各类常态化合规自查。包括：广州人行年度反洗钱年度工作自查以及年度反洗钱分类评价自查、广东证监局适当性分类评级、公司总部风险管理自查等，推动自上到下的全员合规意识文化建设。

完善合规风控体系，用好数字化风控手段。提高风险识别和预判能力，科学及时处置监控信息系统风险预警，逐一比照反洗钱等级划分、可疑交易监控。

维护投资者权益，发挥阵地宣传作用。组织《证券法》解读、“5·15全国投资者保护宣传日”“非法场外配资”“3·15全国投资者保护宣传”“新三板投教”等主题投教活动，引导投资者理性参与证券投资，用合规管理擦亮中邮证券诚信名片。（中邮证券）

【中邮证券深圳市分公司】 累计完成各项收入1135.4万元，较上年同期增长54.3%。新增客户4810户，新增有效户1597户，资产规模从2019年底的5.7亿元增长到8.9亿元，增长56%。新增两融账户22户，新增两融日均规模2826万元。经纪业务实现收入881万元，较上年增长57.3%；资管业务实现收入188.2万元，较上年同期增长18%；新三板业务实现收入66万元，较上年同期增长249%。

业务发展

加强板块协同。与邮政深圳市公司、邮储深圳分行联合印发《关于深化推进2020年深圳邮政板块市场协同工作的实施意见》（深邮分联〔2020〕5号），建立板块协同捆绑考核机制。组建证券专业支撑团队，走访重点片区邮储渠道网点，进行证券业务、基金产品等业务指导及培训，全年累计下沉邮银渠道网点300余次，与基层网点直接建立工作沟通联系。与深圳邮政代理金融渠道合作定制资管产品“鹏城2号”，该产品在5月15日上线仅一个半小时即募满200户的上限，累计认购1.73亿元。

精细化客户服务。坚持贯彻新发展理念，全力提升客户体验，建立“每周点金”直播线上活动平台，主要进行市场分析、个股点评、投顾咨询、投资者教育等工作，全年组织45期，累计参与客户达900余人次。针对50万元以上的高净值客户，建立跟踪服务台账，进行专人重点服务，关注所服务客户的产品配置需求，为客户提供产品的适当建议等。以新三板精选层、创业板注册制投资者教育和开通指导为契机，对核心客户进行回访，邀约开通权限，累计回访客户360余人，新三板目标客户开通率达100%，创业板客户开通率达50%。在客户服务上做到优质服务、周到服务、高效服务。

积极外拓市场。通过与私募机构客户的长期沟通接触、业务探索，新开发引进3个私募基金产品户，新增资产6800余万元，新增融资规模5500余万元，整体融资规模突破7700余万元。为快速做大业务规模，扩大在深圳地区的布局，引进丰富证券市场开拓经验和存量客户基础的市场化团队，于7月初正式启动轻型营业部建设工作，经过各环节报备审批及努力，12月办理深圳南山海德三道证券营业部营业执照。

推进资管投行业务。资管产品金深1号存量规模1.85亿元，累计实现收入161.6万元；专属产品鸿利来鹏程1号、2号累计销售3.88亿元，自营渠道资管产品累计销售

7280万元，资管产品销售累计实现收入26.6万元。重点拓展新三板、债券分销、财务顾问等高效业务，与银行、会所、律所、券商等机构建立合作机会，截至年底，正一包装新三板项目顺利挂牌，实现业务收入66万元。与中国长城债券分销、怡亚通债券分销、宝安集团债券分销、拓日新能定增业务等业务协同交流。

运营风控

强化合规管理。一是制订年度合规检查计划，并按照计划每月开展检查，做到及时发现问题及时整改。二是开展多项自查工作，其中包括网上开户自查4793户，柜台业务自查321笔，适当性实施工作、账户实名制落实情况等自查，通过自查情况调整工作侧重点，使合规工作更加到位。三是组织线下集中学习21次，涵盖内容监管案例汇编、反洗钱处罚信息汇总、合规自查总结、四川行业自律检查情况通报、吉林监管现场检查意见书等。通过学习进一步提高分公司员工的业务水平、反洗钱知识、合规意识。四是按照人民银行反洗钱各项规定及公司的部署要求认真开展反洗钱工作，做好日常的各项规范化工作，确保反洗钱工作落实到位。

筑牢风险防控。完善业务管理制度，细化工作流程，加强日常风险监测。进一步对股票质押、融资融券重点业务风险点进行梳理，分析风险表现，确定各事项环节风险等级和对应的防控措施，制定风险点分析表并按照防控措施做好风险防控。12月成立风险处置工作小组，对融资融券重点风险账户的市场交易风险，进行重点跟踪、风险预警提示，上报风险情况报告。6月开展网络安全自查，确保分公司网络运行安全。定期开展应急演练，提升应急环境下的响应速度，确保信息系统稳定运行。

综合管理

夯实党建基础。深圳分公司党支部深入贯彻新时代党的建设总要求，以政治建设为统领，压实主体责任，于年初制定年度党建工作要点，全年召开2次党的建设暨党风廉政建设和反腐败工作专题会议、2次意识形态专题会议、24次党员大会，坚定不移地把党中央重大决策部署和集团公司党组、中邮证券公司党委重要工作安排落到实处。深入学习贯彻习近平新时代中国特色社会主义思想，全年组织党员集中学习19次，运用“中邮先锋”APP开展线上党建知识应知应会测试7次；成立青年员工理论学习小组，每季度组织线下集中学习。扎实开展基层党组织建设达标工程和创先争优活动，对党建工作达标情况进行自查评估；严格执行“三会一课”、组织生活会、谈心谈话、民主评议党员等制度，组织召开2020年巡视整改专题组织生活会、讲党课4次，组织党员过政治生日、参观红色教育基地等。严格按照发展党员流程，发展入党积极分子和入党申请人各1名。开展节日慰问等活动，推动群团工作建设。

抓实疫情防控。及时组织全体员工学习中央和集团公司关于疫情防控的决策部署，召开党员扩大会议对分公司疫情防控工作进行多次研究部署，成立应对新型冠状病毒疫情工作领导小组，制定疫情工作应急处置方案和疫情应急响应处置预案；发放防护、消毒用品，做好物资应急保障；同时做好客户现场办理业务的安全防护工作；加强对办公场所、营业场所消毒，做好物资应急保障，确保复工复产和员工队伍安全稳定，并组织全体党员为疫情进行捐款。

深化巡视整改。分公司党支部压实政治责任，支部书记履行巡视整改第一责任人职责，持续推进中央巡视整改和集团巡视整改工作。截至年底，38项措施已全部完成整改，共组织召开15次巡视整改相关会议。为进一步深化中央巡视整改工作，制订分公司2020年持续推动巡视整改工作计划，坚持每季度召开党支部会议对各项制度落实情况和推进要点执行效果进行评估，研究下一步推进措施，不断将巡视整改工作落到实处、取得实效。

从严纪检监察。坚定不移推进全面从严治党，年初制定2020年纪检监察工作要点和全年任务清单，将党风廉政建设与分公司经营发展密切联系在一起，把监督检查融入日常、抓在经常，围绕“三重一大”事项、疫情防控、巡视整改、公车使用记录、费用报销等情况加强日常监督检查，组织全体员工进行《证券经营机构及其工作人员廉洁从业实施细则》测试，签订《廉洁从业承诺书》。坚持把握重要时间节点持续正风肃纪，在春节、元旦等重要时间节点，进行警示教育，发送节日廉洁提醒信息，要求全员严格落实中央八项规定精神，自觉抵制“四风”，杜绝餐饮浪费，做到提醒全覆盖、无死角。根据实际情况，更新分公司中层干部“活页夹”内容，对新聘任的轻型营业部总经理进行任前廉政考试、任前廉政谈话，及时建立廉政档案，实行任职后动态跟踪管理。保持举报渠道畅通，坚持每周对举报箱进行开箱，每月向公司纪委办公室报送分公司纪检监察情况。深化运用监督执纪“四种形态”的第一种形态，在分公司内对1名干部进行通报批评处理。（中邮证券）

广西壮族自治区

【广西邮政分公司】 下辖寄递事业部和3个直属单位，市分公司14个，县级分公司75个；设邮政支局（所）1503处，其中设在农村的邮政支局（所）1215处。从业人员总数13294人。实现收入52.59亿元，比上年增长2.26%，收入规模排全国第18位。其中，寄递业务实现收入12.79亿元，比上年增长5.8%；非寄递业务实现收入39.8亿元，比上年增长1%。实现利润6195万元，完成集团公司下达利润预算目标的105%。

⑨ 经营发展

金融业务。实现收入29.17亿元，完成预算的100.8%，比上年增长7.1%。其中，利差收入21.76亿元，比上年增长4.3%；保险业务实现收入4亿元，比上年增长42.3%，追产补收贡献较大。全区代理金融新增总资产110亿元。代理金融系统化转型取得初步成效。

寄递业务。实现收入12.79亿元，比上年增长5.8%，收入市占率13.8%。①市场拓展。特快业务收入3.64亿元，增长17.3%，完成预算的102.2%，收入占比28.1%，较上年提升2.4%。推广“线上申办＋线下寄递”模式，政务业务收入1.53亿元，增长13.7%，其中税务寄递、政务中心项目分别增长69.6%、160.8%，消费扶贫项目实现收入194万元，成为新的增长点。商企类业务收入15906万元，增长30%，生鲜特产、贸易调换货、房地产3个行业收入增长超过70%。现费业务收入4311万元，增长13.3%。快包业务收入4.69亿元，增长12.1%。1kg以内业务量（4678.21万件）占比43.99%，较上年上升3.78%。国际业务收入1.85亿元，其中，营利性的商业专线业务收入5235.28万元，增长337.08%，占比28.26%，较上年提升22.94%。物流业务收入1.35亿元，增长1%。全区新增物流客户23个，新增收入4637万元。②时限水平。完成标准时限库建设，对比现实时限库和行业时限库优化调整线路2247条。特快省际出口全程时限优于竞品2.03小时；区内互寄全程时限与竞品差距缩短9.37小时。快包区内互寄全程时限优于竞品7.92小时；省际出口全程时限75.41小时，与竞品仍有2.3小时差距。区内地市A类地区间特快互寄次日上午递率82.45%、次日递率94.62%。③成本管控。建立成本数据库，推进寄递业务降本增效工作。对标行业薪酬情况，推行揽投及内部处理岗位按件计酬模式；推进单改双、小改大，平均重量装载率54.03%，高于全国平均（全国41.2%）12.83%；采取“前置集包＋中心局集中集包”模式，全量集包率较上年提高35.83%，1kg以内“应集必集”邮件集包率76.94%。五大环节成本除收寄环节外，较上年均有下降。处理环节件均成本下降0.03元，降低7.5%；运输吨公里成本下降0.17元，降低16.35%；投递件均成本下降0.37元，降低14.5%；管理环节件均成本下降0.82元，降低47.4%。④服务质量。建立质控中心和网运中心智能跟单“双中心”体系，实行协同客服环节垂直管理。推进百日专项整治活动，将“降低各环节超时邮件量”“未即投即录妥投信息”等纳入专项整治范围；将服务满意度纳入各单位及主要领导绩效考核，引入第三方机构开展客户满意度测评。⑤IT赋能。政务类业务实现与公安系统对接直联；自主研发一心堂药业、E驾考、质检院、医科大病历通、建行凭证、工行信用卡、社保卡7个项目系统，持续优化二代证、区社保、出入境等项目系统功能；完善新一代系统同城邮件“点对点、中转、强制直配”等实时定位配送功能，为同城业务发展提供技术支持和保障；联合第三方共建“滴滴货车”网络货运平台，实现网运公开竞价竞标抢单。⑥其他。推行揽投端分层、分频、分网作业，全区75%以上的揽投部实行特快、快包分层、分网投递；推进揽投网建设，建成邮政自提点16504个、快递超市3673个，合计代投率43.89%，高于集团目标的13.89%。完成投递、揽收、内部处理等环节岗位写实，推进中心局、陆运网改革。启动全区各级邮政分公司、寄递事业部职能融合。持续优化人力资源配置，二、三线人员较年初减少84人，降低2.8%。

集邮与文化传媒业务。报刊业务实现收入2.23亿元，比上年增长2.5%。报刊大收订流转额完成5.68亿元，完成预算的102%，比上年增长4.3%。集邮业务实现收入1.4亿元，完成预算的100%。新邮预订实现收入1883万元，比上年增长4.5%。函件传媒业务实现收入1.28亿元。创新开发防疫宣传项目。开展政务图书大走访活动，重点销售党政机关用书和时政热点图书，实现政务图书销售408万元，其中《习近平谈治国理政》（第三卷）销售3.87万册。

电商分销与增值业务。电商分销业务实现收入2.42亿元；增值业务实现收入4533万元，完成预算的151.1%。“9·19电商节”期间，全区零售交易额比上年增长49%。

协同发展。推动集团公司与自治区政府签订战略合作协议和金融服务协议，与自治区商务厅、自治区邮管局签订战略合作协议。集团六大重点协同项目实现收入3.47亿元，24项考核指标中，除国际电商客户转介率外，其余均达标。惠农合作项目打造以信贷为中心的协同经营模式，推出“桂邮惠农”权益服务包，完成集团惠农项目考核目标。走访合作社、示范社3111家，走访个人农户3204户，实现惠农贷款结余1.94亿元，完成计划目标的162%；实现极速鲜收入1388万元，完成计划目标的146%；实现易邮箱收入7124万元，完成计划目标的285%。实现助农销售1879万元，完成计划目标的313%。对外联合广西农业农村厅下发《共同促进新冠肺炎疫情防控期间春耕复产的通知》，自行研发“农邮通”服务小程序。

鑫达公司。实现收入3.95亿元，完成预算的107%，比上年增长9%。实现利润3745万元，完成预算的143%。业务库现金备付率管控、清分质量指标均优于上年，无安全事故发生。

⑨ 央企职责

普遍服务。提质达标情况，抓好“两提升、四强化、七确保”，增加普服投入6106.3万元，普服达标集中整治5524个问题按期整改。建制村直接通邮率100%；普遍服务给据邮件信息断点率万分之 0.48；平信丢损率千分之 0.12；普服全程时限达标率 100%；营业服务达标率 100%，未发生触碰两条“红线”情况；邮政申诉处理满意率 100%；县级及以上城市《人民日报》当日见报率 100%。机要通信连续 23 年实现质量全红。南宁市分公司完成集团“四类网点”转型试点目标，其余非试点地市均实现每个类型不少于 2 个网点转型。校园网点进驻高校 31 个、进驻率 36%，综合收入比上年提升 9.4%。7 所主题邮局均引入第三方合作，总收入较上年增长 43%。

疫情防控。开通防疫捐赠物资寄递“绿色通道”，做到“四不中断、四免费办”，保障防疫应急物资运送、党报党刊及党政军机要邮件传递。抓好常态化疫情防控工作，落实地方政府联防联控要求，建立应急机制，发运防疫物资 25663 箱、5893 吨，动用人员 1650 余人次。其中发运捐赠武汉防疫物资 57 批次，区内各市互寄捐赠防疫物资 14261 箱，运往湖北果蔬供应 93.85 吨。完成广西壮族自治区新型冠状病毒感染肺炎疫情防控工作领导小组指挥部下达的为湖北一线医护人员发送物品的紧急任务；完成广西侨联、广西华侨爱心基金会捐赠给广西援鄂医疗队 4 万个口罩的运送任务；完成民革广西企业家联谊会捐赠湖北防疫抗疫物资等运送任务。桂林、百色等邮政分公司与当地铁路部门执行联防联控机制，完成直接从防疫物资仓库、田间地头装车接驳湖北专列的任务。

“三大攻坚战”。67 个帮扶点全部脱贫，电商扶贫完成集团规划目标，区分公司定点扶贫工作获自治区党委、政府通报表扬。完成绿色邮政建设行动三年规划中绿色包装、绿色运输、绿色金融各项目标，完成“9792”工程目标。做好金融风险防范，未发生重大风险事件及资金案件，未受监管部门处罚。

能力提升和服务质量

能力建设。能力建设投入 2.1 亿元，完成 71 个中央预算内资金项目建设、59 个金融网点改造。南宁新邮件处理中心工程列入自治区重大项目库，进入建设实施阶段。实施普服网点监控联网工程。争取到农村电商一体化建设运营财政支持资金 2000 万元，完成 17 个县级、3 个乡级仓储配送中心建设。实现 12 个集团信息化项目本地应用，完成 6 个区内重点信息化项目、12 个自主研发软件项目建设应用推广。顺利完成省中心机房搬迁。邮政信息网安全平稳运行。完成 14 个市分公司数据分析室建设和人员配备，新增 14 个数据项目推广应用，支撑业务管理和营销项目开展。

服务质量。寄递业务 9 项关键指标除客户投诉率外，其余均达到或优于集团管控指标；邮件异常发生率低于 10%；问题邮件一次及时解决率 91.94%，比上年提升 2.34%。建立专业板块客户体验团队，发现问题整改完成率 91%。

企业管理

经营管理。成立制度建设专班，梳理完善区分公司流程 185 项、制度 1362 个。聚焦余额、保险、特快、报刊大收订四项重点业务，围绕目标、产品、方案、考核四到位，定期复盘、预警，抓好经营端行为管控和规定动作落地执行。

财务管理。优化以经营利润为导向、以零基预算为基础的全面预算体系。推行人工成本、重点业务成本动态调整机制，对成本项目按属性分类归口管理。强化资金管理，开展“两金压降”，引导基层狠抓经营现金流，加强业务资金统筹管理。推进财务精细化管控，细化核算单元，按季开展数据对标。完成固定资产清查。基本完成“三供一业”分离移交清算工作。

人力资源。开展“双定”工作，制定金融网点、投递环节、邮政营业、内部处理岗位定员标准，优化代理金融网点服务端 794 人到营销端客户经理队伍，客户经理队伍 1115 人。启动区市县三级邮政公司、寄递事业部职能融合，破解当前两套体系、职能交叉、效率低等问题，加强寄递业务专业化管理。以“年度＋项目”方式进行绩效考核，配置人工成本。区培训中心挂牌成立。

安保、审计、采购管理。开展“平安邮政”创建及安全巡察，妥善应对汛期抗洪防灾，连续 8 年无重大、特大责任事故和案件发生。实施审计项目 1126 项，完成集中采购等 8 个集团指令性审计项目，自主开展业务合同专项审计，工程项目审减额 2435.36 万元。完成集采项目 67 个，节约率 14.64%。

和谐企业建设。崇左市分公司员工黄宁伟荣获“全国劳动模范”。升级改造 104 个乡镇网点职工小家。发放重病和困难职工互助、金秋助学等帮扶资金 646 万元。基本完成退休人员社会化管理移交。

全面从严治党

党的政治建设。强化党员干部理论武装，持续落实“三个第一时间”学习机制，树牢“四个意识”，坚定“四

广西贵港市邮政分公司向当地小学生赠送教学物资

个自信”，坚决做到“两个维护”。巩固深化“不忘初心、牢记使命”主题教育成果，整改完成并持续推进549条，正在整改2条。落实加强党的政治建设21条措施。强化党委意识形态工作责任。

党组织建设和先锋模范作用。完成区分公司党组改党委。理顺邮储银行党组织隶属关系。开展第五轮“桂邮党旗红”主题实践活动。以星级评价管理推进党支部晋档升级。开展基层党组织创先争优活动，其中1名党员获全国交通运输系统抗击新冠肺炎疫情表彰。自治区直属机关党委授予区分公司直属机关党委“自治区直属机关2020年先进基层党组织”。

干部队伍建设。以国有企业领导人员“20字”标准为根本遵循，从严落实干部人事制度，实行“下管两级”，改进干部考核方式，实施正、副职差异化考核。

巡察和巡视巡察整改工作。配合集团党组巡视组完成专项巡视工作，对照反馈意见制定121条整改措施。落实中央巡视整改和未巡先改任务。健全巡察及巡视巡察整改组织机构，完成第二轮对10个市分公司的内部巡察，落实巡察问题“两级整改责任清单制”。

党风廉政建设和反腐败工作。修订落实党风廉政建设主体责任、监督责任实施办法。突出抓好政治监督，开展“三大攻坚战”落实、新冠肺炎疫情防控监督检查。严把干部选任政治关和廉洁关。强化执纪问责，采用批评教育、谈话提醒等方式处理25人次，给予党纪、政纪处分16人。开展“严纪律、守规矩、转作风”警示教育，做好以案促改。

工作作风。持续整治形式主义、官僚主义，将“一月一事　消灭最差”活动与跟班作业紧密结合，重点纠治基层请示回复不及时问题。开展“比学赶帮超”，区级设23项指标、市级设34项对标指标，8项指标达标、5项指标缩小差距。推进区市两级“模范机关”建设。（广西邮政分公司）

【邮储银行广西分行】

经营发展概况

实现营业收入41.03亿元，增长14.64%；净利润16.73亿元，增长12.6%。经济增加值2.8亿元，经济资本回报率14.42%，成本收入比46.13%。总资产2256.17亿元，居区内六大行第4位，增长9.23%。各项存款余额2059.91亿元，居区内六大行第4位，增长7.34%，新增存款140.77亿元；各项贷款余额1060.32亿元，居区内六大行第5位，增长15.02%；存贷比51%。不良贷款率0.97%，资产质量持续优于区内同业平均水平。拨备覆盖率210.37%。

落实中央决策部署

抗击新冠疫情。建立高效运行的防疫机制，强化常态化疫情防控，全行没有发生一起内部聚集性感染。加大抗“疫”企业信贷支持，积极落实“六稳”“六保”和复工复产政策要求。累计为2.86万户复工复产企业和个体工商户提供金融支持，授信总额903.79亿元、发放贷款302.81亿元；累计为2424个客户办理延展期贷款，纾困51.5亿元。组织全行员工为抗击疫情开展捐赠活动，向社会公益团体捐款（物）合计44.82万元。

服务国家战略。一是服务实体经济力度加大。支持西部陆海新通道建设、金融开放门户建设等区域重大发展战略，投放资金214.3亿元，新增79.9亿元；支持国家“新基建”发展战略和自治区“五网”建设三年大会战工作，新增授信41.9亿元。落实总行与自治区政府签订的“十三五”战略合作协议，完成新增授信目标1000亿元的130%。落实“一带一路”倡议，跨境融资资产余额13.2亿元，比上年新增8.6亿元，增幅187%。二是绿色银行三年建设目标全面完成。绿色信贷余额73.9亿元，可再生能源及清洁能源贷款实现余额翻番目标，电子渠道类指标均超额完成三年规划目标。三是助力打赢防范化解重大风险攻坚战。紧扣年度方案狠抓25项重点工作和30个重点风险，近三年累计处置不良资产26亿元。

推进普惠金融。加大“三农”支持力度，涉农贷款余额248.99亿元，新增30亿元，完成新增目标的150%。金融精准扶贫贷款余额23.46亿元，新增4.86亿元，完成新增目标的405%。支持小微企业发展，普惠型小微企业贷款全面完成“两增两控”监管考核目标，余额181.72亿元，净增29.25亿元，完成监管净增计划的194.98%。

业务转型发展

零售业务。个人金融严控高成本存款增长，紧抓跨年营销、活期“十大抓手”、“两提升”等工作，新增储蓄存款28.76亿元。非货币基金销量14.4亿元，获选总行“2020年基金销售优秀单位”；个人理财规模46.8亿元，净值型占比77.47%。代理保险期交保费占比42.7%。信用卡新增客户17.7万户，消费金额386亿元、分期金额36.5亿元。实现手续费收入4.48亿元，中收占比提升至64.5%，增收1.05亿元。网络金融聚焦场景获客，发力移动支付，电子银行交易替代率98.87%；手机银行月活跃客户规模47.97万户，比上年增长24%。消费信贷余额341.19亿元，新增54.4亿元；综合消费贷款新增19.82亿元。“三农”金融加大线上产品发展，极速贷业务新增16.21亿元，占小额贷款新增的47.83%。“一点接全国”名单制合作企业扩大至3家，与太平洋保险公司开展保证保险业务取得突破。小企业金融贷款余额79.79亿元，新增12.2亿元，贷款增幅18.04%。新型“政银担”业务年发放29.11亿元，任务完成率居全区前列。

公司金融。专项营销活动和队伍能力建设同步推进，新增公司客户6635户，公司存款余额154.49亿元，新增41亿元，增幅居区内六大行首位。实施机构客户“固本提标”营销活动，获得区本级国库集中支付代理资格、全区农民工工资保证金监管等10个区级重点资格，其中财政代理资格新增12个；新增机构客户账户523户，机构存款余额突破100亿元，新增44亿元。实施公司信贷“五网大会战”营销活动，公司贷款余额294.24亿元，新增62.97亿元，增幅居区内六大行第2位。新增公司授信客户56户，新增授信金额359.6亿元。

资金资管。金融同业把握投融资机会，落地高价值同业投资10.2亿元、同业融资17.5亿元；营销低成本同业负债37.95亿元，综合付息成本低于总行16 BP；办理贴现39.43亿元，比上年增长52.72%。资管业务推进线上化、标准化转型，获准纳入中邮理财子信用债名单库实体企业18家，落地理财投资7.2亿元，实现业务推荐费收入2226万元。托管业务实现收入1553万元，公募基金托管规模6.81亿元，增幅53.61%。

风险内控管理

全面风险管理。调整风险与内控管理委员会运行机制，完善机构风险评价考核，出台区分行部门风险管理履职考核制度。完成一级支行“2+1”风险治理模式实施，推动代理营业机构纳入全面风险管理体系。

信用风险管理。小企业、公司贷款业务审查审批平均耗时比上年减少1.08天、1.10天。抓好全行法人客户内部评级重检治理工作，评级重检治理完成率100%。

法律内控管理。保持案防高压态势，加强问责力度，纪律处分和组织处理合计98人次，比上年增长36%。

内部审计工作。严格落实监管要求，加强对重大风险隐患、案件和违规违纪问题的揭示力度，推动整改问责落实，完成审计项目22个，发现问题889个，提出审计建议104条，经济处罚225人次、处罚金额7.24万元。

管理运营效能

机构改革。在控制机构总量的基础上，适度差异化设置部门，梳理内设部门职责分工，严格按照总行批复文件落实机构改革工作。改革后，区分行本部设置24个一级部、8个二级部、1个营业部，下辖14个二级分行、45个一级支行。

资产负债。一是提高资本管理精细化水平，以RAROC为导向，调整业务结构，收益较高的个人贷款增幅19.94%，高于各项贷款增幅4.695%；压降不可撤销贷款承诺32.15亿元，降幅49.73%，节约经济资本占用1.57亿元，实现经济增加值2.8亿元，完成总行目标的173%。二是加强利率管控，在满足监管考核的前提下，全行净利差率3.58%，列系统内第7位。三是推动利率转轨，各项贷款转轨率90.32%，其中企业贷款转轨率96.66%，均超总行、监管的考核要求。

财务管理。支撑中间业务发展，搭建业务产品体系、调整核算标准，逐步释放统筹管理效能。加强成本管控，细化管控目标，成本收入比46.62%，下降3.025。规范采购管理，提升专业水平，集中采购率86%，公开采购率96%。

金融科技赋能。完成多地预售房资金监管系统、广西货车ETC、广西医保等22项区内自建信息化项目建设及优化改造；自主研发贷款资金流向监测预警系统、客户信息治理平台等10项创新项目，其中零售信贷口袋APP项目荣获总行年度科技创新奖“优秀项目”称号。

运营管理。网点智能设备保有量385台，占比提高至39%，自助设备刷脸取款功能实现自营网点全覆盖；年内淘汰老旧设备444台，设备完好率98%。落实客户信息专项治理工作，个人价值客户和单位客户信息完善率均达90%以上。

客户服务。一是推进网点转型。坚持以客户为中心，加快推进网点由交易结算向服务营销转型。通过整合柜面作业系统、广泛运用智能自助设备，柜面业务离柜率95%，列邮储系统第5位。上线推广使用CRM平台、综合营销绩效管理系统，支持网点开展综合营销，完成转型导入网点148个，进度59%，超额完成总行下达任务。提速叠加网点公司业务功能，全区新增47个网点开办对公业务。二是改善客户体验。分类实施各项客户体验提升工作，征集客户旅程优化工作建议，在产品推广、流程设计、制度建设以及考核监督方面将客户体验提升放在重要位置，网点服务管理、消费信贷、信用卡、财富管理、“三农”金融、小微企业6个专业领域优化举措落地实施效果明显。全辖自营网点服务态度类有责投诉3笔，比上年减少40笔，比上年下降93%，网点厅堂服务得到较大改善。

代理金融。建立“代金牵头、专业部门和邮政主体三统一”代理金融管理体系，加强代理机构制度库建设，监管关注的“营业执照超范围”“未依托邮政企业经营”“代理县业务库”等历史问题全部完成整改。深化板块协同，全区13个重点协同项目中有12个超额完成全年任务。

全面从严治党

党建重点工作。落实“三个第一时间”学习机制，成立371个青年理论学习小组，举办党的十九届五中全会精神学习研讨班强化理论武装，巩固深化主题教育成果。完善组织体系，完成区分行党组织隶属关系调整和换届选举。以模范机关建设活动为契机，进一步转变工作作风，提升机关服务意识。持续推进“强基固本”质量提升工程，深入推进党建与业务融合发展。

党风廉政建设。聚焦落实全面从严治党“两个责任”、“三大攻坚战”、疫情防控等重点领域开展监督检查，强化政治监督。持之以恒落实中央八项规定精神，严肃整治餐饮浪费，持续改进文风会风。完成对3家二级分行党委巡察工作，巡察完成率 71%，发现问题 149 个，移交问题线索 2 件；运用“四种形态”处理处分 190 人次，其中党纪立案 8 起，处分 8 人。

巡视整改。持续推进中央巡视整改工作，以制度建设为抓手，按季对相关制度文件或持续推进要点进行评估，完成整改推进 46 项，完成率 100%；持续做好“未巡先改”工作，完成专项巡视总行自查整改的 101 项整改措施，完成率 100%；持续推进 336 个清单的自查整改工作，完成率 87%。

人才队伍建设

制订三年人才发展规划，开展区分行“领航工程”中级管理人才库建设工作，完成 2020 年度建设目标，为区分行党委使用选拔干部提供保障。完善区内岗位职级管理相关制度，细化岗位序列设置，专业岗位序列数量增加到 15 个；建立规范化和常态化的晋升机制，畅通员工职业发展通道。（邮储银行）

【中邮保险广西分公司】

经营发展

保费目标完成情况良好。中邮保险广西分公司累计实现总保费 4.47 亿元，完成年度目标的 113%，排全国第 1 位；其中趸交保费 9349 万元，完成年度目标的 115%；期交新单保费 3.52 亿元，完成年度目标的 113%，排全国第 2 位，占新单保费比重达 78.9%；长期期交新单保费 2.19 亿元，完成年度目标的 135%，排全国第 2 位。

发展高价值产品。全年销售邮保一生终身寿险 1.16 亿元，占长期期交新单保费的 53%，排全国第 1 位；累计完成新业务价值 5090 万元，完成率 321.3%，完成进度排全国第 2 位，业务的高质量发展为实现价值成长奠定基础。

关键运营指标管控良好。新契约综合合格率 100%，排全国第 1 位；共发生保全业务 1.02 万件，线上化率 88.51%，排全国第 1 位；保全结案综合时效 0.01 天，排全国第 1 位。理赔申请支付时效达成 1.22 天，理赔出险支付时效达成 28.78 天，理赔赔案留存率为 0，理赔出险支付时效和赔案留存率排全国第 1 位。价值型 13 月继续率 95.59%，全国排名第 3 位；13 个月保费继续率 95.59%，排全国第 9 位。投诉处理方面，全年保持零监管转办投诉，是广西寿险行业（全区共 20 家）2 家零监管转办投诉保险主体之一。

风险管控情况良好。坚持秉承“先合规，再发展”的经营理念，协同邮银开展联合检查 6 次，联合问责 16 人次，处罚金额 6950 元。全年合规检查覆盖 7 个地市、30 个县（区）、50 个邮银网点，发现问题 7 个，出具整改通知书 4 份，整体风险管控情况良好，未受到监管部门处罚。

协同发展

建立完善协同沟通机制，加入广西邮政区级协同发展委员会、代理金融风险内控案防管理委员会，成立广西邮政代理保险与广西中邮保险协同发展工作小组。联合下发《广西邮政协同支撑评价指标》，明确各板块协同支撑评价指标；联合下发《广西邮政板块协同督导办法》，联合成立 2020 年广西邮政惠农合作项目领导小组和专项推进小组，明确议事、督导制度和重点协同项目推动工作职责。

“三大攻坚战”

强化风险管控。制定防范化解重大风险攻坚战专项方案及任务分解表，明确 34 项任务和措施。组织开展全面风险排查工作，对发现的 4 类风险点已完成整改。持续推进月度风险分类评估，14 个地市评估级别保持良好水平以上。开展“内控管理提升年”活动，编制内控操作手册，全国交叉检查发现问题完成整改 7 项。严格履行反洗钱义务，全年客户身份识别 3.5 万个，甄别 7 笔异常交易；开展“三反”宣传月、金融知识普及月活动，开展反洗钱宣传 24 次，受众 9398 人次；反非法集资排查、反洗钱专项检查未发现重大违规违纪问题。

打好脱贫攻坚战。保险扶贫工作成效显著，同步推进公益扶贫、惠农扶贫、健康扶贫，为贵港市港南区 3082 名建档立卡贫困户提供意外伤害保险保额 1.23 亿元，共开展各类公益扶贫活动 4 场，为 29 个农民合作社提供惠农团险保额 1363 万元。

积极推进绿色邮政建设行动。在线出单率、纸质营销宣传品费用占比等核心指标均优于达标值，开展“云”植树活动，并获得国土绿化证书。

党建工作

加强党的政治建设。坚持抓好思想政治工作，始终把企业发展理念与贯彻习近平新时代中国特色社会主义思想和党的十九大精神密切结合起来。支部设立 2 个党小组，保障学习组织有序开展。采取支委学习扩大会、集中培训、专题辅导、研讨交流等多种形式全面开展“大学习、大讨论、大落实”活动。共为党员发放学习读物 72 本，编发《党建工作信息》23 期，宣传板报 4 期。

规范党内组织生活。组织召开“三会一课”37 次，书记上党课 4 次，主题党日读书活动 9 期。通过“中邮先锋”参加党的十九届四中全会精神专题培训和党员常态化培训，参培率与合格率达双 100%。丰富党建活动载体，开展“社会主义核心价值观主题实践教育月”“争做学习型组织，争当知识型职工”“讲好邮政故事”，学习葛军、黄文秀先进事迹等活动，赴昆仑关开展爱国主义教育，创新开展交叉上党课。认真开展职工思想政治研究，整理问题和建议 22 条，形成《增强基层党建活力的探索与实践》调研报告。围绕学习研讨、查找差距、整改提高、效果评估四个环节，着力打造模范机关。持续开展基层党组织建设达标工程和创先争优活动，在广西邮政疫情防控先进评选及“两优一先”评选中，1人荣获“党员先锋岗”，1人荣获“抗击新冠肺炎疫情先进个人”称号。2020年发展入党积极分子2人、中共预备党员1人。坚持党建带团建，成立青年理论学习小组，举办交流研讨会，参加“五四”主题团课，参观李明瑞、韦拔群烈士纪念馆等活动。

以党建引领价值成长。开展“桂邮党旗红　党员先锋行”“党旗引领　党员争先”主题活动，拓展“党建+”服务内容，将党建工作融入公司经营管理，带动引领党员积极为分公司高质量发展做贡献。

从严从实抓好党风廉政建设。始终把党风廉政建设和反腐败工作放在突出位置抓好抓实，深入开展党风廉政教育活动，组织开展廉政专题学习、案例剖析、书记上廉政党课、党建廉政知识考试、廉洁文化短视频评选、“读家书、谈家风”主题党日、观看警示教育影片等系列活动，编发廉政信息专刊、廉政宣传板报2期。运用“第一种形态”，开展党员干部“一对一”谈心谈话9人次，重要节日、节点开展廉洁提醒和学习教育，筑牢党员干部廉洁防线。（中邮保险）

海 南 省

【海南省邮政分公司】 全省邮政业务收入（含寄递事业部）12.26亿元，比上年增长4.15%，人均劳动生产率26.67万元/人，比上年增长4.42%。

企业发展

普遍服务。一是努力提高普遍服务质量。72个乡镇委代办网点改为自办，委代办网点占比下降16.72%。营业网点电子化率提升7.78%。413个网点开通第三方支付功能。对监控设备进行升级和联网改造，473个生产场所视频联网推送成功率100%。规范全省邮政营投人员着装，邀请社会第三方测评公司查找服务问题，采取措施整改，普遍服务满意度提升。组开4条省内机要专线，实现市县全覆盖。完成“两提升、四强化、七确保”目标，营业服务达标率、普服邮件全程时限达标率、申诉处理满意率、县及县以上城市党政机关《人民日报》当日见报率均100%；建制村直接通邮质量提升；条码平信信息断点率低于千分之1，普邮给据邮件信息断点率低于千分之0.1；机要通信连续25年万无一失。二是加快推进六类网点转型。打造6个转型标杆网点；6个主题邮局完成转型；高校进驻率42.86%。

金融业务。金融业务收入8.35亿元，比上年增长2.81%。一是推进运营转型升级。完成146个网点系统化转型模型导入，发挥督训师作用，落实转型动作，转型规定动作逐步固化，检视得分逐月提升。二是推进业务结构优化。新增收单商户7.7万户，净增联动活期存款5.98亿元，两项指标完成率均排全国第2位。组织开展追产、增产、补产等专项活动，提升中间业务占比。完成6个智慧场景搭建，快捷绑卡客户活跃度40.52%，排全国第1位；累计实现电子支付收入4816万元，比上年增长8.08%，排全国第7位。四季度新增存款21.6亿元，比上年多增13.9亿元，占市场新增余额15.94%。三是推进资源优化。10个纯邮政网点叠加金融服务。开发微金融平台、全省统一会员管理和积分商城系统。强化CRM零售系统应用。

寄递业务。一是市场拓展实现突破。寄递业务收入1.73亿元，比上年增长15.11%。提升与政务中心、法院、税务和交警部门合作黏度，政务类业务收入比上年增长49.9%。强化“八大行业+两类电商平台”客户开发，业务收入比上年增长71.4%。开通海口—无锡等4条直达邮路。打通线上商城+1210保税备货模式，推动国际业务收入比上年增长202.4%。注重维护TOP20客户，首席客户经理拜访率100%。寄递TOP20收入比上年增长119%。二是深入推进“两集中”改革。首次开通邮航邮路，海口至全国地级市以上城区次日递率提升30.26%；首次开通海口—哈尔滨火车邮路，往黑龙江省邮件时限加快1天；开通海口—无锡、海口—广州机场北汽车邮路，利用中通海口—合肥线路利载带运邮件，小车改大车，串点运行，加快长三角、珠三角区域寄递时限。增开报刊专线。推进自提网建设。与11家快递公司合作，进村804个，通达率30.72%。海口邮区中心局实行实体化运作；三亚处理中心与申通合作运营，琼海处理中心推行内部承包制，海口海达揽投部推行加盟制；儋州揽投部推行内部承包制，促进降本增效。三是时限四库应用取得成效。建立标准时限库，利用现实库、行业库与竞品对标，推进落后线路整改，拓展优势线路。四是服务质量持续改善。强化督导考核、服务管控和过程监督。问题邮件一次及时解决率90.82%，智能跟单异常发生率达标；理赔及时率自5月起100%。“双十一”期间实现“促发展、保畅通、重体验”目标。

农村电商。开展“真情邮政　服务三农——科技引领丰收”活动，开展97场化肥订货会，累计订货额587万元（1630吨）。农资工作销量2941吨，比上年增长71.9%，实现收入1045.04万元，比上年增长83.5%，被集团公司授予“发展卓越奖”和“勇攀高峰奖”。先后组织年货、端午、中秋等活动，累计实现订货额1238.65万元；运作基地“三亚杧果”项目，培育“文昌椰青”“临高火龙果”等精品项目，利用邮乐农品抖音直播和邮乐直播平台进行宣传，“三亚杧果”实现销售额494万元，比上年增长120%。制定《海南邮政做好疫情防控期间贫困地区农产品销售实施方案》，开展扶贫地气农产品销售；完成《2020年海南邮政电商扶贫工作实施方案》，完善5个标准扶贫地方馆建设，以及5个扶贫馆的万单产品的线上销售工作；制定《2020年海南邮政“9·19电商节”活动方案》，组织发动全省员工推广扶贫大单品，完成销售过万单的扶贫农特产品2个；完成培育扶贫能手20名。三年累计完成5个扶贫地方馆建设，完成三年规划计划的100.00%；完成销售过万单的农特产品20个，完成三年规划计划的166.67%，累计完成培养扶贫能手125个，完成三年规划计划的125.00%。

基础性业务。函件业务收入1831万元；报刊业务收入7257万元；集邮业务收入3037万元。通过线上线下相结合，“直播＋朋友圈”等营销方式，促进邮品销售量提升。重点开发火箭发射、海南自贸港明信片等本省题材产品。打造特色网厅，集邮线上收入增长13倍。承接冬交会等会展服务；以邮品为切入点参与防疫战疫政务宣传。全省图书巡展和书信中国文化传播海南征集活动取得较好效果。

重点协同项目。六大协同项目取得明显成效，收入6042万元，完成年度目标的129.4%。邮银协同组建惠农专班，与省农业农村厅签订合作协议，走访农民合作社、个体农户（含家庭农场）1.4万户；邮储银行发放普惠型涉农贷款1.31亿元；极速鲜、标准箱寄递收入完成年度目标的101.4%。组织“邮政微车展”22场次，拓展银速通客户2家，汽车产业链项目实现收入1102万元。与军事单位签订战略合作协议，开展业务合作。与大药堂签订战略合作协议，探索开展“海南邮政便民药店”试点服务。

央企责任

疫情防控和经营发展。建立岗位责任制，制定应急预案，开展应急演练，做好防疫物资配备、生产能力储备和疫情期间客户服务工作。省邮政工会下拨66.4万元防疫资金，用于购买防疫物资和慰问一线员工。坚决做到“四不中断、四免费办”，3月底全省邮政企业复工率、网点复产率、生产运营能力均已100%恢复。为省政府无偿运送53万只口罩到海口；免费收寄隔离衣等疫情防控物资2.36万件。提供98种政务寄递便民服务；协助116所学校开展线上教学；助力海南1.25万吨滞销农产品出岛。

三大攻坚战。全省邮政16个单位对23个贫困点572户贫困户2411人进行帮扶，脱贫率100%。帮扶美香村建立临高县首个有机波罗蜜种植示范基地，完成集团公司下达的电商扶贫三年规划重要指标。全省网点废弃物回收装置布放实现全覆盖，单件包裹包装耗材平均用量减少，一次性不可降解的塑料包装产品使用得到控制；电子面单使用率99.5%，列全国前茅；符合标准的包装材料应用比例、电商快件不再二次包装率、循环中转袋率均达标。推进安全生产标准化建设，加快生产场所安防设施达标建设。强化金融风险案件防控，组织员工加强信用卡使用风险专项治理，开展银行业乱象整治活动，推行“5+2”风险评级，所有金融网点风险等级评价均为二级以上。全省邮政连续5年未发生一起资金案件、生产安全事故和火灾事故。

海南自贸港。弘扬特区精神、椰树精神和劳模精神、开展“在危机中育新机　于变局中开新局”大学习大讨论活动和“比学赶帮超”活动，形成创先争优的良好氛围。与海口江东新区管理局签订合作协议，推动海南邮政国际物流仓储处理中心建设。改造47个综合网点，整修12个普服网点。基本完成三亚、万宁、陵水英州邮件处理中心建设。五指山邮政中标“电子商务进农村”项目。

要素赋能

网路建设。①网运能力加强。增开海口—广州机场北、海口—无锡一级干线临时邮路，海口—广东省内邮件标准完成率提升19%。首开海口—南京全货机运输航班，助力极速鲜（荔枝）项目。海口—无锡邮路增加串点杭州，增加带运浙江南部金华、温州、绍兴、台州、丽水、舟山、衢州的邮件，根据收寄量，海口—无锡邮路车型动态调整改为17.5米车型，运输单价下降0.21元/吨公里。与中铁快运合作，利用海口—哈尔滨火车行李车带运发往黑龙江省快递包裹邮件，结束海南没有火车邮路的历史，运输单价下降0.713元/吨公里，下降49%。邮件时限由目前的T+5提升至T+4，时限加快40小时。利用中通海口—合肥线路利载带运发往安徽省的邮件。运输单价下降0.86元/吨公里，单价下降59.3%。②邮件处理能力提升。海口邮区中心局“简易小件分拣机＋异形件环”投产运行，配合包件分拣机使用，包快邮件处理能力60万件/天。印发《市县邮件处理中心作业流程优化工作方案》（琼邮分〔2020〕91号），通过作业流程优化、加大处理能力建设等措施，提升各市县邮件内部处理生产效率。根据“两集中”管控要求，统一为定安、临高、琼中、屯昌等4个市县内部处理场地配置伸缩皮带机、直线皮带机等主要生产设备，全省除保亭、白沙、五指山受场地条件限制无法配备外，其他市县均已配置主要生产设备。推进快递公司承揽邮政包裹处理业务，借鉴快递公司低成本作业模式，提升总体成效：减少作业人员23人；优化后日人均处理量400件，效率提升21.21%；处理单价降低0.48元/件，节约成本314.53万元。③邮路优化。全面调整优化省内邮路，将报纸、机要邮件与包裹快递邮件分开运输。全省各市县全部达到2个运输频次，省内互寄标快邮件市县城区全部实现次晨达。7月实寄对标测试，邮政省内标快次日递率99.12%，比上次测试提升0.62%。打破区域组网运输，将文昌市铺前镇、澄迈县老城镇纳入海口市区域组网运输，分别减少邮件迂回运输110公里和67公里；将白沙县邦溪镇纳入昌江县区域组网运输，减少迂回运输48公里。加快寄递时限6小时，每年将节约运输及内部处理费用23.9万元。通过省内二干邮路调整、打破区域组网等邮路调整工作，截至8月1日，全省67个重点乡镇已全部实现每日2个运邮频次，提升邮政企业在乡镇地区的服务水平。推行海口邮区中心局实体化运作。

人力资源。开展优秀年轻干部选拔活动，提任7名年轻员工至领导岗位，同时将8名综合表现良好的年轻员工纳入优秀年轻干部信息库跟踪培养，逐步选用40岁以下年轻干部充实到中层干部队伍。制定省与省会寄递业务一体化管理方案，通过整合省与省会两级寄递专业管理部门，实现从职能管理向生产运营管控转变；梳理省邮政公司、省寄递事业部相关职责，通过对议事规则、机构管理、职能调整等一体化管理职责的进一步梳理，整合省与省会两级寄递专业相关职能部门及营销团队，强化党的建设及省分公司集中管控力度，实现资源利用、管控机制、管理体制深度融合。

科技赋能。信息网省中心“零”中断运行，在集团信息网运维考核中全年满分；完成邮政首例省中心机房租赁项目，较自建模式节约成本77%。自助设备技术完好率98.17%，较上年提高2.13%；通过大数据平台、CRM系统等渠道发放客户数据，支撑业务发展；开发财务标杆指标看板等系统。

党群工作和精神文明建设

党建工作。12月11日，中国共产党海南省邮政分公司第一次代表大会在海口顺利召开。会议选举产生中国共产党中国邮政集团有限公司海南省分公司第一届委员会和纪律检查委员会。第一次代表大会结束后，第一届党委和纪委分别召开第一次全体会议，选举产生第一届党委书记和第一届纪委书记。

海南省分公司获首届海南省直机关“椰树杯”党建创新引领工作创优大赛组织奖；海南省分公司服务质量部党支部被命名为省直机关“标准化党支部示范点”。

工会工作。首次开展“战疫情　健步行”和防疫知识闯关夺宝线上活动；创新开展大学习大讨论活动，引导全省广大员工统一思想，树立危机意识；创新开展代理金融网点“争先进位”劳动竞赛，全省余额规模创历史新高。

深化精神文明。省分公司获“海南省文明单位”荣誉称号，3名员工分别获“全国劳动模范”“全国邮政行业劳动模范”称号和“海南省五一劳动奖章”，1个集体和6人受到集团公司疫情防控工作表彰，1人获“全国交通运输系统抗击新冠肺炎疫情先进个人”称号。（海南省邮政分公司）

【邮储银行海南省分行】

经营发展概况

实现收入15.05亿元，增幅12.03%；净利润4.64亿元，利润规模位居省内六大行第三。点均创收1881万元，比上年增长12.03%；人均创收89万元，比上年增长12.03%。资产规模765.16亿元，比上年增长11.18%，年净增76.92亿元。信贷资产338.01亿元，比上年增长12.25%，年净增36.90亿元，新增规模在省内六大行中位列第三。存款余额703.17亿元，比上年增长10.79%，年净增68.50亿元。不良贷款率0.65%，远低于海南省金融机构不良贷款率平均水平。

落实中央决策部署

抗击疫情助力复工复产。严格落实疫情防控工作要求，上传下达、协调联动，以高度的政治责任感，确保做到“保障安全生产、保障基础金融服务、保障企业复工复产”。优先保障防疫贷款，建立绿色审批通道，发放贷款313笔、金额5.36亿元；受理贷款延期还款申请1160笔、总额4.2亿元，完成风险缓释小企业贷款127笔、金额2.39亿元。

加大对海南自贸港支持力度。构建“产业化+省属国企+重点行业”增长极。省分行机关带头营销客户200户，实现与海胶集团、海南农垦、海南交通投资控股等合作放款9.72亿元。参与“博鳌乐城污水处理PPP项目”，授信绿色信贷7470万元。

金融扶贫助力脱贫攻坚。累计挂牌信用村254个，累计发放涉农贷款16.19亿元，余额8.21亿元，不良率0.48%；金融扶贫贷款余额5.57亿元，新增1.56亿元，超额完成总行计划的390%，完成精准扶贫贷款任务。

业务转型发展

负债业务。个人存款余额586亿元，增长42亿元，市场占有率11.68%，新增余额占有率8.18%，分别列全省同业第3位和第2位，活期比例61.84%，邮储系统内排名第二；公司存款余额111.04亿元，比上年增长20.54亿元，比上年增幅22.70%。

资产业务。贷款余额338.01亿元，净增36.90亿元，增幅12.25%。一是“三农”贷款，加强产品与客户需求的融合。打造“小额+信用村+县域产业扩充”增长极，余额68.8亿元，比上年增长24.9%，发放57.4亿元，净增12.3亿元，不良率1.5%。二是消费贷款，打造“消费+房贷+平台车贷”增长极，余额142.1亿元，比上年增长24.8%，发放39.7亿元，净增24.7亿元，不良率0.51%。三是小企业贷款，发放14.34亿元，余额19.33亿元，净增1.29亿元。四是公司信贷，公贷余额88.03亿（含贸易金融），比上年增长0.496亿元，增幅0.62%。

中间业务。中间业务收入稳步提升，实现中间业务收入1.53亿元，比上年增加568万元，增幅3.86%。

风险内控管理

完善全面风险管理机制。以“巩固治乱象成果　促进合规建设”“重点领域风险排查”工作为主要抓手持续开

海口市分行员工在石山镇石斛种植园向创业者宣讲金融知识

展风险管理工作，不良贷款率 0.65%，个人业务稽核差错率由 2017 年试行首月的 0.1050% 降至 0.0853%。资产质量居邮储系统前列，保持经营稳健、质量优良的良好发展态势。

提升资产保全力度。通过人员预警、机构预警、客户预警、集中诉讼和贷后管理等，搭建资产质量保障体系。回收不良贷款金额 1.24 亿元，完成总行下达计划的 206%；核销呆账 1.09 亿元，完成总行下达计划的 195%；处置不良金额 2.33 亿元。

提高法律内控管理水平。强化案防责任落实，深入开展警示教育及风险排查；保持案防高压态势，启动内控合规提质增效三年规划；深化外聘律师管理，公开招标建立省行外聘律师库；完善消保和反洗钱管理机制。

强化内部审计成效。从“第三道防线”的角度对全行经营管理、经营行为和经营绩效的全过程进行监督评价。

管理运营效能

推动网点转型升级。一是提升网点综合营销能力。推进“213 工程”以来，全辖二级支行营销并发放零售贷款 180.16 亿元，新增 13.62 亿元，比上年增长 24.26%，支行综合营销能力有效提升。二是网点综合服务能力提升。对公网点数量扩大至 77 家，柜员双持证率 96%，综合化网点占比 100%，实现不增加人员的同时，提升网点综合业务办理能力。

金融科技赋能。信息科技加强五方面工作，系统维护、网络支撑、软件研发、数据管理、风险管理，均稳步推进，并连续 3 年在总行安全运行竞赛中获得满分。

推进现金出纳模式转型。建立海口、琼海区域现金中心，撤销 6 个业务库，实现业务库集约化管理，引进电子化实物管理系统，实现实物流与信息流同步管理，降低操作风险。通过功能分区管理，隔离持枪经警与业务库人员，降低内部盗抢风险。集约化管理实现现金凑袋送行，现金备付率由上年的 0.7% 下降至 0.65%。

全面从严治党

持续压实管党治党责任。认真统筹谋划，全面推进年度党建工作。进一步捋顺党组织关系，6 月 5 日，分行党组织隶属关系纳入省直工委。建立长效机制，持续推进整改工作；持续巩固深化主题教育成果，整改率 100%。

不断夯实党建工作基础。扎实推进模范机关创建工作，突出问题导向，开展好三个专项活动，有效提升机关服务质效；组建青年员工理论学习小组，开展学习活动 240 场，掀起“青年大学习”热潮；全面推进基层党组织达标建设，修订分行党建负向积分管理办法、开展党建综合检查，提升基层党组织规范性。

全面推进党风廉政建设和反腐败工作。抓好全面从严治党政治责任，加强政治监督，开展对“三大攻坚战”和疫情防控的常态化监督检查，围绕落实集团、总行重要工作安排等情况开展监督检查；抓好作风建设，落实中央八项规定及其实施细则精神，加大对形式主义、官僚主义的整治力度，开展落实“一月一事　消灭最差”活动，防范和查处“四风”隐形变异问题；抓好党风廉政警示教育，开展“党风廉政警示教育月”活动，抓早抓小，持续强化和推进党风廉政建设和反腐败工作。

人才队伍建设

队伍建设专业化。从业人员 1808 人，销售类人员 410 人，占比 22.68%。其中，理财经理 81 人、个人业务客户经理 113 人、公司业务客户经理 28 人。专职风险内控人员 298 人，占员工总数的 16.48%。队伍专业化、综合化能力进一步增强。

加强积分制管理。绩效考核统一、岗位职责清晰、业绩量化可比，营销和风险管控协同发展的新局面逐步显现。分行正向积分比上年增长 18.26%。

品牌影响力

分行成功中标海南医保局医保电子凭证混合支付应用单位，成为海南医保局项目首选合作银行。海南省分行荣膺“海南省企业 100 强”“客户满意奖”等称号；廉洁文化作品荣获海南银行业一等奖；“党建 + 信用村”案例荣获省直工委党建创新奖。（邮储银行）

重 庆 市

【重庆市邮政分公司】 重庆邮政（含寄递事业部）完成收入 66.22 亿元，列全国第 13 位；完成集团公司收入预算的 102.86%，列全国第 8 位；比上年增长 8.91%，列全国第 12 位，高于全国平均增长 2.95%；实现利润 5.28 亿元，收入利润率、净资产收益率、全员劳产率等指标排名全国前列。无重大安全生产事故。

重庆市长寿区邮政分公司举办惠民消费季“消费扶贫 直播带货”电商助农公益活动

经营发展

普遍服务“两提升、四强化、七确保”重点管控指标达标。建制村直接通邮质量提升，普服邮件全程时限达标，邮政服务申诉处理满意率100%，县及县以上城市党政机关《人民日报》当日见报率100%，机要通信连续28年实现质量全红，巡视专用信箱寄递万无一失。

代理金融完成收入41.15亿元，比上年增长8.12%，完成集团公司预算的102.14%。新增时点余额265.37亿元，新增月日均余额258.35亿元，双创历史新高；期末余额市占率13.47%，新增余额市占率11.02%，均列全国第1位。实现新单保费100亿元，其中，实现中邮保险新单保费15.41亿元，完成集团公司目标进度的111.1%。寄递业务完成收入14.16亿元，比上年增长19.34%，完成集团公司预算的102.86%。其中特快业务收入2.63亿元、快包业务收入3.02亿元、国际业务收入3.67亿元、物流业务收入4.62亿元。渠道平台完成收入5.29亿元，比上年增长0.92%，完成集团公司预算的113.82%。全市建成全国农产品示范基地1个，市级农产品示范基地31个；县级分拨仓32个，县下周转仓107个；邮乐购店1.16万个；邮乐网县级馆42个，注册“邮乐小店”35.83万个。文化传媒完成收入4.63亿元，比上年增长7.37%，完成集团公司预算的102.94%。其中，函件业务收入1.21亿元、集邮业务收入1.53亿元、报刊发行收入1.89亿元。

深入落地实施惠农合作项目，累计走访农民专业合作社6791家、个人客户和家庭农场4664家，为其中2529家提供2项以上邮政服务；开展“金融惠农、绿色助农、渠道兴农、品牌兴农”行动，其中农产品进城项目实现收入1.03亿元，全国基地项目（奉节+巫山）实现销售额1043.66万元，涪陵、江津、云阳、铜梁、巫山5个单位成功入选“互联网+”农产品出村进城工程试点单位。

围绕“提升客户体验、提高网点效能”的转型目标，创建“巴南样板”（“政务+邮政+便民服务+电商扶贫”运营模式）复制网点115个。将“巴南样板”与网点系统化转型、财富管理项目相结合，有效推动代理金融系统化转型工作。全市代理金融网点系统化转型导入983个，覆盖率66.78%，超集团公司年度目标进度的16.78%。全力推进渠道平台转型，全市形成六类网点转型模式，完成渠道转型网点191个、进驻高校51所，打造西大荣昌邮局等一批网点转型标杆。

核心能力

基础设施建设持续推进。投入能力建设资金6.68亿元。其中，寄递能力建设投入资金3.08亿元，实施邮件处理、仓配中心、投递站等寄递能力建设项目45个，改造场地面积约4.1万平方米；邮区中心局新增处理能力90万袋（件）/天。投入资金1.4亿元，完成152个网点的建设改造和硬件配置。建成“邮快超市”2057个，实施区县重点工程项目12个，组织实施IT项目12个。以“邮快合作”为契机，创新开展“邮快超市”建设，建成“邮快超市”2057个，实现全市主要乡镇全覆盖。截至12月31日，省内快包次日递率93.62%，列全网第3名；省内特快次日递率95.64%，列全网第4名。

客户服务能力稳步提升。开展6个专项体验和1个复体验，构建“专业条线管理+服务质量综合管理”的网格式客户感知管理体系，成立三级客户感知管理团队。加强视察检查和非现场检查，开展普服达标集中整治、乡镇邮政局所专项检查、普遍服务给据邮件丢损率压降等专项活动。

协同发展优势加快构建。推进惠农合作、政务服务、汽车产业链、医药市场、电商市场等协同项目，实现收入3.37亿元。创新组织市级经营发展项目40个，实现收入7.53亿元，新增收入4.84亿元，占业务总收入比上年增量的89.36%。组织开展各类直播带货287场，销售产品56.31万单，实现收入951.19万元。

人才队伍建设持续优化。校园招聘签约94人，社会招聘录用990人。开设邮政特有职业资格远程培训班4个，参学人数2062人次；举办邮政职业技能鉴定培训班31期，整体合格率84.76%。

运营质效

完善常态运营管理机制。建立“日管控、周分析、月考核、季考评、年评比”常态运营管理机制。明确经营管理“两项原则”。落实专业化经营要求，推进中邮证券重庆分公司筹建工作。推动纪检监察组织建设，调整纪检机构设置，设立相应层级的纪委办公室。

财务精细管理不断提升。采取成本预算与高效业务发展、环节成本压降挂钩配置，科学制定财务配套政策，推动寄递业务量质并重发展。寄递环节成本较上年下降19.21%，达到预期目标；5个环节全部达到年度目标值。开展资产清分与清欠专项行动，截至12月31日，寄递逾期欠费占比5.28%，低于全国平均水平17.62%。

基础管理工作不断夯实。盘活闲置房屋资产 202 处（面积 7.22 万平方米），完成三年盘活目标的 57%。开展全市 1583 名新 B 类合同用工人员并轨管理工作。完成集中采购项目 111 项，采购合同涉及金额 3.71 亿元。完成审计项目 352 个，为企业节约支出费用 3240.7 万元。

党的建设

全面压实管党治党责任。严格落实“三个第一时间”学习机制，开展“理论武装提升行动”，召开党委中心组学习 10 次，编发中心组学习资料 12 期。完成检视问题 60 项整改措施、专项整治 33 项整改措施。规范党小组设置，74 个党支部新成立党小组 208 个。

扎实推进党风廉政和反腐败工作。完善党风廉政建设工作机制，公司党委班子成员牵头建立年度工作任务责任清单。推进“模范机关”建设，开展“一月一事　消灭最差”活动。深化“讲规矩、守纪律、知敬畏”纪律教育活动，督促各级党组织开展“以案四说”警示教育 80 余次。收到并处置信访 110 件（含集团巡视移交 54 件）。

全力配合开展巡视工作。严格按照集团公司党组第五巡视组要求完成“立行立改”工作。明确整改任务 66 项，制定整改措施 130 项。在集中整改阶段，完成整改措施 81 项，阶段性完成且持续推进 49 项，问责处理 90 人次。持续抓好中央巡视整改、集团公司党组“未巡先改”等工作，整改任务按既定要求全面完成。

全面加强领导干部队伍建设。选拔调整领导人员 49 人。修订出台领导人员管理规定、优秀年轻领导人员培养选拔实施意见等 10 多项重要制度，推动形成“能者上、优者奖、庸者下、劣者汰”的正确用人导向，形成三、四级领导人员储备人选 147 名。对市分公司党委直管领导人员按月进行绩效考评。

干事创业氛围日渐浓厚。制定《重庆邮政“比学赶帮超”活动实施方案》，确定对标指标 20 个，与 12 个省（市、区）分公司进行对标。开展年度“8+1”选优评先表彰，邀请青海邮政葛军同志讲授专题党课等活动。强化经营过程管控，健全“擂赛 + 双创”的常态化竞赛机制。关心关爱员工，实施好事实事项目 10 项。

央企责任

服务疫情防控大局。认真落实“四不中断　四免费办”服务承诺，开通救援物资寄递“绿色通道”，免费向湖北疫区发专车 19 台次，运送防疫物资 3.96 万袋（件）、生活物资 280.75 吨。全力保障邮政服务工作，确保疫情期间党报党刊投递、机要通信渠道安全畅通。积极助力复工复产，利用 5 天时间完成全市 39 个区县 1801 所学校的教材配送任务，配送教材 170 万份、书籍 1000 万册；开展农资及生活物资配送工作，配送化肥 2 万余吨、种子 208 吨、蔬菜等生活物资 150 吨。抗疫工作得到各级党委政府和社会各界充分肯定。合川片区寄递事业部直营揽投部南城团队队长尹远获“全市抗击新冠肺炎疫情先进个人”称号，涪陵马武支局长尹柱获“全国交通运输系统抗击新冠肺炎疫情先进个人”称号，8 名抗疫先进个人和 2 个抗疫先进集体受到集团公司表彰。

“十三五”实现圆满收官。“十三五”期间，省分公司始终坚持把发展作为第一要务。收入规模从 2015 年的 31.08 亿元发展到 57.67 亿元；规模排名较 2015 年上升 7 位。发展速度 5 年年均增长 13.16%，列全国第 2 位，高于全国年均增长 4.8%。利润规模超“十三五”规划目标 1.95 亿元，较“十二五”末翻两番，5 年年均增长 31.91%。市寄递事业部速递账收入规模从 2015 年的 3.36 亿元发展到 8.55 亿元，5 年年均增长 20.49%。基础建设 5 年累计投入 28.71 亿元，较“十二五”增长 32%。

助力三大攻坚战。全面落实疫情防控和复工复产达产要求，未发生重大及以上安全责任事故，金融风险整体可控，完成全国“两会”期间的安全保障任务。按照地方精准扶贫要求，高质量完成定点扶贫年度任务；持续加大邮政电商扶贫力度，建成 14 个扶贫地方馆，实现贫困区县全覆盖，销售农产品 932.8 万元，比上年增长 52.22%。认真落实绿色邮政建设行动三年规划要求，“瘦身胶带”使用比例接近 100%，电商快件不再二次包装率超过 70%，可循环邮袋使用率超过 90%；全市设置标准化包装废弃物回收装置 736 个，占比 39%；全面完成国家邮政局“9792”各项工作目标。

全力以赴防汛抢险。8 月中旬，“长江 2020 年第 5 号洪水”与“嘉陵江 2020 年第 2 号洪水”过境重庆主城，多地邮政第一时间启动防汛抢险应急预案，按照地方政府的安排，赶在洪峰到来前，连夜将网点设施设备和重要物资转移到安全地带；对部分受灾相对严重的网点，及时运去沙袋等抗洪物资，并组织人员协助排水，尽可能将损失降到最低；积极采取绕道或摩托车转驳邮件的方式，解决部分邮路中断问题，实现安全度汛。（重庆市邮政分公司）

【邮储银行重庆市分行】

经营发展概况

实现营业收入 35.33 亿元，增长 8.6%；净利润 9.59 亿元。经济增加值 0.12 亿元，经济资本回报率 10.19%，成本收入比 46.33%。总资产 3596 亿元，增长 11.6%。各项存款余额 3374 亿元，增长 10.8%，新增存款 328 亿元；各项贷款余额 966.30 亿元，增长 14.33%；存贷比 28.6%。不良贷款率 1.24%，比上年持平。拨备覆盖率 199.9%。

落实中央决策部署

抗击新冠疫情。强化常态化疫情防控，成立疫情防控工作领导小组，全方位部署疫情防控各项工作，坚持每日人员体温测量、检验健康码、环境消毒等多项防疫举措，全行无确诊或疑似病例。落实抗疫再贷款、惠企纾困、支持企业复工复产等政策，为抗疫企业提供融资27.8亿元，为受疫情影响客户贷款延期、展期29.5亿元。

服务国家战略。加大成渝地区双城经济圈建设、产业转型升级、乡村振兴等重要领域信贷投放力度，新增各类贷款比上年多增24亿元。助力18个深度贫困区县全部摘帽，金融精准扶贫贷款余额22.2亿元，完成计划的398.48%，扶贫小额信贷结余1.2万笔，金额4.44亿元，位居重庆银行同业第三；落实绿色银行建设三年规划，绿色信贷余额23.8亿元，比上年增长51.21%。

推进普惠金融。完成"两增两控"监管考核目标，普惠型小微企业贷款新增31.6亿元，高于各项贷款增速11.1%；新增小微客户2473户。

业务转型发展

零售业务。个人业务结构优化，新增储蓄存款45.9亿元，比上年多增16.02亿元。活期存款新增17.39亿元，比上年多增16.06亿元。新单保费比上年增长246.63%，销售非货币基金比上年增长94.87%，销售信托及资管业务比上年多销8.78亿元。VIP客户新增7万户，比上年增长367.41%。完成138家网点转型导入。"三农"金融业务发展提速增质，推进数字化转型，线上线下融合发展，小额贷款净增25.2亿元，极速贷净增22.59亿元，与再就业、农担合作，平台类贷款增长10.66亿元，贷款不良率下降0.33%。消费贷款净增68.88亿元，新增收入贡献度47.34%。信用卡收入1.72亿元，比上年增长13.58%。开展"悦享"主题营销，新增新客15.97万户，居邮储系统第四。网络金融新增收单商户4.34万户，完成计划的193%。新增快捷绑卡29.9万户，增幅21.4%。

公司金融。公司存款余额134.72亿元，净增23.83亿元，公司贷款余额127.51亿元，净增8.24亿元。投行业务发放首笔并购贷款1.5亿元。银行承兑汇票开票量增长44.43%。小企业贷款结余50.02亿元，净增7.65亿元。线上小微易贷净增3.01亿元，占小企业贷款净增的40%以上。持续开展"大走访"营销，深挖白名单客户，贷款客户净增372户。

资金资管。实现金融同业收入3.27亿元，居邮储系统第八。同业融资新增投放221亿元。完成票据业务机构改革，票据交易量1317.18亿元。托管业务实现业务收入8730万元，居邮储系统第五。运营质量、托管基金完成率和销托比，保持系统内领先。

风险内控管理

全面风险管理。摸清缓释贷款风险底数，摸排缓释贷款1097笔、11.67亿元，前瞻性把控资产质量变动情况。加强信用风险限额监测预警，建立各产品、机构资产质量限额监测预警机制，按周分析，按月通报。对风险暴露较快的产品和机构开展摸排分析，报告并执行风险化解措施。

信用风险管理。开展不良资产专项清收活动，加强精准考核和工作质询，不良贷款率与上年末持平。处置不良贷款本息合计8.11亿元，比上年多处置9000万元。

法律内控管理。开展内控合规提质增效及市场乱象整治"回头看"活动，实施反洗钱集中处理、客户投诉、整改问责专项治理。持续推进"走基层、促平安"风险管控督导。开展案件警示教育及案件风险排查，梳理案防风险点337个。认真落实监管要求，以案促改，切实加强和完善代理金融管理。

内部审计工作。强化对问题整改的监督，问题整改率由84.72%升至94.9%。完成专项审计项目29个。

安全生产工作。开展安全保卫提质升级活动，强化科技安防，完成2家二级分行联网监控中心建设。持续开展标准化达标建设，新增达标2家二级分行和18个网点。

管理运营效能

机构改革。在市分行、二级分行层面将各部门划分到个人金融、普惠金融、公司金融、风险管理、综合支撑5大板块，明确各板块牵头部门，建立起部门间规划统筹协调机制。

资产负债。出台公贷减值跨年度分摊、资产业务发展专项市场发展费等支撑政策，加大贷款投放的考评通报力度，净增实体贷款111.52亿元，完成实体贷款计划的101.43%。

财务管理。汇总审批事项、优化集中采购目录、强化预算管控等措施，推动二级支行市场发展费的有效使用，支撑基层业务发展。强化核销贷款税务报备工作，直接节约全行所得税费用6747万元。全面清理往来账款，减少总行资本占用超100万元。

金融科技赋能。自主开发完成"快讯通"报表系统等项目，切实为基层减负，提高工作效率、支撑业务发展。强化数据治理及应用，重要信息系统运行完好率99.9%以上。

运营管理。推行柜员综合化，实现统一柜面业务免填单和无纸化。新投自助设备419台，设备完好率98%以上。上线自助设备动态密码锁系统。推进客户身份信息专项治理，单位问题客户完善率99.96%，居邮储系统第1名。

客户服务。推进客户体验提升活动，对突出问题进行客户旅程优化，业务办理时长大幅缩短，投诉率比上年下降43%。

代理金融。对1460个代理网点进行合规风险等级评价，根据风险评级结果做好业务分级管理。建立协同考评方案，跟进、督办协同项目总牵头部门、项目具体责任部门严格按照协同考评办法推进相关工作。

全面从严治党

党建重点工作。落实党的政治建设任务清单，开展党建述职评议考核，落实意识形态工作责任制。开展模范机关建设，强化政治机关意识。落实“三个第一时间”学习机制，深化“理论武装提升行动”。抓实党建工作基础，开展“共建、共享、共进”主题活动、“合规——共产党员在行动”专项活动，推动党建与经营互融共促。

党风廉政建设。聚焦疫情防控、脱贫攻坚等重点领域，紧盯会议费管理、薪酬管理、信贷清收等关键环节，开展监督检查。对30个党组织开展常规巡察和巡察“回头看”，巡察覆盖率94.6%。“严”的氛围日益浓厚，运用“四种形态”处理112人次，其中党纪立案6起，有效发挥“利剑”作用。落实中央八项规定，整治餐饮浪费，持续改进文风会风，文件数量比上年下降15%，会议费比上年下降70%。

巡视整改。落实全面从严治党主体责任，持续推进中央巡视整改工作。积极配合集团政治巡视，对标对表落实巡视整改，细化整改措施，阶段性完成整改任务。落实“未巡先改”要求，举一反三自查整改，深化标本兼治。

人才队伍建设

人事改革。启动“领航工程”第一批人才库建设，组织推动干部员工年度考评工作，制订人才发展规划。通过校招、社招方式充实营销、科技队伍215人。

队伍作风建设。开展员工行为排查7次，签订《排查责任书》246份，召开员工行为排查联络员会议36次，排查员工2万余人次，发现异常行为人员28人次。（邮储银行）

【中邮保险重庆市分公司】

转型发展成效初现

超额达成经营目标。实现总保费32.18亿元，完成年度预算的108.09%；实现新单保费16.21亿元，完成年度预算的108.03%，其中实现期交新单保费12.20亿元，完成年度预算的103.22%（其中长期期交6.74亿元，完成年度预算的109.44%），实现趸交保费3.9亿元，完成年度预算的126.56%；实现续期保费15.97亿元，完成年度预算的108.15%；实现个团险保费1108.58万元，完成年度预算的105.58%。

业务结构明显优化。期交保费占总保费比重的37.92%，比上年提升3.78%；期交新单占新单保费比重的75.26%，比上年提升11.58%；长期期交比上年增长239.30%，占期交新单比重的55.29%，比上年提升31.56%；实现新业务价值7098万元，比上年增长208.23%；新单负债成本率、标准保费业管费用率比上年下降22 BP、49 BP，初步实现规模、速度、质量、效益协调发展。

行业竞争力明显提升。保费规模在全市寿险公司列第7位（比上年提升2位），列全市银保市场第3位（比上年提升1位）；期交新单保费规模列全市第3位（比上年提升1位），占全市银保市场份额的25.5%，列全市第1位。

业务品质保持优良。23项运营指标全部达到或超过全国平均水平，15项指标全国前五，6项指标全国第一；13个月、25个月继续率、失效率、件数复效率均居全国前五；小额线上理赔实现全网点覆盖；获评“中邮保险2019年度合规管理先进单位”等荣誉16项。

“三大攻坚战”圆满收官

精准扶贫落地见效。坚决落实党和国家精准扶贫要求，全年为10483人次提供风险保额4.07亿元，完成消费扶贫2万元。2020年完成中邮保险重庆分公司三年扶贫规划，2018—2020年累计为2.24万人次提供风险保额10.01亿元，实施扶贫理赔5件（赔付金额25万元）；累计开展公益扶贫活动6次，覆盖1000人次。

全力防范化解重大风险。统筹推动内控管理提升年、“亮剑行动”回头看等专项活动，全年未发生重大资金案件和群体性风险事件。完成打好防范化解重大风险攻坚战三年规划，四个方面14项重点任务严格按照序时进度完成，销售行为不规范、可回溯管理不到位、客户信息不真实等乱象得到有效遏制。

扎实推动绿色邮政建设。在线出单率、保全线上化率、理赔线上化率、在线培训率分别达98.62%、57.71%、65.32%、100%，人均办公用纸降幅33.18%。完成中邮保险重庆分公司绿色邮政三年规划，三年来统筹推进绿色运营、绿色生活、绿色品牌、绿色生态四大绿色项目，关键指标全部达标。

综合管理务实高效

疫情防控和复工复产“两手抓两促进”。全面落实疫情防控要求，统筹推动疫情防控、员工管理、经营服务等工作；贯彻总公司7项理赔快速应急措施，落实邮保安康C保险责任扩展要求，开设微信专项理赔通道，开展网络培训及公开课108场，确保疫情期间生产秩序不乱、经营服务不断；采买各类防疫物资16.19万元，员工无感染或确诊新冠肺炎情况；支撑邮政复工复产，连续22天帮扶一线投递班组，妥投各类邮件8000余件。

基础能力持续提升。模式深化成果巩固，39个区、县代管机构，85名专岗人员全部到位；深化人力资源管理，制定印发员工手册，调整优化内部组织机构，落实干部交流轮岗；品牌宣传取得新成效，完成系统内首家轨道交通语音广告投放，覆盖客流量1.92亿人次；投放微信朋友圈“品宣＋业宣”广告，覆盖流量客户71万人，点击次数1519次。财务管理规范高效，年度总预算执行率达97.72%；贯彻落实过紧日子要求，压减行政办公经费57.65万元，节约非生产性成本16.56%；全年实施集中采购5项，资金节约率4.6%；公开招标3项，采购公开率88.14%。

全面从严治党持续深化

扎实推进巡视整改。配合集团公司党组第五巡视组开展巡视工作，根据巡视反馈问题，坚持举一反三、立查立改，明确46项任务和72项整改措施；集中整改阶段建立“半月例会、协调推进、监督检查”三项机制，72项整改措施年内全部落实到位。

全面加强党的建设。以党的政治建设为统领，全面落实管党治党责任；严格落实“三个第一时间”学习机制，严格执行意识形态工作责任制，持续巩固深化主题教育成果，全年开展党委理论中心组学习16次、党建测试8期、党建知识接龙240余期；加强基层党组织达标建设，统筹开展“党旗领航　创先争优”主题实践、“党建+”系列活动16次，形成支部工作法3篇，全年发展党员4名、入党积极分子3名，分公司党委全面从严治党自评得分99.5分；开展模范机关建设和机关作风建设专题活动，查找问题44个（其中党委问题5个），制定并完成整改措施97项（其中党委完成整改措施17项），切实转变机关工作作风；抓实纪律建设，深化纪委“三转”，开展各类监督检查12项，风清气正政治生态良好；落实员工幸福工程，累计支出16.1万余元，慰问员工546人次，开展员工交心谈心106人次；成立青年理论学习小组，开展集中学习20次，强化青年思想引领。（中邮保险）

四川省

【四川省邮政分公司】 业务收入104.29亿元，居全国第6位，增长8.7%，快于四川经济增速（3.8%）和全国邮政平均水平（5.96%）；实现经营利润5.16亿元，收入利润率6.08%。

业务发展

寄递业务。实现收入23亿元，增长16.31%，高于全国邮政和四川行业增速11.03%、6.69%，业务量、收市占率分别提升1.4%、0.55%。特快业务实现收入6.39亿元，极速鲜项目翻番增长，散件收入突破1亿元；快包边际贡献率5.05%。

代理金融。实现收入63.8亿元，增长8.5%。储蓄业务实现利差收入48.58亿元，新增有效客户74万户，全国第四；新增余额304亿元，结算手续费率1.20%，比上年提升0.36个BP，全国第四；代理保险实现收入8.57亿元，增长15.4%，手续费率6.3%，比上年提升1.3%，中邮保险长期期交保费增长185%；非储收入占比23.95%，比上年提升0.56%。

基础业务。函件专业实现收入2.5亿元，增长13.96%。集邮专业实现收入2.46亿元，增长1.85%；定向开发收入2430万元，占专业收入的10%，均列全国第二。报刊专业实现收入4.88亿元，增长4.3%，实现流转额13.44亿元，全国第四。

电商分销。线上零售交易额7825万元，全国第六，其中邮乐小店零售交易额5268万元，全国第一；打造数字化站点4670个，实现自营批销1.43亿元；8088个邮乐购站点叠加易邮自提业务，代收代投包裹430万件；“川货龙门阵”邮乐直播带货60余场；分销收入规模全国第七，毛利率15.7%。

社会责任

战疫抗洪。免费收寄防疫物资8.6万件，500余吨，“众志成城　勇士战队”往返武汉129趟次，承运救援物资超1441吨；为四川1464名援鄂医务人员赠送定制邮折；推广线上办、邮寄办，营业网点开业率90%以上，省应对新冠肺炎疫情应急指挥部2次送来致谢锦旗。面对我省首次Ⅰ级防汛应急响应和14个市州、56个区县、128个营业网点受灾紧急汛情，全省上下闻汛而动，最大程度减轻损失、最大限度保障生产经营正常运转。

服务国家战略。实现成渝主城区特快当日递。对口帮扶256个贫困村、18241名贫困人口全部脱贫出列，“绿色邮政建设行动”三年规划21项指标全部达标，代理金融风险可控。中欧班列（成都）“四川邮政号”首发，运营中美航空通道89班。形成四川特色邮政惠农服务模式，合作区县政府83个，建立示范基地40个；组织农肥优惠购销售4万吨，为农户节约采购成本1000万元；助力农产品进城2200万件，为农户节省寄递成本5600万元；拉动农产品销售11亿元，惠及24万农户；承办“中国邮政助力农民合作社高质量发展现场交流会”，获农业农村部，省委、省政府和集团公司肯定。

普遍服务。“七确保”达标，未触碰“两条红线”，机要通信失密丢损率为零。《人民日报》当日见报率提升2.73%，安排自有资金约8000万元用于建制村通邮、人员配装等。叠加便民服务40余种，零收入纯邮务类网点清零，万元以下网点占比下降45%。普遍服务先进典型王顺友、其美多吉雪线邮路受到省委书记点名表扬。

对外合作。省分公司领导作为“首席客户经理”，推动与交通厅、退役军人事务厅、省税务局等党政事业部门和供投集团、中海物业等行业合作，新签省级总部客户25家，累计64家，实现收入3.92亿元，增长16.33%。邮快合作区县全覆盖，建成共享站点1646个，代投社会快递邮件1272万件。参与金通工程，利用农村客运班车代运下乡进村邮件，攀枝花、泸州等6个市州、10个区县、31条线路试点。

改革创新

寄递改革。试点打破行政区划组网，推进“3+16”省内网布局，4个市州跨区域组网。建立调度关键人体系，实行省级垂直管控。特快、快包优势线路分别为86条、103条，较上年增加25条、29条。一干邮路采购单价降低23%，干线邮路装载率48%，两项合计节约5000余万元；在863个点部试点揽投末端揽活。成都邮区中心局精简生产机构1个，调整人员256人。

渠道转型。打造378个样板网点；585个警邮网点实现收入1422万元，179个税邮网点年代征税额2.6亿元，联通号卡项目发卡21万张，全国第一，开通电商退换货网点2650个，全国第二，揽件3.65万件。

板块协同。坚持省市县三级协同工作机制，举办10期“协同讲堂”，建立项目奖励资金池，实施协同项目25个。惠农合作、汽车产业链、医药物流等集团重点协同项目超计划完成；工会普惠服务项目新增发卡45.7万张，形成收入7000余万元，累计沉淀资金14.5亿元。

企业管理

对标管理。开展“比学赶帮超”，启动全面对标管理，运用“三个视角”“三大规律”设置核心、专业、能力支撑3个层级、36项指标。

资源管理。增配金融网点合同用工602人，寄递人员跨专业调整239人，分类明确金融网点人员配备标准，开展寄递劳动定额行业对标。成本费用率比上年下降2.18%；五大环节件均成本全面压降，寄递账比上年减亏6301万元；寄递欠费率比上年下降7%；23项效益指标、寄递11项管控指标改善；减免社保资金2亿元，退减税费5000万元。清查固定资产，账外资产、有账无物、报废在用问题全部整改。

队伍建设。开办“川邮讲堂”；线上线下培训2129期，15万人次参训；专职理财经理基金持证率30%，培养AFP人才141人、高技能人才188人；荣获全国邮政企业科技创新成果二等奖2个、三等奖1个、小技改小发明奖3个。持续开展金秋助学、医疗互助、小家建设等五大类15件好事实事；7个集体、27名个人获国家级、省级和集团公司表彰。

能力投入。投入能力建设资金6.15亿元，增长63.56%。实施天府机场航空邮件处理中心等20个处理和仓储建设项目，实施“三关合一”等87个工艺设备项目，全省日处理、投递能力分别为510万袋（件）和101万件；打造350个金融转型网点，新增ATM/CRS 411台、ITM 478台；自主研发金融生态圈“易邮铺”平台，构建O2O服务生态。

风险管控。开展集采、固定资产投资绩效、外包管理等项目审计951项；工程项目审减1553.6万元，审减率8.21%。健全安全制度体系，代理金融风险管理水平连续3年列全国前两名。

党建工作

以党的政治建设为统领，切实扛起党建主体责任，推进全面从严治党。落实“三个第一时间”学习机制，举办

四川资阳市邮政分公司举办以“邮映辉煌　集邮与党史”为主题的党日活动

党的十九届五中全会精神培训班，党委书记带头谈体会、讲党课；巩固“不忘初心、牢记使命”主题教育成果，完善党建综合考核评价办法，加强作风建设，开展“一月一事　消灭最差”、模范机关建设、基层党建联系点、党建专题调研、挂包帮等活动，建立重点工作督办机制；领导干部带头开展专题调研、跟班写实、督导帮扶；推进党风廉政建设和反腐败斗争，立案17件，给予党纪处分20人。一体推进巡视巡察整改，针对集团巡视四川反馈的87个具体问题，制定整改措施337条，已落实336条；开展“表象在基层，根子在省分公司”问题整改，推进省内巡察，巡察覆盖率提升30.65%。（四川省邮政分公司）

【邮储银行四川省分行】

经营发展概况

实现营业收入89.9亿元，增长9.24%；净利润40.41亿元，增长9.52%。经济增加值9.62亿元，经济资本回报率14.56%，成本收入比44.89%。总资产6876.59亿元，增长9.92%。各项存款余额6357.07亿元，增长8.77%，新增存款512.60亿元；各项贷款余额2479.88亿元，增长15.02%；存贷比39.01%。不良贷款率0.68%。拨备覆盖率324.49%。

落实中央决策部署

抗击新冠疫情。在资源匮乏的情况下，通过“绿色通道”迅速采购分发抗疫物资，实现全行员工无一人感染新冠病毒、全行网点无一处成为风险区域的目标。做好支持抗疫企业综合金融服务，累计为企业提供超25亿元的金融支持。疫情防控关键时期，为解决农民工春节后返岗困难问题，眉山市分行开展“农民工返岗·春风行动”，包专车送农民工返岗复工，相关报道在央视《新闻联播》栏目中播出。德阳市分行开展“金融支持春耕春种”活动，在中央提出大力支持春耕春种时，响应号召提供金融支

持，以实际行动助力农民尽快复工复产，央视《朝闻天下》栏目进行报道。

服务国家战略。《帮文星镇复兴村走上“复兴”之路》扶贫故事获选全国银行业金融扶贫典型案例。金融精准扶贫贷款余额 91.52 亿元，列邮储系统第 1 位。省分行被总行和四川银保监局评为“金融扶贫工作先进单位”，喜德县支行被总行评为“脱贫攻坚先进单位”。全面完成绿色银行“三年规划”建设目标。绿色信贷余额 221.55 亿元，增幅 22.59%。

推进普惠金融。完成普惠小微“两增两控”目标，向成都地铁、宜彝高速、科伦药业等 72 个项目 / 客户投放贷款 228.14 亿元。支持乡村振兴，持续发力新农村建设项目。涉农公贷余额 56.66 亿元，净增 22.59 亿元，均列邮储系统第 1 位。

业务转型发展

零售业务。个人存款余额 1496.89 亿元，年日均和月日均增量双双突破 100 亿元大关，增量规模均列邮储系统第 3 位。自营新增存款提升 1.26%，在四季度自营发展两提升评价中，综合评分列第 1 位。理财及代销类业务增长 5190 万元，增幅 35.8%。代理保费规模增长 41.56%，列系统内第 5 位。信用卡新增客户 37.91 万户，列系统内第 4 位，结存卡量 203.97 万张，新增市场占有率 14.4%，列省内同业第 3 位。额度类贷款聚焦“优享贷”和“公积金信用消费贷款”两个拳头产品，净增 28.75 亿元，增幅 1876.51%，自主创新“车秒贷”产品净增 20.12 亿元，增幅 2445.65%。“三农”金融小额贷款余额（含网商贷）381.81 亿元，列系统内第 8 位，与省农业农村厅、省农担公司深化合作，共同开发“惠农快贷”项目，涉农贷款余额 769.99 亿元，净增 184.76 亿元，列系统内第 2 位。小企业金融提前 7 个月完成总行任务目标，贷款余额 178.26 亿元，列系统内第 4 位。首批入围“天府科创贷”和“服保贷”，均实现全省同业间首笔发放。线上产品“小微易贷”新增 12.39 亿元，其中发票模式年净增列系统内第 1 位。生态圈建设方面，收单业务突破线下发展局限，加强与辖区教育、医疗、公益等行业在小程序、公众号等渠道合作，其中新华文轩教辅费用线上收单项目开创“一点做全省”新模式，成为全国交易量最大的单个商户。

对公业务。公司存款时点余额 769.91 亿元，列邮储系统第 5 位，日均余额 757.43 亿元，列邮储系统第 4 位。参与亚洲开发银行跨境联合融资项目。向新希望六和发放 2.52 亿元中长期贷款，系邮储系统内首笔。新签银团合同 142 亿元，列系统内第 2 位，投放 82 亿元，列系统内第 1 位。投行实现收入 7648 万元，完成全年计划的 255%。承销银行间市场非金融企业债券 93.4 亿元，列系统内第 4 位。交易银行中间业务收入增长 200.23%。现金管理签约存量签约账户列系统内第 1 位，新增数列第 3 位，票据综合平均收益率列第 2 位。

风险内控管理

全面风险管理。风控管理持续强化，提升风险与内控委员会效能，持续加强风险管理监督检查，组织开展授信管理专项检查和信贷业务联合检查。

法律内控管理。强化合规文化建设，编写《内控合规典型违规案例选编》，巩固基层内控建设成果，“不敢、不能、不想”的案防理念持续深入人心。在总行 2020 年度消费者权益保护劳动竞赛决赛中荣获三等奖。问责力度持续加大，非现场检查、现场检查、内部审计多措并举，及时发现风险隐患。狠抓问题整改与问责，问责 10022 人次，处罚金额 494.42 万元。

内部审计工作。完成审计项目 88 个，发现问题 1852 个，问题涉及金额 62.88 亿元，提出审计建议 222 条。在全辖开展“审计发现问题整改效果提升年”活动。

安全生产工作。树立“全面、全程、全员”的安全理念，健全安全管理责任机制。深化物防、技防达标改造，强化现场和非现场履职检查。规范全行司法协助工作流程，高质量完成总行、有权机关的司法协助工作。

管理运营效能

财务管理。落实集团过紧日子文件要求，严控成本费用。强化税务管理，加强定价管理。完善以经济资本为核心的信贷业务管理模式，充分体现高质量发展要求。

金融科技赋能。科技支撑能力进一步加强，加强全行生产网终端安全管控，完成省内大数据平台、反洗钱专项资金监测系统建设工作，持续强化数据治理，提升数据质量与安全管理水平。

运营管理。坚守“防控风险、改善体验、提升质效、降低成本”四大目标，持续加强“账户、结算、现金、清算”四项专业运营管理。推动四川省首家区域现金处理中心落户攀枝花分行。

客户服务。“数字人民币”试点工作开展，个人钱包、对公钱包规模以及完成率均列行内试点行第 1 位，场景及交易量列试点行第 2 位，个人钱包存量列省同业第 2 位。上线天府通 APP 数币支付公交系统，成为邮储银行首家实现数币公交应用的试点行。

代理金融。进一步明确代理金融管理职责。完成 5 个未依托、3 个违规转委托问题的整改，全省邮政代理机构劳务用工占比下降 2.36%。

全面从严治党

党建重点工作。一是强化思想引领力。把学习宣贯习近平新时代中国特色社会主义思想作为首要政治任务，认真落实“三个第一时间”学习机制和邮政系统“理论武装提升行动”。二是强化组织保障力。通过“示范点—强基固本—示范区”三步走，持续推进基层党组织规范化建设，广泛开展模范机关建设和基层党组织“共建、共享、共进”“合规——共产党员在行动”等专项活动，有力推动党的建设与经营发展同频共振。

党风廉政建设。驰而不息纠正“四风”，深入贯彻落实中央八项规定和习近平总书记对制止餐饮浪费行为作出的重要指示精神，开展实地检查，促进“光盘行动”。开展公务用车监督检查。持续深化整治形式主义、官僚主义。对宜宾、泸州分行开展巡察“回头看”，分两批对6家市级机构和39家县级机构党组织进行了巡察，巡察覆盖率56.8%。截至12月31日，巡察市、县机构党组织104个，巡察覆盖率56.8%，完成年度巡察目标任务。

巡视整改。强化政治领导力，全面落实党的政治建设任务清单，纵深推进巡视整改工作，集团公司党组专项巡视细化整改措施完成率100%。

人才队伍建设

稳步推进“领航人才”库建设，通过支援挂职、交流挂职、平行挂职践行多元化人才培养模式。持续加大人工成本与经营效益的挂钩力度，薪酬分配关注基层、倾斜一线和前台。加强员工保障，持续健全职工教育培训体系。进一步整治形式主义、官僚主义。加强调查研究，落实好基层联系点制度，持续开展“一月一事　消灭最差”活动，建立和执行首问负责制，进一步改进机关工作作风。全面开展“比学赶帮超”，及时总结好经验、好做法。（邮储银行）

【中邮保险四川省分公司】

强化疫情防控

中邮保险四川省分公司应对疫情工作领导小组迅速成立，制定、启动专项应急预案，制作员工防护和员工防控知识2份手册，发布疫情工作通知、通告、文件40份，编发疫情资讯11条和信息14期，采购员工防疫物品22.6万元。策划《共抗疫情，一起加“邮”》客服活动方案，紧急购置近30万元物品发放全省。组织战“疫”先锋帮扶小组驰援邮政快递包裹投递，组织“防疫战·爱心餐”配送青年突击队为一线抗疫的医护人员、环卫工人和社区工作人员送餐，组织参与中央金融团工委号召的献爱心等捐助活动，44人次捐款1.04万元。

推进经营发展

全省实现新单保费27.06亿元，排名全国第五。期交新单保费20.24亿元，排名全国第5位，其中长期期交新单保费11.70亿元，排名全国第5位。实现续期保费29.84亿元，排名全国第6位；实现团险保费2618万元，排名全国第5位。总保费在省内寿险业排名第11位，在省内银保市场排名第3位；期交新单保费在省内寿险业排名第4位，在省内银保市场排名第1位。

增进业务发展

协同战略。联合邮银加强经营计划、经营节奏、经营活动、经营通报等方面的协同，集团考核的主要经营指标全面完成。组织、参与自办保险高质量发展、提质增效、投（快）递员上门面访、惠农项目“邮政＋农村合作社”生态圈打造、汽车产业链等协同项目。

专业引领。制定8个专业项目思维导图，开展跟班作业。制定《关于加快转型实现高质量发展指导意见》，建立客户旅程7项业务全流程对标体系。强化队伍共建，首次同步举办四川邮政中邮保险代理金融营销团队“三大竞赛”活动，覆盖金融内训师、专职理财经理、网点负责人3900余名。

深化模式。协调省邮政出台机构编制调整、专岗人员选聘文件，形成《岗位工作标准手册》，专岗人员到位率87.6%。完成攀枝花县级管理机构拆分及凉山昭觉入网工作。委托管理费实现“无差错管理”。

优化服务质量

业务品质。建立各专业条线与市州“一对一”的现场帮扶机制、线上专业服务机制。组织开展全省运营技能大赛，评选“最美客服人”。

服务品质。充分借助CRM系统提供差异化、特色化、个性化服务。持续开展2020年“健康＋”系列客服活动，制定《中邮保险四川分公司服务承诺书》。

加强队伍建设

转型培训。开展营销培训2181场，覆盖19个市州，参训人数5.7万人次，累计培训2200课时。通过“岗位大练兵，技能大比武”平台组织2833名渠道学员参与学习，时长4481小时，专兼职讲师开发课程370门。开展集中培训16场，开展期交、长期期交训练营43场。

合规培训。持续开展“合规我挂帅”队伍共建，协同省邮政组织合规检查内训师培训，在“川邮培训”公众号加入中邮保险题库，组织“最强合规”线上答题活动，进一步提升合规内训师专业能力。

加快企业发展

“三大攻坚战”。一是防范化解风险。梳理制定的17个主要目标、36条重点任务、53项具体措施及进度安排已100%完成。紧盯问题整改，扎实开展“亮剑行动”、市场乱象整治、案件（风险）专项治理三项“回头看”，监管检查发现问题的13条整改措施100%完成。开展内控管理提升年活动。二是决胜脱贫攻坚。在喜德县新建2个“中邮保险村”，赠送保额7254万元；以“党建＋扶贫”模式，开展“进乡村　送温暖”系列扶贫公益活动；关注扶贫地区需求，援建党员活动室和幼教点午休房。三是决战污染防治。首次开展包装箱回收活动、生态人文摄影比赛、慰问环卫工人活动。绿色邮政建设年度五大类工作、25项措施100%完成。

科技赋能。立足微信企业号，开发线上请假、车辆使用审批、业绩战报实时查询和管理驾驶舱功能。打造支撑系统平台，实现业务条线 6 张报表的自动填报、客户保单信息真实性自动筛查和对异常数据的自动监测。运用开源 AI 技术，打造智能客户机器人，自动处理咨询服务上千条。

品牌创新。首次在四川新闻网开展专题、通栏宣传。联合四川经济日报社制作中邮保险 APP 上线、绿色邮政、扶贫攻坚 3 条手绘视频和 MG 动画视频，在四川经济网、报社官方 APP 线上广为传播。通过网站、住宅小区道闸、海报、软文、专刊开展 10 周年宣传。联合成都邮政开展“百校致敬抗疫英雄”主题活动。在中国银行保险报、今日头条等重要媒体发稿 62 篇（次）。2020 年，荣获四川省第五届“财经领秀榜”2020 年度影响力品牌称号。

加强企业管理

人力资源管理。一是持续优化干部队伍。严格按程序提任领导干部 5 人次，调整部门领导人员 7 人次，择优确定部门临时负责人 2 人。二是强化干部日常管理。修订完善分公司领导人员管理规定、任免工作程序、部门领导人员综合考评系列办法；重点聚焦“三龄两历一身份”，完成对 14 名部门领导人事档案的审核、复核和认定工作。三是完善绩效机制。修订完善绩效系数评定、绩效考核、员工考勤休假等制度。四是多元激活素质提升。完成年度 7 大教育培训项目组织，举办“员工知识大讲堂”活动 33 期，编发《知知不倦》线上学习 128 期。

财务管理。一是落实零基预算。按照月度、部门和条线三个维度实时监控，按月通报，按季分析。二是深化业财融合。优化费用投入结构。三是规范集中采购。完善部门采购联系人机制，持续推进电子采购与物资供应平台上线运行，累计完成集中采购项目 12 个，公开采购率 100%，资金节约率 26%。

加强审计管理。不断扩大审计监督面，专项审计监督进一步延伸到集中采购、业务外包、固定资产投资绩效和业财数据管理等领域，总省审计发现问题 43 个，整改完成率 100%。

加强安全管理。认真执行总部“平安邮政”优秀单位争创方案，28 条考评项目逐一落实到位；紧扣“安全生产月”和“安全生产天府行”两项活动，落实安全生产“六个一”举措，年内未发生安全事故。

加强综合管理。围绕集团巡视反馈意见和年度重点工作，统筹研究制定重点课题调研、“一月一事　消灭最差”“比学赶帮超”工作方案，党委班子完成重点课题调研 8 次，开展“一月一事　消灭最差”活动 14 次。督办工作畅通政令，修订重要事项督办办法。综合协调规范有序，制定分公司工作协调基本规则。

夯实党建发展

党的建设。一是强化理论武装。理论学习中心组开展集体学习 15 次、交流研讨 14 次，组织考试 5 次，党委成员带头讲党课 5 次；各党支部开展研讨 35 次，组织测试 42 次，支委撰写心得体会 71 篇。二是强化政治建设。成立意识形态工作领导小组，党委专题研究意识形态工作 2 次，35 条工作责任有分工、有部署；高质量召开 2019 年民主生活会、巡视整改专题民主生活会，54 项巡视整改措施已全部完成。三是强化组织建设。完成“两委”换届选举，优化调整党支部 6 个，组织党务干部培训 5 次；开展“党旗领航　创先争优”和“优秀支部工作法”2 项活动。1 人获集团优秀共产党员称号，6 人获总部共产党员先锋岗称号。

作风纪律建设。一是强化作风建设。统筹开展总省三项作风建设活动，各级党组织（部门）累计查找问题 129 次，制定整改措施 209 条次，整改完成率 100%；坚决整治形式主义官僚主义，全省视频会议较上年减少 5 次，发文数量比上年减少 37 份，文件及时办结率持续保持在 100%。二是强化政治监督。扎实开展疫情防控、“三大攻坚战”、重点任务落实、巡视整改四个方面监督检查，对涉及巡视整改的 7 名责任人进行问责。三是强化日常监督。开展党委工作规则、“三重一大”决策制度执行情况监督检查 2 次；紧盯“关键少数”，完成 27 名领导人员（含非职）廉政档案的系统录入，党委班子对调整、提任部门领导开展任职廉政谈话 4 次，班子成员对分管领域部门领导开展例行谈话 64 人次；制定贯彻落实集团严禁内部同城相互违规公务接待规定和关于领导人员操办婚丧喜庆事宜纪律的实施细则。四是强化执纪问责。运用“第一种形态”9 人次，“第二种形态”1 人次，持续保持高压态势。

推进精神文明建设

一是加强民主建设。开展工会换届选举工作，优化工会组织建设，召开 2 次职工大会对 7 个提案进行审议。二是畅通诉求渠道。开展工会主席接待日活动，组织职工思想动态调研和谈心谈话活动，收集意见建议 18 条，及时落实并公开反馈。三是打造“员工幸福工程”。共计开展各类日常慰问 805 人次，慰问金额 22.44 万元，购买电脑屏幕支架、改造职场热水供应，开展足球、篮球、观影类活动。（中邮保险）

【中邮证券四川省分公司】 实现收入 3053.8 万元，完成计划的 166.6%；实现利润 1906.6 万元，完成计划的 187.82%。

经营情况

经纪业务。新增证券账户 18081 户，累计证券账户数 103376 户，有效户 3438 户，占比 3.33%；其中邮储三方存管账户 81060 户；客户资产 18.38 亿元，累计证券交易金额 139.09 亿元。新增两融账户 29 户，累计两融账户 95 户，融资余额 7779 万元，总部授信额度为 43373 万元，资金使用率 17.93%。新增股票质押融资 1 笔，融资 3000 万元。销售金融产品 933 笔，金额 2122 万元。

资管投行业务。累计实现资管投行收入 954.3 万元。其中：投行业务收入 878.5 万元，资管业务收入 75.8 万元。签约广安金财 15 亿元公司债、永丰和新三板挂牌财务顾问、国光股份并购业务合作等 3 单投行项目；已达成达州发展 5 亿元 PPN 承销业务合作意向；储备 1 单股改财务顾问项目、1 单新三板挂牌项目、2 单公司债承销项目。

经纪业务

提高发展质量。一是推动“转”。调整经纪业务结构，加强对高价值客户的开拓发展，两融客户 95 户，排名省分第二；融资余额 7779 万元，排名省分第一；两融利息收入 522 万元，排名省分第一。二是引导“转”。由发展账户规模向发展交易型账户和有效户转变，通过销售重点产品、可转债打新等方式，新增有效户 5639 户。三是支撑促进“转”。制定市州协同营销活动推进时间表，统筹安排培训、服务、运营人员；与省邮政、邮储举办线上直播，为邮政“百人军团”举办专场培训，到基层网点开展现场培训 39 场；分片区建立 30 多个微信服务群，解疑答惑；制作各类业务小视频、流程图、一纸通等营销工具，加强服务支撑。

提升协同效果。一是领导带头。分公司总经理发挥带头作用，向省邮政、省邮储领导汇报，争取支持和政策；亲自带队到近 20 个市州推动协同发展。二是协同营销。联合开展中邮证券第三方存管业务营销、比学赶帮超等活动，分公司专人现场办公对接。三是下沉成都 5 个支行及绵阳、德阳 8 个网点、广元邮政开展调研、驻点、外拓，推进示范县建设，挖掘增量市场。四是拓展产品。引进大额两融、上市公司二级市场业务、外部金融产品投顾、高频交易、私募白名单等项目。

增强规模效应。一是做大客户规模。挖掘协同资源，抓牢目标客户，开展精准营销，引导客户开立中三方存管账户；梳理邮政系统内员工开立证券账户情况，点对点营销，促进账户回归。累计新增账户 23442 户，比上年增加 435.44%，市场占有率提升 0.0026%。二是引进大项目。协同联动省邮政公司，通力协作，实现与云图控股大股东的股票质押合作，于 8 月完成首笔放款 3000 万元。

丰富服务方式。一是优化客户维护。对重点客户持仓进行综合分析，制定各类投资咨询，包括每日早评、午评、收评，以及每周投资策略，为客户提供专业的市场信息。二是组织客户活动。举办线上直播交流、线下客户沙龙、投资培训 38 场、高净值客户活动 6 场。三是投资者教育。组织开展投资策略报告会、金融知识普及月、打非宣传月、“3·15”金融消费者权益日活动、反洗钱教育宣传等活动。

资管业务

受监管政策和市场环境影响资管业务无新增项目，其收入全部为存续业务。重点推动代销资管“鸿利来”等产品，明确重点市州推动试点，累计销售资管产品 8.85 亿元，位列全国第四，其中邮储销售 2.2 亿元，分公司销售 6.65 亿元。

投行业务

发挥资本市场作用，服务地方经济，助力邮政邮储惠农工作。响应集团协同号召，依托邮政、邮储资源挖掘投行类客户，拜访省内农产品加工企业、邮储授信客户、民营企业，签订永丰和新三板挂牌合作协议，储备中创五联股份制改造、宇妥藏药精选层上市、惠森生物新三板挂牌、国光股份并购等项目。

发挥邮政金融协同优势，支持四川债券直接融资工作。一是拜访地方平台公司，寻求客户，培育锁定债券客户。广安金财集团 15 亿元公司债已取得交易所批复；与达州发展建立良好合作基础，联合邮储为企业提供 5 亿元 PPN 承销服务，项目已立项。二是协同总部投行团队，赴成都、资阳、自贡、内江、达州、宜宾、眉山等各地市分支行，拜访客户 30 余家，其中德阳罗江支行推荐的四川通融公司债项目于 9 月发行，实现投行收入 849.1 万元；内江鑫隆公司债已取得交易所批复，现处于销售阶段。

运营合规

强化运营能力，做好服务支撑。整合见证资源，支撑发展；拟定柜台业务差错处理制度；按月对网上开户视频、电话回访等运营服务工作质量进行抽查；优化业务办理流程、表单，提升特殊业务办理水平和效率。利用业务系统测试，加强各项操作演练，提升业务办理准度及速度。

严格内控管理，做好合规保障。按月对员工执业行为管理、客户回访、产品营销、投资咨询活动等进行 15 次内部合规自查；根据外部监管及总部的安排，不定期对分公司经营、管理等工作开展自查、整改。对高新、绵阳开展 4 次合规现场检查。制订反洗钱年度培训计划并组织实施，提高员工的反洗钱意识及工作能力；强化反洗钱宣传教育，扩大宣传效果。定期开展合规培训，提高合规意识；将合规风险知识纳入投资者教育过程中，不定期对投资者发送短信提醒；加强与地方监管单位的沟通汇报，落实监管工作安排，主动参加自律检查，提升合规工作能力。

党建纪检

推进分公司党建工作。一是完成支部委员会换届改选工作，明确支委分工。二是加强支部党建、党风廉政建设和意识形态工作，开展员工思想动态问卷调查。三是落实“三会一课”制度，召开支委会 22 次、党员会 14 次，讲党课4次。四是开展研讨交流，《新中国70年》《中国共产党简史》读书分享。五是做好纪检监察工作，加强日常监督检查，开展“守纪律、讲规矩”警示教育月活动、“党风廉政警示教育月活动”和知识测试；各岗位开展廉洁风险防控全面自查，增强员工合规执业、防控风险的意识。六是制定党员干部教育管理办法。支部书记、纪检委员分别与4名拟任部室领导人员进行任前廉政谈话；运用监督执行“四种形态”，对因工作责任履职不到位的3名员工，进行提醒谈话、批评教育。七是助力脱贫攻坚。发动员工捐款4020元、认捐核桃树9株。

巡视整改。一是根据集团公司党组巡视反馈意见，坚持问题导向，在一季度开展集中整改，成立巡视整改工作组。以现场会议、电话会议等方式召开相关会议共15次，研究制定巡视整改方案，明确13项整改任务，制定35项措施。至年末完成34项、1项未完成。二是制订持续推动巡视整改工作计划，按季对整改情况进行评估。按照集团审核反馈意见对巡视整改进展情况及有关基础材料进行完善。三是根据集团2020年第一批巡视反馈意见及总部要求，组织开展“举一反三”自查整改工作，进一步规范管理。

疫情防控

新冠肺炎疫情暴发后，分公司高度重视，成立应对疫情工作领导小组，加强同地方政府汇报汇通，落实联防联控要求，制定突发疫情应急处置预案，做好防疫物资采购发放，确保员工安全。在疫情期间，组建党员突击队，协助邮政公司处理疫情影响导致的积压邮件；发动23名员工为抗击疫情捐款2000元。员工无确诊、疑似感染新冠肺炎病例。

支撑保障

人力资源管理。截至年底，分公司员工28人。研究生学历5人，本科以上学历22人，大专学历1人。党员15人（含1名预备党员）。根据公司有关工作要求，组织落实员工职级评聘；开展“一报告两评议”，并根据总部反馈评议结果开展整改。制定《四川分公司绩效考核办法》。严格按照规定的流程完成分公司部室领导人员组织选拔任用。制定《部室领导人员综合考评办法（试行）》。

加强团队建设。建立向经营条线倾斜的绩效考核导向和奖励分配机制，引导员工为企业发展做贡献；鼓励员工考取专业资格，提升专业能力；加强党建宣传阵地、员工活动室建设，组织开展“七一”演讲活动、工会活动，丰富员工文体生活，增强员工团队意识。

财务管理。编制年度财务预算，做好日常财务收支管理；完成银行、税务、社保、公积金等单位负责人信息变更备案。

工会工作。办理4名员工入会，完成会员会费收缴，在重大节假日等开展慰问员工活动。（中邮证券）

贵州省

【贵州省邮政分公司】

社会责任

疫情防控方面，成立驰援湖北紧急物资专用运输队，向湖北武汉、鄂州等地区运输紧急药品、医疗用品、生活物资21批次，发运车辆47趟次，运输物资84067件564吨；扎实践行“四不中断、四免费办”服务承诺，助力维护全省经济社会稳定和复工复产。精准脱贫方面，派出驻村第一书记及专职工作人员34人，定点帮扶贫困村25个，投入扶贫资金319万元、协调资金12万元，培养扶贫能手46名。污染防治方面，“瘦身胶带”封装比例91.2%，电商快件不再二次包装率100%，新增包装废弃物回收装置22%，可循环中转袋使用率93.79%。防范化解重大风险方面，完成客户信息治理894万户，消费者权益保护工作及金融知识宣传网点覆盖率100%；信用道德风险排查8018人次，核实数据28.05万条，问责1362人次。普遍服务水平方面，营业服务达标率100%；投递外勤关键点扫描率96.74%，建制村实地打卡率98.86%，约投挂号及时妥投率95.41%；普服邮件全程时限达标率100%；普遍服务满意度85.8分、全国排名13位，高于全国平均分数0.2分；邮政服务申诉处理满意率100%；条码平信断点率千分之0.33，给据邮件断点率万分之0.75，均达到集团公司要求；建制村总体直接通邮率和普遍服务达标集中整治活动问题整改率100%。机要通信服务质量实现30年全红。

经营质量

实现业务收入33.3亿元，规模排全国第23位，比上年增长6.6%，增长排全国第20位，完成集团公司计划的100.36%，进度排全国第18位。金融业务实现收入20.22亿元，比上年增长5.8%，其中代理保险业务实现收入2.08亿元，比上年增长72.6%，增长排全国第4位，新增月日均余额（剔除三年期）66.45亿元，比上年增长71.74亿元；在网云闪付客户137.15万户，排全省金融机构第1位；新增手机银行激活客户83.96万户，超进度27.21个百分点；新增邮储食堂会员25.49万户，完成计划的127.45%；新增第三方存管业务签约客户1.31万户，完成计划的163.99%。寄递业务收入6.47亿元，比上年增长21.43%，高于贵州快递行业平均增长9%，完成计划的103.58%，增长、进度均排全国第7位，其中，国内特快专递增长排全国第4位，快递包裹增长排全国第7位。邮乐平台实现交易额979.62万元，比上年增长30.8%；邮乐小店累计36.96万个，完成集团公司下达计划的

134.74%；“黔邮乡情”平台累计运作农产品项目571个，销售额3100.72万元，建成数字化优质站点2561个，完成集团计划的121.95%，进度排全国二类省第6位。集邮业务实现收入1.33亿元，完成计划的119.2%，比上年增长15.7%，增长和进度均排全国第2位。增值业务实现收入0.66亿元，规模排全国第6位。公司业务月日均余额比年初新增11.31亿元，完成计划的1047.7%，增长排全国第1位；省政务服务中心“一窗通办”全面进驻，政务项目特快专递收入突破亿元大关，极速鲜项目实现收入2205万元，完成计划的134%；标准箱项目完成222万元，完成计划的322%；创建信用村7个，汽车产业链项目发放消费贷款2924笔3.23亿元，实现项目收入4608万元，完成计划的140%；烟草项目完成计划的140%。

改革创新

完成各级寄递事业部与同级邮政分公司部门管理职能全面整合，调整省市党建和纪检机构设置，退休人员社会化管理移交主体任务全面完成；各级邮政企业保安押运公司面向市场运营正式启动。建立网点人员绩效考核体系，依托KRI风控模型，运用大数据分析，提升非现场检查精准度，内控合规检查转型效果显著。制定标准快递和快递包裹运营标准及“五大体系”管控实施方案，初步形成县以上地区以次晨递为主、次日递为辅的寄递网络架构，全省县级以上城市均实现当日见报；快递包裹邮件出口至16个直达覆盖省的隔日递率提升12.73%，建成自提点880个，自提率比年初提升12.04%。

能力建设

“十三五”中央预算内资金项目开工率、完工率、支付率均100%；贵阳国际邮件互换局（交换站）工艺设备配备工程和贵阳邮件处理中心分拣机配备工程建成投产。完善省内ERP系统运行支持体系和主数据管理体系，完成信息网网络改造工程等项目18个，自主开发和改造经营管理软件项目21个。组织77名三级干部开展十九届四中全会精神集中培训，举办省级培训班70期21348人次，新增基金持证人员120人，储汇从业人员持证率97%。

基础管理

配套专项补贴资金1.1亿元解决历史遗留问题和投入旺季高效业务营销，五大环节成本均达到管控目标，开展固定资产清查和专项整改，欠费余额较上年减少9250万元。完成208名营销员定岗定级，初聘理财经理575人，规范全省各级邮政企业住房公积金缴存基数标准和住房增量补贴发放渠道，统一企业员工重大疾病和意外伤害保险保障责任和参保范围。安全生产专项整治三年行动和“绿盾”工程，深入推进“平安邮政”创建工作，完成春节、“五一”及全国“两会”、国庆等重大活动期间邮政服务安全保障任务，全年未发生资金案件和安全责任事故。完成

贵州省从江县邮政分公司党支部组织党员干部自带干粮帮助贫困户抢收秋粮

审计项目357项，审减率15.1%，完成集中采购项目58项，公开采购率98.28%，节省资金8600余万元。

管党治党

党的建设全面推进，深入落实“三个第一时间”学习机制，建立省市县三级党员教育培训体系，全面落实“664”标准，基层党组织建设质量不断提升。制定党建工作责任制实施办法，开展疫情防控、巡视整改、扶贫攻坚等全省性监督检查5次，推动制定整改措施124项；全省纪检条线运用监督执纪“四种形态”75人次，其中第一种形态67人次、党纪处分7人次、组织调整1人次。制定集团公司巡视整改任务清单，梳理42项整改任务，制定105项整改措施；派出5个巡察组对31个党组织开展三批巡察工作，发现主要问题84个，已整改完成43个，问责30人次，清退资金25.23万元，经济处罚5.89万元。深入开展“让党中央放心、让人民群众满意的模范机关”建设，请示事项按期答复率和文件办结率均100%；严格控制发文数量，省分公司机关发文量较上年下降43.55%。“两节”期间，慰问基层一线员工7000余人次，发放慰问金146.65万元；慰问抗疫一线员工5226人，发放慰问金88.6万元、防疫物资价值322.17万元。（贵州省邮政分公司）

【邮储银行贵州省分行】

经营发展概况

实现营业收入28.31亿元，增长25.27%；净利润10.85亿元。经济增加值5593万元，经济资本回报率10.86%，成本收入比36.06%。总资产1429.87亿元，增长10.59%，列省内六大行第4位。各项存款余额1311.52亿元，增长9.09%，新增存款109.24亿元；各项贷款余额785.45亿元，增长21.92%；存贷比59.89%。不良贷款率0.95%，较上年下降0.10%，较贵州省银行业金融机构平均值低0.42%。

落实中央决策部署

抗击新冠疫情。统筹抓好疫情防控和支持社会经济发展，不折不扣落实党中央、地方党委和监管部门决策部署，召开16次疫情防控领导小组会议研究部署疫情防控和各项经营工作。全力保障辖内分支机构防疫物资供应，加强办公场所、营业场所疫情防控，全行员工未发生疑似或确诊病例。开通疫情防控信贷审批绿色通道、加大人民银行名单类企业走访对接力度、主动降低贷款利率、积极提供信贷资金支持，做好抗疫金融服务，累计发放抗疫贷款24笔、1.27亿元，灵活采取展期、调整还款计划、办理延期还款业务1679笔，全力支持贵州省复工复产。

全力服务国家战略。在脱贫攻坚方面，出台支持毕节试验区、金融助推脱贫攻坚挂牌督战等实施方案，建立跟踪督导机制，按月通报狠抓落实。重点针对“9+3”县区开展挂帮督战，聚焦茶、蔬菜、食用菌等12大特色产业，持续加大扶持力度，累计投放金融精准扶贫贷款92.34亿元，惠及贫困人口46万人，金融精准扶贫贷款余额47.26亿元。深度贫困县所在支行各项贷款增速34.61%，高于全行各项贷款增速，超额完成监管和总行下达的金融精准扶贫贷款任务目标。在服务实体经济方面，单列小微企业信贷额度管理，建立小微企业贷款审查审批绿色通道，实行减免优惠政策。在发展绿色金融方面，持续开展“一把手”带头大走访活动，从绩效考核、信贷规模、信审资源等方面加大对绿色金融业务的倾斜力度，执行“环保一票否决制”、严控“两高一剩”信贷投放。绿色金融贷款余额54.40亿元，较上年增加26.76亿元，三年规划目标完成257%。

扎实推进普惠金融。全年普惠小微企业贷款余额121.47亿元，比上年增长20.67亿元，完成年度目标计划的157%，列邮储系统第6位，普惠小微企业贷款户数23872户，较上年新增2479户；发放普惠小微企业贷款90.13亿元，发放利率6.66%，较上年下降40 BP，小微企业融资成本下降。

业务转型发展

零售业务。零售信贷业务实现收入13.68亿元。个人贷款方面，个人贷款结余415.5亿元，净增67.9亿元，比上年增长19.09%，其中小额贷款结余110.98亿元，净增17.79亿元。小企业贷款方面，结余56.72亿元，实现收入2.15亿元。小企业法人贷款余额56.72亿元，净增12.21亿元，完成总行目标计划的291%，列系统内第3位。实现小企业贷款收入2.15亿元，超预算进度3248万元，收入贡献度7.6%，列系统内第3位。信用卡活跃率系统内第5位、激活率系统内第7位。建成商圈22个，创新开展“邮惠黔城”收单商户营销活动，发展收单商户29584户，完成总行目标的305%，列系统内第3位。电子支付实现收入2890万元，增幅21%，完成总行目标的185%，列系统内第1位。手机银行激活客户净增17.3万户，完成总行目标的173%，列系统内第6位；手机银行月活规模16万户，增幅38%，完成总行目标的117%。开发邮储食堂微信营销看板，发展会员36.3万户，完成总行目标的157%。

公司金融。公司金融业务实现收入6.76亿元，占总收入的23.56%，完成年度计划的118%。全年新增客户7223户，完成总行计划任务的168%，列系统内第4位。全年公司存款时点余额完成总行计划任务的222%，列系统内第4位。公司贷款余额310亿元，作为联席主承销商成功发行贵阳银行不良资产支持证券项目8500万元，“固定资产支持贷款”荣获贵州省第四届金融机构支持实体经济创新金融产品三等奖。

资金资管。金融市场业务实现收入0.9亿元，占总收入的3.18%。成功销售总行发行的首笔永续债券5亿元，为缓解总行资本压力做出贵州贡献。营销贵阳银行、贵州银行的同业存单119亿元，收入排名列邮储系统第10位。贵州银行绿色金融债80亿元成功落地，带来理财托管项目6个、资管计划托管2个、认购重点托管基金2支、规模59.17亿元。成功组建票据团队，获批省内客户系统外交易权限，转贴现业务恢复工作取得实质性进展。

风险内控管理

全面风险管理。建立“行长主控、风险牵头、部门协作、分支联动”的风险管理机制，有效推进风险限额管控、平台类资产业务风控机制等重点问题解决。制定机构风险评价、授信管理评价管理方案，夯实授信管理制度基础，强化授信过程管理。

信用风险管理。开展“弱城投、弱国企、两高一剩”敏感性风险排查。组织开展授信管理能力提升活动，法人客户内部评级治理进度100%，实现授信法人客户评级更新全覆盖。

法律内控管理。统筹推进案防工作，完成防疫贷款、公司贷款等重点领域专项排查、检查共计295项，针对监管评价、风险管理及内控有效性及市场乱象整治“回头看”等监管检查发现的141个问题开展整改，严处违规行为，问责12569人次，处罚金额305.5万元。成功堵截12起违法犯罪活动，消保工作人行考评为A级、银保监局考评连续3年为一级、总行考评连续3年为优秀，连续4年被银行业协会评为“普及金融知识万里行”先进单位。

内部审计工作。围绕业务连续性、信息科技、银行卡支付敏感信息安全等重点环节和关键领域开展27个审计项目，发现问题1311个，问责311人；经济处罚280人次、处罚金额27.21万元，通报批评23人次，告诫处理3人次，纪律处分5人次，为全行稳健经营发挥护航作用。

安全生产工作。发现并整改隐患问题284个，在省公安厅、省银保监局组织的安全评估中首次获评优秀单位。

建成标准化达标网点136个，网点达标率98%。

管理运营效能

机构改革。完成全辖机构调整、人员划转，36个一级支行设置公司业务部，9个二级分行设置公司金融部、交易银行部。

资产负债。累计压降不可撤销贷款承诺19.19亿元，释放低效无效资本占用0.72亿元。全年新发放贷款平均收益率5.78%，比邮储银行平均水平高63 BP，列系统内第4位。

财务管理。全年成本收入比36.06%，同比下降6.48%。集中采购123项，公开采购率93.27%，公开招标率93.05%，均较上年大幅提升，自助设备维护保养服务项目通过公开招标有效降低成本费用50%。

金融科技赋能。完成总行49个信息化工程项目省内成功上线，实施58个网点生产扩容，140个网点生产线路带宽提高至8M以上，完成非税电子化及国库集中支付电子化等9个主要中间业务项目上线、改造及拓展，推动大数据农民工工资代发、贵州烟草、遵义投资集团等5个银企直联项目落地。

运营管理。全面完成62个代理县业务库整改，自营网点全部开通CRS刷脸功能，移动展业设备绑定及交易量列系统内第8位。

代理金融。完成代理机构网点分级，其中一级网点74个，二级网点410个，三级网点333个，四级网点2个；对四级网点督办整改，严格执行高风险业务退出要求，纳入协同限制名单。

深入推进全面从严治党

党建重点工作。牢牢把握意识形态工作主动权，严格落实意识形态工作责任制。积极开展“一进二看三提升”模范机关建设、“共建、共享、共进”2.0主题活动、“合规——共产党员在行动”专项活动，建立支行挂点帮扶工作机制，为分支行解决问题和困难。

党风廉政建设。聚焦全面从严治党、疫情防控、脱贫攻坚等重点领域和形式主义官僚主义突出问题开展监督检查、推动中央决策部署落地。持之以恒落实中央八项规定精神，坚决纠治“舌尖上的浪费”，召开全行警示教育大会通报近年查实处理的违规收受礼金、“公车私用”等典型问题。

巡视整改。针对集团公司党组巡视反馈问题，制定细化措施，整改完成率98.64%，围绕巡视反馈问题制定和修订制度52个，构建巡视整改常态化、长效化体制机制。

人才队伍建设

人事改革。有序推进机构改革，完成全辖机构调整、人员划转，调整明确15个部门负责人，招聘200余人，重点充实公司金融队伍70人、信息科技队伍22人，优化配置理财经理108人，销售类人员占比31%，建立315人“领航人才库”。

队伍作风建设。以严实的作风、高度负责的态度，加强干部队伍建设，形成以上率下、实干、能干、敢干的良好氛围。开展案件警示教育、“一把手”讲合规等活动，加强干部监督、员工行为管理。11个集体、47人次获得国家级、省部级表彰，贵州省分行获邮储银行“脱贫攻坚先进集体”荣誉称号，六盘水市分行荣获全国“巾帼建功”先进集体，“驻村第一书记”罗明元荣获“全国脱贫攻坚先进个人”，陈奕羽荣获“全国抗疫青年志愿者先进个人”。（邮储银行）

【中邮证券贵州省分公司】

经营情况

经纪业务。中邮证券贵州省分公司在总部和省邮政公司的正确指导下，坚持量质并举推进业务发展，既依托邮银谋发展，又立足自身拓市场，加快扩大规模，提升发展步伐，认真落实监管部门要求，主动营造良好发展环境，努力实现总部下达的各项工作目标。

投行资管。持续跟进贵州水投能源公司就下属水电站ABS立项工作。在资管产品销售上，贵州省邮政分公司下发《关于开展2020年中邮证券第三方存管业务营销活动的通知》，文件明确资产管理产品销售给予每笔500元的奖励，分公司在此基础上加大宣传培训，累计销售资管产品4845万元。其中通过邮储银行网点代销2811万元，销售规模持续扩大，形成代理网点与邮储银行自营网点齐头并进的良好趋势。

运营风控

业务管理。按照《中邮证券公司柜面业务操作规程》《中邮证券公司客户账户非现场开户业务管理制度》等各业务线的规章或办法严格办理业务，经核查分公司交易系统、分公司账户均为正常账户，未发现“禁止”或“限制”标识。

合规管理。各项业务均严格按照监管和公司的合规要求开展，严格执行适当性管理的相关要求开办业务，符合监管和公司的相关规定，各项业务有序开办和进行。定期开展合规培训，让员工充分认识到合规经营的重要性，确保企业健康稳定发展。严格按监管要求报送各类监管报表。

反洗钱工作。按照公司管理要求及时组织反洗钱学习与宣传。按照人民银行、中国证监会及公司总部的相关要求，认真履行反洗钱义务，合规、稳健的开展证券经营活动。认真按照人民银行要求落实反洗钱工作，严格按监管要求报送监管报表。

客户回访。开展身份证过期客户的回访、新开户客户的回访、年度客户10%存量回访、自查整改回访、创业板开通回访等回访内容，未发现异常的回访记录，回访中未发现员工代客理财、全权委托等情况。

板块协同

省邮政公司有效开户奖励《关于开展2020年中邮证券第三方存管业务营销活动的通知》中明确全省邮政员工成功推荐证券客户并成为有效账户，按100元/户奖励客户推荐人，按30元/户奖励市州分公司相关管理人员，由省分公司按季度以市州为单位进行兑现。

持续开展党建纪检工作

一是深入学习贯彻党的十九届四中全会和中央纪委四次全会精神，进一步提高政治站位，坚持以“整改不落实，就是对党不忠诚，对人民不负责”的态度，持续做好巡视“后半篇文章”。将持续做好巡视整改工作与贯彻落实集团公司和中邮证券年度工作会议精神相结合，与认真落实集团董事长、副总经理对中邮证券的要求相结合，以制度建设为抓手，强化制度意识，增强制度执行力，推动巡视整改工作进一步深化。二是全面加强规范党内政治生活。严格执行《关于新形势下党内政治生活的若干准则》，落实“三会一课”、谈心谈话、民主评议党员、党员领导干部双重组织生活等基本制度。三是开展好青年学习小组学习活动。为进一步提高青年员工党性修养、理论水平和工作能力，建立分公司青年学习小组，每月组织开展1次集中学习。四是做好廉洁自律，时时警醒把关。严格落实中央八项规定精神，开展党风廉政建设主题月活动，组织集体签订《廉洁从业承诺书》，进行廉政测试，定期通报违反中央八项规定精神问题的案例，充分发挥警示警醒作用，督促党组织和党员干部认真对照自查并严格落实相关要求。节假日前推送廉政提醒信息，对假日期间严防“四风”问题进行了提醒，要求全体员工要严格遵守中央八项规定精神，不用公款吃喝、旅游、赠送节礼，不出入高档私人会所。

企业管理

人力资源管理。截至年底，在职员工8人。其中党员6人，非党员2人，党员占比75%。女党员3人，占党员总数的50%；汉族党员6人、占党员总数的100%；硕士学历1人，本科学历7人，本科层次及以上学历员工占比100%。

财务管理工作。一方面，根据总部下达的收入利润计划进行目标分解与业务指导服务；另一方面，严格按照中国邮政集团公司贵州省分公司新的财务管理办法做好报销报账工作（注：2020年分公司仍在省公司报销费用）。按时做好税务申报、银行账户年检、工商年报登记等日常工作。

其他综合工作。严格按照疫情防控要求，做好疫情日常防控工作。按时配备并发放疫情防控物资，做好疫情防控提醒，按公司统一管理规定定时检查并上报疫情。（中邮证券）

云南省

【云南省邮政分公司】 实现营业总收入36.42亿元，完成集团计划的102.96%，全国排名第6位，比上年增长8.74%，增收2.93亿元；实现利润5811万元，全国排名第11位。货币资金存量3.36亿元，比上年增加1.1亿元；高效业务收入占比69%。人均劳动生产率31.37万元，企业总资产周转率、国有资产保值增值率提升，企业改革动力与发展活力增强。

疫情防控工作

压紧压实“四方”责任，建立四级联防联控机制，强化重点地区、重点场所、重点环节的防控工作，做好员工健康排查，全省邮政疫情防控始终“零病例”“零感染”。落实邮政服务“四不中断”、救援捐助“四免费”，承运防疫物资2536吨，免费收寄“捐赠救援物资”22.6吨，为中小学做好“停课不停学”教材配送服务保障。进驻各级政务服务中心，配合政务服务网上办理，助力税务部门提供网上申领发票寄递服务。发挥“三关合一”优势，开通旧金山、曼谷国际航线，联动开展防疫物资出口寄递专项活动。

企业经营发展

代理金融业务。全省余额规模1340.23亿元，新增余额157.77亿元，增长13.34%。证券业务。新增账户6199户，新增有效户1730户，完成率全国分别排名第1位、第2位。

增值业务。实现收入1.47亿元，全国排名第8位。建成税务服务网点880个，代开增值税普通发票162.59万张，代征税款13.64亿元。

集邮与文化传媒业务。实现收入1.48亿元，集邮产品综合毛利率全国排名第5位。

电子商务业务。打造平台形成县乡村物流发展新格局，建成邮乐购站点8889个，便民站点6344个。

寄递业务。完成业务收入10.14亿元，收入规模排全国第20位，比上年增长16.7%，增长排全国第15位，高于全国增长11.76%，完成集团公司预算目标的99.75%。

深化创客机制

建立全省创客点长责任制，建成902个片区创客团队，配备各级点长1154人，挂点联系505个基层单位，开展蹲点调研1.12万人次，开展跟班写实工作7487人次。以创客机制牵总，落实“抓县强市”经营策略，推动基层经营单位升档晋级。通过区域内不同专业创客团队的相互融合和业务叠加，构建多业并举、协同发展的创客营利模式。

◎ 公司化运营与降本增效

建立符合公司化运营理念的预算管控体系及县区经营高质量发展“分档定级”评价体系；推进9个资产盘活项目，开展固定资产全面清查。聚焦投递、运输、分拣、外包4项成本费用管控，寄递业务完成超额利润1554万元，较上年减亏6719万元。推进昆明中心局航空中心、陆运中心和大理邮件处理中心工程建设，省际核心节点能力日均150万件；对昭通、文山州市处理中心以及宣威、富源县等全省15个州县处理场地进行搬迁扩建，全省处理能力提升40%以上。新增63个寄递揽投网点，全省投递能力提升20%。

◎ 精益管理与能力提升

从严管控从业人员，较上年减少244人，接收见习人员296人，择优录用合同工179人；推动寄递薪酬规范化，优化薪酬发放结构。强化审计、采购、投资，确保安全生产，完成工程项目预、结算审计269项，审计金额5923.25万元，审减金额648.62万元，综合审减率10.95%。完成3个集团直管处理中心工艺设备安装重点工程建设任务和78个中央预算内资金补助建设的普遍服务基础设施项目；完成455个普服网点视频监控改造，450个代理金融网点局部安防改造和14个州市监控中心平台建设。推动IT赋能，自主研发“寄递创客看板系统”，1523个创客网点实时获取运营情况。量身定制“税票寄递系统”“快递物流化清算系统”“电动车落户”“七彩云邮客服跟踪”等信息系统，敏捷支撑寄递发展。在集团全国邮政科技创新成果评选中5个项目获奖。

◎ 全面从严治党

坚持以习近平新时代中国特色社会主义思想为指引，压实意识形态工作责任，党建引领落实“两个责任”，推进中央巡视整改和集团巡视整改工作，完成省分公司和省寄递事业部18个机关党支部专项巡察工作。强化意识形态阵地管理，开展创先争优、模范机关、政治机关建设活动，整治“四风”突出问题，基层党组织建设全面达标。开展集体廉政谈话，签订《全面从严治党专责监督责任书》，探索推行纪委书记综合考评工作，强化日常监督和疫情防控专项监督，营造风清气正良好生态。

◎ 普遍服务与特殊服务

践行“人民邮政为人民”服务宗旨，认真履行普遍服务特殊服务义务，2018年至2020年投入普遍服务建设资金1.75亿元，“十三五”期间改造邮政营投网点649个、县局生产房21个，实现全省12390个建制村100%直接通邮，全省县及县以上城市党政机关党报当日见报率53.49%，达到监管要求，集团公司31项普服指标全面达标，申诉处理满意率100%，全国排名第1位。

◎ 电商扶贫与直播带货

下拨定点扶贫工作专项资金180万元，开展“挂包帮”“转走访”工作，推动实施消费扶贫战略。优化电商扶贫模式，以普洱、大理等参与“电商进农村示范县”项目为契机，建设“仓配一体化＋共同配送”模式；尝试直播带货新模式，为电商扶贫注入新的动能。

云南省澜沧县邮政分公司主动对接受疫情影响滞销的柚子种植户，通过“配送＋助农销售”模式开展助农扶贫工作

◎ 新闻宣传

向《中国邮政报》及其新媒体平台报送反映云南邮政改革发展成效的图片和文稿，协助中国邮政报社做好云南题材的采访和拍摄工作，相关稿件被《中国邮政报》选用刊登51篇；新媒体稿件被“中国邮政”和《中国邮政报》官方微信公众号登载46篇；视频新闻被集团公司“邮政视频联播”播发4条。获2019年度驻滇新闻单位“宣传云南头条工程奖”新闻作品1篇，获驻滇新闻单位“宣传云南好新闻奖”新闻作品3篇。开展重点对外宣传活动10余项，收集全省邮政70多个新闻素材提供给中央及地方主流媒体，在社会媒体播发新闻报道700多条。

◎ 企业文化建设

统筹抓好精神文明创建、离退休管理、法律事务、信访、档案、保密、宣传等工作，加强舆情管控。怒江州泸水市称杆乡邮政所桑南才获“2019年感动交通年度人物”“全国劳模”。开展县域高质量发展等16项劳动竞赛，营造“比学赶超、创优争先”浓厚氛围。开展第五届云南邮政职工文化艺术年活动，开展集体协商签订集体合同，实施全省第六期职工互助关爱工程，推进离退休社会化管理移交工作。（云南省邮政分公司）

【邮储银行云南省分行】

◎ 经营发展概况

实现自营收入28.30亿元，比上年增幅19.39%，排名邮储系统第4位。实现利润总额13.28亿元，比上年增幅42.69%，排名邮储系统第5位。实现经济增加值（EVA）2.47亿元，比上年增加1774%。经济资本回报率（RAROC）12.76%，比上年提高 2.59%。成本收入比 40.03%。总资产 1773.29 亿元，比上年增长 14.26%。各项存款余额 1644.25 亿元，新增 186.29 亿元，比上年增长 12.75%，其中自营存款余额 304.05 亿元。各项贷款余额 851.59 亿元，新增 74.03 亿元，比上年增长 9.52%；存贷比 51.79%。不良贷款率 1.02%，拨备覆盖率 246.97%。践行“全面、全员、全程”的风险防控理念和“适度风险、适度回报、稳健经营”的风险偏好，全行各项风险限额执行平稳。

落实中央决策部署

抗击新冠疫情。开通“绿色通道”，多渠道、多手段采购防疫物资，保障客户和职工安全，全行没有发生一起确诊或疑似病例。累计向 79 户疫情防控、重点保障保供企业发放抗疫贷款 7.44 亿元。全行职工向省红十字会募捐抗击疫情善款 17.24 万元。

服务国家战略。①聚焦重点领域，助力云南高质量发展。全行表内外多种渠道投入省内资金余额 1230 亿元，通过差别化投放和精准化管理，全力支持云南省委、省政府重大发展战略和重大项目建设。②创新精准扶贫模式，助力打赢脱贫攻坚战。金融精准扶贫贷款余额 63.05 亿元，比上年净增 19.32 亿元，超过各项贷款增速 34.66%。怒江、迪庆“三区三州”重点监管 7 项指标全面达标。推进定点扶贫工作任务，全省挂钩扶贫点 41 个，全部实现脱贫出列。③加强绿色银行建设，坚决打好污染防治攻坚战。绿色信贷签约项目金额 84.93 亿元，人民银行口径绿色信贷结余 55.06 亿元，增量 20.94 亿元，增幅 61.37%，完成总行年度计划目标的 409.14%。④做好普惠金融服务，履行好社会责任。拓展普惠金融服务半径，实现 58 家支行可办理小企业贷款业务；“三农”金融下沉新增 52 个授权支行。推动小微易贷新模式落地，实现银税直联，普惠小微贷款结余 182.05 亿元。

业务转型发展

零售业务。个人金融：狠抓活期存款“十大抓手”，4 项代理类业务全部完成总行下达任务目标。网点转型：完成全省“一行一策”“一点一策”制定，导入网点 125 个，导入完成率 100%。信用卡：强化场景化、电子化、线上化发展，新增客户 13.49 万户，发卡 20.41 万张。消费信贷：住房消费净增 25.55 亿元；非房消费净增 20.79 亿元。“三农”金融：涉农贷款结余 304.13 亿元，净增 8.39 亿元。

公司金融。公司业务：公司业务收入增幅 26.87%，系统内排名第 3 位；11 月成功上线一期“一窗通”系统。交易银行：新增开放式缴费平台有效客户数 76 户、现金管理账户数 1261 户。小企业金融：贷款加回核销净增 4.55 亿元；实现不良清收 8733 万元、核销 4219 万元，不良率下降至 6.38%。

资金资管。金融同业：实现收入 1.71 亿元；新增同业融资 66 亿元。投资银行：实现收入 4329 万元，收入完成率排名系统内第 8 位；债券承销合计 30.95 亿元，完成总行下达计划的 139.75%，股权业务并购贷款放款 1 亿元，非标融资发放 4 亿元。

中间业务。成立中收领导小组，出台中间业务发展方案，中间业务收入占全行收入比重的 14.61%，邮储系统内排名第 9 位。

风险内控管理

全面风险管理。强化限额的刚性约束，不良贷款净增额、不良率等信用风险限额指标均控制在总行下达范围内；全行减值 3.37 亿元，预算进度 80.82%。法人客户评级总体覆盖率 100%，按计划完成总行评级治理工作。

法律内控管理。修订风险管理、信贷业务等制度 24 项，推广应用《内控管理手册》；强化案防综合治理，全辖开展案件警示教育培训活动 65 次，签订《安全生产目标责任书》373 份；健全消保审查工作机制，投诉办结率 98.45%，满意度 99.57%。

内部审计工作。落实审计质量管控措施，完成呆账核销等 24 个审计项目、审计金额 145.08 亿元。发现问题 817 个，处理违规人员 959 人次，经济处罚 31.56 万元。

安全生产工作。落实“平安邮储”“安全生产和行风行貌专项整治”活动，细化 182 项工作落实，全年无安保类责任案件、安全责任事故发生。

管理运营效能

机构改革。完成对临沧、怒江、迪庆 3 个支行机构升格，提高地方话语权。实施昆明四城区支行扁平化管理，全面打造适应昆明分行主城区域特点的商业模式和营运模式。

资产负债。从严管控贷款低利率限额管理，低价限额及资源优先满足于绿色信贷、扶贫贷款及“三区三州”项目上，体现“量价均衡”的发展理念。围绕收入、利润、EVA 4∶4∶2 比例核定工资总额，引导绩效考核对资负的管理导向作用。

财务管理。制定全行降本增效行动方案，业务及管理费累计使用进度 88.58%。加强资本精细化管理，不可撤销贷款承诺压降 37.72 亿元，节约资本占用 1.86 亿元。争取各项税前扣除及税收优惠政策，调减各项税额 1.1 亿元。组织 68 个集中采购项目，节约金额超 1000 万元。

金融科技赋能。承接软件开发需求 42 项，自主开发交付 27 项，占比 62%，其中敏捷开发项目占比 14%。严控信息科技风险和安全，完成网络安全重点保障工作，信息科技安全实现零事件。

运营管理。持续优化柜面业务流程，自营网点离柜率 91.92%；柜面交易量 213.19 万笔，比上年减少 80.16 万笔。推进业务库整改及修缮，机构升格模式整改率

100%，45 个委托模式整改率 100%。

客户服务。推进客户体验提升，完成 3 次旅程优化问卷调研、2 次高管体验活动。开展客户信息治理，治理个人客户数据 514 万户，治理问题公司客户 3371 户。

代理金融。搭建协同交流平台，按月编发简报，进一步完善通报、激励机制；开展邮银省级联合督导、调研，现场帮扶、解决问题、采集最佳实践案例，持续完善机制运行。金融板块协同等 9 个项目计划目标全部完成。

全面从严治党

党建重点工作。持续落实加强党的政治建设任务清单 59 条具体措施。强化思想建设，理论中心组学习 17 次，带动各二级分行党委理论中心组（扩大）学习 171 次。严格落实“第一时间”“第一议题”学习制度，坚决贯彻习近平总书记最新重要讲话、重要指示批示精神。认真贯彻落实习近平总书记对群团工作的重要指示精神，玉溪市分行被中国金融工会授予“全国金融系统职工代表大会制度建设示范单位”称号。

党风廉政建设。严格执行中央八项规定及其实施细则精神和总行、省分行的实施办法，深入开展形式主义、官僚主义集中整治，省分行机关发文比上年下降 17%，电视电话及现场会比上年下降 10.29%，报表压降 55.1%，改进作风，沉下基层，找出重点领域存在突出问题，挂钩帮扶解决。

巡视整改。深化巩固中央巡视整改成果，制定相关制度 55 项，54 项整改措施全部完成，持续推进 45 项评估。切实抓好“未巡先改”，认真对照 12 省（市）邮政企业单位党组织反馈意见形成问题清单推进整改落实，着力解决类似问题。

人才队伍建设

人事改革。开展梯队人才库建设工作。建立涵盖对部门、中层领导人员、网点的绩效考核体系，牢固树立“挣绩效”的理念。加强客户经理队伍建设，“三农”零售信贷客户经理新增配 149 名、小企业专兼职客户经理 218 名。强化培训铁律，全行举办培训 1807 期，培训 7.29 万人次。

队伍作风建设。强化干部管理，组织对各二级分行领导班子及班子成员开展“担当作为专项测评”。持续推进模范机关建设和政治机关意识教育，开展基层请示事项答复不及时、安全生产和行风行貌专项整治活动，全面开展“比学赶帮超”活动，大力整治“文山会海”，开展报表压降为基层减负。（邮储银行）

【中邮证券云南省分公司】

党建工作

中邮证券云南省分公司党支部以习近平新时代中国特色社会主义思想为指导，认真学习贯彻党的十九大会议精神，严格按照中邮证券公司各分支机构党组织落实全面从严治党要求主体责任清单和年度党建工作要点要求，认真贯彻公司年初、年中工作会议和党的建设暨党风廉政建设和反腐败工作会议的安排部署，以政治建设为核心，全面落实从严治党各项工作要求，扎实推进党支部党建工作水平稳步提升，坚持结合党建工作和中心工作同谋划、同部署、同落实、同检查，为推动云南分公司业务快速发展发挥党组织的政治核心作用。

协同工作

在云南邮政协同发展委员会和中邮证券公司的统领下，推进邮、银、证板块协同发展工作，依托邮政、邮储渠道资源开展邮储第三方存管业务联合营销活动，全省邮政渠道 28 个重点网点开展证券协同“比学赶帮超”活动。省邮政分公司在营销活动开展方面给予激励政策；分公司在邮政、邮储渠道开户见证资料审核、培训、下点帮扶等方面做好支撑工作。截至年底，全省新增中邮证券账户 6199 户，完成集团年度全口径指标 3656 户的 169.56%；新增中邮证券有效户 1730 户，完成集团年度全口径指标 578 户的 299.31%，两项指标完成率分别列全国开业省份第 1 位和第 2 位。

证券业务营销活动

4 月 22 日，云南省邮政分公司召开全省 2020 年证券业务协同发展启动部署电视电话会议，制定并下发《云南邮政 2020 年证券业务协同发展实施方案》。相关人员分别对接 16 个州市分公司金融部负责人，协同开展辖区内培训组织工作；通过邮政分公司证券协同微信群，开展证券业务指导和有效户转化指导；借助协同培训持续开展模拟炒股大赛、综合 APP 应用、中国邮政会员推广等活动。

证券协同“比学赶帮超”活动

云南省邮政分公司下发《“比学赶帮超”活动的通知》，在全省 23 个县域分公司，28 个重点县域网点迅速推进证券开户和有效户提升协同工作，面向重点网点支局长和理财经理开展业务培训、客户投资沙龙活动组织、现场跟班作业支撑、开户有礼活动、协同理财经理外拓客户等方面做好支撑工作，确保活动推进取得实效。28 个重点网点新增中邮证券账户 288 户，有效户 153 户。

第三方存管业务联合营销活动

按照云南邮政协同发展委员会安排，协同邮储云南省分行联合开展邮储渠道中邮证券第三方存管联合活动。截至年底，邮储渠道新增中邮证券邮储三方存管户 2356 户，完成率 100%。确保邮储各二级分行开户见证支撑和客户资料审核工作；开展昆明分行主城 6 个支行三方存管业务下点帮扶工作；根据各二级分行银证协同培训需求，做好开户和有效户转化培训指导工作。

机构业务协同营销开发工作

拓展机构业务协同营销开发工作，筛选出云南辖区内符合债券发行、拟上市企业、机构经纪业务以及可以提供财务顾问服务的企业清单，与邮政、银行开展联合营销。梳理并建立云南区域各个国有企业、上市公司、商业银行的沟通渠道，建立承揽、承销的有效市场沟通机制。储备云南省投资控股集团私募公司债主承项目，云南能投ABS计划管理人项目，云南水务ABS计划管理人项目，蒙自矿业的股权并购项目，河南许昌市魏都投资公募公司债分销项目，为分公司的收入目标及投行业务的有序健康发展奠定坚实基础。

◎ 全省证券协同业务推进和培训工作

根据《实施方案》要求，协同各州市分公司迅速开展全省证券协同推进和培训工作。昆明、曲靖、玉溪、文山、普洱、西双版纳、保山、昭通、丽江、红河和迪庆10个州市分公司完成证券协同辖区实施细则下发工作；协助昆明、玉溪、保山、红河完成现场证券业务培训工作，其余州市通过线上形式开展专场培训；每周周二定期召开金融条线证券协同周推进会，通报计划进度，并开展线上培训。作为证券业务重点发展市场，昆明市分公司率先在全省启动证券协同部署各项工作，召开全市启动会议，下发辖区《实施方案》对全市目标任务进行二次分解并明确实施推进方案，证券分公司人员分别对接全市6个运营片区，10个县区分公司及核心金融网点重点开展递推工作。同时分公司3个小组对口16个州市金融业务部开展培训帮扶和业务指导工作。

◎ 投资者教育培训活动

根据云南证监局和中邮证券总部年度投资者教育工作重点，密切联系投资者需求，持续做好理性投资理念宣传、业务规则解读、证券知识普及和交易风险提示等工作。一是持续开展新《证券法》知识普及活动；二是开展新三板、科创版、创业板改革宣传活动；三是做好新冠肺炎疫情防控期间投资者引导工作；四是针对非法投资咨询、非法集资、网络电信诈骗等非法证券活动持续开展宣传工作，增强投资者保护工作实效；五是组织开展“股市黑嘴”“非法荐股”“场外配资”等专项线索收集上报工作。

◎ 业务管理制度和业务管理规范

按照中邮证券总部各证券业务条线制度和规范要求，加大对员工的学习培训力度，提高员工合规经营意识和风控管理意识，防范合规风险行为，提高风险防范能力。制定分公司经营管理类制度、业务管理类制度、合规管理类制度、财务管理类制度、客户投诉处理管理办法等27项制度办法汇编。根据中邮证券总部对分公司展业工作要求，完成各业务系统、业务流程调试工作。

◎ 开展人力资源与财务管理等工作

人力管理。配合中邮证券公司做好员工入（离）职工作，组织市场部经理岗、财务管理岗、运营服务岗、投资顾问岗、投行岗面试初审工作；根据公司要求，完成分公司副总经理社招工作。

财务工作。做好分公司的财务预算编制及日常财务管理工作，为经营发展做好支撑。

工会工作。根据省邮政分公司和证券公司工会工作要求，开展工会活动，节假日前开展员工及高龄家属慰问活动。

◎ 合规运营工作常态化

按照中邮证券公司合规工作要求，分公司及时开展合规监测工作，促进员工合规执业。按月组织合规培训，推进合规文化建设。适时开展合规审查工作，提出合规管理建议。及时贯彻落实证监、人行合规工作要求。按时完成各项合规报表、年度报告等报送任务。按照中邮证券公司的安排部署，开展年度合规管理有效性、从业人员自律检查、廉洁从业管理情况报告等自查评估工作，组织签订《廉洁从业承诺书》，完成官网人员信息公示。

◎ 防控洗钱风险

严格按照证监有关反洗钱规定，对新开户客户开展客户身份识别、风险提示、风险评估等级确认、通过系统完成客户洗钱风险等级初评及复评等工作，按月开展反洗钱宣传，完成季度培训宣传情况总结报告上报总部。通过在营业场所发放宣传材料、播放反洗钱宣传标语等方式宣传反洗钱知识，提高客户反洗钱意识，有效防控洗钱风险。

◎ 疫情防控和复工复产

为有效防范应对新冠肺炎疫情，妥善复产复工，按照中邮证券公司和省分公司疫情防控工作部署，制定《中邮证券云南分公司防范新型冠状病毒疫情工作应急处置方案》《中邮证券云南分公司突发疫情应急响应处置预案》，成立疫情防控工作小组，启动联防联控机制，严格落实疫情防控措施，加强疫情防控知识宣传，配备防护用品用具，对员工及其家属身体情况进行按日报告，对外来人员进行测温登记，对营业场所、办公场所、常用设备设施进行定时消毒，由领导带班、员工轮班逐步复产复工，确保疫情防控措施到位，信息沟通到位，宣传引导到位，经营复产到位。（中邮证券）

西藏自治区

【西藏邮政分公司】 邮政业务（含寄递事业部）完成收入3.71亿元，比上年增长8.07%，比上年净增2769万元，高于全国平均增长2.11%，增长排名全国第19位；完成集团预算102.11%，高于全国平均进度3.92%，预算进度排名全国第11位；实现经营利润 −1.13亿元，控制在集团预算目标范围内。

疫情防控

区分公司向自治区交通运输厅报备防疫物资承运车辆29辆，承运防疫物资18970件，187.13吨；免费收寄日喀则、山南向武汉捐赠的物资4件。3月初，全区邮政网点开业率超过98%，人员在岗率超过92%，基本实现全面复工复产。开通“果蔬同城配”服务，打造“分销产品+同城配送”平台，助力百姓和单位食堂生活物资供应。推出“政务服务网上办，审核不见面”服务，开通线上办税、缴费和非接触式车驾管业务。

业务发展

寄递业务。寄递业务实现收入1.24亿元，比上年增长28.01%，高于全国平均增长23.07%，排名全国第3位；完成预算109.92%，排名全国第2位。其中：标准快递业务完成收入5375万元，比上年增长42.98%，完成预算的124.33%，增长、进度均排全国第1位；快递包裹业务完成收入3995万元，比上年增长26.07%，完成预算的105.05%；国际业务完成收入112万元，比上年下降47.95%，完成预算的51.22%；物流业务完成收入2101万元，比上年增长9.36%，完成预算的91.10%。邮快合作全区已签约合作企业37家，合作区域覆盖全区，换单收寄快件104.20万件，比上年增长212.35%，形成收入989.27万元，比上年增长84.63%。

省际出口陆运邮件提速30小时，8条快包线路时限全面赶超菜鸟标准，最佳线路优于菜鸟3天。全区28个县（区）达到次日递，特快、快包省内互寄次日递率分别超目标6.39%、7.36%。夯实服务质量管控能力，重点指标稳中有升，寄递服务体系八项指标中六项达标且优于集团管控值。聚焦23项重点成本管控，从五大环节全面压降寄递业务成本，其中收寄、管理支撑件均成本较上年明显改善。拉萨邮区中心局四项指标达到集团公司成本管控要求。完成标准时限库数据维护，推广实施全区“八步法”。营销码推广官微吸粉拉新3.75万户，成功下单6.07万件；电子渠道派揽实现订单量7.25万单。

邮车行驶在通往昆木加哨所的邮路上

基础性业务。集邮业务实现收入2227万元，完成预算的101.22%。函件业务实现收入1007万元。报刊业务实现收入5451万元，比上年增长19.88%，完成预算的116.39%，增长、进度均排全国第1位。

代理金融业务实现收入8317万元，比上年增长5.77%，完成预算的101.29%。客户规模52.66万户，总资产46.14亿元，其中个人储蓄存款规模44.18亿元，邮银占比62.93%，活期占比49.19%，排全国第3位，市场占有率排全区金融机构第5位（4.09%）。年发卡3.27万张，结存卡户57.68万户，卡均余额5146元，全国排名第4位。电子银行客户16.58万户，交易替代率96.62%，全国排名第5位。第三方绑卡年新增2.07万户，累计结存20.12万户，有效客户绑卡率65.49%，电子支付收入428.46万元，收单商户新增2025户，结存规模2420户，联动资金近7000万元。

分销业务完成收入3419万元，比上年增长9.62%，完成预算的106.84%。增值业务完成收入504万元，比上年增长12.57%，排名全国第5位，完成预算的104.79%。其中：代收交警罚没款64万笔，代收金额1.41亿元，实现收入433.53万元。累计建成邮掌柜站点935处，邮乐小店3369人，月均活跃人数1336人。

协同发展。14个总部项目累计实现收入2500万元，比上年增长71%；六大重点协同项目累计实现业务收入1752万元，完成预算的181%。相关单位和部门讲政治、顾大局，按时完成为西藏墨脱某部队运输粮油、水果、蔬菜、装备设施等物资的任务。全区35个县域代理网点引荐贷款115笔，放款金额8966万元，累计放款突破4亿元；营销公司账户177户，日均余额4646万元，实现业务收入近150万元；营销信用卡2000张；金融社保卡项目实现突破，邮银合计发卡超5万张。组织召开4次定期协同会议，召开板块专题协同会和日常协同会18次，研究确定协同议题事项39项。

集邮和文传业务。一是开展“鼠兆丰年，庚子献福”生肖贺岁主题营销项目。全区预售邮票钱币收藏类43款产品，实现预售额66.55万元；销售《乐邮西藏 为您加油》产品1万套，实现收入1150.44万元；组织拉萨、日喀则、山南、林芝、那曲分公司分别开展生肖贺岁文创产品品鉴及邮政大客户新年感恩回馈活动，通过活动销售库存产品及预售生肖贺岁系列产品，实现销售收入207.20万元，生肖贺岁季全区完成列收收入1257.15万元。二是全区联动开展“520你最珍贵”“登峰造极”营销活动。依托全区综合营销平台，整合集邮、函件文创产品资源，以网络情人节、母亲节等重点节日为营销节点，通过线上微营销，加强培训，统一制定宣传文案和H5产品软文，进行产品宣传，并结合5月20日发行玫瑰邮票契机，线下网点联动开展产品展示体验活动，“520你最珍贵”产品预售额16万元；围绕《中国登山队登顶珠峰六十周年》邮票发行，做好邮票首发及纪念活动、定向项目开发和集邮产品、文创产品营销三大工作，完成产品预售及定向开发金额213.49万元，完成列收收入184.52万元。

能力建设

人力资源。统一寄递事业部薪酬，完善绩效分配体系，推进内部处理、揽投、运输环节薪酬计件；开展外包服务专项自查、人事档案审核工作和委代办业务人员专项治理工作；优化金融理财、劳务派遣用工结构；完成区内退休人员社会化管理移交工作。

信息科技。完成集团统建13项信息化项目、区内信息化建设工程7项。推广“新一代寄递业务信息平台”，推进“寄递整合ERP及相关系统改造工程”“中国邮政地理资源信息平台”，整合邮速信息系统，提升寄递业务处理能力；推进“统一柜面管理系统”“邮银联合全面推广开放式缴费平台”“邮储社保卡批量代发系统”“邮储银行金融消费者投诉管理系统”，提升网点智能化水平，推动代理金融转型发展；做好集团统建“书报刊供应链信息系统”“报刊收投系统电子发票功能”“邮政普遍服务管理系统APP”“邮政营业场所4G监控联网工程”“绿盾”工程，“合同物流睿邮信息系统”推广上线，完成区内“远程集中监控系统3.0版本”“区内4G监控联网工程”“电子发票管理系统”“金融数据下载平台三期”建设，完成“11185语音平台”华为数据库设备更新及数据迁移工作。

党建工作

加强企业党的建设工作。一是坚持以党的政治建设为统领，加强党的全面领导，切实增强“四个意识”，坚定“四个自信”，坚决做到“两个维护”。二是狠抓理论武装，认真落实“四个第一时间”学习机制，以党委理论学习中心组学习和党支部学习为重点，完善落实各层级学习制度。把“不忘初心、牢记使命”作为加强党的建设永恒课题和全体党员干部终身课题，健全学习贯彻习近平新时代中国特色社会主义思想、贯彻落实习近平总书记重要指示批示精神的长效机制。三是制定年度《落实全面从严治党要求主体责任清单》和党的建设工作要点。四是强化教育引导，以线上线下相结合的方式举办西藏邮政“党的十九届四中全会精神专题培训班”，全区邮政274名党员领导干部参训。开展全区邮政“社会主义核心价值观主题教育实践月活动”和“讲好邮政故事”活动，开展全区邮政系统青年理论学习。五是强化基层党组织建设，发挥战斗堡垒和先锋模范作用。开展创建党建工作示范单位、党支部建设示范点、党员先锋岗评选推荐及表彰活动。组织西藏邮政基层党组织书记抓党建述职，3家单位党委书记现场述职。

落实意识形态工作责任制。研究制定意识形态工作责任制实施细则，成立意识形态领导小组，强化落实党管意识形态工作原则。加强意识形态阵地管理，严格执行舆情管理及新闻信息报送发布管理等制度，落实“扫黄打非”要求，巩固党报党刊主导地位。

推进巡视整改和内部巡察工作。按季评估总结中央巡视整改工作，加大对整改落实情况的监督检查。对照集团公司党组巡视6个省邮政企业单位党组织反馈意见开展未巡先改，梳理157项负面清单，不存在（不涉及）64项、已整改43项、持续推进50项。配合集团党组第五巡视组进驻开展专项巡视。推进内部巡察，对25家党组织（单位）和区分公司强基惠民驻村工作队临时党支部开展巡察，巡察覆盖率56%。

党风廉政建设和反腐败工作。贯彻落实集团公司党风廉政建设和反腐败工作会议精神，推动全面从严治党向纵深发展。强化政治监督，做实日常监督，做好党中央重大决策部署、习近平总书记重要指示批示精神、“三大攻坚战”、疫情防控、巡视巡察整改和未巡先改等工作落实情况监督，发现问题及时提醒纠偏。紧盯重要时间节点，驰而不息纠治“四风”，加强纪律警示教育，树牢遵规守纪意识。精准运用“四种形态”实施有力问责，全区纪检机构收到问题线索16个，核查办结15个，立案审查调查8人，给予党纪处分8人。

树立正确选人用人导向。修订领导人员管理规定，加强干部监督管理。严格执行领导人员综合测评，以书面形式向领导人员个人反馈考评结果，对考评“基本称职”的领导人员开展提醒谈话。开展部分关键岗位人员违规问题专项治理工作。做好第七批援藏干部的工作鉴定，配合集团公司完成第七、八批援藏干部的换届工作。

改进工作作风。部署全区邮政“让党中央放心、让人民群众满意的模范机关”建设工作，开展“强化政治机关意识教育”工作。制定解决困扰基层的形式主义问题的具体措施，开展“一月一事　消灭最差”和“比学赶帮超”活动，落实区分公司党委基层联系点制度和区分公司包挂督导制度。开展对标立标达标，推进生产经营工作更加贴近市场、贴近客户，更加向行业先进水平靠近。

企业文化。投资400余万元完成25家职工小家升级改造及家具集中采购，为职工小家补贴副食品，采购发放职工健康用品，完善职工休假管理制度；筹集近60万元用于三大节日“送温暖”、疫情期间及“双十一”旺季慰问，向38名符合条件的职工兑付互助保障金13.9万元。提升企业民主管理水平，组织开展形式多样的文体活动和劳动竞赛。推动民生项目落地实施，完工11个周转房项目。益西卓嘎获2020年“全国劳动模范”，米玛平措获“全国邮政行业劳动模范”，西藏邮政系统8个先进集体和15个先进个人受到表彰。（西藏邮政分公司）

【邮储银行西藏分行】

经营发展概况

实现营业收入3.31亿元，增长17.21%；净利润358.43万元。成本收入比60.63%。总资产181.91亿元，增长20.02%。各项存款余额90.96亿元；各项贷款余额177.69亿元，增长20.79%。不良贷款率0.44%，优于邮储系统平均水平，拨备覆盖率483.73%。

落实中央决策部署

抗击新冠疫情。坚持常态化疫情防控，强化各项防疫措施，未发生一起病例或疑似感染。严格落实国家和总行确定的各项复工复产政策，审批通过涉及疫情的业务20笔，金额4.48亿元。为20家小微企业办理延期还本付息，涉及贷款余额2.16亿元。

打好“三大攻坚战”。金融精准扶贫贷款结余24.18亿元，净增11.08亿元，荣获总行“脱贫攻坚先进单位”。处置不良贷款3038.47万元，完成监管任务的102.15%。截至12月31日，节能环保项目及服务贷款任务超三年规划目标的8.69%，绿色银行建设三年规划完成。

推进普惠金融。率先在全区金融机构中实现服务民营企业“无还本续贷”业务落地，为企业成功发放资金3000万元。持续贯彻落实银保监会“百行进万企”工作要求，对接企业153家，实现名单内7户企业贷款投放资金3253万元。实现银税系统数据直连互通，成为全区首家通过“互联网”模式成功对接的金融机构。主动服务自治区“大众创业、万众创新”工作，累计放款1204.76万元。

业务转型发展

零售业务。个人存款稳中有升，日均余额比上年增长8500余万元；代销业务取得突破式增长，理财产品销量16.8亿元，比上年净增长1.82亿元；保险销售764.16万元，完成总行全年任务的118%；非货币性基金销售1.77亿元，完成全年任务的295.33%，邮储系统内排名第1位；贵金属实现收入33万元，完成年度任务的133.64%；资管信托业务销售0.77亿元，完成年度任务的139.66%。信用卡业务高质量推进，新增发卡10024张，累计结存信用卡客户30166张，信用卡激活率63.6%，卡均价值贡献474元。消费信贷稳健发展，放款15.58亿元，比上年增幅9.83%，净增6.42亿元，完成净增任务的160.56%。住房贷款净增3.97亿元，完成总行下达任务的239.16%。个人经营贷款取得历史最好成绩，净增1.57亿元，完成区分行净增任务的157.12%，提前完成“两增两控”目标。小额贷款快速发展，放款4.25亿元，比上年增幅35.10%，净增1.57亿元，比上年增幅31.71%。网络金融成效显现，新增手机银行激活客户8400户，完成全年任务的210%；月活客户11000户，完成年度任务的137%；邮储食堂新增会员11267户，为转型发展奠定基础。

公司金融。公司存款结构进一步优化，高成本存款全面压降，定期占比从52.12%下降至36.33%；公司贷款合同签署金额超170亿元，公司贷款结余金额104.32亿元，净增10.15亿元，公司贷款增速10.78%。公司客户数3157户，比上年增长1669户，完成全年任务的139.08%，营销2.0系统客户绑定率100%。机构业务实现多点突破，年末结存机构客户154户，机构账户170户，分别新增108户、118户，取得代理财政资格9个。与西藏军区签订《应急保障服务协议》，成为邮储银行首家与军队建立合作关系的分行。与自治区市场监督管理局签订银政合作协议，成为“一网通办”系统第一批合作银行；完成国库集中支付电子化系统的上线。

资金资管。购买地方债余额31.16亿元，实现收入1398.42万元，完成总行任务的199%；完成同业存单5亿元，券商收益凭证4.5亿元。开放式缴费平台2020年新增上线客户10个，完成总行下达任务的160%。企业网银开通率由35%提升至40%。

风险内控管理

全面风险管理。制定区分行机构风险评价实施细则，开展各一级支行、分行各部室风险履职评价；按季通报RWA与风险数据集市系统数据，强化支行经济资本收益率意识。

信用风险管理。强化日常监测工作，督促各机构严格把控业务前端风险，第一时间排查真实情况，前移风险关口，从而保证每一笔贷款处于有效管控中。

内部审计工作。完成审计项目27项，审计发现问题107个，提出审计建议64条，问责38人次，其中通报批评7人次，违规积分处罚31人次，扣减绩效11600元。

安全生产工作。新增8个预报警监控系统，未发生安全事件和涉稳事件。协助公安部门成功破获1起贩毒案件，受到总行全国通报表扬。

管理运营效能

机构改革。推进机构改革，全行下设9个专业委员会、20个一级部门、8个二级部门，下设5个一级支行，其中：恢复拉萨市支行管理架构。

资产负债。完成存量浮动利率LPR换轨工作，自营存量浮动利率企业类贷款换轨率达总行设定目标，完成存款保险标识揭牌。

金融科技赋能。完成10余个总行统建项目和5个分行特色业务的投产上线；优化数据应用服务，在人民银行金融调查统计工作中荣获二等奖。

运营管理。完成老旧设备淘汰任务，提前一年完成自营网点ITM智能设备100%覆盖建设任务，所有自营网点实现“刷脸交易”功能，柜面业务分流率提升至92.07%以上，比上年提升8.27%，列邮储系统第3位。

代理金融。各级邮政分公司营销新增公司客户账户

177户，与分行自营机构协同发放社保卡5.54万张。

全面从严治党

党建重点工作。分行党委持续深化理论武装，旗帜鲜明加强党的政治建设，全面压实管党治党主体责任，全年未发生重大意识形态责任事故。持续巩固深化主题教育成果，跟踪问效29项清单和36项检视问题，确保问题整改落地见效。推动巡察工作有形有效覆盖，完成巡察工作规划任务的60%，发现问题213条，问责24人。

党风廉政建设。落实全面从严治党监督专责，聚焦疫情防控、中央八项规定、餐饮浪费等重点领域开展监督检查。一是加强疫情防控工作监督检查，对在疫情防控工作检查中发现的四个方面12个问题下发通报。二是做实做细日常监督，通过专题调研、廉政谈话等方式，推动日常监督近距离可视化。三是坚决贯彻落实习近平总书记关于制止餐饮浪费行为的重要批示精神，通过加强宣传教育、制止食堂浪费、严格公务接待管理，狠刹奢侈浪费歪风。

巡视整改。落实“未巡先改”要求，定期召开巡视整改工作领导小组办公室会议，听取整改工作落实情况和研究部署下一阶段工作任务。中央巡视问题整改率100%，集团公司党组巡视反馈问题对照自查整改率90%以上。

人才队伍建设

人事改革。出台《西藏分行岗位职级体系优化实施方案》和3个配套办法，职级晋升人数比上年增加44人。首次实现高职级人员通过职级晋升通道晋级，120人薪酬晋档。将二级支行行长从管理序列调整为专业序列。

队伍作风建设。一是紧盯重要节点，以监督节假日违规违纪问题为抓手，重点关注节日期间公车私用、婚丧嫁娶大操大办、滥发钱物、公款吃喝送礼等问题，严防“四风”问题发生。二是开展分行机关贯彻落实形式主义、官僚主义专题调查研究活动，下发5份监督函。三是开展基层请示事项答复不及时等问题的专项检查，检查发现75个问题。开展中央八项规定及其实施细则精神的专项检查，检查发现5个问题并下发通报。（邮储银行）

陕西省

【陕西省邮政分公司】 全省邮政（含寄递事业部）收入52.08亿元，进度103.02%、居全国第5位，增长9.99%、居全国第6位；实现利润2.17亿元，进度102.38%，增长20.59%。

党建工作

党的建设全面加强。深入学习贯彻习近平新时代中国特色社会主义思想和党的十九届二中、三中、四中、五中全会，中纪委五次全会精神，严守党的政治纪律政治规矩，坚持“三个第一时间”学习机制，及时学习贯彻总书记最新重要讲话重要指示精神。增强“四个意识”，坚定“四个自信”，做到“两个维护”。修订完善党委工作规则、“三重一大”等制度办法，层层压实主体责任，持之以恒落实中央八项规定及其实施细则精神，深入开展“以案促改”。加大跟踪督查和“四不两直”力度，开展防疫、扶贫、风控等多项监督。运用“四种形态”处理问责144人次，其中提醒谈话、批评教育、书面检查62人次，通报批评、诫勉谈话34人次，组织调整5人次，给予党纪政纪处分43人次。

巡视反馈问题整改。认真落实集团党组巡视反馈移交问题整改工作，建立“5项机制”，推动“5个结合”，标本兼治立行立改。反馈的5个方面18项问题、36项具体问题全部完成阶段性整改任务，18项措施持续推进整改。深化中央巡视整改效果评估，59项评估要点均取得阶段性成效。对照中央巡视、集团公司巡视要求认真自查自纠，坚决立行立改、即知即改。完成对机关部室、省寄递事业部和5个市分公司的常规巡察及“回头看”，覆盖率59.74%。分三批对下辖邮政企业开展巡察工作。

工作作风持续转变。开展“一月一事　消灭最差”活动，推动解决百余项突出问题和紧要工作。形式主义、官僚主义和“文山会海”整治成效深化，请示类文件及时办复率100%。自主开展“抓党建　促协同　转作风　提质效”活动。各级领导深入一线跟班写实。“比学赶帮超”活动聚焦利润、成本、网运、服务等关键领域，建立三层分类对标体系，实现“四个到人”，层层示范、争先创优的氛围愈加浓厚。

业务发展

经营发展提质增效。代理金融业务实现收入34.74亿元，超收1.2亿元，增长9.7%。新增余额222.8亿元，新增市占率居省内六大行第2位；新增价值存款207.5亿元，增长84%，新增占比高于全国19.2%；活期占比25.03%、居全国第6位。省邮政分公司获“全国跨年营销十强”称号和“邮储银行存款转型突出贡献奖”。寄递业务收入10.29亿元，增长21.07%；业务量1.49亿件，增长23.4%。农村电商实现收入1.31亿元，超计划建成1709个数字化优质站点和2485个邮乐购代投自提站点。传统业务实现收入4.17亿元。集团级协同项目收入5.42亿元，比上年增长近4倍；省内板块协同充分发挥代理优势，“邮储食堂”“中邮保险双百亿”“数据精樱”等项目超计划完成。新增邮政会员197万户。

普遍服务提档升级。完善普遍服务网点运营质量管理体系和考核办法，16家单位普遍服务工作获陕西省邮政管理局表彰。全省普遍服务网点1853个，建制村“村村通邮”、投递频次深度达标率、邮件报刊妥投率、《人民日报》县以上当日见报率、营业时长达标率均100%。视频监控基本全覆盖。机要通信服务连续28年无失密丢损，巡视类信箱收投工作安全有序。平信条码化收寄率0.4‰、普服给据邮件信息断点率0.1‰，均优于管控目标。全国“两会”及各类重大工作活动期间，坚持收寄验视、实名收寄、大客户协议签订、通告张贴“四个100%”。配合有关部门积极开展“扫黄打非”工作，杜绝违禁物品经邮政渠道流入社会。

邮政农村电商特色发展。以推动“陕货出陕”为核心，在全省所有市县开通“邮乐网”地方馆、农产品专区，将1730种陕西特色产品纳入线上销售平台。发挥全省9773个邮政农村电商线下服务站点作用，建成1709个数字化站点，帮助农民群众销售苹果、樱桃、冬枣等特色农产品。省邮政分公司先后与25个县政府签订《农村电商合作协议》，与27个县合作推进“电商示范县”建设。陕西苹果、洛南农品两个农产品基地挂牌落地。省邮政分公司被省电商行业协会评为“高质量发展企业”。

集邮与文化传媒业务。开发陕西题材邮票、邮资图、旅游景点明信片门票等陕西题材集邮文化产品，面向全国发行，为提升陕西地方文化品牌打造“地方名片”。向1208名陕西援鄂医务人员捐赠《众志成城　抗击疫情》邮票。举办第16届书信文化活动，弘扬优秀传统文化，助力精神文明建设。推出“美丽家乡　邮我出力”、“惠游陕西”森林公园门票册等旅游文创产品。

社会责任

抗疫保畅彰显国企担当。践行“四不中断、四免费办”服务承诺，落实“六稳”工作、“六保”任务，迅速实现复工复产；畅通绿色服务通道，向武汉运送防疫物资超万件、30余吨，完成交通运输部、国家发改委紧急运输指令。确保党报党刊、机要通信等特殊服务畅通。全省邮政网点和邮运、投递网络疫情期间坚持正常运行。帮助农民群众销售滞销农产品，创新开展无接触证照寄递服务，配送便民蔬菜2.8万箱、教材37万件。陕西邮政抗疫保畅工作受到各级党委政府和干部群众好评，以及新华社、人民网等媒体广泛报道。

山区邮路坑洼不平，邮递员坚持投递上门

三大攻坚战圆满完成。省邮政分公司认真组织实施，确保中国邮政定点扶贫1205万元年度预算资金和7个项目落实到位，商州区、洛南县提前摘帽。定点帮扶的榆林吴堡扶贫点顺利脱贫，各级单位扶贫任务全面完成。健全金融风险响应机制和智能风控体系，加大风险数据核查力度，连续12年保持零案件零风险，居全国风险监测最低等级。“平安邮政”建设深入推进，未发生重大安全事故，生产运行安全稳定。绿色邮政“9792”工程全面达标，网点电子面单使用率99.16%，环保包装箱销售全覆盖，推进绿色网点和分拨中心试点。

政务惠民服务深入开展。省分公司与省政务中心签订《“政务专递”合作协议》，邮政服务进驻全省131个政务大厅，助力政府推进“放管服”改革和便民惠民服务。与公安、法院、检察院、税务等部门加强合作，开办身份证、司法文书寄递和警邮、税邮合作服务项目。推进“农产品进城”，从揽收、包装、资费等多方面对农村专业合作社、农村电商企业和农民寄售农产品给予大力支持。农产品寄递业务量7402万件，比上年增长29%，带动全省农产品销售额超35亿元，其中对外发寄苹果2200余万件，带动苹果销售额超10亿元。

能力提升

寄递改革落地见效。创新摸索出“试点区域探路，最佳实践引领，固化成功经验，积极推广落地”的改革路子，特别是汉中试点对标行业采取阶梯计件薪酬，量收增长远超同业。出台寄递事业部薪酬分配制度、寄递业务加盟合作和农村电商生态圈建设等指导性意见、办法，将机制牵引的优势转化成为改革创新的动力和经营管理的效能。网络组织改革构建起省际多点直发，航陆、高铁并用，省内一点为主、地市够量直发的高效组网模式。运输线路改革实现单边改双边、小车换大车、直发改串行，陆运效率提升；车辆装载率高于全国9.21%，集包比例达到集团30%的目标，“应集必集”比率80%。揽投部改革加快推进营销化转型，建成150个加盟类合作站点，全省代投自提比例超过28%。基本完成中心局改革摸底工作，形成方案路径。运行时限改善，维护收投线路5000余频次，建成时限四库，特快线路赶超、持平顺丰275条，占比87%，快包赶超、持平中通252条，占比78%。构建降本增效全覆盖责任体系，狠抓五大环节25项关键管控要素，全环节件均成本6.33元/件，较上年压降13.4%，五大环节年度压降目标顺利实现。西安邮区中心局入选全国“五星闪耀”最佳处理中心；西北航空电商物流中心、国际邮件互换局等重点项目顺利建成并试运行。新投入各类大型处理设备14套、车辆454台。处理邮件6.02亿袋件、增长29.18%，日均处理能力338万袋（件）。建成省市两级技术支撑体系，看板管理系统关键岗位全覆盖。

经营管控效能优化。经营管控着力突出行业对标，开展数字化经营管理，重点加强对金融、寄递市占率和时限、服务质量等指标的对标分析。建立经营项目全方位、全过程运作支撑和管理机制，78个省级项目拉动收入10.05亿元。建成105个转型网点，完成计划的106%，年收入千元以下网点较上年减少313个，占比降低16.14%。

财务管控效能提升。坚持预算引领，健全资金统筹和成本控制相融合的全流程预算管控机制，强化预算管控和标杆指标对标分析。推行"双挂双考核"管理机制，将降本增效工作融入全流程、各专业、各环节。完成6.3万项固定资产清查，盘点核实282万平方米房产土地。

队伍建设不断加强。落实国企领导干部"20字"要求，健全干部管理制度和激励机制，完善年轻干部选拔培养制度。推进训战结合的绩效改进实践项目，围绕转型发展提质增效，聚焦堵点难点，撬动关键杠杆因素，金融新增绑卡、现费散件增收、投递成本压降等重点课题收效显著，各级领导干部科学管理水平增强。合理调控收入分配差距，一线员工收入增长9.03%。为员工购买团体商业健康保险，企业年金的企业缴费比例提至6%。推进建家工作，切实解决员工关心关注的热点。一线员工中涌现出张忠海、舒文艺、索江萍、边永慧等国家、省级劳动模范，10人获"集团抗疫先进个人"，咸阳、汉中、铜川市分公司和西安邮区中心局等多家单位获评全国、全省和行业先进称号。

综合支撑保障有力。实施155个审计项目，开展集中采购、业务外包、固定资产管理等8个专项审计，工程审计审减费用542万元。完成126个集采项目，采购总金额7.7亿元，公开采购率98.73%。退休人员社会化管理移交完成。"三供一业"分离移交全部到位。长投清理达到预期进度。（陕西省邮政分公司）

【邮储银行陕西省分行】

经营发展概况

实现营业收入50.49亿元，增长13.68%；净利润22.29亿元，增长8.6%。经济增加值6.89亿元，经济资本回报率16.77%，成本收入比40.46%。各项存款余额3662.35亿元，增长10.29%，新增存款341.81亿元；各项贷款余额1359.50亿元，增长12.75%；存贷比37.12%。不良贷款率1.63%；拨备覆盖率204.09%。

落实中央决策部署

抗击新冠疫情。加强常态化疫情防控，实现零疑似、零感染。投放抗"疫"企业专项贷款7.20亿元。落实小微纾困政策，普惠小微贷款新增33.36亿元，增长21.05%，贷款加权利率6.28%，比上年下降22 BP，完成"增量扩面"监管目标。

服务国家战略。服务陕西区域发展战略，投放实体经济贷款734.04亿元，增长25.40%。支持陕西制造业发展，投放制造业贷款50.13亿元，增长54.26%。助力打赢污染防治攻坚战，绿色信贷余额46.14亿元，完成绿色银行建设三年规划增速目标。

推进普惠金融。投放金融精准扶贫贷款101.91亿元，帮扶带动6.67万贫困人口脱贫致富，累计13个季度获评陕西省金融机构脱贫攻坚考核"优秀档"，荣获陕西地区"精准扶贫特别贡献奖"。支农惠农落地见效，建立省市县三级协同管理体系，设立惠农专班组，开发新型农业经营主体2.12万户、投放贷款29.40亿元，信贷支持率38.70%。

业务转型发展

零售金融。个人储蓄存款加快稳增长、调结构、促转型，年日均新增49.95亿元，排系统内第10位；新单保费年增12.95亿元，比上年增长12.18%；净值型人民币理财月日均保有量新增14.46亿元，排系统内第10位；非货币基金销售16.01亿元，比上年增长2.5倍，资管信托年销量14.37亿元，比上年增长12倍。消费信贷坚持稳房贷、促消贷、抓车贷，年净增78.84亿元，其中非房贷款净增33.88亿元，占比比上年末提升39.51%。信用卡新增客户23.49万户，排系统内第10位。网络金融大力推进绑卡、活客和场景建设，快捷支付绑卡净增62.97万户，手机银行月活客户48.35万户，活跃度比上年提升2.11%，排系统内第5位。

普惠金融。"三农"金融强化"平台+线上"双渠道获客，净增27.59亿元，比上年多增10.43亿元，其中小额极速贷净增24.93亿元，新增余额占比90.36%。小企业金融加快拓展线上信用贷款、线下标准化产品，新增10.12亿元，客户新增779户；"小微易贷"新增6.20亿元，占比61.26%。

公司金融。公司存款调结构、拓客户，年日均余额新增34.32亿元，排系统内第4位；公司贷款增规模、优结构，贷款余额年净增68.35亿元，中长期贷款净增91.04亿元，占比提升17.42%。金融同业巩固传统业务、拓展高收益业务，票据再贴现突破15亿元，比上年增长14倍，排系统内第1位；票据直转联动率30.95%，排系统内第5位。交易银行推进开放式缴费平台获客319户，投放贸易融资61.54亿元，开立表外证票74.16亿元，实现收入7750万元，排系统内第6位。

风险内控管理

全面风险管理。推进实施资本管理高级方法，不断健全完善职能明确、职责清晰、协调制衡的全面风险治理体系，夯实"三道防线"职能，牢牢守住风险底线，实现"六个不发生"。

信用风险管理。提高信用风险监测、识别和预见管理能力，加大对重点产品、机构、行业、客户的联防联控，实施行领导分户指导大额不良处置机制。严控增量、压减存量，累计处置不良贷款 7.61 亿元，不良率下降 0.05%。

法律内控管理。保持案防高压态势，落实“一案五问”，无大案要案及重大风险事件发生；实施内控提质增效三年计划，启动风险经理派驻制，加强合规检查和警示教育，全辖自营机构违规问责 3197 人次，经济处罚 277.02 万元。

内部审计工作。实施各类审计项目 60 个，发现问题 915 个，审计整改率 94.19%。

安全生产工作。落实“平安邮储”建设要求，开展安全生产专项整治三年行动，实现“零事故”“零案件”。

管理运营效能

机构改革。推动完成省、市、县三级内设部门机构改革，完善省分行营业部管理架构，推进城区支行扁平化管理；实施省、市机关定员定编，压缩中后台人员，补充前台人员 56 人。

财务管理。推动财务管理精细化，成本收入比 40.46%，比上年下降 5.70%；加强定价管理，新发生定期存款付息率 2.11%，比上年下降 16 BP；LPR 换轨率 91.37%，超目标 6.37%。突出业绩考核正导向，调整领导班子和员工绩效考核体系，强化“十强”“十优”支行政策支持，营造“比学赶帮超”发展氛围。

金融科技赋能。完成 21 项总行统建平台推广和 12 个自主开发项目上线，个贷风控系统获评总行“科技创新奖”；获得总行首届数据建模大赛二等奖、三等奖；首次荣获人行金融统计“先进集体”称号。

运营管理。推进运营管理集约化，整合精减业务库 8 个，设立现金管理中心 4 个，业务库规划获评西部片区第 1 位；加强网点集中管控，压降网点租赁面积 1147.55 平方米，节约租赁费用 667.09 万元；实现个人业务无纸化，设立重空、单证调剂中心，压降凭证费用 697.5 万元。

网点转型。完成转型网点 166 个，进度 79.43%，排系统内第 6 位；网点成功转介量增长 1.5 倍；压降台席 107 个，自营网点公司业务实现“全覆盖”。

信审管理。推进信审集中化，分批实施小企业信用审批集中上收，全行小企业信审人员由 29 人压减至 15 人，单笔平均审查审批时限由 15 个小时缩短至 7.28 个小时，审批通过率由 80% 提升至 94.53%。

全面从严治党

党建重点工作。推进“强基固本”质量提升工程，完成基层党组织换届选举，调整党组织隶属关系，深入开展“合规——共产党员在行动”“共建、共享、共进”2.0 活动。5 家支行荣获总行 2018—2020 年“模范职工之家”称号，4 家支行获得陕西省总工会“母婴关爱室”示范点荣誉称号。

党风廉政建设。持续强化不敢腐，运用“四种形态”严肃惩处 187 人次；配套跟进不能腐，巡察发现问题 230 个，建立健全制度 18 项；牢固构筑不想腐，开展“七个一”警示教育系列活动，引导党员干部明红线、守底线。

巡视整改。深化推进中央巡视整改工作，围绕评估结果补齐制度短板，堵塞制度漏洞；按照集团巡视整改工作要求，推进完成 46 项整改任务、121 项整改举措，整改完成率 100%。

人才队伍建设

人事改革。出台三年人才发展规划，建立中级正、副职和基层管理人才库，选派 13 名机关干部补充各市分行领导班子；选聘省分行机关团队负责人，省、市、县、支四级人才储备体系逐步完善。

队伍作风建设。整治形式主义、官僚主义问题，扎实开展模范机关“灯下黑”整治，建立“清单式”挂网督办，严防“文山会海”反弹，文件、会议数量比上年压降 28.74%、37.30%。（邮储银行）

【中邮保险陕西省分公司】

2020 年度主要工作

强化党建引领。一是加强政治建设。深入学习习近平新时代中国特色社会主义思想，树牢“四个意识”，坚定“四个自信”，坚决做到“两个维护”。认真贯彻落实集团、公司党的建设暨党风廉政建设和反腐败工作会议部署，制定全面从严治党主体责任清单，逐级压实管党治党责任。

二是强化巡视整改。把落实集团巡视整改作为当前重大政治任务来抓，结合实际，研究制定整改方案和整改任务清单，经过近 3 个月的整改，分公司党委制定的 66 项细化措施已落实完成，巡视整改工作取得阶段性成效。

三是推进党风廉政建设。落实总省党风廉政建设和反腐败工作会议精神，研究细分 29 条工作要点、62 项监督措施、15 项重点监督任务，找准监督方向。实事求是把握运用监督执纪“四种形态”，针对上级检查、集团巡视反馈意见，对 13 人（18 人次）进行严肃追责问责，形成震慑。

四是推进“三大攻坚战”。在脱贫攻坚方面：持续加大保险扶贫保障力度，为 4.3 万户建档立卡贫困户提供 8.7 亿元保额风险保障。在风险防控方面：扎实开展“亮剑行动”回头看、市场乱象整治“回头看”专项检查，有效遏制了销售误导、客户信息真实性及双录等问题的反弹。同时开展多形式风险合规主题宣传活动，其中分公司反洗钱宣传微视频荣获人民银行西安分行优秀作品二等奖。在绿色邮政建设方面：制定分公司绿色邮政工作方案，发挥版块协同优势，践行绿色发展理念，内外兼修，有力推动绿色邮政工作全面开展。

五是全面部署防疫工作。面对突如其来的疫情，分公司第一时间成立应对疫情工作领导小组，全面部署疫情防控工作。党员领导干部以身作则，疫情期间带头坚守岗位，确保服务支撑到位。组建党员、青年员工突击队，前往西安邮区中心局开展邮件处理、投递志愿帮扶服务活动。

推进高质量发展。一是对标行业最佳实践。提前谋划安排2020年开门红工作，认真研讨渠道开门红市场情况并结合行业发展规律制定发展策略，策划组织专项营销活动，通过活动带动业务快速发展。疫情期间，聚焦渠道一线销售中遇到的问题，策划推出线上营销活动。一季度开门红实现新单总保费9.7亿元，比上年增长206%，其中，长期期交新单保费3.14亿元，比上年增长146.6%。

二是强化协同战略。稳步落实邮银保三方“同研究、同部署、同实施、同考核”的协同机制，将中邮保险长期期交“双百亿”项目纳入省内自主协同项目，并与省邮政分公司及时沟通争取中邮保险专项奖励，协同加大政策支撑力度。将中邮保险惠农项目发展要求和指标计划纳入全省邮政系统惠农方案，实现同安排、同部署、同考核，全年完成35单惠农合作社团险承保，数量排名全国第4位，累计为1614名农业合作社建档立卡贫困社员，提供3550万元意外风险保障。

三是推进价值转型。通过“邮银部+营业部+全员”的全方位宣传营销，推动保障型产品突破发展。研究制定高价值业务推广方案，针对邮银渠道客户特点，细分客户类型，完善客户画像，匹配产品组合，实现精准营销。全年分公司实现新业务价值9274万元，达成率为119%。结合全年经营工作重点，确立经营服务十大重点项目，以项目小组为抓手，解决经营工作中的重点和难点问题，实现创新发展。

四是完善营销体系。强化提升分公司专职讲师技能，按月组织“争做好讲师”活动。强化督训师、理财经理队伍培训，逐步打造中邮保险荣誉体系，激发精英队伍发展中邮业务的积极性和主动性。持续开展“比武练兵”活动，实现线上、线下全覆盖，获总部“明星讲师”荣誉称号65次。

五是提高履职水平。3月，联合省邮政分公司下发《关于调整市县中邮保险机构编制设置的通知》，确保编制到位。在全省开展中邮保险专岗选聘，选聘人员205人，确保人员到位。组织专岗人员参加线上岗前培训和运营初级培训，不断强化市县专岗业务能力，确保履职到位。

六是提升运营能力。持续按条线增强帮扶力度，规范市县人员操作行为，从源头促进业务指标的稳步提升。编制下发《中邮保险业务操作指南》和业务制度汇编，搭建集业务指导、操作指南、小工具辅助的综合线上学习平台，引导市县人员自主学习、速查速用，提升业务品质。提前做好业务预测，与重点市县做好沟通对接，全力应对2020年退保与满期给付工作。精心组织续期催收服务，确保对每一件应收保单的服务做到“应收尽收、颗粒归仓”。

七是优化客户服务体系。注重总省联动和协调调度，克服疫情影响，快速开通电子化回访，同步开展微信回访操作、指标管控等内容的线上培训，大大提升了回访效率和客户体验，回访指标比上年提升4%。不断完善消费者权益保护系列制度，健全消保工作机制，消保重要指标得以提升，亿元保费投诉量位居全国领先水平，实现监管受理“零投诉”。

夯实企业基础管理。一是强化财务支撑管控。以经营预算为基础，结合业务发展规划，重点支撑高价值业务发展的费用投入，有效配置财务资源，不断提升费用投产效率。建立以业务发展为导向、以归口管理为基础的全面预算管理模式，强化条线费用预算管理能力。积极落实绩效考核方案，通过专题分析和通报，监督指标持续优化，确保经营管理目标顺利达成。

二是加强干部队伍建设。坚持党管干部原则，选优配强中层干部队伍，调整领导人员8人次，提任四级领导人员2人。加大市场化选聘力度，引进同业专业人才3人，不断提高专业人才占比。注重干部队伍素质提升，通过开展集中培训、同业交流、专题讲座等方式，扎实推进干部员工教育培训，不断优化干部知识结构和专业结构，持续提高员工综合素质。

三是履行审计监督职能。针对有效贯彻落实分公司内部的重大决策部署、规范业务发展、防范经营风险等，组织开展专项审计工作，对检查出的问题及时进行整改，充分发挥审计在防范风险、完善管理和提高经济效益中的作用。

重要工作成绩

实现总保费42.4亿元，增幅20.6%，完成计划的104.8%，进度排名全国第11位；陕西人身险行业原保费占有率达5.11%，较上年提升0.63%，保费规模省内排名第7位，比上年提升1位。其中，新单总保费19.9亿元，增幅7.6%，完成计划的103.4%，进度排名全国第12位；期交新单保费15.4亿元，比上年增长25.7%，完成计划的100.7%，进度排名全国第9位；长期期交新单9.9亿元，比上年增长174.4%，完成计划的124.1%，进度排名全国第6位；续期保费22.4亿元，比上年增长37.5%，完成计划的105.9%，进度排名全国第9位；团险保费1556万元，完成计划的121.6%，进度排名全国第4位。获得陕西保险业健康保险知识普及测评活动团体一等奖、陕西保险业公众宣传大比武优秀传播奖等荣誉。（中邮保险）

【中邮证券陕西省分公司】 累计实现收入165.70万元，比上年下降48.90%，其中资管业务收入165.70万元，占总收入的100%。

资管业务

陕西省分公司在途业务分别为“金融投11号”陕煤项目与“幸福系列3号”长安银行同业存款项目。截至9月底，两项业务总收入为136万元。“金融投11号”于2017年1月落地与邮储银行完成对接，总规模80亿元，期限“5+1”年；“幸福系列3号”是陕西省分公司与陕西邮储分行对接，于12月落地的总额2亿元、期限1年的同业存款类项目。

投行业务

陕西省分公司联系相关部门，筛选优质的邮政公司中小企业客户进行拜访，寻找业务机会，同时针对业务类别对邮储银行的相关业务部门进行拜访联系，推动投行业务发展，希望通过邮储的专业渠道和资源，发挥各自优势，寻求合作项目。同时参加陕西区域股权市场科技创新专板部署会，与同业对接交流，加深与各金融机构的联系，为后期业务发展奠定基础。

协同工作

协调陕西域内7家营业部加强与省邮政公司、邮储银行在代理三方存管的合作共赢。落实“有效户大提升”营销活动方案，各营业部与对接的邮政及邮储网点积极联系，上门拜访，组织多次培训会议，在证券基础业务培训的同时，逐步添加沪港通、融资融券等业务知识的推广，为邮政客户讲解“鸿利来”系列资管产品。同时通过再次营销、客户回访等相关工作，将之前较多的证券账户为空的客户，努力转化为有效客户，通过开展存量客户分级分类服务与维护，对优质客户进行维护，开展重点客户服务回访、核心客户亲情回访，进一步提升客户黏度，将账户数量与质量全面提升。

合规管理

将风险管理贯穿所有业务环节，根据公司风险管控工作要求，推行各项业务正常运转。一是公司负责人为风险管理第一责任人，带动分公司全体员工人人参与合规工作，加大对风险管控工作力度；二是根据实际情况不断调整工作侧重点，使风险管理工作更加到位；三是推行稳健的风险文化，形成与本公司相适应的风险管理理念、价值准则、职业操守，建立培训、传达和监督机制。

党建工作

召开分公司党委党建纪检工作会议。认真学习贯彻落实《2020年中国邮政集团有限公司党的建设暨党风廉政建设和反腐败工作会议上的系列讲话》《2020年中邮证券有限责任公司党的建设暨党风廉政建设和反腐败工作会议上的系列讲话》，明确党建重点工作任务和目标。安排部署分公司党委2020年度党建重点工作。

加强理论学习。为深入推动习近平新时代中国特色社会主义思想和党的十九大精神学习，发挥党委理论学习中心组的带头示范作用，分公司党委制订并下发《中邮证券陕西分公司党委理论学习中心组2020年度学习计划》，要求各党支部结合实际制订本单位年度学习计划并严格贯彻落实。

推进巡视整改专项工作。结合实际，制订陕西省分公司党委2020年持续推动中央巡视整改的工作计划，各党支部切实增强“四个意识”，提高政治站位，强化政治担当，把抓好巡视整改作为重大政治任务，持续做好巡视“后半篇文章”。5月25日，中国邮政集团公司党组第六巡视组赴陕西对4家单位进行专项巡视检查，陕西省分公司党委高度重视，成立巡视工作专项领导小组，安排部署相关工作。巡视结束后，召开巡视整改专题民主生活会，下发巡视整改工作方案，每周召开周例会，安排部署整改工作。

纪检监察工作。一是落实纪委办公室部下发的纪检主要工作任务清单，对照任务清单对标检查。二是加大信访线索查处力度，对腐败问题“零容忍”，重点关注对公司造成严重损害、“四风”和腐败问题、选人用人失察以及有群众反映突出问题等方面。三是结合所处金融行业特点，学习贯彻《证券期货经营机构及其工作人员廉洁从业规定》，将廉洁风险点管理贯穿日常工作所有业务环节，根据公司廉洁风险防控工作要求，推行各项业务健康、有序运转。四是加强理论学习，增强头脑武装的学习力，扎实推进特色廉洁文化建设，结合本部门特点，充分挖掘本部门廉洁文化资源，推动廉洁文化深入人心，增强党员干部的文化自信。

扶贫工作

11月，正式成立中邮证券陕西省分公司精准扶贫工作小组，制定精准扶贫工作方案。陕西省分公司党委部分党员和群众代表于11月11日随同党委班子前往陕西省洛南县寺耳镇陈耳小学，将“爱心助学”募捐的物资送到贫困学生手中，同时希望他们努力学习，勤奋上进，以优异成绩回馈社会。为配合公司持续推进产业扶贫项目，党委领导班子和部分党员与群众代表前往“辣上天”寺耳扶贫剁椒车间进行实地考察调研，就产业发展瓶颈和产业升级等方面进行深入交流。根据其市场发展需求，为其提供全程金融服务支撑，有效发挥证券行业的特色及优势。同时，根据公司总部扶贫工作安排，继续协助陕西省商洛市商州区、洛南县定点扶贫项目的办理落实，推进公司定点扶贫专项工作。（中邮证券）

【中邮证券西安电子二路营业部】 共有员工19人（含开元路营业部），其中后台员工16人，客户经理3人，证券经纪人4人。截至年末，累计开户34213户，有效户8076户，占总账户数的23.3%，12月末托管资产25亿元（含开元路营业部），增幅31.5%。累计完成收入2916万元，完成全年预算（2345万元）的124%；累计实现利润2098万元，完成全年预算1526万元的137%；累计开发两融客户457户（含开元路营业部），个人户456户，机构户1户，两融客户余额2.68亿元（含开元路营业部），较上年同期增长55%。实现产品销售4798万元，较上年同期增长80%，新增销售收入18.98万元。开通集团会员5500余户，超额完成目标任务。营业部其他多项业务指标在各分支机构中名列前茅。

打造立体化协同体系

按照总部要求，针对板块协同“有效户大提升”工作召开专题会议，针对活动目标做任务分解。在陕西省邮政分公司的协助下对西安邮储银行网点进行认领，并联系西安市邮政分公司、西安市邮储分行、商洛市邮政分公司和安康市邮储分行，针对有效户认定、业务指导、激励政策、客户维护等业务需求安排专人培训。营业部以代销基金、国债逆回购等产品为抓手，针对客户类型、投资风格进行常态化营销，对风险承受能力较高客户邀请参加营业部沙龙活动等，进行一对一指导。

营业部还积极沟通网点摆放门型展架，发放基金宣传页等，并安排专人负责协同开发客户的见证开户、审核、统计等工作。每周召开业务协同总结交流会议，听取协同工作汇报，分析总结，制定下一步的推进措施。

截至年底，培训累计覆盖邮政网点工作人员150余人次，开户共计1228户，有效户171户，新增资产192.86万元。

推动业务转型发展

以“营销争先”“有效户大提升”等营销活动及注册制创业板推广等活动为抓手，想方设法抢客导流、激活客户。

加强客户联系。利用春节、国庆节筛选高价值客户，开展节日关怀，与客户建立更加紧密的联系，提高客户黏性和忠诚度。

深化客户服务体系建设。通过客户服务包讲评活动，交流日常工作经验及教训，提升服务能力与水平，还对资产百元以下、三年无交易且有新股申购权益的客户，精准发力，利用灵活的价格策略及专业服务能力开展电话召唤服务，并取得效果。

运用综合APP。应对新业务、新权限开通带来的机遇，做好基础准备，辅导推荐客户使用综合APP办理业务及交易，提升工作效率，并提示客户新业务、新权限的机会以及风险，提升客户的满意度。

优化服务水平。对晨会资讯的内容、形式等进行优化提升，还通过配股、新股中签等通知服务与客户保持沟通，收集客户的意见与建议，还根据客户的需求，成立营业部“金石投顾团队”，每周推出股票池，为客户提供投资决策参考，为客户服务人员提供良好的服务抓手。

发展两融业务

截至年底，具备两融业务开户资格的客户共782位，已开办两融业务的客户为457户（含开元路）。安排人员逐一沟通对接，在适当性前提下努力做到“应开尽开”。7月，成功开发机构客户1户，并开立两融账户。该账户是营业部第一个机构两融账户，为服务机构客户提供了经验。在储备开发两融客户的同时，根据落实金融风险防控工作要求，安排专人做好两融客户的风险防控、预警等工作，坚决杜绝风险事项的发生。全年两融业务未发生风险事件，运营平稳。

西安开元路营业部迅猛发展

经过近一年时间的筹备建设，西安开元路营业部于3月25日正式开业，有2名员工。为实现西安开元路营业部的任务目标，一方面紧抓高效业务，开发高净值客户。另一方面，利用节假日、休息日等时间，在周边社区、公园、写字楼等地开展业务宣传活动，提升知名度，并利用灵活的政策，开发潜在客户及交易性有效户。此外，实现了“金隆成1号集合资产管理计划”落地，规模达6500万元。截至年底，实现收入156万元，利润70.5万元，优于公司及行业内18个月的营利周期。

营业部积极探索高效业务

上半年，利用多年积累的人脉资源，接洽西安曲江文化风险投资公司开展股票质押业务。尽管该笔业务未落地，但通过该笔业务，营业部经历了该项目的全流程，熟悉了各个业务流程，积累了经验，为拓展股票质押业务打下了良好基础。

此外，还为陕西省邮储分行新增一单资金托管业务，促进了板块协同。

尽管营业部没有资管投行项目落地，但仍主动为高端客户推荐财富管理配置，特别是“鸿利来”“稳赢”系列产品，营业部资管产品销售额在所有分支机构中排名靠前。

提升基础运营能力

制定疫情期间应急预案，保障营业部的日常运营；组织参加网络信息系统以及安全应急演练、隐患排查等工作；通过现场、网络等方式组织参加各类培训、会议150余次。全年业务运营平稳，无重大违规行为和风险事件的发生，未发生重大业务员差错，未发生重大信息系统与安全事故。组织参与年度策略报告会、创业板专题投教等活动十余场；开展十余次合规反洗钱、廉洁风险防控等方面的自查、培训学习活动，坚守合规风控底线。

强化党组织建设和企业文化建设

截至年底，电子二路党支部有正式党员5人，积极分子3人。支部设书记1名，纪检兼宣传委员1名，组织委员1名。认真落实“三会一课”制度，深入学习贯彻习近平新时代中国特色社会主义思想，建立“三个第一时间”

学习机制，开展各类学习活动近 40 次，召开党员大会 7 次、支委会 22 次、党课学习活动 5 次、组织生活会 2 次、民主评议党员 1 次，完成支部的换届选举，并与党员、积极分子进行巡视反馈意见的谈心谈话。党员、积极分子发挥模范带头作用，冲锋在前，加班加点保障各项业务的高效开展，充分发挥了支部的战斗堡垒作用与党员、积极分子的先锋与模范作用。支部被公司党委评为“党支部建设示范点”。李辉亮参评公司党员先锋岗评选，刘鹏获评邮政集团陕西省分公司党委机关委员会 2020 年度优秀党务工作者。

在做好日常工作的同时，认真贯彻落实集团公司党组、公司党委、陕西省邮政分公司党委的会议精神以及工作部署，开展多项工作。

疫情防控。在疫情期间，制定应急预案，党员支部干部、积极分子冲锋在前，每日到岗，在做好经营场所疫情防控的前提下，保障营业部业务的正常有序运营。参加抗击疫情捐款，共捐款 2300 元；参加陕西省邮政分公司党委组织的“爱心助学”募捐活动，共捐款 1450 元。

“三重一大”。严格执行“三重一大”决策制度，对营业部员工的岗位调整、绩效工资、营业部的年度预算等多项工作，提前进行沟通、酝酿，并开展会议研究讨论，严格落实民主集中制。

“一岗双责”。支部书记作为第一责任人，认真落实党建工作责任制，“一岗双责”履行到位，一手抓党建，做好基层党组织建设以及职工思想状况调研和思想政治工作，加强对全员的教育与监督，做好重大突发事件和热点敏感问题的舆论引导，保持支部意识形态与党中央保持一致；一手抓经营，超额完成任务目标，各项工作呈现高质量发展的良好态势。

纪检监察工作。认真学习党的十九届中央纪委四次全会精神和 2020 年公司党的建设暨党风廉政建设和反腐败工作会议精神，持续建设优化营业部政治生态，加快营业部转型发展，在疫情防控、绿色节能、风险防控、落实中央八项规定等工作中提供坚强保障。开展“党风廉政警示教育月”活动。通过警示教育月活动，使全体干部员工深刻感受到党风党纪的约束，进一步加强党员干部忠诚意识、宗旨意识、责任意识和纪律意识。

巡视整改工作。配合集团公司对陕西省邮政分公司党委的巡视工作提交相关资料。按照上级党委的巡视整改要求，开展“举一反三”对照检查，研究制订支部巡视整改计划，结合实际工作，按季度推进落实，持续推进和提高支部的基层党建工作能力和水平，充分发挥支部的战斗堡垒作用。（中邮证券）

【中邮证券西安南大街营业部】 实现年度收入 3552.15 万元，完成年度目标的 110.48%，比上年增长 21.61%；实现利润 2752.55 万元，完成年度目标的 109.27%，比上年增长 24.39%。新增客户数 2043 户，其中有效户 642 户，新开户有效户比例 31.42%，较上年同期绝对数增加 466 户，有效户比率降低 12.51%。总户数为 53853 户，正常账户 41102 户，有效户 10561 户，有效户比例 25.69%。

合规管理及反洗钱工作

按照公司合规部要求，营业部配备 1 名专职合规风控人员，并对合规风控人员提供充分的履职保障，按要求及时报送合规月（季、年）度报告；营业部将反洗钱工作贯穿在各项业务办理中，每天营业部专人通过内控平台进行反洗钱可疑交易账户分析和报告；每月（每季度）根据公司交易系统中客户留存的身份证信息有效日期是否过期，开展对身份证有效期已经过期的客户回访通知。

营业部开展合规自查。月度营业部合规工作自查、季度合规工作自查、BOP 系统业务自查、半年度适当性自查；配合开展中登适当性自查、受益所有人身份识别自查等，通过每月及专项核查，能够及时查漏补缺，业务开展及各项管理工作都能按照业务规范及公司制度执行，总体管理工作合规，风险可控。

反洗钱相关工作自查。通过核查营业部反洗钱组织架构、人员配备、业务开展整体情况以及排查营业部年度可疑交易预警数据监测分析及时性和有效性，了解和掌握营业部落实公司制度和监管要求的情况，同时进一步强化反洗钱分析工作质量。

营业部负责人离岗稽核。开展对营业部负责人自 2017 年 4 月至 2020 年 7 月期间任职主要工作的合规性、内部控制的有效性、执业行为的规范性等进行稽核。

年度服务质量监督检查。通过每月服务质量监控人逐项开展以及月末服务质量负责人逐项核查，各项服务开展合规有序。

业务开展

融资融券。新开信用账户 28 户，新增征信 33 户，新增融资授信额度 6957 万元，营业部融资余额总计 1.82 亿元，比上年余额增长 22.14%，整体维持担保比例在 262% 以上，保障两融风险相对可控。两融业务毛收入占营业部总收入的 48.4%，贡献度仍相对较高。

股票质押业务。持续跟进“众兴菌业”大股东限售股权质押项目，做好项目申报准备，开展质押业务学习和前期尽调准备，已向信用交易部提交客户报价意向，在全面控制风险的基础上争取该股票质押业务突破落地。

邮证协同工作。持续推进与延安市、榆林市邮政单位以及西安市钟楼、北关、纺织城、金花路、鄠邑区邮政单位持续协同对接联络及需求汇总；由于疫情原因，协同工作受到一定影响，4 月逐步开始，在时间压缩的情况下，营业部全体员工迅速调整工作状态，根据各自分工，与邮储银行市内部分网点对接，开展网点一对一理财经理业务培训，并协助陕西邮政、邮储银行分别向全省各地市金融理财经理、网点理财业务人员和督训师开展相关培训8场。截至年末，营业部与邮政各板块协同新开发客户共1582户，老户激活有效户共6户，引进资产30.88亿元。

“有效户大提升”活动。按照集团3月11日召开的邮银协同中邮证券“有效户大提升”业务推进会和公司工作落实会上集团和公司领导的指示及讲话精神，营业部根据实际情况制定《南大街营业部2020年“有效户大提升”活动实施方案》，成立“有效户大提升”工作组，确定有效户工作联系人，安排营业部讲师内部学习及研讨，加强营业部讲师队伍的培训，并根据网点需求制作个性化培训课件，及时根据客户需求开展培训；持续推进各网点联络工作，做好服务与支持工作；截至年底，新开普通账户2042户，有效户641户，存量客户激活522户，完成有效户年度目标；其中协同开户1582户，有效户206户；信用开户28户，其中激活使用25户。

“春季行动”专项营销活动。根据公司“春季行动”营销活动相关安排，及时安排部署营业部推广公司新一代手机APP及开展新三板业务相关工作。一是向营业部正常客户全面普及宣传以及向客户广泛推送下载二维码。二是筛选营业部资产符合新三板要求客户以及潜在有新三板需求客户进行分类，一对一向客户了解投资意向，提示该业务风险并向有需求的客户推介该项业务。截至年底，营业部每月持续推介手机综合APP，共新增注册用户5800户以上，新三板成功推广客户208户，开通率超过60%，开通绝对数为公司首位。

创业板注册制业务上线。根据交易所及公司要求做好投资者教育创业板注册制新规适当性管理工作，开展过渡期创业板业务权限临柜办理工作，注册制创业板业务正式上线后，营业部结合业务实际以及存量客户和新增客户具体情况，向客户推广并办理该项业务。截至年末，营业部创业板注册制权限申请已完成3110户，注册制创业板上市以来月均成交4000万元左右，呈阶梯上涨趋势。

客户回访及投诉情况。根据回访计划开展，回访方式主要是录音电话和CRM短信回访，现场开户通过纸质回访，各项回访留痕均齐全完整；回访类型和回访面基本覆盖到各类型客户，共计回访客户12662户，占合格账户数的比例为32%，满足监管要求。

日常培训。根据公司部署，落实“每日一训”培训工作，利用周一至周四下午1小时时间开展业务制度、合规、反洗钱等各项培训。每周制订培训计划，提早做好讲课人员及课件安排，结合当前业务开展及产品销售需要，做好业务规则、操作要求、产品推广、监管案例等全面的业务培训。

安全管理。认真贯彻落实公司安全管理工作的要求，加强营业部人身、消防、车辆、资金、信息安全管理工作。完成营业部年度固定资产核查工作、营业部车辆管理自查。

党建、纪检监察

开展专题组织生活会。按要求开展专题组织生活会，落实“三会一课”相关要求，按照基层支部标准化规范化要求开展具体工作，争创基层“党支部建设示范点”，1名党员被评选为公司“共产党员先锋岗”。

落实巡视整改。持续开展巡视整改工作，年初制订支部2020年持续推进巡视整改工作计划表，将持续推进整改工作纳入常态化，开展部门因私出国自查、逆合同流程自查工作。5月末，配合集团第六巡视组常规巡视陕西省分公司党委相关工作，并在巡视后认真学习巡视反馈意见，开展举一反三巡视整改相关工作。

新冠疫情防控。及时落实中央、集团公司及公司各级党组织关于疫情防控工作，营业部支部及时制定应对疫情应急处置方案，全体党员在疫情期间在岗值守，保障营业部经营工作相应开展，复工复产后，持续落实疫情防控要求，同时推进生产经营工作。

发展党员。按照发展党员工作有关规定做好2名积极分子培养教育和考察工作，每季度按时向培养人提交思想汇报，完成2名积极分子考察工作、列为发展对象、参加集中培训和政审工作，并按照发展党员规程要求持续推进后续工作。

开展纪检监察。一是对营业部支部学习宣贯党的十九大精神的情况进行督导，落实政治监督职能，按期召开巡视整改专项会议，对巡视整改工作检查督导；落实推进营业部支部良好政治生态。二是加强和改进支部作风建设，巩固拓展落实中央八项规定精神成果，紧抓关键节点关键事项监督管理，能够落实节假日前后对党员干部进行廉洁过节防范“四风”、遵守中央八项规定精神传达及提醒工作，并按照公司要求上报相关检查报告；每月末根据收集到的内外部信息，填报是否存在有关违反八项规定精神、举报信息、舆情信息等纪检监察月报上报公司监察部。三是加强纪律建设，努力运用“四种形态”执纪方式，早提醒，打招呼，勤提示；落实纪律教育针对性和有效性，营造一种合规守纪的良好氛围。四是加强日常纪检监察工作，在有关预算费用管理、员工年度考核选优、重大项目支出审议等有关“三重一大”事项等工作中，有效参与审议，对项目实施监督程序，履行监督职能。（中邮证券）

【中邮证券阎良营业部】

经营情况

营业部累计开户19545户，有效户6151户，占总账户数的31.47%。截至年底，托管资产10.48亿元，增幅24.87%。累计完成收入1499万元，完成全年预算（1211万元）的124%；累计实现利润947万元，完成全年预算

667万元的142%；累计开发两融客户31户，个人户30户，机构户1户，两融客户余额5034万元，较上年同期增长33.81%。实现产品销售996万元，较上年同期增长85.47%。

扎实做好存量客户维护

营业部始终将存量客户维护工作当作一项常态化重点工作持续开展。根据客户特点，制定客户分级分类服务工作方案，形成客户服务计划和服务措施，建立核心客户微信群向营业部核心客户推送适当的产品，基本做到核心客户服务全覆盖，同时培养员工以客户为中心的服务意识，做到提升客户满意度及忠诚度，提升在当地市场竞争中的核心优势，在守好存量客户的同时，实现传统经济大幅增长。

加强投资者教育工作

为进一步做好投资者合法权益保护，推进新三板改革及新《证券法》投资者教育工作，在“3·15”来临之际，根据中国证券业协会、公司经纪业务总部、高陵人行及阎良区金融办关于活动的通知安排，营业部通过更新投资者教育宣传专栏的内容，在LED屏滚动播放“权利·责任·风险”“三板新风　携手向前”等宣传标语、现场电视播放“你不得不知的新三板新政”“三板新风　携手向前”等宣传图片，员工通过网络渠道转发相关理性投资知识，同时，组织投资者参加答题活动，丰富投资知识。此外，联合阎良法院、邮储银行开展“运营新媒体、唱响反洗钱”“理性投资，远离非法证券陷阱”“守住钱袋子”反洗钱法制宣传活动，并向现场投资者赠送《小案例　大法律》书籍，法院法官结合案例向投资者进行宣讲，为广大投资者开展法制课程。本次活动在今日头条、陕西法制网、《西安日报》、“西安权威发布”进行宣传。

根据公司下发的《关于开展2020年“金融知识普及月”活动的通知》要求，开展金融知识普及活动，通过线上线下相结合的宣传模式，组织员工前往三贤村和箭王村开展金融知识和反洗钱宣传活动。金融知识音频通过村委会大喇叭进行循环播放宣传，同时悬挂金融知识和反法钱宣传横幅，进一步普及和提高农村居民金融知识水平，增强老百姓对各类金融诈骗活动的识别及风险防范能力，获得良好的宣传效果和社会效应。

为进一步深化科创板投资者教育工作，在上交所、陕西证监局的指导下，9月26日，开展第二期上交所会员合作科创板专题培训工作。通过讲解科创板相关知识，使投资者进一步树立理性投资、价值投资理念。

业务制度迭代更新

按照公司要求，持续推广新一代手机综合APP，提高客户使用量，不断反馈客户意见与建议，达成优化手机软件的目的，更好地提升客户体验度。

根据全国股转系统改革要求，营业部按照公司安排，召开专题会议，强化落实新三板权限的开通工作，做到一户一认领，务必通知到每位符合开通要求的投资者，根据春季行动活动反馈数据，开通新三板权限账户数为91户，开户率为90.10%。

由于核准制与注册制的迭代更新，使广大投资者需要重新开立相关业务权限，按照公司总部统一安排，多次利用短信、电话等方式通知客户开通注册制创业板权限。同时，持续为客户开通科创板权限，并将此类客户纳入重点维护客户。

合规执业销售基金

为持续推动营业部代销金融产品业务稳步发展，引流客户资产，根据公司总部下达各项营销指标，组织员工参加基金路演，筛选目标客户，进行组合销售。截至年末，累计销售基金996万元。

做好疫情防控工作

按照集团公司和公司党委的相关部署，成立相关领导小组，高度重视疫情防控工作，切实增强“四个意识”，坚定“四个自信”，做到“两个维护”，认真落实集团和公司的相关要求，动员全体员工凝心聚力、责任到人。同时，在口罩等防护用品非常紧缺的情况下，为员工及时购置口罩、消毒液、测温仪等防护用品。疫情期间，实行错峰工作制，一方面保证营业部的正常运营，另一方面避免人员聚集而产生的安全隐患，保障日常经营正常开展、信息系统安全运营。

加强业务培训及营销团队建设

持续严格落实“三个第一时间”学习机制，按时参加营业部组织的各类培训，同时开展各项业务知识、反洗钱、合规培训等。通过培训学习，进一步提高员工职业素养、业务能力，为建设一流服务团队，推动营业部快速健康发展打下良好基础。

做好板块协同工作

结合集团公司“一体两翼”发展战略，利用邮政、邮储网点资源优势协同发展，积极了解对接网点需求，开展开户业务培训，配合网点客户安排专门视频见证人员，减少客户排队时间，增加开户审核人员，及时为客户开立资金账户，每日反馈网点开户失败数据，提高协同效益。同时，安排全体员工推广邮政会员，增强邮政金融综合服务能力。

开展反洗钱工作

按照高陵人行及公司的安排部署，落实各项反洗钱工作。安排员工及时处理反洗钱内控平台数据，做好客户身份识别、大额交易和可疑交易筛查及报送、客户风险等级划分等工作。认真贯彻反洗钱各项制度；认真组织开展反洗钱各项培训与宣传工作，按时报送总结报告；营业部还根据公司安排，开展各类反洗钱自查工作，按时提交自查报告。

◎ 加强党风廉政建设工作

阎良党支部组织开展中邮证券社会主义核心价值观主题实践教育月宣传工作，严格落实“三会一课”、组织生活会、民主评议党员制度，为营业部合规经营、稳健发展发挥堡垒作用。支部党员按照要求做好支部换届工作，选举产生新一届支部书记。成立青年理论学习小组，夯实支部堡垒作用。同时，参加邮政集团“七一”评选活动，支部党员被评为“优秀党员”，认真落实高陵区人行开展的“一面旗帜、一名党员，六稳六保金融战线党员先进事迹展示”活动，提交符合要求党员事迹材料，鼓励先进、树立榜样，充分发挥党员模范先锋作用。认真贯彻落实中央八项规定精神，开展“党风廉政警示教育月”活动，严防“四风”问题反弹，加大廉洁从业执行力度，配合开展巡视整改工作，按要求准时上报巡视整改季度报告，做好“回头看”工作。（中邮证券）

【中邮证券渭南营业部】 渭南营业部员工共5人（不含经纪人），无客户经理，经纪人1名。营业部客户资产总额9800万元；客户总数8024户；两融余额850万元，金融产品余额28.95万元。业务零差错，未出现重大违规、重大风险事件，全年基本保持稳步发展。客户总资产维持在9000万元上下，新开账户2399户（完成率216.52%），其中有效户299户，累计新增有效户377户（完成率251.33%），新增客户资产700余万元。营业收入111.39万元，利润总额−34.06万元，仍然处于减亏状态。

◎ 党建工作

以习近平新时代中国特色社会主义思想为指导，牢固树立“四个意识”，坚定“四个自信”，坚决做到“两个维护”。认真贯彻落实集团公司和中邮证券总部的各项工作部署，确定目标，提高思想认识。为扎实有效地推进营业部党风廉政建设和反腐工作，进一步提高党员干部的拒腐防变能力，渭南党支部以“以案促改，以案治本”为主题，开展警示教育月活动。

◎ 疫情防控工作

为有效应对新型冠状病毒疫情，切实保护广大投资者和员工的生命安全和身体健康，落实防控责任，构建营业网点“防护网”。全体人员坚决服从党中央统一指挥、统一协调、统一调度，紧扣集团和公司安排部署，成立疫情应对及应急处置工作小组，制定《中邮证券有限责任公司渭南东风街证券营业部防范新型冠状病毒疫情应急预案》，全体人员坚守岗位，把疫情防控措施落实到位，责任落实到人，全面开展新冠肺炎疫情防控工作，实现“零感染”“零发病”的目标。

◎ 自营+协同发展模式

开展“春季行动”专项营销活动、“加快促进2020年度有效户大提升活动”等促销活动，与邮政方沟通、培训、讲解、协调，调集所有人员加班加点，效果明显，与邮储三方存管户5000余户，有效户195个，资产约300余万元。

◎ 开展投资者教育

按照公司通知安排，通过线上线下相结合方式开展“3·15”宣传活动，“4·15”全民国家安全教育日活动，“心系投资者，携手共行动”，金融知识普及月，“股东来了”以及世界投资周等宣传活动。在营业部门前、广场、小区等地进行多次宣传，组织投资者参与答题，并制作新三板宣传投教作品上报客服中心。

◎ 扩大新三板、两融等业务规模

40%左右收入来源于两融客户，新增两融账户2户，新增融资余额70余万元，还有1户已征信。高度重视新三板业务和创业板改革，通过人工电话、微信、上门拜访等多种方式对客户开展金融知识宣传教育工作。创业板改革工作，全方位主动联系投资者，做到应签尽签。

◎ 合规管理和风险控制工作

严格按照公司各项业务制度开展日常经营工作，将各类风险防控贯穿各个业务环节，严把合规关、风控关，确保营业部风控指标符合监管及公司合规、风险管理制度要求。高度重视反洗钱工作，根据公司反洗钱制度认真履行反洗钱义务，按时开展客户风险评级、可疑交易分析处理等各项工作，确保营业部反洗钱工作得到有效落实。未出现重大业务差错、未涉及重大诉讼案件、未发生违规事件。（中邮证券）

【中邮证券咸阳团结路证券营业部】 累计实现收入263万元，比上年增长14.8%；实现利润44.7万元，比上年多营利58.5万元。营业部收入主要是经纪业务和融资融券业务，其他如股票质押、资管、投行等业务还未实行收入。截至年底，累计开户13591户（含信用户）。其中有效账户1049户，占比7.72%；客户资产合计1.84亿元；本年累计成交40.71亿元（含两融）；累计开发两融客户70户，两融客户总资产5742.97万元，两融授信额度1.085亿元，两融余额1441.78万元。新增资产账户数2358户，其中有效户183户。

◎ 加强客户营销工作

根据公司最新营销考核方案和营业部前后台人员工作特点，持续完善各项考核评优制度，进一步调动全体人员营销积极性。一方面加强公司重点活动任务的宣传和贯彻，适当加大考核和奖励力度，引导客户经理参加重点营销活动；另一方面加强与客户经理沟通，深入了解客户经理在实际展业中的困难，动态调整营销指标，确保考核指标切合实际，起到较好的激励和督促作用；同时，在制定后台人员绩效考核制度时，逐步强化业务协同发展的考核力度，进一步促进前后台人员劲往一处使，齐心协力促发展。双策并举，营造良好的营销协助气氛。

⊗ 落实协同发展战略

在咸阳市邮政协同委员会支持下，加强与咸阳邮政、邮储银行业务联系，集中开展线上培训2次，525人参与培训，同时为每个网点指定客户经理，分别到宝泉路、玉泉路等网点沟通培训4次，加强对邮政网点的培训和支持。

与市邮政公司金融业务部合作，积极动员全市邮政企业力量，通过开展“证券投资初体验”等活动，协同新开规模账户1821户，协同新开、激活有效账户291户，超额完成年初集团下达的协同工作任务。

⊗ 加强自查自纠，细化合规管理，严把风险控制

严格按照监管及公司各项制度开展日常经营工作。严格把控合规管理工作，将各类风险防控贯穿到各个业务环节。为确保营业部各类风险控制指标符合监管与公司合规及风险管理制度要求，根据公司总部要求加强对各类业务的自查、自纠工作，全年安排证券账户业务自查、投资者适当性自查、相关反洗钱工作自查、廉洁从业规定落实情况自查、可疑交易预警分析处理自查、投资者手机号码核查、同业通报中涉及的问题自查、合规管理自查、岗位相容性自查等多项自查、自纠累计24次。根据总部安排，12月底接受公司总部审计部门的现场反洗钱专项审计、负责人强制离岗现场稽核和经济责任现场审计检查。通过各类自查、自纠工作的落实和整改，合规风控管理日趋细化，全员合规经营意识得到进一步提高。全年未出现重大业务差错、未涉及重大诉讼案件、未收到监管函、未接受过外部监管部门的检查及约见谈话，未发生违规事件。信用风险、操作风险、流动性风险、市场风险、声誉风险、投资者适当性风险、洗钱风险、员工执业行为风险等各类风险均在有效可控范围。

⊗ 党建及纪检监察工作

一是加强政治建设，把强化理论武装作为首要政治任务，督促党员用好“中邮先锋”“学习强国”“中邮网院”等学习平台，不断夯实政治理论基础。二是认真学习宣传贯彻党的十九届五中全会精神，参加集团公司培训中心举办的党建纪检干部培训班，进一步提升基层党建、纪检工作人员的业务能力和水平。三是通过主题教育等会议活动传达中央和集团公司重要精神，树牢“四个意识”，坚定“四个自信”，坚决做到“两个维护”，在各方面与党中央保持一致。四是重要节点督促落实中央八项规定精神，通过手机移动办公系统推送廉政过节信息提醒，通过微信群及时发送典型案例通报，督促党员干部时刻绷紧纪律之弦，严防“四风”问题反弹回潮。

⊗ 服务支撑工作

加强团队建设，强化自身业务培训和能力提升。根据财富管理转型，结合营业部现状，明确提出向以客户为中心转变，持续提高证券投资和财富管理服务能力，在为客户创造价值的同时取得自身业务的发展。为此，多次开展证券行业未来发展模式讨论，强化自身业务培训。通过统一培训、在日常业务讨论中穿插组织培训等方式，不断提升服务水平。

持续做好客户服务。通过电话回访、CRM短信、客户经理拜访客户等方式，持续做好日常客户服务，包括新股中签、风险提示、重要资讯信息传递等服务；同时，通过每日晨会、营销总结会等形式，提高投资顾问、客户经理服务能力，并鼓励、督促客户经理加强与客户的日常沟通，了解客户信息，在科创板开通等工作中主动送服务上门，不断提高客户黏性，提高客户服务满意度。

投教与宣传。坚持开展投资者教育活动，根据上级安排，通过反洗钱、防非、打黑、创业板、“股东来了”、新证券法、金融知识普及月7场户外公共宣传，引导客户自觉抵制非法证券交易、正确识别各类理财产品的收益风险属性，树立良好的投资理念。同时展开17场讲座积极宣讲、普及科创板、市场发展的趋势变化，交易规则变更、交易品种不断创新等知识及投资者风险教育，通过投资者教育工作来协助投资者提高投资风险管理水平，拓展各类宣传渠道。通过CRM系统发布反洗钱、投教相关短信19万余条，持续开展投教与宣传相关工作。（中邮证券）

【中邮证券汉中营业部】 新增客户2529户，新增资产4.3亿元。截至年末，累计客户21345户，托管资产8.53亿元，A股基金交易额86.07亿元。新增融资融券客户11户，融资余额2349万元。实现营业收入1027.52万元，完成全年目标的732%。利润474.93万元，完成全年目标的311%。累计产品销售1633万元，2019年产品销售440万元，较上年增长271%。

⊗ 重点工作

板块协同。作为中邮证券渠道业务唯一的核心优势，邮政板块一直保持较好的渠道合作，采用营业部与邮政网点协同营销开发方式，固定营销人员对接固定网点进行网点客户营销开发，日常开展网点巡点服务、证券及业务知识培训、渠道VIP客户进行跟踪服务、组织渠道客户报告会等。通过双方共同努力，新增有效户206户，任务完成率137.33%。

有目标的开展营销活动。客户是营业部立足之本，营业部持续跟踪市场上高净值、高质量客户。年度开发亿元大客户1名，引进资产3.95亿元。通过持续跟踪，在新增客户的同时，亦能提升营业部在当地证券市场整体水平及营销能力。

紧跟市场趋势。开展产品销售工作，把握“基金大年”契机，合理为客户进行资产配置，提升客户基金资产的配置，累计销售1633万元基金产品。

党建工作

始终坚决把党的政治建设摆在首位，继续深入学习贯彻习近平新时代中国特色社会主义思想和党的十九届四中、五中全会精神，认真抓好党风廉政建设。一是认真学习贯彻习近平新时代中国特色社会主义思想，真正做到学懂弄通做实，自觉用习近平新时代中国特色社会主义思想武装头脑、指导实践、推动工作。二是严格遵守、执行中央八项规定及实施细则，厉行勤俭节约，自觉反对特权、不搞特权。三是贯彻落实党的十九届四中、五中全会精神，真抓实干、埋头苦干，把业务工作抓紧抓实、抓出成效。四是严格标准，抓好党员发展。严格执行发展党员计划，1名同志被批准为中共预备党员，并吸收发展3名入党积极分子，参加党支部学习活动，发展壮大营业部党员队伍。组织全体青年员工学习践行习近平新时代中国特色社会主义思想，学习科学文化、法律法规和业务知识，着力培养高素质专业化党员干部队伍。

合规风控工作及纪检监察工作

合规是发展的基石，严加把控业务合规性，落实各个岗位的风险控制是发展的必要条件。在工作中坚持检查、督促与日常监控并重的合规工作机制，在账户管理、信息安全、客户服务、投资者教育、财务管理等环节，严防各类不规范行为发生，保障依法、合规、稳健、安全开展经营活动。无安全事故发生。

通过以上工作，营业部获得“中国人民银行汉中市中心支行金融机构反洗钱A类考核评级”“中国人民银行汉中市中心支行汉中市金融机构综合评价A类评级”，营业部总经理获得“汉中市人民政府2019年度金融机构服务地方经济发展先进个人”荣誉称号。（中邮证券）

【中邮证券宝鸡高新大道营业部】

总体经营情况

全年实现收入702.5万元，较上年增长58.86%，实现利润270.6万元，较上年增长156.66%。截至年底，累计开户17914户，其中有效账户2559户，占比14.28%；邮储银行第三方存管账户10036户；客户资产合计5.14亿元；本年累计成交147亿元；本年净开户2724户；累计开发两融客户183户；两融余额为2546万元。

协同管理有序开展

在陕西分公司党委的正确工作领导下，宝鸡营业部与宝鸡邮政、宝鸡邮储银行成立协同工作领导小组，定期召开协同工作领导小组会议，研究部署协同工作具体内容，定期组织召开宝鸡邮政系统员工业务会议，在疫情防控期间克服各种困难进行网络业务培训，全年超额完成集团公司下达的协同工作任务。

做好业务发展

面对宝鸡地区资本市场缺乏活跃性，资管、投行、股权质押业务机会几乎没有的现实情况，2020年营业部聚焦经纪业务，在全体员工共同努力下，年收入、利润实现大幅度增长，其中有效户数量、两融规模、股票的交易量都创历史新高。

提升品牌价值

为增强散户投资者投资知识，营业部开展培训活动。一是给每个员工分配客户参加培训名额任务，并纳入月度、年度考核，以保证每次参训客户数量。二是培训常态化。营业部每周举办2次培训会，持续5个多月。三是营业部总经理亲自负责筹备培训课程内容，保障培训内容质量。四是引导客户进行价值投资，让客户真正了解证券投资的精髓。五是为客户提供重点关注股票池，营业部推荐的重点股票池平均涨幅喜人，充分体现了宝鸡营业部客户投资服务能力，破解多年来经纪业务发展难题，为后续经纪业务发展提供了可行思路。经过全体员工共同努力，中邮证券品牌价值在宝鸡地区逐步提升。营业部的客户资产换手率明显高于市场水平。

合规运营，风险管控

强化营销人员合规意识，为了避免直接推荐股票引来的合规风险，通过普及投资知识让客户了解个股，合理选择。全面落实合规自查自纠工作，规范员工日常工作行为，保障业务开展合规合法。营业部合规专员定期对合规风险进行排查，定期上报各种合规自查报告，同时按照总部要求开展反洗钱相关工作，并按时上报，全年未发生合规风险。

全面落实党建工作

营业部始终坚决把党的政治建设摆在首位，组织广大党员干部以支部书记讲党课、中邮网院学习、全体党员大会讨论等形式认真学习贯彻习近平新时代中国特色社会主义思想。营业部党支部坚持以“三会一课”为基本制度，建立党内经常性教育工作机制。组织党员干部观看视频等形式学习先进事迹，增强人民邮政为人民的初心。为了全面做好巡视整改工作，营业部党支部成立巡视整改工作领导小组，小组成员负责研究制定整改方案，建立整改问题清单，明确整改举措、进度安排、责任到人，确保整改过程不打折扣，不走过场，扎扎实实落实到位，充分发挥党在企业中的引领作用。

落实纪检监察工作

营业部深入贯彻中央全面从严治党要求，落实总部党的建设暨纪检监察工作会议精神，进一步推动廉洁风险防控工作深入开展，营业部党支部书记与每位党员签订《廉洁目标责任书》，强化党员干部的廉政意识。营业部纪检监察人员按月定时上报营业部纪检工作情况报告。全年未发生廉洁风险。

疫情防控工作

深入贯彻党中央关于疫情防控工作安排，组织员工学习集团公司和公司党委关于疫情防控要求，在疫情防控初期，营业部党支部组织党员干部坚守工作岗位，及时组织疫情防控用品。在疫情防控形势转好之际，营业部及时恢复生产，经过全体员工共同努力，取得了历史上年度最好成绩。(中邮证券)

甘肃省

【甘肃省邮政分公司】 全省实现业务收入20.68亿元，比上年增长9.67%，增幅排名全国第9位，完成集团公司下达预算的102.86%，排名全国第9位。完成集团公司“两提升、四强化、七确保”目标。邮政营业服务达标率100%。安全收寄三项制度100%落实。建制村直接通邮质量稳步提升。投递频次、投递深度达标率100%。普服邮件全程时限达标率100%。条码平信丢损率稳定达标。普服给据邮件丢损率压降至万分之一。县及县以上城市党政机关《人民日报》当日见报覆盖率72.5%。全省46个普遍服务网点实施2.0版改造，546个网点实施“四要素”改造，改善偏远地区群众用邮环境。全省269个网点开展业务叠加转型。

党建工作

完善组织体系。对全省邮政基层党组织进行调整优化、合理设置，根据工作条例要求，完善党小组设置，在全省邮政探索通过“双联系”制度。对336个党员空白网点派出党建指导员、挂职党员等方式，加强基层党组织体系建设，提高党组织和党员覆盖率。深入开展“让党中央放心、让人民群众满意的模范机关”建设。

深化政治建设。始终把党的政治建设摆在首位，旗帜鲜明讲政治，认真贯彻落实关于加强和维护党中央集中统一领导的若干规定精神，严守政治纪律和政治规矩，教育和引导广大党员干部不断增强“四个意识”，坚定“四个自信”，做到“两个维护”。

完善政治监督。强化政治监督和日常监督，监督保障疫情防控、三大攻坚战、制止餐饮浪费，开展17个日常监督项目。持续推动中央巡视、集团公司专项巡视和省分公司巡察一体整改。对5个市州分公司、39个县区分公司开展常规巡察，对4个市分公司及所属9个县区分公司开展巡察“回头看”，市州分公司巡察全覆盖，全省巡察覆盖面达到75%。坚持“严”的主基调，核查处置信访举报和问题线索42件，运用“四种形态”问责处理党员干部29人。

经营发展

金融业务。金融业务收入12.1亿元，完成计划目标的104.7%，比上年增幅11.66%，居全国第4位。新增金融资产139亿元，创近年最好水平。新增储蓄余额87.5亿元，比上年多增44.6亿元。新增市占率6.9%，比上年提升3%。实现新单保费24.7亿元，期交保费占比56.9%，排名全国第1位。销售非货币基金10.8亿元，比上年增幅358.2%，完成全年发展目标的155%，排名全国第6位。新增偏股型基金定投有效户1.78万户，点均新增43户，排名全国第2位。净值型理财保有量净增12.4亿元，完成全年发展目标的212.2%。

寄递业务。全省完成业务量3166万件，比上年增幅35.31%。完成业务总收入40779万元，比上年增幅18.51%，高于全国13.57%，居全国第13位。尤其是通过狠抓散户特快市场提升发展质效，实现业务量261.54万件，比上年增幅42.67%，业务收入5563.36万元，比上年增幅40.89%。电子渠道下单量完成进度居全国第1位。特快专递业务收入占比达到45%，居全国第2位，寄递业务结构进一步优化。

集邮文传业务。集邮与文化传媒专业实现收入24065万元，超计划目标225万元。其中，报刊业务完成收入12838万元，比上年增幅3.96%，居全国第16位，2020年度大收订工作考核评比全国排名第六。集邮业务完成收入6573万元，完成省分公司预算的100.35%。在敦煌市举办第40届全国最佳邮票评选颁奖活动，产品销售收入1090.56万元。函件业务完成收入4655万元，比上年增幅11.2%，居全国第8位。

渠道平台业务。增值业务实现收入3986.41万元，完成预算目标的102.22%，居全国第11位。双代业务代征税款15.5亿元，居全国第3位，实现收入3572.63万元。分销业务实现收入8166.95万元，完成预算目标的103.51%，收入毛利率11.88%，居全国第10位。全省累计打造数字化优质站点1172个，发展邮特惠会员26.19

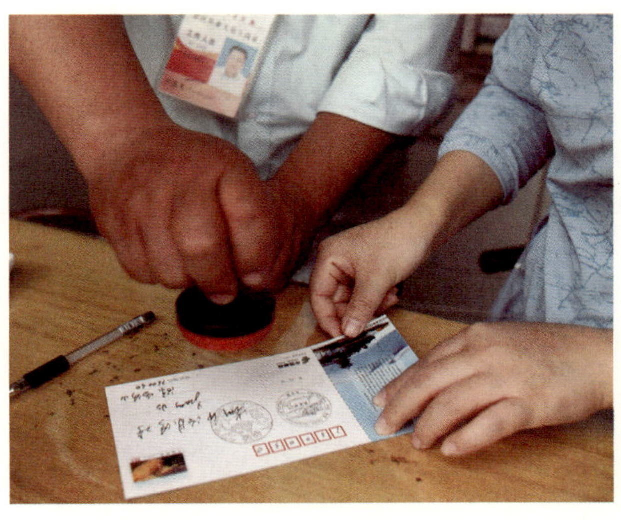

月牙泉主题邮局里邮政服务人员在为游客写好的明信片加盖风景纪念戳

万人，完成进度排名全国第 9 位。邮乐小店累计分享人数 7.44 万人，线上邮乐平台累计实现网络零售交易额 1172.2 万元。

◈ 精细管理

成本费用管控。强化欠费清缴力度，2020 年用户综合欠费率（不含双代业务）2.4%，寄递业务用户综合欠费率降至 3.5%，全国最低。15 项重点管控指标逐月改善。五大环节件均成本比上年均有明显改善，其中收寄环节降幅 17.15%，投递环节降幅 18.36%，内部处理环节降幅 7.82%，运输环节降幅 2.12%，管理及支撑环节降幅 48.55%。

资产运营。省分公司成立省、市两级房屋土地资产运营管理办公室，指导完成定西渭源等 6 个房产拆迁置换项目，为企业产生溢价 2389 万元。指导完成原兰州雁滩办公楼、原省寄递事业部办公楼 2 个闲置资产盘活项目，盘活房产面积 16024 平方米，实现租赁收入 4725 万元。全省房租收入占总收入比重的 3.47%，居全国第 5 位，比上年上升 1 位。

人力资源配置。严格控制劳务用工和劳务承揽人员新增数量，通过校园招聘和社会化招聘提高合同用工 2.65%。优化金融网点从业人员结构，金融营销人员占比较年初提升 7%，金融从业人员中劳务用工占比比年初压降 5.84%。持续精减寄递业务二、三线人员数量，提高一线揽投人员占比，7 个市州全口径一线揽投人员占比超过 70%。

采购管理。按照“集中、规范、公开、提效”的总要求，深入贯彻集团公司“降本增效”工作部署，采购项目 44 个，执行集中采购预算 2.28 亿元，实际采购金额 2.08 亿元，节约资金 2034.78 万元，节约率 8.92%，公开采购率 99.84%，公开招标率 98.62%，电子采购率 50.23%。

审计工作。对 119 个审计对象实施各类审计 173 项，审计金额 5.8 亿元，提出审计意见 370 条，整章建制 5 项。

安全管理。落实“党政同责、一岗双责、齐抓共管、失职追责”的安全生产责任制，健全主要领导全面负责、分管领导具体负责、具体部门和岗位各负其责的安全生产责任体系。深入推进“平安邮政”建设和安全生产专项整治三年行动，强化主体责任落实，提升企业安全生产整体水平，全年未发生重特大安全责任事故。

◈ 能力保障

重点投资建设。兰州中川邮件处理中心竣工投产，兰州（金崖）仓储物流中心、天水邮件处理中心建设工程加速推进。建成智能化省指挥调度中心。国际互换局建设正在积极协调推进。加大省内普遍服务基础设施及寄递业务投入，下达投资计划 11621 万元。“十三五”规划建设项目收官。

寄递网运改革。调整优化省内干线邮路和各市州区内邮路，省内互寄特快次日递率 82.42%、快递包裹次日递率 73.99%。制定全省新运营标准方案，明确省际特快、快递包裹邮件省内段时长。调整开通一、二干邮路 107 条。揽投网建设持续推进，新增揽投部 43 个，新增投递段道 646 条。

客户服务。上门揽收服务扩展至 14 个市州、87 个县区，散户及时揽收成功率提升至 97%。智能跟单特快、快包异常邮件解决率分别提升至 88%、93%。申诉处理满意率 98.8%。协议客户主动客服扩展至 197 家，VIP 主动客服占比 95%。问题邮件一次及时解决率提升至 91%。

科技支撑。完成邮政书报刊供应链信息系统等 10 项统版信息化项目推广上线工作。实现 11185 系统更新及自主搬迁、RPA 机器人省内部署应用、各业务前置系统虚拟化云平台备份、邮政普遍服务网点智能远程服务系统部署测试、电子发票系统及“企业云盘”推广、代理金融风险交易监控预警等新技术的研究与应用，软件开发及数据分析工作不断取得突破。

协同发展。完成集团六大重点协同项目目标任务，实现项目总收入 1.41 亿元。总部客户合作规模快速扩大，形成收入 9958 万元，增幅 40%，其中通信运营商合作收入增幅 43.02%。新签约中石油、中国人寿、太平洋保险 3 家客户，节约油料支出成本 220 万元、新增非金融类业务收入 102 万元、新增车险收入 53 万元。

◈ 履行央企职责担当

助力抗疫阻击战。免费运送各类救援物资 45 吨、免费上门揽收捐赠包裹 1132 件。配送蔬菜 2 万件 / 箱、配送教材 7.6 万件。1 名员工被交通运输部评为抗疫先进个人，2 个集体、8 名个人获集团公司抗疫表彰奖励。

打好三大攻坚战。全省邮政帮扶的 82 个贫困村、3440 户贫困户、14499 名贫困人口全部如期脱贫，其中省分公司定点帮扶的 3 个村 78 户贫困户 311 人提前脱贫，多名驻村人员受到表彰。邮银协同共同推进“客户信息治理、监管通报问题整改”等重要事项。通过运用关键指标开展“人员画像”实现异常行为人员的精准锁定与及时处置。加快自建模型推进进度，推广使用“员工夜间交易、内部员工 POS 套现”等 7 个自建模型。强化“现场 + 非现场”检查力度，组织飞行接管检查，开展专项排查活动 17 次。紧抓整改问责，严厉整治整改流于形式、问责“宽松软”问题。全省 1655 个邮政网点和 206 个揽投点 45 毫米及以下“瘦身胶带”使用率 97%，电商快件不再二次包装率 61.29%，循环中转袋使用率 91%，全省标准包装废弃物回收装置新增 59 个。

邮快合作。与 9 家主要快递企业签订邮快合作协议，省内快递空白乡镇全部清零。代投 199.07 万件，涉及 1228 个乡镇或农村网点，实现收入 1433.12 万元。

和谐企业建设

职工文化建设。落实《全民健身计划纲要（2016—2020）》，适应时代发展变化，组织开展丰富多彩、健康文明、昂扬向上的职工文化活动。举办省分公司新春团拜会、甘肃邮政青年员工集体婚礼。组织参加抗击新冠疫情手机摄影及短视频纪实作品比赛、“陇原工匠 dou 精彩”首届甘肃职工抖音挑战赛和北京国际摄影周 2020“云影像”大众手机摄影活动暨“攻坚”题材手机摄影公益展。鼓励各级邮政工会立足基层，适时开展“小型多样、职工需要”的大众型文化体育活动。以职工书屋为载体，引导职工利用新媒体新途径因地制宜开展读书活动，积极组织参加全民健身活动和各项体育赛事活动，将群众性的体育活动下沉至基层。

开展劳动竞赛和全员创新活动。以“当好主人翁，建功新时代”为主题，组织开展“全省邮政‘营销争先’劳动竞赛”等 6 项劳动竞赛活动，并组织参加集团公司 2020 年劳动竞赛活动。印发《中国邮政集团有限公司甘肃省分公司劳动竞赛管理办法》和《关于开展 2020 年省分公司劳动竞赛的通知》。邮储银行天水市分行营业部营业室等 22 个班组被评为 2019 年度“全省邮政创新型班组”。

做好职工小家建设。下发《关于做好 2020 年职工小家建设工作的通知》，巩固城市和农村职工小家建设成果，建立完善职工小家台账、档案卡。坚持以“五好”标准提升建家水平，认真做好城市支局和揽投部小家建设工作，切实解决外地职工住宿难和城市投递员工吃饭难等问题，促进全省职工小家整体水平提升。支持瑞通印刷公司小家建设，支持建家经费 4 万元。命名兰州市西固区分公司等 20 个投递员之家和职工小家为 2020 年甘肃邮政模范投递员之家和职工小家。

做好女职工工作。开展“一封家书”书信征文活动，收到书信作品 73 篇，评选一等奖 8 篇、二等奖 12 篇、三等奖 15 篇并予表彰，向省总工会推荐优秀书信 10 篇。兰州邮区中心局、白银分公司等单位建成母婴室。评选推荐 2020 年度“甘肃省五一巾帼奖”候选人，白银市平川区分公司女投递员费玉乾荣获“甘肃省五一巾帼奖”先进个人称号。（甘肃省邮政分公司）

【邮储银行甘肃省分行】

经营发展概况

自营收入 21.85 亿元，比上年增长 15.76%。实现利润总额 7.62 亿元，实现预算目标的 189.36%，利润增幅 73.56%，邮储系统内排第二。实现 EVA 0.68 亿元，扭负转正。资产总额 1046.39 亿元，比上年增长 155.38 亿元。负债总额 1040.92 亿元，比上年增长 154 亿元。各项存款余额 961.55 亿元，比上年增长 139.37 亿元。各项贷款余额 555.97 亿元，比上年增长 57.65 亿元。不良贷款余额 10.18 亿元，不良贷款率 1.74%，全年处置不良贷款 14.31 亿元。

落实中央决策部署

抗击新冠疫情。分行党委第一时间研究部署疫情防控工作，协调采购抗疫口罩 74.94 万只，测温枪及体温计等 2704 个支撑一线岗位。2 月，分行实现 100% 复工复产，保证金融服务不中断，为红十字会、慈善协会等单位及时办理抗疫款项开户、汇划业务并减免汇划手续费。助力全省复工复产，制定“助小微、稳就业、促发展”专项方案，提高对民生类及抗疫防疫相关企业金融服务速度力度和温度，48 小时完成兰州助剂厂 1000 万元抗疫专项贷款发放，累计向 44 户抗疫相关企业发放抗疫贷款 3.79 亿元。

服务国家战略。①助力甘肃实现全面脱贫。一是党员帮扶深扎一线。派出驻村工作人员 52 人，担任第一书记和队长的干部占比 40%。二是因地制宜深化服务。结合甘肃“牛羊菜果薯药”六大特色产业研究地域特色的专属产品，开发定西中药材产业的“岷归贷”、陇南半夏产业的“半夏贷”、兰州的“百合贷”等。特色产业贷款授信 3.1 万户，金额 40 亿元。三是东西协作深扶产业。推广“羊银行”扶贫模式，发展以羊产业带动群众稳定脱贫的新路径。在武威新建“甘肃省分行产业扶贫基地”与“武威市分行产业扶贫基地”，以公益帮扶形式为基础，带动贫困户就业增收。截至 12 月 31 日，分行涉农贷款余额 211.65 亿元，“三区三州”地区各项贷款结余 26.63 亿元，比上年净增 6.96 亿元，增速 35.38%，高出行内各项贷款平均增速 23.80%，“三区三州”辖内深度贫困县完成各项监管指标。②助力战略推进。一是聚焦乡村振兴。启动各层级党员干部“党旗领航·走千企入千村进万家·信用村镇建设”，通过银行基层党支部与农村基层党组织“共建、共进、共享”，深度合作，形成“党建搭台、联建共创”信用村的模式。走访 8914 个行政村，覆盖全省行政村 55.71%，建成信用村 2505 个；发放信用村信用贷款 13.38 亿元，结余 10.19 亿元。二是聚焦绿色金融。助力打好污染防治攻坚战，各类绿色信贷余额 13.52 亿元，比上年增加 1.46 亿元。三是聚焦地方重点项目。庆阳获批邮储系统内首笔煤炭固定资产贷款，金昌实现省内首笔地方政府隐性债务置换合作，兰州实现省内首笔城市基础设施建设和房地产开发贷项目突破。

推进普惠金融。①助力经济复苏。一是提速服务充分便民。创新金融产品和服务，加大线上业务支撑服务提速审批速效。二是提升场景促进消费。开展“邮储食堂”线上消费会员活动，新增会员 26.5 万户，推广“邮惠付”商户收单。三是提供资金支持就业。全辖机构争取“创业担保贷款”发放资格，发放创业担保贷款 31.07 亿元，结余 49.61 亿元，居甘肃省内金融机构第 2 位，服务支持

2.37万人创业就业。②助力企业纾困。一是变化服务重点。以民生类企业及抗疫防疫相关企业为金融服务、纾困重点，为83户民生类企业提供7.4亿元融资服务，小微企业贷款比上年增长15.09亿元，普惠小微企业信用贷款新增11.28亿元。二是变化服务政策。主动降低小微企业融资成本，新发放小企业贷款利率比上年下降78 BP，累计为近千户中小微企业采取阶段性延期还本付息，金额16.28亿元。三是变化服务方式。顺应疫情推动的产业模式转变，紧跟"科技金融"趋势，通过自有线上产品"极速贷""小微易贷"为客户提供线上信贷服务，个人线上贷款新增9.98亿元，小微企业线上贷款新增2.73亿元。

业务转型发展

零售板块。零售板块加强综合营销。以支付结算为触点，联动业务融合、产品叠加，逐步从"单向营销"转向"综合营销"。个人储蓄调整存款结构，自营个人存款余额比上年增长25.33亿元，计划完成率系统内第一。消费信贷聚焦优质客群，个人经营性贷款比上年增长16.91亿元，非住房消费贷款比上年增长16.06亿元。网络金融加强商圈开发，兰州"网红夜市街"变"邮储收单街"，天水"商品城"变"邮储收单楼"，全省二维码收单商户年增6.19万户，完成率735.46%，系统内排第1位。小企业金融"双线"发力加大为企业纾困力度，小企业贷款比上年增长2.86亿元。信用卡结存53.9万张。

公司板块。建立党员领导干部攻坚重点项目责任制，省分行党委带头走访地方政府部门、集团客户，结存公司客户数量比上年增长2668户，公司存款比上年增长26.94亿元。获得甘肃省医保电子凭证和移动支付跨行清算银行、医保联名卡和医保电子凭证展码三项业务合作银行资格。公司贷款授信客户比上年增长8个，项目授信比上年增长14个，授信额度650.84亿元，比上年增长275.82亿元。实现甘肃银行同业存单投资20.30亿元、兰州银行同业存单投资10亿元，同业理财销售45.01亿元。

资管业务。参与省内重点企业债券承销招标，储备债券规模超过20亿元，地方债投资超过30亿元。

风险内控管理

构建风险管理体系。开展"双升档"追究，细化信贷管理责任追责办法，综合支行长历任历年业绩，结合任期内不良额、率占比，科学认定，开展"双升档"追究。搭建三重"1+3+X"风险共研共治机制，依据风险信息主题联动多个业务部门，进行信息分享、协调联动、多维共治。把资产质量管理作为全行"一把手"工程，开展6次全面不良贷款清收活动，压缩高风险类客户整体授信规模。

搭建合规文化体系。组织开展"践行合规　永当表率"支行长演讲比赛，编制印发《支行长工作手册》《法规之窗》简报。建立员工合规档案，采集员工全年合规情况及违规积分、受处分情况并进行年度评级，作为各类评优选先活动重要依据。

安全生产工作。开展"平安邮储"创建工作及安全生产专项整治三年行动，夯实"全面、全程、全员"的安全管理工作理念，增强安全防范能力，有效防范和坚决遏制重特大安全生产事故及重大资金案件发生。

管理运营效能

财务管理。明确省行重点业务年增"与全国36家一级分行比较，18位（含）前为优秀，24位（含）及之前为先进，27位（含）及之前为合格，之后为不合格"对标进位目标，全行8项重点业务，5项年增排24位以前，1项排18位，符合甘肃省情、行情实际定位。

运营管理。完成12家分行省级示范网点打造工程，建成总行级示范网点2家、省级示范网点12家。

客户服务。完成兼职体验员的考试选拔及客户旅程优化师队伍建设。95580投诉涉及网点服务态度类投诉有效压降，客户服务质量进一步提升。

全面从严治党

党建重点工作。严格落实"三个第一时间"学习机制，组织党委理论中心组学习13次，研讨11次，通过"甘肃党建"线上平台，督促落实"三会一课"等组织生活制度。制定青年员工深入学习习近平新时代中国特色社会主义思想实施方案，成立226个学习小组，实现青年员工全覆盖。发挥党员先锋模范、支部战斗堡垒作用。组织省管干部、党支部书记、党务干部、发展对象、优秀青年五级350人次在庆阳市南梁干部学员红色挂牌教育基地开展培训。

党风廉政建设。围绕上级重大决策部署开展对疫情防控、扶贫领域、制止餐饮浪费等专项监督，常态化对重点节日期间的作风建设情况开展监督，将廉政谈话机制贯穿关键节点。查处3起违反中央八项规定精神问题，下发通报全省警示。

人才队伍建设

一是开展"一岗多能"岗位转型。实施全员"资格准入"，培养复合型人才，员工持有行内各岗位资格证书2.69万个。二是加强后备人才队伍建设。组织开展全省后备人才库选拔竞聘及省分行机关专业团队负责人竞聘，为高质量发展提供强有力的后备人才支撑。（邮储银行）

青海省

【青海省邮政分公司】 全省邮政业务收入完成5.11亿元，比上年增长9.94%，完成集团预算的103.47%，收入增长排名全国第8位，预算完成排名全国第3位。完成集团下达利润目标，较上年减亏 2200 万元。全员劳动生产率 14.89 万元 / 人，比上年增长 8.4%。

疫情防控

强化组织领导。省分公司第一时间制定《预防和控制新型冠状病毒感染肺炎疫情防控工作应急预案》，成立工作机构，明确职责分工，多次专题研究，下拨防疫经费近 60 万元，全力保障疫情和突发应急事件处置。全省各单位狠抓各项防范措施，全力保障企业稳健运行和员工生命安全，广大干部员工展现出疫情防控的强大合力。

落实社会责任。开通“绿色通道”，运输各类进出口防疫物资 1 万余箱（件），免费办理各地捐款 100 余笔，金额 33.5 万元；青海邮银携手为湖北邮政捐赠价值 30 万元的 5000 份防疫藏药；同城蔬菜配送 3.4 万余斤。省政府、省卫健委专门发来感谢信，省委常委对邮政助力疫情防控工作给予高度肯定。杨全忠获交通部“全国交通运输抗疫先进个人”，6 人、1 班组获评全国邮政抗疫先进个人和集体。

企业发展

代理金融。完成收入 2.3 亿元，完成集团公司预算的 100.74%，完成省分公司预算的 100.16%，首次“双完成”集团公司、省分公司预算目标。网点转型不断深化，完成 125 个代理金融网点的导入工作，完成率 100%。

寄递业务。收入完成 1.53 亿元，比上年增长 35.8%，完成集团预算的 116.25%，首次实现收入增长和预算完成进度“全国双第一”。重点业务保持良好发展态势，快递包裹收入增长 62.31%，增长排全国第 1 位；特快专递收入增长 19.53%，增长排全国第 9 位；物流收入增长 25.41%，增长排全国第 11 位；国际收入增长 4.95%，增长排全国第 17 位。寄递收入市场占有率 18.36%，全国排名第 3 位。

农村电商。邮乐购站点累计建成 3446 处，其中 334 个站点叠加代收自提业务；邮掌柜开办绿卡 2687 张，带动金融资产新增 6807.11 万元，活期沉淀 4060.75 万元。

青海省共和县邮政电商服务中心员工上门为村民打包、邮寄农特产品

传统业务。文传专业收入完成 7640 万元，完成集团预算的 101.88%。函件业务坚持创新融合和项目转型，新春旺季营销项目实现 514 万元；“防疫不隔爱”等主题营销活动实现项目收入 391 万元。媒体业务实现收入 285 万元，增长 172%。

综合实力

服务质量。健全质量管控制度和质量考评体系，监督检查、考核落实、整改反馈实现全环节管控，完善服务质量保障体系。强化客户感知对标，深化智能跟单系统分析应用，建强事中管控机制，优化客服流程，通信及服务质量 9 项指标中，8 项指标均位列全国前列。

提速增效。省际邮件省内段时限全部达到集团公司要求，以西宁为中心覆盖 150 公里范围内的 3 小时“快速邮路圈”扩容。支线航空邮路实现全覆盖，加快果洛等边远地区的传递时限。实施“党报党刊上航”发运，党报党刊当日见报率 62.79%。

能力建设。省邮政机要大楼建设项目交付使用；西宁邮件处理中心工程项目初步设计通过集团公司审查；信息网青海省中心机房工程土建部分完工。全省 5 个“三农”县域仓储配送中心全部建成并交付使用。

科技赋能。整合业务系统数据，初步建立以客户为中心的数据库；搭建企业云平台，完成自建系统的虚拟化；利用人工智能技术，开发维保厂商人脸识别程序。增加省中心信息系统监控指标，实现信息系统运行实时监控。

管理水平

财务管理。发挥全面预算管理作用，将寄递业务降本增效纳入绩效考核。开展固定资产清查工作和房屋资产出租管理工作。完善资产管理、财务审批等制度办法。推进邮速财务整合，实现财务整体管理的“五统一”。

人力资源管理。建立健全选人用人制度。完善人工成本预算核定机制，实现“弹性预算”向“零基预算”转变。优化人力资源配置，确保用工总量调控目标落实。出台《青海省邮政企业重点岗位浮动绩效考核管理办法（试行）》等制度，完善薪酬分配管理机制。

集中采购和审计监督管理。完善采购制度办法，加大集中采购和公开招标力度，公开招标率 99.6%，集中采购金额 9028.1 万元，节约资金 1284.66 万元。发挥审计作用，围绕企业集中采购内部控制、投资绩效、风险防控、领导人员履职尽责、企业工程建设等方面开展审计 61 项，审计总金额 26.58 亿元。

党的建设

深入推进党的建设。认真落实“三个第一时间”学习机制，深入学习习近平新时代中国特色社会主义思想和十九大及历次全会精神，组织中心组学习 13 次、集中研讨

9次。省分公司党委派员参加所属10个单位党委班子的民主生活会。严格落实意识形态责任制，党委专题研究意识形态工作3次。完善重大事件第一时间研究部署落实工作机制。推进落实基层党组织建设“664”工作要求，发挥党建示范点先进典型作用。

从严落实巡视整改和内部巡察。强化巡改并重，按季评估，推进落实中央巡视整改。全力配合完成集团公司党组专项巡视，并启动巡视整改工作。完善党委巡察工作规则等制度。分三批对海东市、海南州分公司和4个直属单位党委（支部）开展常规巡察，巡察覆盖率55.71%。注重“四种形态”的常态化运用，开展纪委书记集体廉政谈话会、集中约谈，离任审计提醒谈话、任前廉政谈话等工作。加大线索处置力度，受理问题线索23件。（青海省邮政分公司）

【邮储银行青海省分行】

经营发展概况

青海省分行全年完成收入8.65亿元，其中自营收入6.37亿元，完成总行预算的113.95%。完成利润2.97亿元，实现利润总额3.02亿元（剔除盐湖影响），同比增幅85.28%。分行资产规模346.91亿元，同比增长17.68%。其中信贷资产余额189.56亿元，较上年增加48.30亿元（剔除盐湖影响），年度增幅实现历史性新高。剔除盐湖影响，2020年化解不良资产49.92亿元（含盐湖债转股44.33亿元），不良贷款率降至1.07%，较上年压降近1个百分点。资产质量水平在省内6家国有大型商业银行中排名第1位。

落实中央决策部署

全力助推疫后重振。推出“九项举措”，全力支持地方企业复工复产，投放企业贷款282笔，金额110.66亿元；线上“极速贷”投放4327笔，放款合计5.85亿元，《人民日报》及“学习强国”对该业务进行报道。

积极践行普惠金融。“三农”支持力度加大，全年新发放涉农贷款8.48亿元，余额17.22亿元。普惠型小微企业贷款余额2.86亿元，较上年增长82%，贷款户数138户，较上年增加63户，完成“两增两控”年度目标。落实减费让利政策，减免各类费用2046.13万元。剔除大额债权置换，绿色信贷余额5.35亿元，较上年增加9.48亿元，同比增幅10.27%。

坚定落实社会责任。创新推出“双基联动+驻村第一书记+村村贷”“固定平台+流动服务车”扶贫模式，全年精准扶贫贷款余额3.19亿元，较上年增加1.27亿元。“双基联动+驻村第一书记”模式，4次获中央电视台系列纪录片《攻坚日记（2）》报道；9月，青海省委、省政府授予邮储银行果洛州支行驻村第一书记扎西闹吾“2019年度脱贫攻坚先进个人”荣誉称号。3台流动服务车行驶超过85万公里，服务人口超130万人，累计交易4.01万笔、金额1.88亿元。“三区三州”深度贫困地区各项贷款实现正增长，贷款余额13.31亿元，较上年净增4.92亿元，增速58.7%。分行获得青海省“信用与社会责任示范单位”荣誉。

业务转型发展

个人金融。一是个人客户规模稳步扩大。年末有效客户72万户，同比增幅4.7%。二是网金业务快速发展。电子银行客户数46万户，电子银行交易替代率97.80%。建成商圈10个，交易笔数292万笔。三是信用卡业务完成预期目标。全年新增客户1.74万户，激活首刷率57.76%，邮储系统内排名第8位，APP绑定率51.71%，邮储系统内排名第8位。

零售金融。一是消费贷款突破增长。年末余额22.89亿元，较上年新增12.56亿元，其中房贷完成率居系统内第1位。受理系统业务替代率100%，居系统内第1位，特色支行考核总得分居系统内第1位。二是“三农”服务实体经济亮点频出。创新推出“飞地畜牧贷”，得到地方政府高度认可，累计放款3415万元。推出“农垦小额合作贷”，累计放款154万元。建设信用村50个，完成率250%，录入信用户数量1082户，完成率541%，均居邮储系统第1位。青海省内首推“三农”移动展业作业模式，使用率87%。

公司金融。一是项目突破成效显现。重点项目突破实现资金引存12.4亿元。二是供应链业务实现逆势上扬。全年发放3.82亿元贷款资金，增长率607.4%，成为全省供应链业务同业第一名。三是落实国家政策有突破。超额完成“三区三州”放款目标，累计放款金额1.27亿元。四是基础能力建设有提升。全年自营网点叠加公司业务覆盖率100%，覆盖率居邮储系统第1位。

风险内控管理

风险管理。2020年处置不良资产5.59亿元，其中：全口径清收1.27亿元，核销1.66亿元，盐湖留债分类调整2.66亿元，不良资产处置成为新的利润增长点。

合规文化。全年排查员工4036人次，轮岗率、强休率均为100%。全年合规及审计立项检查共计62项，网点检查覆盖率188%，审计机构检查覆盖率100%。全年责任认定117人次。所有发现问题整改实现“闭环管理”。

安全生产。开展全行安全用电监测系统建设推广工作，报警测试覆盖率及通过率均达100%。完成51个自营网点现场检查工作，发现安全隐患684处。顺利通过第六轮银行业金融机构安全评估验收，在全省19家金融机构中位居第3位，荣获安全评估省级优秀单位称号。

反洗钱消保。甄别反洗钱分析数据8.28万条，报送重点可疑报告8份。加入青海金融纠纷调解委员会，履行人民调解员职责。主动向人民银行、银保监局汇报消保重点工作，组织开展消保劳动竞赛，提升工作水平。

管理运营效能

资产负债。通过资产损失核销等方式，减少税务成本5647万元，对考核利润指标做出近5600万元贡献。截至2020年末，全部清理5年以上其他应付款、待查错账以及长期挂账。

审查审批质效。一是调整内部组织架构，设立三类审查专业团队，全年受理各类授信审查审批业务8996笔，同比增长80.64%。二是实现“一级审查，一级审批”作业模式，消费业务平均审查时间0.34天，“三农”业务100万元以内审查时间0.37天、100万元以上审查时间1.73天，小企业业务平均审查时间1.82天。

金融科技赋能。搭建“青海邮储报表展示平台”，实现报表图形化。推进自助设备交易“无介质化”和“操作无感化”，人脸识别交易率100%。自主开发系统中，自主研发占比40%。获得年度全国监管统计工作排名第7名，2019—2020年度邮政金融计算机安全运行竞赛活动第1名。

运营管理。完成存量客户信息治理工作，个人客户完善率89.29%，邮储系统内排名第6位，单位客户完善率94.35%，邮储系统内排名第7位。全行自营网点柜员双持证率99.5%，综合型网点柜员综合化的网点占比100%，2020年分行低效网点保持为零。

代理金融。弥补代理管理制度短板，多措并举增强自营对代理机构的全面管控能力，认真落实代理机构各项监管要求。健全协同发展工作机制，充分发挥邮银协同优势，惠农、电商、汽车产业链及省内协同项目超额完成目标。

深入推进全面从严治党

党的建设。一是运用中心组学习、组织送学等多种理论学习方式，通过设立“党员示范岗”，开展模范机关建设，严格按照“664”标准推进基层党组织建设，完成分行18个支部调整，持续深化思想及组织建设。二是将“一月一事　消灭最差”与基层联系点紧密结合，持续推进调研成果转化。三是全行评选表彰2个基层党组织、15名优秀共产党员。

党风廉政建设。一是聚焦重点强化督查。围绕全面从严治党、疫情防控、“三区三州”扶贫等重点领域监督检查，锲而不舍落实中央八项规定精神，深入整治餐饮浪费。二是强化选人用人监督。干部任前廉政谈话率100%，任前廉政考试通过率100%。三是积极开展巡察工作，巡察覆盖率92.31%，问责人数25人次。

巡视整改。青海省分行认真执行集团、总行关于中央、集团巡视整改的安排部署，部署的40余项整改目标能够按期推进整改，整改措施具备可执行性、可操作性，能够达到管理的目的和效果。

人才队伍建设

人力资源改革。一是按期完成分行及一级支行机构改革。二是完成人员调整及人才库建设工作。完成分支行间员工交流14人，新提拔干部9名、调整干部11名、改非干部5名。完成中级正职管理人才库和一支部门正职人才库建设工作。三是完成退休人员社会化移交工作，移交退休人员档案194册、关系186人次。

队伍作风建设。建立分行首问负责制，严防“四风”问题发生，严明纪律，持续加强和改进全行作风建设，巩固拓展作风建设成果，弘扬“马上就办、办就办好”的实干精神。（邮储银行）

宁夏回族自治区

【宁夏邮政分公司】

经营质效

实现业务收入5.97亿元，增长10.55%，排名全国第4位；完成集团预算进度的102.91%，排名全国第7位；经营利润较上年减亏884万元。5个市分公司均超额完成区分公司预算目标，4个市分公司实现两位数增长。21个县区分公司实现正增长，其中14个县区分公司收入增长超过全区平均水平。

寄递业务规模攀升。突出特快专递主体地位，推行特快、快包差异化发展策略，实现业务收入1.69亿元，增长22.43%，完成集团预算进度的104.1%，增长及完成进度均排名全国第6位。其中，特快专递增长35.2%，排名全国第2位，快递包裹增长46.3%，排名全国第3位。

代理金融增长。突出余额、保险等高效业务发展，坚持对标对表。实现收入2.79亿元，增长12.8%，完成集团预算进度的106.9%，增长及完成进度均排名全国第2位。新增保费5.7亿元，增长16%，排名全国第4位。新增余额21.54亿元，增长17.68%，排名全国第1位。

普服达标提质。狠抓普服达标专项整治，集中整改1502个问题；集团考核的17项指标全部达标，其中13项排名全国第1位。乡镇网点覆盖率、建制村直接通邮率、县及县以上城市党政机关《人民日报》当日见报率均100%；给据邮件信息断点率压降97.67%；用户申诉处理满意率100%；机要通信连续32年万无一失。

文传业务发展。报刊、集邮增长分别排名全国第2位和第11位；集邮网厅收入占比36%，排名全国第5位；集邮产品毛利率35%，排名全国第3位。报刊大收订完成流转额1.1亿元，进度和增长均排名全国第5位；在线订阅完成流转额2511.3万元，完成进度的147.7%，排名全国第3位。

宁夏区固原市西吉县将台堡镇包庄村服务站，村民用“微邮付”支付购物费用

农村电商推进。以提升邮乐购站点质效、做优消费品下乡、助力农产品进城、搭建协同场景为抓手，建成数字化优质邮乐购站点509个。邮乐网地方馆上架商品748款；宁夏滩羊肉纳入“中国邮政基地农产品”，实现销售收入946万元。

央企责任

疫情防控。落实集团公司党组、自治区党委疫情防控总体要求，充分发挥“国家队”的作用和担当。疫情期间所有网点、揽投部保持100%对外服务，履行“四不中断、四免费办”承诺，免费寄递防疫物资27车次、50余吨。帮助解决“农民卖菜难，市民买菜难”问题，寄递证照、教材、药品20余万件、配送果蔬2.36万单。

脱贫攻坚。完成定点扶贫任务，助力自治区实现全域脱贫摘帽。运作西吉土豆、同心苦荞茶等7款产品上线“学习强国”扶贫助农商城；建成8个扶贫地方馆，打造万单扶贫大单品18个，销售额234万元，培育256名电商扶贫能手，提前完成电商扶贫三年规划目标。

服务地方。助力自治区滩羊肉、葡萄酒等重点特色产业发展，继续引进邮航落地银川，开通银川—南京直航线路及银川—西安高铁运邮线路，完成寄递量9.1万件，实现寄递收入1200万元。建成5个集约送达中心，抓好法院专递项目。推进国际互换局建设。

强化协同。推动农村市场源头获客，走访对接农民合作社1784户，两项及以上业务合作率42%。与自治区农业农村厅签署合作协议，共同推动邮政惠农服务。与区内15家民营快递签订合作下乡进村协议，在同心、西吉试点开展“邮快合作下乡”。做好医药项目，实现配送费2.43亿元，建成9家中邮大药房，搭建起“金融＋寄递＋医药零售”的协同发展模式。

改革创新

以寄递运营改革建立网运竞争优势。整合区运管部、物流公司和邮区中心局，设立寄递运营中心（虚拟机构），按照市场化运作模式，对其下达收入、利润等指标，实行“实体化”运营，实现网络运营由管理型向生产型转变。压缩机构和人员，通过综合复用中心局办公场地及人员；内部处理环节通过减少自有人员使用、加大业务外包等方式，压降人工成本，实现成本中心向利润中心转型。集中运营管理、指挥调度等资源，减少职责错位和交叉；推进邮件运输实现集约化、市场化配置，压降运输成本。开通银川至广州、杭州、南京等7条经济航空邮路，推行快包集包作业模式，提升出口邮件全程时限。

以揽投部销售化转型构建市场竞争优势。新增揽投部31个、揽投人员153人，揽投部总数超出竞品。推行准加盟、加盟制，充分利用社会资源解决新增特快揽投人员来源问题，建成准加盟揽投部20个，新增准加盟人员124人；在39个揽投部实施“众创众享”，明确经营目标和政策，揽收能力提升。推行普邮、快包、特快分网作业，释放揽收力量。以业绩、能力为标杆，对揽投部经理开展绩效评价，调整重点揽投部经理，增强经营能力。

以准加盟、加盟制推动普服网点转型。坚持把普服网点作为寄递业务的经营点，在吴忠金积镇和扁担沟镇邮政所实施准加盟模式，采取自有员工“领创”和社会力量注册公司准加盟的方式，推进普服实现营、收、投一体化发展。领创人员根据淡旺季需求灵活雇员，释放营业、投递人员发展特快业务，有效解决人工成本大幅增长的问题，投递深度、服务质量等指标全部达标。

以激励约束机制激发发展活力。加大基层经营发展激励力度，配套营销费用和人工成本用于加快金融、特快等高效业务发展，企业效益和员工收益实现双提升。对基层单位充分放权授权，资源配置向直接创造收入、利润的经营一线倾斜，绩效激励重点向网点、揽投部和营销团队负责人倾斜。对计件岗位推行无底薪改革，明确计件单价标准上限，提升人工成本投入产出效益。提前下达下年经营利润和人工成本预算，配套不同奖励政策，激发各经营单位内生动力。

能力建设

科技赋能。推动信息技术深度融入经营、管理全过程，先后完成员工工时管理、金融统一柜面等9项集团统推工程，完成金融权益积分、“税邮云”小程序等11项省内自建项目；搭建面向内部的“企业服务平台”和面向用户的“客户服务平台”。强化信息数据分析，重点对包分机效能提升、揽投部内勤人员压降、邮件信息预处理压降等工作开展写实分析，用信息化手段解决经营发展的难点、堵点问题，推进“科技兴企、科技强企”。

设备赋能。完成投资计划2450万元，较上年增加158%。改造更新营业网点36处，其中金融网点18处；加大金融、寄递等设备投入力度。引进E快寄系统、购置社保卡寄递智能化邮封设备，增配胶带机设备和狂扫设备。

人才赋能。将区分公司综合部门员工调整到金融、市场等部门，促进多岗位锻炼。面向社会公开招聘软件开发、数据分析人员，引进寄递专业人才。开设“互联网+微课堂”，推进优质培训资源精准“配对”。举办“读书分享会”，引导干部转变观念、创新工作方法。

管理赋能。细化财务管控，深入开展“两金压降”、资产清查和欠费专项治理，强化寄递成本管控，压降环节件均成本。寄递欠费清收效果显著。强化机构和用工管理，将区级客户营销机构及职能下沉到银川分公司，区分公司借调人员全部返回原单位工作；压缩内部处理及后台人员充实一线揽投岗位。建立快速理赔机制，理赔及时率100%。切实防范化解重大风险，实现金融资金零案件、安全生产零重大责任事故；信息网安全运行竞赛活动排名全国第1位。

党建工作

强化基层党建。坚持以党的政治建设为统领，强化思想理论武装，深入开展模范机关建设，持续推动作风建设。以点带面加强基层党组织规范化建设，确定1个示范单位、5个示范点和50个示范岗。深入开展党性教育、支部晋星升级和“比学赶帮超”等活动。建立完善党建工作责任清单和基层党组织书记抓党建工作述职评议考核办法，推动党建工作责任落实。

强化监督检查。突出政治监督，聚焦党中央重大决策部署和集团公司党组、区分公司党委重点工作落实情况开展监督检查。强化日常监督，加强对权力运行的制约和监督，持之以恒正风肃纪反腐。充分发挥巡察利剑作用，推动全面从严治党向基层延伸。持续深化“三转”，聚焦主责主业，坚守“监督再监督”的定位，不断推动新时代纪检工作高质量发展。

强化干部队伍建设。贯彻新时代党的组织路线，修订完善领导人员及到龄改非等管理规定，从严管理干部，坚决惩治“昏懒庸”。树立“以业绩论英雄、基层出干部”的用人理念，采取“个人报名+组织选拔”相结合的方式选拔干部，建立选人用人公平竞争机制。

企业凝聚力

保障员工福利。提高社保缴费基数和企业年金单位缴费比例。解决退休人员年金和补充养老保险等历史遗留问题，完成企业年金上交工作。推进退休人员社会化管理。

关爱员工工程。做好帮扶救助、大病互助、金秋助学及走访慰问等工作，发放慰问金、补助金136万元；开展职工小家建设，建成27个有声图书馆。邀请部分员工家属走进企业参观，在公司与员工及家属间搭建起良好的互通平台。

弘扬劳模先进精神。多个单位分别获全国邮政系统先进集体、优秀党支部及自治区“巾帼标兵岗”等称号。5名员工分别获全国交通运输系统、全国邮政、自治区“抗击新冠肺炎疫情先进个人”称号，5名员工分别获全国邮政系统先进个人及自治区劳动模范等称号。（宁夏邮政分公司）

【邮储银行宁夏分行】

经营发展概况

实现收入8.61亿元、利润2.48亿元，分别增长18%和77%，收入、利润均超预算。各项贷款净增49.78亿元，净增列自治区内国有大行首位；各项存款净增24.45亿元。不良率1.86%，比上年下降0.51%，量率均控制在总行限额之内。拨备覆盖率升至162%，比上年提高14.71%。

落实中央决策部署

抗击新冠疫情。落实中央政策和监管要求，全力支持稳企业保就业，加大抗疫企业贷款投放，为受困企业办理贷款延期、减息让利。为3家抗疫企业授信7.5亿元，用信2亿元。复工复产企业授用信29.86亿元。

服务国家战略。发展绿色金融，推动绿色经济、循环经济和低碳经济发展，发放公司绿色信贷16笔、9.88亿元，累计投放38笔、35.22亿元，绿色信贷结余16.52亿元，比上年末增加13.33元。

扎实推进普惠金融。优化小微金融服务机制，单户授信总额1000万元（含）以下小微企业贷款增量2.57亿元，完成普惠小微信贷计划2亿元的129%。持续加大涉农贷款投放力度，涉农贷款结余58.18亿元，比上年末增加1.72亿元，普惠型涉农贷款增速为3%。加大金融扶贫投入力度，扶贫贷款结余22.34亿元，扶贫贷款结余户数3.69万户。

业务转型发展

零售业务。通过内抓转型、外拓场景，实现储蓄余额、理财销量“双提升”，带动全量资产、价值客户较快增长。个人存款余额201.8亿元，净增27.1亿元。信用卡客群稳步拓展，激活率、活跃度保持邮储系统内领先。零售信贷坚持城市、农村双轮驱动，强力推进小贷快速发展、房贷满额投放、消贷高速增长，余额净增比上年翻番，起到支撑经营大局的基础作用。经营性贷款余额48.1亿元，净增5.8亿元；消费贷款余额79.7亿元，净增22亿元。

公司金融。以机制改革增活力，集中优势资源、聚焦优质项目，实现公贷投放、产品落地和客群成长的历史性突破，成为拉动全行增长的重要力量。公司存款余额40.51亿元；公司贷款余额82.9亿元，净增31.8亿元。

风险内控管理

全面风险管理。以“基础管理年”活动为纲，坚持邮银协同保持案防高压态势，开展内控合规提质增效、乱象治理“回头看”“合规建设深化年”等系列活动，狠抓合规内控基础管理。坚持以人为核心、以员工行为管理为重点，组织开展内控54条、员工违规处理办法、轻微违规积分办法宣贯，从严查处各类违规行为。全面推进业务流程标准化，同步开展业务差错专项治理、零售信贷“问题大起底 队伍大整顿”专项行动，着力解决业务操作不专业、不规范问题。

信用风险管理。按照严控新增、处置存量、化解潜在的思路，通过强化清收力量配备、自主与司法清收结合并用，坚持做到应核尽核，全口径清收2亿元，核销不良1.4亿元，重组4笔2550万元小企业不良贷款，累计处置不良资产3.6亿元，不良处置力度和效果再创历史新高。全行不良率1.86%，比上年末下降0.51%。

内部审计工作。组织开展银行卡支付敏感信息安全、全面风险管理、数据中心、业务连续性等26项专项审计，审计效率和质量不断提高。

安全生产工作。推进安全管理标准化工作，开展14处营业场所标准化达标建设，为全行稳健运行和高质量发展提供了有力支撑。

管理运营效能

机构改革。推进机构改革，压缩区分行尤其是地市分行职能机构，本着人岗相适原则对部分干部进行调整充实，实现机关、基层两个强化。通过招聘补员、盘点用工、盘活人力，营销人员占比提升2%，“头重脚轻”的问题有所缓解。改革大公司板块经营机制，实行准事业部运营、类市场化薪酬。组建小企业金融直营团队。启动实施零售信贷能力建设三年规划。

财务管理。抓住效益提升、成本放大的有利时机，加大建设投入，启动银川分行、中卫分行、运营中心、民族街支行等一批改造项目，推进利率精细化管理，财务管控能力进一步增强。

运营管理。全面完成自营网点系统化转型导入，数字化场景及线上发展能力加快提升，信贷工厂的效率优势日益显现，移动展业推广应用全国最好，经营理念、营销模式发生积极转变。

客户信息治理。以迎接人民银行综合执法检查为契机，突出抓好客户信息治理，单位及个人客户信息完善率分别达到99.8%和81.3%。

全面从严治党

党建重点工作。坚持党建引领，秉持以人为本，把保护和调动全员积极性、增强凝聚力向心力作为推动发展的不竭动力。巩固深化“不忘初心、牢记使命”主题教育成果，扎实开展模范机关建设，实施“固本提标”质量提升工程。认真落实政治建设任务清单，开展“灯下黑”专项整治、党支部标准化规范化建设、“共建、共享、共进”2.0主题活动、“合规——共产党员在行动”专项活动等，进一步强化政治机关意识教育。全面从严治党，深入贯彻党建工作责任制，逐级制定落实全面从严治党主体责任清单，完善党组织书记抓党建工作述职评议考核办法，有效压实党委抓、书记抓、一级抓一级、层层抓落实的党建工作格局。顺利完成党组织关系改隶和区分行党委纪委换届工作。

党风廉政建设。持续深入推动中央八项规定精神贯彻落实，把整治形式主义、官僚主义问题纳入年度第3批巡察监督工作中。对扶贫工作、防范化解金融风险、做好疫情防控工作相关企业信贷资金支持、对下级请示事项答复不及时以及文件流转时间慢四项重点工作开展监督检查。加强党风廉政建设和廉洁风险防控，通过开展全员警示教育，严明党纪、严肃问责。

巡视整改。持续抓好巡视反馈问题整改，党委召开季度例会4次，评估制度35个，评估持续推进工作7项。出台并落实整治形式主义官僚主义、为基层减负21条措施。实现二级分行巡察全覆盖，调整巡察工作领导小组，充实巡察工作人才库，制定《邮储银行宁夏分行党委巡察人才库管理办法》等5项制度。

人才队伍建设

人事改革。在选人用人、绩效考核、评先选优上突出干事创业的鲜明导向，切实理顺分配秩序、培育正向激励的绩效文化。梯次推进员工岗位晋级、“领航工程”人才库建设、区分行部门团队建设工作，人才梯队建设逐步走上正轨。员工收入同步增长，工作条件持续改善。

队伍作风建设。贯彻新时代党的组织路线，着力加强领导班子和干部队伍建设。按照好干部标准和国有企业领导人员“20字”要求，加强干部日常监督管理，为转型发展提供组织保障。广泛推行《清风公约》。开展红色教育、理想信念、专业知识和形势任务教育，全行干部队伍综合素质得到有效提升。（邮储银行）

【中邮保险宁夏区分公司】

推进转型发展

拓展保费规模。实现总保费收入41436万元，比上年增长36.1%，超全国平均增长11%，在宁夏寿险业中排名第一，完成预算进度的110.6%。续期拉动作用明显，续期保费收入19264万元，比上年增长21.4%，完成预算进度的108.3%。

开拓新业务价值。新业务价值完成1430万元，完成预算进度的182.5%，比上年增长415%。期交新单保费收入17707万元，比上年增长55.7%，完成预算进度的115.7%；长期期交保费收入10471万元，比上年增长211.4%，完成预算进度的130.6%。

提升市场占有率。分公司市场占有率3.06%，比上年增长1.6%；银保市场占有率14.15%，比上年增长1.4%，列宁夏寿险公司第3位；银保期交市场占有率27.6%，比上年增长0.3%，列宁夏寿险公司第1位。

采取的主要措施：

一是密切协同。协调邮银分别下发2020年中邮保险业务发展营销方案，分解年度目标任务。实施长期期交“双百亿工程”，将其纳入全区邮政自主协同项目。按季度召开宁夏邮政市场协同委员会会议，分析问题，制定重点发展措施。按照“一振、一题、一会”的要求，加强与同业公司座谈交流，了解行业发展动态，按月制定市场策略分析、对标分析报告，同步报送邮银。

二是落实重点项目。协同区邮政公司组织专项营销培训活动，启动全区效能提升转型培训。4月，与石嘴山市、中卫市、吴忠市、固原市邮政分公司组织中邮长期期交专项PK活动，实现长期期交保费3437万元。组织长期期交营销周周赛、PK赛等活动，促落后网点补产追产。7—9月，先后与中卫市、吴忠市、固原市邮政分公司组织长期期交短期营销活动；与邮储银行石嘴山分行组织专项营销活动，组织各类短程营销活动12场，实现保费1556万元。11月中下旬，组织专项实战培训活动3场，“邮保一生”保费完成897万元。

三是转变营销组织方式。融入邮政营销活动，组织“线上微沙活动”，以重疾产品、年金产品激发客户保险需求，每周设计4场微沙主题提供网点参考，组织372场次，实现期交保费337万元。利用CRM系统、客户管理系统、邮客行APP，梳理下发客户名单，组织客户推介活动，20天实现期交保费461万元，长期期交119万元；协同邮银提高网点三年满期客户转化率，截至9月底三年满期客户中邮保险转化率41.2%。网点以线上线下相结合的精准营销，组织主题沙龙活动，实现期交保费237万元。

四是开拓个团业务。协同邮政走访银川市、固原市等地惠农合作社，为其短期雇佣人员承保惠农团险26单。分公司完成借意险保费22万元。组织团险业务营销活动，实现团险外拓保费收入21.1万元，占团险保费的43.4%。在邮银机关宣传推介优享人生、邮保百万自购产品，实现保费78万元。

完善服务支撑

提升运营效率。各项运营考核指标均达到总公司考核要求且比上年均有明显优化。对柜面承保资料审核前置、对线上承保资料进行100%审核，协调邮银做好月整改、周跟进，紧抓新契约问题件整改。针对性做好保全培训指导，受理保全业务10383件，比上年增长46%。重点做好立案、结案时间节点把控，主动为客户提供上门服务，理赔结案119件。

优化客户服务体验。年度新增客户11403人，累计有效客户39979人。全年电话回访共14011件，犹豫期内电话回访成功率99.95%。有效投诉0件。召开消费者权益保护工作委员会议，研究落实相关工作。每日通报不成功件及问题件，对问题件做到100%复访成功。组织线上活动10场，线下活动9场。开展观影、体检、茶艺等续期增值活动共7场298人次。

提高续期质量。13个月保费继续率为95.16%，比上年上升1.25%，25个月保费继续率为97.86%，比上年上升0.33%，宽末综合达成率为97.29%，比上年上升0.94%。定期向市县机构下发失效清单、未收件清单并进行追踪督导。对重点产品开展专项调研，有针对性地强化价值类产品质量管控。按季度开展质量评估工作。

增强培训质量。组织专兼职讲师参与“大练兵大比武”在线平台学习，在线参与率达到100%；专兼职讲师制定对未出单网点“送培上门”，培训815场次，网点实地培训覆盖率100%。组织分公司全员及全区各市、县（区）中邮保险岗位人员运营内控手册培训及考试；组织全区邮储银行各支行运营、续期业务视频培训，参训人数330余人。

强化基础管理

加强财务管理。投价比比上年下降446%，下降幅度位列全国第一。标准业管费率由上年的38%降至25.9%，下降幅度全国第一。2020年业务及管理费支出1643万元，比上年增长5.6%，低于全国18.6%；新业务价值完成1430万元，比上年增长415%；标准保费完成6134万元，比上年增长54%，高于全国29%。

强化人力资源。制定干部教育培训方案、干部谈话提醒工作方案，制订并落实分公司内部培训计划，组织分公司综合素质能力提升培训班。修订绩效考核管理办法，完成2019年度综合考评、2020年度个人事项填报等工作。

推动风险合规管控

提升合规风控。组织开展“合规建设深化年”“内控管理提升年”活动和制度评估、操作风险控制自评估等工作，修订完善制度46项、废止15项，进一步优化管控流程。接受宁夏银保监局有关疫情防控、风险管控现场督查和消费者权益保护工作现场检查，开展内控交叉检查，未发现重大内控缺陷，未受到问责处罚。开展客户身份识别共5379笔，排查可疑交易43笔，无可疑交易报告。2019年反洗钱综合评级为BBB，较上年提升一个等级。组织“安全生产月”活动，推进“平安邮政”优秀单位评选工作。

加强协同整改。协同邮银机构落实“乱象整治”“亮剑行动”回头看，对4个市中邮保险中心、9个县邮政分公司、20个代理网点进行了合规检查，落实相关问题整改。

加强党建工作

增强学用结合。严格执行“三个第一时间”学习机制，组织党委理论中心组学习 12 次，组织研讨 8 次，支部组织党员学习 24 次。制定落实防范化解重大风险攻坚战 2020 年专项方案，对照 15 项目标，制定 38 项具体措施，均已完成。落实年度扶贫工作计划，扶贫保险覆盖 6 个县（区），为 5502 名建档立卡户提供风险保障 1.2 亿元。在吴忠市、固原市、中卫市开展 3 场扶贫公益活动，累计为 300 余名困难群众赠送 6 万余元的慰问品。完成分公司首笔扶贫险理赔。

开展创先争优。组织专兼职党务干部参加了区直机关工委、公司党委等培训。严格落实“三会一课”制度、民主评议党员和谈心谈话制度。组织开展“基层党组织建设达标工程和创先争优”活动。疫情期间，组织党员赴邮区中心局、西城揽投部协助分拣投递。各支部开展主题党日活动，落实区域联系与巡点责任制。

推进党风廉政。聚焦疫情防控和坚决制止餐饮浪费等重要批示精神，以“四不两直”方式开展疫情防控监督检查 14 次；落实防范化解金融风险、扶贫工作等专项监督检查 5 次。开展防止“四风”问题专项自查、“服务基层 转变作风”七个一活动。组织集体廉政谈话 2 次 26 人次、纪委书记约谈 1 次 7 人次。制定落实党建、纪检监察要点。

加强疫情防控。成立分公司疫情防控领导小组，召开疫情防控会议 8 次，制定防控疫情专项应急方案等相关文件。采购防控物资，及时为职场配备药品、防疫物品；做好复工后职场消毒、员工健康监测等工作。启动 7 项理赔应急措施，24 小时在线值班。向湖北分公司捐赠防疫药品和防护用品共 1.5 万元。组织党员、员工捐款 1.37 万元，为奋战在邮银网点一线的干部员工送去口罩、酒精等防护用品。组织党员突击队做好邮件处理中心包裹分拣、教材寄递、快件投递等服务工作。帮助良田镇销售滞销蔬菜 40 箱，配合贺兰县民政局对疫情期间贫困户配送蔬菜 1870 箱。（中邮保险）

新疆维吾尔自治区

【新疆邮政分公司】

经营发展

新疆区分公司（含寄递事业部）实现收入 25.08 亿元，增长 3.1%。非寄递业务实现收入 17.4 亿元，增长 2.9%。其中，代理金融 11.41 亿元，增长 6.9%；报刊业务 1.87 亿元，增长 3.9%；集邮业务 8299 万元，增长 1.7%；函件业务 4759 万元，增长 5.4%；分销业务 1.36 亿元，增长 19.2%；增值业务 5398 万元，降低 33.5%。寄递业务实现收入 7.68 亿元，增长 3.6%。其中，特快业务 3.39 亿元，增长 17.9%；快包业务 2.27 亿元，降低 2.7%；国际业务 7716 万元，降低 16.1%；物流业务 1.01 亿元，降低 3.02%。

代理金融。新增余额 83.5 亿元，比上年多增 44.18 亿元，创历史新高；价值存款比上年多增 57.97 亿元，三年期存款比上年少增 17.88 亿元。销售新单保费 11.93 亿元，比上年多增 4.81 亿元；全区 10 年及以上期交保险销售 3.12 亿元，占比 26.2%。非利差收入占比 19.4%，比上年提升 1.6%，其中保险收入增长 59.5%，拉动金融收入增长 2.9%。新增商户 15.07 万户，沉淀活期日均余额 21.82 亿元。新增信用卡 8574 张，新客首刷 7060 张。新增代发单位 293 个，代发金额 1.7 亿元。系统应用加强，客管能力提升，带动产能提升近 30 亿元。新增 VIP 客户 3.49 万户，增长 71.08%。

寄递业务。业务量市占率、收入市占率分别为 15.7%、10.6%，较上年分别增长 0.26%、1.32%。政务、商企、现费、生鲜市场分别实现收入 6782 万元、4927 万元、7797 万元、2479 万元。开发客户 176 个，实现收入 4816 万元。中哈、中俄铁路疏运出口邮件总包 8.7 万袋、1510 吨。启动跨境电商 9610 直购进口落地配和 1210 保税进口业务。边际贡献率 26.9%，利润率 2.5%。“6+X” 项目实现收入 1.9 亿元。新增客户数增长 348%。中邮快运增长 866%。大件快运业务规模排名全国第 3 位。

农村电商。与自治区商务厅签订《农村电商发展战略合作协议》，成功举办“西州密 25 号”哈密瓜全国推介会，建成 2 个中国邮政农产品基地。实现自营农产品销售 2151 万元，增长 55.2%。打造数字化优质站点 673 个，邮乐小店月均分享活跃人数 1.03 万，发展邮特惠会员 16.02 万人。分销三大节日营销活动实现收入 7896 万元，增长 16.9%，分销专业利润率 20.8%，列全国第 5 位。

集邮文传。文化旅游项目完成收入 2901 万元，增长 37.1%。报刊线上订阅渠道实现流转额 960 万元，增长

新疆邮政扶贫助农公益直播活动

20%。探索建立五大数字媒体产品体系，成功落建4面有声图书墙。集邮文化活动举办200场次，实现收入500余万元。

普遍服务

一是确保通信正常。截至12月31日，全区邮政普遍服务网点1521处，其中，城市网点423处，农村网点1098处，网点平均服务人口1.51万人，全区通邮率100%。完成全国“两会”期间邮政通信保障任务；设置巡视类专用邮政信箱50个，确保十九届中央第五、六轮巡视专用邮政信箱寄递服务畅通；完成17.75万件高考录取通知书精准妥投；实现和田皮山县赛图拉镇三十里营房部队通邮；为全区部队订阅解放军报2.5万份，收寄军人喜报3214件，收寄军包4.63万件等。传递各类国家秘密载体68.4万件，连续19年保持机要通信全红。二是提升供给能力。全区中央预算普服投资项目总投资3459万元，其中：邮政网点装修41处，投资1012万元，完成项目投资计划并全部建成。配置邮运车辆95辆，投资2081万元。配置邮政服务“三农”车辆25辆，投资366万元。代办转自办网点37个，购置工装2.95万件，投资约240万元。全区1000元以下网点30个，2000元以下网点48个。三是提高服务质效。克服疫情影响，4项关键指标改善。及时揽收成功率95.27%，比上年提升2.97%；散户及时揽收成功率95.9%，超过达标值；客户投诉率万分之40左右，高考录取通知书实现“零投诉”；理赔及时率比上年提升6.61%，排名全国第5位。普服达标集中整治并解决问题2190个，问题整改率100%。给据邮件信息断点率较上年降低45%，投递外勤关键节点扫描率较上年提升36.77%。全区信件、挂刷、普包全程时限总体达标，普服网点月均运营率、四项业务开办率、建制村直接通邮率均100%，县及县以上城市党政机关《人民日报》当日见报率36.4%。全区普遍服务满意度83分。全区机要通信无失密、丢损事故。

疫情防控

一方面履行好全区唯一提供寄递物流服务企业的职责担当，做到“四不中断　四免费办”，开通绿色捐赠通道，确保防疫物资、机要通信、党报党刊、高考录取通知书及各类邮件安全畅通，寄递防疫物资725万件。另一方面，保障党报党刊、机要邮件等第一时间传递到位，民生所需的最基本物资需求服务到位。办理2000个邮政车辆专用通行证；260余篇抗疫新闻被新华社等多家主流媒体宣传报道。自治区领导对新疆邮政疫情期间履行央企责任担当给予充分肯定，喀什地区疫情防控指挥部对新疆邮政抗击疫情发来感谢信。

维稳扶贫

派出68支工作队，198人参加“访惠聚”驻村（社区）工作，4994人次参加“民族团结一家亲”结亲走访、进村住户“双覆盖”工作，实现所驻村（社区）社会稳定。开展党建扶贫、教育扶贫、项目扶贫、消费扶贫、就业扶贫，推进电商扶贫三年规划，建成32个扶贫地方馆，覆盖32个国家级贫困县；建成1051个邮乐购站点。启动18个扶贫项目，打造14款扶贫大单品，实现15个定点扶贫村、2288户9677人建档立卡贫困户全部脱贫。

党建作风

一是增强“两个维护”坚定性。深入学习贯彻习近平新时代中国特色社会主义思想，教育引导广大党员旗帜鲜明讲政治，增强“四个意识”，坚定“四个自信”，做到“两个维护”。贯彻落实《关于加强党的政治建设具体措施》54条举措。二是深化“不忘初心、牢记使命”主题教育。区分公司党委组织集中学习13次，专题研讨10次，各二级党委集中学习249次，专题研讨204次。第一时间传达学习重要内容181项。开展中央第三次新疆工作座谈会和十九届五中全会专题学习。整改落实主题教育35类问题以及“十大问题、六件实事”，跟进落实举措554条。落实意识形态责任，强化意识形态工作。三是推进巡视整改和巡察工作。完成中央巡视整改17项任务；启动集团公司专项巡视整改，针对集团公司第六巡视组反馈的五个方面、16个主要问题、35个具体问题，梳理59项整改任务、制定整改措施133项。分2批对2个地州市分公司和2个直属单位开展巡察，发现问题446个，提出巡察意见建议40条，督促完成整改236条。四是强化基层党组织作用。推动区分公司党组改党委工作，理顺银行党组织隶属关系。推进基层党组织建设达标工程和创先争优活动，4个基层党支部获评“全国邮政基层党支部示范点”。开展“可视化党建”工作，建成686个党员示范岗，864个党员责任区。发展党员146名。五是严明作风和纪律建设。开展模范机关创建，强化政治机关意识教育，机关党支部书记讲党课全覆盖。以作风“八大问题”为切入，制定问题整改措施381条。班子成员带头开展“一月一事　消灭最差”“走进基层、走近员工”等活动，开展基层请示事项答复不及时等专项整治，答复率100%。六是加强执纪问责力度。核查处置问题线索42件，立案18件，给予1名三级经理、12名四级人员、15名一般员工党纪政务处分，给予5名三级经理、1名四级人员诫勉谈话处理。

转型平台

营销方式。全区上线运营第三方平台店铺19家，开展直播带货活动67场，销售产品397款，销售额1097万元，产生寄递收入149万元。代理金融新增手机银行激活客户26.21万户，快捷绑卡客户37.31万户，邮储食堂会员98.6万户，云闪付有效户6.01万户，邮储花呗3.86万户，完成集团目标的258%，排名全国第3位。集邮文传线上项目实现收入1404万元，完成预算的140.4%。开通线上邮票购买平台，创收 923 万元。分销业务线上平台产生订单 20.54 笔，实现销售额 1451 万元。

经营机制。开展“比学赶帮超”活动和“只为成功找方法，我学习，我奋斗，我成功”思想大讨论，1.11 万人参与学习讨论，4767 人撰写心得体会。全区 101 个经营单元推行“众创众享工程”，83.5% 的经营单元实现 2 位数收入增长。

薪酬分配。制定统一的工资性人工成本核定办法，印发区寄递事业部薪酬分配制度实施方案，制定金融从业人员绩效指导意见，完善揽投人员计件薪酬办法并试点实施，对疫情防控期间生产一线人员发放临时性工作补助和绩效奖励。

运营管控。6 个地州市开通省际航空邮路。建成代投点 2647 处，快递包裹代投占比 24.4%，比上年提升 15%。优化邮路发运计划，落实新运营标准。建立三级时限管控团队，加强垂直调度，健全管控体系。时限四库建设通过集团公司验收。推进集包改革，省际出口邮件集包率 43.16%；乌鲁木齐中心局、阿克苏分别对 60 个、20 个县域进行集包，减轻地市中心分拣压力。

渠道平台。65 个六类网点分别开展渠道转型，实现业务叠加和运营模式突破。代理金融网点系统化转型持续推进，全区现金台席比上年减少 121 个。24 处主题邮局加强与文创公司合作，实现创新转型。边远网点通过“分类经营”模式实现网点发展质效大幅提升。

精细管理

人力资源。新提任区分公司党委直接管理的领导人员 21 人；修订领导人员管理规定，印发综合考评办法；组织开展领导班子和领导人员综合考评和选人用人“一报告两评议”工作，对因私出国（境）、“裸官”、关键岗位人员情况进行专项自查。推行用工结构调整，开展校园、社会招聘工作，补充重点核心区域揽收经理、理财经理及艰苦边远地区业务专管等急需岗位空缺人员；调整网点人员结构，个人客户经理配备率 110%，代理金融劳务用工占比 25.9%，较上年降低 3.2%。举办线上培训班 269 个，参培人数 11.62 万人次；实施计划内培训项目 42 个，参培人数 7763 人次；组织 4 期理财产品销售从业人员资格考试，2030 人取得资质；组织 4 次全区基层五大岗位员工通关考试，7036 人通关。

财务管理。修订完善四类 35 项定额标杆，资源配置实现邮速“三统一”，将快包结算成本预算安排至各单位，直接业务成本占比提升 2.1%。加强“现金池”对分公司的资金支撑，月均支撑周转金约 1.07 亿元；支付普服和各类投资建设项目 1.82 亿元；支撑业务资金周转 1390 万元，支撑寄递发展支出 12.52 亿元。207 个试点代理金融网点实现利润 2.61 亿元，较上年亏损网点减亏 8 个，减亏额 253 万元；全区陆运运输和管理支撑环节件均成本较上年分别压降 4% 和 50.2%，运输费比上年下降 7.9%，净减 3096 万元；盘活闲置房屋 55 处，产生租金收入 444 万元；报废逾龄车辆 150 辆，节约相关费用 78 万元。管理性“四费”比上年压减 565 万元，降低 51%。完成 1.69 万户资金拨付及清算，清算补助资金 1.1 亿元。完成新邮后勤公司、乌鲁木齐通信技术总公司工商注销，收回清算资金 513 万元，完成新疆银河集团股份有限公司股权投资清理。

运营管理。建立“航空 + 汽车 + 铁路”立体复合运输网络架构。全区一级干线邮路 138 条，其中一级干线航空邮路 104 条，以乌鲁木齐、伊宁、阿克苏、喀什、和田、克拉玛依为中心，直达全国 29 个省，辐射全国；一级干线火车邮路 11 条，以乌鲁木齐、阿克苏、喀什为中心，直达 9 个省辐射全国；一级干线汽车邮路 23 条，以乌鲁木齐、阿克苏、喀什为中心，直达 9 个省辐射全国。全区二级干线邮路 96 条，其中二级干线航空邮路 16 条，通航局为乌鲁木齐、伊宁、阿勒泰、阿克苏、库车、喀什、莎车、图木舒克、和田；二级干线汽车邮路 80 条，以乌鲁木齐、阿克苏、喀什为中心，辐射各地市；邮区内邮路 1203 条，辐射各县、乡镇、团场。全区投递段道 3037 个，城区段道 1990 条，农村段道 1047 条。调整喀什至塔什库尔干邮路每周 5 班，便利塔什库尔干及红旗拉普口岸边防通信。对和田赛图拉加密通邮频次，为三十里营房守防官兵和边疆群众加强邮政快件寄递服务。通过乌鲁木齐至哈密动车运邮，实现哈密党政机关《人民日报》当日见报。

安全管理。制定安全生产主体责任落实规范清单，建立“横向到边、纵向到底”安全生产责任体系。推进“群防群治、预防预堵”安全生产隐患排查治理机制建设，排查安全隐患 1098 处，整改率 100%。制定安全生产隐患举报奖励制度。加强全区信息网安全监控，确保重大国事和节假日期间信息网络稳定运行。

风险管理。金融条线组织开展素质提升大讲堂 50 期，合规文化微课堂 42 期，4.8 万人次参培。全区各级领导履职 3245 次，检查发现问题 1.19 万个。合规系统点均预警笔数比上年下降 60.3%。反洗钱完成 482 万客户信息治理。

审计管理。开展收支、经济责任和工程审计，开展集中采购、业务外包等专项审计，推动企业合规经营、防范风险。实施审计项目 358 项，发现问题 610 个，提出审计意见建议 146 项，工程审减额 820.1 万元。

采购管理。完成集采项目 34 项，采购合同总金额 1.97 亿元，节约资金 3420 万元，资金节约率 14.81%。公开采购率 97.1%，公开招标率 91.3%，达到集团公司要求。

信息化管理。加大双微项目管理系统、领导干部述职考评、绩效考核等新系统研发力度，迭代完善经营管理支撑平台、个人会员积分管理、社会化用工管理等自主研发系统。自主完成2017年硬件资源池及现有系统设备更新扩容工程系统迁移。

协同合作

29个集团总部客户实现收入1.21亿元，增长20%；与9个单位签订战略合作协议，6个单位签订业务合作协议，深化与烟草、移动、联通、电信等大客户合作事宜，实现收入2073万元，增长65.2%；确定78个区级总部大客户。惠农合作项目走访合作社1848户，实现合作754户；汽车产业链项目实现收入2385万元，车主通会员服务完成收入目标的237%；军民融合项目完成和田皮山县赛图拉镇三十里营房部队通邮。新增公司户数量225户，年新增余额6659万元；新增中邮证券有效户3872户，新增资产8544万元。完成会员83.5万户，完成进度的139%。县级以上城市网点政务服务全覆盖；开通税邮合作703处，税务双代业务代开代征税额21亿元，规模位列全国第1位；警邮合作271处，网点代办机动车证照业务、驾驶人证照业务、互联网用户业务、道路违法等四大类25项交管业务；推动邮快合作，与20家快递企业签订合作协议，覆盖58个县市和498个网点，业务量111.9万件，实现收入408.23万元。

可持续发展

下达固定资产投资计划2.41亿元；完成819项中央预算内资金项目建设任务，支付5.56亿元；向集团公司申报“十四五”中央预算内资金项目4.69亿元；启动乌鲁木齐邮件处理中心、火车站邮件转运站、国际互换局及阿克苏二级中心局等重点工程项目建设。全区减税降费8824.5万元，减免社会保险企业缴费8664万元，申领稳岗补贴558万元，争取兵团发改委民生实事邮政普服项目补贴资金885.6万元。营业网点标准绿色新型包装箱配备率、窄胶带使用率、新一代寄递平台电子面单使用率均100%；设置邮件包装废物回收箱1487个；循环邮袋使用率92.7%；手机银行客户净增48.24万人，电子银行交易替代率97%；代理金融网点实现柜面无纸化运营。

和谐企业

投入近800万元工会专项资金助力疫情防控。职工小家763处；14名困难职工解困脱困；慰问集体433个，慰问劳模、困难职工、离退休老党员、老干部155人次，慰问金额205万元；全区商业补充医疗保险参保人数1.55万人，重大疾病、意外伤害保险参保人数1.76万人，赔付190万元；为7452名员工进行体检，为921名农牧区委办投递员办理意外伤害团险续保；开展职工代表提案工作，提案答复满意率100%；推进企务“三级”公开。新疆邮政1个集体、1名员工获全国邮政行业先进集体、劳动模范；5个集体、8名员工获全国交通运输行业和集团公司及国家邮政局疫情防控先进集体和个人；1个集体获全国厂务公开民主管理先进单位，并被自治区总工会命名为自治区“模范职工之家红旗单位”；8人获自治区劳动模范；21名投递员获“最美快递员”，26名投递员获“优秀快递员”荣誉称号。区分公司直属机关本部、乌鲁木齐邮区中心局、乌鲁木齐市分公司获“全国文明单位”称号。（新疆邮政分公司）

【邮储银行新疆分行】

经营发展概况

实现营业收入17.22亿元，比上年增长11.14%；净利润4.57亿元，比上年增长2.74%。经济增加值8996.56万元，经济资本回报率12.8%，成本收入比63.23%。总资产1179.9万亿元，比上年增长10.38%。各项存款余额1080亿元，比上年增长9.38%，新增存款92.63亿元；各项贷款余额512.15亿元，比上年增长45.85%；存贷比47.37%。不良贷款率1.01%，比上年下降0.82%。拨备覆盖率185.42%。

落实中央决策部署

抗击新冠疫情。全力抓好新型冠状病毒肺炎疫情防控，周密部署金融服务卫生防疫工作，压紧压实各环节责任，做实做细“三道防线”，保障金融基础设施安全。在符合地方政府和监管部门属地要求的情况下，合理安排营业网点、营业时间，制定多项线上业务操作指南，确保“金融服务不打烊”。摸排抗疫相关企业，传导针对抗疫企业的政策优惠，为抗疫企业送上“定心丸”，向6家抗疫相关企业发放贷款1600万元。号召全行员工开展志愿服务活动，延伸服务触角，为打赢疫情防控阻击战贡献邮储力量。开展抗击疫情爱心捐款活动，全行员工向自治区红十字会捐款29.78万元，各级机构累计捐款、捐物折合金额51万元。

服务国家战略。深入贯彻落实中央、自治区重大战略部署，主动融入新疆经济社会发展大局，获得自治区促投资、稳增长3000亿元专项贷款指定行资格，拜访自治区内各级党委、政府部门1500余次，签订战略合作协议6份，意向投资780亿元，支持中央驻疆企业、疆内大型国有企业20余家，支持重点项目10余个。

推进普惠金融。坚决履行脱贫攻坚主体责任，全力打好深度贫困歼灭战。截至12月31日，金融精准扶贫贷款结余22.09亿元，比上年增加5.84亿元。完成脱贫攻坚任务，被总行授予“脱贫攻坚先进单位奖”。支持企业复工复产，向9406家中小微企业投放贷款84.83亿元，比上年多投46.11亿元。完成小微企业“两增两控”和涉农贷款考核指标。普惠型小企业法人贷款余额5.7亿元，净增3.35亿元。涉农普惠贷款结余87.25亿元，净增14.51亿元。结合新疆农业发展特色，创新推出棉花、苹果产业链业务。

业务转型发展

零售业务。储蓄存款业务围绕“两个提升”“三个到位”要求，纵深推进综合营销、联动发展、批量获客，开辟存款来源。储蓄存款余额年增 13.66 亿元。网络金融业务发展迅猛，新增手机银行激活客户目标完成率 155.6%，系统排名第二；手机银行月活跃客户 16.29 万户，完成计划目标的 132.2%，系统排名第一。新增邮储食堂会员 120.38 万户，目标完成率系统排名第一。依托“互联网 +”行内大数据库，加快数字化转型，消费网贷净增系统排名第四。消费贷净增 7.07 亿元，比上年增长 58.88%。

公司金融。公司存款业务围绕增资格、增系统、增账户、拓存款，“固本提标”活动取得实效。公司存款余额 102.21 亿元，新增财政代理资格 25 个，新增完成率 2500%，系统排名第三。公司贷款投放 105.39 亿元，比上年增长 67.7 亿元，增幅 179.66%。落地首笔置换他行贷款且成为新银团牵头行项目，投资首笔中资企业美元债 4000 万美元，两个银团贷款项目分别被评选为《中国银行业》最优项目奖和总行经典案例。

资金资管。打造本地同业生态圈，挖掘同业融资业务信用利差和同业客户综合效益。票据质押式回购业务发生额 195 亿元，比上年增加 165 亿元，业务交易量居系统内前列。

风险内控管理

全面风险管理。构建风险管理长效机制，紧紧围绕“防控风险、支撑发展”主线，持续推进全面、全程、全员的风险管理体系建设。以防范化解金融风险为中心，加强市场乱象治理，推进防范化解重大风险三年规划落地，增强风险管理主动性。

信用风险管理。以资产质量管理为目标，出台本地化风险政策与风险限额管理方案，组织开展重点阶段、重点领域风险排查，实现不良贷款“量率双降”。

法律内控管理。主动适应监管与总行风险内控要求，启动提质增效三年规划。探索支行风险经理派驻与风险信息员机制，下沉风险管理职责，发挥风险“探头”作用。保持案防高压态势，完善内控、消保和反洗钱管理机制，强化问题整改与问责机制执行，完善“三项清单”，实现问题全流程闭环管理。

内部审计工作。完成审计项目 18 个，审计金额 1.63 亿元，重点关注信贷、信息科技、领导干部履职等领域，发现问题 425 个，提出审计建议 125 条。

安全生产工作。开展“平安邮储”创建、“安康杯”竞赛活动，推进楼长、层长、安全员工作落地，健全安全生产和行风行貌专项整治长效机制。

管理运营效能

机构改革。推进辖内分支行机构改革工作，综合考虑业务发展情况、本地经济发展特点、本地市场情况等因素差异化设置分支行内设部门。完善岗位设置，制定标准岗位清单，规范岗位主要职责、岗位类别、岗位序列和岗位职级范围。

财务管理。持续完善信贷计划动态调整管理机制，有效满足重点领域信贷需求。推进存量贷款转轨工作，企业贷款换轨 62.13 亿元。全面落实中间业务发展规划，加强业务对标分析，提高中收占比。完善绩效考核体系，对排名靠后指标细分责任部门，制定提分措施，按月分析推进。

金融科技赋能。推进完成 27 个总行统建项目、9 个区内信息化项目。完成网络安全保障工作，各信息系统运维零故障。完成 7 项系统功能优化、4 项软件研发及 4 个银企直连项目，为业务发展提供科技支撑。

运营管理。建立客户体验管理队伍，招募兼职体验员，客户体验有效提升。自营网点服务态度类投诉率比上年下降 54%。优化柜面组织管理，自营网点个人与公司柜员双持证率 99.13%，比上年提高 28.42%；自营网点可分流交易离柜率 88.86%，比上年提高 5.49%。中心审核时长由上年末的 25 秒降至 20 秒，柜面拒绝率由上年末的 4.04% 降至 2.97%。

全面从严治党

党建重点工作。深入学习贯彻习近平新时代中国特色社会主义思想和党的十九大精神，认真落实党委理论中心组学习制度和“三个第一时间”学习机制。广泛开展青年理论大学习，成立 170 个学习小组。持续推进“强基固本”质量提升工程，完成党组织关系隶属调整，畅通党员发展渠道。扎实开展模范机关建设工作，机关作风得到很大转变。深入开展“共建、共享、共进”“合规和发展——共产党员在行动”活动，拓宽对外交流互通平台。援建的兰干村党建活动阵地被阿图什市评为“党建示范点”。

党风廉政建设。持之以恒落实中央八项规定精神，整治餐饮浪费，改进文风会风，筑牢“四风”防线。加大巡察力度，完成 5 家二级分行和区分行机关、运营中心党支部巡察。将党风廉政警示教育与清廉金融文化有机结合，教育党员干部紧绷纪律规矩之弦。

巡视整改。按季召开中央、集团巡视反馈问题整改例会，即知即改，立行立改，整改完成率 100%。

人才队伍建设

人事改革。制定人才发展 3 年规划和实施方案，系统推动人才队伍建设，打造核心竞争优势。开展 14、16 职级管理岗选拔，选拔干部 10 人。推进“领航工程”人才库建设，评选 42 人进入中级人才库。多维度促进干部人才交流，跨岗位、跨机构调整干部 29 人、选派优秀业务骨干到总行及南疆地区交流锻炼 11 人。加大人才引进力度，通过社会招聘、校园招聘招录信用卡劳务工5人，各岗位合同工199人。调整岗位职级体系，建立纵向能晋升、横向能发展的员工职业发展通道。树立重实干重实绩的用人导向，强化收入凭贡献的薪酬分配机制，推动薪酬分配向做出突出贡献的人才和基层一线倾斜，激发全行员工增收创效的积极性和主动性。

队伍作风建设。倡导务实有为、团结协作的工作作风，广泛开展劳动和技能竞赛，引导广大员工岗位练兵、岗位成才、岗位奉献，弘扬劳模精神、劳动精神、工匠精神，引导广大员工立足岗位、奋勇争先。2020年，乌鲁木齐市沙依巴克区支行理财经理拜丽获得“全国劳动模范”荣誉称号。（邮储银行）

【中邮证券新疆区分公司】 累计实现收入195.2万元，比上年增加67.4万元，增幅为52.7%；其中佣金收入增加20.5万元，产品销售收入增加83.8万元，两融业务收入增加8.2万元，息差收入增加7.3万元。佣金支出增加9.4万元，两融业务支出增加0.6万元，资管投行收入减少42.9万元，稳岗补贴增加0.5万元。

党的基础建设

强化政治理论根基。持续深化党的政治建设，以求真务实的作风把党中央决策部署落到实处；加强政治理论学习，利用新媒体平台营造浓厚学习氛围；严格贯彻执行“三会一课”制度，按时召开党支部大会、支委会、全体党员大会，及时传达学习上级文件精神及工作要求，并结合分公司实际细化目标措施，层层传导抓落实。

开展巡视整改工作。根据制订的巡视整改持续推进工作计划表，按季度召开巡视整改工作小组会议，研究、审议和部署整改相关工作，并总结推进情况，建立整改台账，责任落实到人，实行销号整改，做到条条要整改、件件有着落；坚持问题导向，强化责任担当，狠抓工作落实，整改落实工作取得良好成效。

党风廉政建设。切实落实中央“八项规定”和反“四风”整治工作，在重要节假日前编发廉政提示短信，全年未发生公款吃喝、超标接待、违规接待、公款旅游、公款送礼、公车私用等违规问题。

协同工作

邮政板块协同。一是争取新疆邮政分公司政策支持，将中邮证券第三方存管项目工作纳入重点营销项目计划，会同区邮政分公司市场营销部、金融业务局制定指标、细化分解，持续跟踪督导重点营销项目推进效果。二是推动新疆邮政分公司绩效考核指标激励政策，将存管业务纳入战略绩效考核办法（考核及加分项共3分，战略协同加分2分），继续执行《邮政员工营销积分奖励办法》。三是在新疆邮政分公司经营分析会上通报存管业务发展情况，建立地市分公司一把手责任机制，持续完善日、周、月数据通报制度，及时向地市分公司总经理、分管副总经理、金融业务部经理及金融专管发送通报数据，坚持每周分析点评地州发展情况，对地市分公司一把手进行点对点沟通，不断强化业务协同关系。四是多频次、多方面、多内容开展培训，以金融网点为根基，通过现场、线上会议等方式强化地市支撑，在业务操作、市场分析、重点产品、渠道代销等方面进行多轮培训，增强专业引领及理财经理拓客能力，在提升自身素质的同时也取得了较好的成绩。

邮储板块协同。一是充分沟通打破存管协作壁垒，将中邮证券第三方存管新增有效户及资产指标纳入《中国邮政储蓄银行新疆分行2020年二级分行经营管理绩效考核办法》，推动地市分行存管业务发展。二是细化落实协作方案，协同区邮储银行制定全区第三方存管业务发展方案，目标细化分解，督导业务落实，特别是在8月疫情期间开展开户、有效户、资产等营销活动，取得阶段性进步。三是协作维护及开发高端客户，通过开展全区及各地市专项资管培训，提升资管产品在邮储渠道代销的熟知度，每周推送产品净值增长情况，实时了解产品表现，用收益留住客户、用实力得到认可。

加强自营业务发展

强化自营能力建设。定期开展内部业务培训，针对市场关键节点不定期开展讨论，历练市场研判能力，提升市场敏锐度。同时分析研讨重点产品特点特性以及市场契合度，进行分客群、分组合推荐，优化服务能力，提高客户黏性，对客户实行分级管理与服务，周期性开展线上线下理财沙龙，为客户提供多元化的投资知识，客户满意度不断攀升，促使交易型客户占比稳步提升。

不断提升营销能力。一是结合分公司营销竞赛活动，实行员工与地州市邮政分公司业务发展包干责任制，制定分公司奖励激励政策，调动全员发展业务的积极性与主动性，按周通报员工活动目标完成情况，激发员工活力，提升员工拓展与蓄客能力。二是认真贯彻落实总部经营发展举措，高度重视跨年营销活动及基金产品销售、融资融券等不同阶段的目标任务，组织开展内部营销竞赛活动，挖掘客户内在需求，以资管产品及各类基金为抓手，助力地州市邮政分公司攻克有效户，稳固资产规模。通过共同努力，分公司在总部组织的有效户开发、各项基金销售、科创板开发和两融业务拓展上取得良好成绩。

不断增强市场化拓展。一是坚定信心，确立目标。针对金融机构资管业务及上市公司托管业务开展分析，就可能达成合作意向的机构进行深入洽谈，缩小范围开展精准营销，在营销中总结，在总结中推进。通过与新疆银行、哈密银行、昆仑银行、乌鲁木齐银行、汇和银行、天山农商行等重点目标的多次洽谈，于5月实现业务突破，8月得到延续，新疆银行累计申购稳赢2号资管产品6000万元，为与新疆银行今后的资管业务合作及疆内其他商业银行业务合作奠定了基础，打开了新局面。二是寻求高效业务突破。与辖内地方政府、金融办等机构保持密切联系，及时获取重要信息。通过对辖内重点企业的多次拜访，获取年度融资计划，并持续跟进进展情况，签订 IPO 合作框架协议。同时与多家地方性企业达成债券融资合作意向，建立项目储备库，为后续项目接续及落地奠定基础。

加强综合管理

以促进业务发展和提升经营效益为中心，强化预算管理和成本管控，严格执行证券行业监管、税务机关材料报送等要求；切实把选拔中层领导干部、选人用人提前规划设计好，按照信念坚定、为民服务、勤政务实、敢于担当、清正廉洁的标准选拔和培养后备干部，夯实人才基础。（中邮证券）

附　录

◇ 2020 年邮政行业发展统计公报

◇ 2020 年邮政行业运行情况

◇ 2020 年中国快递发展指数报告

2020 年邮政行业发展统计公报

2020 年是极不平凡且极具挑战的一年，面对国内外严峻复杂的形势和新冠肺炎疫情严重冲击，邮政全行业全面贯彻落实习近平总书记重要指示批示精神，认真贯彻落实党中央、国务院决策部署，坚持稳中求进工作总基调，坚持新发展理念，坚持以供给侧结构性改革为主线，坚持以改革创新为动力，统筹疫情防控和行业改革发展，在经济社会发展中作用凸显，为扎实做好“六稳”工作、全面落实“六保”任务做出了积极贡献。行业业务总量和业务收入分别突破 2 万亿元和 1 万亿元，快递业务量突破 800 亿件。

一、业务发展情况

全年邮政行业业务总量完成 21053.2 亿元，同比增长 29.7%。全年邮政行业业务收入（不包括邮政储蓄银行直接营业收入）完成 11037.8 亿元，同比增长 14.5%。

（一）邮政寄递服务业务

2020 年，邮政寄递服务业务量完成 255.4 亿件，同比增长 3.3%；邮政寄递服务业务收入完成 406.3 亿元，同比下降 5.2%。

全年函件业务量完成 14.2 亿件，同比下降 34.6%；包裹业务量完成 2030.6 万件，同比下降 5.8%；订销报纸业务完成 165.4 亿份，同比下降 1.6%；订销杂志业务完成 7.1 亿份，同比下降 2.3%；汇兑业务完成 960.7 万笔，同比下降 41.4%。

（二）快递业务

快递业务快速增长。全年快递服务企业业务量完成 833.6 亿件，同比增长 31.2%；快递业务收入完成 8795.4 亿元，同比增长 17.3%。

快递业务收入在行业中占比继续提升。快递业务收入占行业总收入的比重为 79.7%，比上年提高 1.9 个百分点。

同城快递业务小幅增长。全年同城快递业务量完成 121.7 亿件，同比增长 10.2%；实现业务收入 766.4 亿元，同比增长 1.9%。

异地快递业务快速增长。全年异地快递业务量完成 693.6 亿件，同比增长 35.9%；实现业务收入 4531.3 亿元，同比增长 15.0%。

国际 / 港澳台快递业务持续增长。全年国际 / 港澳台快递业务量完成 18.4 亿件，同比增长 27.7%；实现业务收入 1073.4 亿元，同比增长 43.6%。

异地业务占比提升。同城、异地、国际 / 港澳台快递业务量占全部比例分别为 14.6%、83.2%、2.2%，业务收

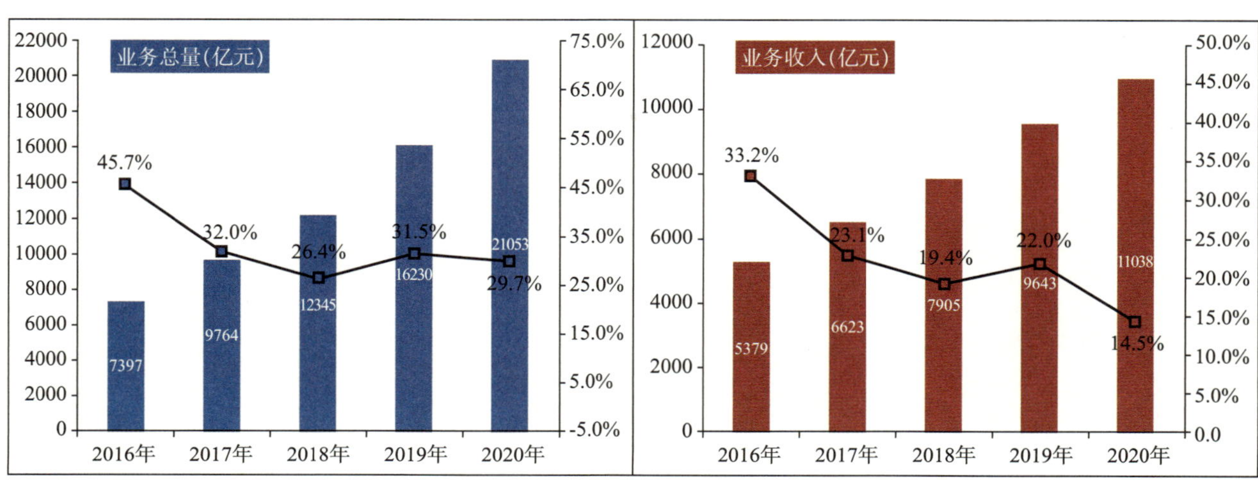

2016—2020 年邮政行业业务发展情况

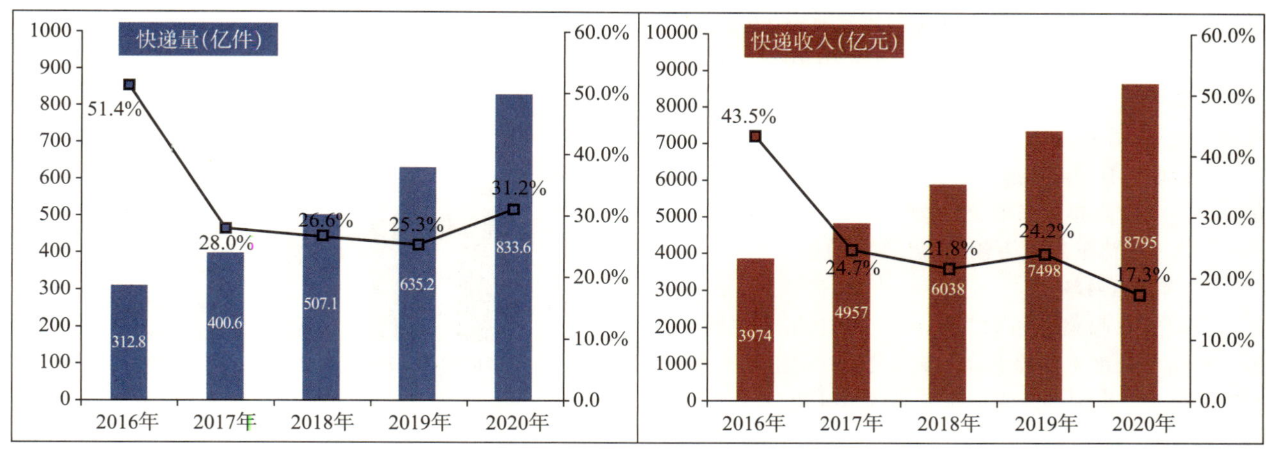

2016—2020 年快递业务发展情况

入占全部比例分别为 8.7%、51.5%、12.2%。

东、中、西部地区各项快递业务均保持了持续稳定的增长势头，中部地区业务增长持续提速，市场份额继续上升。全年东部地区完成快递业务量 661.9 亿件，同比增长 30.8%；实现业务收入 6999.5 亿元，同比增长 16.4%。中部地区完成快递业务量 111.2 亿件，同比增长 36.1%；实现业务收入 1045 亿元，同比增长 23.8%。西部地区完成快递业务量 60.5 亿件，同比增长 27.7%；实现业务收入 750.9 亿元，同比增长 17.7%。东、中、西部地区快递业务量比重分别为 79.4%、13.3%、7.3%，快递业务收入比重分别为 79.6%、11.9%、8.5%。

快递业务量收排名前 5 位的省份合计在全国占比较上年有所下降，省份排名发生变化。快递业务量排名前 5 位的省份依次是广东、浙江、江苏、山东和河北，其快递业务量合计占全部快递业务量的比重达到 65.8%，较上年前 5 位占比下降 0.1 个百分点。快递业务收入排名前 5 位的省份依次是广东、上海、浙江、江苏和山东，其快递业务收入合计占全部快递业务收入的比重达到 65.5%，较上年同期下降 1.3 个百分点。

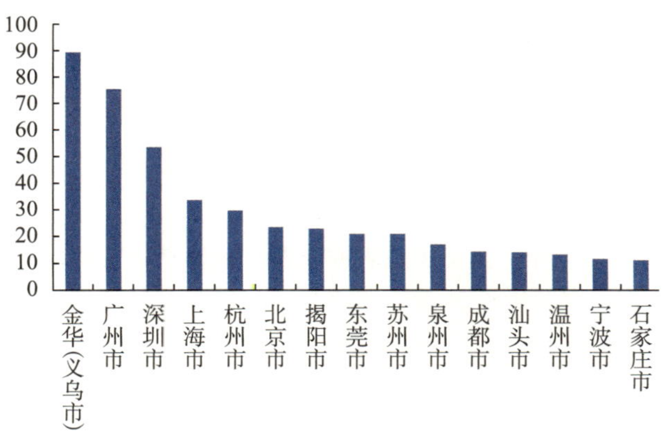

快递业务量前 15 名城市情况（单位：亿件）

快递业务量排名前 15 位的城市依次是金华（义乌）、广州、深圳、上海、杭州、北京、揭阳、东莞、苏州、泉州、成都、汕头、温州、宁波和石家庄，其快递业务量合计占全部快递业务量的比重达到 54.6%。

快递业务收入排名前 15 位的城市依次是上海、广州、深圳、杭州、北京、金华（义乌）、东莞、苏州、成都、揭阳、佛山、天津、泉州、宁波、武汉，其快递业务收入合计占全部快递业务收入的比重达到 58%。

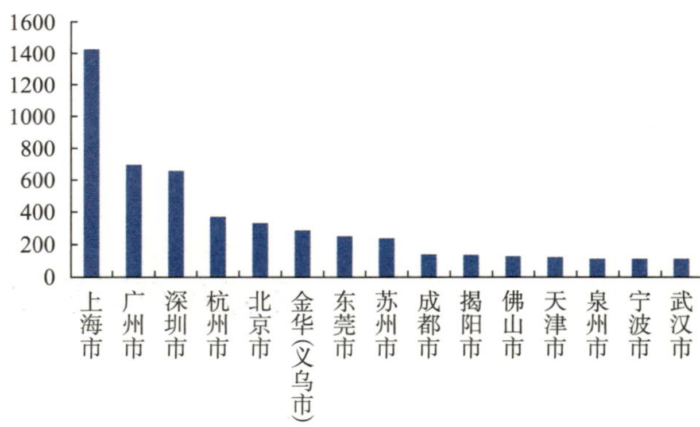

快递业务收入前 15 名城市情况（单位：亿元）

国有、民营、外资企业业务量占全部快递与包裹市场比重分别为 10%、89.8%、0.2%，国有、民营、外资企业业务收入占全部快递与包裹市场比重分别为 8.7%、86%、5.3%。

快递与包裹服务品牌集中度指数 CR8 为 82.2。

二、通信能力和服务水平

（一）机构设备

全行业拥有各类营业网点 34.9 万处，其中设在农村的 11.1 万处。快递服务营业网点 22.4 万处，其中设在农村的 7.1 万处。全国拥有邮政信筒信箱 10 万个，比上年末减少 2 万个。全国拥有邮政报刊亭总数 1.1 万处，比上年末减少 0.2 万处。

全行业拥有国内快递专用货机 124 架，比上年同期增加 8 架。全行业拥有汽车 35 万辆，比上年末增长 6.7%，其中快递服务汽车 25.4 万辆，比上年末增长 7.1%。

（二）通信网路

全国邮政邮路总条数 3.7 万条，比上年末增加 978 条。邮路总长度（单程）1187.4 万公里，比上年末减少 35.3 万公里。全国邮政农村投递路线 10.1 万条，比上年末减少 1265 条；农村投递路线长度（单程）410.4 万公里，比上年末减少 9.5 万公里。全国邮政城市投递路线 10.7 万条，比上年末增加 3922 条；城市投递路线长度（单程）219.4 万公里，比上年末减少 1.6 万公里。全国快递服务网路条数 20.7 万条；快递服务网路长度（单程）4091.4 万公里。

（三）服务能力

全行业平均每一营业网点服务面积为 27.5 平方公里；平均每一营业网点服务人口为 0.4 万人。邮政城区每日平均投递 2 次，农村每周平均投递 5 次。全国年人均函件量为 1 件，每百人订有报刊量为 7.9 份，年人均快递使用量为 59 件。年人均用邮支出 781.8 元，年人均快递支出 623 元。

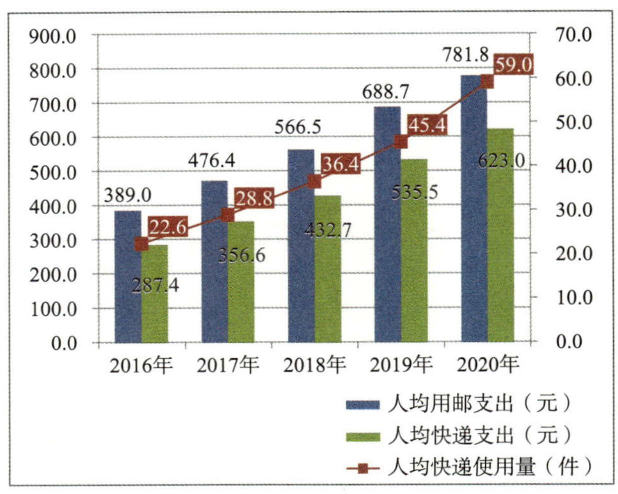

2016—2020 年人均用邮支出、快递支出和快递使用量情况

备注：

1. 本公报中邮政寄递服务业务、通信能力和服务水平有关数据来自年报，其他数据为月报统计数据。

2. 各项统计数据未包括香港和澳门特别行政区及台湾省。

3. 部分数据因四舍五入的原因，存在着与分项合计不等的情况。

4. 邮政行业业务总量按 2010 年不变价格计算。

5. 全国人口数据来自国家统计局《第七次全国人口普查公报（第二号）》。（摘自中华人民共和国国家邮政局网站）

2020 年邮政行业运行情况

2020 年，邮政行业业务收入（不包括邮政储蓄银行直接营业收入）累计完成 11037.8 亿元，同比增长 14.5%；业务总量累计完成 21053.2 亿元，同比增长 29.7%。

12 月，全行业业务收入完成 1109.3 亿元，同比增长 15.5%；业务总量完成 2300.3 亿元，同比增长 34.3%。

2020 年，邮政服务业务总量累计完成 2801.4 亿元，同比增长 11.8%；邮政寄递服务业务量累计完成 255.6 亿件，同比增长 3.3%；邮政寄递服务业务收入累计完成 406.2 亿元，同比下降 5.9%。

12 月，邮政服务业务总量完成 257.7 亿元，同比增长 4.5%；邮政寄递服务业务量完成 23 亿件，同比增长 0.5%；邮政寄递服务业务收入完成 34.2 亿元，同比下降 16.5%。

2020 年，邮政函件业务累计完成 14.2 亿件，同比下降 34.6%；包裹业务累计完成 2030.6 万件，同比下降 5.8%；报纸业务累计完成 165.6 亿份，同比下降 1.6%；杂志业务累计完成 7.2 亿份，同比下降 4.2%；汇兑业务累计完成 960.7 万笔，同比下降 41.4%。

2020 年，全国快递服务企业业务量累计完成 833.6 亿件，同比增长 31.2%；业务收入累计完成 8795.4 亿元，同比增长 17.3%。其中，同城业务量累计完成 121.7 亿件，同比增长 10.2%；异地业务量累计完成 693.6 亿件，同比增长 35.9%；国际 / 港澳台业务量累计完成 18.4 亿件，同比增长 27.7%。

12 月，全国快递服务企业业务量完成 92.5 亿件，同比增长 37.4%；业务收入完成 926.2 亿元，同比增长 20%。

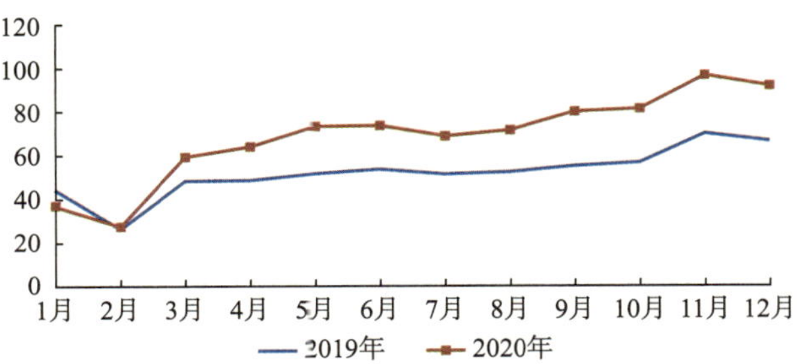

图 1　快递业务量情况（单位：亿件）

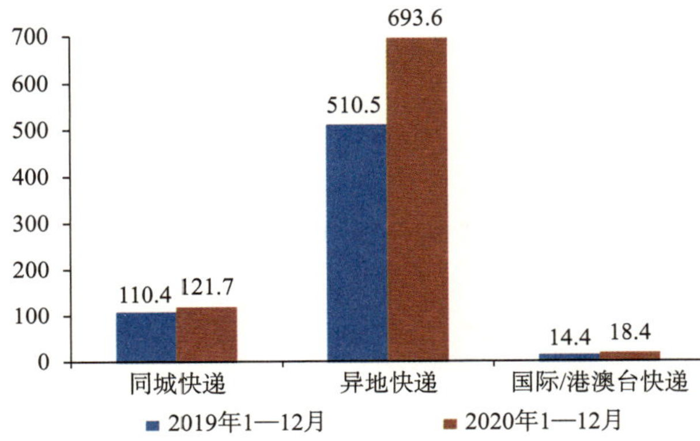

图 2　分专业快递业务量比较（单位：亿件）

2020 年，同城、异地、国际 / 港澳台快递业务量分别占全部快递业务量的 14.6%、83.2%、2.2%；业务收入分别占全部快递收入的 8.7%、51.5%、12.2%。与去年同期相比，同城快递业务量的比重下降 2.8 个百分点，异地快递业务量的比重上升 2.8 个百分点，国际 / 港澳台业务量的比重基本持平。

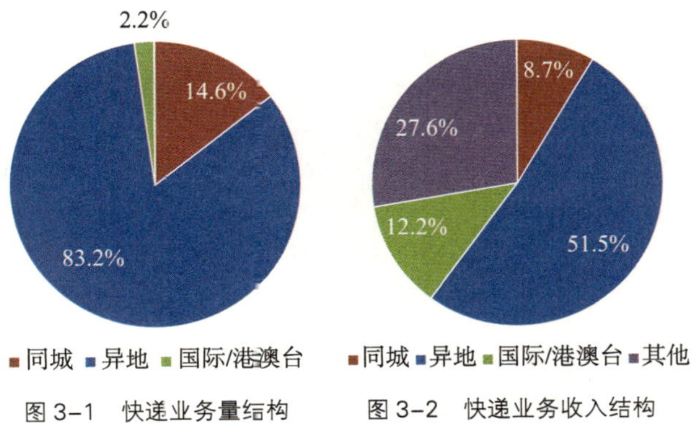

图 3–1　快递业务量结构　　图 3–2　快递业务收入结构

2020 年，东、中、西部地区快递业务量比重分别为 79.4%、13.3%、7.3%，业务收入比重分别为 79.6%、11.9%、8.5%。与 2019 年同期相比，东部地区快递业务量比重下降 0.3 个百分点，快递业务收入比重下降 0.6 个百分点；中部地区快递业务量比重上升 0.4 个百分点，快递业务收入比重上升 0.6 个百分点；西部地区快递业务量比重下降 0.1 个百分点，快递业务收入比重基本持平。

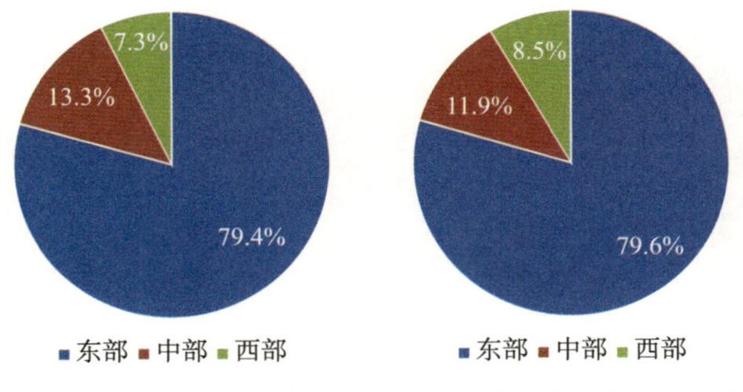

图 4–1　地区快递业务量结构　　图 4–2　地区快递业务收入结构

2020 年，快递与包裹服务品牌集中度指数 CR8 为 82.2，较 1—11 月下降 0.2。

全国邮政行业发展情况

指标名称	单位	12 月		比去年同期增长（%）	
		累计	当月	累计	当月
一、邮政行业业务收入	亿元	11037.8	1109.3	14.5	15.5
1. 邮政寄递服务	亿元	406.2	34.2	−5.9	−16.5
2. 快递业务	亿元	8795.4	926.2	17.3	20.0
二、邮政行业业务总量	亿元	21053.2	2300.3	29.7	34.3
1. 邮政寄递服务	万件	2556050.4	230318.6	3.3	0.5
其中：函件	万件	141811.8	10941.6	−34.6	−33.4
包裹	万件	2030.6	202.2	−5.8	−8.4
订销报纸累计数	万份	1655950.4	144718.9	−1.6	−0.4
订销杂志累计数	万份	71528.9	5834.8	−4.2	−2.6
汇兑	万笔	960.7	85.5	−41.4	−32.4
2. 快递业务	万件	8335789.4	925368.2	31.2	37.4
其中：同城	万件	1216518.8	113142.7	10.2	2.5
异地	万件	6935738.0	792961.4	35.9	44.7
国际 / 港澳台	万件	183532.6	19264.2	27.7	27.1

注：邮政行业业务收入中未包括邮政储蓄银行直接营业收入。

分省快递服务企业业务量和业务收入情况

单位	快递业务量累计（万件）	同比增长（%）	快递收入累计（万元）	同比增长（%）
全国	8335789.4	31.2	87954342.4	17.3
北京	238221.3	4.2	3311861.9	−2.4
天津	92767.4	33.0	1156021.0	20.6
河北	370249.8	60.7	3349963.6	38.2
山西	53583.6	47.2	670926.3	35.8
内蒙古	19557.6	37.1	421324.3	27.9
辽宁	111978.0	40.8	1314083.2	26.5
吉林	44693.6	45.8	607349.2	25.7
黑龙江	45522.3	29.7	701295.4	16.4
上海	336330.7	7.3	14281909.1	10.8
江苏	697680.5	21.5	7089350.4	14.5
浙江	1794621.1	35.3	10706012.3	17.3
安徽	220228.2	42.5	1749872.7	26.5
福建	343189.8	31.0	3025580.4	16.8
江西	112004.3	44.1	1146634.8	36.0
山东	415174.2	43.7	3695896.9	28.2
河南	310004.9	46.9	2490462.5	32.0
湖北	178505.5	5.9	1786869.8	2.8
湖南	147131.6	42.7	1296865.0	28.5
广东	2208179.5	31.4	21824938.3	18.1
广西	77882.2	38.1	902427.6	20.9
海南	11012.2	35.2	239119.9	29.4
重庆	73105.4	32.1	830284.2	17.9
四川	215158.9	20.1	2231638.1	9.6
贵州	28157.0	14.5	522105.3	13.2
云南	62974.1	45.9	737532.4	28.0
西藏	1139.0	30.3	35309.0	22.1
陕西	91749.8	25.9	1033251.8	23.9
甘肃	13823.5	33.3	297864.3	31.6
青海	2359.5	24.4	76808.1	28.4
宁夏	7317.8	49.6	118260.1	24.7
新疆	11486.2	16.0	302524.9	7.8

快递业务量前50位城市情况

排名	城市	快递业务量累计（万件）	排名	城市	快递业务量累计（万件）
1	金华（义乌）市	901084.6	26	保定市	85673.2
2	广州市	761578.1	27	无锡市	75750.0
3	深圳市	537243.1	28	南通市	74601.0
4	上海市	336330.7	29	重庆市	73105.4
5	杭州市	300081.0	30	绍兴市	67121.8
6	北京市	238221.3	31	西安市	67115.4
7	揭阳市	234698.1	32	济南市	65179.2
8	东莞市	211687.3	33	中山市	60996.2
9	苏州市	210197.9	34	青岛市	58711.4

续表

排名	城市	快递业务量累计（万件）	排名	城市	快递业务量累计（万件）
10	泉州市	171757.7	35	厦门市	54343.3
11	成都市	143222.9	36	沈阳市	51536.5
12	汕头市	142129.2	37	南昌市	46641.5
13	温州市	135937.0	38	廊坊市	46427.7
14	宁波市	115163.4	39	福州市	45908.9
15	石家庄市	113498.2	40	宿迁市	44575.1
16	郑州市	110046.5	41	潮州市	44387.2
17	武汉市	109899.2	42	湖州市	43030.0
18	台州市	109371.9	43	南宁市	42835.8
19	嘉兴市	96147.5	44	昆明市	42073.1
20	佛山市	95458.2	45	徐州市	39839.9
21	南京市	95109.9	46	邢台市	39333.9
22	长沙市	93033.8	47	惠州市	38722.3
23	天津市	92767.4	48	商丘市	35960.9
24	临沂市	88870.7	49	潍坊市	34156.8
25	合肥市	88540.4	50	沧州市	32875.4

快递业务收入前50位城市情况

排名	城市	快递业务收入累计（万元）	排名	城市	快递业务收入累计（万元）
1	上海市	14281909.1	26	长沙市	755787.1
2	广州市	6940744.2	27	合肥市	732712.2
3	深圳市	6572042.5	28	厦门市	675764.0
4	杭州市	3669945.7	29	济南市	667499.0
5	北京市	3311861.9	30	中山市	645544.4
6	金华（义乌）市	2835713.7	31	保定市	643196.7
7	东莞市	2501700.1	32	南通市	608875.6
8	苏州市	2344055.0	33	台州市	574853.1
9	成都市	1393621.6	34	南昌市	554964.6
10	揭阳市	1379514.6	35	廊坊市	552640.4
11	佛山市	1222686.6	36	沈阳市	549237.2
12	天津市	1156021.0	37	福州市	545864.5
13	泉州市	1145995.5	38	常州市	502275.6
14	宁波市	1115821.1	39	哈尔滨市	470939.0
15	武汉市	1101624.5	40	南宁市	468819.2
16	南京市	1072491.1	41	临沂市	449429.5
17	郑州市	1030662.8	42	惠州市	428496.7
18	石家庄市	876567.0	43	昆明市	423681.9
19	温州市	861083.1	44	绍兴市	373859.2
20	无锡市	832379.2	45	长春市	361666.7
21	重庆市	830284.2	46	大连市	339123.0
22	汕头市	829269.6	47	沧州市	324244.3
23	青岛市	789100.9	48	潍坊市	309451.6
24	嘉兴市	759474.0	49	徐州市	308205.4
25	西安市	757092.7	50	湖州市	305914.6

（摘自中华人民共和国国家邮政局网站）

2020年中国快递发展指数报告

2020年，面对严峻复杂的国际形势和新冠肺炎疫情的严重冲击，中国快递市场延续了稳健的发展势头，市场规模持续扩大，市场结构不断优化，基础能力稳步提升，科技创新深入推进，行业高质量发展取得明显成效。

（一）整体情况

2020年，中国快递发展指数为1259.1[①]，同比提高26.1%。从一级指标来看，发展规模指数为2831，同比提高28.3%，发展速度优于预期；服务质量指数为196.5，同比提高18.4%，发展质效不断提升；发展普及指数为416.5，同比提高7.1%，发展均衡性明显增强；发展趋势指数为100.8，同比提高21.2%，继续保持良好发展预期。

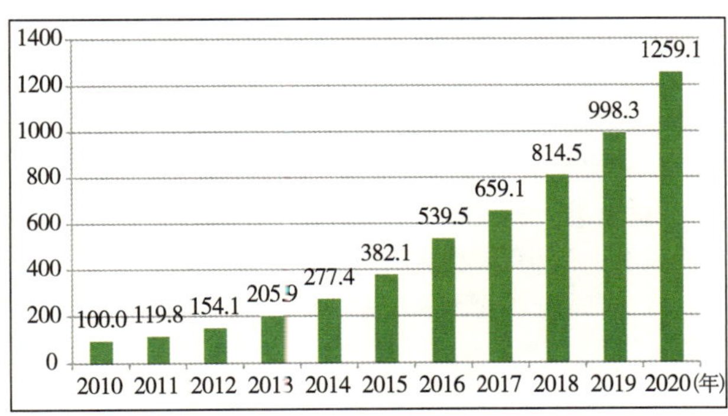

2010—2020年中国快递发展指数

（二）分项指数

1. 发展规模指数

2020年，发展规模指数为2831，同比提高28.3%。

市场规模承压增长。2020年，全国快递业务量完成833.6亿件，同比增长31.2%，全年业务增量近200亿件，增速和增量均创历史新高。快递业务量连续7年稳居世界首位，占全球六成以上。快递企业日均快件处理量超2.3亿件，同比增长35.3%；最高日处理量达6.8亿件，同比增长25.9%。在新冠肺炎疫情的不利影响下，行业增长远超预期，为宏观经济复苏提供重要支撑。全年快递业务收入完成8795.4亿元，同比增长17.3%。在竞争日趋加剧的情况下，呈现出市场主体扩容、件量增长、单价走低的运行特点。

区域协调深入推进。一是中部地区势头强劲。2020年，中部地区业务量首次突破百亿件，达110.9亿件，同比增长35.2%，比全国增速高4个百分点，在全国业务量

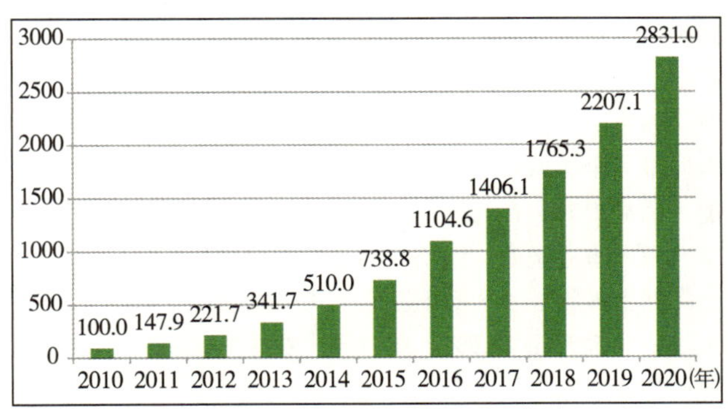

2010—2020年发展规模指数

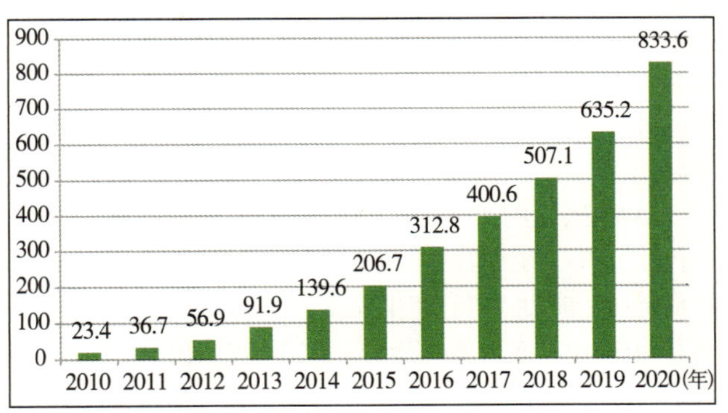

2010—2020年快递业务量变动情况（单位：亿件）

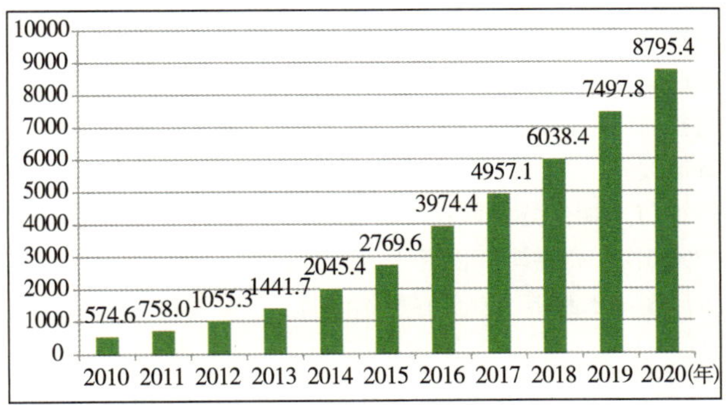

2010—2020年快递业务收入变动情况（单位：亿元）

① 以2010年为基期，基期值为100。

中的比重达 13.3%，同比提升 0.4 个百分点。中部地区快递业务收入达 1046.7 亿元，同比增长 23.5%，在全国业务收入中的比重达 11.9%，同比上升 0.6 个百分点。除湖北受疫情影响业务量增速放缓外，中部地区其他省份增速均超 2019 年，其中山西、河南、江西、湖南、安徽等省持续发力，业务量增速均超 40%。二是城市间更加均衡。2020 年，省会城市和一线城市快递业务量外移明显，省会城市共完成快递业务量 304.3 亿件，同比增长 19.3%，低于全国增速 11.9 个百分点，在全国业务量中的比重为 36.5%，首次跌破 40%。20 个省会城市进入业务量前 50 名，比 2019 年减少 1 个。北上广深业务量增速均大幅低于全国平均增速，长三角、粤港澳等城市群增速也明显低于全国平均增速。作为承接城市的石家庄、长沙、合肥、揭阳、汕头等城市，增速均超 40%，成为拉动地区经济的重要力量。

产业协同深入推进。快递业有效发挥“连接千城百业、联系千家万户、连通线上线下”的优势，从服务产业链向服务全领域转型升级，产业协同更加紧密，融合共享能力明显提升。在与电商协同发展方面，快递业从服务传统电商向服务微商、网络直播等新型电商拓展，支撑实物商品网上零售额达 9.8 万亿元[①]，占社会消费品零售总额比重进一步提升至 24.9%。在与现代农业协同发展方面，快递业加速嵌入现代农业产业链，累计形成保定山药、菏泽牡丹、开封大蒜、襄阳鸭蛋和延安苹果等业务量超千万件的快递服务现代农业金牌项目 60 个、超百万件的项目 260 个，农村地区收投快件超过 300 亿件，带动工业品下乡和农产品进城销售超 1.5 万亿元，对形成工农互促、城乡互补的新型工农城乡关系，加快农业农村现代化发挥了重要作用。在与制造业协同发展方面，快递业深度融入汽车、消费品、电子信息、生物医药等制造领域，形成仓配一体化、入厂物流等融合发展模式，形成覆盖相关领域的供应链服务能力，累计产生快递业务收入超百万元的典型项目 1087 个，有效助力产业链供应链现代化水平提升。

2. 服务质量指数

2020 年，快递服务质量指数为 196.5，同比提高 18.4%。

构筑疫情保障通道。2020 年，疫情突袭，快递业充分发挥“打通大动脉、畅通微循环”“先行官”作用，快速迎战、高效出击，率先实现复工达产。快递企业第一时间打通应急保障运输通道，全力保障防疫物资和政务民生寄递服务。“数百万快递小哥冒疫奔忙”，充分发扬小蜜蜂精神与末端优势，累计发运车辆 8.75 万台次、货运航班 779 架次，寄递防疫物资 48.98 万吨，为人民生活不停摆、工厂生产不断链、农业春耕不误时、产品销售不停滞提供基础保障，打造了疫情期间不中断的供给线、生命线。快递企业综合运用智能快件箱、末端服务站等服务方式和无人机、无人车等设备，推出小时达、公铁联运即日达、医药冷链配送等多元服务产品，充分满足疫情期间消费者差异化服务和无接触服务的现实需求。2020 年，快递服务总体满意度得分为 76.7 分，较 2019 年下降 0.6 分。其中，公众满意度得分为 84.2 分，较 2019 年上升 0.2 分；时限测试满意度得分为 69.2 分，较 2019 年下降 1.3 分。受新冠肺炎疫情影响，2020 年，全国重点地区快递服务全程时限为 58.23 小时，较 2019 年延长 2.03 小时。72 小时准时率为 77.11%，较 2019 年降低 2.15 个百分点。快递服务有效申诉率为百万分之 0.22，改善幅度达 56%，显著向好。疫情环境下，快递业用高质高效的服务为亿万群众送去人间温暖，赢得了社会各界的广泛认可。

基础能力明显增强。2020 年，快递业扎实推进基础设施建设。快递专业类园区数量大幅增加，北斗仓、5G 无人仓、智慧物流产业园、跨境产业园等项目纷纷落地，湖北鄂州国际物流枢纽加快建设。自动分拣设备应用更加广泛，配备全自动分拣系统的分拨枢纽超过 370 个[②]，分拣信息化水平和自动化分辨率稳步提升。在运输能力建设方面，航空运能不断增强，全行业专用货机达 122 架，涵盖短、中、远程飞行的运力梯队结构持续完善，新增全货机国际航线近 30 条。快铁合作深化发展，新增多条高铁快递线路，国内首条用于整列装运快件的复兴号动车组试运行，积极拓展“高铁 + 快件”运输模式，推出“冷鲜达”“定温达”“定时达”等多种服务，推动中程干线运输集约发展，有力保障快递服务提速提质。海运渠道得以拓展，成功打通宁波至大阪快递出海通道，有效促进跨境快递降本增量。

智能科技创新发展。2020 年，快递业坚持创新驱动发展，加快推动 5G、大数据、云计算等技术在行业加速应用，通过无人化作业、智能化运营及服务创新提升用户

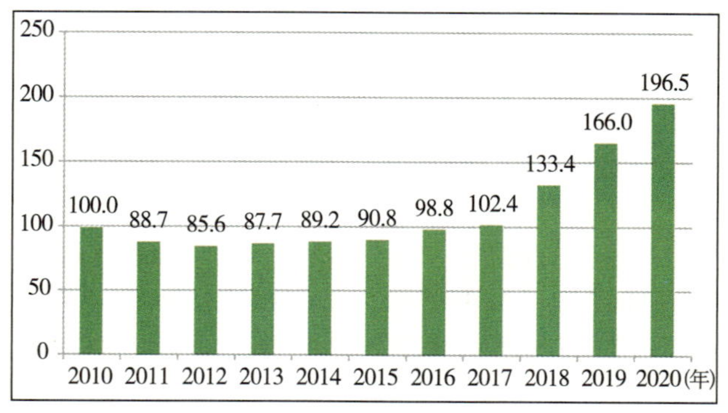

2010—2020 年服务质量指数

① 数据来源：《中华人民共和国 2020 年国民经济和社会发展统计公报》，国家统计局。

② 数据来源：马军胜同志在 2021 年全国邮政管理工作会议上的讲话。

体验。5G发展赋能快递物流，揽投智能终端、无人配送、AI仓储安防等应用助力产业创新变革。无人机逐步实现多场景常态化运营，轻型、重型无人机机型体系进一步健全；L4级别无人驾驶技术逐步应用于物流场景，实现远程配送无人化；无人仓建设加速升级，通过智能物流技术和产品融合应用，实现全流程操作数字化、可视化和智慧化。大数据技术深化应用，增强产品全生命周期监管能力，通过与供应链场景有效对接，助力企业实现供应链数智化转型。在科技智慧的赋能下，快递业正加速构建智慧创新服务体系，满足企业和用户更多智能化服务需求。

3. 发展普及指数

2020年，快递发展普及指数为416.5，同比提高7.1%。

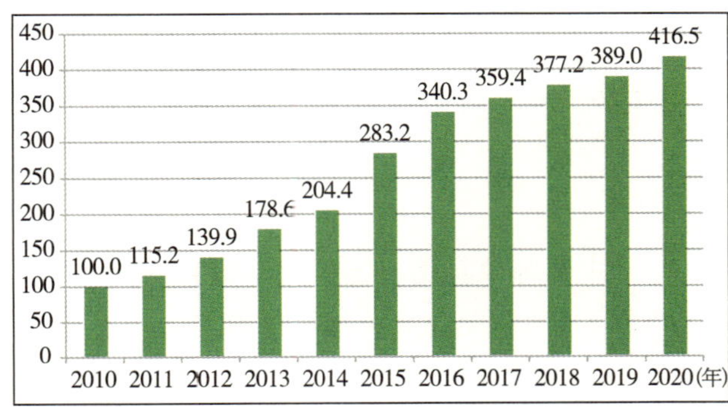

2010—2020年发展普及指数

发展成果惠及各方。2020年，快递业更好融入人民群众生产生活。快递企业日均服务4.5亿人次，相当于全国每天有1/3的人享受快递服务。人均快件使用量约59件，同比增加14件，增幅明显。快递业务收入占国内生产总值比重达8.7‰，同比提高0.11个百分点，快递业务收入增速是国内生产总值增速的7.5倍。快递员权益保障备受关注，社会认同度稳步提升，新增社会就业20万人以上，对提振发展信心、实现稳定运行发挥积极作用。

末端网络多元共享。2020年，快递业进一步加密末端服务网络，创新末端服务模式，健全末端服务体系，提升“最后一百米”服务能力。主要城市布放智能快件箱（信包箱）达40万组，全国共建成快递末端公共服务站11.4万个，多元投递模式日益完善，为用户提供更为便捷的寄递选择。

“快递进村”取得实效。2020年，快递业加快农村地区发展步伐，网络下沉取得积极进展。全国乡镇快递网点覆盖率达98%，基本实现“乡乡有网点”。在“快递进村”三年行动方案的强力推动下，快递企业积极践行交快、邮快、快快、商快等合作模式，从“快递下乡”向“快递进村”升级。快递业以农村快递网络的布局优化为基础，以产业扶贫为着力点，积极服务决战决胜脱贫攻坚，在110个脱贫摘帽县形成122个年业务量超10万件的“一县一品”项目，为脱贫攻坚取得全面胜利提供有力支撑。

4. 发展趋势指数

2020年，发展趋势指数为100.8，同比提高21.2%。预计2021年快递业务量将超千亿件，同比增长20%。预计2021年快递业务收入将超万亿元，同比增长18%。

2021年，快递业发展仍将面临诸多风险挑战，但行业仍处于重要战略机遇期，长期向好的基本趋势没有改变，供给侧结构性改革不断深化，高质量发展将取得更积极成效。快递业将着力稳态势、促改革、强基础、畅循环、保安全，在高效能治理和高质量发展的驱动下，各类市场主体的活力、创造力和竞争力将进一步增强。快递业将加速推进创新驱动发展，技术创新、管理创新、模式创新、服务创新、业态创新更多涌现，为提升产业链供应链现代化水平提供有力支撑，为行业在新时代实现新跨越释放新动能。快递业将着力构建智能高效、稳固便捷的服务网络，“快递进村”步伐持续加快，城乡一体化和区域均衡度继续提升，多式联运稳步推广，陆、海、空跨境通道全面发力，为构建新发展格局发挥积极作用。快递业将不断完善品质化、多样化、智能化服务体系，提升全领域服务保障能力，以高质量服务引领创造新需求，更好满足人民美好生活需要。（摘自中华人民共和国国家邮政局网站）

编　后　记

本书在编辑出版过程中，得到各单位的大力支持。值此出版之际，衷心感谢集团公司总部各部室、控股子公司、直属单位、事业部、各省（自治区、直辖市）分公司的大力支持。同时，向为本书的编辑、出版付出辛勤劳动的全体撰稿、审稿人员致谢。

由于经验不足，水平受限，《中国邮政集团有限公司年鉴》难免存在不足和错讹之处，诚请不吝指教。

《中国邮政集团有限公司年鉴》编辑部

2022 年 6 月